北京大学文革研究文选

Essays on Peking University
in the Cultural Revolution

胡宗式　章铎　编

美国华忆出版社
Remembering Publishing, LLC. USA

Copyright © 2022 by Remembering Publishing, LLC. USA

Essays on Peking University in the Cultural Revolution

Editor： Hu Zongshi / Zhang Duo

ISBN： 978-1-68560-032-7 (Print)
978-1-68560-033-4 (ebook)

Remembering Publishing, LLC
RememPub@gmail.com

北京大学文革研究文选

胡宗式 章铎 编

出　版： 美国华忆出版社
版　次： 2022 年 5 月第一版，第一次印刷
字　数： 406 千字

All rights reserved.
No part of this book may be reproduced in any form or by any electronic or mechanical means including information storage and retrieval systems, without permission in writing from the publisher. The only exception is by a reviewer, who may quote short excerpts in review.

作品内容受国际知识产权公约保护，版权所有，侵权必究

编者按

多年来，一些北大"文革"的亲历者写出了数量不菲的文章。这些文章的内容涉及北大"文革"的多个阶段。但是，亲历者在史实的认知和基本观点上存在着重大的差异。

最重大的差异，就是如何评价聂元梓、孙蓬一和北大校文革。

我们认为，聂元梓、孙蓬一在文革中是坚决反对王力、关锋、戚本禹、谢富治的。他们虽然犯有这样那样的错误，但他们绝不是"四人帮"一伙的。工军宣队对他们的迫害，校党委对他们的处理，文革后对他们的刑事惩罚，是不公正的，是冤案。

1968年8月军工宣传队进校后，聂元梓一直处在被审查、被批判的地位。1969年3月毛泽东又派8341宣传队进北大，继续清算聂元梓和校文革。1973年，掌握北大大权的迟群、谢静宜等将聂元梓、孙蓬一打成"五一六分子"，并开除了他们的党籍。

抓捕"四人帮"之后，新的领导人"照过去方针办"，再次对聂元梓等人进行清算。1978年4月19日，北大召开全校教职员工大会批斗聂元梓、孙蓬一。党委副书记韦明在会上宣布：经上级党委批准，决定开除聂元梓、孙蓬一的党籍（1973年已被开除党籍了），开除聂元梓、孙蓬一的公职，建议依法惩办。宣布后，立即由专政机关逮捕了聂元梓、孙蓬一。

更荒诞的是，自1968下半年就受到军工宣传队审查、批判达8年之久的聂元梓、孙蓬一，竟然在打倒"四人帮"之后，与批斗他们的谢静宜、迟群等被同台批斗，似乎她是谢、迟的同伙。1983年3月16日北京市中级人民法院开庭宣判，判处聂元梓有期徒刑17年，剥夺政治权利4年。7月13日北京市中级人民法院判处孙蓬一有期徒刑10年。

以樊能廷、张从等为代表的北大"反聂派"认为："聂元梓被历史惩罚，罪有应得"；"反聂是北大科学与民主精神的弘扬"；[1] "我们在北大文革的大是大非面前，没有趋炎附势、随恶从流，而是坚持了人性的良知，顺应了民主的潮流"。[2]

2021年，由樊能廷、张从、奚学瑶主编的《莫教青史尽成灰——聂元梓研究与批判》出版（时代文献出版社）。在该书的序言中有这样一段话："在北大文革中，聂元梓对内对外，不断发动顺我者昌逆我者亡的斗争。文革后，虽然聂元梓、孙蓬一这两个罪大恶极的坏人受到刑事处分，而杀人、打人、抓人、刑讯逼供具体作恶者却有漏网，伙同他们作恶、残害无辜，犯下令人发指罪行的一些帮凶，每每毫发无损，逍遥法外。左的遗毒，长期存在，起起伏伏。更有聂元梓的党羽，公然撰文出书，不惜歪曲历史，掩盖聂元梓的罪恶，鼓吹'人民文革'，为聂元梓翻案，甚至为她歌功颂德，强说自己一贯的'政治正确'"。

现在提倡"不忘初心"，什么是北大井冈山兵团的"初心"？请看其1967年8月17日的"成立宣言"和《新北大报》社论。[3] "成立宣言"罗列了聂、孙的诸多罪名，最严重的就是"分裂中央文革，炮打谢副总理，动摇北京市革委会的革命权威，破坏无产阶级专政，代表资产阶级知识分子向工农夺权"，等。《新北大报》8月30日发表社论《将革命进行到底》，表达了井冈山兵团要在北大进行"自下而上的夺权斗争"的决心："不是西风压倒东风，就是东风压倒西风，在路线和政权问题上绝没有调和的余地！必须丢掉一切幻想，将'倒聂运动'进行到底！必须将一切权力全部掌握在无产阶级手里。"

简言之，北大井冈山兵团的"初心"就是站在极左的立场上，紧跟中央文革的激进主义路线，打倒温和、右倾的聂孙，取代校文革。樊能廷等人故意忽略其"初心"，反而把"反聂"说成"是北大科学与民主精神的弘扬"，这不是开历史的玩笑吗！

---

1 张从：《探史求真集》之"序四：永远的北大精神"，中国文化传播出版社，2019年。
2 樊能廷：《北大文革中的聂元梓》，载电子杂志《昨天》第184期。
3 参见胡宗式、章铎编：《北京大学文革资料选编》（上），美国华忆出版社，2020年5月。

与此同时,"反聂派"坚决捍卫有着重大史实错误的《北京大学纪事》的"信史"地位;在关键的问题上不提供所需要的史实依据,随意发挥;无视他人提供的历史事实,对一些与自己认知不一致的真相,一概拒之门外,哪怕是白纸黑字放在那里也不认账。他们还无端攻击那些与他们观点不一致的人,动不动就给扣上"为文革翻案"的帽子,甚至进行人身攻击。

需要指出的是,樊能廷等人作为北大井冈山兵团的一般成员,对北大文革中的一些情况并不真正了解(到目前为止,没有见到原井冈山兵团的主要负责人发声)。他们的观点和立场只能代表极少数人,而不能代表广大的井冈山兵团群众。

在研判文革时,不能脱离当时具体的历史大环境和当时特殊的政治气氛。许多现在看起来荒唐透顶的事情,在那时却被相当普遍地看作理所当然的革命行动。文革初期,我们这些亲历者,确实受到了一个"崇高目标"的鼓舞,不响应毛泽东的号召,是不现实的。我们要区别的是,在那种条件下,什么错误是不可避免的,什么错误是上当受骗,什么错误是出于自己不纯的动机。

编者相信,凡仔细看过本书的读者,必会对北大文革的残酷性和复杂性有一定认识。"防止文革重演",任重而道远。

目 录

编者按 I

第一辑 亲历北大"文革" 1

谈聂元梓等七人大字报出台的历史背景　李清崑 1
亲历北大第一张大字报的产生　夏剑豸　高云鹏 45
文革初期的北大 ——浅析张承先的
　《"文革"初期的北大工作组》　古樟 52
聂元梓当过张承先工作组办公室主任吗？　李清崑 81
毛泽东与《新北大》　李清崑 83
文革初期聂元梓赴沪串联大有来头　李清崑 90
"四月形势图"
　——北大及北京市两大派分歧的实质　古樟 94
"文革"初期北大的保卫工作　谢甲林 134
我所了解的孙蓬一　章铎 153
从高云鹏的遭遇看迟群之流的专制　章铎 189
我所经历的北大武斗　宫香政 203

第二辑 关于《北京大学纪事》 220

浅析《北京大学纪事》2008年版的新增内容　章铎 220
17日还是19日？一字之差，谬之千里　胡宗式 244
从对北大文革中的三件大事的记载
　看《北京大学纪事》　胡宗式 248
究竟是谁在歪曲历史真相？——评胡宗式
　对《北京大学纪事》的指责　常风　魏明 279

再谈1967年北大文革中的三件大事
——兼答常风、魏明的指责　　胡宗式 290

第三辑　考证辨伪 327

季羡林参加北大井冈山的前前后后
——再读《牛棚杂忆》兼与舒声先生商榷　　章铎 327

加减法模糊了历史真相
——重读《聂元梓回忆录》　　艾群 344

答宫香政同学质疑　　艾群 350

谁模糊了历史真相？
——从艾群先生的"讯问笔录"说起　　胡拾音 355

评胡拾音的文革思维　　陈子明　林爻 380

说"北大井冈山兵团是保王、关、戚的"
就是文革思维吗？　　胡拾音 390

文革期间北大的殷文杰同学被刺致死事件　　胡宗式 398

北大武斗期间死亡事件真相探究
——兼对胡宗式提出几点质疑　　郑实 403

答郑实的质疑　　胡宗式 410

答史正的质问　　胡宗式 414

从樊能廷的讲座谈起　　章铎 421

第四辑　其它 469

读《记忆》第260期两篇资料　　胡宗式 469

"4.8民族宫事件"的蝴蝶效应　　胡宗式 488

我被押回北大参加清查"五一六"　　胡宗式 507

往事有据可查
——关于"007密令"的《调查报告》　　赵建文 523

我在清华参加文化革命　　胡宗华 口述 525

第一辑　亲历北大"文革"

谈聂元梓等七人大字报出台的历史背景

李清崑

（此文是在《记忆》整理的访谈录音稿的基础上写成的）

一、问题的提出

研究十年浩劫的中国文化大革命，绝对绕不过聂元梓等七人的大字报《宋硕、陆平、彭珮云在文化大革命中究竟干了些什么？》。因为这张大字报一出台，就得到了文化大革命的发动者和领导者、指挥者毛泽东的极端重视与大力支持，成为把文化大革命推向全国的一个重要爆发点。

据经过中央审定批准出版的《毛泽东传》下册第1414页记载：就在《人民日报》发表《横扫一切牛鬼蛇神》社论的同一天即1966年6月1日，身在杭州的毛泽东从《红旗》杂志和《光明日报》总编室所编写的《文化革命简报》第13期上看到了刊载的聂元梓等七人的大字报，毛泽东对该大字报极为重视，认为"如果公开发表这张大字报，可以成为一个有效的突破口，可以打乱原有的秩序，使群众的手脚放开"。他当即批示：

"康生、伯达同志：此文可以由新华社全文广播，在全国各报刊发表，十分必要。北京大学这个反动堡垒，从此可以开始打破。请酌办。

毛泽东 六月一日"

《毛泽东传》的编者注明，毛泽东的上述批示，见在《光明日报》总编室编写的《文化革命简报》第13期上的批语手稿。

更有甚者，毛泽东于1966年8月5日在党的八届十一中全会上抛出的惊人之笔《炮打司令部——我的一张大字报》，进一步把聂的大字报誉为"马列主义大字报"。该文劈头一句就写道："全国第一张马列主义大字报和人民日报评论员的评论写的何等好呵！请同志们重读一遍这张大字报和这个评论。"这就不仅把聂的大字报捧上了天，而且利用它作为在中央高层整肃刘少奇的"有效突破口"。

由此可见，聂元梓等七人大字报在文革初期对毛泽东发动这场文化大革命起了何等重要的作用。

那么，这张大字报为什么会出台呢？是什么原因促使聂等七人在彼时彼地贴出这张大字报呢？为什么该大字报恰恰出现在北大哲学系而大字报的作者又都是该系的党员干部和教师呢？为什么七名作者都是北大社教运动的积极分子呢？为什么其中六人都参加了当年北京市委召开的长达七个月的"国际饭店"会议成为被批判的对象而最后一名作者虽未参加该会却是被批判者的同情者呢？为什么该大字报由聂元梓牵头而不是其他人呢？为什么该大字报恰好出现在1966年5月25日而不是其他日期呢？显然，研究这张大字报出台的原因，不能毫无根据的主观妄断，也不能捕风捉影地加以演义，而必须用历史唯物主义的观点对该大字报出台的社会历史背景作具体的、历史的研究与剖析。这是我的基本主张。

前一阵子，有幸拜读了北大校友王复兴先生的大作《抢救记忆》（中国文化传播出版社2016年出版）和长文《"第一张马列主义大字报"产生原因初探》颇受启发。他在上述论著中，对大字报的产生提出了自己的见解。他指出："文革后，有一种说法是康生夫人曹轶欧指使聂元梓贴了第一张大字报。此说法不实。"他用自己调查了解的情况论证了上述观点。他又提到：彭珮云（原北大党委副书记）在2006年《百年潮》第02期发表了《也谈"全国第一张马列主义大字报"出笼经过》一文。该文认为第一张大字报是康生、曹轶欧"指示炮制出来的"。他列举了彭珮云在文章中提出的三条立论证据，并进一步用自己调查了解的情况对彭的三条证据提出了质疑。最后写道："结论：彭珮云的三个证据不能证明有人'指使'。至今没有任何材料证明曹轶欧或张恩慈曾找过大字报七名当事人或其中的三四个人一起开过会，传达康生指示，要他们贴大字报，指示怎样写。既然从来没有开过这样的会进行策划，那么，彭珮云所说大字报是康生、曹轶欧'指使炮制出来的'，'炮制'一说从何而来呢？"

王复兴校友是学历史的，很重视收集事实材料。他在著作中列举了所调查了解的"第一张马列主义大字报"产生经过的资料后得出了如下结论：

"以上史实告诉我们：没有《五一六通知》，就没有第一张大字报；没有'国际饭店会议'就没有第一张大字报。《五一六通知》关于开展文化大革命精神之下达以及北大'国际饭店会议'中官民矛盾之激化，这是在那个时间、那个地点，产生那张大字报，引爆文化大革命的两大要素。"他还写道："笔者作为北大文革时期的学生，切身感到第一张大字报的出现，是北大内部的小气候和全国大气候自然而然发展的结果。"

我认为王复兴校友得出的上述结论，尽管在用词上或许有不尽贴切之处，但总的来说颇有见地，大体上是符合当时的历史事实的。对此，我基本上是认同的。

但是，由于王复兴校友当年是北大历史系的在读学生，未参加过北大的反右派斗争，也未亲历过反对右倾机会主义运动，更未参加"国际饭店会议"，这一局限就有可能使他对当时的情况了解不够充分，有些可能是第二手材料。他将文章题目定为《初探》，这反映了作者作为一位历史学者的严谨态度和谦虚风格。

我是1948年7月在解放区入华东大学的，一入学就身着军装，享受供给待遇而成为革命队伍的一员。1949年2月参加华东局南下干部纵队集训，同年4月22日随三野八兵团参加渡江战役解放并接管镇江市。在镇江、南京工作了七年之后，响应中央"向科学进军"的号召于1956年考入北大哲学系，1958年底留校任教。我亲身经历了北大1957年反右派斗争及以后的各种政治运动，尤其是全程参加了北大的社会主义教育运动和长达七个月的"国际饭店会议"。现在也想根据自己的亲身经历及所了解的当时具体情况，谈谈我对聂元梓等七人大字报产生的社会历史背景的看法。在写作的过程中，从主观上说，虽力求所言有根有据，客观准确，但事情毕竟已过去了五六十年，加之年迈体衰，记忆力大不如以前，有些记忆不一定准确甚至有误，有些看法也不一定妥当可能是谬言。错误和不妥之处，恐怕难免。敬请校友们和读者见谅，并望多多批评指正。

二、七人大字报出台的根本原因

这一问题是我谈的重点内容，篇幅较长。

我认为聂元梓等七人大字报产生的第一位的原因即根本原因是北大内部由于各种政治运动所长期积累的多种矛盾不断叠加的产物，特别是北大社教运动之后长达七个月的"国际饭店会议"整肃社教积极分子致使矛盾更加尖锐化的产物。在这里，用"整肃"一词，不一定妥当，但一时又想不出更好的形容词来。不管怎么说，反正哲学系的社教积极分子尤其是其中的骨干人物是会议被批判的对象，这是不争的事实。

（一）社教运动之前，北大内部的矛盾已日趋尖锐

陆平书记是1957年10月18日调来北大的。在他来北大之前，作为北京市委第一书记、中央书记处常务书记兼中央反右领导小组副组长的彭真，已对时任北大党委书记兼副校长的江隆基在反右时期的表现不满，认为他有右倾错误，未把老教授中所谓右派分子引出来。对此，彭真1965年6月29日晚在人民大会堂小礼堂北大社教运动党员干部会上的报告讲得很清楚。他说："1957年反右派，教职

员中右派没有好好放出来。学生中放得好，放出了谭天荣、叶于泩。教授中右派没有放。当时校长是江隆基（校长是马寅初，江是副校长——笔者注），我当面和他讲过，他不愿放。我又写了一封信让宋硕同志亲自给他送去，他还是不放。实际上保留了资产阶级右派的一部分阵地，他们的思想还在起作用，一点一滴，潜移默化。"由于对江的不满，经中央批准派陆平来北大担任第一书记兼副校长，江隆基降为第二书记。据陆平书记的女儿回忆，陆平来北大时一位中央领导同他谈话时说：如果你认为北大没有右倾你就是最大的右倾。他女儿问他这位领导是谁？陆回答，我不能说。联系到彭真1965年6月29日的上述讲话的有关内容，我猜想这位领导人可能就是彭真。当然，猜想毕竟是猜想，如若不实，那就是我在胡猜乱想，错莫大焉。

以上可见，陆平书记是在上级领导很大压力下领受反右任务进入北大的。

现在回过头来看，我认为陆平来北大可说是很不逢时。因为自1957年以来，毛泽东的思想和方针政策急剧向左的方向发展。由于个人迷信的盛行，在中央领导集团内部毛泽东一言九鼎，领导集团内虽不无不同意见，但也无济于事，这就不能不使中央的方针、政策不断向左的方向发展。特别是后来毛泽东又大讲阶级斗争，强调提出"阶级斗争年年讲、月月讲、天天讲"的口号极大影响全国政治生活，并强令在实践中大力贯彻，使得当年的中国一个政治运动接着一个政治运动铺天盖地而来，主旨皆为大反右倾。在此大的政治背景之下，陆平作为高级干部，来北大后不能不贯彻中央意图，不能不执行上级指示，不能不跟着中央的指挥棒行事。

应当充分肯定，陆平自1957年10月至1966年文革之前，在执掌北大的九年间，做了大量工作，也取得了很大成绩，对北大的发展做出了应有贡献。对此，北大原党委书记王学珍等人编写的《北京大学纪事》已有详细记载和充分论述，本人也有同感，在此不再累述。

由于笔者谈的主题是揭示七人大字报产生的原因，所以就不能不谈北大自反右派斗争以来在多项政治运动中所长期积累的矛盾，不能不涉及陆平和校领导工作中存在的问题和错误。这丝毫不意味着对陆平在北大业绩的否定。同时，这些问题和错误也不能完全由陆平本人负责，主要是上面出了问题。

但事情也要作具体分析。陆在北大九年期间执行上面的左的政策和指示，虽然有不得已而为之的一面，但也确有积极执行的一面，甚至在某些问题上还有出格的一面，这是无法回避的。这就使北大内部矛盾不断丛生而且日益尖锐化。

下面，本人将从以下五个方面对此作些初步的剖析和探讨。

其一，在彭真的压力下，陆平一进北大就加大力度，大搞反右派补课。

陆平搞反右派补课究竟又多划了多少右派分子，其说不一。有说100多个的，有说140多个的，也有说170多个的。据我了解，较为确切的数字是多划了右派分子205人。这一数字是这样得出来的：据《北京大学纪事》2008年版（以下简称《纪事》）第628页记载陆平实际到校是1957年10月18日。次日，即10月19日副校长江隆基在北大校委会上报告，全校共划右派分子511人，其中教师90人，学生421人。另据《纪事》第1084页记载："校委会综合1957年反右斗争及落实中央55号文件精神，进行复查的情况。其中说全校共划右派分子716人，教职员120人，学生596人。"陆平进校后任北大党委第一书记，江隆基降为第二书记。也就是说反右派补课是陆主抓的。从以上两个数对比，即从实划右派716人，减去陆来北大前已划右派511人，可以得出结论：陆平主持的反右派补课又多划了205人。这是一个不小的数字，比江主政时期增加了40%左右。

江隆基被彭真批评为右倾后为陆平取代，不久，即调离北大，担任兰州大学校长。

这里要用一点时间谈谈江隆基。据当年我的师长辈的老师们说，江是党内资深的老干部（行政六级）、老教育家，曾留学欧洲，颇有学识和教养。早在延安时期就从事教育工作。他在任北大党委书记兼副校长时，非常重视正确贯彻知识分子政策，工作稳重，作风民主，尊重老校长马寅初，同马老相处得很好，颇受教师们的尊敬与欢迎。我入学后，曾听过他在全校大会上的几次报告，没有官腔套话，语言严谨，逻辑性强，几乎没有什么废话，整理出来就是一篇文章。据说调任兰大校长后，很受师生的欢迎。但不幸在文革中被迫害致死。曾任江隆基秘书的北大历史系校友聂大江在粉碎"四人帮"后曾出任中宣部副部长。在他的主持下搞了一部名为《江隆基》的七集电视连续剧，在中央台播放过。剧中对江的经历有详细描述，特别是对他在北大、兰大担任领导时，曾多次顶住压力，关心爱护和保护知识分子的言行有朴实而生动的描述，还增加了一些对北大、兰大老教授的访谈镜头，令人看了很受感动，催人泪下。

其二，1959年庐山会议之后，在北大搞反右倾运动，整人多且狠，严重扩大化，致使校内矛盾日趋尖锐。

先说说邹鲁风之死。

1958年8月，经北大、人大两校党委决定并经北京市委批准，两校成立人民公社调查组，组织170余人，分赴河南河北进行调查。出发前，人大党委书记胡锡奎和北大党委书记陆平对全体人员作了动员讲话。该调查组由时任人大副校长邹鲁风负责领导。1959年4月，中央决定邹鲁风调北大任党委第一副书记、副校长，成为北大的第二把手。调查进行了五个月之久，于1959年5月返校进行总结，写出了调查报告和一些相关文章。这些调查报告和相关文章既罗列了人民公社化运动的"成绩"，也实事求是地反映了发现的一些严重问题。据调查组的人说，无论是调查报告和相关材料都向两校党委汇报过，得到了两校党委的同意并上报北京市委。近来阅读了原人民大学的领导干部、中央党史研究室原副主任李新回忆录《流逝的岁月》，其中有一段记载令我看了大吃一惊。书中写道：

"1959年春夏，邹鲁风的头脑已经冷静下来，他根据师生们的调查材料，写成了一批调查报告和文章。应该说，考察团写的这些东西，基本是实事求是的（虽然把一些特别坏的典型材料都舍弃了）。北京市委（特别是彭真）非常重视考察团的报告，准备拿到即将召开的庐山会议上去表功。因为那时在庐山会议上，毛主席一定要纠正'左'的错误。谁知庐山会议后期的八届八中全会，忽然由纠'左'而变为反'右'，反对彭德怀、张闻天等'右倾反党集团'，于是全党全国都展开了反对右倾机会主义的斗争。北京市委为了表现他们反右倾特别积极,便把人民公社考察团的那批材料作为罪证,把邹鲁风和考察团的骨干都打成'右倾机会主义分子'。"(见山西人民出版社2008年出版的该回忆附录:《挽邹鲁风之死》)

韩三洲先生在《陆平与邹鲁风之死》一文中也提供了一些情况:庐山会议之后,在北京市委的《内部情况通报》中,把调查组的《问题汇编》全文刊载,并且加上大字标题——"人大北大部分师生恶毒攻击三面红旗"。鉴于上述情况,北大、人大两校党委主要负责人大为紧张。按常理说,他们本应主动承担责任,与邹鲁风一起检查所谓"右倾"错误,然而事情却恰恰相反。据调查组的很多人反映,他们却采取有违政治伦理道德的手段,把责任完全推到邹鲁风身上,说调查报告是邹鲁风背着两校党委搞的。他们对此颇为气愤。此事,中国社科院近代史研究所研究员、著名历史学家雷颐先生在他写的《一位革命者的反思》一文中也有记载。他写道:"本来在了解到调查的真实情况后,北大、人大两校的主要领导思想一致,都认为'大跃进'太'左'应当纠正,应向上级报告实情。现在全党反右倾,这几位领导人为推脱责任,便联合起来,说邹要调查组专挑人民公社的毛病,写出许多'罪恶材料'。于是向邹发动无情斗争,邹气愤不过,最后服药自杀。"

据调查组的人透露,邹的自杀是在陆平同他单独谈话之后发生的,故有"陆平逼死邹鲁风"一说。因为陆平与邹的个别谈话,是在二人之间进行的,陆平究竟讲了些什么,外人不得而知,所以"逼死邹鲁风"之说,虽然"查无实据",但却"事出有因"。这因一是胡锡奎和陆平等两校领导人联合起来把责任完全推到邹鲁风身上,这就把邹逼上了绝路;二是人们可以断定陆平同邹谈话肯定施加了很大的压力,否则他不会在谈话后即自杀。其实在这之前,陆平就对邹施加了很大压力。在北大办公楼礼堂召开的批判大会上,陆平曾大声斥责邹使调查组"全军覆没",这是北大的"奇耻大辱"。这次批判会通过大喇叭向全校广播,我们都听到了。

据《纪事》记载,邹鲁风是10月26日夜间自杀的。关于邹鲁风自杀后陆平的态度,北大国际政治系老教授陈哲夫在《我在北大六十年》这一著作中有详细描述,他写道:"10月27日,邹鲁风自杀的消息传来,陆平感到的却是愤怒,他用手猛地拍了一下桌子,说道:'妈的,叛徒,拿纸笔过来,开除党籍!'一个工作人员拿过来了纸和笔,陆平就立即起草了开除邹鲁风党籍的决议。当天党委会即开会做出决定:开除邹的党籍,真可谓雷厉风行。"

很快就在办公楼礼堂召开干部大会。陆平宣布:邹鲁风自杀是自绝于党,自绝于人民,决定开除他的党籍。这个大会我参加了。

据人大知情的教师说,邹鲁风是七级高干。按照时下的规定,对副部级以上的高干开除党籍,要经党中央批准。陆平北大党委匆匆忙忙做出开除邹的党籍的决定,并立即宣布,不知是否经过党中央批准了。

陈哲夫教授回忆,邹鲁风死后,家人要求在墓前立一个碑,竟不被批准。邹夫人方志西只好在一块砖上写了"邹鲁风之墓"的字样,放在墓前。

李新在《流逝的岁月》这本回忆录里还谈到了一件与邹鲁风有关的事:"1962年'七千人大会'后,中央决定为1959年错划的右倾机会主义分子平反。为此,高教部长杨秀峰带了一个工作组到人大和北大作调查。一天,杨秀峰去看吴老(吴玉章),问吴老:人大党委是否有过关于人民公社考察团的决议。吴老说:'我年纪大,党委会我不参加。李新是党委常委,可以问他,他现正在我这里。'于是便把我从书房里请到客厅去见杨部长。我向杨详细说明人大和北大组织人民公社考察团以及邹鲁风被迫自杀的全过程。并明确地告诉他:所谓两校党委的决议全属捏造。于是杨秀峰去向胡锡奎要人大党委决议,胡锡奎拿不出来。杨秀峰严肃地批评胡锡奎:'你这样的老党员,老资格的大干部,怎么能撒这么大的谎!'杨秀峰又到北大去找陆平,向他要北大党委决议。陆平支吾其词,被杨部长狠狠骂了一顿。因为陆平年纪比杨秀峰小,资历也差一些,所以杨对他更不客气。"

邹鲁风被迫自杀时年仅48岁,作为高级干部正是年富力强,为国家作更大贡献的年纪,他的死实在让人们同情、惋惜和愤慨。

令人感到欣慰的是粉碎"四人帮"之后,于1979年5月10日在八宝山革命公墓礼堂为邹鲁风举行了追悼会,赵紫阳、王震、方毅等送了花圈。参加追悼会的有宋任穷、郑天翔、邓力群、林乎加、王猛、陆平等人，北大、人大很多师生也参加了，人数相当之多。追悼会由教育部长蒋南翔主持、周培源致悼词，对邹鲁风的一生做出了很高的评价。总算是还了一个迟到的公道，可以告慰屈死的邹鲁风校长在天之灵了吧。

邹鲁风的自杀，不仅放弃了自己申辩的权利，也放弃了保护下属的责任。在那个年代，一个高级干部自杀，只能使问题更加复杂，性质更加严重。邹鲁风死后，调查组的人员统统被审查，人人过关受到批判。据《纪事》第688页记载：在调查组的167人中，重点批判了42人，定为右倾机会主义分子的9人，按严重右倾错误受处分的还有11人。但实际情况不止于此，组员们回到原单位还要被批判。例如我所在班的一位品学兼优的陈姓同学，仅是调查组的一般成员，竟受到了留团察看的处分。

再谈整人过狠的几个典型。

在陆平的主持下，北大反右倾，整人既多又狠。全校究竟整了多少人，划了多少右倾机会主义分子，不得而知，《纪事》没有记载。以我所在的哲学系为例，党员教师仅有30人左右，被整的就达18人之多。这个数字不是我统计的，而是"国际饭店会议"期间哲学系整风领导成员刘文兰于1965年8月24日向邓拓禀报的。连任继愈这样为人正派埋头做学问，曾为毛泽东誉为用马克思主义观点研究宗教、佛学问题实属凤毛麟角的著名学者也被批判了。刘文兰在向邓拓禀报时说："任继愈有些倾向于那边（指被整的社教积极分子）。任继愈在反右倾时被批判过，他说再呆下去会遍体鳞伤，在王庆淑的领导下政治上没有安全感。"可见打击面之宽。

说整人太狠，我谈谈几个例子。

一个是汪子嵩，被戴上了"右倾机会主义分子""漏网右派""阶级异己分子"三项大帽子，开除党籍，下放到门头沟山区监督劳动。

汪子嵩是西南联大哲学系毕业的本科生和研究生，地下党老党员。毕业后留哲学系任教。1952年全国高校调整后任哲学系常务副系主任（系主任郑昕是一位民主人士）主持系里的日常工作。汪在政治上、学术上和人品上都是好的，很有才气，不到30岁就晋升为副教授。他作风民主，为人也很谦虚，从不整人，受到教师和学生的欢迎和尊重。他长我10岁，是我的老师，又是同一届党总支委员。遭此不测后，得到了我和许多同事及他教过的学生的同情。

他被打成"右倾机会主义分子"，是因为参加了人大、北大人民公社调查组并任一个大组的组长。邹鲁风被迫自杀后，他便成为陆平整肃的最大对象。在陆平亲自主持下，开了数次大会对汪子嵩进行批判，最后被划为"右倾机会主义分子"。

第二顶帽子是"漏网右派"。在反右派时期，汪是哲学系的主要领导人之一。当时哲学系有几名教师对时任党总支书记王庆淑的意见很多，颇为不满，在鸣放时期提出尖锐批评，其中有一位中央马列学院第一期（两年制）毕业的老干部金志广，由于情绪激动，高喊"打倒党内黑暗势力"，于是这几个人便被打成右派分子，划为"右派反党小集团"。在哲学系领导讨论是否将他们划为右派分子时，汪子嵩曾流露了对这些教师的同情态度。好了，这次老账新账一起算，你当年不是同情右派吗，你就是"漏网右派分子"。右派帽子就是这样给戴上的。

第三顶帽子是"阶级异己分子"。大概因为他是地主家庭出身吧，只要存心想整他，总能制造莫须有的罪名，于是他就莫名其妙地成了"阶级异己分子"。

这三顶帽子一戴，汪子嵩可就惨到家了。开除党籍，下放门头沟山区监督劳动，那正是三年饿肚皮的时期。中央决定为反右时期被错误处分的人平反后，校、系两级领导又压着他的案件，迟迟不给平反。对此，汪子嵩本人在他的口述历史一书中有如下记载：

当年对我的"批判会开了整整两天"，"最后是哲学系总支书记王庆淑作了全面总结，给我做了全面清算，她说我出身'食利者阶级'是'不折不扣的反党反社会主义分子'。会后给我做了处分决定：'漏网右派，阶级异己分子，开除党籍'，下乡劳动改造"。对于这个结论，我多次提出申诉，要求甄别，"王庆淑答复说我属于右派，不在这次甄别之列"。但对我的处分决定中"没有一条符合右派的六条标准，便逐条提出证据申辩，王庆淑加以驳斥；我再申辩，再遭驳斥"。（见三联出版社2015年出版的《欲说还休往事旧友》，汪子嵩口述，张健

安采写，第 127—128、130—131 页）

　　由于汪本人坚持据理申诉，加之哲学系的一些党员教师为汪鸣不平，对迟迟不给汪平反提出尖锐批评，领导方于 1962 年 7 月予以平反，撤销一切处分。此后，汪便调到了《人民日报》社，任理论部副主任。退休后的三十多年期间，他致力于希腊哲学的研究，主持编写了四大卷近 300 万字的《希腊哲学史》，成为我国希腊哲学研究最有权威的著名专家。今年年初，以 97 岁高龄辞世。《南方周末》发了一整版以示纪念。

　　第二位是沈少周。沈是原北师大地下党的领导人之一，解放初期调入中央马列学院第一期理论班学习，两年后分配到北大哲学系，任党总支委员兼系秘书，是汪子嵩的主要助手。在反右派时期，因为同情被错误打成右派分子的上述几位教师，并对大跃进、人民公社化有些不同意见，被多次批判后扣上了"右倾机会主义分子"和"漏网反派"两项大帽子，开除党籍，同汪子嵩一样下放门头沟山区，监督劳动达数年之久。

　　第三位是大名鼎鼎的丁石孙。

　　丁石孙在 20 世纪 50 年代中期任北大数学力学系常务副系主任，因系主任是老教授段学复，实际上由丁主持系里的日常工作。丁不仅在数学学科方面造诣颇深，为人正派，工作能力很强，而且思想敏锐，很有见地。20 世纪 80 年代初被全校副教授和处级以上干部民主推选、经国务院任命为北大校长，后任全国人大副委员长。

　　丁在主政北大时期业绩极佳，作风民主，处事果断周到，加之亲民，深受北大师生的尊敬和爱戴。在北大百年校庆纪念大会上，季羡林先生讲话时曾饱含深情地说：我们北大人应当记住两位校长，一位是蔡元培，一位是丁石孙。此言一出，迎来一片掌声。可见丁石孙在北大威望之高。他后来虽身居全国人大副委员长之高位，但一如往常，仍很谦虚。最近我在网上看到丁石孙答记者问，题目为《我怎样从当北大校长到辞职北大校长》，很长的一篇。丁谈到季先生在百年校庆的讲话时连忙说："我担不起，对我太过誉了。"

　　这样一位优秀人才，在北大反右倾运动中竟遭到无情打击，被扣上了"阶级异己分子"的帽子，开除出党。

据数学系知情的教师说，丁在主持该系工作时，很有头脑，很有主见。对陆平校党委布置的任务，凡是他认为不妥的，往往顶着不干或加以淡化，且敢于发表不同意见，对整人的事儿从不积极。这就引起了陆平等人的不满，在1959年的反右倾运动中成为整肃的重点对象，大加批判，后来又升级为"阶级异己分子"被开除党籍。前几年我同老伴去颐和园游玩，恰巧遇到过去同住北大23楼的数学系办公室的一位干部（名字我记不得了）。因多年未见，我们坐在走廊的凳子上聊得甚是投机。我顺便问他，当年你们为什么把丁石孙划为"阶级异己分子"？他回答说："唉，欲加之罪，何患无辞，纯粹是为了整人。我参加过对丁的调查，都是些莫须有的事儿。加上他又是个孝子，十分重视孝敬老母，就说他是地主阶级的孝子贤孙，帽子就扣上了，实在滑稽。"

以上三人是我所知道的，仅是例子，不知道的还有什么人，就不清楚了。

从以上三人的遭遇来看，陆平等领导在整人方面，实在是太出格了，严重违背了党的政策。庐山会议批彭德怀反党集团，但不仅给彭德怀保留了党籍，还保留了他的中央委员和政治局委员，属于党内矛盾。而陆平等人在北大却大大加码，给这三个人（或许还有其他人）扣上了"漏网右派""阶级异己分子"的帽子，按敌我矛盾处理。

在反右倾前后，北大还掀起了一阵"拔白旗"的旋风。大批教师、学生中的业务尖子，认为他们是走白专道路。后来成为两院院士、全国政协副主席的王选就曾作为"白专"典型被批判过。这就大大损伤了广大师生钻研业务和努力学习的积极性，引起不满。

还有一事也值得一提，根据校领导的布置，各个班级的党团支部要经常对本班的学生进行摸底排队，谁是右派，谁是中左，谁是中中，谁是中右，每月要向系总支分管学生工作的领导汇报。这不仅造成了学生与党团组织的矛盾，而且也在同学之间产生分裂。尤其使那些被划为中右的学生长期遭到不公正的待遇，甚至影响到毕业分配和工作安排。

更为严重的是，据有些知情者反映，在1960年至1961年期间，北大划了上百名"反动学生"，将他们开出学籍，遣返回家。这样的处理，比右派分子要严重得多。学生中的右派，除谭天荣、龙英华等头面人物被劳动教养外，一般右派分子在校期间大多都摘掉了"右派"的帽子，少数未摘帽者也都随原班正常学习，照发毕业证书，由学校统一分配工作，享受国家干部待遇。当然，因为是"右派"或者"摘帽右派"，不论在工作分配的地区、单位和今后工作的安排上，都会受到很大影响。但无论如何，总能算在职人员，照领工资，生活不成问题。但这上百名"反动学生"的遭遇就大不相同了。他们的遭遇要悲惨得多。遣返原籍后家在农村的只有当农民一条路，而那时正是三年困难时期，农村闹大饥荒，饥饿难耐在所难免。家住城镇的更无生活来源，只好靠打零工度日，那时不像今日，要想找到一事做，实在难上加难。同时，这些人又背着"反动学生"的恶名，倍受歧视是在所难免的。仅就我所在的哲学系，被定为"反动学生"开除学籍遣返回乡有名有姓的就达8人之多。56级的有王辅臣、杨去塞、陈兆丰、黄美琦4人，57级的则有赵又春、张国珍、刘玉华、杜永祥4人。其中杨去塞来自北京公安局，遣返后长期在该局农场监督劳动。这些人之所以被定为"反动学生"，主要是因为他们当时对发动的大跃进、人民公社化运动、大炼钢铁等等发表过不同意见，或表达了些许不满情绪；家在农村的放假返校后则如实反映了农村闹饥荒和饿死人的情况。所有这些，统统拿来作为定"反动学生"的根据，真是荒唐至极。将他们遣返回乡的任务，大多派青年教师承担，例如56级的王辅臣就是派我和系团总支书记王义近在极其寒冷的冬天将他送还秦皇岛农村的。57级的赵又春、张国珍本是一对恋人，颇有才华，遣返回湖南后生活无着落，只得饿着肚皮给铁路上砸运石子挣点小钱度日。据57级的校友说，20世纪80年代北大为他们平反后受聘于湖南师大，业绩优秀，颇受欢迎。

令人遗憾的是在王学珍等人编写的《北京大学纪事》中，对此不见记载，仅在第673页上提到："校人事处统计，1960年9月—1961年1月30日，学生退学28人（其中因病17人），勒令退学和取消学籍14人，开除学籍11人，留校察看及记过等处分5人。"至于开除学籍的原因则一字未提，不知是什么原因。是疏忽吗，是不了解情况吗，还是隐恶扬善，我不敢妄断。但说不了解情况，我还真的不敢相信。因为当年王学珍就担任北大社科处处长，哲学系在他管辖之内，该系一把就开除了8个"反动学生"并派人遣返原籍，这么大的事情他能不知道吗？况且，《北京大学纪事》所写的数字仅限于1960年9月—1961年1月这4个月。那么在之前和之后呢？究竟划定了多少"反动学生"，没有一个确切的数字，前面所说的一百多名，只是坊间传说，到底定了多少，官方没有数字，连"反动学生"这个字眼都不提，未免使人纳闷。

我之所以着重谈到这一问题，是因为这不是一件小事，它说明北大的反右倾运动实在太出格了，本来，反右倾仅限于党内，而今却搞到学生头上去了，而且处理得那么狠，那么没有人性。

综上所述，在陆平带领下的北大反右倾运动做的确实是严重扩大化了。不仅党内严重扩大化，党外也严重扩大化；不仅在教师干部中严重扩大化，在学生中也严重扩大化。整人多且狠，这就人为地制造了诸多矛盾，也是北大矛盾日益尖锐化的发端和重要原因。

你想啊，一些被整的人很有意见自不待言；他们的众多亲朋好友内心自然非常不满；被整者的大批同情者也很有意见；还有众多与被整者毫无瓜葛，只是出于正义良知而鸣不平的人。这四个方面的人加在一起是一个很了不起的数字。自此之后，陆平等校系领导便坐在了矛盾即将爆发的火山口上，只是他们大概还没有意识到罢了。

就连一向支持陆平的彭真也不得不承认"1959年反右倾，陆平当了校长，又犯了扩大化、过火斗争的错误"。

其三，批判老校长马寅初。

马寅初是建国后北大第一任校长，著名经济学家、社会名流，还是全国人大常委。他在北大主政期间作风民主，谦虚亲民，尊重党委的意见，与党委书记兼副校长江隆基相处很是融洽，得到全校师生的尊敬与爱戴。那时的校友都还记得，马老每次对全校师生讲话时，一开口便说："兄弟我"如何如何。每年元旦都在大会上向全校师生拜年，还说"恭喜，发财"之类引得大家哄堂大笑的话。

批判马老，责任不在陆平和北大党委，完全是上面授意。因为马老发表了《新人口论》主张节制我国人口的快速增长，提倡计划生育，这就与毛泽东关于"人多，热气高，力量大"的论断相抵触。这不是唱对台戏吗，那还了得，必须批判。陆平与北大党委只是奉命行事。

但北大批判马老的声势搞得实在是太大了。陆平女儿写文章说北大未开过批判马老的大会，这不是事实。大概她不是北大的人，未身临其境，可能不甚了解当时的情况。据我所知，当年北大曾多次开过大会、小会批马。给我印象最深的是一次全校大会（据《北京大学纪事》记载是八千多人的大会），并且通过大喇叭向全校广播。在这次批判会上，发言者不仅上纲上线，说马老的《新人口论》是马尔萨斯人口论的翻版，如何如何反动，更令人不能容忍的是，有人还公然在大会上发表了污辱马老人格的言论。事情是这样的，马老是浙江人，地方口音浓重，为了工作、生活上的方便，学校给他配了一个浙江籍的姜姓女助手。这位姜姓女助手竟然在大会上发言说：一次她陪同马寅初到浙江出差，在杭州某饭店用餐时上了一盆清炖老母鸡，马只喝了鸡汤，未吃鸡肉，于是在结账时便不肯给钱。这就成为她批判发言中的一个小题目："马寅初喝了鸡汤不给钱"。这是明目张胆地在全校师生面前污辱马老的人格。然而当时大会的主持者非但对这样的发言不加制止，反而与坐在主席台上的人一起哄然大笑，以示对发言者的欣赏与支持。此事全校尽人皆知。

除了大会批判外，校领导还号召给马老贴大字报，在大饭厅墙上、著名的"三角地"，到处都是批马大字报。这还不算，竟然动员把大字报贴到燕南园63号马老的办公室和卧室，还组织人们前去观看。我和哲学系56级的许多同学都去看过。那时，我是第一次到燕南园63号的，是马老独居的一个典雅幽静的院落。我们进去看时，不仅院内满墙都是大字报，还贴到了室内走廊和办公室，就连马老卧室的床头之上也贴满了大字报，真可谓琳琅满目。就这样子，马老还能在这里办公和休息吗？只好躲到城里家中居住。这分明是摆出了一副赶走马老的架势。

这里要说明的是，北大确实未面对面地批过马老。一是因为马老是人大常委，又是周总理的老朋友和好朋友，不经中央批准，谁也不敢面对面地批判他。二是北大领导不能也不敢对马老搞面对面的批判，因马老秉性耿直，既不信邪，也不怕压，若面对面地批判，他必反驳歪理和污蔑不实之词，这就难以收场了。其实这类背靠背地批判，更加恶劣，因为这就剥夺了被批判者答辩的权利，而批判者则可信口胡说，那位姜姓女助理，对马老进行污蔑性的人身攻击即是一例。

除校内大批判外，北大学报和社会上的报刊也发表了一些批判文章。马老在《光明日报》或《新建设》杂志上发表了一篇回敬文章。他写道："我虽年近八十，明知寡不敌众，但仍单枪匹马出来应战，直到战死为止。"他的铮铮铁骨，实在令人敬佩。在一些回忆和纪念马老的论著中，曾提到周总理曾同他这位老朋友促膝谈心，劝他作些检讨，好让事情平安了结，但被马老婉言谢绝，始终未做任何检讨。真是有骨气啊。

1960年3月31日，马老被免去北大校长职务，美其名曰"同意马寅初辞去北大校长职务"，陆平接任校长。这在北京大学的历史上出现了一个空前但愿也是绝后的奇迹：一位既不是教育家，又不是文化名人，甚至连个副教授职称也没有的干部，竟然当了我国最高学府北京大学的校长。这在北大校史上堪称一绝。

马老被免去北大校长职务后，坊间有一传说："陆平逼走了马寅初"。此系谬传，没有什么根据。马老的免职完全是上边的决定，与陆无关。当然，当年北大声势浩大的批判，大字报都贴到了他的案边床头了，试想马老还能在北大呆下去吗？

一位堂堂大国的总理，居然连他亲自任命的北大校长都保不住，实在值得令人深思。

谈到马老，还有两件事我也要在这里讲讲。

一是有一年周总理亲自陪时任缅甸总理的吴努到北大来讲演，内容是有关佛教和佛学方面的。校方决定哲学系全体师生到办公楼听讲。讲演由马老主持，吴努讲完后，马老请周总理讲话，周连连摆手示意不讲了。哲学系师生因极想听总理讲话，即热烈鼓掌表示热情欢迎。这时马老更来了精神，走到总理面前又拉又拽，将周总理拉到讲台边。周总理拗他不过，只好从命，非常机智而又得体地讲道：今天我们有幸听了吴努总理的讲演，这就证明了我们的国家是提倡"百家争鸣"的。言罢赢得哲学系师生一片掌声。由此可见马老与周总理友谊之深。

另一件事是2006年是我们56级入学的50周年。这年春天我和老伴及阎大班长（阎慎明，因年长我们又长期担任班长都称他为阎大班长）在杭州拜谒了老校长"马寅初纪念馆"。此馆是中央批准由杭州市大力支持建成的，是一个有二层楼房的院落，幽静典雅。楼前有一尊马老的雕像，还是那般和蔼慈祥。楼内陈列着许多马老的著作和数种传记，大批马老解放前和新中国成立后参加各种活动照片及同周总理等领导人的合影，还有许多有纪念意义的物件。小楼二层设了一个当年批判马老的专栏，陈列出一批当年批判马老的文章，不过作者的名字都被盖掉了，但有的文章我们一看题目就便知道是北大哲学系谁写的。馆长是马老的嫡孙，他听说我们是当年北大马老的学生，十分热情地予以接待，主动介绍建馆过程并陪同参观讲解。当我问他为什么把文章作者的名字盖掉时，他回答说："还是给他们留点脸面吧，何况他们也是奉命行事。"临走之前，我们三人再次向马老雕像鞠躬致敬并同馆长在雕像前合影留念。

其四，在办学方面虽有一定成就，但瞎指挥颇多，引起师生强烈不满。

实事求是地说，陆平是一位既有能力又有魅力、勤勤恳恳工作想把北大办好的老干部。但是由于他长期在地方和铁道部工作，对教育特别是对高等学校像北大这样的知名学府涉及不多，经验不足，加之主观性较强，很少听取不同意见，因而在办学方面出现了不少瞎指挥现象。

以下仅依照我所知道的举几个例子加以说明。

例1，关于"除四害"运动。

毛泽东号召"除四害"，即消灭苍蝇、蚊子、麻雀、老鼠。下面便闻风而动，不少单位虚张声势"意思意思"也就过去了，而北大贯彻得特别积极。据《北京大学纪事》记载，校党委于1958年1月14日召开了全校动员大会，提出了"争取在三月底使'四害'在我校基本绝迹"，"一年内使我校成为无'四害'学校"的口号。并且动员全校师生立即行动,不达目的誓不罢休。你说可笑不可笑,荒唐不荒唐。

一时间学生们满校园敲着脸盆,挥着衣裳,高声呐喊吓唬麻雀,好让它们到处乱飞不停,疲劳轰炸,落地而死。还真有倒霉的麻雀这样丧命的,这便是成果。在这期间,学生们基本不读书了,专搞卫生。宿舍前后每天都扫得干干净净,宿舍、厕所也弄得一尘不染,以迎接校领导的检查。检查组的人员戴着白手套到学生宿舍到处乱摸,书架上,门框上,墙角处都要仔细检查,如不合格,必须补课。当时我们哲学系的男生住在38楼,记得陆平等校领导就亲自带领检查组来检查过。学生们对这么瞎折腾很是不满,戏称:我们都变成清洁工了。此事多少年后校友聚会回忆往事时仍被传为笑谈。

例2,为了贯彻毛泽东提出的"教育为无产阶级政治服务,教育与劳动生产相结合"的教育方针,组织文科等系长期下放农村、工矿劳动锻炼,荒疏学业。以我所在的哲学系为例,自1958年8月25日起,全系师生都下放到大兴县芦城乡参加劳动和大跃进、人民公社化运动,就连冯定、冯友兰等老教授和在读的苏联研究生及六七名越南本科留学生也不例外(老教授和留学生提前返校)。直到1959年5月,周扬批评说:北大哲学系的学生如还不回校读书,就要变成费尔巴哈了。周扬批评后,于当年5月底返校,在农村长达八九个月之久。(注:费尔巴哈为18世纪法国著名唯物主义哲学家,马克思创立辩证唯物主义时吸取了他的唯物主义思想的合理内核,马克思在评论费尔巴哈时,说他的唯物主义之所以没有提升为辩证唯物主义,重要原因之一是他长期居于穷乡僻壤。故周扬批评说,哲学系学生再不回校读书就要变成费尔巴哈了)。

由于人民公社化运动极大地损伤了农民的生产积极性,社员们出工不出力,致使农田里野草遍布,庄稼极难生长,于是当年夏天又动员哲学系师生到黄村公社"抢荒",主要是拔除生长极快的野草"拉拉秧"。1959年年底,又动员组织哲学系学生到黄村公社搞所谓"整社"长达三四个月之久。总之,以我所在的哲学系56级而言,自1958年8月至1960年3、4月长达一年半的时间基本上没有上课读书。据说中文系也下放京西煤矿跟班下矿劳动,时间也比较长。

例3，1959年秋末到冬天，正是三年困难时期大闹饥荒，饿死不少人的时期，北大竟然组织学生饿着肚皮去参加抢修铁路的重体力劳动，还发起所谓劳动竞赛。

当时，北大在昌平县较远的农村建了一个分校，名曰200号，要把一些涉及机密的系和专业如技术物理系、无线电系、力学专业等迁往该分校。陆平来北大前曾任铁道部副部长，他与铁道部联系得到大力支持，决定从南口至200号分校修建一条铁路支线，以便各种设备和物资的运输及师生的往返。决定一旦做出，立即实施，就在1960年秋末和冬天，动员大批学生和青年教师前往抢修铁路，本人亦在其内。现在的年轻人大多不知道，1960年正是三年饥荒时期最为严重的年月，男生每月粮食定量只有30来斤，女生更少27斤左右，不仅无肉无鸡蛋，油也极少，每人每月半斤。平日在校时，尚且时有饥饿感，及至饿着肚皮抢修铁路，建路基、砸石子、运枕木这样一等一的重体力劳动，就更受不了了。加之南口地区是一个大风口，那年寒流又来得早，天气异常寒冷，说当时修路的师生处于"饥寒交迫"的困境实不为过。由于校方不顾学生的健康状况，在食不果腹的情况下强令学生参加如此繁重的累活，致使大批学生得了浮肿病，女生不仅不少人浮肿，而且长期闭经。据说此事被反映到中央领导那里，受到了严厉批评，校方才匆匆忙忙停工让学生返校。一些病重者则住进了校医院。我爱人就因严重浮肿，住进医院达20天之久。

因为受到上级批评，那时校领导十分紧张，生怕死人闹出更大影响，于是便再三强调"劳逸结合"。下令学生宿舍每晚9时必须统一熄灯上床睡觉，校领导每晚亲临学生宿舍检查。

后来得知，这条铁路支线并未修成，许多筑路的材料都被沿线农民拿走，真可谓劳民伤财。

例4，要把北大变成半工半读的大学。

在办学方针上积极贯彻毛泽东的左的方针政策，日益向左的错误方向发展。陆平于1965年12月30日在"国际饭店会议"上向哲学系与会者的长篇讲话中说："哲学不是第一，第一是阶级斗争。"根据中央指示的精神，今后北大要办成半工半读大学。他强调："对于半工半读的深远意义，我们需要进一步提高认识，这是培养又能作体力劳动又能作脑力劳动的新人，根本消灭修正主义的社会基础，为将来完全消灭三个差别和进入共产主义社会做准备的，这是努力促进文化革命，逐步消灭三个差别，防止资本主义复辟的大事情。""北大哲学系资产阶级唯心主义的势力是很大的，不仅有大师冯友兰，还有一些国内第一流的资产阶级哲学家。这些人的资产阶级世界观是根深蒂固的，决不要看他们一时的进步表现，就放松同他们之间的斗争。"（见《北大哲学系党员干部整风学习会议简报》）

这里我必须指出，问题的根子在毛泽东，陆平校长仅仅是积极执行而已。

由于陆平和校党委在历次政治运动中特别是反右倾运动中整人过多过狠，再加上以上所说的胡乱作为，引起了周培源和一些老干部、老专家的不满。据校友王复兴先生在他的著作《抢救记忆》中记载："周培源于1965年7月在一次外事活动中与周恩来总理相处时，在飞机上总理问他北大的情况，周培源说北大很复杂，要写个材料给总理。后来他转交给总理一封信，状告陆平在北大'乱干'，把北大搞得很乱。北大社教后期，万里找周培源谈，要他改变对陆平的看法，周培源不接受。5.25大字报贴出后，周培源在现场看了大字报后回家，对夫人、孩子说：'我向总理告的就是大字报上的三个人。'"（见《抢救记忆》第52页）类似论述，我在校友们其他论著中也曾见到过。

其五，在校领导班子中，有亲有疏，致使党委几位主要领导人对陆平不满，产生矛盾。

关于这个问题，我是后来借调到北大社教工作队之后才知道的，将在后面谈北大社教运动时再讲。

从以上五个方面，不难看出在社教以前北大内部矛盾已层层叠加，且日趋尖锐。

这里要顺便指出，陆平来北大后在反右派补课、反右倾斗争和批判马寅初等一系列表现，显然得到了上峰的肯定与欣赏；否则也不会任命他为北大校长，也不会在文革前最后一次提升工资时，将他从高干八级提到七级。

我还得再重复一遍，陆平校长来北大后所做的一切，都是奉命行事，根子在上面，主要责任不在他的身上。然而在有些事情上他执行得较为积极，且有出格，这也是实情。这些作为引起了广大师生的不满，也是事出有因的。王复兴校友在他的《抢救记忆》里写下了这样一段文字：

"我的北大历史系学长，62级毕业生王增喻，在《北大五年》（刊于《北京大学新闻网》）一文中，详述了陆平领导北大期间，57年反右，58年'拔白旗'，59年反右倾，再后的批判马寅初，61、62年教育改革中本人的经历与感受。他感到：他在北大的五年（57年至62年）是'多灾多难'的时期，说'在校期间正值北大的民主和科学传统被摧残最烈的时期'，并说'我们这个阶段的北大人，谈及陆平，极有恶感'。"

这是老校友的心里话。如果认为对陆校长"极有恶感"一词有点刺耳，那么不妨换一种说法：老北大人和北大老校友，对老校长马寅初和老书记江隆基多有怀念，对健在的老校长丁石孙不仅像季羡林先生说的那样"应当记住"，而且尊敬有加，然而对陆平校长真心诚意怀念的却少之又少。这也算是实情吧！我不认为这是陆平校长个人的悲剧，而是那个时代的悲剧。

（二）北大社教运动促使内部各种尖锐矛盾的大爆发

在全国开展社教运动，即"四清"运动，是毛泽东的主张并经党中央决定的。按照毛的意图，运动的重点是整走资本主义道路的当权派。

在北大搞社教运动的试点，是经中央批准的。

1964年7月2日，中宣部派副部长张磐石等十余人进驻北大作调查。8月29日，调查组向中宣部写了"一号报告"。这个报告把北大的问题看得很严重，里面写道：调查组7月2日到北大后"最突出的一个印象是北大党委的阶级斗争观念薄弱。在北京大学，资产阶级知识分子的进攻是很猖狂的，特别表现在教学和科学研究领域中。校内帝国主义、蒋介石、修正主义的特务间谍活动，贪污盗窃分子、流氓分子的活动也相当严重。北大党委对这些问题却没有认真抓"。报告中还说：北大党员干部队伍"政治上严重不纯"。"哲学系聂元梓向我们反映，北大党委对中央的方针政策没有认真贯彻执行、提拔和重用一批政治上不纯的干部。"显然，张磐石调查组在"阶级斗争年年讲、月月讲、天天讲"的左的思想指导下，未经认真仔细地调查研究把北大的问题估计得过于严重了。他们仅凭看干部的档案就得出了干部队伍"政治上严重不纯"的结论。这不仅违背了中央关于干部问题"重在表现"的精神，也不符合北大的实际情况。北大中层以上的干部大多是学历较高的知识分子，许多人是解放前在北大、清华、燕大、辅仁等校毕业的，不少人家庭出身剥削阶级，社会关系比较复杂，有的人亲属有杀、关、管的，有的则有海外关系，个别人还有历史问题。但这些干部在历次政治运动中，组织都作过政治审查，已有结论。应当承认，北大的干部队伍基本上是好的。有些人有严重错误，也多属思想意识问题，执行政策中的偏差，工作作风或生活作风问题，极少数人因政治运动中整人过多过狠，有一定民愤。所以张磐石的"一号报告"说北大干部队伍"政治上严重不纯"，是不符合事实的。

　　根据"一号报告"对北大情况的基本估计，张磐石调查组于10月21日向中宣部建议在北大开展社教运动。次日，即10月22日，彭真、陆定一批准在北大搞社教试点，并成立了五人领导小组：张磐石、刘仰峤（高教部副部长）、徐子荣（公安部副部长）、庞达（中宣部教育处长）、宋硕（北京市委大学部副部长）。由张磐石任社教工作队长，刘仰峤任副队长。继而由中央批准从全国各地抽调了190多名干部，多为省市委宣传部正副部长、教育厅正副厅长、大学党委正副书记、正副校长等，仅13级以上的高级干部就多达102人，可谓浩浩荡荡。各系和校部都派进了工作组，根据我的记忆，分配到哲学系的工作组长冯毅时任山西省教育厅长，是个11级干部，副组长季增则时任浙江省高教局副局长，级别为13级。

　　工作队进校后，我被借调到工作队办公室简报组工作。主要任务是到有关系参加揭批大会，只管听、记，不准发言，会后回办公室汇报情况，编写简报。据我记忆，工作队集中后还成立了党委，张磐石任书记，副书记有好几位，如刘仰峤、常溪萍（上海市委文教部长）等。因在工作队办公室工作，了解的情况相对多一点。

由于工作队进校前北大已经矛盾重重且日趋尖锐，故工作队进校还未怎么发动就有不少人纷纷向工作队反映情况，揭发问题。其中以哲学系、经济系、技术物理系最为热闹。

最早向张磐石反映情况揭发问题的有党委第一副书记兼第一副校长戈华、党委副书记崔雄崑、纪委副书记孟琳、副校长周培源等。在他们当中，有的是主动找张磐石谈的，有的则是由张磐石约谈的，他们都成为工作队所依靠的领导干部中的积极分子。在工作队的压力下，党委副书记谢道渊也揭发了大量问题，受到表扬，并加入了积极分子队伍，故工作队有人戏称他为"起义将领"。副校长黄一然是个级别较高的老干部，曾任我国驻苏使馆文化或教育参赞，自称对《资本论》有研究，他在校部也揭发陆平的问题，并且在工作组负责人在场的情况下说：社教工作队进校使他感到"真共产党来了"。可见其对陆平党委之不满。但不知什么原因，张磐石未把他列为积极分子。这些校领导们同张磐石谈话，有时刘仰峤在场，有时庞达也在场，均有中宣部的干部记录。因与中宣部的这些一般干部同在一个办公室，他们也经常向我透露一些情况。据说揭发陆平最多且较激烈的是崔雄崑，主要讲陆平重用和包庇哲学系总支书记王庆淑、经济系总支书记龚理嘉，说王庆淑并未参加人民公社调查组，但陆平却要她在调查组反右大会上多次发言批判汪子嵩，调子很高，捕风捉影，多有不实之词。崔雄崑认为给汪子嵩扣上"漏网右派""阶级异己分子"的帽子，王庆淑起了很大作用。崔还谈到陆有个小圈子，排斥他和戈华等人。戈华也揭发了干部路线问题，但讲得更多的是陆平拉帮结派：陆平把他从铁道部带来的伊敏安排为党委常委兼组织部长、张学书为党委副书记、魏自强为党委常委兼办公室主任，排挤他和崔雄崑等人，有些问题特别是干部问题，陆平、伊敏、张学书、魏自强等人一起研究后就决定了，事后才告诉他，说他这个第二把手有被架空之感。戈华的夫人孟琳，时任北大纪委副书记，反映的问题大体与戈华相同，但又加了一条说：据经济系的一些教师反映，该系总支书记与一年轻的男性团委书记乱搞，道德败坏，纪委要调查此事，被陆平压下不作处理。周培源讲的与上述几人有相同之处，也有区别。他是一位著名物理学家，颇为爱惜人才，对反右运动中那么严重地整丁石孙、汪子嵩等人，把他们打成阶级敌人，严加处理很是不满，还较多地揭发陆平骄傲自满，自以为是，刚愎自用，独断专行，听不得不同意见，在办学方面乱指挥瞎折腾，把北大搞得乱糟糟的。当年他们同我说的内容远不止如此，有些已记不清了，给我印象较深的就是上面说的这些。

系一级的领导干部到工作队反映情况揭发问题的也有一些，如国政系总支书记张侠和技术物理系总支书记戴新民、人事处副处长白晨曦等，他们都是些资历较深的老干部，张是行政11级，戴是10级，白是13级。但揭问题最多的是哲学系总支书记聂元梓，主要是干部路线问题和重用包庇王庆淑和龚理嘉的问题。她成为张磐石的主要依靠对象之一。张把哲学系当作重点来抓，确有通过哲学系揭盖子，上追陆平的意图。有一次聂元梓与哲学系工作组长冯毅向张磐石汇报：据哲学系与王庆淑关系密切的总支副书记谢×、副系主任冯××交代与揭发，王庆淑调离哲学系后，还同他们有非组织活动，如向他们透露党委的某些意图，议论哲学系的干部安排等等。他们汇报时我也在场。张听了汇报后立即说："山西通过'四清'搞出了个地下县委，哲学系这不是有个地下总支么。"随后，工作组和聂元梓便着力于追查"地下总支"问题。由于谢×和冯××揭发"有功"，均被工作组吸收为积极分子。还有一位平素与王庆淑关系较好的教师，也站出来揭王，他搞到了一份王未发表的文章《论典型》，其中有涉及人性论的内容，在当时的政治气氛下，这类观点是十足的修正主义，他不仅将文章交给了工作组，还写了一篇评论，说该文的观点与当时正在公开批判的"有鬼无害论"的反动程度相比有过之而无不及，因此也受到工作组和聂元梓的表扬，被列为积极分子。

哲学系还根据张磐石的指示，要陆平来听取意见，实则为接受批判。我因在工作队另有任务未能参加。事后听说冯定也参加了这次党员大会，他时任校党委副书记，是哲学系辩证唯物主义与历史唯物主义教研室支部的老党员。在会上冯定揭发陆要"五路进军"整反对王庆淑的教师，还当面质问陆平，"究竟是你领导王庆淑，还是王庆淑领导你？"冯定发言后，聂元梓说他的发言"很好"。这就是后来在"国际饭店会议"期间，大批特批聂元梓"联合修正主义分子冯定，批判马克思主义者陆平"的由来。

1964年11月15日或16日，社教工作队召开了全体工作队员大会，张磐石向队员们介绍了来北大后的调查过程和哲学系、经济系、技术物理系等八个系的问题后说："北大有几个系的总支的领导权不在共产党手里，人事处、组织部的问题就更乱了。""哲学系正在进行的一场大论战，就是一场阶级斗争，是北大阶级斗争的缩影。"他号召工作队要"大揭阶级斗争的盖子"，"重点揭发校系两级领导的主要问题"。在当时毛泽东和中央指出全国大约有三分之一单位的政权不在共产党手里的估计下，张磐石对北大的问题确实看得过于严重了。此后，运动便在全校铺开。

11月18日，张磐石召开了全校社教积极分子大会，向他们介绍了哲学系、经济系、技术物理系等八个系的问题，说明北大阶级斗争的严重性，动员积极分子们勇敢投入战斗。可见，工作队进校不久，就已经形成了数字可观的一批积极分子队伍。这也从一个侧面印证了我在前面所讲的：在社教运动之前北大的内部矛盾就已经相当尖锐了。否则怎么会这么短的时间内就一下子冒出了这么多的积极分子呢。

社教运动全面展开后，根据工作队领导的部署，许多系和校部普遍将矛头指向了单位的领导，大会小会揭发批判。同历次政治运动一样，只要群众一被发动起来，过激情绪必然出现。在各类人物的发言中，虽不无正确的批评意见，但也出现了不少捕风捉影，严重不实，胡乱上纲上线、翻老底，打态度等过火斗争的言词，使不少干部受到伤害。

据我了解，在工作队内部有人对张磐石的上述估计和做法也有异议。有几位大学党委书记和校长曾在私下议论，像北大这样搞试点，推广开来我们回去不就成为斗争对象了。

北大运动的情况，不知通过什么途径反映到中央领导那里。1965年3月3日，中央书记处开会专门讨论了北大社教运动。对北大做出了基本估计，认为北大是比较好的学校，陆平是好同志犯了一些错误,不存在改换领导的问题。邓小平在总结时说:北大运动有成绩,肯定有缺点、错误,发生了"顶牛"现象。错误有几条:一是没有"三结合",这个问题不只是北大,中央担了责任;一是开始对北大估计错误,当作烂掉了的单位去搞,以夺权问题对待,越搞越远;一是斗争方式有严重毛病。邓小平指示,要按《二十三条》办事。(见《北京大学纪事》第736页)

中央书记处会议后,3月5日,中宣部部长陆定一对北大社教工作队全体队员和北大党委常委作报告,主要讲解《二十三条》。最后宣布5人领导小组增至8人,增加了北大党委书记陆平,副书记戈华和彭珮云。

3月9日,根据中央指示,北京市委在国际饭店召开了北大党员干部会议,历时十多天。市委书记处书记万里在会上传达了中央书记处会议精神,这就是人们所说的"第一次国际饭店会议"。此次会议我未参加,只有耳闻未知其详。据说在会议期间,陆平、戈华、崔雄崐、谢道渊、黄一然等领导都作了检查,听取与会者的意见。大家对崔、谢二人提出的批评最多,认为他们在运动中紧跟张磐石,把北大搅浑了水。一些运动中受批判和冲击的干部也出了气。

大约在3月17日,北大社教工作队党委副书记、上海市委教育卫生部副部长常溪萍给邓小平写信,反映对张磐石的意见,建议中央派人检查张在北大的工作,这是在"第一次国际饭店会议"期间发生的事情,不知邓有何批示。

就在"第一次国际饭店会议"散会不久,大约是4月份,中宣部在民族饭店召开北大社教工作队全体会议,历时约二十多天,史称"民族饭店会议"。校内借调至工作队的人员均来参加此会。据说会议主要是传达中央书记处3月3日会议精神,学习《二十三条》,重点批判与清算张磐石左的错误。按照彭真的说法,张磐石的错误分两段。"头一段不能完全由他负责。他写的调查报告我看了,我提议组织五人小组搞调查研究。对北大有些了解,但我应把我所知道的告诉他,指出要注意什么,防止什么偏差,我没有。我有责任,中宣部、市委也有责任。但是《二十三条》下达后,他就不执行,怎么说他也不听,置之度外,像没有一样,那我们不能替他负责。"(见彭真1965

年6月29日讲话打印件第3、4页）故"民族饭店会议"批判张磐石，主要是清算他对抗《二十三条》拒不承认错误。这次会议的最后一天是开大会批判张磐石，大约是为了使我们受教育，包括我在内校内借调到工作队的人员也都参加了。大会由中宣部常务副部长张子意主持。在大会上发言批张的有工作队的干部，也有中宣部、高教部参加工作队的干部，看样子都作了充分准备。而张磐石则坐在主席台上右手托腮，只听不记，散会时拂袖而去，表现出一副不服气的样子。

参加这次大会后，我很有感慨。据我所知，张磐石每周六回中宣部后，多向张子意常务副部长及部领导汇报工作，听取意见。张子意等也多有指示。他们周一返回北大后每次都在各工作组长会议上传达，我作为一般工作人员也列席会议听过传达，未听到部领导提出什么不同意见。怎么中央书记处会议后就一股脑儿把错误全推到了张磐石的身上？尤其是常务部长张子意（据中宣部的人说是个行政三级的老红军高干）在最后总结发言时，大批特批张磐石。对此，我百思不得其解，也大开了眼界，原来在高层领导之间还有这等事情。

1965年4月28日或29日，在"民族饭店会议"结束之前，陆定一代表中央文化革命五人小组宣布：撤销张磐石北大社教工作队队长职务，由许立群（中宣部副部长）接任；八人领导小组改为九人，增加了常溪萍，许立群任组长。至此，张磐石时期的北大社教运功宣告结束。

大约在1965年6月上旬，北大社教工作队决定放假，工作队员全部回原单位，暑假后还要返回北大搞社教运动。名曰"放假"，实际上是把工作队解散了，终止了北大社教运动。

在社教工作队撤离北大时，一些好心的工作队员对社教积极分子说："我们要走了，后面可能要整你们了，要有思想准备。"我因借调到工作办办公室工作，副队长刘仰峤又分管办公室，同他接触较多。他在临走前也同我打招呼，说运动搞过了头，责任在工作队，你们可能会受到牵连，要想得开。

（三）长达七个月的"国际饭店会议"整肃哲学系社教积极分子，使矛盾大大激化，成为聂等七人大字报得以出台的爆发点和根本原因。

北大社教工作队解散后，根据北京市委的决定，于1965年6月底召开了第二次"国际饭店会议"，名为"整风学习"。

会议领导小组组长由北京市委书记处书记邓拓和中宣部副部长许立群担任。实际领导人则是邓拓。

1965年6月29日晚，彭真作动员报告。据我了解，当时社教积极分子普遍有很大顾虑，认为要轮到我们挨整了。因而听彭真报告时特别注意他对积极分子的态度。当他讲到：有人说"怕打击报复"，"如果你坚持走资本主义道路，难道就打击不得？兴无灭资，资产阶级思想要灭，就打击不得？"时，积极分子们的顾虑就更大了，大有"在劫难逃"之感，抵触情绪也更大了。

最初参加会议的有全校各系和校属单位的党员领导干部，特别是那些在社教运动中受到揭发批判的干部、运动中党员积极分子。"整风学习"约一个月后，多数系因问题不大，返回学校，仅留下问题严重的哲学系、经济系、技术物理系继续"整风"。市委大学部干部分工，彭珮云管哲学系、李开鼎管经济系、宋硕管技术物理系。又过了约两个月，大约是在10月份，经济系、技术物理系"整风"结束，也返回学校。只剩下了他们称之为"硬骨头"的哲学系。

此时，因哲学系久攻不下，邓拓感到彭珮云领导不够得力，便指令宋硕亲自挂帅，领导哲学系的"整风"。邓拓曾对参加"国际饭店会议"的市委干部李×说："过去我认为彭珮云很有办法，这次知道了，她就是个搞办公室的角色，管家可以，挂帅不行。"

国际饭店，即解放前名气很大的"六国饭店"，解放前夕以张治中为首的国民党政府的和谈代表团就住在这里。建国后，经过扩建，成为北京市委的高级招待所，条件相当高级。市委决定在此召开北大党员干部、教师"整风学习"会议，不仅规模大而且时间长，可见是下了很大本钱的。

在这里我要郑重说明，对于邓拓过去虽素不相识，但不论过去还是现在，我对他是很尊敬的。他是文化素养很高的党内为数不多的老干部之一，诗文俱佳，且以书法见长，颇有名气。他曾任《人民日报》总编辑，由于未紧跟毛泽东的左的错误，曾被毛骂为"死人办报"而遭到免职，以吴冷西取而代之。他思想敏锐，在任北京市委书记处书记时，曾为《北京晚报》开辟的"燕山夜说"专栏写了不少杂文，敢于针砭时弊，反对左的倾向，获人们的好评。不幸的是，他在1966年5月18日却自杀身亡了。由于邓拓是当年"国际饭店会议"的领导者，并在饭店内设有办公室亲临指挥，所以我在回顾当年这段历史时，不能不涉及他当时的许多言行。对一位已不在世的革命老干部来说，委实是失敬了。我想，倘邓拓有在天之灵，一定会对我的不敬之言给以谅解。对于前面所讲的关于陆平校长的那些事情，我也抱着同样的心情。

哲学系长达七个月的"国际饭店会议"，表面上说是"整风学习"，实则是整肃社教积极分子，特别是整肃社教积极分子当中的骨干分子，如聂元梓、张恩慈、孔繁、孙蓬一等。

参加会议的哲学系党员教师和干部约40人。其中，社教积极分子达20人之多，还有运动中被批判的原总支书记王庆淑及其支持者约10余人，另外还有几名过去与王庆淑关系密切运动中在压力下转而揭发王庆淑，这次会议期间又转过来批判社教积极分子的人。后面两类加在一起不超过20人。市委、校党委参加会议的干部人数是很可观的，大约有七八人之多。会议领导小组成员是被指定的，组长是彭珮云，组员有北大党委干部刘文兰、中宣部干部何静修。后来邓拓指定宋硕也参加进来并作总负责人。

会议起始，倒是有点"整风学习"的味道。大家认真学习《二十三条》和彭真的动员讲话。也都作了自我检查。社教积极分子主要是检讨了受张磐石错误指导影响，把北大和哲学系的问题看重了，搞了过火斗争等等；另一些人则检查在社教工作组的压力下犯了乱揭发乱批判的错。聂元梓和王庆淑也分别作了检查。

但随着会议的进展，领导整肃社教积极分子的真实意图就明显地暴露出来了，有以下事实为证：

（1）大约在1965年9月24日前后，邓拓召开六个小组召集人的会议汇报情况。本来彭珮云、陆平选小组召集人时，说是找"中间人"当。但邓拓听了赵正义（较为温和的社教积极分子）的发言，散会之后便对市委的干部说："听了赵正义的发言，一听就听出来他不是'中间派'，而是他们那边的人。"这里，邓拓显然把社教积极分子视为"他们那边的人"，而把批判社教积极分子的人看作"我们这边的人"，立场已经很清楚了。

（2）1965年11月19日，邓拓来国际饭店找陆平、宋硕、彭珮云，研究下一阶段的工作。邓拓特别强调："要把王庆淑的旗帜举起来。他们（指社教积极分子）说社教运动有错，但北大，王庆淑的问题更严重，所以要全力以赴支持王庆淑。""叫王庆淑上第一炮，敌人从这里开刀，就从这里顶，理直气壮。"这里，邓拓又把社教积极分子称作"敌人"。整肃积极分子的意图就更加明显了。

（3）邓拓和会议领导小组成员以及陆平等人，把聂元梓列为首要整肃对象。早在1965年9月下旬，邓拓就指使他的助手、参加"国际饭店会议"的市委干部××："要把聂元梓的单行材料整理出来，把过去工作中的表现，讲课中的问题，在经济系的问题，整风社教运动中的表现统统收集起来，题目就叫《一个浸透了剥削阶级意识的老干部聂元梓》。"宋硕转到哲学系坐镇之后，根据邓拓的指示，便调兵遣将，重新收集聂元梓的材料，派人分别到人民大学、党校、东北、天津和西安进行调查。10月24日，邓拓又来国际饭店找宋硕、陆平、彭珮云等专门研究批聂的问题，他强调说："要死抓住聂元梓不放，不分散一点，别人一出头辩护就揍，要采取这个方针。"他还说："对聂要做些工作，防止她自杀，搞一阶段可以让聂做检查，聂光说事实全忘了，是个女流氓，就是要集中搞聂的'四不清'。"在这之后，会上便更加集中火力揭批聂元梓。根据邓拓的指示，宋硕、陆平、彭珮云等，经研究决定首先搞聂在政治上的"四不清"。在一次小会上，宋硕提出搞关于冯定的问题。他说："这就是政治问题，冯定是什么人，怎么能用冯定批判陆平，凭这一条就可以打。"陆平接着说："对，这是个重要问题，就要来个他妈的尖刀突破。"这一决定向积极批聂的那些人传达之后，掀起了一个批判聂"依靠修正主义分子冯定，斗争马克思主义者陆平"的小高潮。还特地把北大党委宣传部副部长钟××叫来，作了一个长篇重点发言。

为了深入批聂，邓拓、宋硕还亲自布置哲学系教师汤××准备重点发言，汤准备了一夜，次日发言他除了批判聂"依靠修正主义分子冯定斗争马克思主义者陆平"外，还着重揭发了聂的"四个第一"，即①整个北大社教运动的水搅浑了是从哲学系开始的，"而聂帮助张磐石放了第一枪"；②社教一开始，就对陆平展开了残酷斗争，无情打击，"这又是从哲学系第一个开始的"，"而聂认为斗争陆平是光荣任务，自己亲自主持了陆的斗争会"；③"政治陷害"这样一个严重的政治帽子也是聂第一个提出来的；④对冯定的挑拨离间、浑水摸鱼、掩盖自己的修正主义错误发言，"也是聂第一个带头叫好的"。汤××发言后，宋硕大为欣赏，他说："汤××这个人的脑袋很灵，布置后一个晚上就准备出来了，讲得很好。"

（4）第二个被重点整肃的对象是张恩慈。

1965年9月28日，邓拓在北京市委大楼他的办公室召集彭珮云、王庆淑、刘文兰等开会。邓拓说："现在资产阶级思想还很嚣张，造成气氛，让他们放。资产阶级思想最突出的是聂元梓和张恩慈。"邓拓还明确指出："张恩慈是哲学系的害群之马，社会主义北大不要他，思想斗争也要刺刀见红，座谈会后放一天，再刺，再放再打，把张恩慈撂倒。"邓拓还指示市委干部李×收集张恩慈的材料，他说："张恩慈在社教运动中是张磐石的红人，你把他在社教运动中的发言和平时的表现集中起来，他的档案材料也可以翻一下，还有也要注意他在理论观点上有什么问题。"

10月6日下午，邓拓在市委大楼他的办公室召集教师高××、徐×和刘文兰等，亲自听取高××准备批张的发言内容。高××讲罢后，邓拓说："听你讲起来太长，别人印象不深，可能沉闷"，"可以把几件事归为一个小题目，这样就有火力了，不一定当时具体条件讲解那么多，单刀直入像尖刀一样"。邓拓还给高××的发言归纳了几个小标题：①成名成家；②向党伸手闹地位级别；③狂妄自大，自我吹嘘；④根本目无组织，是个特殊党员；⑤一贯闹无原则纠纷；⑥怀疑三面红旗，有动摇，如去自由市场买过两个小鸡；⑦社教运动中与张磐石一拍即合,是大帮手。刘文兰对邓拓说,高××当时有病,还连着开夜车准备,邓还对高××赞扬了几句。

高××为人平和,同事关系较好,大会发言语调较为缓和。高大会发言之后,邓说讲得太软弱了,火力不够。他要求高××再讲一次,不怕重复,要把问题提得尖锐。邓拓还给高××出主意,说"再发言时不要提问张磐石为什么欣赏你?他就可以回答不知道,这样没有力量。""要直接说他与张磐石一拍即合,是张磐石第二,现在仍是张磐石第二,对抗中央方针,是害群之马,再发言时要狠狠打他。"但高××并未根据邓拓的指示再次发言批张。有一阶段张恩慈未在会上发言,邓拓就指示说:"要找个人发言刺他一下,让他跳起来,然后就打。"邓拓对高××的发言如此这般地具体指导,正说明了他对整肃张恩慈是多么的重视。

(5)孔繁和孙蓬一也是邓拓所重视的打击对象。

1965年9月24日,哲学系领导小组召开六个小组的召集人汇报情况。会后决定把哲学系61、62年总支改选时党员发言记录都印出来。邓拓对他的助手李×说:"我不要所有人的发言,只剪贴聂元梓、张恩慈、孔繁、孙蓬一这四个人的发言就可以了。"李×找刘××干了这件事,材料交给邓拓后,他很满意。

10月15日左右,邓拓来听哲学系的汇报。他在小会上说:重点要揭发批判聂元梓、张恩慈,"除了主要目标外,孔繁、孙蓬一的恶劣地方可以揭"。领导小组在安排宿舍时也煞费苦心,安排孙蓬一与"他们那边的人"同住一层,连孙说梦话也汇报上去。孙在梦话中说:"莫名其妙,反对!反对!"就这事儿,刘文兰在8月24日的会上也向邓拓汇报了。

(6)要把哲学系的社教积极分子打成"反党集团"。

正在哲学系两派斗争不可开交,对聂元梓、张恩慈等人久攻不下的时候,邓拓于11月21日上午,在市委大楼他的办公室内,亲自召开了哲学系积极批聂和张的十多个人的会议。参加此会的有陈××、王××等。宋硕、陆平、彭珮云、刘文兰等也参加了。邓拓做了长篇讲话,他除了动员这些人积极参加战斗,争取早日取得胜利外,还向他们交了底。他指出:"张磐石之所以敢掀起轩然大波,就是因为哲学系有这么个总支书记，这么一帮人。""聂元梓、孙蓬一等现在就是坚持资产阶级党性，抱成一团，就是资产阶级个人主义严重，将来事实会证明，聂用的就是拉拢、威胁、打气、许愿等手段拉成一个集团，现在看是与党完全对立的小集团。"这些人听了邓的讲话很受鼓舞，会后又掀起了一次批聂批张的高潮。

（7）参加"国际饭店会议"的市委干部陈××在领导小组成员刘文兰屋里看到了图书馆学系史××写的一份反映哲学系社教积极分子议论校党委问题的材料。刘文兰即指着这份材料对陈××说："他们就是搞非组织活动，就是反党集团。"

（8）对于其他社教积极分子，领导小组虽未点名组织批判，但在大会、小会的讲话和发言中，也扣上了"黑暗风""翻案风"的帽子。"黑暗风"的代表人物是郭罗基和孙伯鍨，因他们当年曾对大跃进、人民公社化等所谓"三面红旗"讲了一些不同意见，反右倾时曾批他们刮"黑暗风"。我在反右倾斗争中虽未挨整，但由于曾为汪子嵩、沈少周被错误地打成"右倾机会主义分子""漏网右派""阶级异己分子"鸣不平，并在大会小会上批评校系领导迟迟不给他们平反，也被列为刮"翻案风"的一员。此外，领导小组还采取了一些不怎么正派的作法。除了前面说的将孙蓬一对会议不满的梦话向上反映外，还有两件事儿也可说明。一是与社教积极分子陈葆华同住一室的领导小组成员刘文兰偷看陈的日记，发现陈当时思想有些矛盾，立即向上报告，当得知陈的爱人在东城区教育局工作后，宋硕、彭珮云便通过市委大学部找东城区区长，要他同陈的爱人谈话施加压力，令其做陈的工作，以促使陈转变立场，但遭到陈的拒绝，使他们大失所望。另一件是当时我对他们用"三风"（单干风、黑暗风、翻案风）压社教积极分子不满，曾在下面议论，说："我有什么三风，谁发现我有三风我请客！"这话被有心人听到后立即汇报，领导竟然重视，把我的原话刊登在仅供领导们看的《思想动态》上。

以上所引用的事实，均来自当年参加"国际饭店会议"的市委干部庞××、李××、李×、陈××、李××（女）所写的揭发材料和《北大哲学系党员干部整风学习会议简报》。

据我所知，包括我在内的许多社教积极分子本来就较为普遍地对国际饭店的所谓"学习整风"会议有抵触情绪。一是认为在反右倾运动中陆平等校系领导整了那么多人，邹鲁风被逼自杀，汪子嵩、丁石孙、沈少周等人被打成阶级敌人，而且事实证明你们搞错了，犯了反右严重扩大化的错误，你们为什么从不整风？而社教运动只搞了几个月，对陆平等少数校系仅仅开了几次揭发批判会，既未作结论，又未给处分，与反右运动中你们整人多又狠相比，实在是小巫见大巫，只是因为整到了你们头上，便搞什么"整风学习"，实则不依不饶地整社教积极分子，这公平吗？二是认为在历次运动中都是保护积极分子的，你当积极分子时，即便整错了人也得到了保护，而今搞到你们头上了，对社教积极分子的态度却截然相反，一整再整，这符合党的一贯做法吗？

当社教积极分子们看到领导的真实意图后，更加愤愤不平，悲愤情绪油然而生。以下两件事儿很能说明当时社教积极分子的情绪。

一件事儿是会议开了几个月后要大家移居国际饭店老楼（即原六国饭店大楼），住房比新楼要高大得多。某日，我和夏剑豸等人到孔繁房间里聊天，内容主要是对整积极分子表示不满。夏剑豸当场激情地朗诵了革命烈士夏明翰的那首绝命诗："砍头不要紧，只要主义真，杀了我一个，自有后来人。"孔繁这个人是老干部，性格内向，不苟言笑，平时言语不多，但说话颇有分量，在哲学系社教积极分子中威信较高。当时他听了夏的朗诵后接着冒出了一句："杀了孙蓬一，还有郭罗基！"说罢嘿嘿一笑。在场的人都说"老孔真正是高"。可见当时大家的情绪。

另一件事儿是"国际饭店会议"期间，每逢周三晚饭后有大轿车将与会者送回学校，次日晨返回，周六亦然，周一晨返回（可在家多待一天）。在会议后期，由于社教积极分子备受压抑，颇有悲愤情绪，便在回校的路上高唱国际歌和毛主席诗词歌，唱得最多的是七律《冬云》："雪压冬云白絮飞，万花纷谢一时稀。高天滚滚寒流急，大地微微暖气吹。独有英雄驱虎豹，更无豪杰怕熊罴。梅花欢喜漫天雪，冻死苍蝇未足奇。"多由孙蓬一领唱，还朗诵"小小环球有几个苍蝇碰壁，……"等。由于积极分子人数众多，又是带着情绪唱的，可以说歌声震天，气势如虹，颇有慷慨悲歌的味道。就连同车的领导小组成员和批判积极分子的人也为之震惊。

会议的前半段，社教积极分子大多作自我批评。领导小组的依靠对象则气势汹汹大批特批聂元梓、张恩慈，捎带着批判孙蓬一、孔繁和其他积极分子。会议中段后期，社教积极分子的不满情绪爆发了，遂发起"反击"。

首先"开炮"的是郭罗基。他在1965年11月17日下午作了长篇发言。他一连串对会议领导小组提出了十个颇为尖锐的问题：①是否执行了《二十三条》中关于"三结合"的规定？是否执行了3月3日中央书记处的指示？②会议究竟要解决什么问题？是否通过讨论聂元梓的问题，定性质，作结论，然后过去在运动中与她站在一起的人纷纷检讨，哲学系的问题就算解决了？③是总结经验教训，还是追究个人责任？过去认为批评王庆淑一个人是绝对错误的，而现又认为批评聂元梓一个人是绝对正确的！这是总结经验教训吗？④怎样总结经验教训，是从原则上总结，还是搞繁琐哲学？过去上面整下面的过火斗争可以撇开不谈，这次群众批评领导的过火行为又抓住不放，而且搞得如此繁琐。繁琐哲学是手段不是目的；搞烦琐哲学究竟为了什么？⑤社教运动中积极分子犯的错误是什么性质？哲学系斗争陆平是工作队交给的任务，现在说聂元梓斗争陆平是政治立场错误，斗陆平不是聂一个人斗的，是不是意味着哲学系所有积极分子都是政治立场错误？⑥有没有团结的愿望？对聂元梓有没有团结愿望？她说会上把她当敌人看待，这个说法是过分的，不妥当的，但的确有对她采取非同志式的、粗暴态度的情况，这算有团结愿望吗？⑦是说服，还是压服？会越开越大，除哲学系外，先后有25人参加，最后还有经济系全体教师参加，这只能是扩大声势，加强压力。这样开会的方式能不能进行说服？⑧允许不允许发表不同意见？发表了听没听进？有些问题我们说明情况，摆事实都听不进去，如何能进一步讨论？⑨是提倡唯物辩证法，还是提倡形而上学、繁琐哲学？⑩领导小组是否可对会议的进度作一个小结？是否可以作一些必要的自我批评？

以上仅是郭的发言提要，详细内容见哲学系会议简报。郭罗基发言使领导小组有点惊慌。

紧接着，张恩慈在11月22日下午和23日作了长篇发言，针对高××对他的批判发言逐条进行了回答与批驳。

11月24日，我也在大会上发言，主要内容是对高××的批张发言提出质疑与批评，为张恩慈作辩护。

许多社教积极分子也相继在大会上发言，有的发言还相当尖锐。如宋一秀、李存立对一些人针锋相对地说：我们社教积极分子在运动中所犯的错误与你所犯的错误在性质上根本不同。我们是在响应党中央的号召积极投入社教运动中犯的错误；你们呢，则是犯了为了保自己，而对陆平、王庆淑乱揭发乱斗争的错误，还有脸批判我们吗？

以上发言详细内容均见哲学系简报。

此时，两派的意见针锋相对，各不相让，从人数上看，社教积极分子略占优势，由于会议整肃社教积极分子的做法越来越明显，原来比较温和的社教积极分子态度逐渐强硬起来，几位处于中间状态的教师也转而同情积极分子。正是在这种情况下，如上所述，邓拓才急急忙忙在他的市委办公室召集他们所依靠的批聂积极分子开会，动员他们继续斗争，并向他们交底要把聂、张、孔、孙等社教积极分子打成"反党小集团"。

然而，此时国内的政治形势正在发生变化。在毛泽东、江青的策划下，姚文元的《评新编历史剧〈海瑞罢官〉》文章发表了，矛头直指北京市副市长吴晗。毛泽东的意图很明确，进而要追查吴晗的后台彭真。这使彭真和邓拓大为紧张，连忙安排在国际饭店召开市委扩大会议应对。这样，哲学系的"整风学习"会议地址便迁至东单北极阁市委招待所，此时邓拓已无暇顾及，会议不得不于1966年2月初宣布结束。

会议结束后，所有社教积极分子都分配到各县区搞"四清"。市里通知各"四清"分团领导，这些社教积极分子一律不得在"四清"工作队安排领导职务，"四清"结束后就地安排工作，调离北大。正如后来很多人都知道陆平对此所说的一句狠话："肉包子打狗，有去无回。"

总而言之，"国际饭店会议"因整肃社教积极分子，不但未能解决矛盾，反而使矛盾急剧尖锐化，这就使它成为聂元梓等七人大字报出台的直接爆发点。

事隔五六十年，现在回过头来看，当时参加"国际饭店会议"论争双方在会上的发言，包括我自己在内，确实各有对错。哲学系的教师、干部队伍之所以长期处于分裂状态，而且对立日益严重，根本原因不在于他们本身，而在于上面，在于毛泽东及其指挥的中央所不断发动的政治运动，而政治运动说穿了也就是"整人运动"。这次运动中这批人整了那批人，下次运动没准儿整人者却变成了被整者。如此反反复复，不是这些人整那些人，就是那些人整这些人，不是你整我就是我整你，人人都整过人，人人也都挨过整。一而再，再而三，这样没完没了地整下去，人群能不分裂吗？这是历次政治运动所造成的恶果之一。

而今，当年哲学系分裂为势不两立的双方的同事们，经过认真反思，大家都认清了这个问题，相处得融洽和谐，实在令人感到欣慰。

三、中共中央关于《五一六通知》的通过和传达，是聂元梓等七人大字报出台的决定性条件

讲到《五一六通知》，就不能不谈姚文元的《评新篇历史剧〈海瑞罢官〉》和《二月提纲》。1965年11月10日，上海《文汇报》突然刊出了姚文元的《评新篇历史剧〈海瑞罢官〉》，指名批判该剧作者著名明史专家、北京市副市长吴晗。该文毫无根据地把剧中的"退田""平冤狱"同1962年的"单干风""翻案风"联系起来，说作者"是要拆人民公社的台，恢复地主富农的罪恶专政"，要代表国内外敌人的利益，"同无产阶级专政对抗，为他们抱不平，为他们'翻案'，使他们再上台执政"。文章罗列的这些罪名都是莫须有的。该文发表后，在全国引起了强烈震动，也遭到了学术界的批评，

其实，这篇文章是在毛泽东的授意下，由江青伙同上海市委第一书记柯庆施和张春桥秘密策划下搞出来的，其矛头虽然明指吴晗，实际上是为了搞掉刘少奇的主要助手彭真。经中央审定批准出版的《毛泽东传》的作者指出："毛泽东同意发表这篇文章，而且给予极大的

重视，表明他发动'文化大革命'的决心已经下定。"（见《毛泽东传》下卷第1391页）

"姚文"发表后的两天，即11月12日，毛泽东便离开北京，经天津南下。到上海后，他得知北京各报没有转载该文，就要上海人民出版社将该文印成单行本，向全国发行。毛泽东在1967年2月3日会见卡博、巴卢库时说：姚文元的文章发表后"各省都转载，北京不转载。我那个时候在上海，后头我说印小册子。各省都答应发行，就是北京的发行机关不答应，因为有些人靠不住么！北京市委就是针插不进、水泼不进的市委。"（《毛泽东传》下册第1399页）。可见，毛泽东已进一步把矛头指向彭真和北京市委。

当时，彭真不同意对吴晗这样的政治批判。11月28日，当邓拓向他说："吴晗很紧张，因为他知道这次批判有来头。"彭真说："什么来头不来头？不用管，只问真理如何，在真理面前人人平等。"

彭真是1964年成立的中央文化革命五人小组的组长。姚文元的文章发表后，在全国范围内，理论、教育、文艺、新闻、出版等界的政治性批判急速升温，许多知识界人士心情紧张，惶惶不安。在此情况下，彭真召集文化革命五人小组开会，研究当时的学术讨论情况，提出要"降温"，要真正做到"百花齐放，百家争鸣"。五人小组起草了向政治局常委的汇报提纲，后来被称为《二月提纲》。其中写道：学术争论"要坚持实事求是，在真理面前人人平等的原则，要以理服人，不要像学阀一样的武断和以势压人"。"对于吴晗这样用资产阶级世界观对待历史和犯有政治错误的人，在报刊上的讨论不要局限于政治问题，要把涉及各种学术理论的问题，充分地展开讨论。如果最后还有不同意见，应当容许保留，以后继续讨论。"提纲还提出："即使是坚定的左派，也难免因为旧思想没有彻底清理或者对新问题认识不清，在某个时候说过些错话，在某些问题上犯过大大小小的错误，要在适当的时机，用内部少数人学习整风的办法，清理一下，弄清是非，增强免疫力、抵抗力。"这些意见，同毛泽东准备的批评《海瑞罢官》为切入点是完全相反的。

1966年2月8日，彭真、陆定一、康生、吴冷西等人专程飞往武汉向毛泽东汇报。毛泽东听到政治局常委已讨论并认可这个提纲，没有立刻表示不同意见，彭真以为毛已同意，2月12日，中共中央正式批准了这个《汇报提纲》。这就进一步加深了毛对彭真和在中央主持工作的刘少奇的不满。

据《毛泽东传》下卷记载："三月二十八日至三十日，毛泽东在上海先后同康生、江青、张春桥等进行了多次谈话，严厉批评了'二月提纲'混淆阶级界限，不分是非，是错误的。他尖锐的提出：'如果包庇坏人，中宣部要解散，北京市委要解散，五人小组要解散。'"3月31日，回到北京的康生向周恩来、彭真等中央负责人详细传达了毛几次谈话的内容。4月9日至12日，康又在书记处会议上传达了毛的谈话，4月16日，毛泽东在杭州召开政治局常委扩大会议。22日毛作了长篇讲话，他一开始就提出吴晗的问题，他说："我不相信，只是吴晗的问题。这是触及灵魂的斗争，意识形态的，触及的很广，朝里有人。"他尖锐地指出："中央出不出修正主义当权派，两种可能：不出或出。搞得好可能不出。早出也好，走向反面。"他严肃地说："出修正主义不只文化界出，党政军也要出，特别是党、军出了修正主义就大了。"4月29日，毛在两次谈话中继续严厉批评彭真和北京市委，说彭已经为自己准备好了垮台条件，要求对彭的错误"彻底改"。

这次会议为5月的政治局扩大会议作了准备。

5月4日至26日，在刘少奇的主持下，政治局扩大会议在京召开。会议集中批判了彭、罗、陆、杨。16日，通过了毛泽东多次修改的中共中央通知，即著名的《五一六通知》，决定撤销前批发的五人小组《汇报提纲》，撤销原"文化革命五人小组"及其办事机构，重新设立文化革命小组，隶属于政治局常委之下。《通知》对《汇报提纲》进行了极其尖锐地批判，说"这个提纲是反对把无产阶级文化大革命进行到底，反对以毛泽东同志为首的党中央文化革命路线，打击无产阶级左派，包庇资产阶级右派，为资产阶级复辟作舆论准备。这个提纲是资产阶级思想在党内的反映，是彻头彻尾的修正主义。"更加令人震惊的是，毛泽东在《通知》中加写了如下的两段话：

"高举无产阶级文化革命的大旗，彻底揭露那批反党反社会主义的所谓'学术权威'的资产阶级反动立场，彻底批判学术界、教育界、新闻界、文艺界、出版界的资产阶级反动思想,夺取这些文化机构中的领导权。而要做到这一点,必须同时批判混进党里、政府里、军队里和文化领域的各界里的资产阶级代表人物,清洗这些人,有些则要调动他们的职务。尤其不能信用这些人去做文化革命的领导工作,这是异常危险的。"

"混进党里、政府里、军队里和各种文化界的资产阶级代表人物,是一批反革命的修正主义分子,一旦时机成熟,他们就会要夺取政权,由无产阶级专政变为资产阶级专政。这些人物,有些已经被我们识破了,有些则还没有被识破,有些正在受到我们的信用,被培养成为我们的接班人,例如赫鲁晓夫那样的人物,他们现在正睡在我们的身旁,各级党委必须充分注意这一点。"

这里有一个过去不为人知的情况,即1966年5月5日,已调到中央马列主义研究院工作的张恩慈给毛泽东写了一封题为《我对北大社教运动的意见》的信件。这份《意见》中,对北大"四清"工作队、北京大学党委和北京市委在领导北大"四清"方面和北大贯彻教育方针等问题上提出了不少尖锐的看法。5月11日,毛泽东在审阅时把标题改为《张恩慈同志对北京大学"四清"运动的意见》,并批示:"少奇同志阅后,印发有关同志。"5月13日,刘少奇批示:"此件请即印发政治局扩大会议各同志。"(见《毛泽东年谱(1949—1976)》第5卷第586页)

毛泽东、刘少奇对张恩慈上书的批示,表明了毛泽东和中央对北大的问题已经有了明确的看法和态度。出席政治局扩大会议的,应该有数十人之多,他们都看到了毛、刘批示印发的张恩慈的上书,了解了中央的态度。但这件事情,我们当年一无所知,张恩慈本人恐怕也不知道。否则,事情的发展恐怕会大不一样。

5月20日下午,北大党委召开党员干部会,传达党中央《五一六通知》。哲学系参加干部会听传达的有聂元梓和赵正义二人。会后,聂、赵立即召集杨克明、宋一秀、夏剑豸、高云鹏等人开会,根据记录,向他们传达了《五一六通知》内容,大家知道彭真和北京市委出了大事了,遂决定写大字报。由此可见,《五一六通知》的通过和传达,是促使七人大字报产生的决定性条件。我想,如果没有党中央的

《五一六通知》作为后盾，他们当中任何人也没有胆量贴这张大字报的。

聂元梓等七人大字报一出台，就为毛泽东所利用，进一步在全国掀起了文化大革命的狂风恶浪，长达十年之久，造成了祸国殃民、贻害无穷的极端严重后果。这大概是当年大字报的作者们所始料未及的。

至于这张大字报是不是康生、曹轶欧策划的，我曾多次询问过包括已经辞世的赵正义、宋一秀在内的作者们。他们的回答是：绝无此事。他们只是在贴大字报之前询问过曹轶欧，是否可以给陆平贴大字报。曹回答说：根据《五一六通知》精神，写一张大字报，怎么不行呢？至于大字报的题目与内容，曹轶欧都不知道，更与康生没有什么关系。

关于说大字报的产生过程，因为我不是当事人，加之当时又在朝阳区星火公社参加"四清"，不在学校，不甚了解。好在大字报作者现在在世的尚有五人，他们是完全可以讲清楚的。

记得十多年前陈徒手先生曾光临寒舍，就北大社教运动及相关问题对我进行访问。交谈中他突然向我提了一个问题："李老师，如果当时你在学校，会不会在这张大字报上签名？"我立即回答说："肯定会签。"在当时该大字报已成批判对象的情况下，陈对我的诚实回答，感到满意和肯定。

以上拉拉杂杂地讲了这么许多，归纳起来主要意思是为了说明聂元梓等七人大字报不是什么偶然产物，也不是像某些人所说的是"康生和曹轶欧指使炮制出来的"，而是有其具体的社会历史背景。王复兴校友在他的《回忆录》中谈到聂元梓等七人大字报出台的原因时指出"第一张大字报的产生与两件事关联最大，一是'国际饭店会议'，反映了社会矛盾的激化。二是刘少奇、邓小平主持中央会议所通过的《五一六通知》，反映了毛泽东发动文化大革命的旨意。没有'国际饭店会议'或者没有《五一六通知》，缺少一样，都不会有北大第一张'5·25'大字报在那个时间、那个地点出现"(《抢救记忆》第49—50页)。这话真的是说到点子上了。所谓"国际饭店会议"，就是我在前面讲到的1965年6月底至1966年2月上旬北京市委和北大党委在国际饭店召开的长达七个月之久的整肃北大哲学系社教积极分子的会议，使北大内部矛盾大大尖锐化，这是该大字报产生的内在的第一位的原因，或者说基本原因。为什么大字报的七名作者有六名是"国际饭店会议"被整的社教积极分子，而另一名虽未参加该会议却是被整社教积极分子的同情者，这不是很能说明问题吗？而中共中央《五一六通知》的通过和传达，则是该大字报产生的决定性条件。正是在《五一六通知》精神的支持下，他们才决定并敢于贴出那张大字报；否则他们是没有这个胆量的。

以上所说，只是该大字报产生的社会历史背景。至于大字报的内容，则是紧跟《五一六通知》的精神，从左的立场出发，以阶级斗争为纲，以左的意识形态为武器，大批宋硕、陆平、彭珮云和北大党委与北京市委所谓的修正主义，并冠以"黑帮"之罪名。这正迎合了毛泽东发动文革的需要。正因为如此，毛立即批示新华社全文广播，各报刊全文登载，使该大字报在全国掀起文革高潮中，起了很坏的作用。

附录：

1. 郭罗基（原北大教师，北大井冈山兵团领导成员）就李清崑《背景》一文给《记忆》编辑部的一则微信：

"这篇文章写得很好。有一些错字我顺手改正了。"

2. 李××（北大退休教授）发给李清崑的一则微信：

"清崑老师你好，你的大作《背景》我拜读了，写得非常之好，事实充分，文理清晰，颇有文采。您已是高龄之人，仍有如此澄明之作，令人感佩。我已将此文介绍给对文革有研究的我院里的一位老师，他读后赞赏不已，感谢李老师留下极其珍贵的一段历史资料。望李老师多多保重，祝你们全家身体健康，生活快乐。李××敬。"

3. 叶维丽（美国波士顿大学史学教授）就《背景》一文发给《记忆》编辑部的微信：

"李清崑教授写的那篇文章很有价值。此文相当于北大50年代以来运动叠加史。里面提到的江、邹、黄我都极感兴趣。邹是我堂妹的前公公，黄是我爸妈结婚证人。写邓拓那部分让我感慨。请代我向作者致谢。"

（原文载《记忆》2018.5.31 第 225 期；2019 年 11 月略作修改）

亲历北大第一张大字报的产生

夏剑豸　高云鹏

1966年5月25日下午1时，北京大学大饭厅东墙贴出了一张《宋硕、陆平、彭珮云在文化大革命中究竟干些什么？》的大字报。作者是北京大学哲学系的聂元梓、赵正义、宋一秀、杨克明、夏剑豸、高云鹏和李醒尘七人。七名作者中，聂时为系党总支书记，赵为总支副书记，宋、夏、高、李均为哲学系青年教师，杨克明本来也是哲学系教师，但国际饭店会议结束后不久他就调往中国科学院电工所了。

大字报贴出后引起了巨大的反响，自发的支持和有组织的反对，针锋相对，斗争非常激烈，形势相当严峻。6月1日，毛泽东做出决定，要求"新华社全文广播，在全国各报刊发表"这张大字报，特别是1966年8月5日，毛泽东在党的八届十一中全会上发表的《炮打司令部——我的一张大字报》，把北大这张大字报誉为"全国第一张马列主义大字报"，使大字报影响到了全国，起到了在全国发动群众性文化革命的作用。

这张大字报在北京大学出现并不是偶然的，它有着深刻的政治历史原因。它是北大，也是哲学系长期党内斗争，也可以说是北京大学长期党内斗争的延续和结果。李清崑在《记忆》第225期上发表的《谈聂元梓等七人大字报出台的社会历史背景》，对此做了详细分析。文章说："我认为聂元梓等七人大字报是北大内部由于各种政治运动所长期积累的多种矛盾不断叠加的产物，特别是北大社教运动之后长达七个月的'国际饭店会议'整肃社教积极分子致使矛盾更加尖锐化的产物。这是大字报产生的第一位的原因即根本原因"，"中共中央《五一六通知》的通过和传达，是聂元梓等七人大字报出台的决定性条件"。我们非常同意这个分析。在我们这篇回忆文章里就不再重复，以节省大量的篇幅，而仅就自己亲身经历，回忆这张大字报写作的过程。酝酿和写作大字报是从 5 月 22 日开始的。

5 月 16 日，中共中央政治局扩大会议通过了《五一六通知》。5 月 20 日下午，北大党委向党员干部传达了《五一六通知》。哲学系总支书记聂元梓和副书记赵正义听取了传达。5 月 22 日晚，聂元梓、赵正义、杨克明、宋一秀、夏剑豸、高云鹏在 20 楼杨克明家聚会，由赵正义根据记录传达了《五一六通知》的主要内容。赵正义一边传达，聂元梓一边做补充。在这之前批判三家村已经如火如荼，"五•一"节彭真没有露面，我们已经注意到了。我们听了赵、聂的传达之后，更加确认彭真和北京市委出了大问题，我们应该抓住这个机会，把北大社教运动和国际饭店整风会议的案翻过来，并对市委大学部和北大党委对待文化革命的态度予以揭露和批驳。具体怎么办，采取什么方式？经过讨论，当时提出有几种做法：一是给报社写信，但我们的意见能否及时上报到党中央？我们没有把握；二是写小字报，贴在北大党委办公室的院子（即四院）里，但这样做大家不易看到，影响不大。最后我们一致认为还是写大字报好，可以把大字报贴到校园里，影响大。

这里要说明的是，为什么聚会是我们六个人？这六个人都是参加长达七个月之久的"国际饭店党员整风会"的北大社教运动积极分子。国际饭店会议说是"整风会"，但其目的就是北京市委和北大党委要把哲学系的社教运动积极分子打成"反党集团"，开除出党。他们的这一意图，在"整风会议"初期，暴露得尚不太明显，但随着会议的进展，特别是到中后期，这个意图就暴露无遗了。

我们有幸看到有关社教运动的一批原始材料。这批资料对于研究当年的那段历史是弥足珍贵的。据原北京市委干部李×在 1967 年 3 月的长篇揭发材料中披露：

（1965 年）九月下旬，邓拓指使我说，要整理出聂元梓的单行材料，把过去工作中的表现，讲课中的问题，在经济系时的问题，整风社教运动中的表现统统收集起来，题目就叫《一个浸透了剥削阶级意识的老干部聂元梓》。

九月廿八日，邓拓在市委大楼他的办公室秘密召集彭珮云、王庆淑、刘文兰和我等开黑会，亲自策划王庆淑的反攻倒算发言。……邓拓说：张恩慈是哲学系的害群之马，社会主义北大不要他，思想斗争也要刺刀见红，座谈会后放一天，再刺，再放再打，把张恩慈撂倒。

十一月十九日，邓拓来国际饭店找陆平、宋硕、彭珮云等策划下一段的倒算计划，邓拓突出地强调说：要把王庆淑的旗帜举起来。……叫王庆淑上第一炮，敌人这里开刀，就从这里顶，理直气壮。聂的材料要切实砸死，现在她靠上告打气，是回光返照，……我把邓拓要开座谈会的事告诉了宋硕，他同彭珮云等拟了一个名单，记得有陈××、……等（引者注：十人名单此处略）。十一月二十一日上午，在市委大楼邓拓的办公室召开了这个黑会，陆平、宋硕、彭珮云、李康林、刘文兰等也参加了，会上主要是邓拓讲的，……他说：这次整风开始就宣布过有两种党性，聂、孙等现在就是坚持资产阶级党性，抱成一团，就是资产阶级个人主义严重，将来事实会证明，聂用的就是拉拢，威胁，打气许愿等手段拉成一个集团，现在看是与党完全对立的小集团。

参加"国际饭店会议"的市委大学部干部陈××，在会议领导小组成员刘文兰（北大党委干部）屋里看到了图书馆学系史××写的一份反映哲学系社教积极分子议论校党委问题的打印材料，刘即指着这份材料说："他们就是搞非组织活动，就是反党集团。"[1]

根据会议印发的简报统计，专门召开揭批聂元梓的大会就达45次之多。会议领导小组的作为，引起了社教积极分子的不满与抵制，他们据理反抗，使得会议组织者的阴谋难于得逞。

直到1966年2月，政治形势发生了巨大变化，文化革命的烈火已经烧到北京市委，特别是直接烧到整风会议领导者头上。他们自顾不暇，只好草草结束会议，把他们想要打成反党集团的人，以参加农村四清运动的名义下放到北京郊区，化整为零，而且不许他们再回到北大，也不许再回到市区。用陆平的话说，积极分子下放农村就是"肉包子打狗，有去无回"。但是，聂元梓因病休养暂时未能下放；由于党务工作需要，总支副书记赵正义得留在系里看摊子；因教学工作需要，宋一秀和高云鹏必须留校授课；杨克明已经调到科学院电工

---

[1] 参见原市委大学部干部陈××1967年3月的揭发材料（此材料当时印15份）。

所，暂时还住在北大的教师宿舍里；夏剑豸已经下放到昌平，正好家里有事请假回到北大。其他积极分子都已经下放，不在北大，所以当时就只有这六个人参加了聚会。

聚会上大家确定写大字报以后，又讨论了写什么内容，由谁来执笔的问题。大家认为，大字报的内容应该围绕着文化革命方向的问题。因为市委大学部副部长宋硕，让北大的学生去查阅大量历史资料，以证明海瑞是否平了冤狱，并以此为典型在北大召开现场会加以推广，企图把文化革命引向学术讨论的方向，必须揭露他们的阴谋。关于执笔人，因为在此之前，宋一秀、赵正义曾应解放军报社之邀，写了一篇关于文化革命运动方向的文章，大家就推举宋一秀在那篇文章的基础上，起草大字报。

5月24日晚，仍是六个人在杨克明家里讨论宋一秀写的大字报稿。先是宋一秀把他写的大字报稿读了一遍，大家听后觉得大字报稿篇幅较长，重点不突出，不够尖锐有力。之后就如何修改大字报进行了议论，聂元梓、杨克明等都说了些具体意见，最后大家推举杨克明修改大字报。杨克明说要连夜修改出来，第二天一早去科学院电工所上班前把大字报稿交给高云鹏。

5月25日晨，杨克明去电工所上班时，顺路把大字报稿给了住在24楼的高云鹏。高云鹏拿到稿子先叫同住24楼的宋一秀一同看稿子。这份稿子的内容吸收了宋一秀大字报的内容，和大家讨论的意见也是一致的。但大字报的结构和文字是杨克明重写的。宋一秀和高云鹏觉得这份稿子方向明确、重点突出、简明扼要、战斗力很强，写得很不错。之后他俩就分别通知赵正义、夏剑豸过来，在宋一秀的屋子里讨论杨克明的稿子。四个人一起对大字报稿做了些文字上的修改，内容上没有改动。后来聂元梓来了，她看完稿子在最后加了一段话和三个口号。此后大家又一句一句审核，通过一句，夏剑豸和高云鹏就各自抄写在大字报上，也就是同时抄写了两份大字报。之所以要抄写两份，是因为考虑给校党委提意见，就要贴在党委院子里一份，另一份准备贴在大饭厅东墙上。

大字报抄完后，我们就陆续签上了名，第一批签的有赵正义、宋一秀、夏剑豸和高云鹏。第一个位子留给了聂元梓，她当时外出有事，回来之后就在第一位置上签了名。杨克明当时不在，为了能及时把大字报贴出去，高云鹏就在第四的位置替杨克明签上了名。因为大字报是杨克明修改完成的，把他的名字签上去是很自然的事情。当时谁也没有想到他已调到科学院电工所工作，不是北大的人了，签上他的名字或许有些不妥。

　　大字报抄好并签了名之后，觉得签名的人少了点，但是好多人又都不在学校。后来想到李醒尘就住在24楼一楼，他平时是同情和支持我们的，于是就由宋一秀去一楼找李醒尘，当时他正在午睡。把他叫上来，他看了一遍抄好的大字报，欣然同意，并在大字报上签上了自己的名字，大字报的作者最后就成了七个人。接着李醒尘便同赵、宋、夏、高一起去贴大字报了。

　　大字报贴在大饭厅外的东墙上，时间是中午1点钟左右。这时正是学生要去上课，工作人员要去上班的时候。大饭厅前是交通要道，贴大字报的时候就有很多人围观。后来看大字报的人越来越多，影响很大，所以就用不着再往四院党委办公室院子里贴大字报了。贴的这份大字报是高云鹏抄写的那一份，夏剑豸抄写的那一份就没有贴出来。6月1日之后，这份大字报不记得是哪个单位以留作档案为由要走了。据说这份大字报现存放在国家图书馆（即原北京图书馆），他们是从中央办公厅取过来的。

　　大字报贴出以后，很快就有了反响，支持大字报的比较多，其中很多是哲学系同学写的大字报。这和哲学系同学的政治敏感有关，也和大字报的作者在同学里的影响有关。但是，到5点钟左右，反对的大字报突然出现了，来势凶猛，还贴了些大标语，显然是有组织的行动。不仅出现了围攻大字报的情况，也出现了围攻大字报作者的情况，校园里的气氛变得非常紧张。高云鹏5点多钟到大饭厅去看大字报，被人认出是大字报的作者，不由分说就把他挟持到第二教室楼南边的一间平房教室里，展开了围攻。他们不让高云鹏说话，高一张口他们就喊口号，这显然是有组织的围攻，领头的是一个校团委的干部。赵正义得知这一情况后，马上带领哲学系学生赶去支援。那位团委干部感到情况不妙，连忙下令撤退，随之一哄而散。

　　5月25日晚差不多12点的时候，华北局李雪峰书记（6月1日公布他被任命为北京新市委书记)来了,他在办公楼礼堂召开的全校党员大会上讲话,没有对大字报内容的对错表示态度。后来国务院外事办公室副主任张彦也到北大来了。张彦传达了周总理的指示:贴大字报可以,但是不要贴在外边,要"内外有别"。此后贴大字报的地点就改到31楼后边的第三食堂。食堂里拉了很多绳子,大字报就挂在绳子上,很快食堂里就挂满了大字报。

当时我们觉得斗争不会很快结束,这期间我们也不能沉默,于是就决定不断地贴出大字报,把斗争坚持下去。我们的第二张大字报,记得是在宋一秀原来大字报稿的基础上修改而成的。大概是在6月1日,也挂在了第三食堂里。在这张大字报上签名的人就多了,原来同情我们的哲学系的教师们也都纷纷在这张大字报上签上了名。

6月1日晚饭前,不记得是谁告诉我们,晚上中央人民广播电台有重要消息,让我们注意收听。那时电视远没有普及,重要新闻都是通过晚上8点半钟的"全国联播"发布的。那天全校的大喇叭都响了起来。原来是广播的这张大字报。我们听了广播心情无比激动,像是得到了解放。次日《人民日报》刊登这篇大字报时又发表了评论员的评论《欢呼北大的一张大字报》。评论说"为陆平、彭珮云等人多年把持的北京大学,是'三家村'黑帮的一个重要据点,是他们反党反社会主义的顽固堡垒"。评论员文章的旗帜这样鲜明,对北大党委、对陆平、彭珮云的定性这么上纲上线,这是我们没有想到的。从这一天起,燕园沸腾起来了,我们从被打击的对象一下子变成了被人瞩目的人物,北京大学成了大家争先恐后要来的地方。外校的学生、机关的干部,工人、农民,乃至外地的也不远千里,络绎不绝地到学校来,表示对我们的支持。

当年,除聂元梓、赵正义之外,我们都是普通的年轻教师,对当时中央上层的斗争不清楚,也不可能知晓。我们的大字报在全国广播之后,我们最初想的是,我们这下可以翻身了,再不会被打成"反党集团",被开除出党了。而大字报被毛泽东利用,进一步在全国掀起文化大革命巨浪,造成十年之久的大动乱,带来极其严重的恶果,这的确是我们无法预料的。

北大第一张大字报的产生一事,已过去了半个多世纪,我们本不想再谈及此事。然而，多年以来流传着一种说法，说聂元梓等七人大字报是中央理论调查组曹轶欧授意的，是康生、曹轶欧幕后策划、"指示炮制出来的"。对这种说法我们只从自己的亲身经历来加以澄清，还历史以本来的面貌。

《聂元梓回忆录》（第 115—117 页）里说，在我们已讨论决定写大字报之后，她曾和杨克明一起，经中央理论调查组张恩慈联系，见到了曹轶欧，向她请示、询问，是否可以给北大党委、陆平贴大字报，曹的回答是："根据《五一六通知》精神，写一张大字报，怎么不行呢？"谈话并未涉及大字报的具体内容，要写些什么？怎么写？仅仅是"可不可以贴大字报"而已。要在北大校园里公开给校党委书记贴大字报，事关重大。聂元梓作为哲学系党总支书记，按党的组织原则，请示一下上级领导，只是为了做到心中有底，更稳妥而已，这是很正常的事。谈不上曹轶欧"指使"，更谈不上是康生幕后策划、"指示炮制出来的"。我们集体讨论决定写大字报、写什么内容在先，聂元梓向中央理论调查组询问在后。《聂元梓回忆录》里说，她和杨克明请示曹轶欧的事，回来向我们说了，这是她记忆错误。在我们写大字报的整个过程中，聂元梓从未透露过她去询问曹轶欧一事。我们还是后来看到她的回忆录时才知道这个情况。也就是说，我们写大字报没有任何人授意，没受任何人指使，完全是我们对当时形势的估计，根据《五一六通知》精神和北大的实际，自行讨论、决定，并付之行动的，这就是我们亲历写大字报的历史事实。

还有一件事可以作为佐证：大字报贴出的傍晚就遭到有组织的围攻。晚饭后夏剑豸曾去一院找中央理论调查组的张恩慈（他住在一院），向他反映大字报被围攻的情况。张当即批评道："你们为什么让聂元梓第一个签名？！你们不知道树大招风吗？！"这也从另一个侧面说明，中央理论调查组并没有指使聂元梓，让她牵头写大字报。

以上就是我们亲历的第一张大字报产生的过程。我们两人都年逾八旬，我们希望能在有生之年，本着尊重历史，对历史负责的精神，把我们亲身经历的事实写出来，还历史以本来的面貌，供文革历史研究者参考。

（原文载《记忆》第 234 期）

文革初期的北大
——浅析张承先的《"文革"初期的北大工作组》

古 樟

前 言

探讨北大文革的历史，必然要涉及文革初期的工作组及其组长张承先。张承先著于1998年的《"文革"初期的北大工作组》一文（以下简称"张文"），提供了当事人的回忆，是一篇重要的材料。这篇文章，笔者最早见于《百年潮》1998年第5期。北京市委的资料库《宣讲家》收录了此文。一些网站和博客也进行了转载，影响广泛。没有经历北大文革的人读了之后，就会把文章讲述的全部内容当成事实。而真实情况并非完全如此。

"张文"有一段话是正确的：

"北大问题"是"文革"的导火索之一。北大是"文革"初期所谓工作组推行"资产阶级反动路线"的发源地。这一段历史，对于正确总结历史经验教训有着重大的意义。本着对历史负责的精神，我把这一段亲身经历如实记录下来，供后人指点评说。

作为曾经的北大工作组组长，张承先在这篇文章中披露了一些当年北大学生所不了解的情况，如张承先是如何到北京新市委第二书记吴德那里领受任务的，他是如何处理"六一八事件"的，陈伯达和曹轶欧在处理"六一八事件"上是如何表现的，以及此后他受到吴德和新市委第一书记李雪峰的批评，等等。

作为当年的北大学生，笔者以为，"张文"对于我们回顾文革初期北大的情况是有益的。但是，文章中的有些提法和记述与事实不符，有的还颇有出入。笔者也本着"对历史负责的精神"，从一个普通学生的角度，就"张文"所述作一些回顾与探讨，希望能更多地还原历史真相。

笔者当年只是一个普通学生，见闻非常有限，没有能力还原当初纷繁复杂的校园情景，只能就事论事，讨论"张文"提及的几件事情。

一、中央决定派工作组到北大，是在第一张大字报广播之前

毛泽东在打倒彭、罗、陆、杨的同时，就把目光投向了北大。《毛泽东年谱（1949-1976）》记载：

5月11日　阅中央马列主义研究院干部张恩慈写的《我对北京大学"四清"运动的意见》。这份《意见》对北京大学"四清"工作队、北京大学党委和北京市委在领导北大"四清"运动方面，以及北大在贯彻教育方针等问题上，提出了不少尖锐的看法。毛泽东审阅时把标题改为《张恩慈同志对北京大学"四清"运动意见》，批示："少奇同志阅后，印发有关同志。"十三日，刘少奇批示："此件请即印发政治局扩大会议各同志。"[1]

当时的北大学生当然不知道这一重要背景，《意见》的文本也未见公布。1966年6月初，孔繁和张恩慈曾经在北大的大饭厅作过关于北大"四清"的报告，内容可能与《意见》差不多，但那不是全校大会，许多同学并未听到，笔者就毫无印象。张恩慈原为北大哲学系教师，北大"四清"中的左派，后调往中央马列主义研究院。张离开北大的原因，可能同北大"四清"后期左派的遭遇有关。张恩慈后来又成为康生领导的"中央理论小组"下属调查小组的工作人员，在聂

---

[1] 中共中央文献研究室编《毛泽东年谱（1949—1976）》（第五卷），北京：中央文献出版社2013年版，第586页。

元梓等人大字报的产生过程中,张恩慈起到了承上启下、穿针引线的作用。

据上引《毛泽东年谱(1949—1976)》的文字可以知道,参加1966年5月中央政治局扩大会议的人员(约80人)都看到了毛泽东、刘少奇批发的这份《意见》,毛泽东、刘少奇等中央领导人对北大问题的态度在那个时候就已经清楚了。在这种情况下,没有人会公开保陆平党委了。

《毛泽东年谱(1949—1976)》还载有:

> 5月29日 刘少奇、周恩来、邓小平等开会研究,决定由陈伯达率临时工作组进驻人民日报社,由张承先率工作组进驻北京大学。三十日,刘、周、邓关于派临时工作组到人民日报社致信毛泽东,毛泽东批示:"同意这样做。"三十一日,陈伯达率工作组进驻人民日报社并改组报社领导班子。[2]

另据《周恩来年谱(1898—1976)》,刘少奇、周恩来、邓小平商定向人民日报和北大派工作组的事之后,"周恩来当场用电话请示在杭州的毛泽东,获得同意"。[3] 这就是说,在毛泽东还没有见到聂元梓等人大字报的时候,一线的中央领导人就已经决定向北大派出以张承先为首的工作组了,这一决定获得了毛泽东的同意。6月3日,毛泽东审阅了新华社有关中共中央改组北京市委和北京新市委向北大派出工作组的两篇电讯稿,分别批示"已阅。同意。"[4]

《毛泽东年谱(1949—1976)》记载:

> 六月一日 阅康生报送的北京大学聂元梓等七人的大字报《宋硕、陆平、彭珮云在文化革命中究竟干了些什么?》[4],批示:"康生、伯达同志:此文可以由新华社全文广播,在全国各报刊发表,十分必要。北京大学这个反动堡垒,从此可以开始打破。请酌办"当晚,中央人民广播电台全文广播这张大字报,六月二日在《人民日报》等

2　中共中央文献研究室编《毛泽东年谱(1949—1976)》(第五卷),第588页。

3　中央文献研究室编《周恩来年谱(1898—1976)》(电子版),第1123页。

4　中共中央文献研究室编《毛泽东年谱(1949—1976)》(第五卷),第590页。

报发表,《人民日报》还发表评论员文章《欢呼北大的一张大字报》和社论《触及人们灵魂的大革命》。

同日《人民日报》发表陈伯达主持起草的社论《横扫一切牛鬼蛇神》。社论提出要"横扫盘踞在思想文化阵地上的大量牛鬼蛇神"和"破四旧、立四新"。[5]

限于篇幅,引文略去了若干注释,但这一段的注[4]明确记载:"康生报送毛泽东的是《红旗》杂志、《光明日报》总编室5月27日编辑的《文化革命简报》第13期刊载的这张大字报。"

很清楚,康生上报的并非坊间所传的大字报"底稿"。按照"张文"的说法,"曹轶欧派人将大字报底稿取走送给康生。康生背着当时在京主持中央工作的刘少奇、周恩来、邓小平等,将大字报直接送给在外地的毛主席",似乎是康生搞的一个阴谋。实际上,在1966年5月4日至26日召开的中央政治局扩大会议上,为会议定下基调的毛泽东的一系列指示就是由康生传达的,这次会议虽然由刘少奇主持,却由康生负责向在杭州的毛泽东汇报请示。[6]《周恩来年谱(1898—1976)》也明确记载,"会议按照毛泽东四月在杭州会议上的部署进行,康生负责向在外地的毛泽东汇报请示"。[7]另据《毛泽东年谱(1949—1976)》第五卷第588页,"5月21日 康生通过电话向在杭州的毛泽东汇报正在北京举行的中共中央政治局扩大会议情况,请示准备组织一个审查委员会审查彭真、罗瑞卿、陆定一、杨尚昆问题,并在大会上宣布,以及江青等人提出让姚文元参加文化革命小组等。毛泽东表示同意。"所以,康生向毛泽东报送《文化革命简报》在当时属正常之举。这种分工,是毛泽东亲自安排的。如周恩来于5月31日向毛泽东报送《首都工作组第一次全体会议纪要》,涉及增调两个陆军师加强首都警卫力量等重大问题,[8]这是由周恩来管的

---

5 中央文献研究室编《毛泽东年谱(1949—1976)》(第五卷),第589页。

6 王年一:《大动乱的年代》,北京:人民出版社2009年版,第10页。

7 《周恩来年谱(1898—1976)》(电子版),第1123页。

8 《毛泽东年谱(1949—1976)》(第五卷),第589页。

事，当然由周报送。《文化革命简报》是《红旗》杂志和《光明日报》总编室联合编印的，其编辑部门如何运作，《简报》印多少份，上报范围有多大，以及聂元梓等人大字报的稿件是如何到他们那里的，都不得而知。按常理说，此类《简报》不会只报给毛泽东一人，其他领导人也会收到。顺便说一句，学部的吴传启在5月23日贴出了大字报，教育部的卢正义在5月26日也贴出了大字报，《文化革命简报》想必也是刊载了的，不知道有没有上报给毛泽东。将来的学者，倘有条件对这一时期的此类"简报"（包括《文汇报》驻京办事处的"简报"）、"内参"等作一番研究，将是一件有意义的工作。

聂元梓等人5月25日贴出的大字报，5月27日被刊载在《文化革命简报》上。毛泽东当时在外地，中央机要部门尽管用飞机来运送报给毛泽东的各种文件和报刊材料，也需要一定时间。所以，这一期《文化革命简报》送达毛泽东手里时，已是6月1日中午了，毛泽东当即做出批示，并且给康生、陈伯达打了电话。毛泽东1967年2月3日同卡博、巴卢库谈话时说，聂元梓等人的大字报，"到6月1日中午我才看到，我就打电话给康生、陈伯达，我说要广播"。[9]

毛泽东的批示传到北京，已是下午了。时间很紧迫，执行得很匆忙。笔者当晚听到的中央人民广播电台的广播，播出的只是聂元梓等人大字报的全文，并无按语，更没有播毛泽东的批示。笔者愚钝，听了广播还搞不明白，这是作为正面材料来广播的呢？还是作为反面材料要批判的呢？按照1957年的前车之鉴，先广播，再批判的可能性也是存在的。

对于当晚的广播，北大有三类人最为明白，一是北大的左派，二是陆平党委及其支持者，三是学生中的高干子弟（他们早已知道《五一六通知》的精神了）。张承先率领一部分工作组成员进驻北大，在半夜召开骨干会议，大部分普通学生是不知道的。不知内情的学生们，要到第二天早晨听中央人民广播电台的报刊摘要节目，听到了《人民日报》评论员文章，才会明白过来。

---

9 王年一：《大动乱的年代》第25页。

二、在党中央的号召下北大燃起文革烈火

1966年6月1日,《人民日报》发表了社论《横扫一切牛鬼蛇神》。当晚,按照毛泽东的批示,广播了聂元梓等人的大字报。

6月2日,《人民日报》头版以《北京大学七同志一张大字报揭穿了一个大阴谋》为题,全文刊登了这张大字报,《人民日报》还发表了社论《触及人们灵魂的大革命》和评论员文章《欢呼北大的一张大字报》。评论员文章宣称:"为陆平、彭珮云等人多年把持的北京大学,是'三家村'黑帮的一个据点,是他们反党反社会主义的顽固堡垒。"

6月4日,《人民日报》发表了经毛泽东审阅批准的两篇新华社电讯。第一篇电讯是关于改组北京市委的,兹不赘引。第二篇电讯宣布了新改组的北京市委的决定:一、派以张承先为首的工作组到北京大学对社会主义文化大革命进行领导;二、撤消北京大学党委书记陆平、副书记彭珮云的一切职务,并对北京大学党委进行改组;三、在北京大学党委改组期间,由工作组代行党委的职权。很清楚,陆平、彭珮云是中央要打倒的,也是被中央打倒的。

6月5日,《人民日报》又发表社论《做无产阶级革命派,还是做资产阶级保皇派?》,社论将北大"四清"运动后期的国际饭店会议定为"一个极端严重的反革命事件"。社论说:"陆平等这一小撮保皇党,拼命抵制和破坏社会主义教育运动。……他们对一批积极分子进行的这种残酷斗争,竟长达7个月之久。这是1965年发生的一个极端严重的反革命事件。"

当时的北大学生,都是解放后长大的,从小就受到共产党的教育,都认为中央人民广播电台、《人民日报》《解放军报》《红旗》杂志,等等,传播的都是毛主席、党中央的声音,都是真理,作为学生,只能学习、紧跟,是不容许有丝毫怀疑的。特别是自八届十中全会提出"千万不要忘记阶级斗争"之后,在国际上开展了反对苏联修正主义的斗争,在国内开展了"四清"运动,报刊上早已充斥着种种批判文章,北大学生的头脑中,已经被灌满了阶级斗争和"反修防修"的意识。经过多年的宣传教育,学生中对毛泽东的个人崇拜和个人迷

信,也已达到很高的程度。另外,自开展批判《海瑞罢官》和"三家村"的运动以来,火越烧越旺,报刊批判文章的调子越来越高,气势汹汹,咄咄逼人,充满了火药味。因此,在这一系列急风暴雨般的鼓动之下,北大学生一边倒地声讨"陆平黑帮",是非常自然的事情。这也是多年来中国的大学当局对学生进行"以阶级斗争为纲"的政治思想教育的必然结果。北大有上万名年轻学生,中央媒体发表一张大字报,再发表一篇评论员文章,便足以让他们热血沸腾了。

工作组进北大后,很快向全校师生传达了《五一六通知》及其附件,传达时还特别说明,这份文件中的许多段落是毛主席亲自写的,所以,《五一六通知》将来是要收入《毛泽东选集》的。听了传达,师生们无不感到震惊、骇然和气愤,震惊、骇然和气愤之余,便把怒火撒向了"陆平黑帮"。

聂元梓等人的大字报是5月25日贴出的,从那时起,直到大字报在中央人民广播电台播出,有一个星期之久。在此期间,大字报作者和一些支持大字报的人,都受到了不同形式、不同程度的围攻。少数不明真相的学生,在某些干部(包括某些和学生接触最多的共青团干部)和教师的引导下,参加了对"左派"的围攻。

"张文"称,"大多数师生员工认为:这是一张用诬蔑不实之词攻击诬陷北大党委和北京市委的大字报"。这种说法是不符合事实的。

在大字报被广播以前,公开支持和反对大字报的人都是少数,反对大字报的人虽然气势汹汹,但那是表面上的,其中的许多学生是被利用的,他们并不能代表"大多数师生员工"。"大多数师生员工",特别是普通学生和职工,搞不清楚是怎么回事,并没有发声。另外,还有一大批师生在外地参加农村"四清"运动,他们还不知道大字报的事情。

再说,"攻击北大党委和北京市委"算什么问题呢?5月8日,《解放军报》署名高炬的文章《向反党反社会主义的黑线开火》和同日《光明日报》署名何明的文章《擦亮眼睛,辨别真假》,不是早就将矛头指向北京市委了吗?《五一六通知》已经在党内传达,彭真和北京市委垮台的消息,已经不胫而走,只是普通同学不知道而已。

6月2日情况发生了根本性转折，出现了全校师生一致声讨"陆平黑帮"的浪潮。很快，参加农村"四清"的师生也回到学校，参加到这一史无前例的浪潮中来。这一回才是真正的"大多数师生员工"呢。一些参加过围攻"左派"的学生认为自己被欺骗了，他们表现出了更大的愤怒，他们的行动也更为激烈，矛头所向，首先是前几天带领或鼓动他们围攻"左派"的老师。这同后来"六一八事件"的发生，在某种程度上是有因果关系的。

在这样的情况下，工作组进校后，首先面临的是全校师生在毛主席、党中央的号召下，群情激愤，批判"陆平黑帮"的火爆场面。毛泽东说："北大一张大字报，把文化革命的火点燃起来了，这是任何人压制不住的一场革命风暴。"[10] 但是，张承先看不到这一些，在他的眼里，情况是走了样的，"张文"写道：

6月2日，《人民日报》……随后又连续发表了一系列社论，把聂元梓封为"革命左派"。这就在北大引起了更大的震动。而聂元梓则认为她胜利了，向"围攻"她的人展开了猛烈反击，校园内出现了混战局面。从6月1日到6月6日，校内共贴出大字报五万多张。每天来北大看大字报的近万人，许多学校派人来声援。北大的"文化大革命"运动在这种强大的舆论下，迅速激发起来。

"从6月1日到6月6日，校内共贴出大字报五万多张。每天来北大看大字报的近万人，许多学校派人来声援"是符合事实的；但北大广大师生紧跟中央的行动被视作聂元梓个人的"反击"，全校一边倒批判"陆平黑帮"的场面被视作"混战"，则与事实完全不符。

6月2日，《人民日报》都表态了，还用得着聂元梓"展开猛烈反击"吗？

6月2日之后，谁和谁"混战"呢？五万多张大字报，每天近万人的参观者和声援者（其中有社会各界的群众，有一次还来了一大批警察），如此规模，是聂元梓等人"反击"能做得到的吗？这不都是广大人民响应毛主席、党中央号召的行为吗？中央改组了北京市委，

---

10 《毛泽东年谱（1949—1976）》（第五卷），第593页。

成立了新市委，消息公布后，北京市群众敲锣打鼓，游行庆祝，欢迎新市委，这又是谁的"反击"呢？烈火在北大已经燃起，《五一六通知》等中央文件的传达，以及《人民日报》等中央报刊发表的一篇又一篇的重磅文章，更是火上浇油。

很快，全国许多地方都燃起了文革的烈火。后来连毛泽东都说："我也没有料到，一张大字报一广播，就全国轰动了。"[11] 为什么全国都轰动了？难道也是聂元梓"反击"造成的吗？

相对于中央的一系列举措，相对于各大报刊的一篇又一篇社论，相对于北大师生被煽动起来的革命激情，张承先及其工作组无疑远远地落在了后面，这中间的矛盾很快便爆发出来。另外，报刊社论对"陆平黑帮"的问题上纲很高，帽子很大，但工作组领导下的系一级会议上的揭发批判却空洞无物，这也产生了矛盾。这些矛盾的结果之一，便是开始出现了过火的斗争行为。

张承先把这些过火的斗争行为归罪于聂元梓。"张文"写道：

在聂元梓发动的这场斗争中，斗争方式简单粗暴，打人、骂人、揪头发、撕衣服、戴高帽子游街，使北大的混乱状态不断升级。《人民日报》发表《横扫一切牛鬼蛇神》的社论后，学生们开始漫无边际地"横扫"起来。

有过火行为的北大学生在当时也只是少数，要考证这些过火行为的渊源，其实同聂元梓并没有什么关系，倒是和毛泽东的《湖南农民运动考察报告》有点关系。那个年代的学生们都要学习《毛选》，学的最多最熟的，就是《毛选》第一卷开头的几篇文章，学以致用，恰逢文革，就模仿了一下。另外有重大关系的，是《五一六通知》和一系列社论，"彭、罗、陆、杨"是"反党集团"，陆平党委是"黑帮"，北京大学"是'三家村'黑帮的一个据点，是他们反党反社会主义的顽固堡垒"。……这不都属于敌我矛盾吗？他们不都是最危险的敌人吗？对他们，还能那样文质彬彬，那样温良恭俭让吗？多年后，有校友指出，"先有文革当局以煽动幼稚青年为目的的极端野蛮暴力的语

---

11 《毛泽东年谱（1949—1976）》（第六卷），第9—10页。

言暴力,才有受蒙蔽青年对受害者身体实施的物理暴力。"[12] 回顾历史,不就是这样的吗?

张承先对文化大革命和北大形势的认识是混乱的,他无法站在前面领导这场运动,工作组最终被撤走也就是必然的了。

三、"六一八事件"及工作组报送中央的两个文件

工作组进校半月有余,没有"斗争黑帮",这引起少数激进学生的不满。6月18日上午,一些学生冲破工作组的限制,自发地起来批斗所谓"牛鬼蛇神",校园里多个地方出现了乱批乱斗的现象。其中,38楼门口的"斗鬼台"最为显眼,因为该楼东面入口处有个高台阶,东面和南面是一片空地,是集会的好场所。一些人被抓来示众、游街,受到罚跪、戴高帽、坐"喷气式"、用墨汁涂面、拳打脚踢等暴力对待,场面非常混乱。

北大校友奚学瑶在他的回忆录《青春非常之旅——我的"文革"印迹》[13](以下简称"奚文")写道:

> 大学生们也不甘落后,以毛泽东《湖南农民考察报告》为思想武器,经常念着这样的语录:"革命不是请客吃饭,不能那样文质彬彬,那样温良恭俭让。革命是暴动,是一个阶级推翻另一个阶级的暴烈行动。"也学当初湖南农民的样子,给"黑帮分子"戴上高帽,有的甚至将装便纸的铁丝篓扣在他们的头上。6月18日,一个批斗"牛鬼蛇神"的高潮掀起来了,各系纷纷将本系的"黑帮分子""反动学术权威"拉到学生宿舍区批斗,有些学生为了表示自己的革命,采取了激烈的行动。

---

[12] 杨子浪:《我所目睹的最早的文革暴力——北大"六一八事件"追忆和反思》,载王复兴主编:《回顾暴风雨年代》(第二集),香港,时代文献出版社,2019年。

[13] 丛璋、亚达、国真编辑整理:《燕园风云录》(一),第101页。

另一位校友唐利在其《我的北大文革记忆》[14]（以下简称"唐文"）中有大体相同的记述：

六月十八日，趁工作组正在开会之机，哲学系带头，不经批准，建立"斗鬼台"，拉来陆平一伙斗争，全校不约而同，各单位群体揪斗，既没有请示工作组，又出现了过火行为。

那一天我觉得到处乱哄哄，人群骚动，原来大家决定按《湖南农民运动考察报告》的一段话办事："革命不是请客吃饭，不是绘画绣花，不能那样雅致，那样从容不迫，文质彬彬，那样温良恭俭让，革命是暴动，是一个阶级推翻另一个阶级的暴烈行动。"觉得既要革命，就要像个样子，比如像湖南的泥腿子一样，搞搞戴高帽子，挂黑牌子，上街游行。

"唐文"还写到化学系的乱斗现象："又听到化学系有革命行动，我往那赶，一路上不断看到游街的，有的年长，有的年轻。到化学楼，斗的是党总支委员桂琳琳，……几个女生架着她，头发散乱，面色苍白，双眼紧闭，任凭愤怒的人群七嘴八舌的吼叫。"

"唐文"在评述毛泽东的那一段话时写道："毛的这句话在文革非常著名，是文革中一切过激行动堂而皇之的合理外壳，非法行为有恃无恐的理论。"北大的学生为什么会这样子来应用毛泽东的这段语录呢？这是一个至今仍值得思考和研究的问题。

要复原"六一八事件"的过程，已经不大可能。上引"奚文"和"唐文"所述，不过是一定距离之外的旁观者的印象，被斗者和斗人者，他们基本上都不认识。马生祥的《文革初期北大见闻录》一文，[15] 指出38楼东门被斗的有历史系20多人，其余是哲学系师生，"马文"还列出了9名被斗者（其中历史系8人，哲学系1人）的姓名和职务。作者是历史系学生，又住在38楼，是距离较近的观察者，所以认得这些人。"马文"所列出的有姓名的9位被斗者，职务不过是团总支书记、年级党支部书记或辅导员等（其中有调干生），

---

14 共识网，http://www.21ccom.net/articles/lsjd/lsjj/article_20120222 54193.html 2012-02-22 发布。

15 马生祥：《文革初期北大见闻录》，原载《文史精华》2006年第7期。

罪名则是"修正主义苗子""推行修正主义教育路线""保皇派"之类。他们之被揪斗，当有多种原因。笔者以为，原因之一，可能是他们在聂元梓等人大字报贴出之后采取了保陆平党委的态度，曾经"误导"过学生。另外，他们平时生活在学生中间，是随手抓得到的人物。

对"六一八事件"的产生起到刺激作用的，还有6月16日的《人民日报》。对此，李雪峰比北大校友记得还清楚：

> 6月16日《人民日报》发表了《南京大学革命师生揪出反党反社会主义分子匡亚明》的消息和社论《放手发动群众彻底打倒反革命黑帮》。这篇社论无疑给北大的学生点了一把火，因为学生们认为陆平的问题比匡亚明大得多，而且是中央点了名的，但是至今未被斗争过。由于陆平等领导被工作组隔离，他们找不到，于是他们就斗那些能找到的人。[16]

时为北大学生的李海文在其《1966年夏北大见闻》中也有记录：

> 6月16日《人民日报》发表了南京大学斗校长的消息，并发表社论肯定这种做法。这个消息引起一些同学的不满，他们说南大斗了校长，北大还不斗。何况北大领导是第一张大字报点的名。言外之意，认为北大工作组太右了。[17]

"六一八事件"是一个自发的群体性事件，参与的人很多，场面非常混乱，工作组对乱斗现象进行制止是对的，但对这一事件的描述和定性显然与实际情况不符。必须指出，这一天的乱批乱斗，同工作组并不是毫无关系的。中文系学生陈景贵的日记表明，至少中文系这一天的批斗，一开始是经工作组批准，并由工作组领导的。[18]

"六一八事件"当天晚上张承先作了一个广播讲话，讲话的全文无可查考，我们现在所见的，只有当时哲学系学生陈焕仁在日记中记

---

[16] 李雪峰：《回忆"文化大革命"初期的"五十天路线错误"——从"6.18"事件到"7.29"大会》，载《回首"文革"——中国十年"文革"分析与反思》，北京：中共党史出版社2014年版，第513页。

[17] 李海文：《1966年夏北大见闻》，见丛璋、亚达、国真编辑整理：《燕园风云录》（一），第47页。

[18] 陈景贵：《1965—1970那几年我在北大》，香港，香港人民出版社，2019年。

下的一段话。这一段话颇长，兹不赘引。但张承先在这个广播讲话中，确实是把"六一八事件"说成是"一起极端严重的破坏无产阶级文化大革命的反革命事件"，说这是"背着工作组捣鬼，企图借此赶走工作组"。[19]

口头讲话难免有不准确之处，毕竟制止乱斗现象是当务之急。但是，工作组还有一个《北京大学文化革命简报（第九号）》（下文简称"九号简报"）和《关于北京大学二十天文化革命情况的报告》（以下简称《报告》），是报送中央的。这两个文件不同于口头讲话，是严肃的事情，笔者不得不略作探讨。

这两个文件在当时都是秘密的。《九号简报》虽经刘少奇批转全国，但在北大群众中并未传达。同年7月底，根据毛泽东的意见，中共中央发文宣布撤销这个文件。[20]

《九号简报》称："今天发生的问题，同北大革命运动刚开始时所出现的一些问题，性质根本不同。据初步掌握的材料分析，带头给被斗人戴高帽子、动手打人的主要是坏人有意捣乱，这很有可能是有组织、有计划的阴谋活动。"《九号简报》虽然没有"反革命事件"的提法，但所作分析给人的印象，就是"反革命事件"。

关于"六一八事件"，《报告》写道："现在初步查明，这完全是校内外敌人结合对我们实行的突然袭击，制造混乱。""我们抓住这场反革命分子制造混乱，破坏文化大革命的事件，召开了全校广播大会进行了揭发，用以教育群众，从中接受教训，……揭露那些有意破坏政策，背着工作组搞秘密活动的别有用心的人，对敌情的重大线索，组织专案结合群众一查到底，把反革命挖出来。"

据张承先回忆，《报告》系曹轶欧签字发出，张并未过目，但张事后仍为此承担了责任。张说："我是工作组组长，报告的指导思想是我的，至于谁批发，那只是个手续问题。"张承先没有说《九号简报》的签发情况，显然是他自己签发的。据笔者了解，《九号简报》同工作组的简报组也没有关系，是工作组领导层自己写的。

---

19 陈焕仁：《红卫兵日记》，香港：香港中文大学出版社2006年版，第48页。
20 《毛泽东年谱（1949—1976）》（第五卷），第608页。

关于被揪斗的人员身份和人数，《九号简报》说是"斗了四十多人。在这些被斗的人当中，有重点人，也有些有问题的党团干部和教师，还有两个反动学生。"张承先的回忆说："前后有六十多人被揪斗，多是一般干部。"被揪斗的人员里并没有陆平、彭珮云等人，也没有各系的一把手，"多是一般干部"，"还有两个反动学生"，这正说明这是一起没有组织、没有计划、没有预定目标的"乱斗"行动。有的人可能正好从附近路过，被揪来批斗。

关于乱批乱斗的情况，《九号简报》写道："斗争时，发生了在脸上抹黑、戴高帽子、罚跪、少数人被扭打的现象。当时情况比较混乱。"这一描述是符合实际的。张承先的回忆所述，与此相同，只增加了"还发生了多起污辱女同志的流氓行为"一句。

《九号简报》点了4个"坏人"的名字，列举了他们的"恶劣行为"。张承先手里大概保存有《九号简报》，所以在多年后写文章时仍然引用了其中的内容。我们无法核查这些情况的准确程度，但其中所说的东语系一同学的情况，则明显与事实不符。据询东语系校友，当时张承先在大会上点了一同学的名字，但系里同学认为，该同学并不是张承先所说的那样的"坏人"，并未将其当作"坏人"对待。至于指该同学"有流氓习气，人称'小阿飞'"，则完全是无中生有，是《简报》作者的刀笔手法。东语系是培养小语种外语人才的，招生时的政治条件就颇严格，对于犯错误的学生，处分起来是很严厉的，故系里的风气一向较好，绝无"流氓习气"和"小阿飞"存在的空间。该同学实际上是一个不错的人，毕业后为某大军区录用，在军队工作到退休。张承先在数十年后的回忆录里重复当年无中生有的诬陷之词，毫无反省之意，实在是遗憾的事情。

张承先在"六一八事件"的当晚作了广播讲话后，学生们连续三天进行讨论，对照、检讨，参与乱揪乱斗的人更是个个要作检讨。作检讨的人数应该在一百以上，大多是一、二年级的学生。于是，北大校园恢复"平静"或"冷冷清清"。白天，学生们关起门来学习报刊。到晚上，则有"积极分子"组成的巡逻队打着手电四处巡逻。"奚文"回忆道：

当晚，北大工作组组长张承先发表了一个声色俱厉的广播讲话，强烈谴责师生们当天的行动，认定这是一个有预谋的、内外勾结的反革命事件。此事被工作组写成简报，上呈当时刘少奇主持的党中央，又由党中央转发全国各地。与此同时，工作组在校内追查反革命，给一些参与6月18日的积极分子以很大的压力，我们班的一位干部子弟便曾为此不思茶饭。这么一来，北大便出现了冷冰冰的局面，似与初期的火热大相径庭。

"唐文"写道：

我们各班文革小组是层层追查的最低端，扮演了不光彩的角色，被要求彻查6.18那天所有同学的表现，哪些人有异常，参加了过火事件，大家都要反思，批判出轨行为，深刻认识阶级斗争新动向。我们自己当然是左派，出身不好，表现"落后"的同学成了追查的重点。运动搞到了学生头上，一时间，风云骤变，人人自危。文革会不会又是一次引蛇出洞，疑云四布。

6.18是北大运动的急转弯，大方向从批黑帮批反动学术权威转到了整学生，学校里笼罩着肃杀冷清的气氛。

工作组上报了《九号简报》和《关于北京大学二十天文化革命情况的报告》，但并没有作进一步的调查研究，对于这两份文件中的一些纯属推测的不实的内容，没有进行核实和修正。相反，他们开始把矛头指向学生。

以张承先为首的工作组是要整群众的，他们也确确实实这样做了。他们进入北大以后，按照以往搞运动的路子，把群众分成左、中、右，又借"六一八事件"整群众的黑材料。工作组指使一些学生暗中整同学的材料，而被整的学生还浑然无知。最后，因为形势发生变化，工作组匆忙撤离，这些整学生、整群众的事未能搞成。这样的事情有多少，恐怕永远是一个谜。其中只有极少数的例子，因为后来整人者内部发生了矛盾和分裂，才被揭露出来，但那已经是很晚的事了。可以想象，倘若工作组继续搞下去，1957年反右派的情景一定会重现。

北京新市委的领导人吴德和李雪峰先后对"六一八事件"定性的

问题提出了质疑，他们似乎感觉到了这件事情有点问题。据"张文"，吴德在7月15日说："六一八事件中好人是多数，坏人极少，但好人也做了检讨，好处是警惕性提高了，副作用是对工作组的意见不敢提了。加上工作组控制得比较紧了些，运动死巴了。"一天后，李雪峰发表了更加明确的看法。据"张文"，吴德在7月17日凌晨一点半给张承先打电话，传达李雪峰的指示，说对"六一八事件"要重新进行估计。凌晨一点半打电话，可见其刻不容缓的紧急之状。据"张文"，次日（18日——引者）上午，李雪峰在北京市委书记处会议上，对北大工作组领导小组进行了批评。李雪峰说：对"六一八事件"估计错了，这件事是万人革命的行动，估计这个事件是反革命事件是错误的，估计错了就应当进行自我批评。北大的文化大革命十八天"轰轰烈烈"，一个月"冷冷清清"，跟这件事有很大关系。

张承先工作组并没有原原本本地向北大师生传达李雪峰和吴德的指示，他们对李雪峰和吴德的批评是抵触的。吴德向张承先作了解释，要求他转弯子，说这样检查有利于争取主动。对于吴德的好心劝告，张承先并未接受。

据杜钧福《李雪峰北大讲话的罗生门》一文，[21] 李雪峰和吴德，特别是吴德，对张承先的批评，比"张文"所记述的还要多一些，还要严厉一些。例如，吴德15日说了"正确处理陈必陶这张大字报是把运动搞活起来的关键"之后，还说了"这个问题搞不好，就会变成过去北大党委那样的性质"，这话已经说得很重了。再如，吴德在7月17日凌晨一点半给张承先打过电话后，当天早上8时，又召见了张承先，话很严厉："你的立场哪里去了，你的党性哪里去了，竟然如此地顽固不化，如不改正，你是要栽大跟斗的！"

《九号简报》带来的后果是严重的。据李雪峰回忆，6月19日，刘少奇以中央名义加上批语转发了这份简报，20日就下发全国了。李雪峰写道："刘少奇认为牛鬼蛇神出动了，和毛主席的看法有分

---

21 见共识网，http://www.21ccom.net/articles/lsjd/lsjj/article_2014012299470.html，2014-01-22 发布。

歧。"[22] 刘少奇没有发现，《九号简报》对敌情的估计是错误的，是建立在推测想象之上的，缺乏证据，是经不起推敲的。直到数十年后张承先写回忆文章，也没有拿出《九号简报》中所称的"六一八事件"是"内外勾结、有组织、有计划的阴谋活动"的证据。《简报》中被点名的几个人，也够不上"牛鬼蛇神"。刘少奇轻信了《九号简报》，"认为牛鬼蛇神出动了"，匆匆忙忙将其批转全国，后来成为"资产阶级反动路线"的源头。可以说，张承先工作组的错误判断，对刘少奇产生了严重的误导。

数十年后的文革史学者也指出，北大工作组处理"六一八事件"时"上纲过高"，"结果不仅压而不服，而且授人以柄"。[23]

据杜钧福《李雪峰北大讲话的罗生门》一文，在毛泽东回到北京之前，在6月23日李雪峰"反干扰"讲话到陈必陶等人大字报发表之前的十几天里，北京新市委李雪峰、吴德等领导人对北大文革的立场和对"六一八事件"的看法已经发生了显著改变，中央文革康生、陈伯达的态度也有了转变，但发生这种变化的动因，以及这段历史的细节，尚待研究。

四、陈必陶等人写大字报给工作组提意见

1966年7月12日下午，地球物理系陈必陶等五名同学贴出了《把运动推向更高阶段》的大字报。大字报在"对当前运动的几点估计与意见"一段中写道：

运动在当前发展较慢，几乎停止不前。

现在我们就是既不运也不动。每天早晨7：30—11：30是坐在宿舍里，下午2：30—4：30是坐在宿舍里，晚上还是坐在宿舍里，几乎没有什么串联，班与班，年级与年级，系与系，学校与学校互不通气，甚至同层楼也是"鸡犬之声相闻，老死不相往来"。整天在宿舍

---

22 李雪峰：《回忆"文化大革命"初期的"五十天路线错误"——从"6.18"事件到"7.29"大会》，载《回首"文革"——中国十年"文革"分析与反思》第514页。
23 王年一：《大动乱的年代》，北京，人民出版社，2009年，第34页。

里,东拉西扯,没有讨论出什么东西。……早晚7:30、下午2:30到宿舍的规定,很多同学感到被卡得死死的,憋得慌,满腔热情,一身干劲不能充分发挥。

核心小组还未充分发挥作用,有些干部每天开会太多,脱离群众,核心小组是上头有什么布置就往下传,下头有什么情况就向上反映,一件事做完就要指示,不来就等,没有一点主动性、创造性,说难听点只起传声筒的作用。

陈必陶等人认为:当前运动"工作组要放手发动群众","不要卡得太死,不要搞清规戒律,要让群众的积极性充分发挥出来"。"要搞运动就不要怕乱,不搞运动当然也就不'乱'。要在乱中求不乱,有点'乱子'才好呢,这样每个人都要接受检验,人们就会分化,各派队伍就会分明起来。左、中、右分明了,我们看,这就比'一锅粥'好搞"。

五、张承先对陈必陶等人大字报的变脸

陈必陶等人的大字报,可能是全校第一份给工作组提意见的大字报。写这样的大字报,是要有勇气的。这张大字报打破了死气沉沉的局面,引起了各方面不同的反响。

"张文"说:

1966年7月12日下午,地球物理系陈必陶等五名同学贴出了《把运动推向更高阶段》的大字报,批评了工作组在运动中不敢放手发动群众。工作组领导小组决定通过这张大字报,进一步贯彻"放"的方针,把运动搞活。

这是多年后张承先写回忆文章时的说法,而当初的事实并非如此。张承先及其工作组,一开始并没有这样的认识。

"唐文"写道:

7月12日,地球物理系的陈必陶五人,首先贴出了批判工作组的大字报"把运动推向更高阶段",石破天惊。张承先回应,这是打

着红旗反红旗，向工作组夺领导权。……在北京新市委吴德的一再强压下，张承先硬着头皮，做了几次检查。一时间，批工作组大字报纷纷上墙，只是调门不一。

陈焕仁所著《红卫兵日记》也记载了工作组对陈必陶五人大字报的反应：

7月17日 星期日 雨

天下着瓢泼大雨，我们冒雨来到大饭厅，听张承先同志的紧急报告。陈必陶大字报在北大引起极大混乱，对工作组持不同观点的群众，一直盼着工作组对陈必陶大字报明确表态，听到通知，纷纷冒雨来到大饭厅。

同志们，我今天的报告题目是，"高举毛泽东思想红旗，把运动推向更高阶段"，张承先在报告中，首先总结了前段运动，然后布置了今后的工作，点名批判了陈必陶等5人大字报，他用了很长时间，对陈必陶大字报罗列的工作组"五大罪状"，一一地予以批驳，说陈必陶等人的大字报完全是别有用心，北大的运动只能在工作组的领导之下，坚定不移地按照中央部署和要求进行，决不能让少数别有用心的人去左右，从而走偏方向。

7月18日 星期一 晴

……学校的大喇叭突然响了，校广播站宣布，张承先又要向全校发表紧急讲话。

张承先在广播讲话中，突然来了一百八十度的大转弯，昨天他说陈必陶大字报完全是别有用心，今天突然又说陈必陶的大字报是"革命的大字报"。张承先还在报告中承认，前段工作组的确依靠和发动群众不够，压制了群众的积极性，张承先代表校工作组，热诚地欢迎全校师生，对工作组的工作提出批评。

我们全都让张承先搞糊涂了。同是陈必陶那张大字报，他昨天定性为"别有用心"，今天竟然又说它是"革命大字报"，无论是拥护还是反对陈必陶大字报的人，听了都大骂张承先简直在开玩笑。

张承先态度的转变，是市委领导李雪峰和吴德一再做工作的结果。

据"张文",吴德7月15日到北大听取汇报,明确说:"现在正确处理陈必陶这张大字报,是把运动搞活的关键。"吴德的指示,使工作组无法再把大字报说成"打着红旗反红旗",更不可能对大字报的作者进行批判整肃了。

而7月18日李雪峰在市委书记处会议上的讲话,更是对北大工作组领导小组进行了批评,特别是对如何估计"六一八事件"的问题,批评非常尖锐。对于李雪峰和吴德的一再批评,张承先及其工作组始终都是抵触甚至抵制的,最后才很不情愿地、有保留地在全校广播大会上作了一个检查报告。"张文"对这一过程有详细记述,兹不赘引。

按照"张文"的说法,"工作组引火烧身的行动,在全校引起很大反响"。校园里出现了许多大字报,开始了有关工作组实行了一条什么路线的辩论。

六、聂元梓是工作组的办公室主任吗?

在陈必陶五人大字报引发的辩论过程中,一些哲学系的学生征询了聂元梓的看法,随后通过大饭厅舞台上的广播(可能还有大字报)进行了传播。

对于聂元梓的讲话,特别是聂元梓说"工作组犯了方向、路线错误",张承先及其工作组做出了很强烈的反应。据"张文",张承先连夜召开了领导小组紧急会议。"张文"写道:

> 大家对聂元梓的做法非常气愤,说聂曾任领导小组办公室主任,工作组所有工作情况她是清楚的,处理'六一八事件'时她也是表示同意的,为什么又跳出来反对工作组。

据"张文",聂元梓"曾任领导小组办公室主任",现在又跳出来反对工作组,出尔反尔,那当然是不对的。"张文"说的是"曾任",那么,聂元梓什么时候当了办公室主任?当了几天?什么时候又不当了?为什么又不当了?对此,"张文"并没有说明。这里有什么玄机吗?

《北京大学纪事》1998年版和2008年版有相同的记载：

6月10日

▲工作组领导小组研究确定：由……张德华负责办公室、资料、简报工作。办公室主任聂元梓，副主任杨克明。

6月29日 北京市委驻北京大学工作组名单（负责人）如下：……

领导小组办公室（一）主任：李芳林，副主任：任小凤、刘寄久、张恩慈

组织组组长：古天佑
动态组组长：（缺）
领导小组办公室（二）负责人：蔡润田。

按照上述记载，聂元梓在6月10日～28日当过19天办公室主任，这是真的吗？

为了弄清楚这个问题，笔者先后访问过聂元梓、王茂湘和李清崑等人，王、李二人也是北大"四清"运动的"积极分子"。

聂元梓说："我又不是工作组成员，说我是工作组办公室主任，我的办公室在哪儿？"笔者问："那个时间你在哪里上班呢？"她说："我一直在哲学系总支办公室"。

王茂湘老师说："工作组进校后，从各系抽调了十个人进入工作组。经济系是我，哲学系有李清崑，没有聂元梓。好像工作组对聂的印象不大好，说她陷入'两派'太深。"

李清崑老师说："工作组时期，哲学系参加校工作组的只有我，没有聂元梓。我是6月2号晚上从'四清'前线回来，第二或第三天，通知我到工作组报到，我被分配到工作组办公室的简报组工作。简报组有3个人，组长任小凤，是河北省委文教部的一个处长。我们有权参加工作组核心组的会议，做记录。工作组的办公室主任是李芳林，河北省委的文教部长；副主任刘寄久，河北省文办主任，任小凤也是副主任。他们都是张承先从河北省带来的。没有听说过聂元梓是办公室主任、杨克明是副主任。说张恩慈是办公室副主任，我不清楚。"

据"张文",工作组撤出北大后,曾到市委党校进行整训。工作组撤走时可能把工作组的档案也带走了,所以能够在档案内发现曹轶欧批发的《关于北京大学二十天文化革命情况的报告》的材料,他们还连续三次派代表到北京市委,要求让曹轶欧回来检查交待。那末,档案里有没有聂元梓的材料呢?当了19天"办公室主任",不会毫无踪迹吧?但是,"张文"一点都没有提及。

笔者以为,聂元梓这个"办公室主任",可能是"被当的",只存在于某种文件上,或者只是在口头上提起过,聂元梓自己并不知道,更未在"领导小组办公室"上过班。否则,拿聂元梓在"办公室主任"任内的表现说事,岂不可以大做文章?然而,这样的文章似乎并未出现。聂元梓当然出席过张承先召集的会议,但其身份,应该是哲学系的负责人,而非"办公室主任"。同样,杨克明有没有当过"副主任",要问杨本人,很可能杨也没有当过。聂元梓等人的大字报被用来打破北大这个"反动堡垒",但聂元梓本人并不被工作组信任,不会把"办公室主任"的要职交给她。何况,张承先来北大时是带了自己的一班人马来的,"办公室主任",当然要用自己熟悉的人。

正因为聂元梓并未当过工作组的"办公室主任",相对超脱一些,自由一些,可以有自己的观察和看法,所以才会发表"工作组犯了方向、路线错误"的讲话。

"张文"用了一大段文字,把聂元梓7.19讲话同当天中央政治局常委扩大会议上陈伯达的发言联系起来,认为"不是偶然巧合,二者的关系耐人寻味"。张承先怀疑聂元梓讲话有什么来头,有这种怀疑或许可以理解,但实际上并没有根据。没有根据,又要说"二者的关系耐人寻味",这种思维和行文方式,同《九号简报》是不是有点相似呢?

从7月12日陈必陶等人大字报贴出,到7月19日聂元梓发表讲话,在一周的时间里,北大同学围绕工作组问题展开了辩论。当时认为工作组犯了"右倾"错误的大字报已经很多,聂元梓因为身份特殊,尤其在学生中有影响力,她的讲话无疑起了推波助澜的作用。

"张文"说,"处理'六一八事件'时,她(聂元梓)也是表示同意了的",但没有作具体的说明。王年一的《大动乱的年代》却有一相反的说法，据该书第 31 页，张承先在 6 月 18 日晚作了讲话后，"绝大多数师生员工同意工作组的看法，聂元梓则认为'六一八事件'是革命行动"。但作者也没有提供这一说法的来源。

聂元梓 7.19 讲话后，工作组如临大敌，张承先在 20 日晨便赶往市委找李雪峰作了汇报。李雪峰的见识远在张承先之上，"他要工作组听取聂元梓的意见，并广泛听取群众意见，多做自我批评，争取主动"。张承先接受了李雪峰的意见，但留给工作组的时间已经不多了。

七、关于 7.25、7.26 大会的倾向

张承先在文章中提到了 1966 年的 7.25 和 7.26 两次大会的情况。讨论那两次大会，我们必须先回顾一下当时的背景。

7 月 16 日，毛泽东在武汉畅游长江。据当时的报道，毛泽东畅游长江的场面非常壮观，"跟着毛主席在大风大浪里奋勇前进"的口号响彻大江南北。7 月 18 日，毛泽东回到北京。

毛泽东回到北京后，中央上层有多次会议，对运动形势和工作组问题进行了讨论。毛泽东说："回到北京后感到很难过，冷冷清清，有些学校大门都关起来了，甚至有人镇压学生运动。"[24] 7 月 19 日，毛泽东决定撤销工作组。[25] 7 月 23 日，毛泽东说："我考虑了一个星期，感到北京的运动搞得冷冷清清，我认为派工作组是错误的。现在工作组起了什么作用？起了阻碍作用。"[26]

7 月 24 日上午，毛泽东召集中央常委和中央文革小组成员开会，批评了刘少奇、邓小平，做出了撤销工作组的决定。7 月 25 日，毛在接见中央文革小组成员并有各大区第一书记参加的会上说："我到北京一个星期，前四天倾向于保张承先的，后来不赞成了。"[27]

---

24 王年一：《大动乱的年代》，第 35 页。
25 《毛泽东年谱（1949—1976）》（第五卷），第 600 页。
26 《毛泽东年谱（1949—1976）》（第五卷），第 601 页。
27 席宣、金春明：《"文化大革命"简史》，北京：中共党史出版社 2006 年版，第 95 页。

中央高层的这些事情，群众是不了解的。现在来看，事情就清楚得多了，中央文革在北大召集的7.25、7.26两次大会，目的就是贯彻毛泽东撤销工作组的决定，主持人的倾向非常明显，辩论不过是个形式，结论是毛泽东已经定了的。

"张文"说：

7月25日晚，康生、陈伯达、江青、王力、关锋、戚本禹等人到北大来召开座谈会，随后又召开了有万人参加的"辩论大会"。会上的辩论很激烈，多数发言者不赞成说工作组犯了路线错误。康生在会上说："北大的文化大革命，你们是主人，不是工作组是主人"，公开号召群众起来反对工作组的领导。支持聂元梓的人登台批判工作组：把"六一八"革命事件打成反革命事件，把北大"轰轰烈烈"的"文化大革命"镇压了下去，把学校搞得"冷冷清清"，犯了方向路线错误。对他们的观点，许多同学又登台加以批驳，说"六一八"事件的处理是正确的，工作组是"延安"，绝不是"西安"。

需要说明的是：7.25大会的主持人是江青，一些北大学生上台发言，批评工作组。台下的同学还递了许多条子，包起来有一大包。江青次日晚说把这些条子都拿回去给毛主席看了。7.25大会因下大雨没有开完，次日晚继续召开。7月26日晚的大会由康生主持，中央文革小组成员似乎全来了。这次大会学生发言少，主要是首长讲话，江青、康生、陈伯达、李雪峰都讲了话。

张承先对这两次大会的描述，有几处与事实不符。

首先，说多数人发言支持工作组，这是不符合事实的。他忘掉一个基本事实：7.25大会是江青主持的，她能让保工作组的发言占上风吗？在大会上发言的人，多数是前些天江青等人来北大开座谈会时已经见过的（江青7月21日就到过北大，7月22日和23日，陈伯达、江青又到北大调查，看大字报，开座谈会，他们还有对学生的简短讲话），[28] 不是谁在现场递条子就让谁上台的。另外，自7月12日陈必陶的大字报以来，北大关于工作组问题的辩论，已经进行了多

---

28 胡宗式、章铎编：《北京大学文革资料选编》（下），美国华忆出版社，2020年，第10—12页。

日,形势已经明朗。工作组自己都检查了在"六一八事件"处理上犯了严重错误。时至 7 月 25 日,已经没有几个人说"工作组好得很"了;说工作组犯了错误,有些还是严重的错误,但工作组的大方向是对的,这就算保工作组了;很多人认为工作组犯了方向、路线错误。在北大学生中,对工作组不满是普遍的,但还没有人提出"权"的问题。辩论大会上,只有一个人发言"踢开工作组,自己闹革命",此言一出,下面发出一阵嘘声。可见多数群众,当时还没有要赶走工作组的想法。

李海文提到这两次会议时写的是:"召开大会的目的,江青、康生、陈伯达说是要听取不同意见,让同学们辩论工作组的问题。但是,辩论徒有虚名,舆论一边倒。……在这种情况下,被允许上来发言的人多数都抨击工作组犯了方向、路线的错误,控诉学校的迫害。……这天(指 26 日——引者)的会议,所谓的辩论完全是讨伐工作组的罪状,大会成为反工作组一派宣告胜利的节日。"[29]

过程很清楚,张承先怎么会有"多数发言者不赞成说工作组犯了路线错误"的印象呢?

其次,张承先说孙蓬一在大会上揭发他,这不是事实。

"张文"写道:"由于在辩论大会上未能压倒支持工作组的意见,聂元梓的积极追随者孙蓬一上台发言,抛出了一枚'重型炸弹'。他说:'我刚从中宣部了解到,张承先在天津与陆定一有秘密勾结。'当时陆定一同志已经受到了公开点名批判,把我和他拉在一起,无疑是一顶很大的政治帽子。……我沉着地走到扩音器前说明了事实真相……听了我的说明之后,会场上很平静,没有人再追问这一问题。"

孙蓬一当时被中央文革抽调去当工作人员,北大开始组建校文革筹委会时,聂元梓才把孙蓬一要回来。他怎么可能在 7.26 大会上发言呢?如果孙蓬一真的有这个发言,那只能是在后来批判工作组的时候。张承先显然记错了时间和场合。

---

[29] 李海文:《1966 年夏北大见闻》,见《燕园风云录》(一),第 54—56 页。

八、谁把阶级斗争搞到"第一家庭"里来了？

"张文"中还有一段仅凭记忆写下的文字：

（江青）她情绪激动地高声喊道："我揭发，张承先是个坏人。他把阶级斗争搞到我家里来了，我的女儿李讷在历史系受到坏人的迫害，这个坏人是张承先支持的。中文系有个叫张少华的是个骗子，她自称是我的儿媳妇，根本没有这回事，我根本不承认。这个骗子也是张承先支持的。"这种"揭发"，使大家十分惊愕。会后很多师生议论，真不像话，怎么把家庭问题也扯进来了。还有的同学故意问我："你是怎样把阶级斗争搞到主席家中去的？"我只有报以苦笑，说我也不知道是怎么回事。

笔者查阅了江青7.26晚上讲话的记录稿，其中并没有"张承先是个坏人，他把阶级斗争搞到我家里来了"这样的说法。为读者方便起见，笔者把有关的一大段话引在这里：

我到北大有四次了，我们认为了解得不够全面，张承先是什么样的人，我没见过。他不见我们，刚才他写了封信给我，也不签名，也不是亲笔（用打字机打印的——引者）。这是极不严肃，极不郑重其事的。21号我到了北大，找了聂元梓、郭兴福（东语系朝鲜科）谈了一个钟头，有五个同学在外面听着，后来这五个要找我谈话，说聂元梓、郭兴福不能在座。我说，刚才他们讲话，你们听了，现在你们讲不让他们听，这民主吗？最后聂元梓、郭兴福二同志只好退席。他们代表31人就是今天李扬扬代表的29人。20日张承先给他们开了会。我觉得他们是受欺骗、受蒙蔽。还以为张承先是代表党中央和毛主席的。他们是上了当。下面我来讲讲张承先的干部路线。在他的干部名单里有个叫张少华的。这个人我是知道的。她是核心小组领导人物。她的母亲张文秋是一个全国通报的政治骗子手。她欺骗了中文系五年级同学。我不知道她用什么办法没到外地搞社教留在北京了，跟着郝克明反攻倒算。我的一个孩子有病，一个护士同志发扬了高度的革命人道主义精神，护理我的孩子。后来张文秋、张少华他们赶走了护士，跟他结婚！（气得说不出话）还有一个郝斌，是现代史（历史系）支部书记，也成了积极分子，这个人到乡下搞社教两个月搞不起来，跟地主右派勾搭。李讷给他和另外一些人提意见。前市委派人攻李讷，这就是前北京市委的反攻倒算！李讷毕业后，我叫她作自我批评，对郝斌讲清楚。郝斌嚣张得很，李讷作检讨时他竟不见，他们说我的孩子态度不好。我容忍了好几年了，要不要我说一说（要！）那天谈话的五位同志贺晓明、雷渝平，我讲得对不对？贺晓明来了没有？我们的子弟不能盛气凌人。我们的子弟如果不和工农子弟打成一片，工农子弟可以批评，但不能笼统地对待。我痛心，这是张承先搞的鬼名堂！这是国民党还是共产党？革命同志们，教师们，四年来我们受尽了气，我是受他们害的，本来我没有病，我的心脏病就是被他们逼出来的，我讲不下去了，现在请陈伯达同志讲几句话。[30]

是张承先记忆有误，还是审订录音记录稿时有删节，笔者无从考查。

江青批评了张承先的干部路线，主要是对张文秋、张少华和郝斌的指责，其间是非恩怨，局外人是搞不清的，笔者也没有能力判断。当时会场给笔者留下的印象是，江青的这段话是中文系学生李扬扬的讲话引起来的。7.26大会上，李扬扬作了一个肯定工作组的讲话，讲话主旨不仅和毛泽东的路线相悖，而且她宣读的她所代表的干部子弟的名单，竟然有31名之多，其中还有张少华的名字，这使江青大为光火，于是说了一大段既同家务事有关，又同当前政治斗争大局有关的话。

现在人们可以对江青和她的关于家务事的一段讲话大张挞伐，但当时是没有人敢公开说三道四的。至少，平民家庭出身的学生是不会说什么的。"唐文"描述道："所有人都愣了，傻了，一片寂静，谁也不敢多想，谁也不敢多说。"因为这牵涉到毛泽东和江青这个第一家庭的内部事务，江青口口声声"我们"如何如何，是把毛泽东也包括在内的，北大的大多数师生既无从了解真相，又何能判别是非，只能姑妄听之了。

---

30 胡宗式、章铎编：《北京大学文革资料选编》（下），美国华忆出版社，2020年，第327—328页。

江青这段讲话中涉及的与毛家有关的人物中，只有李讷还健在，其他人都不在了。笔者不想探讨已故的这些人的事，清官难断家务事，何况这是毛家的家务事。但我们当初是听得清清楚楚的。

三十多年后张承先写回忆文章时，专门提到江青这段讲话。虽然他并不缺乏条件，但却没有核对一下江青当初到底是怎么说的。令笔者困惑的是，张承先这样脱离群众的官僚，连从临湖轩到办公楼的那一点点路，他都要坐汽车，"会后很多师生议论"，他又是怎么听到的呢？

笔者以为，江青那时大发雷霆，甚至不惜在万人大会上把家庭内部的事也抖搂出来，其动因和目的，主要是政治上的。批判工作组、撤销工作组，是一场严重的政治斗争，在这样的政治斗争中，一个与毛家有特殊关系的小辈，居然站在对立派的阵营里，出现在万人大会上发表反对意见的一些人的名单里，江青怎么能容忍呢？

九、工作组顺利撤出北大

张承先工作组从6月1日进驻北大，到7月26日李雪峰代表北京市委口头宣布撤销工作组，再到8月13日工作组全部撤出北大，前后也就两个月左右的时间。当时党的一线领导人刘少奇、邓小平并未理解毛泽东搞文化大革命的用意，而把这场运动理解为又一场反右斗争。工作组进校以后，先在各单位把群众按左、中、右分类排队，并收集相关人员的材料。期间，恰好发生了"六一八事件"，工作组认为这是一起反革命事件，运动的方向由斗争走资派转向整群众——这显然违背了毛泽东开展文化大革命的初衷，工作组的寿命也就不可能长了。

应该说，北大工作组的撤离是很顺利的，并未受到阻拦。究其原因，一是暗地里被整的同学，自己还蒙在鼓里，不知道已经被工作组整了黑材料，没有人出来为难工作组。另外，刚成立的北大文革筹委会主任聂元梓的态度也起了重要作用。

1966年8月5日，聂元梓有一个广播讲话。在后来的关于资产阶级反动路线的辩论中，反对聂元梓的人认为聂元梓执行了资产阶级反动路线，罪状之一就是聂元梓的 8.5 讲话，特别是下面这一段：

> 工作组是犯了路线错误，但属于人民内部矛盾；工作组所犯错误的责任由组长张承先和副组长张德华来承担，大多数的组员要和他们区别开来。社教中的一些老左派，在工作组时期，跟着工作组犯了一些错误，有些人在工作组问题上表现的保守。个别别有用心的人，企图借着清理工作组错误的机会，想把真正的革命左派一棍子打死，那是绝对不能允许的，我们必须与这种错误行为进行坚决的斗争。筹委会号召全体北大的师生员工，要顾大体，识大局，加强团结，一致对敌，决不能斤斤计较内部分歧，而忘记了主要打击目标，使运动迷失方向，走向邪路。

张承先工作组早早撤离了北大，这是他们的幸运。否则，等到批判"资产阶级反动路线"的风暴刮起，麻烦就要大得多了。张承先还提到 1967 年初被揪回北大，并在学生宿舍被软禁了半年之事。从张承先的回忆看，此事事出有因，并非北大故意同他过不去，也没有特别为难他。笔者当年是北大学生，从未听说此事，毫无印象，可见这件事是做得非常秘密的。如果大张旗鼓地搞，后果就很难说了。

张承先工作组自进入北大起，就陷入了两条路线斗争的漩涡之中，并且成了推行"资产阶级反动路线"的发源地之一。但这一点，人们还要过一段时间才能明白。

（原文载《记忆》第 147 期）

聂元梓当过张承先工作组办公室主任吗？

李清崑

聂元梓当过张承先工作组办公室主任吗？关于这一问题，有两种不同的答案：王学珍等人主编的《北京大学纪事》和个别北大校友认定聂元梓曾任过此职；而聂元梓本人则断然否定。

《北京大学纪事》记载：

（1966年）
6月10日
▲工作组领导小组研究确定：由……张德华负责办公室、资料、简报工作。办公室主任聂元梓，副主任杨克明。

6月29日 北京市委驻北京大学工作组名单（负责人）如下：
……
领导小组办公室（一）主任：李芳林，副主任：任小凤、刘寄久、张恩慈

组织组组长：古天佑
动态组组长：（缺）
领导小组办公室（二）负责人：蔡润田。

从工作组进驻北大到撤出，我一直被借调到工作组工作。以下就我所了解的情况，谈谈我的意见，供研究者参考。

工作组进校后，就点名借调我到工作组工作。到临湖轩报到后，组长张承先同我谈话，他说："是仰峤同志（高教部副部长刘仰峤）推荐你来的。仰峤和我说，当年他任北大社教工作队副队长时曾借调你到工作队简报组工作，对你印象不错，就推荐了你。我们欢迎你

来，这次还是简报组吧。你有什么意见？"我表示服从分配。

我在简报组有一特殊待遇：可以作为工作人员列席旁听领导小组会议，因而了解情况较多。工作组领导小组组长是张承先，副组长有多位，其中最为显眼的是第一副组长曹轶欧，她是康生的夫人。由于曹的这一背景，她实际上成为工作组的太上皇。张承先对她十分尊敬，每次会议讨论和决定的问题，最后张承先都很谦恭地问曹："大姐，你看怎样？""大姐，你还有什么意见？"一般情况下曹都说："可以。""就这样吧。"有时曹也讲点具体意见。

在我的记忆里，领导小组曾研究决定要聂元梓当工作组办公室主任，杨克明任办公室副主任。但过了一两天，曹在领导小组会上传达了康生的意见，说康老的意思是要聂元梓等写大字报的人到群众中去，发挥更大的作用，不必在工作组担任职务了。大家都知道，当时康生是毛主席最信任和倚重的领导人，领导小组成员一致表示：同意康老的意见。这样，对聂元梓、杨克明的任命就作罢，亦未下达。

我所在的简报组有权参加工作组核心组的会议，负责做记录。组长任小凤，是河北省委文教部的一个处长。据我所知，工作组办公室主任和副主任都是张承先从河北带来的。主任是李芳林，原河北省委文教部长（据说是十级的老干部）。副主任刘寄久，也是十三级高干；任小凤也是副主任。我在工作组期间，从始至终均同以上三位主任、副主任打交道，从未见过聂元梓来办公室办公。

我的结论是：聂元梓从未担任过工作组办公室主任这一职务。

（本文于 2020.2.13 完稿）

毛泽东与《新北大》

李清崑

凡是经历过文革十年浩劫的人，几乎无不知晓聂元梓和北大校文革所控制下的《新北大》小报之报头为毛泽东主席所题写。然而，在不到十天之内，应聂元梓的请求，毛泽东曾两次为该小报题写报头，且首次题写之报头出现了笔误，却鲜为人知。

为了讲清这个真实的故事，笔者不得不把话扯得稍远一些。敬请读者见谅。

1966年5月25日，北京大学哲学系聂元梓等七人，在校内贴出了题为《宋硕、陆平、彭珮云在文化大革命中究竟干了些什么？》的大字报。矛头直指宋硕、陆平、彭珮云和中共北京市委。

据中共中央文献研究室编写，由逄先知、金冲及任主编并经党中央审定批准出版的《毛泽东传》（下）第1414页记载：就在《人民日报》发表《横扫一切牛鬼蛇神》社论的同一天，即1966年6月1日，身在杭州的毛泽东从《红旗》杂志和《光明日报》总编室所编写的《文化革命简报》第13期上看到了刊载的聂元梓等七人的大字报。毛泽东对该大字报极其重视，认为，"如果公开发表这张大字报，可以成为一个有效的突破口，可以打乱原有的秩序，使群众的手脚放开"。他当即批示：

"康生、伯达同志：此文可以由新华社全文广播，在全国各报刊发表，十分必要。北京大学这个反动堡垒，从此可以开始打破。请酌办。

毛泽东 六月一日"

《毛泽东传》的编者注明，毛泽东的上述批示，见毛在《光明日报》总编室编写的《文化革命简报》第13期上的批语手稿。

这里顺便提一下，以往一些论述文革的著作和文章中，在谈到聂元梓等人的大字报时，说康生背着在京的几位中央领导同志，把聂元梓等人的大字报手稿送给了毛泽东。此等传说缺乏可靠的根据，故未被《毛泽东传》的编者采用。

就在毛泽东做出上述批示的当天晚上，中央人民广播电台全文播放了聂元梓等人的大字报。次日，即6月2日，《人民日报》全文刊登，同时在头版显著位置发表了由王力、关锋、曹轶欧（康生之妻）执笔，以评论员名义写的重头评论：《欢呼北大的一张大字报》。此举，确如毛泽东所谋料的，成为他所亲自发动和领导的祸国殃民的文化大革命，排除来自领导层的阻力，"打乱原有的秩序"之"有效的突破口"，为整肃刘少奇拉开了序幕。一时间，不仅在北京大学炸开了锅，首都各大专院校乃至中学也乱了起来，并波及全国。正如毛所说："一张大字报一广播，就全国轰动了。"（见《毛泽东传》下，第1417页）这是毛泽东对聂元梓等人大字报的首次成功利用。

毛泽东的上述批示传出后，使人们尤其是北大人震惊万分，并大惑不解。北京大学原为"五四运动"之发源地，是"一二·九"爱国学生运动的倡导者和解放战争时期国民党统治区学生革命运动的中坚力量，建国后为国家培养了大批优秀人才，毛泽东本人也曾在北大图书馆担任过管理员。而今，这所有光荣传统且享誉国内外的著名学府，在毛泽东的心目中和笔下，竟然成为必须"打破"的"反动堡垒"。人们，尤其是北大人，实在弄不懂他老人家对北大为何有此深仇大恨。

毛泽东对聂元梓等七人大字报的第二次成功利用，是在1966年党的八届十一中全会期间。

1966年8月1日，党的八届十一中全会在北京召开。经最高领导钦定，聂元梓和大字报的另一名作者列席会议。8月5日，毛泽东在全会上抛出了惊人之笔：《炮打司令部——我的一张大字报》，矛头直指当时在中央主持日常工作的刘少奇。该文劈头一句就把聂元梓等人的大字报誉为"马列主义大字报"，并将该大字报列为全会学习的重要文件。他写道：

"全国第一张马列主义大字报和人民日报评论员的评论写的何等好呵！请同志们重读一遍这张大字报和这个评论。可是在五十多天里，从中央到地方的某些领导同志，却反其道而行之，站在反动的资产阶级的立场上，实行资产阶级专政，将无产阶级轰轰烈烈的文化大革命打下去，颠倒是非，混淆黑白，围剿革命派，压制不同意见，实行白色恐怖，自以为得意，长资产阶级的威风，灭无产阶级的志气，又何其毒也！联系到一九六二年的右倾和一九六四年的形'左'而实右的错误倾向，岂不是可以发人深省的吗？"（参看中央文献出版社2004年出版的《毛泽东传》下，第1428页）

毛的《炮打司令部——我的一张大字报》"八月七日印发中央全会。这是与会人员万万没有想到的，立刻改变了全会原有的议题和日程"。在写这张"大字报"的第二天"毛泽东在小范围内初步商定了调整后的中央领导成员名单和排列次序"。全会的最后一天选出"扩大到十一人的中央政治局常委，排名次序是：毛泽东、林彪、周恩来、陶铸、陈伯达、邓小平、康生、刘少奇、朱德、李富春、陈云。林彪列为第二位，而刘少奇却降到第八位"（《毛泽东传》下，第1428—1429页）。显然，毛的"大字报"虽未公开点名，但与会者一看便知：矛头直指刘少奇。

此举，充分证明毛泽东又一次成功地利用了聂元梓等人的大字报，作为在中央最高层搞掉刘少奇的"有效突破口"。

据笔者所知，毛泽东还有一次对聂元梓的直接成功利用，那就是在文革初期指示她赴沪串联，支持上海造反派。对此将另文述说。

毛泽东的这一奇文很快就传了出来（一年之后即1967年8月5日方在《人民日报》上公开刊出），即便是在个人迷信疯狂盛行的当时，一些有思想的人也感到莫名其妙：不就是一张批判宋硕、陆平、彭珮云和北京市委的大字报么，怎么成了"马列主义大字报"哩。想归想，但当时谁也不敢说，否则后果可想而知。就连笔者当时接触到的该大字报的几位作者，他们一方面为毛泽东对大字报的极高评价受宠若惊，兴奋异常，但另一方面对他们所写大字报的"马列主义"性质也不得其解。他们猜测，所谓"马列主义"是否指的造反精神？

由于毛主席的支持和重用，一时间聂元梓成了全国赫赫有名的最大的造反派头头，位居造反派"五大领袖"之首而更加大红大紫。（造反派"五大领袖"是：北京大学聂元梓、清华大学蒯大富、北京航空学院即今北京航空航天大学韩爱晶、北京师范大学谭厚兰、北京地质学院即今中国地质大学王大宾）

行笔至此，该回到本文的主题了。

在文革之前，北京大学原本有一份为全校广大师生所喜爱并享誉全国高校的校刊。其编辑部归校党委宣传部领导。1966年6月3日，李雪峰任第一书记的北京市委派出以张承先（原河北省委书记处书记）为首的工作组进驻北大并取代北大党委之后，该校刊即被停刊。1966年7月26日，中央政治局召开扩大会议决定撤销工作组。7月28日李雪峰主持的北京市委发出《关于撤销各大专院校工作组的决定》。在康生、江青等人召开的北大万人大会上张承先被批斗后工作组随即撤离北大。

在此之后，分管北大文化大革命运动的是时任中央文革领导小组副组长的王任重。王原为湖北省委第一书记，颇受毛泽东的欣赏和重用。此时，他是遵照毛的意图大力支持聂元梓的，亲自指定聂牵头出面运作，尽快成立北京大学文化革命委员会。在王的支持下，北大校文革筹委会于1966年8月初成立，聂元梓任筹委会主任。此后，王任重又指示，要采取自下而上的、巴黎公社式的民主选举的办法，从群众中推选代表，召开代表大会选举成立校文革。在王的亲自指导和过问下，北大文革代表大会于1966年8月30日召开，王参加了大会开幕式，聂元梓被选为北京大学文化革命委员会主任。

校文革筹委会成立不久，有人向聂元梓建议，应尽快恢复北京大学校刊，作为校文革的机关刊物。聂表示同意。经校文革核心会议研究，为了与原北大党委划清界限，体现革命造反精神，决定将北京大学校刊更名为《新北大》。鉴于聂元梓深得毛泽东的信任，与会者建议由聂出面请毛主席为《新北大》题写报头。聂很有把握地说：没问题，这事由我来办。彼时，聂是毛泽东最为重用的造反头头，有很大的利用价值，因而，有求必应。对此，聂在她的《回忆录》里曾提及，她写道：我请毛主席为《新北大》题词，他"很爽快地答应了"。（见《聂元梓回忆录》第194页）不久，中共中央办公厅（或中央文革办

事组)通过机要交通送来了一份急件,由校文革办公室签收。此件非同小可,在硕大的信封上赫然展现:

送北京大学

聂元梓 同志

毛泽东

办公室的工作人员怎敢怠慢,兴冲冲地将信件急送聂元梓,喊道:老聂,毛主席给你来信了。当时在场的包括笔者在内约七八人。大家猜想,此件定是伟大领袖为《新北大》题写之报头,均怀着极其兴奋喜悦的心情急切地等待聂元梓开封。然而,当聂元梓启开信封将老人家的御笔展现在大家面前时,众人顿时惊得目瞪口呆,哑然无语。原来毛主席将"新北大"写成了"新兆大"。给"北"字多加了一划,写成了"兆"字。本来热热闹闹的欢庆场面顿时变得鸦雀无声。当时,给笔者的第一印象是"笔误",我想大约其他人亦有同感,但无人吱声,生怕对伟大领袖有不敬之言。沉默良久,聂元梓先开口:"这可怎么办!"按当时的社会氛围,伟大领袖为北大题写报头,乃天大的喜事,是北大的莫大荣耀和幸福,必定立即召开全校师生员工大会,大肆庆贺,但现在摆在大家面前的题词,竟是这等模样,若将此件向群众展示,岂不是让老人家露怯丢丑,那罪过可大了去了,怎么上纲上线兴师问罪都不为过。经过众人一番议论,聂当即宣布,这件事情要绝对保密,谁也不准向外透露;否则轻说有损伟大领袖的威信,弄得不好还会按"恶毒攻击"治罪。众人皆知此事之深浅,在十几年内皆紧闭嘴巴,未透露丝毫风声。

这里还有一个小小的插曲。当时在场的有人提出,为了慎重起见,是否可通过中文、历史系文革筹委会负责人悄悄地向正在被冲击的魏建功等精通古文字的老专家询问一下,在古文字中东西南北的"北"是否有"兆"这样写法。聂元梓表示同意,但强调绝不能透露主席题词之事。当即分工由另外二人分头找历史系文革筹委会主任和中文系文革筹委会主任具体布置。情况很快汇报上来:两系精通古文字的专家均说未见有此种写法,亦未见过有"兆"这等字样。

面对上述情况,究竟应当怎样处理,聂元梓感到十分棘手。随即召集当时在场的人员进行商讨。议论的结果是：由聂元梓出面将原件送还毛主席，就说主席的"新北大"题词对北大的革命师生员工是极大的鼓舞，全体革命群众衷心感谢伟大领袖对北大的关怀与支持；《新北大》校刊将以主席的题词为报头出版，请老人家再审视一下，对原件是否满意。至于聂究竟通过什么渠道将原件送还的，是书面还是口头表达上述意思，笔者就不得而知了。

原件退还后，众人都怀着忐忑不安的心情等待回音。大家最为担心的是此举是否会触怒伟大领袖，会不会使题词问题泡汤。孰料，过了不到一周的光景，中共中央办公厅（或中央文革办事组）就通过机要交通送来了毛泽东题写的《新北大》报头。

同时还附一便签：

"聂元梓同志：

如不好，可再写。

毛泽东"

上述题词的原件和所附便签，均已为中国历史博物馆收藏。接到题写报头的御笔，聂元梓和校文革一班人欣喜若狂。随即召开全校大会，向广大群众展示御笔，隆重庆祝，大造声势。一时间北大校园里锣鼓喧天，高呼万岁，好不热闹。

毛泽东应聂元梓的请求两次题写"新北大"，特别是他书写的便签"聂元梓同志：如不好，可再写。"清楚地表明，当需要造反派支持时，或者说当造反派有很大利用价值时，他老人家对聂元梓等造反派的头头是何等的关照，何等的谦虚。此举也大大抬高了聂的身价，也是她最为得宠的一次。

聂元梓和北大校文革领导不仅将毛题写的"新北大"作为校刊的报头，同时还将写有北京大学字样的校旗、信封之类统统依样更换,就连支持聂和校文革的群众组织也取名为"新北大公社"。当时,曾有学生强烈要求将北大西校门的"北京大学"校匾拆除,代之以全新的"新北大"校匾,考虑到原有的"北京大学"校匾亦为毛泽东所题写,聂未同意。

以毛泽东题词为报头的《新北大》校刊很快就出版了。自此,这个小报便成为聂元梓和校文革宣扬最高最新指示、不遗余力地鼓吹和推行"无产阶级专政下继续革命"极左路线、誓"将无产阶级文化大革命进行到底"的工具。北大分裂成两派之后,又成为派性斗争的工具。

时光流逝,而今事情过去了五十个年头。当年毛泽东主席应聂元梓的请求题写"新北大"时已年逾七旬,书写出现笔误本不值得大惊小怪。但这则真实的故事,却从一个小小的侧面,证明党的十一届三中全会之后党中央做出的废除领导干部终身制的决定,是完全正确的。

(本文原载《记忆》第 172 期,署笔名"智晴",北京大学哲学系离休教授)

文革初期聂元梓赴沪串联大有来头

李清崑

1966年8月18日毛泽东接见百万革命群众,在天安门城楼上,他接受了师大女附中红卫兵代表宋彬彬献上的红卫兵袖章。从此,全国大串联和红卫兵运动迅速兴起。

聂元梓那时对大串联不积极,曾派人到北京火车站劝阻外出的北大学生回校参加选举校文革的工作。在中央文革小组副组长王任重的指导下,1966年8月30日,北京大学文化革命代表大会召开,随后选举产生了北京大学文化革命委员会(简称校文革),聂元梓任主任。校文革成立后,大部分学生很快外出串联了(选举前已经走了一部分人),留在学校的人已经很少。这些留下来的师生,除参与辩论本校运动的有关问题、转抄外面的一些大字报外,主要是接待外地来京串联的学生。

1966年10月6日,物理系二年级学生路远、周闯贴出题为《搬开聂元梓,北大才能乱》的大字报。大字报批评校文革筹委会组织的斗陆平大会是"文斗变成了温斗",批评聂元梓不支持红五类单独组织协会等。大字报还写道:"选举,选举,选不出好班子来。此处浪费青春,外地正好革命。走了!那么多人发了紧急呼吁,要聂元梓等注意。可是她们却置之不理,不抓事物苗头,忙于事务。三千人跑了,陶铸同志的信才来。聂元梓同志何其迂也!"

"何其迂也"的聂元梓,是否接受了路远、周闯等人的批评,我们不得而知。但到了11月中旬,聂元梓和孙蓬一等人也要赴上海串联。对于聂元梓等人去上海串联一事,当时不少人曾猜测是否有什么背景。就连时任上海市第一书记的陈丕显等上海市委领导人,亦感到聂元梓突然出现在上海并与当地造反派联合行动,来头实在不小。

据笔者了解,并有可靠的根据证明,聂元梓此次行动确实是奉命行事。做出这一决定的不是中央文革的某个头头或某些成员,而是最高领袖。

1966年11月12日上午10时左右,李讷即肖力(毛主席和江青的女儿)在北大校文革组织组某成员的陪同下来到北大五院二层校文革组织组办公室。当时在校文革组织组办公室的有孙蓬一等五六人,笔者亦在其中。李讷身着军服,一见面就冲着孙蓬一说:"孙大炮,怎么听不见你放炮了?"原来文革初期孙蓬一曾借调到中央文革工作了约两个月,与李讷认识。孙为烈士子弟,14岁参加革命,16岁入党,是一直性之人,为人耿直,脾气火爆,敢于直言,人称"孙大炮",故李讷也称他为"孙大炮"。接着,李讷便同孙及在场的人一一握手。落座后,李讷问孙:聂元梓呢,到哪里去了?孙答曰:大概到市里开会去了。随后李讷便询问北大的运动情况。孙蓬一作了较为详细汇报,大意是:眼下北大有人反聂,反校文革,说聂执行了一条隐蔽的资产阶级反动路线,要聂元梓下台。其他人也七嘴八舌补充了一些情况。李讷听罢沉默了片刻,接着便发表了一通意见。大意是:北大是有点乱,但是北大的造反派不要只着眼于北大的运动,目前全国许多地方群众还未发动起来,造反派受压,尤其上海造反派压力很大,希望北大的造反派去支持他们。李讷说,今天来找聂元梓就是要同她谈这个问题,这是主席的意思。"这是主席的意思",此话给笔者的印象最为深刻。谈话到此时已接近午饭时间,孙蓬一要李讷留饭,李说好啊,我可未带粮票。于是众人便拿着饭盒、饭盆到大饭厅打饭,菜是普通的大锅菜,主食有馒头、大饼之类。那时李讷较为朴素,平易近人,在办公室同众人进餐时有说有笑,给大家留下了好印象。

当天下午,李讷与聂元梓单独长谈。她们究竟谈了些什么,聂未作详细传达,只是说毛主席要她带人去上海串联,支持上海的造反派。还说李讷告诉她如果毛主席批准,她也与聂同去上海。听了聂的传达后,校文革的常委们很兴奋,认为这是伟大领袖交给的任务,是对聂元梓和北大造反派的最大信任。经研究决定,由聂元梓、孙蓬一带队,另有校文革组织组的陈某和傅某参加,此二人均为女性,兼有照顾聂元梓的任务。聂随将此名单报告李讷。不几日中央文革办事组(或党中央办公厅)送来了北京至上海的四张软卧车票(系一个软卧包厢)。聂孙一行随即赶往上海。至于他们在上海进行了什么活动,笔者只有耳闻,不知其详。

就在李讷同聂元梓单独谈话的当天,井冈山红卫兵和红色造反联军的少数学生砸了由毛泽东题写报头的《新北大》校刊编辑部。聂元梓陪同李讷看了现场。据《聂元梓回忆录》记载:"李讷到窗前看了情况,表示很气愤。她对我说,你太软弱了,这是反革命行动(当晚,李讷派中央文革办事组人员调查现场,指示我们要抓人)。"(《聂元梓回忆录》第173页)次日,王力、关锋在政协礼堂小会议室接见了聂元梓、孙蓬一等人(笔者也在场),了解砸校刊编辑部情况。会议开始时王力说:"昨天晚上听了肖力讲北大砸校刊的情况。中央文革听了,很气愤,也很关心,我们今天这里开会,听听你们介绍情况。"会后,王力吩咐北大写一份简报。回校后由简报组组长杨文娴起草简报,聂元梓等看过就上报了。

关于聂元梓奉命赴上海串联之事,中央文革的重要成员王力在《王力反思录》里有较为详细的记载,其小标题为:"聂元梓去上海的一段公案"。王力写道:

"聂元梓的事是我经手的,我比较清楚。……毛主席对文化大革命的想法,是把北京的群众组织、学生、工人、机关干部的造反派连在一起,通过聂元梓等人到上海串联,把北京同上海连成一片。江青找我,说主席的设想,组织个班子去上海,最早她想李讷(肖力)要去,聂元梓去,阮铭也去,搞个比较大的班子。聂元梓住在中央文革,叫她去负责筹备这个班子。李讷找到我,我介绍她见过聂元梓,陈伯达找到阮铭。这个北京和上海联系的组织,没有牵扯到张春桥。江青说李讷去不去毛主席正在考虑,因为她正在搞农村文革的指示。后来江青又转达毛主席指示,李讷不去,阮铭也不去,班子不要那么大。聂元梓也不要代表北京的红卫兵组织,只代表她自己和北大的群众组织,用北大群众组织的名义到上海。她不能打中央文革的旗号,完全作为北大聂元梓领导的群众组织的身份到上海去做些观察、联络工作,没有说她的任务是把上海市委打倒。我给聂元梓说时再三叮嘱这几条,说是主席、中央文革的决定。她在上海的生活安排可由上海记者站照顾。"(见《王力反思录》第758页)

王力还写道：

"现在历史学家、纪实文学家说聂元梓和张春桥在上海秘密见面，搞什么阴谋，聂元梓在上海的行动是张春桥策划的，他俩怎么说，作者都听见了。这个我不知道。我只知道张春桥对聂元梓非常反感，张春桥打电话给我，问怎么回事？聂元梓为什么打着中央文革旗号？为什么有事不同我商量？我讲了毛主席指示的几条，我说没有交代她有事去问张春桥，是因为张春桥要回来了。也没有必要，因为她只是代表北大群众组织去串联。没有叫她打着中央文革旗号。"（见《王力反思录》第759页）

以上李讷在北大校文革组织组同孙蓬一等人的谈话，与聂元梓的单独密谈，同王力在反思录中对这一问题的叙述，清楚地说明文革初期聂元梓赴沪串联，确实大有来头：奉毛泽东之旨行事。

聂元梓等人自沪返京后，中央文革办事组（或中办）通知北大校文革办公室：尽快将办事组垫付的聂元梓等人赴沪的四张软卧车票款送还他们，以便结账。当时我是校文革办公室主任，回答说：这四张软卧车票是你们给买的，北大无法报销，理应由你们负责。对方很快回话，说聂元梓等四人的编制不在中央文革（或中办）而在北大，只能归北大报销，并连连催促北大报销后尽快还钱。我要他们写一个证明：四张软卧车票系中央文革办事组给买的，可以报销。但对方予以拒绝。此事也从一个侧面说明，最高领袖和江青等中央文革要人，既要派聂元梓以北大群众组织的名义去上海支持当地的造反派，希图"通过聂元梓等人到上海串联，把北京同上海连成一片"（见《王力反思录》第758页），又要掩盖聂元梓等人此行是奉旨行事，真可谓费尽心机。

根据当时的财务制度，只有行政13级以上的干部方能乘坐软卧。聂元梓是12级，报销不成问题。但其他三人皆为一般教师和干部，只能按硬卧报销。差额如何处理就成了问题。彼时中央文革办事组又频频催促还款，无奈，聂元梓只好自掏腰包补齐差额，还钱了事。

（本文原载《记忆》第174期，署笔名"智晴"，北京大学哲学系离休教授；后略有修改）

"四月形势图"
——北大及北京市两大派分歧的实质

古 樟

1967年8月25日和26日，毛泽东在上海虹桥宾馆两次听取根据周恩来嘱咐从北京返回上海的杨成武的汇报，汇报内容同王力、关锋的问题有关。26日，毛泽东对杨成武说：**"王、关、戚是破坏文化大革命的，不是好人。你只向总理一人报告，把他们抓起来，要总理负责处理。"**[1] 按照毛泽东的指示，王力、关锋自8月30日起被隔离审查，4个月后被投入秦城监狱；戚本禹则于1968年1月12日被隔离审查，直接被送进秦城监狱。

1971年11月14日，毛泽东在一次谈话中说：**"那个王、关、戚，要打倒一切，包括总理、老帅。"**[2]

实际上，王、关、戚及其同伙的问题早已暴露，并受到了许多群众的反对和抵制。但是，由于王、关、戚是中央文革的要员，占据着政治制高点，炙手可热，红极一时。其同伙吴传启、林聿时等人"拉大旗，作虎皮"，党同伐异，不可一世。因而，同王、关、戚及其同伙的斗争成了风险极大的事情。这也是文革中一场重大的、惊心动魄的斗争，北京市许许多多群众组织都卷入其中。北京大学校文革负责人聂元梓、孙蓬一和新北大公社较早地看出了王、关、戚、吴传启一伙结党营私的面目，同他们展开了斗争。但也有一些人自觉或不自觉地站到王、关、戚及其同伙一边，分歧可谓泾渭分明。

本文展示两份当年的油印材料，并对其作一些说明和分析。一份

---

[1] 中共中央文献研究室编：《毛泽东年谱（1949—1976）》（第六卷），北京：中央文献出版社2013年版，第113—114页。
[2] 中共中央文献研究室编：《毛泽东年谱（1949—1976）》（第六卷），第417页。

材料题为《触目惊心的四月形势图》，署明日期是1967年6月15日；另一份材料题为《孙蓬一与四月形势图》。第二份材料是一篇很长的文章，题目里提到了图，但文中无图，也没有署明日期。笔者拿到它时，是和上一份材料放在一起的。这两份材料似乎是有分工的，前者负责公布"材料"，后者在前者公布的"材料"基础上进一步揭发批判。因此，可以认为它们是在同一时间段内写成的，共用一张图（见附图）。这两篇材料见证了当年北大及北京市两大派分歧的实质，是很有价值的历史文献。

一、第一份材料

第一份材料全文如下：

触目惊心的四月形势图

北京公社07　红彤彤　战地黄花

公布者按：

《四月形势图》是一幅触目惊心的黑图！

《四月形势图》是孙蓬一狼子野心的大暴露！

《四月形势图》是孙蓬一分裂中央文革的罪恶铁证！

图是《新北大》编辑部的一位编辑绘的，但分析"形势"，制定"战略部署"的不是别人，正是大名鼎鼎的北京大学文化革命委员会第一副主任孙蓬一！

孙蓬一代表资产阶级知识分子向工农夺权，在校内外推行了一条不折不扣的资产阶级反动路线！

孙蓬一自称"江青派"，公然分裂中央文革，直到最近还派人到北京图书馆大整关锋同志的黑材料。

孙蓬一炮打谢富治副总理，极力破坏北京市革命委员会的威信。

孙蓬一竟然狗胆包天，把矛头指向我们敬爱的周总理和康生同志，把总理和康老看成是"反新北大逆流"的总后台。

联系到聂元梓说的"还会有新的黑线",要揪什么"赫鲁晓夫阴谋家",联系到聂元梓居然组织人力批判《红旗》杂志评论员文章(此件由王力、关锋同志起草,总理修改定稿),岂不是可以发人深省的吗?

我们严正警告孙蓬一,你必须老实交待你攻击总理和康老的一切罪行!

坦白从宽,抗拒从严,孙蓬一休自寻绝路!

下面就是孙蓬一的"四月形势图":

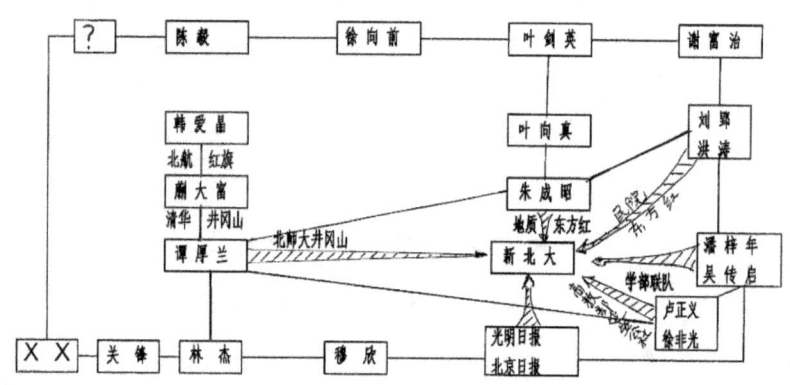

说明:

1. 此图是孙蓬一四月十四日夜(引者注:应该是四月十三日夜或十四日凌晨)炮打谢富治同志之后,大批人马云集南校门准备去冲公安部之前,由《新北大》校刊编辑吴××对本班同学分析形势时绘制的。现在我们根据追忆,复制如上。

2. 当时清华蒯大富、北航韩爱晶未支持孙蓬一,故亦被列入"反新北大逆流"。

3. 双线箭头表示对新北大的进攻,单线表示相互之间的密切联系。

1967.6.15

二、对第一份材料的初步解析

(一) 所谓"四月形势图"的由来和影响

上文中的吴××即吴子勇,是中文系62级学生,当时是校刊《新北大》的一名编辑。吴子勇毕业后进入军队工作,现已退休。2018年10月底有校友联系到他时,他告诉该校友:"当时在宿舍里和几个同学谈形势,随手拿桌子上的传单,在背面画了一张图,具体的细节已记不清了。"

从上文末尾的"说明"来看,文章的作者就是吴子勇的同班同学,被拿来大做文章的"四月形势图",也就是文章中的附图,并非吴子勇的原作,也不是按照原作复制的,是文章作者两个月后根据追忆复制的,其准确性不无疑问。吴子勇当时分析形势,是在宿舍里对同班同学讲的,不是正式场合,更不是用来公开发表的,其中颇有道听途说、主观臆测的地方。但他绝对想不到,在陈伯达1967年6月5日讲话之后,同学中会有人拿这件事情大做文章,把所谓的"四月形势图"转嫁到孙蓬一头上,再以种种罪名大加讨伐。

其实,4月14日,在北大南校门内马路边的苇蓆棚上已经贴出了一张图,标题为《吴子勇的四月形势图》,是在两张大字报纸上画的,除标题外,没有任何文字说明。从标题上看,这张图并不是吴子勇自己画的,而是其同学中的好事者把它用大字报的形式公布的。据见过这张图的校友说,当时令他印象深刻的是大字报的图上写有关锋的名字,并用线条将关锋和××连结起来。在当时的北大,这样做是不被允许的。尽管聂元梓和孙蓬一在4月10日面见江青、陈伯达时,当面提出了关锋、王力、吴传启一伙"结党营私"的问题,但在大字报上点关锋的名字,还是不可以的,更不要说影射康生了。吴子勇说话不慎,以致校园里出现了《吴子勇的四月形势图》这样的大字报,并且是校园里唯一的一份点关锋名字的文字材料。对此,校文革保卫组加以过问,是其职责所在。

1967年7月10日,北京公社一些人利用陈伯达的讲话,打砸了保卫组,将一应材料抢劫一空。1967年7月26日,《新北大报》(第二号）刊出题为《彻底砸烂北大的特务机构——黑"二组"》的文章，其中有一段写道："他们对反革命'四月形势图'（该图恶毒地把谢富治、关锋、林杰、穆欣等同志和师大井冈山、北航红旗、地院东方红、清华井冈山列入所谓的'反新北大逆流'并刻毒影射康生、周总理）的炮制者，疯狂炮打无产阶级司令部的吴子勇又是什么态度呢？请看黑二组的一份对吴子勇的处理意见：'要进行严肃的批评教育，并撤销新北大编辑部编辑的职务。妥否？请批示。'"

这篇文章只公布了所谓的"处理意见"（其真实性另当别论），却没有公布相关文件的全文，没有说明二组提出"处理意见"的时间和依据，为什么呢？是文章作者有什么忌讳吗？还是这份文件已经被送往某处报功去了，不在作者手头？

"四月形势图"确实被报告到了高层，并受到康生的重视。

1967年9月16日，中央领导人接见北京"天派"时，康生说："北大有人出了个系统表说我是林杰关锋的后台。周总理就是另外一派，陈毅、谭震林的后台，有书为证嘛！不是造谣嘛！"康生所说，显然就是指"四月形势图"。需要指出的是，北京公社某些人公布的所谓"四月形势图"，其中并没有谭震林的名字，康生为什么要说"周总理就是另外一派，陈毅、谭震林的后台"呢？康生说"不是造谣"，那么是谁在造谣？康生看到了什么样的报告呢？见到了什么样的"系统表"呢？材料是谁上报的？什么时候上报的？谭震林的名字又是谁加进去的？用心何在？

（二）为响应陈伯达"6.5讲话"，《触目惊心的"四月形势图"》出炉

我们再看看上引第一份材料出炉的时间——1967年6月15日，正是在陈伯达"6.5讲话"的十天之后。陈伯达"6.5讲话"的主要目的，就是要打压、阻止新北大公社对吴传启一伙的揭露。5月27日，陈伯达、关锋、王力召见聂元梓，要求不要公布吴传启的材料，遭到聂元梓的拒绝，除隐患战斗队在6月3日公布了吴传启历史问

题的材料,于是陈伯达、关锋一伙气急败坏了,愤怒了,急不可耐地要出手镇压了,于是陈伯达"6.5讲话"出笼了。听到陈伯达的讲话,北京公社中文系的某些人觉得机会来了,可以把两个月前的事情拿出来大做文章了,于是这份材料就出炉了。

"按语"指责孙蓬一派人到北京图书馆整关锋的黑材料,据笔者所知,这完全是"按语"作者的凭空想象。关锋的材料不需要整,更不需要到北京图书馆去整。对关锋的看法,聂元梓、孙蓬一4月10日就向江青、陈伯达当面说过了。聂、孙这次进言的主要内容,孙蓬一在4.12讲话中已经公诸于众了。关锋、吴传启一伙结党营私的材料,到北京图书馆去是查不到的,但广大群众有目共睹。对这个团伙侧目而视的大有人在,新北大公社并不是在孤军作战。

需要整的是吴传启的材料,尤其是吴传启历史问题的材料。调查吴传启不需要去北京图书馆,需要去的是武汉档案馆。这项调查,在1967年5月就已经完成了。

"按语"指责孙蓬一炮打谢富治,极力破坏北京市革命委员会的威信。其实,破坏北京市革委会威信的是谢富治自己。堂堂上将、国务院副总理、公安部长、北京市革委会主任,竟然把自己变成了王、关、戚的小伙计,在群众中拉一派,打一派,在市革委会内任由周景芳把持一切,排斥吴德等人,从而把市革委会变成了被王、关、戚、吴传启一伙操控的地方。吴德晚年的回忆录揭示,北京市革委会的许多重要岗位,都被学部联队的人甚至吴传启所把持。而且,毛泽东也明白,"北京市是让一派操纵了"。[3]

"按语"指责聂元梓组织人力批判《红旗》杂志评论员文章,但没有提供证据,也没有指明是哪篇文章,"按语"作者是这一事件的参与者吗?"按语"还说这篇评论员文章由王力、关锋起草,总理修改定稿,《红旗》杂志评论员文章起草和修改定稿的内幕,"按语"作者是怎么知道的?是谁告诉他们的?

---

3 卜伟华:《中华人民共和国史·第六卷·"砸烂旧世界"——文化大革命的动乱与浩劫(1966—1968)》,香港:香港中文大学当代中国文化研究中心2008年版,第611页。

（三）略论重画的"四月形势图"

鉴于油印材料的制作者已经声明，这张图并不是吴子勇的原图，是他们根据追忆复制的，复制图在多大程度上反映了吴子勇当时的看法，是有疑问的。笔者现在只能就上面这张图来讨论。

文章作者在图下的"说明"中称，"双线箭头表示对新北大的进攻"，这些"进攻"现在应该理解为矛盾和冲突。它们不是同时发生的，最早的是2月2日高教部事件，而后是4.8民族宫事件和4.11地质等六校来北大闹事。"双线箭头"有六个之多。谭厚兰是听命于林杰的，学部联队吴传启是关锋的密友（潘梓年仅是摆样子的"牌位"）。洪涛是学部下属民族研究所的干部、学部联队的头头，刘郓是统战部的干部，他们都是听命于吴传启的，并且控制着民委统战系统"红色联络站"的一派群众组织。卢正义因为在高教部贴第一张大字报而出名，但他的历史问题极为敏感，以至于关锋一伙不仅要挑动北师大井冈山同北大武斗，关锋、王力还要亲自出面对北大进行打压——这也就暴露了他们自己。至于地质东方红，其实只是该组织中一部分同洪涛、刘郓有联系的人，受到洪涛等人的挑动，被洪涛利用而已。北大校文革副主任孙蓬一"4.12讲话"讲得很清楚："所谓的民族宫事件本来是微不足道的，这只不过是一个借口而已。目的是他们背后的那些人要实现更大的政治野心、政治阴谋！"4.8民族宫事件在现场指挥的，就是洪涛（这是洪涛自己交代的）。

图中提到的朱成昭，是一个特殊的人物。他原是地质东方红的头头，大概因为同中央文革大佬们接触很多，看透了他们的本质，变成了激烈批评中央文革的人。于是，朱成昭立即被中央文革抛弃，1967年2月4日就下台了。朱成昭和叶向真有密切的关系，以及地质东方红内部这个派那个派的事情，笔者当年并不了解，数十年后读到《王大宾回忆录》，才知道还有那么多复杂的事情。朱成昭曾经支持北大的"反聂派"，但那是早先的事。1967年4.8民族宫事件发生时，朱成昭早已下台，北大不清楚对方内部的情形，只好笼统地用"朱成昭势力"来指称。半个世纪后，《王大宾回忆录》说："有部分人违背我们'外单位的事，我们搞不清楚，不要参与干涉'的正确决定,干涉外单位的活动,要为自己支持的一派出头,自认为真理在我。我为地院主要负责人,不能妥善处理摆平事件,是我的无能,是我的错。"⁴ 王大宾把责任揽到了自己身上,笔者以为大可不必。笔者不想追究谁的责任,倒是很想知道"有部分人"当时是听谁指挥的。

图中由朱成昭、叶向真引向叶剑英的线,似乎说叶剑英通过叶向真、朱成昭反对北大,这没有事实依据,纯属臆测。把这条线引向别的老帅,更是无稽之谈。北大内部的文革运动,同老帅们毫无关系。新北大公社发起反吴传启的活动,同老帅们也没有关系。军队高层和中央文革之间的矛盾斗争,北大师生是不可能知道的。图中左上角标有一个"?","?"的意思就是存在疑问,这同左下角标示的"××"完全不同,后者一望而知是指康生,"?"却无法解释。这条线和这个"?",反映了说者(如果确实这样分析过)对形势的认知有很大的混乱之处。至于说"?"是暗指周恩来的说法,是解释者毫无根据的臆想,因为图中完全没有国务院系统。

1967年3月7日,在中央文革的幕后策划下,学部联队、北师大井冈山、石油学院北京公社、钢院919、新人大公社、民族学院东方红发起大规模"反二月逆流"的行动,要打倒谭震林、余秋里、李先念、陈毅等几位副总理,洪涛、刘郢贴了李富春的大字报⁵,最终的矛头所向,已经指向了周总理。这一行动来势凶猛,而且显示出他们是大有来头的。形势严峻,压力巨大,新北大公社不得不声明"打倒谭震林"并成为"炮轰派"的一员,但实际上保持着极大的警惕,当发现有人把矛头指向周总理时,新北大公社表示了坚决保卫周总理的态度。(红代会驻东郊联络站负责人、北京机械学院的许维刚就对北大同学说:"你们北大这一次站错了队,你们站在总理的一边。")在"反二月逆流"的狂飙中,北大校文革和新北大公社有着明确的、

---

4 王大宾:《王大宾回忆录》,香港:中国文革历史出版有限公司2015年版,第130页。
5 洪涛、刘郢以个人名义贴了李富春的大字报后,立即遭到新北大公社的反击。

慎重的态度，由此被校内外的反对者骂作"二月逆流派"[6]。新北大公社哪里有资格当"二月逆流派"！不过是为周恩来和几位管理经济、外交的副总理打抱不平而已。而且，北大有许多人清清楚楚地看出了，在这场"反二月逆流"的狂飙中，是有利益团伙在浑水摸鱼的。很快，新北大公社就把矛头指向了这个团伙。

1967年4月8日，以新北大公社、民族学院抗大公社、民族宫"二七兵团"等组织为一方，与民族学院东方红、统战民委系统的红色联络站、地质东方红等为另一方，为争夺在民族宫的民族工作展览的批判权，在民委大院（民族宫的后面）发生冲突。事后双方都发表声明，签名的单位各有三十多家。北航红旗在4.8民族宫事件中表示中立。"4.11事件"发生时，清华井冈山一个头头跑到北大，公开指责北大，被北大同学教训了一下，清华井冈山总部为此发表了一个谴责北大的声明。北师大井冈山于4月13日发表声明，声称4.11、4.12事件同他们无关（遗憾的是，笔者数十年后才在《记忆》第150期上看到这份声明，当时完全不知道。另外，1966年10月北大"井冈山红卫兵"成立，地质东方红和清华井冈山都曾支持他们（1966年的北大井冈山自称是清华井冈山的一个支队）。上图说清华和北航反对北大，事出有因（但在笔者印象中，北航同北大并没有发生过什么过节），但将清华、北航同北师大连在一起，是没有道理的[7]。在清华和北航的问题上，孙蓬一的"4.12讲话"讲得很清楚："同时我们必须看到，目前在某个问题上，跟我们有不同意见的同志，他们还是我们的战友，这里，我再一次表示我的看法，像清华井冈山、北航红旗，他们是我们的战友，我们应当和他们一起战斗！"实际上，到1967年5月，清华井冈山和北航红旗等好几个群众组织，已经同新北大

---

[6] 毛泽东后来亲自为"二月逆流"平了反。1971年11月14日，毛泽东在一次谈话中说："'二月逆流'是什么性质？是他们对付林彪、陈伯达、王力、关锋、戚本禹。那个王、关、戚，要打倒一切，包括总理、老帅。"见中共中央文献研究室编《毛泽东年谱（1949—1976）》（第六卷），第417页。

[7] 谭厚兰在1967.11.15的检查（简称"谭厚兰检查"）中说：在《北京日报》夺权问题上，北师大井冈山和北航红旗发生过矛盾，由于林杰公开讲话支持一方，打击一方，北师大井冈山有恃无恐，"从此双方伤了感情，一直存在着隔阂"。

公社站在一起,向吴传启团伙发起了进攻。上述材料在 6 月中旬问世时,形势早已发生了变化。

有的单线是符合实际的,如谭厚兰同卢正义之间确实有"密切联系",关锋、林杰、穆欣、《光明日报》《北京日报》、卢正义、吴传启、洪涛、刘郢、谢富治这条线也是存在的。实际上,关锋(还有戚本禹)和谢富治之间还应该有一条线才对。但是,把谢富治和老帅们联系起来是完全错误的。1967 年春,几位副总理(谢富治除外)和老帅同中央文革正处在对立之中,而谢富治是坚决站在中央文革一边的。在"反二月逆流"浪潮中,谢富治表现得非常积极,其他副总理和几个老帅都是被打倒被炮轰的,谢富治和老帅之间何来"密切联系"?

三、第二份材料

第二份材料全文如下:

孙蓬一与四月形势图
——北京公社"小人物"

(一)辩证法讲师与辩证法讲师的得意门徒

触目惊心的《四月形势图》被揭发出来了。

这是一张地地道道的反革命大黑图,它疯狂地把矛头指向中央文革、中央军委、中央常委、市革委会机关报《北京日报》以及许多革命派组织,是可忍孰不可忍!这是地地道道的反革命行为!

《四月形势图》是孙蓬一等人分裂中央文革的铁证!

《四月形势图》是孙蓬一等人向工农夺权的野心大暴露。

《四月形势图》的出土,使许多受蒙蔽的群众大开眼界,幡然醒悟,更加看破了孙蓬一的真面目。

《四月形势图》的出土,使校文革、新北大公社总部头头以及其他一些"要人"惊慌失措，束手无策，迭迭叫苦。埋怨该死的吴子勇泄露了天机。

吴子勇，这个可怜的小丑，孙蓬一的牺牲品，却王八吃秤砣——铁了心，连连抛出了三个"声明"，说什么《四月形势图》的全部错误及其引起的恶劣后果，由我负完全责任，与任何人无关"。真是此地无银三百两，充分暴露了吴子勇们心里的无限惊慌和政治上的极度空虚。

微不足道的吴子勇，能给出如此精制，如此完善的形势图吗？

整天坐在办公室里的编辑老爷，怎么能"秀才不出门，全知天下事"？

吴子勇一方面说："四月形势图是根据当时流言蜚语画出来的。"一方面又说"与任何人无关"，这不是自相矛盾、自己打自己的嘴巴吗？吴子勇们已经惊慌到语无伦次的地步了，吴子勇的所谓"流言"从何而来，这难道还用得着说吗？

事情无独有偶，就在同一天晚上深夜，孙蓬一到展览馆，煽阴风，点鬼火，大放厥词，说什么"北京就是有摘桃派，师大井冈山、吴传启就是有后台"。并用桌子上的物品排成了形势图，和触目惊心的《四月形势图》大同小异。

孙蓬一和吴子勇到底是什么关系？《形势图》的发明权到底归谁？是一方窃取了另一方的"研究成果"，还是"英雄所见略同"？

答案是很清楚的：孙蓬一是辩证法讲师，吴子勇是辩证法讲师的得意门徒。

(二)《四月形势图》形成的历史过程

《四月形势图》的出现决非吴子勇一时灵感创造出来的，它是孙蓬一执行资产阶级反动路线的产物，它开始形成于一月份，经过几个月的深思熟虑，加工改造完成于四月份，成了他们向工农夺权的指导思想。吴子勇这个小丑只不过是将其表现于纸上而已。

这就是事物的本来面目。

事实胜于雄辩，谎言的制造者必将在事实面前碰得头破血流。

一月份，北大到处抢权，在高教部与师大井冈山、学部联队发生冲突，受到关锋、王力同志严厉批评。在中宣部北大支持阮铭伙同一个什么首都职工革命造反兵团夺红旗杂志的权，扮演了很不光彩的角色，又一次受到陈伯达同志、关锋、王力同志严厉的批评。

首长的批评使孙蓬一之流大为恼火，开始发牢骚："关锋就是关锋，中央文革就是中央文革，他正确的我们就听，不正确就不听。"聂元梓故作镇静地说："同学们的心情我是理解的，我向中央反映。"聂元梓对关锋、林杰支持高教部"延安公社"大为不满，曾狂妄地说："关锋、林杰是立场问题，还是其他问题，待查。"

康生同志去年八月就说过徐非光不是叛徒。一月份关锋同志也指出徐不是叛徒，但孙蓬一暴跳如雷，说："徐非光就是叛徒，我们新北大革命派最有发言权，我们掌握的材料，关锋不一定掌握。"孙蓬一还气急败坏地叫嚷："北大社教中有两个叛徒，一个是常溪萍，一个是徐非光。常溪萍我们搞臭了，徐非光就是搞不臭，我们要问，这是为什么？谁在搞鬼？"孙蓬一明目张胆地污蔑关锋、康生包庇叛徒，不是很清楚吗？

自从一月份夺权以后，孙蓬一就将北京各组织分成两大派，将与北大持有不同意见的组织统统打入"反新北大逆流"。1月31日《新北大》校刊就有"粉碎反新北大逆流"等文章，说什么"反新北大就是反动"，"反聂元梓同志不是别有用心的一小撮，就是混蛋糊涂虫"。

北大本来是支持学部联队的，可是这以后凡有师大井冈山、学部联队等参加的活动，北大都不参加，拉开了两大派内战的阵势。

动态报一月底就开始探索两派斗争的"秘密"，2月15日的动态报攻击"谭厚兰已不是革命左派了""井冈山公社已蜕变为修正主义的了"。并经常与师大造反兵团联系，甚至公开支持他们，孙蓬一的特务机关——动态组的高级《内部参考》第十期最明白不过地作了说明，他公然骂道："师大井冈山所以如此嚣张，就是因为有关锋、林杰做他们的后台，关锋、林杰支持它。"

对地院东方红、民委的洪涛、刘郢等人的研究也成了重要课题。1月15日《红色联络站》洪涛等接管中央统战部档案，谢富治同志处理了此事，将洪涛放了，且肯定他是左派，而将民院抗大郑仲宾拘留了十五天。2月份谢富治同志处理了《北京日报》问题，北大意见甚大,这样北大就怀疑谢富治是学部联队的后台,并开始与民院抗大打得火热。

当时动态组常常有人提起"一条又粗又长的黑线""有一只大老虎"。他们心里都明白这就是指关锋同志。动态组每天晚上碰头,研究的大都是这条"又黑又长的黑线"并把这些情况向孙蓬一汇报,这难道不是事实吗?

《四月形势图》下一条黑线还有《北京日报》。北大攻击《北京日报》由来已久,早在一月份夺权中,北大就和北航等组织一起夺了《北京日报》的权,违背中央指示,提出什么"打倒编辑老爷"的错误口号,贩卖工团主义,把报社的造反派甩在一边。聂元梓同志在第一期就发表了一株矛头指向造反派的大毒草,第一期出版后,中央文革江青、戚本禹同志要他们停刊,并退出《北京日报》,说:"《北京日报》给你们办死了,第一期就死了一半。"北航等组织不退,以后实行军管,从此北大便和《北京日报》结下怨仇。

这就是《四月形势图》形成的过程,一桩桩、一件件摆在面前,赖也赖不掉,孙蓬一的"一时冲动论"休想再欺骗革命造反派。

(三)孙蓬一的4.12、4.13讲话就是用文字表达出来的《四月形势图》。

要想看懂《四月形势图》,只要重读一遍老孙有名的四.一二、四.一三讲话就行。吴子勇绘出的《四月形势图》不过是老孙讲话的精炼及形象化罢了,它实际上是北大一些决策人物和一些要员的指导思想。王茂湘就曾评说过:"老孙十二日讲话的精神是大部分常委同意的。"

现在让我简单地分析一下这个臭名远扬的讲话吧。

讲话首先攻击地院东方红,说它"靠打砸抢起家""历史丑恶得很",充当了进攻新北大红色政权的"打手的急先锋",是"朱成昭势力",这与《四月形势图》完全一样。

4.11师大没参加武斗,但在4.13讲话中,孙蓬一富有煽动地攻击谭厚兰、韩爱晶、蒯大富,这就是为什么《四月形势图》师大后面有北航和清华。

接着孙大圣提出摘桃派理论，点了潘梓年、吴传启、卢正义、徐非光、刘郢、洪涛、周景芳等人的名。不点名地攻击关锋、林杰、谢富治，说这些人组成了北京"最大的摘桃派"，这与《四月形势图》也完全相同。

孙蓬一的讲话就一月十五日档案事件大发议论，说："抢档案的人成了革命派，而制止抢档案的人却成了反革命……这到底是为什么？我们不能不问一问，绝对不能做奴隶主义，绝对不能盲从，就是这一帮人，他们勾结在一起，凑成了现在北京市存在的最大下山摘桃派。"这里，孙蓬一污蔑谢副总理是最大的下山摘桃派，并认为他是洪涛、刘郢的后台，这与《四月形势图》一模一样。

孙蓬一的讲话对《光明日报》大搞政治陷害，放肆攻击《光明日报》也是《四月形势图》所包括的。

孙蓬一组织了"报刊分析组"，校刊曾奉命登文章攻击《北京日报》，所以吴子勇的黑图，当然少不了这一条。

孙蓬一讲话影射关锋，攻击他和吴传启一起写文章"像演戏一样"，这也是四月黑图的一个内容。

黑图的左下角的××是谁呢？就是曾给聂元梓等人最大支持的康生同志。一月份北大在康老问题上态度很暧昧，据说聂元梓当时还亲自到清华向刘泉要康老的材料。×××还利用北大社教有关问题整康老材料，伯达批评北大说："康老、王力是坚决与彭真作斗争的。"

4.11以后动态报有人说："清华过去有人搞康老，一是从上边搞，往下追，那样就搞错了，这次他们从下边搞起来。"

5月27日的座谈会上有同学讲到，外面传说林杰、王力支持清华414，聂元梓点点头。当有同学说，据说414里有康生的养子，聂元梓吃惊地问："什么？什么？康生的养子，叫什么名字。"孙蓬一则若有所思地说："这个斗争就是这样复杂。"联系陈伯达同志批评孙蓬一等人翻脸不认人，联系外界流传北大保陶反康，吴子勇在黑图里，关锋前面打上××以示康生就一点也不奇怪了。

四月黑图，上面一条线为什么有叶剑英、徐向前等人呢？不是有不少人问："为什么有人把矛头指向沙家浜[8]，其后台是谁吗？"形势图作了回答。

孙蓬一讲话后，北大一同学写信给上海军医大学的信明确指出："问题的实质是什么呢？就是以穆欣、关锋、林杰、叶剑英等人为首罗网了高校地院等组织，企图砍掉聂元梓……""对于陈毅、叶剑英、徐向前我们就是要炮打，特别是叶剑英，在这次逆流中充当了非常不光彩的角色。"这封信说出孙蓬一"想说而没敢说的话"。

至于《四月形势图》上的？是谁，留给吴子勇自己回答。

孙蓬一讲话的客观效果，也足以证明他们的讲话就是地地道道的"四月形势图"。

孙讲话以后孙的嫡系红一团召开一个《关于关锋问题》的串联会，大整关锋的黑材料。孙的嫡系部队06"缚苍龙"战斗队起草了"炮打关锋"的大字报。桔子皮也写了一张"二十问关锋"的大字报，只因慑于形势，未敢抛出。

十四日，孙之嫡系《捉鬼队》成员历史系××与地院同学座谈又是一篇"四月形势图"。

上面提到的北大×××给上海军医大学××的信，上海等地成为爆炸新闻，这更是一篇地地道道的"四月形势图"。

它说明4.11以来，北大校园内笼罩着一股分裂中央文革、分裂市革委会的阴影，《四月形势图》几乎控制了北大的舆论。

铁一般的事实雄辩地证明孙蓬一的讲话就是用文字表达出来的《四月形势图》。

吴子勇必须交出后台，舍车马保将帅，行"苦肉缓兵"计绝无好下场！

孙蓬一向真理投降是可以的，耍赖是不行的。

（四）《四月形势图》的实践与破产

4月14日中央文革批评北大后，孙蓬一等人拒不接受批评，变

---

[8] 1967年4月，地质学院东方红一些人到北京京剧一团沙家浜剧组，与其中的一派发生肢体冲突。见王大宾：《王大宾回忆录》第130页。

本加厉地按《四月形势图》一意孤行，大搞政治赌博，把他的政治生命全部押这一宝上。

1. 继续攻击地院东方红，说他们"指导思想是错误的，甚至是反动的"，说什么"由于我们的错误，延长了地院的寿命"。"敌人的成功是建立在我们的错误之上的。""反新北大是朱成昭势力"等等，这还不是"四月形势图"？

2. 继续攻击师大井冈山，校园里出现不少这方面的大字报。《内部参考》更是肆无忌惮地攻击师大和关锋、林杰。

3. 攻击关锋同志，继续分裂中央文革。孙蓬一歇斯底里地炮打谢富治以后，受到中央批评，有人问他：听说陈伯达同志讲聂元梓讲话很不像样？孙狂叫道："我看陈伯达同志是不可能这样说的，如果真有的话，那肯定是关锋说的。"并且煽动不明真相的同学去质问关锋同志，他对历史系同学说："你们可以以个人名义给关锋同志写信，让他表态。你们就说，关锋同志，现在学部联队吴传启拿着你的牌子到处招摇撞骗，影响很不好。我不知道你和吴传启的关系，请你表态好吗？"他还恬不知耻地说："你们就这样写也没什么关系，你们是学生嘛，你们不了解情况嘛！"企图重演4.14的丑剧，给关锋同志施加压力。手段何其阴险、毒辣。

《红旗》第七期评论员文章，聂元梓同志却要批判，说是"为他们自己服务的"，这不是明目张胆地炮打中央文革，分裂中央文革吗？

4. 攻击林杰。5月27日秘密座谈会上，有同志提到林杰，聂元梓说："不管是谁，凡是不符合毛泽东思想的就可以批判。"前几天，66串联会头头×××还说：陈伯达说北航红旗不要被坏人利用，这个坏人就是林杰。

5. 借揪潘吴把矛头指向学部联队和市革委会，提出"打倒吴传启，揪出周景芳""要从市革委会揪出一批投机分子来！"六一庆祝会原计划是在天安门广场举行，后在市革委会以70∶3被否决，只好改在运动场召开。孙蓬一公然讲：原准备在天安门开，因阻力比较大，只好改在这里。

6. 攻击《北京日报》。6月3日，聂元梓对我校驻文艺口人员说："别的单位，组织，观点和我们一致，走在前头很好嘛！我们不一定抢头，这对整个斗争有好处。北航写了《北京日报》近来为谁说话？我们不写又有什么不可以？……"孙蓬一、李士昆、姜同光等人还亲自指挥广播北航红旗恶毒攻击《北京日报》的文章，并准备在校刊上登自己的文章攻击《北京日报》。在此之前，校园内批判《北京日报》社论《打倒彭真》的大字报达几十份之多。

7. 攻击《光明日报》。校刊曾多次向历史系遵义战斗队索取攻击《光明日报》的手稿，哲学系批刘邓中心组曾二次接受任务攻击《光明日报》，直到伯达同志批评之后，一篇攻击《光明日报》的稿子还在修改中。

以上种种事实不都是《四月形势图》的实践吗？而且比《四月形势图》有过之而无不及。

陈伯达同志的讲话，宣判了《四月形势图》的死刑，把孙蓬一几个月来"劳其筋骨，饿其体肤"而创造出来的伟大成果抛进了历史垃圾堆，陈伯达同志的讲话宣告孙蓬一之流几个月来狂热的政治赌博，连老本都输个精光！

* * *

《四月形势图》的出笼，毫不奇怪，他是孙蓬一之流执行资产阶级反动路线的产物，它对帮助我们理解孙蓬一之流的内外政策有极大的帮助。

孙蓬一就是《四月形势图》的炮制者。

让那些为孙蓬一唱赞歌的人在事实面前发抖吧

北京公社　小人物

四、对第二份材料的初步解析

（一）"小人物"的文章道出了北大两派分歧的实质

这是一篇很长的文章，作者响应陈伯达的"6.5讲话"，不辞辛苦，搜集了许多真真假假的材料，好似一份"聂、孙反关锋罪行录"。其目的只有一个，为陈伯达的"6.5讲话"做出注解，提供"证据"，同时，又利用陈伯达的"6.5讲话"，说明聂元梓、孙蓬一罪行累累，罪不可赦。在作者笔下，聂、孙的罪行有"分裂中央文革""向工农夺权""污蔑关锋、康生包庇叛徒""影射关锋，攻击他和吴传启一起写文章'像演戏一样'""攻击关锋、林杰、吴传启、潘梓年、卢正义、洪涛、刘郢、周景芳等人组成了北京'最大的摘桃派'"，聂、孙还攻击《北京日报》和《光明日报》，等等，等等，总之是罪大恶极。

"小人物"文章的价值，在于其道出了北大两派分歧的实质（尽管有些地方还不确切），清楚而坚决地表明了他们的立场。按照这篇文章列举的事实和逻辑，聂元梓、孙蓬一的问题，并不是某些人说的那样"是聂元梓对待群众的态度问题"，而是"分裂中央文革"的问题，是"攻击关锋、林杰、吴传启、潘梓年、卢正义、洪涛、刘郢、周景芳等人组成了北京'最大的摘桃派'"的问题，这当然是性质非常严重的原则问题。但这么一来，也表明了"小人物"自己的立场。原来，"小人物"是完全站在关锋、林杰、吴传启、潘梓年、卢正义、洪涛、刘郢、周景芳这些人一边，为他们说话、为他们辩护的。这才是分歧的实质。

对于研究北大文革历史而言，"小人物"的文章是一份很有价值的材料。

（二）关于"一条又粗又长的黑线"

"小人物"的文章里有这样一段话："当时动态组常常有人提起'一条又粗又长的黑线''有一只大老虎'。他们心里都明白这就是指关锋同志。动态组每天晚上碰头，研究的大都是这条'又黑又长的黑线'并把这些情况向孙蓬一汇报，这难道不是事实吗？"

所谓"动态组"，是物理系几位同学在1966年底自发创立的，办一份油印的《动态报》，很受同学欢迎。笔者当年和动态组的同学多有接触，就缘于《动态报》。笔者从他们那里获得许多有关那条"又粗又长的黑线"的信息，听到他们精辟的分析，这是至今仍要感激他们的。"小人物"的这段话基本属实。这一情况的提供者，显然就是原《动态报》编辑部的成员。动态组的许多同学都很正直、理性，不极端，头脑比较清醒，看问题实事求是，不追风，不盲从，所以能看出问题来，能抓住问题的本质，同时他们又很谨慎，议论时从不提关锋的名字，大家心中有数，根本不需要提"关锋"二字，哪怕一个"关"字都不用提，所以揭发者也举不出动态组有任何点名议论关锋的事实。陈伯达的"6.5讲话"是对人的考验。在高压之下，包括动态组多数成员在内的许多同学，仍然坚持正确的观点，毫不动摇，因为这样的观点是从实际调查中得来的，不是主观想象出来的。当然，随风转向的人也是有的。上面提到的这位揭发者在陈伯达"6.5讲话"的高压和蛊惑下，他动摇了，立场和观点发生了180度的转弯，他否定了自己，转过身对曾经的同伴进行揭发了。不过笔者也看到，他没有编造假话来诬陷《动态报》的其他人，还算良心未泯。

（三）所谓"整了关锋的材料"

"小人物"们很想找到什么"铁证"，证明聂、孙整了关锋的材料，可以像吴传启一伙整垮对立派一样，将聂、孙一举整垮，但他们一无所获，只能用"四月形势图"和某些墙头草的"揭发"来拼凑，但这有用吗？他们口口声声说《内部参考》更是肆无忌惮地攻击师大和关锋、林杰"，有证据吗？他们指称红一团和"缚苍龙"等战斗队整了关锋的材料，甚至写好了大字报，但这有证据吗？这些事都是真的吗？如果这是假的，那就是"小人物"在捕风捉影，凭空捏造。如果这是真的，新北大公社居然有好几个战斗队掌握了关锋的材料，还写了大字报，那只能说明，关锋的问题已经是路人皆知的了，整关锋材料写关锋大字报的同学太勇敢、太了不起了。

（四）所谓"聂元梓代表资产阶级向无产阶级夺权"

陈伯达在"6.5讲话"中以无产阶级自居，指责聂、孙"你们现在是资产阶级知识分子想夺无产阶级的权"。这是非常重的话。实际上，利用文革"天下大乱"之机结党营私的关锋、吴传启一伙，才是向无产阶级夺权的资产阶级知识分子。不到一年，还是这个陈伯达，又大批王、关、戚是"小爬虫""变色龙"了。

陈伯达"6.5讲话"之后,"小人物"们是把这篇讲话当作圣旨和真理来看待的。可惜,陈伯达"6.5讲话"的有效期很短,有效性也成问题(因为陈伯达在同一时期还讲了不少支持聂元梓的话,大大抵消了"6.5讲话"的效力),到8月底就彻底失效了。应当指出,陈伯达曾四次就"6.5讲话"向聂元梓表示道歉,第一次是1967年7月10日晚,正是北京公社砸抄保卫组的当天晚上;第二次是1967年8月3日市革委会会议后[9]。这两次道歉都是关锋、王力还在台上,北大反对派闹得最凶的时候。"6.5讲话"已经给北大造成了无法弥补的深重伤害,私下的道歉有什么用呢?陈伯达敢到北大来公开道歉吗?

引发"6.5讲话"的一个直接原因是5月27日陈伯达、关锋、王力召见聂元梓的事情,他们对聂威胁利诱,又打又拉,要求聂不要公布吴传启的材料,聂当场拒绝,双方不欢而散。随后除隐患战斗队公布了有关吴传启历史问题的调查材料,于是陈伯达急了,亲自出面进行打压。事后的8月3日,陈伯达却又对聂元梓说,"5月27日的批评,不要当回事"[10]。陈伯达的"6.5讲话"和其后的若干讲话,明显有自相矛盾之处,又似有某种不得已的难言之隐,因此,笔者总觉得事情不那么简单,背后可能还有更为复杂的情况。笔者没有条件深入研究,祈望未来的研究者能够关注这一点,作进一步的探讨。

在陈伯达"6.5讲话"的刺激下,北大大乱起来了。6月6日,北京公社在校园里铺天盖地刷满了大字报和大标语:"火烧聂元梓!打倒孙蓬一!"6月7日,"新北大公社革命造反总部"成立。加上"北京公社""红旗飘""井冈山""东方红"等组织,北大的反对派们一下子兴奋起来,以为打倒聂、孙,由他们取代校文革的日子就要来了。北京公社还多次组织人员冲击校文革和新北大公社方面举行的大会。期间,社会上的某些组织也派出广播车,闯进北大校园大叫大嚷,为他们呐喊助威。

---

9 聂元梓:《我在文革漩涡中》,香港:中国文革历史出版有限公司2017年版,第319页。
10 聂元梓:《我在文革漩涡中》第319页。

陈伯达的"6.5讲话"固然搞乱了北大，但问题的主角关锋也陷入了深深的惶恐之中。时为学部历史所研究生的孟祥才有一段回忆："1967年7月18日晚，中央文革小组出面，在当时的中央宣传部教育楼小礼堂召开北京市一些单位造反派代表人物参加的会议。张春桥、关锋、戚本禹等都出席了。我坐在会场的中间，基本能看清他们几个人的面部表情。我发现关锋有点精神委顿，面色蜡黄。他讲话时也没有了昔日的霸气，不是鼓励人们如何同'走资派'进行斗争，而是批评'怀疑一切'的倾向。他说：'有些造反派，今天抓一个，明天抓一个，老觉着不过瘾，老想抓大的，看谁都有问题。这种怀疑一切的倾向是不对的。'戚本禹发言时，就直接提到有人反关锋的问题，他指着关锋说：'现在社会上有一部分人，包括一些造反派，反对关锋。我今天给他讲讲情，你看关锋这么瘦，你们反他干什么？'这是我最后一次见到关锋。到8月份，他就同王力、穆欣、赵易亚、林杰一起垮台了。"[11]

关锋、吴传启一伙的所作所为，是不能见光的，也是"犯忌"的，一旦被揭露，便惶惶不可终日。北大闹得越厉害、越乱，在社会上造成的影响越大，对这一伙人其实越是不利。吴传启、林聿时、卢正义等人早已逃往外地，回北京的日子遥遥无期，外表的强大掩饰不住内心的虚弱和焦虑，关锋当然要"精神委顿"了，"昔日的霸气"也就荡然无存了。连戚本禹对关锋都搞起了两面派。戚本禹在会场上当面为关锋说情，但关锋清楚得很，会场上有一些人是学部"大批判指挥部"的，当时也在积极地揭发、批判吴传启，而在幕后为"大批判指挥部"撑腰的，正是戚本禹。

（五）聂元梓想当北京市革委会主任？

陈伯达"6.5讲话"指责聂元梓想夺谢富治的权，想当革委会主任，校内校外的反对派也一直这样指责聂元梓，这完全是无稽之谈、欲加之罪。聂元梓没有那么大的野心，也没有那个能力，聂元梓想做

---

[11] 孟祥才：《我所知道的关锋、林聿时和吴传启》，原载《历史学家茶座》2011年第2辑，济南：山东人民出版社。

的，就是起个监督的作用，而聂的这个想法，还是在陈伯达谈话的影响下产生的。

聂元梓回忆说：

1967年3月28日，在大会堂，陈伯达问我：红代会最近干了什么了？我说，今天下午刚开了一个核心组的会议，分析了各个学校运动的发展情况，分三类。准备再进一步对各校做些促进联合的工作。接着他说：红代会是很重要的，但是，更重要的是叫你在市革委会中多起些作用。叫你做副主任的工作，就是这个目的。你是红色政权中的新生力量。我们是很重视你的。你是从群众中来的，代表群众的。谢副总理这个人很好，郑维山、傅崇碧、吴德这些同志都很好，但是他们都有老脑筋。比如谢副总理吧，他过去是长期在邓小平领导下工作的，总会受些影响吧。我这不是叫你反谢富治，是叫你了解这个情况，更好地发挥你们的长处，克服短处，这样，团结在一起，就可以把工作做好，北京市的革命委员会是有影响的。我这个人就有很多旧的东西，在同红卫兵接触中，我就受到很大的教育。

我听了陈伯达的谈话，最突出的觉得谢副总理是在邓小平领导下长期工作的，我就想进一步知道这个情况。回家后，我找了聂真，知道他同谢副总理过去在一起工作过。我问聂真，到底谢副总理怎样？聂真说：过去是邓小平重用的干部，并说谢能带军队，能做地方工作，这个人比较淡定，在党的斗争中，他不轻易表态，都是在最后再表态。这样使我对谢副总理产生了怀疑，"长期重用"、"总会受些影响吧"，认为陈伯达的意见是对的，我应当在市革委会中进行"监督""发挥作用"。这样，在4月8号，谢副总理召开会议，宣布市革委会组成人员的时候，我曾给蒯大富写了一个条子，告诉他，谢副总理是长期在邓小平领导下的干部，是邓重用的，能文能武的干部。我把这个内容告诉他的目的，是叫蒯大富也要在红色政权中"发挥作用"、"进行监督"。[12]

北京市革委会成立了，聂元梓当了副主任（但不是核心组成员），"五大领袖"中的另外四位当了常委。实际上，这几个人都是用来摆

---

[12] 聂元梓：《我在文革漩涡中》第315页。

样子的。秘书长周景芳号令一切，横行霸道，要害部门都掌握在学部联队一帮人手中，连吴德这样的人都受到排挤，聂元梓就更不用说了，她想要一份市革委会成员的名单，要了多次都没有要到。作为副主任，聂元梓在市革委会有一间办公室，也收到许多群众来信，聂元梓忙不过来，请示吴德，吴德也没有办法，便要聂从北大调个人来协助处理来信，但不算市革委会的工作人员，于是聂元梓从北大找了一个年轻的党员教师协助工作。不料没有几天，谢富治就在会上发话了，"啊？！有的人还在这里搞什么办公室？！"听到这话，这位教师赶紧回学校向聂报告，商议结果是马上撤回来。这位教师把聂办公室的钥匙交给吴德的秘书，就回来了。[13]

身为中央文革小组组长的陈伯达，好像对北京市革委会的真实情况毫无了解。1967年5月1日，在天安门城楼上，陈伯达对聂元梓说："你主要在市革委会起作用，市革委会工作我看还是搞不上去。北京市也比较复杂，我是愿意叫你参加核心组的，这可以充分发挥你的作用。"[14] 市革委会确实有一个核心组，但那是周景芳一伙把控的真正的核心，让聂元梓参加核心组，岂不是痴人说梦？

聂元梓的"野心"，仅仅是想发挥一点"监督作用"而已，但这是不被允许的。戚本禹通过周景芳和学部联队的一伙人操控市革委会，那是名副其实的资产阶级知识分子向无产阶级夺权。这是一个团伙，能容许外人来监督吗？这伙人嚣张跋扈，有恃无恐，丝毫不怕这样做会暴露了他们的野心。谁给了他们这种勇气和自信？面对这种状况，聂元梓对谢富治有看法，不是很正常吗？谁给谢富治提意见，谁就是想当北京市革委会主任，这是什么逻辑？聂元梓还揭发过安子文呢，怎么不说她想当中组部部长？蒯大富组织元旦大游行，打倒刘少奇，能说蒯大富想当国家主席吗？

聂元梓对谢富治的认识，其实是很肤浅的、很有限的。谢富治在北京市革委会的问题，也不是最主要的，他在公安部长和中央专案组

---

13 这是听一位北大校友说的。当年这位教师和聂商议撤回来的时候，该校友恰好在场。五十年后，该校友偶遇这位老师，问起往事，才知道事情的前后经过。

14 聂元梓：《我在文革漩涡中》第319页。

所任职务上犯下的罪行,要严重得多。

(六) 关于"揪出周景芳"

"小人物"指责聂元梓、孙蓬一等人"借揪潘吴把矛头指向学部联队和市革委会,提出'打倒吴传启,揪出周景芳''要从市革委会揪出一批投机分子来!'"聂元梓、孙蓬一在什么时候、什么场合提出过这样的口号?

孙蓬一4.12讲话讲得很清楚:"有的人在外面甚至造谣讲,原学部的周景芳是中央文革成员,拉大旗做虎皮,包着自己吓唬别人。事实上周景芳根本就不存在这个问题。"孙蓬一只不过是揭穿了一个谣言而已,怎么就变成"揪出周景芳"了呢?新北大公社要揪的是吴传启,还轮不到周景芳。"小人物"为什么要替周景芳担心呢?

陈伯达对北京市革委会的组建是有看法的,也知道毛泽东的看法:"北京市是让一派操纵了"[15],但他在"6.5讲话"中仍然要为周景芳站台:"有人扭住周景芳,他在学部工作。(谢富治插话:他是好人,是造反的)我刚刚认识他,他是戚本禹同志派他去帮助谢富治工作的,是戚本禹推荐的……"从另一个角度理解,陈伯达这句话,不仅撇清了自己同周景芳的关系,还向公众表明周景芳的后台就是戚本禹。另一方面,陈伯达还曾经提醒过吴德要注意周景芳一伙(时间应该在1967年春夏之交,关锋、王力垮台之前)。吴德1970年1月11日讲话说:"他们在市革委和在学校安插一帮人。陈伯达同志告诉我,你们被控制了,我们还不了解情况。"[16] 吴德是北京市革委会的常务副主任,连他都不知道自己被架空了,听到陈伯达的提醒还一脸茫然,可见北京市"让一派操纵了"的情况有多么严重。

陈伯达以贬低吴传启的方式来批评聂、孙:"吴传启算什么东西呀?吴传启你们说过就算了,提不上日程上。他这个人排不上我们社

---

15 卜伟华:《中华人民共和国史·第六卷·"砸烂旧世界"——文化大革命的动乱与浩劫(1966—1968)》,香港:香港中文大学当代中国文化研究中心2008年版,第611页。
16 《1970年1月11日,吴德在北京市举办的局县区级学习班上的讲话》,见宣讲家网,http://www.71.cn/2012/0410/513855.shtml,2016.2.29。

会的位置。……吴传启不可能操纵我们的报纸,渺小的微不足道的人,你们硬把他抬上来,这不是见鬼吗?"事实真相是:吴传启一伙确实控制了北京市革委会的要害部门,吴传启也一度控制了《北京日报》。吴德晚年在回忆录中说:"(北京市革委会)新进来的人大都是王、关、戚支持的学部的那一派,约二十多人。哲学所的造反派头头周景芳担任了市革委会的秘书长,杨远担任了办事组组长。办事组等于是市委的办公厅,一切机要都由杨远控制了。……革委会成立后《北京日报》恢复出版,学部派来的涂武生控制了《北京日报》,实际上,真正控制的是吴传启,吴传启背后操纵涂武生,所有的社论、消息,都要经过吴传启看过。"[17]

"拉大旗,作虎皮"是吴传启们一贯的手法,他们仗着关锋这个后台的支持,制造出一种气氛,"反对吴传启就像犯了弥天大罪一样",孙蓬一4.12讲话宣告:"我今天就要公开表示,我们就是反对一下吴传启!"在"孙大炮"的轰击下,吴传启只好化名远遁。陈伯达说吴传启"算什么东西呀?"客观效果是以中央文革组长的身份剥去了吴传启"左派"的光环和吓人的虎皮,吴传启再不可能耀武扬威了。

没有想到的是,竟然连谢富治也抱怨说他受到了周景芳的要挟和威胁。

笔者寻获了一份《谢副总理在市革委会全体会议上的讲话(1968.3.25下午)》,刊登在北大井冈山兵团北斗星简讯编辑部主办的《北斗星简讯》1968年3月26日的增刊上。

谢富治在这个讲话中做了一点自我批评,其中一段与周景芳有关。谢富治说:"对一些违背毛泽东思想的错误行为进行原则斗争表现较弱。这同'私'字、'我'字有关。例如去年4、5月间,革命委员会中的坏人周景芳,他给我写了一封通牒性的信,说我没有支持他搞派性。当然,我不支持他搞派性,我跟他有斗争,但斗争得很不够,而且没有把这封信给毛主席、林副主席、中央文革伯达、康老、江青等同志看(注意:根本没有提周恩来——引者)。这不是我个人的事

---

[17] 《吴德口述:十年风雨纪事——我在北京工作的一些经历》,北京:当代中国出版社2013年版,第36—37页。

情，是大是大非的问题。"

周景芳要搞派性活动，谢富治在某些问题上没有支持他。于是，仗着有后台支持，周景芳竟然给谢富治写了一封"通牒性的信"，进行威胁，可见其根本没有把谢富治放在眼里。而谢富治竟然忍气吞声，都没有把这封信向上级报告。谢富治自己都说"这不是我个人的事情，是大是大非的问题"。那么，到底是什么原因，竟然要让身为副总理、公安部长、北京市革委会主任的谢富治在"大是大非问题"上也要如此地委曲求全、甚至不敢向上级报告呢？

谢富治在这次讲话中提出了"变色龙，小爬虫王、关、戚、周景芳"的说法，讲话末尾有16个口号，其中之一是"打倒王、关、戚！打倒周景芳！"

事实证明，周景芳确实是王、关、戚、吴传启团伙的成员。关锋垮台之后，周景芳被揪回学部。戚本禹垮台之后，周景芳立即被抓了起来（百度周景芳条目显示，其在市革委会任职时间为1967年4至9月，1968年1月至1979年12月被关押）。

（七）关于"攻击《北京日报》和《光明日报》"

在"小人物"心目中，《北京日报》是神圣不可侵犯的，因而反对《北京日报》成了聂、孙的一条罪状。"小人物"的文章还特别提到了"孙蓬一等人要求北大广播台广播北航红旗观察员文章"的事情。笔者当年不了解这件事情，也没有读过这篇文章。这次设法找到了当年的小报，才明白"小人物"们为什么要讨伐这篇文章了。正如后来吴德说的，"革委会成立后《北京日报》恢复出版，学部派来的涂武生控制了《北京日报》，实际上，真正控制的是吴传启，吴传启背后操纵涂武生，所有的社论、消息，都要经过吴传启看过"。被吴传启们控制的《北京日报》，其立场、观点必然会代表这个团伙的利益，必然会表现出来，也必然会遭到抵制。北航红旗的《红旗》报1967年5月30日第42期刊登的观察员文章《〈北京日报〉近来在为谁说话？》，对这个团伙进行了非常尖锐的揭露和批判。针对《北京日报》5月28日社论里提出的"现在特别要批判革命队伍中存在的无政府主义思潮和分裂主义倾向"这一论调，北航红旗观察员文章写道：

"不错，我们要批判无政府主义思潮和分裂主义倾向。

"但是，我们必须弄清：什么是无政府主义？什么是分裂主义？到底是谁在背后心怀鬼胎，有目的、有组织、有计划煽动搞分裂？难道不正是那些装扮成'左派'的叛徒和坏蛋在搬弄是非、制造分裂吗？难道不正是他们利用报纸等舆论工具在革命队伍中拉一派打一派，分裂无产阶级革命队伍吗？批判分裂主义，难道不正是要把那一小撮口喊团结，实则在幕后搞分裂的罪魁揪出来吗？"

"他们现在对大批判一反常态，阳奉阴违，可见他们当时并不是在真正批判，而是在吹捧叛徒，为某些人捞政治资本，为他们登台表演大吹大擂，为他们篡夺领导权制造舆论。他们一方面扣压他们嫉恨一方的稿件，一方面大登特登与他们站在一起的一些人的文章，借报纸制造思想混乱，这难道仅仅是宗派主义所能解释的吗？不能！这是他们在利用报纸扶持和拉拢一部分社会力量，为资本主义复辟制造舆论。

"我们要问：《北京日报》到底掌握在谁手里？是谁把黑手伸进了《北京日报》？"

观察员文章当然有许多那个时代的印记，但上面所引的文字，其矛头所向，不正是孙蓬一揭示的那个"摘桃派"团伙吗？在那个时代，要写出这样的文字，不仅需要深刻的观察力，更需要有足够的勇气。对此，"小人物"们是理解不了的。

至于《光明日报》，笔者在这里就不多说了。该报的一派组织，同吴传启、学部联队关系密切，是众所周知的事情。时为学部历史所研究生的孟祥才回忆："所谓大批判开始，吴（传启）、林（聿时）利用他们与王、关、戚、穆欣、林杰等人的关系，在《人民日报》《光明日报》和《红旗》杂志发表了大量批判刘少奇的文章，出尽了风头。"[18] 实际上，这不是简单的出出风头的问题，真正的目的是为这个团伙实现更大的政治野心制造舆论。

---

[18] 孟祥才：《我所知道的关锋、林聿时和吴传启》，原载《历史学家茶座》2011年第2辑。

（八）关于"攻击《红旗》杂志"

"小人物"的文章指责说："红旗第七期评论员文章，聂元梓同志却要批判，说是'为他们自己服务的'，这不是明目张胆地炮打中央文革，分裂中央文革吗？"看来，在他们心目中，《红旗》杂志更是神圣不可侵犯的了。

笔者当年没有关注《红旗》杂志的文章，也没有听到过聂元梓有什么评论，这次看到"小人物"的文章，才把这期《红旗》杂志找来，拜读之下，不无疑问。

1967年的《红旗》杂志第7期是5月20日出版的，其评论员文章题为《抓住主要矛盾，掌握斗争大方向——学习中共中央一九六六年五月十六日的〈通知〉》，一个非常冠冕堂皇的题目。该文有一段是谈左派群众组织之间矛盾的，照抄如下：

> 左派群众组织之间，也存在着矛盾。这种矛盾，是左派内部的是和非的矛盾。有的是在某一个问题上，一方是正确的，另一方是不正确的。有的是在某一个问题上，一方错误多些，另一方错误少些。有的是一方在这个问题上是正确的，而在那个问题上是错误的，另一方恰恰相反。上述种种，是有着原则分歧的。但是，他们之间的矛盾是次要的，他们的对立面，都是党内走资本主义道路的当权派，他们的大方向是一致的。认清了主要敌人，抓住了主要矛盾，左派群众组织之间的分歧，应该用批评和自我批评的方法解决。双方的争论，可以协商解决。双方一时不能解决的次要的问题，则应该求同存异，共同对敌。这不叫无原则，不叫和稀泥，不叫折中主义，不叫调和主义，而是实现革命大联合的正确做法，是马克思列宁主义、毛泽东思想的原则性的表现。相反，如果左派组织之间互相抓住争论的问题不放，把枝节问题看得比天还大，热衷于打内战，放松了对党内走资本主义道路当权派的斗争，这恰恰是没有原则性，是小团体主义、山头主义、无政府主义的恶劣表现。

从表面上看，以那个年月的标准，这段话似乎没有问题。但是，《红旗》杂志掌控在陈伯达、关锋、林杰等人手里，他们若要在冠冕堂皇的文字里面塞点私货，那是易如反掌的事情。聂元梓、孙蓬一1967年4月10日向江青、陈伯达进言时指出关锋、王力、吴传启等人"招降纳叛，结党营私"。在我们看来，这不是"左派内部的是和非的矛盾"，这个矛盾不是"次要的"，不是"枝节问题"，不是"可以协商解决"的问题，双方的大方向完全不一致，揭露这个团伙绝不是"打内战"，绝不是"小团体主义、山头主义、无政府主义"。上引《红旗》杂志评论员文章这一段话，如果隐含着指责新北大公社揭发吴传启团伙的意思，那么真的是"为他们自己服务"了。

（九）"小人物"在1.15抢档案事件上的立场

"小人物"的文章提到1.15事件："1月15日《红色联络站》洪涛等接管中央统战部档案，谢富治同志处理了此事，将洪涛放了，且肯定他是左派，而将民院抗大郑仲宾拘留了十五天。"

笔者当初认为谢富治在处理1.15事件上有问题，只是根据"公安部某负责人谈话"作的推测。但"小人物"明确说，此事就是谢富治处理的。这种内幕信息当时只在洪涛一伙内部流传，"小人物"是怎么知道的？

1967年1月15日凌晨，刘郭（统战部官员）、洪涛（学部民族研究所干部、学部联队头头）、曹振中（学部近代史所干部，学部联队队长）等人，调集了"红色联络站"二百余人，抢走了全国政协和统战部的大批档案。当天，民族学院红卫兵总部和统战部的部分群众把洪涛、刘郭扭送到公安部。周总理指示：由三方面（中央并公安部为一方，抢档案的为一方，民族学院红卫兵总部为一方）协商追回档案。下午，公安部副部长严佑民、中央办公厅秘书局副局长曹幼明亲临现场。严佑民说："我们来是总理指示的，总理很关心，怕国家机密被弄走。"并指出："这个事件是建国以来最严重的抢档案事件"，"这是严重的政治事件"。

抢档案就是抢档案，所谓"接管"，完全是欺人之谈。多年后，社科院近代史所研究员张海鹏在其学术自传《学术人生——我的理想与追求》中提到这件事时写道："只是1.15清晨，张德信打来电话,告民族所洪涛和红卫兵联队曹振中组织人抢了统战部和国家民委的档案柜,其中有 15 个柜子无处存放,要求放到近代史所。随后有人开着卡车拉来 15 个铁柜。我让他们把 15 个铁柜分别放到几处屋檐下,没有同意放进屋里。第二天,就有人对铁柜加了封条。"[19]

洪涛所在的民族研究所是属于学部的,洪涛本人也是学部联队的头头[20]。曹振中和张德信都是学部近代史所的,曹振中还是学部联队的队长。张海鹏的回忆证明,学部联队直接参与了这起抢档案事件。抢了那么多的档案,甚至要用大卡车来拉,到了凌晨还有 15 个柜子不知道往哪里存放,要临时找存放的地方,这是保护档案吗?如果真是保护档案,为什么不拉到公安部或卫戍区去呢?显然,他们本来是想控制这些档案的,准备用来达到他们不可告人的目的,但是,他们太狂妄了,没有估计到会遭到那么多革命群众的抵制,几个头头还被抓了起来,事情还惊动了中央。

然而吊诡的是,过了一夜,刘郢、洪涛却被公安部释放了。公安部还印发了一份《公安部某负责人就一月十五日"红色联络站"接管中央统战部档案问题的讲话》,说刘郢、洪涛等人是左派,抓他们是犯法的。民族学院红卫兵总部的人到公安部理论。洪涛等人又以冲击公安部和迫害左派为名,将民族学院红卫兵总部的负责人郑仲兵扭送到公安部,公安部竟然收下,并将其关押了 13 天。

这天夜里发生了什么?这中间有什么鬼?有什么黑幕?

据笔者所见新北大公社独立寒秋战斗队 1967 年 9 月的一份调查材料,洪涛、刘郢一开始在公安部是受到讯问的,洪涛承认"这种搞法有严重错误",刘郢也承认 1.15 事件是"反革命事件"。

与此同时,他们的后台也在加紧活动。来自于民族歌舞团的一份信息说:"1.15 事件以后,我们还听说这天晚上吴传启一夜没睡,守着两个电话,看刘郢、洪涛出来了没有;在三月初,我们又听我团文

---

19 中国社会科学网,http://www.cssn.cn/index/fdxf/201804/t20180402_3894766_1.shtml。
20 据孟祥才所撰《追忆"文革"中的学部领导和部分高研(一)》一文,1967 年 5 月,日本历史学家井上清率学术代表团访华,学部被指定为接待单位,第一次接待活动是座谈会,由学部造反派头头洪涛主持。

革委员×××同志说:'刘郢、洪涛是通过吴传启、穆欣、关锋(出来的),是关锋打电话叫公安部放的。'"洪涛、刘郢从公安部出来以后,神气活现地在圈内宣扬,说谢富治副总理亲自接见了他们,向他们"道歉"、"表示慰问",承认他们的行动"是革命行动","扣留是非法的",还说"公安部要发表声明",而且由洪涛"自己写",等等。

果然,1月17日,公安部办公厅秘书处印发了3000份《公安部某负责人就一月十五日"红色联络站"接管中央统战部档案问题的讲话》(实际上是洪涛自己写的)。全文如下:

一、《彻底摧毁中央统战部反革命修正主义路线红色联络站》的革命左派同志,为了保护国家档案,于一九六七年一月十五日晨,接管了中央统战部一批档案,并封闭保存,这完全是革命行动,大方向是正确的。

二、中央统战部革命造反团中的一小撮人,盗用公安部的名义,非法绑架、斗争、拘留中国科学院民族研究所洪涛、中央统战部《东方红公社》刘郢、林祉成等革命同志。这是犯法行为、是直接破坏无产阶级文化大革命的行为。

中央民族学院文革临时筹委会材料组,又于一九六七年一月十六日印发传单,佯称"中央民族学院革命造反派红卫兵总部……于一月十五日……把现行反革命分子洪涛等人扭送公安部。公安部已签字拘留。"特郑重声明:洪涛、刘郢等同志是革命左派,大方向是正确的。说"公安部已签字拘留"了他们,这是彻头彻尾的造谣。

三、公安部接待站的个别人于一九六七年一月十五日晚十一时五十三分,趁接待站来访人员较多,秩序混乱之机,不分是非逮捕了中国科学院民族研究所韦清风同志,是完全错误的,是违法乱纪的。

事后,经我部调查了解,韦清风同志是革命左派,并于一九六七年一月十六日上午宣布释放,公开道歉予以平反。对上述所犯错误的有关人员,我们已责令其作公开检讨,并予处理。

中华人民共和国公安部办公厅秘书处印
一九六七年元月十七日

吴传启团伙的后台果然了得，不但要把洪涛、刘郢等人捞出来，还要借机用公安部文件封他们为"革命左派"，把革命群众保护档案、抓获洪涛、刘郢的行为说成是"非法绑架、斗争、拘留"，"是犯法行为，是直接破坏无产阶级文化大革命的行为"，连公安部接待站的工作人员，都受到"违法乱纪"的指责，被责令"公开检讨"，还要"予以处理"。颠倒黑白，以至于此。

吴传启、关锋、谢富治之间如何通电话，谢富治如何接见洪涛、刘郢，说了些什么，这在当时都是机密，只有那个小圈子里的人才能知道。而泄露天机、弄巧成拙的就是这份"讲话"。

这份"讲话"其实是一把双刃剑。一方面，"讲话"印发以后，立即为吴传启团伙所利用。对于维护团伙利益、打击异己而言，该"讲话"起了重要的作用。另一方面，这份不正常的"讲话"也暴露了"公安部某负责人"和坏人勾结的真实面目。看到"讲话"，人们不禁要问："公安部某负责人"究竟是谁？显然，这就是谢富治。没有谢富治同意，是不可能以"中华人民共和国公安部办公厅秘书处"的名义印发这样的文件的。许多群众对谢富治的怀疑，也由此而起。笔者对谢富治有所怀疑，也由这份"讲话"引起。

这一事件造成统战、民委系统的大分裂，是北京市第一个全系统分裂成两大派的地方。

对同一件事情，站在不同的立场上，可以得出完全不同的结论。1.15抢档案事件是一个大是大非问题，"公安部某负责人讲话"涉及原则问题，聂元梓、孙蓬一和新北大公社站在客观、公正的立场上，认为谢富治对这件事情的处理是有问题的。孙蓬一在4.12讲话中坚定地站在正义的一方，发出了"这到底是为什么？我们不能不问一问，绝对不能做奴隶主义，绝对不能盲从"的呼喊。

"小人物"们为什么要和抢档案的那伙人站在一起呢？

（十）关于北京市的两大派

"小人物"称："自从一月份夺权以后，孙蓬一就将北京各组织分成两大派"，"北大到处抢权"。

这种说法完全不符合历史事实，因为两大派不是孙蓬一分的，更不是孙蓬一有本事分得了的。两大派的出现是一种客观存在，并且主要是关锋、林杰、吴传启、林聿时、卢正义等一伙拉帮结派、结党营私，遭到广大群众和许多群众组织抵制而产生的。关锋的学生、曾任江青秘书的阎长贵晚年时也说："关特别支持哲学社会科学部以吴传启、林聿时为首和北京师范大学以谭厚兰为首的造反派组织，即后来属于'地派'的造反派组织，给他们很多指导。"[21]

关锋、吴传启、林聿时很早就有合作，以"撒仁兴"（三人行）的笔名在《哲学研究》和《新建设》等刊物上发表了不少文章。他们的文章"口气大而霸气足"（孟祥才语），名气很大。关锋、吴传启、林聿时还是康生手下"哲学反修资料编写组"的核心组成员。林杰毕业于北师大历史系，毕业后进入《红旗》杂志，成为关锋的徒弟兼同事。这些人在批判《海瑞罢官》和"三家村"时纷纷发表批判文章，他们的文章无限上纲，杀气腾腾，由此抢占了政治制高点，成为全国知名的、响当当的"左派"。值得注意的是，从批判《海瑞罢官》开始，关锋、吴传启联名发表文章，不再用"撒仁兴"的笔名。关锋、吴传启署名的批判吴晗的文章曾登上1966年3月19日《人民日报》，这成为吴传启的新的政治资本。

随着关锋进入中央文革，吴传启、林聿时等人可以了解到最新的政治动向。他们于1966年5月23日在学部贴出了第一张大字报（比聂元梓等人的大字报早两天），占领了学部造反舞台的制高点，之后一路横扫，将当时学部领导和一大批司局级干部打成走资派。在随后的几个月里，吴传启、林聿时这伙人总是能够及时地跟风转向，成为"永久牌的高手"（孙蓬一语）。他们本来是和工作组一起领导学部文革并参与决策的，他们本来受到过陶铸讲话的保护，然而，在工作组撤销和陶铸被打倒以后，他们翻手为云，覆手为雨，先后把自己打扮成反对工作组的英雄、反对陶铸的英雄，并且用暴力摧垮了反对派[22]。在进入1967年的时候，吴传启、林聿时一伙在学部实现了"一

---

21 阎长贵：《我所知道的关锋》，原载《同舟共进》2013年第4、5期。
22 详见孟祥才《我所知道的关锋、林聿时和吴传启》，原载《历史学家茶座》2011年第2辑。

统天下",由吴、林在幕后操纵,由年轻人(年龄上相当于北大年轻教师)当头头的"学部红卫兵联队"也成了一支劲旅和关锋的"亲军"。吴传启等人通过民族研究所的洪涛,可以操控民委统战系统的文革运动,通过经济研究所的某些人,可以把手伸向计委、经委和国务院系统。不仅如此,1967年2月,学部联队头头王恩宇,居然还以中央文革的名义,经过谭厚兰从北师大借调了二十几个同学组成调查组,调查中央各口的情况。后来,谭厚兰自己都说:"现在看来,这个调查组问题很大。"[23]

关锋的另一支"亲军",是谭厚兰领导的北师大井冈山。谭厚兰是北师大政教系1961级的调干生,文革开始时已经29岁了。文革前,谭厚兰被借调到《红旗》杂志社帮忙,由此与林杰相识。据说谭厚兰本人并无主见,一切都是听林杰的。"在北师大,几乎所有的人都知道林杰是中央文革(实际上应是关锋——引者)的传声筒,谭厚兰是按林杰的旨意操作的。"[24] 谭厚兰自己承认:"我们同林杰的接触是很多的,也正因为这样,我们在许多问题上受了他许多影响。"[25]

吴传启曾经在国务院第八办公室工作过,因此他的住处并不是学部的宿舍,而是西便门的国务院宿舍。恰好,卢正义也住在那里。卢正义是高教部第一个写大字报的人(5月26日晨),和吴传启的5月23日大字报,行动也很一致。1966年12月末,人民教育出版社李冠英等人在戚本禹支持下贴了批判陶铸的大字报,卢正义紧接着贴出大字报对李冠英等人表示支持,随后戚本禹公开给予支持。于是,卢正义又闹了个"反陶英雄"的桂冠。

陶铸是1967年1月4日被江青、陈伯达公开讲话打倒的,各群众组织以为这是中央的意思,于是开会商议建立"批陶联络站"。在会议上,林杰、吴传启一伙力图把卢正义捧上台,把卢所在的"延安公社"列为发起单位,这遭到北大红旗兵团代表的坚决反对。林杰拍桌子说:"凭聂元梓的权威,也不能把卢正义排除在外。"北大同学也

---

23 参见"谭厚兰的检查"。
24 赵惠中:《对北师大文革的几点看法》,载《记忆》第150期。
25 参见"谭厚兰的检查"。

拍桌子回击："凭你林杰的权威，也不能把卢正义拉进来。"（笔者曾多次听这位同学讲起此事）由于卢正义的历史问题十分明显，许多组织支持北大的立场，林杰一伙的目的未能达到。最后是吴传启、卢正义、谭厚兰等另外组织了一个"批陶"机构。这是这条"又粗又长的黑线"形成的一个重要节点。

"一月革命"风暴刮起的时候，北大正在搞军训，整顿内部。重读中央文革1967年1月3日、1月16日两次接见北大代表的记录，可以看到，中央文革根本没有提"夺权"的事情，聂元梓、孙蓬一也没有提出到校外参与夺权斗争的问题。所以，说陈伯达、江青指示北大到社会上去参加夺权，完全是子虚乌有之事。

真正提出"夺权"的，还是毛泽东。毛在1月16日的政治局常委扩大会上说："左派群众起来夺权，这是好的。"[26] 1月16日，《人民日报》转载《红旗》杂志评论员文章《无产阶级革命派联合起来》，其中有毛泽东的最新指示："从党内一小撮走资本主义当权派手里夺权，是在无产阶级专政条件下，一个阶级推翻一个阶级的革命，即无产阶级消灭资产阶级的革命。"全国各地夺权斗争的展开，实际上都是对毛泽东和中共中央号召的响应。

北大参与社会上的夺权，大的背景是毛泽东和中共中央的号召，直接动因是1967年1月18日晚周恩来谈革命造反派夺权的一次讲话。周恩来的讲话，也是贯彻执行毛泽东的决策。周恩来讲话中有这么几句："北京市的一些综合性大学，像北京大学、清华大学、人大、师大等在北京的夺权当中要下大的力量。不是派一小部分人去的问题，也不是就开几个大会的问题，要起主导作用。具体的工作要原单位的人员来做好，我们去督促他们，只许他们好好地工作。"[27]

周恩来这一讲话，成为北大校文革成立"夺权指挥部"并派人出去夺权的直接依据，但北大的这些具体行动，并未另行请示中央文革。实际上，中央文革中王、关、戚以及他们手下的吴传启一伙对于夺权已经有了他们自己的路线图，早有计划，早有准备。在这种情况

---

26 转引自杨继绳《天地翻覆——中国文化大革命史》，天地图书有限公司2016年版，第364页。
27 参见新北大公社火车头编辑部编《毛主席的新北大》，1967年11月。

下，北大出去夺权，便成了王、关、戚一伙夺权路上的绊脚石。事实表明，北大出去参加夺权的队伍，多处碰壁，发生矛盾的地方，对手都是学部联队和北师大井冈山。北大真正参与夺权的，只有高教部一处。北大和高教部的群众组织"北京公社"先夺了权，但北师大井冈山在关锋、林杰、吴传启一伙策动下支持卢正义和"延安公社"进行反夺权，于是双方发生了冲突。分歧的焦点，是如何看待卢正义的叛徒问题[28]。虽然当时高教部已经没有业务工作，但能不能让卢正义这样的人来夺权，仍然是一个重大原则问题。清华井冈山也参加了高教部的夺权，面对北大和北师大的分歧，在了解情况之后，清华井冈山声明退出[29]。在这一夺权事件中，关锋、王力不顾其中央文革要员的身份，两次打电话给北大，以一面之词甚至以谣言对北大进行打压[30]。但这样做的结果，正好暴露了他们的真实面目。聂元梓、孙蓬一原先对关锋、王力并无负面看法，但这一次使他们有了新的认识。聂元梓、孙蓬一当然不会被关锋的打压所吓倒，相反，正是关锋、王力不惜用谣言来进行打压的不正常举动，引起了聂元梓的警觉。聂元梓的"除隐患"的想法，正是产生于1967年2月关锋、王力两次电话之后，其时，新北大公社还未成立。

关锋、王力为什么要死保卢正义呢？康生为什么也要保卢正义呢？原来，卢正义的历史牵涉到张春桥。

据丁健所撰《沧海横流，方显英雄本色——缅怀刘季平同志》一文，卢正义是张春桥的故交，历史上两次被捕变节。第一次被捕后，神秘逃出到张春桥处，张春桥多次写材料证明卢没问题。至1967年，张不愿再写证明[31]。在这种情况下，卢正义的潜逃和失踪就不难理解

---

28 谭厚兰说，在高教部夺权问题上，"林杰也是无孔不入地发表意见，加剧了矛盾的发展，甚至还去慰问我们被北大打伤了的同学，这样更坚定了我们的一些错误做法"。关于卢正义的叛徒问题，谭厚兰承认，他们听信林杰的话，不但不接受北大的意见，反而"公开为叛徒卢正义辩护"。参见"谭厚兰的检查"。

29 参见胡宗华口述、嘉仁整理《我在清华参加文化革命》，载《华夏文摘增刊》2017年7月3日第1086期。

30 新北大公社火车头编辑部编《毛主席的新北大》，记载了关锋、王力1967年2月2日和2月4日打给孙蓬一的两次电话。

31 平眼看他乡的博客，http://blog.sina.com.cn/u/1692924232。

了。总之，绝不能让卢正义落到群众组织手中。

现在反思，联想到毛泽东始终不准调查张春桥的态度，北大当时抓住卢正义的历史问题不放，实在是一件风险极大的事情。至此，聂元梓不仅仅是一块绊脚石了，对某些人来说还成了一种潜在的威胁。如果聂元梓要继续追查卢正义，那就是实实在在的威胁了。可以说，"一月夺权"之时，聂元梓已濒临险境，即将成立的新北大公社，必将被视为异己（半个世纪后回看，我们是否应该庆幸这种被当作异己的待遇呢？）。

到1967年2月，我们惊讶地发现：在1.15抢档案事件上声明支持洪涛等人的若干组织；民族学院两派武斗，公开声明支持民族学院东方红的若干组织；以及在高教部夺权问题上公开支持谭厚兰的那些组织，竟然是高度重合的。在北大忙于军训和整顿内部的时候，在新北大公社还没有成立的时候，社会上一派强大的势力已经形成了，已经在统一的指挥下统一行动了，一条"又粗又长的黑线"暴露无遗。我们，只不过是看到了面前的事实而已。

进入1967年3月份后，又是以学部联队和北师大井冈山为首的这一派势力，掀起了"反二月逆流"的狂潮。"反二月逆流"的狂潮如此猛烈，以致没有一个群众组织可以回避，都必须表明态度。但是，由于"反二月逆流"是中央文革在幕后策划的，采取的是拉一派、打一派的手段，没有把真实情况告诉群众，"反二月逆流"过程中又出现了一些非常可疑的现象，这就引起了许多人的反感和警惕，于是，群众队伍发生了进一步的分裂，形成所谓"打倒派"和"炮轰派"。关锋、王力、戚本禹原本希望通过"反二月逆流"给自己的势力增加政治资本，不料弄巧成拙，进一步暴露了自己。回想当年，看到冲在"反二月逆流"最前面的正是那一条"又粗又长的黑线"的时候，笔者感觉到深深的恐惧。

据学部联队某头头揭发，1967年4月1日夜里，或4月2日凌晨，关锋、王力在人民大会堂接见吴传启、林聿时。其时，中央文革正要成立宣传组或大批判组一类的机构，关锋、王力打算把吴传启、林聿时安插进去。正在商议时，《人民日报》的人送报纸大样来了。王力审看大样时，关锋对报社的人说，"你们不是缺文章吗？就找他们（吴、林）要好了。"

此前，戚、关、王一伙已经把学部联队的周景芳安插到筹备中的北京市革委会去了（任中共北京市核心领导小组副组长兼秘书长、市革委会常务秘书长兼政治组组长），这次，又打算把吴传启、林聿时拉到中央文革××组里面去。但是，意外发生的 4.8 民族宫事件和孙蓬一 4.12 讲话，打乱了、打断了他们的部署。孙蓬一的 4.12 讲话揭露了这个团伙的真实面目，揭露了他们的野心，这个团伙不断篡权窃权的美梦成了泡影。吴传启、林聿时没有能够进入中央文革××组，不久便走上了化名逃亡之路。经营了快一年的"事业"毁于一旦，可以想见，关锋、戚本禹、王力、吴传启一伙，对聂元梓、孙蓬一及新北大公社，会有多大的仇恨了。

（十一）关于孙蓬一 4.12 讲话"攻击地院东方红'靠打砸抢起家'"

"小人物"指责孙蓬一的 4.12 讲话"攻击地院东方红，说它'靠打砸抢起家''历史丑恶得很'"，云云。这完全是张冠李戴。孙蓬一说得很清楚，指的就是学部吴传启一伙："有部分群众反对硬把潘梓年作为当然的文革成员，而这部分群众就变成反对派。他们是怎样对待这部分反对派的呢？原来的对立面叫红卫兵总队，几乎所有红卫兵总队的办公室宿舍都被吴传启、潘梓年所控制的红卫兵联队所砸、抄、所洗劫，他们每闯进一个地方，就布置岗哨，割断电线，拿斧子、锤子砸办公室、档案柜，翻箱倒柜，动手行凶打人。不完全统计，自 20 号以来，学部红卫兵总队多名群众，有九十四人被打，几十个人被搜，五十人以上被抄家，四十五人被非法斗争和绑架；有 116 个办公室、133 个办公桌、41 个保险柜和文件柜被砸被抄，被抢走粮票 60 斤，布票 37.5 尺，人民币 200 元和大量的私人信件和笔记，甚至有许许多多的毛主席照片。同志们，难道说坚决贯彻打砸抢，靠打砸抢起家的人，我们能坚定不移地相信他们是坚定不移的左派吗？另外一个单位到处发表他们的文章，到处安排他们的势力，这种现象不正常，是很值得我们考虑的，很值得我们深思的。"

考察吴传启一伙的历史,确实"丑恶得很"。原学部历史所的孟祥才多年后回忆道:"1967年初,吴传启、林聿时操纵联队,以打、砸、抢、抓、抄的血腥手段,将总队打垮,暂时实现了他们在学部的'一统天下'。"[32]

笔者在孙蓬一的讲话中没有找到指责地质东方红"历史丑恶得很"这样的字句,倒是有一段话讲了在地质东方红早期困难的时候,北大校文革是支持过他们的。

(十二) 关于聂元梓找刘泉要康生材料

"小人物"的文章,貌似材料充足,但真伪杂陈,夸大其词、无中生有、捕风捉影、指鹿为马、张冠李戴之处不少,笔者无法一一指出。谨再举一例,"小人物"说"聂元梓亲自到清华找刘泉要康生的材料"。笔者认为,这是不可能的事情,纯属臆测。清华大学叶志江、刘泉等给康生贴大字报是1967年1月17日和19日,"调查康生问题联络委员会"成立和发布公告是1月21日。22日凌晨,陈伯达打电话给蒯大富,对此做了严厉批评,蒯大富马上做了检讨。那天上午,笔者去中央党校看大字报,党校的广播里正在播陈伯达批评蒯大富的电话稿。这是1月份的事情,高教部夺权事件还没有发生,聂元梓、孙蓬一还没有形成对关锋、王力的负面看法,聂元梓怎么可能亲自去找刘泉要康生材料?聂元梓、孙蓬一对康生有所怀疑,还要在很久以后。

五、结语

在聂元梓、孙蓬一带领下,新北大公社向吴传启团伙发起了攻击。这一行动的基本出发点是认为中央文革内部有人在搞"招降纳叛,结党营私",要窃取文化大革命的成果,我们必须揭露这伙"摘桃派",要"清君侧",其本意仍然是拥护毛泽东及其领导的文化大革

---

32 孟祥才:《我所知道的关锋、林聿时和吴传启》,原载《历史学家茶座》2011年第2辑。

命。聂元梓、孙蓬一和新北大公社不可能认识到毛泽东发动的文化大革命是错误的,这是他们的历史局限性。能够顶住陈伯达、关锋、王力一而再,再而三的施压,已经很不容易了。

"小人物"写出《孙蓬一与四月形势图》之时,自以为把这些"材料"当作法宝祭将起来,聂、孙必垮无疑。但是,形势并没有如他们想象的那样发展,闹腾了两个多月,到了8月底,聂、孙居然没有垮台,关锋、王力、吴传启一伙却垮台了。不管怎么样,北京公社"07红彤彤、战地黄花"和北京公社"小人物"的两篇文章能够保存下来,还是一件幸事。

(原文载《记忆》第249期)

"文革"初期北大的保卫工作

谢甲林

(1966.6.22~1969.1.24)

我 1929 年农历 8 月 14 日生,山东省昌邑县(现昌邑市)二甲村人。1938 年 7 月八路军建立抗日根据地时,在村立小学读书,首任儿童团长;1942 年 7 月考入区立完小。1944 年 7 月考入县立高小,任学救会主席;1945 年 4 月提前毕业,分配到新区,从事教育工作。1947 年 3 月调胶东西海区支前司令部昌北指挥部工作;1948 年 3 月调西海医院(后改为山东省立第三分院)工作;1950 年 3 月入党。1951 年调山东省卫生厅,先后从事会计审计工作。1955 年 7 月考入北大法律系,1958 年 7 月提前毕业,留校任政治理论教员。1963 年 3 月调入最高检察院做批捕起诉工作。1965 年 7 月先后由副检察长张苏、黄火星带队,在河北省保定地区搞"四清"。

1966 年 6 月 16 日最高检察院党委主管人事工作的李放找我谈话说:"中共中央组织部给高检院来函要你去北大作保卫工作。"我说:"服从组织,但不要留在北大。"接着,我马上梳理交代所承担的清经济工作,6 月 21 日返回北京直接到高检院党委开介绍信,并重申了我"服从组织"的诺言和"不要留在北大"的要求。同时,我查阅了毛主席 50 年代给公安部"保卫工作十分重要,必须尽力加强之"的题词,翻阅了 6 月 1 日《人民日报》广播的七人大字报、评论员的文章和社论等,晚上才回家准备行装。

1966 年 6 月 22 日我到北大工作组报到,我和另一人被分配到图使馆负责领导"文化大革命"工作。图书馆的工作人员知道我原是北大法律系毕业并留校工作过多年后,表示特别欢迎。我说:北大图书馆有很重要的地位，是毛主席工作过的地方，它同北京图书馆、南京图书馆一样，是我国的三大图书馆之一。因此，在搞好"文化大革命"的同时，必须搞好我们的图书馆，特别是图书馆的安全工作。一要搞好门卫，二要搞好巡逻，三要天天检查，要严密防火、防盗和防破坏等，千万不能发生安全事故。我的讲话博得了全体馆员的赞同。

在我刚熟悉了情况，正在深入发动群众，开展"文化大革命"的时候，6月底，工作组副组长、中组部副部长杨以希把我调离图书馆到二组（保卫组）工作，任副组长。当时二组在燕南园63号和66号，二组组长蔡润田是海军政治部保卫部副部长，全组36人，除了1人是市公安局的联络员马哂宇外，都是海军保卫部的干部。

1966年7月底，中央文革在全校万人大会上，宣布撤销工作组，同时，经聂元梓请求、中央文革批准、万人鼓掌通过，宣布留下二组原班人马，接受校文革（筹委会）领导，继续承担北大的安全保卫工作。二组改称为保卫组，由老干部、人事处副处长白晨曦主管，又选调了周俊业（校卫队队长）、臧三江（地质地理系保卫干事）、蓝绍江（法律系学生）到保卫组工作。

国庆节后，海军的36人和我请求撤离北大。白晨曦说："是中央文革批准把你们留下来的，校文革无权让你们离开"。1966年底，经解放军总政治部批准，海军保卫部蔡润田和海军同志们撤离北大。因高检院被砸烂，两派斗争，处于无政府状态，无法报批，我只好继续留在北大。校文革又选调法律系学生黄岳（悦）、杨金亭，哲学系学生董希成、路云斌，中文系教员索振羽、刘东晓，生物系学生肖功武，连同海军时期选调的周俊业、蓝绍江、臧三江等共11人组成新保卫组。白晨曦宣布谢甲林任组长，继续承担北大的全部安全保卫工作。

1968年8月19日工军宣队进校，校文革所有机构和两派群众组织（新北大公社、井冈山兵团）全部停止活动，由宣传队组织大联合学习班学习，唯独留下保卫组，仍让我任组长，继续工作，派一军代表李志刚为联络员，变成了工军宣队保卫组。最高检察院军管后，经报谢富治批准，1969年1月24日我离开北大保卫组回到最高检察院。

一、北大工作组二组（保卫组）的工作情况

首先，我考虑到二组组长和组员是海军的保卫干部，要向他们学习，和他们搞好关系。所以，我到任后，便向他们了解保卫组的工作范围和工作情况，翻阅上级发给保卫组的文件、资料和保卫组自己形成的文件、资料和工作日记等。我的一行一动都向组长请示，都同组员商量，组长与组员都主动与我商量、请示，双方的关系十分融洽。

当时，二组（保卫组）分四排：政保、警卫、治安、内勤。政保主要分管教职员工和学生的政治情况和政审资料、档案。警卫主要分管中央政治局委员和中央文革成员来校时的安全，国务院确定的北大重点保护对象的安全，北大尖端科技重要部位的安全和全校师生员工的安全。治安主要分管北大的校内治安秩序，预防和查办纵火、投毒、爆炸、凶杀、伤害、强奸、盗窃、流氓等刑事案件。内勤主要分管文秘档案和收发等工作。

为了搞好文革期间的安全保卫工作，首先，在各系、各部门都设置了一至三人的基层保卫干部和保卫小组，互通情况，上情下达，下情上达，及时解决安全保卫问题。其次，疏通与中央警卫局、北京卫戍区、北京市公安局等部门的关系。双方商定：凡属中央警卫局、卫戍区的警卫对象到北大时，随时通知北大保卫组，北大保卫组发现他们到北大时，随时通知他们，双方合作，做好警卫。北京市公安局的治安、破案工作需要北大协助的，保卫组一定协助。北大的治安、刑事、破案工作，随时报北京市公安局，需要依法扭送的，我们一定扭送，需要逮捕的由北京市公安局出面，我们一定协助。第三，调查研究，建立档案，奠定基础。一是建立重点保护对象的警卫档案。周恩来总理通知中央警卫部门告知北大：周培源、翦伯赞、冯友兰、饶毓泰、闻家驷和温特（美籍教授）六人为国家重点保护对象，要保卫组一定要把他们保护好。为此，海军保卫部的同志，参照军队警卫工作的做法，对每一位重点保护对象分别建立了警卫档案。主要内容是：本人简况、家庭人员、住宅位置、周围情况、警卫岗位、巡逻路线、联系电话等，并绘制了一份平面警卫图。二是建立尖端科技重点或要害部门的防火、防爆、防盗、防破坏的措施，所在位置，并绘制了北

大重点保卫单位平面图，规定了安全检查制度和情况汇报制度。三是，全校定期检查和临时检查相结合的制度和五大校门的门卫制度以及节假日校内各部门各楼门的值班守卫制度。四是对省、部级以上中央领导同志的子女在北大各系学习的姓名、性别、年龄、系别、在校住址、家庭住址、联系电话等花名册。同时规定，各系若发现高干子弟有什么关系到安全情况时，要及时报告保卫组。五是北大工作组领导成员和组员的花名册。六是北大校、系领导的组成人员和有关人员的花名册。

6月27日下午陈伯达到北大看大字报，听取张承先的汇报，并说"六一八"是反革命事件。7月1日，纪念党成立45周年大会，中央政治局委员、中央文革副组长陶铸作报告。7月3日康生找张承先谈话，说曹轶欧主要负责中央文革办公室的工作，仍兼北大工作组领导成员。7月12日下午，地球物理学陈必陶等五人贴出《把运动推向更高阶段》的大字报，批评工作组。接着，围绕工作组问题展开了"大辩论"。7月15日上午，市委领导吴德、郭影秋来北大，听取工作组汇报对陈必陶大字报的辩论情况，并对"六一八"事件提出了不同的看法。7月16日工作组召开全校积极分子3000人的大会，张承先作了动员和检查。7月17日凌晨，吴德电话通知张承先，转达李雪峰对"六一八事件"要做重新估价的指示。7月19日聂元梓在哲学系的大会上讲"工作组犯了方向、路线的错误"。

7月22日江青、陈伯达等以"调查文革"的名义到北大看大字报、开座谈会，鼓动反工作组、赶工作组。7月23日晚，江青、陈伯达等又到北大开座谈会，在大饭厅讲话，继续鼓动群众反工作组。7月25日晚，康生、陈伯达、江青、王力、关锋、戚本禹、李雪峰等到北大，先开座谈会，后到东操场召开全校万人辩论大会，辩论工作组问题。康生说："北大的文化大革命，你们是主人，不是工作组是主人。"

7月26日晚，康生、陈伯达、江青、张春桥、姚文元、王力、关锋、戚本禹、曹轶欧及中央文革领导小组其他成员和市委第一书记李雪峰、第二书记吴德等到北大，在东操场继续召开万人"辩论"大会。陈伯达代表中央文革小组讲话，建议市委撤销工作组。李雪峰讲话，口头宣布撤销工作组，并带有牢骚性的语言，说他成了"空军司令"，表示自己受"孤立"。江青讲话：建议北大成立文化革命委员会，作为北大的权力机关，自己起来闹革命。江青还滔滔不绝地讲了她的家务事，对张韶华母女进行诽谤，说她们是"骗子"，不承认是毛主席的儿媳妇，也不承认是"亲家"等。大家深感茫然，不知怎么表示才好。陈伯达最后说：接受北大的请求，把二组（保卫组）留下，负责全校的保卫工作。全场鼓掌通过。第二天，保卫组接到消息说：昨晚江青讲了家事后，毛主席的儿媳妇张韶华就不见了。保卫组的两位组长着急了，四处派人和打电话寻找。当电话打到解放军总政治部时，得到的回答是：你们不用找了，我们已经给她们作了妥善安排，请放心吧！保卫组便把派出去的人都叫了回来。从此以后，毛主席的儿媳妇张韶华没有回到北大，她的情况，保卫组就不知道了。

7月28日北大文革筹委会成立。筹委会由21人组成，其中7人组成常委会，聂元梓任筹委会主任。筹委会办公室下设秘书组、毛著学习宣传组、组织组、保卫组、宣传组、专案组、作战组、简报动态组、大字报组、接待组、联络组和后勤组。校文革筹委会成立后，连续三天召开全校大会批斗工作组。

8月4日晚上，康生、江青与中央文革领导人到北大，朱德到会。康生、江青讲话，首先祝贺北大校文革筹委会成立，祝贺聂元梓任主任，大家一齐鼓掌。接着，康生讲话，张承先站在被批斗的台前。康生说：张承先工作组是个坏工作组。附中学生彭小蒙上去打了张承先一皮带，被我立即拉下来。散会后，保卫组组长蔡润田、副组长谢甲林和组员刘立，马上骑三轮摩托车到专家招待所张承先的住处，收缴了其警卫处长和警卫员的枪。其警卫处长手持枪把，枪口冲着我们缴枪，被刘立一脚踢下用手接住。其警卫员会缴枪，手持枪口冲着自己枪把冲着我们，刘立出手接过来枪。最后，我们又把张承先住处的安眠药全部要走。

中央文革宣布撤离北大工作组并决定留下二组（保卫组）后，保卫组整理了已经形成的文字档案材料，对增加校文革给调配的三人，作了部分调整：把原校卫队队长周俊业安排到警卫工作摊，把原地质地理系保卫干部臧三江安排到治安摊，把法律系学生蓝绍江安排到办案摊,向他们介绍了保卫组已有工作情况,成了保卫组的新成员。

二、校文革期间保卫组的工作情况

1966年8月4日,康生在全校大会上正式宣布撤销工作组留下二组后,二组就成了校文革领导下的保卫组,其任务基本没有变化:一是警卫中央政治局和文革小组领导同志到北大活动时的安全,二是保卫全校师生和外来参观串连者的安全,三是国家确定的重点保护对象周培源、翦伯赞、冯友兰、闻家驷、饶毓泰和温特的安全,四是科技、教学设施和其他财产的安全。当时,最突出的是到北大参观串连的广大群众的人身安全和北大文化大革命的安全。保卫组、接待组和后勤组共同负责,各有侧重。据统计:从7月底到8月12日,市内外到北大串连的约3.6万个单位,100多万人次,每天平均10多万多人,甚至达到20万人次。外地的师生每天大约1万余人在北大住宿。因此,北大所有的教室和办公室都住满了人,各个食堂就餐者多出一倍甚至几倍。保安全、防火、防盗、防中毒、防爆炸、防流氓十分繁重。保卫组动用了校卫队、校医院和各系、各单位的保卫人员,天天查夜、查食堂。

毛主席每次大规模接见红卫兵,北大总是带领住校的一万多师生参加,特别是"8.18"上午在天安门广场的接见。北大的地点是分配在西侧华表的周围,当时在广场画有环形通道,毛主席拟环形一周接见师生。卫戍区出动战士,沿环形道两边肩并肩地执勤。一部分指挥员在西华表下,我感到一排战士单薄,建议他们增加力量,但他们胸有成竹,认为没有问题。约10点半,中央领导同志从天安门上下来了,毛主席、陈毅元帅等乘第一辆敞篷车,刘少奇等乘第二辆敞篷车,刚走到西华表附近,就被群众拥堵得寸步难行。高喊毛主席万岁,人人争上和毛主席握手。二排战士失去了作用,那几位指挥员满头大汗,什么办法也没有了。刘少奇乘坐的那辆敞篷车被挤到边上了。半个多时辰,经天安门内派出大批警卫人员,最后才解了围。毛主席等只好回到天安门上,环形一周的打算没有实现。西华表一带的鞋袜一堆又一堆,手表一块又一块。下午2时许,人群才散去,我们北大带去的师生总算安全地回来了。以后，毛主席又在北京市的其他地方多次接见了北京市和外地的数十万红卫兵，凡是住在北大的都是校文革带队去的，安全保卫工作都是保卫组严密组织实施的。一个多月来，到北大串连的外地师生共约 300 多万人次，平均每天 10 多万人次，住宿北大的 1 万多人次，比北大本校的学生总数还要多。因保卫组的安全保卫工作组织严密、周到，措施有力，昼夜组织众人值班、巡逻、检查；设施齐全、有效，防火、防盗、防爆、防毒、防事故；每段管理，责任到单位、到科室、到个人。

工作组被赶走以后，校文革筹委会成立以来，在北大范围内，除了斗争对象自杀的和武斗期间被刺死的以外，没有发生任何人身安全和财产安全的刑事犯罪行为，没有发生过任何治安事件，这是那个时期北京市的其他高等院校罕见的。

在校文革筹委会工作的基础上，在中央文革的领导下，1966 年 8 月 30 日北大召开文化革命代表大会，中央文革副组长王任重出席。9 月 9 日，选举产生了正式委员 42 人，候补委员 10 人，组成了北京大学文化革命委员会，同时选举产生了常委会，聂元梓担任校文革主任，孔繁、聂孟民、杨学琪、白晨曦为副主任等。校文革的办事机构设有：办公室、毛著学习宣传组、政策研究组、作战组、组织组、保卫组、接待组、展览组、国庆游行指挥组、外宾接待办公室以及教学后勤等组织，其中的保卫组，仍然是中央文革批准留下来的原工作组二组的全体人员。

在校文革筹委会期间，到北大串联的 300 多万人次中，在政治方面，天天有不少人到保卫组报案：有的拿着一只塑料凉鞋，说鞋后跟的图纹是"蒋介石反攻大陆"，一些物件、文字、言论，都说有问题。保卫组设专人接待，绝大多数记下来了之。实在幼稚可笑，又不好泼冷水，真有点草木皆兵的味道。保卫组立案上报的只有一件：有一天在地学楼南墙外贴出一张大字报，标题是《毛主席的晚节保不住了》，署名"赤心"。主要是攻击林彪，说林彪就是睡在毛主席身边的赫鲁晓夫。组长蔡润田和我都亲临现场，还有保卫组的二名工作人员，拍照了现场，用技术手段把这张大字报拍了下来，上报给中央文革和市公安局。当天，北京市卫戍区和市公安局便派人到保卫组作为一起重大反革命案件侦破。经过十多天的排查，共同认为：不像北大内部的人作案。市卫戍区和公安局把工作重点转移到北大以外后，保卫组上报情况便撤出了本案在北大的侦破工作。

1967年2月15日"新北大公社"成立，公社总部主要成员有：夏剑豸、卢平、刘冲、孙月才、李长啸等，各系各单位纷纷成立了"新北大公社战斗团"。1967年7月10日，因保卫组被反对校文革的一派群众组织在陈伯达的暗示下打、砸、抢，并占驻了保卫组的办公室，一直没有把抢去的资料交回。故此前的叙述，仅凭记忆，不准之处，以当时的资料为准。印象深的还有以下几件事：

①1966年8月15日校文革筹委会在工人体育场召开十万人大会批斗陆平、彭珮云等。会前，校文革召开各组长会议，进行分工部署，保卫组组长蔡润田和我参加，保卫组的任务是负责大会的安全和秩序。接着保卫组召开校卫队和各系保卫人员会，商定组织全校学生7000人作为纠察队员，分片包干才能完成任务。会后参加会议的人员乘一辆大轿车到工体视察，做了具体安排：保卫组组长蔡润田负责总指挥，20名组员参加，承担主席台的安全保卫工作，我和其他组员留校负责校内的保卫工作。经过周密的部署和7000名纠察队员的共同努力，胜利完成了任务。回校后，蔡润田告诉我，大会期间，周总理到会时，外地学生突然爬上主席台顶部，探出头看总理，压得顶部都颤动了，使他紧张的冒了一头大汗。太危险了，要是压塌下来，我们是承受不了重大责任的。幸好，不多会，总理就离开了，主席台顶部的人群才散去，我们才松了一口气！按分工，我虽然没有到大会上去，但是，听他这么一说，也是非常后怕的。

②1967年春季的一天，保卫组接到警卫局的通知说：明天陈伯达等人要到北大开座谈会，要我们做好校内的安全保卫工作。向校文革报告后，确定座谈会在外文楼二楼的教室举行。接着，保卫组到该教室做了安全检查，把门封锁好。第二天，我带着保卫组的警卫干部提前到场。聂元梓和各系教师、学生代表30余人参加。上午9点半，陈伯达、戚本禹等到了，座谈会的主要内容是教育改革。其间有人提出，陆平垮台后，北大没有校长，请陈伯达兼任。陈伯达随口说："你们不是有个副校长周培源吗？他不比陆平好，让他当校长还不行

吗？"会后，参加座谈会的一些学生就在校内贴大标语：欢迎陈伯达代理北大校长。清华大学蒯大富知道后，也在校内贴出大标语：欢迎周总理代理清华校长。受到周总理、陈伯达的批评后才停止下来。

③1966年10月（编者注：根据已有资料显示，此处应为9月）的一天晚上，杨克明到保卫组找我说：最近正在酝酿成立"党组"的事，昨晚王任重同志把孔繁和我（杨克明）叫到他办公室，谈成立"党组"的事，他的意见是让孔繁当第一把手，由我（杨克明）帮助他。我马上想到，若真这样，势必原来与聂元梓一起的"老左派"产生矛盾，导致分裂。事关重大，我只好听之任之，没有表态。事后，我马上把情况告诉了蔡润田，他也感到问题严重，我们二人再勿给第三者讲过，但不能不管。蔡润田建议，让我回高检一趟，把情况给黄火星（解放军中将，军事检察长，高检副检察长）讲，请他给中央反映一下。我回到高检后，先给我的顶头上司王战平厅长讲了讲，他同意蔡润田和我的想法，就一块去找黄副检察长给他讲了，要求他向中央反映一下，他当面答应了。结果就不了解了。不久，校文革内部矛盾不断公开化，随之，北大的造反派组织发生了分化，一派支持聂元梓和校文革，一派反对聂元梓校文革。不久，吴德指示：让聂元梓牵头筹建党组。

④1966年冬季的一天晚上，主管保卫工作的校文革副主任白晨曦到保卫组找我说：前一时期，校文革办公室发出《加强对黑帮的管理》的通知，校文革常委王海忱带队，将一批黑帮分子集中到朝阳区南磨房统一监督劳改，听说常发生打骂体罚等不法行为，让我和他一起下去看看。第二天晚上，我们二人去了，在村头就碰着二人头扎绷带拉着平板车在劳动，便问是哪个系的，一个姓盛的说是数学系的。接着，我们找到了队部，向王海忱等人了解情况。他们反映打骂体罚的事经常发生，还讲了一些其他方面的困难，要求我们帮助解决。回校后，我们把看到和了解的情况向校文革聂元梓等作了全面反映，建议把他们撤回学校。校文革接受了我们的意见，过了几天，就把他们全部撤回来了。白晨曦要求保卫组帮助校文革掌握情况，执行政策，保卫组决定派出组员肖功武作联络员，经常深入各系，了解对黑帮管理和执行政策的情况。之后，再无严重违反政策的打骂体罚事件。

⑤在文革初期形成了一种习惯,凡是毛主席发表每一项指示(时称"最高指示"),各派群众就自发地贴大标语,表示坚决拥护,坚决执行。有一次学校后勤的一位"井冈山兵团"成员武继忠在26斋西墙上贴出一条大幅标语"坚决拥护毛主席的资产阶级反动路线!"而被支持校文革的组织铁锤兵团的成员、北大后勤部门的黄元庄等十多人发现,把武继忠连大标语一起扭送到保卫组,要求以"现行反革命"送公安机关,并让我当场在"现行反革命"结论上签字。我说:武继忠写的是一条反动标语,但他本人是否是一个"现行反革命"还需要调查,弄清楚他的动机才能定性。先将武继忠留在保卫组,把铁锤兵团的人动员走了。根据武继忠的诉说,我们研究认为:当时的大标语经常写,无产阶级的革命路线或者资产阶级的反动路线,在急忙仓促之下,把两者混淆了。故以严重政治错误定性,经过教育批评后,就叫武继忠回去了。当时,他再三表示感谢。直到几十年后见到我,还称我是他的救命恩人!

⑥北大赶走工作组不久,一天早晨六点钟,彭小蒙带领着北大附中的四大卡车红卫兵去陶然亭附近的舞蹈学校发动"总攻",攻打那里的"狗崽子"。保卫组获悉后,认为事态严峻,蔡润田和我驱车追随。到了陶然亭后,被她们发现提出质问。我们说:你们都是我们学校的人,我们是赶来保护你们的。她们表示高兴,送我们每人两根冰棍。不一会,她们齐心协力,推开校门冲进去了。乱打了一阵,双方都抬出了几个伤员送去医院。快中午了,我们劝她们停下来。她们有人说:大家饿了,到市委找饭吃去。我们又跟随到市委大楼,把情况给市委接待人员介绍后就离开了。听说市委马上通知机关食堂给她们准备了100多人的饭菜。她们吃完饭后,下午3点才回到学校。想起来,回味深长,多么幼稚可笑呀!

⑦1966年11月初,聂元梓、孙蓬一等人共同起草了一张大字报《邓小平是走资本主义道路的当权派》,说"我国党内头号走资本主义道路的当权派是刘少奇,第二号人物就是邓小平。"拿到校文革各个组让组长签名,蔡润田和我以不是北大的人,又不了解情况,没有签名。最后只有11个人署名。11月8日在校内贴出,号称"第二张马列主义大字报"。

⑧1967年1月13日中共中央和国务院联合颁发了（中发[67]19号）《关于在无产阶级文化大革命中加强公安工作的若干规定》后，在一次大会上，周总理讲了要"誓死保卫毛主席，誓死保卫林副主席，誓死保卫中央文革，誓死保卫江青同志"，江青插话："还要誓死保卫周总理"。这些成了当时保卫工作的信条。1968年3月，西语系保卫干部到保卫组报案说：有两个小青年在西语系图书馆从一本杂志上偷撕走了一张有30年代江青同志与他人一起的剧照，是阶级敌人搞江青同志的黑材料的反革命行为。对此，保卫组向中央文革、市公安局等单位写了《情况反映》。不久，市公安局派人到保卫组联合破案。经查，不是北大的人作案，保卫组就退出了。公安局便自行破案，据说公安局从人民大学附中破案，抓走了二名作案学生。最后怎么处理的就不知道了。粉碎"四人帮"后，肯定予以平反了。

北大保卫组的全体成员，自始至终没有参见过群众组织，没有写过大字报，没有参加过批斗，没有离开北大到市内和外地大串联过一天，全心全意全力投入了北大的保卫工作。我的组织关系、人事关系、工资关系等都在高检院，自始至终不是北大的人。

三、陈伯达是制造打、砸、抢保卫组的罪魁祸首

1967年7月10日凌晨，陈伯达造访北大学生住区，被以牛辉林为首的"红旗飘"等反对校文革的群众组织围了起来。保卫干部蓝绍江闻讯到场。有人借机诬告说：校文革有个二组，专搞革命群众的"黑材料"。陈伯达说：那就应当停止工作。陈伯达离开不久，牛辉林等就带着"红旗飘"等组织的群众，蜂拥到燕南园63号校文革保卫组的驻地，扬言：我们是根据陈伯达的指示，让你们停止工作，来查抄的。当时，正值星期一的凌晨。自从到北大工作组、校文革保卫组工作以来，我是很少进城回家的。那天，因孩子生病，我回家了一夜。星期一一早返校，进门一看，像遭了丧一样，保卫组全部被打、砸、抢了。董希成、蓝绍江迎了上来，将夜间陈伯达来校和有人向陈伯达诬告的情况，给我作了简要汇报。当场，我向牛辉林等打、砸、抢保卫组的人群作了几点声明：①工作组的二组（保卫组）是在东操

场的全校万人大会上经中央文革批准和万人大会鼓掌通过留下来的，是光明正大的，绝不是黑的。1966年底，经报请解放军总政部批准，原二组的海军人员已经全部撤走。②现在的保卫组不是二组，是校文革的组成部分，依法成立的，与原工作组二组没有任何关系。中央警卫局、市卫戍区和市公安局对保卫组有业务指导和联络关系，存有党和国家的机密资料。③对保卫组的打、砸、抢的后果，牛辉林等组织要承担全部责任。④保卫组工作人员的行李和用品以及学习资料受法律保护，任何人不得侵占。⑤任何人任何组织不准使用保卫组的公章和文件，不准以保卫组的名义对内对外进行活动。⑥我们要把被打、砸、抢的情况如实向北京市和中央文革报告。

在我们的要求下，当天晚上，聂元梓等校文革领导人带领保卫组的全体工作人员到北京市委找吴德同志。一是汇报保卫组被打、砸、抢的情况，二是要求市委把陈伯达找来，当面对打、砸、抢保卫组的问题给我们说清楚。保卫组的公章、材料、文件已被抢走，办公室已被侵占，市委、中央文革必须出面解决。在未解决前，保卫组的干部不再工作，今后对北大的安全保卫工作不承担任何责任。吴德基本上答应了我们的要求，次日凌晨2点我们才回到学校。保卫组的干部在无法进驻原办公地址燕南园63号后，临时入住26斋，等待市委和中央文革的解决。

在保卫组被打、砸、抢的第二天，牛辉林等人就拿着保卫组对周培源的重点保护警卫档案对周培源说："周校长，'黑二组'不光搞了革命群众的'黑材料'，还搞了您的'黑材料'"。周培源拍案说："他们就是个特务机关，应当彻底砸烂。"针对周培源对我们的公开攻击，我同负责警卫工作的保卫组成员周俊业到周培源家当面向他说明：你和翦伯赞、冯友兰、闻家驷、饶毓泰、温特等，都是国务院确定的重点保护对象，在工作组二组时，就给你们每人都建立了一套警卫档案，内有你本人的情况，家庭成员的情况，住址和周围情况，以及保卫组的巡逻路线、设立哨点等工作记录。他才恍然大悟。我们说："你是一名知名人士，不是一般群众，说话是要负责任的。否则，今后我们就没有办法保卫你和你家的安全了。"说来也巧，第二天，他家被盗，盗走相机和其他财物，他找我们报案。我们没有和他一般见识，遂报给了公安局九处。

保卫组被打、砸、抢后停止工作，倒也好休息了，有时间看看大字报，观察一下情况。"红旗飘"等写出大字报，批判校文革违抗陈伯达指示等。我一看就明白：因为陈伯达在教改座谈会上顺便说了句"你们不是有个副校长周培源吗？他不比陆平好，让他当校长不行吗？"周培源对自己还没有登上校长的宝座而不满，是可想而知的。所以，他参加了反校文革的群众组织。8月17日，"红旗飘"等反校文革的五个造反派组织，在"五四"广场开大会，宣布联合成立了"新北大井冈山兵团"，周培源参加了大会，声称参加井冈山兵团，并担任第一任核心组组长（后改为牛辉林任组长）。

1967年8月24日晚，被迫停止工作后的我在校内看大字报时，被井冈山兵团的一部分人绑架到38楼批斗"黑帮"的"斗鬼台"上毒打，新北大公社的部分人闻讯赶来，才把我救出来，送到校医院检查疗伤。据说，在我昏迷被担架抬往医院的途中，有些人把陆平、彭珮云押到我的担架前，下跪请罪，但当时我是不知道的。

保卫组被打、砸、抢后，井冈山兵团在大饭厅展览"从保卫组抄出的黑材料"。我亲自去看了这个展览。所谓"黑材料"，一部分是"国家重点保护对象的警卫材料"，一部分是中央警卫局、北京市卫戍区和公安局在北大破案排查笔迹的材料，均是在井冈山兵团成立前搜集的，但他们硬往自己头上拉。期间，井冈山兵团的核心人物孔繁（过去和我关系比较好）碰到我说："你这小子不错，还没有整我的黑材料。"我回敬了他一句："你还不够格。你若是国家重点保护对象，就肯定会有的。"我被打后，孔繁、侯汉清等还登门找我道过歉，说什么是"他们误会了"等。

北大保卫组被打、砸、抢和我遭到毒打后，我在医院治疗了几天，就离开北京到青岛岳母家修养。北大的保卫工作处于瘫痪状态，快到国庆节了，北京市卫戍区和公安局着急了。一是有些案件，北大没人帮助他们侦破；二是国庆期间北大的安全没有机构和人员主管。原保卫组的工作人员董希成、蓝绍江和我联系。我说：保卫组被打、砸、抢和我被绑架遭毒打后，他们不管，不来找我们，现在着急有什么用。打、砸、抢保卫组，让保卫组"停止工作"的幕后策划人是陈伯达，他是中央文革的领导，没有相当领导人的批示和交回被抢走的档案材料，保卫组不能恢复工作。过了几天，董希成、蓝绍江又和我联系说：公安局他们到校文革找到聂元梓，以校文革的名义给谢富治（时称谢副总理）写了报告：基于国庆和北大安全考虑，北大保卫组应当恢复，被抢走的档案材料应当交回。谢富治批示："同意恢复工作，材料也应交回。"董希成、蓝绍江第三次和我联系，把北京市卫戍区、北京市公安局和北大校文革给谢富治写报告以及谢富治批示的内容告诉了我，我遂返回北大，召集保卫组的原班人马开会说：遵照谢副总理的批示，我们恢复工作。校文革把保卫组安排到五院办公。首先，保卫组全体人员出动，校卫队肖祖德等人协助，召开各系各单位保卫干部会议，布置和检查了全校的治安检查情况，制定了安全措施和值班制度，确保国庆期间北大的安全。

1967年11月27日市委书记吴德指示聂元梓恢复党的组织生活。谢富治、吴德审批了中共新北大领导小组名单，其中组长聂元梓，副组长孙蓬一、崔雄昆，否定了王任重让孔繁当第一把手、让杨克明当第二把手的想法。

1968年1月上旬，北大学生杨绍明（杨尚昆之子）收到一封信，拆开一看，感到问题严重，主动交给了保卫组。信的落款是："中国×小组"，附有《中国×小组宣言》，内容似林彪反革命集团的"571工程纪要"。台头是杨绍明，内容是动员他参加"中国×小组"和联络方式：回信用牛皮纸信封，地址是清华大学某号楼，日期是×月×日前。保卫组马上把此信报告给北京卫戍区和市公安局。他们马上派人到保卫组，认为是一起重大反革命案件，遂组织破案。保卫组派蓝绍江与市公安局的人合作，按"中国×小组"提供的联络方式，到清华大学某楼"蹲坑"。其间，北大学生傅某（彭真的孩子）收到了同样的信，也交给了保卫组。"蹲坑"到第三天，就把写信的人抓到了。经审查，写信的人其名叫谢世扬，是北大经济系学生，井冈山兵团原"红旗飘"的成员。当天，在办公楼礼堂批斗并由市公安局宣布逮捕，被警车拉走。对此，保卫组发表了声明，希望"井冈山兵团"配合。次日，"井冈山兵团"声明：谢世扬是"现行反革命"，予以开除。"中国×小组"一案，是保卫组和市公安局联合查办的，与"新北大公社"和"井冈山兵团"无关。谢世扬是"井冈山兵团"成员是确凿的。

保卫组恢复工作后，重新抓了"国家重点保护对象"的工作。但是，周培源1967年8月17日已经担任了"井冈山兵团"核心组组长，昼夜住在28斋"井冈山兵团"总部，保卫组没办法对他进行保护。为此，写信报告了周总理。不几天，北京卫戍区副司令员李钟奇给保卫组电话说：周总理委托他给周培源谈谈让他退出"井冈山"的问题，要保卫组通知周培源。"井冈山"不允许进总部，保卫组因不知周培源的电话，故请其家属转告。用电话联系上后，把周总理委托李钟奇找他谈谈的话原原本本转告他。周培源担心安全问题，我给他明确保证。双方谈妥：保卫组负责给他要车，地点在28斋（井冈山兵团总部）东门前30米处等他，让他从窗户口先看一下，双方招手示意后，他就出来。我向前接他并送上车，嘱咐司机，要安安全全地把他送到卫戍区，再等他乘车返回北大。1968年2月的一天，在卫戍区李钟奇、丁国钰等接待周培源，对周培源说："今天接你来，是传达周总理指示：①你退出井冈山；②你还是副校长，参加群众组织不合适；③这是无产阶级司令部的声音"。周培源说："无产阶级司令部的指示我一定照办，不像有些人对我有利的就执行，不利的就不执行。"显然，他又含蓄地表示了陈伯达曾要他"担任北大校长"而校文革至今不执行的意思。2月27日李钟奇单独接见了井冈山兵团的代表说：北大校文革是领导北大文革的权力机构，这是中央承认的，你们井冈山要承认校文革，北大井冈山是革命群众组织，在文革中有过很好贡献，校文革要承认它，不承认是不行的，北大要成立革委会，如何成立，双方协商解决，解放军支左不支派等。3月14日井冈山兵团造反总部成立，表示拥护校文革，反对井冈山兵团总部。

3月29日凌晨北大校内两派发生第一次大规模武斗，持续5个多小时。李钟奇、聂元梓到现场制止武斗，被打伤、刺伤。晚上，谢富治、温玉成（卫戍区司令员）、李钟奇到北大召开两派代表会。谢富治说："北大发生大规模武斗的行为，是直接对抗党中央、中央文革的，是不能容忍的。"会上，宣读了市革委会、卫戍区文件：一、慰问被刺伤的聂元梓同志，慰问一切被打伤的人员；二、井冈山等组织立即交出刺杀、打伤聂元梓、李钟奇同志的凶手和后台;三、外校来北大参加武斗是完全错误的,应立即撤出,回去作自我批评;四、在校军事人员、支左部队,要挺身制止武斗,保护小将。各派交出一切凶器,释放一切被抓人员。

四、宣传队期间保卫组的工作

1968年7月27日首都工人、解放军毛泽东思想宣传队进驻清华大学。7月28日凌晨,毛主席召见首都红代会核心组负责人聂元梓、蒯大富、谭厚兰、韩爱晶、王大宾等,讲了制止武斗、实行军管和斗、批、改等问题。8月19日,首都工人、解放军毛泽东思想宣传队492人进驻北大,由63军政治部副主任刘信任总指挥。宣传队进校后,首先抓了制止武斗、上缴武器、拆除工事等,第二是举办大联合学习班,校文革、新北大公社、井冈山兵团全部停止活动,唯独留下校文革保卫组继续工作,受宣传队领导,派了一名军代表李志刚任联络员。8月28日晚,新北大公社召开全体社员大会,宣布"自8月28日22点起,解散新北大公社各级组织,回各班系、各单位闹革命。"8月29日,新北大井冈山兵团声明,宣布兵团总部从8月29日下午3点起停止一切工作。9月3日实现全校大联合,随后开始清理阶级队伍。

从1968年9月下旬开始,全校干部、教师被命令集中食宿,不得自由回家。宣传队提出"北大王八多得腿碰腿"的指导思想,全校有900多人被重点审查。宣传队进北大后,8月底邓朴方被逼跳楼,高位截瘫,终身致残。生物系教授陈同度服毒自杀。清理阶级队伍开始后,10月16日夜间,国家重点保护对象、物理系著名教授饶毓泰夜间在家上吊自杀。保卫组接到报案后,立即赴燕南园现场勘查。还未勘查完,又接到报案:原北大党委常务、教务长、校文革常务、中共新北大领导小组副组长崔雄昆死在校内红湖游泳池内。于是,我就从南到北跑来跑去,指挥勘查,通知家属,做初步是否自杀的结论,建立档案,办理应当办的手续,上报宣传队,再逐级上报。一天两个自杀现场,忙得我焦头烂额,联想多多。10月18日,数学力学系教授董铁宝自杀身亡。

饶毓泰自杀后，通过军代表李志刚给宣传队总指挥提出建议：应当采取必要措施，确保国家重点保护对象的人身安全；非经市委批准，不能对他们监管，在生活方面应予以照顾等。宣传队指挥部负责人到监改大院宣布：解除对冯友兰的监改，让他离开"牛棚"回家居住，每月发给125元生活费，将翦伯赞放回家，给其夫妇每月120元生活费。当时，翦伯赞家住燕东园28号，离保卫组远，不便工作，故在燕南园64号又给他安排了住处，并雇了一名老工人杜师傅专门侍奉他们老两口。白天安排了历史系的学生轮流值班，以保翦伯赞的安全。

在清理阶级队伍阶段，自杀的比较多，治安形势严峻。保卫组的干部不够用，故要求宣传队将原井冈山兵团保卫组的苑世男、米振翔、郑纯乾三人（均系法律系学生）安排到保卫组工作。几天后，他们初步了解了保卫组的工作情况，便深受感动地说：原井冈山和他们不了解保卫组的真情，所以，认为过去打、砸、抢保卫组和绑架毒打保卫组长确实错了，故再三表示道歉。我对他们三人是很信任的，保卫组的三摊工作，每摊都安排了他们中的一个人，更便于他们熟悉情况，做好工作。对此，他们深表谢意，表示一定向老同志学习，一定要把工作做好。保卫组的原有干部，过去认为他们不好，现在的看法也逐渐变了。双方清除了隔阂，真正拧成一股绳，融合在一起，真心实意地在我的领导下，兢兢业业投入了工作。

1968年12月18日凌晨，侍奉翦伯赞夫妇的老工人杜师傅跑到保卫组扑通跪倒地上哭诉：两条人命，翦伯赞老两口都死了。我马上报告了宣传队指挥部，立即带领肖祖德、蓝绍江、苑世男赶赴现场燕南园64号，发现翦伯赞的卧室内，两张单人床上，一边安详地躺着一人，一模，早已冰凉没有脉搏了，但尚无尸斑出现。我们立即报告了卫戍区和市公安局，同时开始勘查现场。首先，搜翦伯赞的上衣两兜：左兜一张纸上写"伟大领袖毛主席万岁，万岁，万万岁！"右兜一张纸上写着"我实在交不出了，才走上这条绝路。我走上这条绝路，杜师傅不知道。"接着，检查翦伯赞的床铺，在枕头底下发现了两粒"速克眠胶囊"。初步结论：可能是服安眠药自杀。我们便问杜师傅,夜间听到什么动静没有?他说:快12点了,听到炉子响声,我问有事吗?翦伯赞的老伴说:翦先生饿了,我给他热点奶喝,你就睡吧,不要管了。据此,我们初步判定,服毒时间在夜11点半到12点之间。这时,历史系在翦伯赞处值班的学生来了。我们问他们昨天的情况,他们说:昨天刘少奇专案组的人来找他调查刘少奇1929年的事。来调查的人有个叫巫忠的问翦伯赞,翦伯赞说:"记不起来了。"他几次反复地问,翦伯赞还是说"记不起来了。"最后,调查的人说:你明白,这关系到刘少奇的问题,你好好想,我们明天再来,你一定要说清楚,说不清楚,是要坐牢的。保卫组将从翦伯赞上衣兜搜出两张纸的"遗书",通过宣传队指挥部马上报送给毛主席。其他情况查明后上报。上午8点,昨天来调查的刘少奇专案组的人(包括巫忠)又来了。我们还未勘查完现场,他们被我们堵在门外。我说:今天不准找翦伯赞。他们说:我们是刘少奇专案组的。我说:什么专案组也不行,你们可以去找宣传队指挥部吗?他们才不得已离去了。卫戍区和市公安局九处来人了(包括赵法医),我们把翦伯赞自杀现场的勘查情况告诉了他们,同时建议通知家属,进行尸体解剖。家属(子女)不来,并言明已和其父亲划清了界限。将家属的回答记录在案后,卫戍区、市公安局和宣传队指挥部决定,对翦伯赞夫妻的遗体送到北医三院地下解剖室,由赵法医主刀进行解剖。我以保卫组组长的身份,自始至终没有离开过现场和解剖室。赵法医对翦伯赞作了全身解剖和有关部位切片、取液等,对翦妻作了局部解剖,只取了部分胃液。发现两人胃里有的速克眠胶囊还没有溶解完。法医的最后结论是:两人均为速克眠中毒死亡。为了把全部自杀案情弄清楚,第二天,我持宣传队指挥部的介绍信亲自到北京医院调查毒源。北京医院说:病历保密,非经特批,不准查阅。我遂到市委吴德办公室汇报情况,提出要求。其秘书给北京医院院长通电话说明情况后,我又返回北京医院。他们已把病历拿出来了,并给我列出了翦伯赞派人到北京医院取速克眠的时间、间隔时间和每次取的数量等。最后,保卫组把翦伯赞夫妻自杀的档案调查齐全上报,宣传队指挥部便把他们二人的遗体交给后勤组进行了火化处理。

从1966年6月22日我到北大工作,到1969年1月24日我离开北大回到高检院，共二年七个月。期间，北大的自杀案件大约 64 起，其中自杀案件最多的是宣传队进校后清理阶级队伍时期，有几次是一天自杀 2 人。在我任保卫组副组长、组长期间，凡是报案的，我是案案出现场，以人立档。按照《公安六条》的规定，凡是构成反革命案件的，又是在北大作案的，我们都给市公安局破了案，大约 36 件。凡是构不成反革命案件的，有 18 件我们以政治错误（主要是笔错和口误）批评教育，大量的既不是反革命案件，又不是政治错误，没有做任何处理。我回到高检院后的情况就不知道了。

注：此文是《谢甲林回忆录》一书的第五章（底稿）

我所了解的孙蓬一

章 铎

引 言

  1963 年，我考上北大生物系。在北大读了两年的书，就被派去"四清"了。1966 年 6 月上旬，回到学校参加文化大革命。在毛主席第二次接见百万红卫兵后，我和班上的一些同学结伴，两次坐火车外出串联，先后到过韶山、萍乡、南昌、重庆等地，都是有革命传统的地方。我们还去过大庆，参观了大庆油田，向王进喜等先进人物学习。12 月 9 日，我和同班同学李棉生、曹静芬、黄世强、周玉琢、顾大明、林传贤、曹铮组成了长征小分队，进行了一个月的徒步串联。后来接到通知要我们回校参加军训，我们就从邯郸坐火车回来，那时已是 1967 年 1 月上旬末了。

  回校不久，学校向系里要人，充实动态二组。一个偶然的机会，我到了动态二组。不久，两个动态组合并成一个组，组长是胡宗式，我成了他的手下，负责跑教育部、人民教育出版社和学部的动态。在这期间，我认识了孙蓬一。他直爽、热情、有胆有识，似兄长，又似朋友，我和好多同学都喜欢他。

  1967 年 9 月 1 日，在北京市革委会常委扩大会议上，江青说"她（指聂元梓）的助手不好，出了许多坏点子"。这个"助手"就是孙蓬一。为此，他受到对立派的多次围攻、殴打、通缉。工军宣队进校后，又受到迟群之流的残酷斗争和无情打击，被扣上了许多莫须有的罪名。但孙蓬一始终没有低下他那高贵的头颅。当他听到"四人帮"倒台的消息后，欣喜若狂，认为"党得救了，祖国得救了"。

自 1976 年 11 月 11 日至 1977 年 1 月 12 日，孙蓬一给我们夫妇共来了六封信。从孙蓬一的来信中，我深切感到：他是一个共产主义的忠实信徒；他对毛主席、周总理的热爱已经达到无以复加的境地；他衷心拥护邓小平出来主持工作。但是，他却被"无产阶级专政"了。1983 年 7 月 13 日，北京市中级人民法院判处孙蓬一有期徒刑十年。

2014 年 10 月 31 日《记忆》第 120 期北京大学文革专辑（二）刊登了由戴为伟整理的"郑仲兵口述——北大文革片段"中有这样一些文字：

（孙蓬一）文革中，他最早提出中央文革极左路线的问题，公开提出反对王、关、戚。我也是在这个过程中跟他成为好朋友的。

文革后期，工军宣队进校后，他一直挨整。那时候，我们偷偷地见过面。大概到了"四人帮"垮台不久，那是天安门事件一周年（1977 年），他还没被解放，他从劳改的地方跑出来，先到天安门广场，再到我家。我们一起去看看阮铭，他（到阮铭家）就跟阮铭说，我真希望邓小平能够早一天出来工作。阮铭挺冷静的，就说："邓小平要出来，第一个就要拿你这样的人开刀！"当时孙蓬一霍的一下子站起来，说："即便是这样，为了党、国家、民族的大局，我也在所不惜！"

孙、阮的对话至今还回旋在我的耳际，然而不幸被言中了。过不到半年，抓"五大领袖"的时候，把他也抓了。

我后来找过于光远，因为那时候，邓小平还经常接见他，于光远对我说："邓小平一旦下了决心的事，很难改变"。他说找机会吧。我还找了陈一谘，因为当时陈一谘和邓朴方是朋友，又和邓力群来往很多。陈一谘原来也是北大的，文革前被北大打成反革命。在文革中他是井冈山一派的，与聂元梓、孙蓬一是对立面。他就跟我说："我帮你这个忙，不是为了说明孙蓬一正确，我对他还是有看法的。但是我觉得（现在）这样对待他是不对的。"后来，他跟我说，他找过万里、邓力群，他们都愿意帮这个忙。但是，即便是这样，大家还是没有帮上忙。因为邓小平下了决心，确实就很难让他改变。

后来孙被弄到青海，服刑期满了，还在那个（劳改）农场里面，还被变相关押。之后，他的姐姐冒着生命危险，到青海，把他偷偷地带出来。那时候已经是"六四"过了。他到了我家，我母亲，还有郑伯农、王若水、阮铭、萧灼基、胡志仁、李春光和另外一些熟悉的朋友都到我家。当时我看他不大正常，谈到激动的时候，把筷子都折断了。因为他是逃跑出来的，他姐姐就把他带到大连去了。他姐姐、姐夫都是老军人，住在一个干休所里。

但是他在那边知道一些六四"政治风波"的真实情况之后，就控制不住（自己）了，在干休所大骂。后来家人找个借口，把他送到精神病院。他从那个地方出来，（病）时好时坏。清醒的时候，他就跟人家说，我现在是工资、党籍都没有，靠老婆养着。后来有一次说，**一**个部门（大概是民政部门）说他是烈士子弟，一个月补助他15块钱。拿到那15块钱后，他说，你看，我现在是五六十岁的人了，还要靠我父亲来生活。结果当天他就去撞屋里的暖气包，头破血流，没死；以后又想办法用煤气结束自己的生命，也被救过来。他本是一个极其自重、自尊的人，唉，反正他的命运比聂元梓还要惨得多。

孙蓬一的冤魂在空中已经飘荡了二十余年。想起孙蓬一的遭遇，心里就难过，我决心用自己的拙笔，将孙蓬一的遭遇写出来。都说"十年文革"，文革是十年吗？

一、孙蓬一在文化大革命中干了什么？

孙蓬一1930年出生，他的父亲1938年参加八路军，1944年被敌人杀害。1943年孙蓬一离家投奔了山东抗日根据地，1945年参加八路军，1946年，刚刚16岁的他就加入了中国共产党。在战争年代，他勇敢不怕死，曾立过功，参加过抗美援朝。全国解放后，对党在各个时期的各项号召，都是带头响应，因此也就成了历次运动的骨干。在北大哲学系，党内一直存在矛盾。1963年陆平将聂元梓由经济系调到哲学系任总支书记，代替原总支书记王庆淑。当时反对王庆淑一派的领头人是孙蓬一和孔繁。聂元梓来到哲学系一年后，支持了孙蓬一这一派。

1966年中央文革成立之后，孙蓬一被借调到中央文革，为一般的工作人员。1966年7月底，校文革筹委会成立后，聂元梓将他要了回来，作为自己的主要助手。1966年10月下旬，由聂元梓提议，孙蓬一参加校文革常委会议，孙蓬一管全校的运动、组织和作战，1967年3月，孙蓬一提升为校文革第一副主任。

1966年11月8日，由聂元梓、孙蓬一等十一人署名，贴了《邓小平是走资本主义道路的当权派》的大字报，大字报说："我国党内头号走资本主义道路的当权派是刘少奇，二号人物就是邓小平。"

1966年11月19日，孙蓬一等人随聂元梓到上海串联，在那里参加了上海市革命造反派的一些活动，聂元梓先返回北京，孙蓬一是1967年1月7日回到北京的。关于上海串联，《聂元梓回忆录》和《王力反思录》中有比较一致的说法：聂元梓等人去上海串联，是根据毛主席的指示（毛主席通过他的女儿李讷，到北大向聂元梓等传达的）。哲学系李清崑老师对我们说：

> 那天（1966年11月12日）上午，李讷来到北大6院2楼组织组，我、孙蓬一、夏剑豸、陈葆华（女）、付治文，还有校文革组织组的两个工作人员都在那里，聂元梓当时不在，她到市里去了。李讷穿一身军装，骑了一辆旧自行车，她一进门就和孙蓬一握手："孙大炮，怎么听不到你放炮了？"老孙在中央文革工作过，和李讷很熟，她问了北大运动的情况。主要是老孙汇报。她给我们说："你们不要老是盯住北大，要放眼全国。我们了解，现在上海的造反派正受压，主席想让北大造反派去支援上海的造反派。我这次来就是谈这件事。"中午饭是到学生食堂打来的，那天正好有米饭，还有饼，就在组织组的屋里吃的，聂元梓当时不在。李讷说："我要等她回来"。下午聂元梓回来了，李讷单独和聂元梓谈去上海串联这件事。这天，"井""红"砸了校刊编辑部，聂元梓和李讷一同去了现场。
>
> 校文革商议，由聂元梓、孙蓬一、陈葆华、付治文四个人去上海，票是中央文革办事组买的，坐的是软卧包厢。回来后车票报销，办事组让北大报，我说你们报销得了。办事组说："他们的人事关系不在中央文革，报不了"，后来是北大报的。因为按规定，13级以上的干部才能坐软卧，这样只有聂元梓一人可以报软卧（她是12级），其他三人只能报硬卧。差价，是聂元梓掏腰包给补上的。

孙蓬一从上海回来不久，就赶上了一月夺权。

上海"一月风暴"吹到北京，中央号召群众组织夺权，于是，各高校就到自己的上级领导部门和相关单位去夺权。1967年1月18日，周总理在一次讲话中说："北京市的一些综合性大学，像北京大学、清华大学、人大、师大等在北京的夺权当中要下大的力量。"根据总理的指示精神，北大派出了多路夺权大军，其中高教部夺权最引人注目。当北大到高教部时，已有许多单位去了。参加夺权的单位有三十多个，组成联合夺权委员会，负责单位是"清华井冈山"。北大去后，反对高教部的"延安公社"，因为"延安公社"的负责人是卢正义、徐非光，北大认为他们是叛徒。师大谭厚兰等认为卢、徐是响当当的左派，坚决支持"延安公社"。"清华井冈山"发表了一个中立宣言，表示不介入北大和师大的矛盾，宣布退出高教部夺权。前期，北大暂时在高教部掌权，处理一些事情。不久，卢正义、谭厚兰等人纠集了数百人搞了反夺权，双方发生冲突，称之为"高教部事件"。2月2日，事件发生后，林杰俨然以中央首长的姿态向师大和"延安公社"下达四点"指示"：

（1）我们（师大和延安公社）的行动是革命的行动；

（2）解放军参与这一行动是错误的；

（3）新北大是错误的；

（4）解放军马上撤回去。

同日下午，关锋、王力打电话严厉地批评了北大。2月4日，王力、关锋又一次给孙蓬一打电话，批评北大要搞什么"三路进军"等等，都是莫须有的罪名。

孙蓬一在1977年1月3日的来信中说：

我历来不太赞成去管校外的事，因为我觉得社会上的问题极其复杂，我们没有能力将那么复杂的事情短期内判断清楚，搞不好容易上当。当若干学校积极干预校外问题时，有的人在我面前抱怨北大，正如北航、清华说我们"窝囊"。不过，我有我的看法。一月份夺权时，若不是总理点了我们的名，我也是不主张我们去参与这种事的。总理指示后，我是坚决响应的，连夜传达、动员、组织，我觉得这是无产阶级司令部的命令，我们责无旁贷。但派人出去后，几乎到处都遇到了矛盾，更证明了你们原来的说法是正确的。我的态度是，我们尽量撤出来，不参与其中，可更冷静地观察、分析，以得出准确结论。所以，当一讲了夺权要先解决授权问题，要先开各种代表会后再夺权时，在讨论中，我是主张全部撤回来。当时聂元梓提出，高教部可暂不撤，因为那里发生了原则性的争议。我同意了。结果，发生了高教部事件。

2月2日，王力、关锋分别给我打电话。真是恶人先告状，倒打一耙，明明是谭厚兰一伙保卢正义保红了眼，纠集了其同党欺负我们，而关、王却反诬我们打了他们，关、王第一次向我们露出了狰狞面目，赤裸裸地从幕后走到前台。我四处打电话将聂元梓找回来以后，我们去高教部，负屈含冤地将我们的队伍劝回来了。可是，正当我们悲愤填膺的群众，在军训解放军的大量耐心的政治思想工作下，刚刚平息下来时，关、王又给我打来电话，说我们要搞三路进军。如果说前一次电话是拉偏架，这一次则是大打出手了。

高教部事件后，北大开始反思前一段的运动。如果说从文化革命开始到一月夺权，孙蓬一和北大的群众是无条件地响应毛主席和中央文革的号召的话，那么高教部事件是个转折点——孙蓬一们开始思考了，北大群众开始思考了，不那么盲目了。

1967年1月15日凌晨，统战民委系统发生了一起严重的抢劫档案事件。当天，中央民族学院红卫兵总部（即民院抗大）和统战部的部分群众将抢劫档案的坏头头刘郢、洪涛扭送到公安部。1月17日，公安部办公厅秘书处印发了公安部某负责人谈话。这个谈话，将抢档案的刘郢、洪涛说成是革命左派，并以冲击公安部、迫害左派为由，把保护档案的民院红卫兵总部负责人郑仲兵在公安部关押了13天。"1.15事件"是个大是大非问题，北大表态支持了以郑仲兵为首的民院抗大，并由此对公安部长谢富治产生了疑问。

1967年3月7日，由师大井冈山、学部联队、新人大公社、石油学院北京公社、钢铁学院919、民族学院东方红这六个单位，提出"打倒谭震林！""坚决反击二月资本主义复辟逆流！"的口号。同时提出的口号还有："揪出谭震林的后台！"

对于这种突然出现的变化，孙蓬一和我们一样，都很茫然，感到不解。于是，动态组全力投入调查。当时得到的情况是：中央开了会，谭震林说了话。就这么几个字。我们不知道毛主席为"二月逆流"定了性。另外还了解到，他们下一步还要打李富春、李先念、陈毅、余秋里，最后反总理。怎能根据这一点情况，就动员北大的群众跟着他们走呢？那几天，公社总部和校文革的一些委员，天天晚饭后到动态报来，商议对策。大家态度明确：不能反总理。由于情况不明，对打倒谭震林，新北大公社总部迟迟没有表态。3月11日晚上，戚本禹收回了他1月份保谭震林的讲话，公社总部这才正式表态，于3月12日发表声明："炮轰谭震林！"3月14日再升调为"打倒谭震林！"

1967年3月17日，新北大公社发表严正声明，指出："必须严格区分是无产阶级司令部还是资产阶级司令部""对无产阶级司令部，我们就是要保，一保到底！对资产阶级司令部，我们就是要反，一反到底！在这里，我们必须保持高度警惕，严防阶级敌人浑水摸鱼。周总理是坚定的无产阶级革命家，谁反对周总理，就打倒谁！"这是新北大公社在反击"二月逆流"中的严正立场。

新北大公社对待"二月逆流"的这种慎重做法，被对立派称作"老保""二流派""二流公社"。孙蓬一和北大的绝大多数师生在反击"二月逆流"和以后的各种事件中，都坚决站在保卫周总理一边，从未动摇过。1976年11月18日，孙蓬一给我们来信中写道：

> 总理逝世时，我在战友相聚时是放声痛哭了一场。现在每当想到总理，我都禁不住要心酸眼湿的。总理是我们民族的骄傲，我们应当永远以总理为光辉典范，来安排自己短促的一生。

1967年4月8日，在民族文化宫，为争夺对"民族工作展览"的批判权，以北大为首的一方和以地质东方红为首的另一方发生了严重冲突，俗称"4.8事件"。事件发生后，双方都发表声明指责对方。直接参与这次事件的单位并不多，但声明的签字单位却各有几十个，向社会表明存在两大派。《记忆》第132期转载的《扬子浪日记》关于这一事件有如下文字：

> 他们砸玻璃门窗，大打出手，无所不用其极，公开对抗军代表命令，继续武斗，终于在凌晨3时半左右占领了全部房间，抢走了全部

材料。我也被迫参加了武斗，简直欺人太甚，是可忍孰不可忍。

挨了打、受了气、丢了材料，还不知道何时才能出气，我们北大他妈的太软了。

洪涛、吴传启、卢正义、徐非光他妈的处处与北大为难，绝无好下场。我们的战斗力将得到空前的发挥，新北大绝不是好惹的。

1967年4月11日下午，地质、邮电、农机、农大、工大、民院六所院校开了六辆广播车到北大闹事。他们高呼"聂元梓无权进入市革委会！""聂元梓从红代会滚出去！""揪出聂元梓当红代会核心组长的后台！"等口号，气焰十分嚣张。因为是打到自己家里了，我们都非常气愤，大家齐心合力，将他们的广播车推出了南校门。

4月12日晚上，全校召开了誓师大会，孙蓬一气壮山河的讲话，不断地被暴风雨般的掌声、欢呼声打断。我们公开向吴传启们宣战了。孙蓬一说：

如果说，在昨天我们有些事情还看不清楚，那么到了今天，那一小撮人的心是路人皆知了。因为马路上都写了大字标语了，他们要干什么，他们的目的已经清清楚楚了！他们醉翁之意不在酒。所谓的民族宫事件本来是微不足道的，这只不过是一个借口而已。目的是他们背后的那些人要实现更大的政治野心、政治阴谋！……也有另外一些人，他们为了达到他们垄断、独占无产阶级文化大革命胜利果实这一目的，便不择手段，只要是可以被他们利用、为他们服务的，只要是支持他们的，他们不管这些人是什么派，就一律给他们送上一顶最美丽的桂冠："革命造反派"。而这样一种力量，采取一种非常不正当的手段，采取拉一伙，打一伙，拉拉扯扯，勾勾搭搭，招摇撞骗，把手伸得很长，真正是拉大旗作虎皮，包着自己去吓唬别人，当他们跟别人辩论，他们提不出充足证据的时候，便拿出所谓的王牌，说：某某支持我们。不管什么人，只要你违背了毛泽东思想，他支持了你，那么他也是错误的！无产阶级革命者，认为隐瞒自己的观点是可耻的。我有必要再一次阐明我的观点：在我看来，这一股势力的代表，这一股势力的核心不在学校，而是在一些机关，是真正的摘桃派，那是一些什么人？如学部以吴传启为首的一帮子人，如高教部的延安公社，中央统战部红色联络站。至于还有一些单位，他们人数虽然很多，但是，在我看来，那只不过充当了一个打手，充当了一个工具。

4月13日，谢富治在人民大会堂召集红代会核心组开会，解决北大和地质的矛盾。北大方面聂元梓、孙蓬一、胡宗式参加会议。谢富治不让北大发言，却武断地说"武斗是北大挑起的"。晚上，石油学院"大庆公社"来北大，就"4.11事件"表示声援。在大饭厅，自发地聚集了不少北大同学，孙蓬一登台即席讲话，他讲了下午接见的情况和"1.15事件"等。孙蓬一说：

处理"1.15事件"，把抢档案的说成英雄，是左派，而把保护档案的人关进监狱，这是什么逻辑？！在名义上是解决北大和地质的矛盾的会议上，不叫我们说一句话，就下结论，说武斗是我们挑起的，不是没有调查就没有发言权吗？是他们打到我们家里来的，而不是我们打到他们那里的。是非是如此明显，却视而不见！我们多去了一个人，谢富治便问，地质多去了20多人，什么话都不讲。

另外，孙蓬一还重复了昨天所讲的关于吴传启等是真正的摘桃派等内容。

听了孙蓬一的讲话，大家群情激奋。新北大公社总部组织人要到公安部和谢富治辩论，有些人先跑出去贴了谢富治的大标语。聂元梓、李清崑闻讯赶到现场，坚决制止这种鲁莽的行动，并要求把所贴的大标语覆盖上。当晚，聂元梓口头向驻北大的中央文革记者承认错误，并写了书面检查连夜送到中央文革。这就是"4.13孙蓬一炮打谢富治事件"的全过程。

从此，孙蓬一、聂元梓就被扣上了"代表资产阶级知识分子向无产阶级夺权""夺市革委会的权"的帽子。

其实，在此之前（1967年4月10日），孙蓬一已经与聂元梓一起，到钓鱼台当面向江青、陈伯达告了王力、关锋等人的状，在场的还有戚本禹。这件事，孙蓬一1977年1月3日的来信中叙述了详情：

六七年三月中下旬，由北大人事处的李玉英先去解放军报社找了李讷，约好时间后，在一天下午，李、聂和我去解放军报社找了李讷，着重向她谈了高教部事件中的有关王力、关锋、林杰及其一伙的情况，并交给了她有关高教部事件的调查报告和王力、关锋两次给我打电话的追记稿。李讷当时对我们深表同情，并答应将材料代转到上边去。

高教部事件后，北大从上到下，都在胸中沉积着一股令人透不过气来的压抑闷气。"五一六"们得寸进尺，步步紧逼，视我们为软弱可欺，冲突不断发生。我们总是受气，真是到了是可忍、孰不可忍的地步了。不公开起来与王、关、戚对着干，简直要把人气疯、气死了。这伙以"左派"自命的家伙，其篡党祸国的用心，若再容忍下去，则我们是无颜再以无产阶级革命派自居了。四月八日民族宫事件后，我就主张公开反击、指出问题的实质。当时李清崑等人建议为稳妥起见，还是去向江青当面汇报一下，以取得支持。聂元梓同意了。九日写了一封求见信，十日下午她与我就去了钓鱼台。那天正好是清华斗王光美。

……

我们向他们谈了高教部事件，谈了林杰、周景芳、潘梓年、吴传启及其北京市里那一伙，包括高教部的卢正义、徐非光。指出他们这一伙人许多都有历史问题。我则公开说：我们认为王力、关锋是在搞新的招降纳叛、结党营私。……当谈到潘梓年、吴传启时，江青说：不是早就打过招呼不和他们联系吗？

我说到王、关包庇那一伙，是搞结党营私时，江青说：我们没有那样的感觉，只是感到关锋的性子拗一些。（谈话结束了）江青送我们到16号楼的门口，还告诉我们，今天谈的事，出去不要讲，特别不要损害了王、关的威信。……当时给我的印象是，不能反王、关，但是下面的一伙是可以反的，认为江青还是支持我们的，这就更造成了错觉，认为她是代表毛主席的，与王、关、戚不同。

四月十日回来以后，聂与我向校内一些人转达了接见的大致情况。

这次告状，对北大有利的只有江青说的一句话："不是早就打过招呼不和他们联系吗？"而对告状的主要内容，中央文革是否定的。

4月14日在人民大会堂,在接见红代会各院校代表的会议上,中央文革对聂元梓、孙蓬一进行了批评:

江青:我首先讲一下,我们小组是一致的。我们今天全来了。这个一致是表示在主流上的,不要想钻空子,你们要懂得,小心有人钻空子,挑拨离间。

炮打谢富治是不妥当的,是错误的。但不能全赖在聂元梓同志身上。按她的斗争经验、生活经验应该给你们做出榜样。你应当做触及灵魂的检查(指聂元梓)。

姚文元:正如江青同志所讲的,我们小组在政治上、主流上是一致的,我们紧紧团结在以毛主席为代表的无产阶级革命路线下面,为毛主席的革命路线而斗争,不容许任何人挑拨离间,不要上当。……有人提出摘桃子的问题,摘桃子只能阶级对阶级摘,对敌人是寸权必夺,夺回到毛主席手里,而不是为自己小团体夺权。

康生:谢副总理是全军文革小组副组长,这样一个党、政、军的领导同志,同志们随便写大字报传单上街,这是极大的错误。说谢副总理是邓小平的什么人(××:谢副总理是最早的用文字揭邓小平的问题,斗争很坚决)。这种东西出现是罪恶,是我们的耻辱。……有人对中央文革这样推测,那样推测,还分几派。我们小组是一致的。

陈伯达:现在好像流行一种摘桃子的理论,这个理论是毛主席在日本投降以后提出来的,是指抗日胜利的桃子是落在人民的手中还是落在美帝走狗蒋介石手中。……这是阶级斗争,不是哪一小团体和一个小团体的斗争。什么叫摘桃子?不从无产阶级的观点看这个问题就完全错了。

"反谢"的事平息以后,1967年5月,北大联合一些单位,正式向吴传启们开战了。由于吴传启与关锋、王力的特殊关系是一个敏感的问题,一提打吴传启,就有人说你"反中央文革"。

1967年5月27日中午,聂元梓接到电话,要求她在两点之前到达钓鱼台。陈伯达、关锋、戚本禹找她谈话。陈伯达说:"我们是受江青委托和你谈话的。……你是有水平的,是市革委会副主任,又是红代会的,北大文化革命委员会主任。以后有许多事情需要你和我们共同来做。我们非常希望和你合作,你要和我们站在一起。你写的大字报和你在北大校文革的行动,为'文化大革命'立下了汗马功劳,希望以后好好地合作。你不要反对吴传启了,更不要把我们和他联系起来。陶铸反关锋就是从反吴传启开始的。"[1]

陈伯达等人对聂元梓的这次召见,我在"扬子浪日记"中得到了印证:

(1967年) 8月21日

晚上,聂元梓讲了5月27日中央文革对自己的批评,共三点。第一点,中央首长说北京两派是聂挑起的,武斗要聂负责。聂辩解,戚本禹不让聂元梓辩解,说:不许你讲。聂说:那我只好到公社去劳动了。戚说:你就是到公社去,还是要找你。会上,聂提出了关锋一月夺权时的那个电话,关锋矢口否认。

显然,陈伯达、关锋和戚本禹一起出动,陈伯达说的话就不是个人的意见,而是中央文革的意见。但是,以聂元梓、孙蓬一为代表的北大人并没有因此而放弃自己的立场。6月3日,北大除隐患战斗队,以大字报的形式公布了关于吴传启历史问题的第一批材料。如果没有陈伯达的"6.5讲话",后面还有第二批、第三批材料。但仅仅这第一批材料,吴传启的后台们便坐不住了,他们愤怒了,软的不行,他们要来硬的了,内部谈话不行,他们要采取公开的行动了。

1967年6月1日,北大在"五四"运动场召开大会,庆祝毛主席批准广播第一张马列主义大字报一周年。这个大会筹备多日,并给中央文革发了邀请信。来参加会议的单位很多,表面上会议是热闹和隆重的。但我们动态组却注意到:中央文革没有来人参加会议,连办事人员都没有。我们感到这不合常理,有一种不祥的预兆笼罩在心头。

1967年6月3日,陈伯达、江青、康生等在人民大会堂小礼堂接见外事口的革命造反派时,陈伯达说:"最近街上有这样一些标语,是反对谢富治的标语:'打到谢富治!''谢富治算老几!'现在谢富治

---

[1] 聂元梓:《聂元梓回忆录》,香港:时代国际出版有限公司2005年版,第219页。

是北京市的首长，我投他一票，你们也有一份。这种标语是乱来，属于联动一类。写这种标语的人算老大吗？老子天下第一。自己来当革委会主任。革委会主任不是自封的，是大家推选的。"

6月5日晚～6月6日凌晨，在人民大会堂召开的红代会核心组成员的会议上，陈伯达公开批评聂元梓、孙蓬一是代表资产阶级向无产阶级夺权。他说：

> 你们现在是资产阶级知识分子想夺无产阶级的权。……我前天在小礼堂讲话就是批评新北大的。……前两个月我就批评了孙蓬一。地质去攻击新北大是错误的，孙蓬一就发火了，做了个报告，说我们上上下下万众一心，这没有阶级分析，不科学。你们北大就没有资产阶级知识分子？就没有一个小资产阶级？有一个会我是批评新北大孙蓬一的。"不是我们垮，就是他们垮，垮了再干。"这也是新北大的一个人说的。孙蓬一有火药味，要有点老大哥的气派嘛，不然你们名誉就损害了。吴传启算什么东西呀？吴传启你们说过就算了，提不上日程上。他这个人排不上我们社会的位置。吴传启我不认识他，谢富治同志也不认识他。有这样一种言论，说北京日报、光明日报、新华社、红旗杂志是吴传启所操纵的，这是活见鬼！有人扭住周景芳，他在学部工作。（谢富治插话：他是好人，是造反的）我刚刚认识他，他是戚本禹同志派他去帮助谢富治工作的，是戚本禹推荐的，关锋同志还不愿意呢，要把他调到红旗，我当时也同意了，这是一个老实人，别冤枉好人。吴传启不可能操纵我们的报纸，渺小的微不足道的人，你们硬把他抬上来，这不是见鬼吗？……你们要用吴传启这个名字来做内战的口实，一定要垮台。……北大拿这个借口少数人搞分裂，一两个人，两三个人，想利用这个来搞内战，这一两个人就要垮台。他认为打中了，可以把北京市委的权夺过来了，这是想入非非，胡思乱想，这种人一定要垮台。回去跟孙蓬一说一下，我不怕他进攻我。

陈伯达的"6.5讲话"是要灭火的，用的是釜底抽薪的办法，阻止北大进一步公布材料，把揭露吴传启的行动扼杀在摇篮里。这篇讲话同时也是点火的，在北大校园里点一把火，让北大内部闹起来，自顾不暇。陈伯达为什么要贬低吴传启的作用呢？身为中央文革组长，难道他不知道吴传启的背景，不知道吴传启一伙的势力和能量？陈伯达这样说，就是要把群众引向歧途，让群众对北大反对吴传启的行动产生疑问，把矛头引向聂元梓、孙蓬一。

事实上，吴传启、林聿时等人控制了学部以后，就把手伸向了社会。他们的手在当时已经伸得很长了，或者说，吴传启们的手"被"伸得很长了。吴德在他的回忆录《吴德口述：十年风雨纪事——我在北京工作的一些经历》[2]中这样说：

（北京市革委会）新进来的人大都是王、关、戚支持的学部的那一派，约二十多人。哲学所的造反派头头周景芳担任了市革委会的秘书长，杨远担任了办事组组长。办事组等于是市革委的办公厅，一切机要都由杨远控制了。……革委会成立之后《北京日报》恢复出版，学部派来的涂武生控制了《北京日报》，实际上，真正控制的是吴传启，吴传启背后操纵涂武生，所有的社论、消息，都要经过吴传启。

尽管吴德说得比较简略，但其中揭露的事实，难道还不够怵目惊心吗？

在陈伯达"6.5讲话"的刺激下，北大内部果然闹起来了。6月7日，"新北大公社革命造反总部"成立。"北京公社""红旗飘""井冈山""东方红"等组织纷纷亮明了反聂的旗帜。7月1日，以周培源为首的134名干部发表了《致革命和要革命的干部的公开信》，明确表态："3月份以来，'校文革'犯了方向路线错误"。反对派多次围攻、殴打孙蓬一等人，不断挑起事端。

据陈焕仁的《红卫兵日记》[3]记载：

6月10日

校文革安排孙蓬一，在大饭厅传达中共中央、国务院、中央军委、中央文革发布的"6.6通令"。听到校文革安排孙蓬一传达"6.6通令"，新北大公社的人早早地到了会场。

---

2 《吴德口述：十年风雨纪事——我在北京工作的一些经历》，北京：当代中国出版社2013年1月版，第36—37页。
3 陈焕仁：《红卫兵日记》，香港：香港中文大学出版社2006年版，第348—350、367页。

自从陈伯达同志"6.5重要讲话"传出后,北京公社四处在捉拿孙蓬一,新北大公社的人再也看不到孙蓬一的身影。新北大公社的人看到孙蓬一雄赳赳气昂昂地步入会场,全场一齐拼命为他鼓掌,不少人高喊:"孙蓬一是坚定不移的革命左派!"一齐上去将他围住,孙蓬一又像英雄一样登上主席台,全场顿时欢声雷动。

孙蓬一站在台上,不停地挥动《毛主席语录》本,北京公社的人突然冲上了主席台,硬要揪孙蓬一去接受批斗,新北大公社一拥而上,将孙蓬一从北京公社手中抢了过来,双方在台上扭打成一团,63军闻讯赶来,强制性地将两派群众分开,把孙蓬一救了出来。

6月12日

昨天,孙蓬一在办公楼礼堂传达"6.6通令",北京公社没敢再去冲,今天终于结束了多少天来躲躲藏藏的生活,主动到我们"6.6串联会"("6.6串联会"是当时新北大公社内部,帮助孙蓬一整风的公社红卫兵召开的串联会)上来,虚心地接受我们的帮助和批判。

孙蓬一刚从家里走出来,还没来到我们会上,在路上就被北京公社发现了。多少天来,他们千方百计四处捉拿孙蓬一,前天在大饭厅好不容易将孙蓬一捉拿归案,又被63军救走了,今天孙蓬一刚刚出现在他们的埋伏圈中,他们蜂拥而上将孙蓬一团团围住,就要扭住孙蓬一押去批斗。孙蓬一不仅在朝鲜战场与美帝国主义较量过,而且跟陆平作过拼死斗争,从来就是个不信邪之人,即使眼镜和帽子被抓掉,被人打翻在地,仍然死不从命,新北大公社闻讯立刻报告63军解放军,解放军再次将孙蓬一救出来,孙蓬一终于来到串联会上。

7月10日

北京公社连续不断地冲击聂元梓和孙蓬一的检讨大会,聂元梓、孙蓬一又改为在广播上作检讨,两次广播大会照样被北京公社冲了,还从广播站将孙蓬一抓出来,砸碎了孙蓬一的眼镜,扭伤了聂元梓的胳膊,聂元梓不得不赴中央文革,向中央文革作了紧急报告。

刊登在《记忆》第132期上的《扬子浪日记》中有如下文字:

6月15日 从昨晚起,因为聂元梓没有参加"北京公社"的批判"资产阶级反动路线"的大会,"北京公社""革造总部""红旗飘"

开始了所谓的静坐示威。整个静坐示威没有"静"的感觉，毫无悲剧气氛，吵吵闹闹，俨然一出滑稽剧。

7月2日 北大就在这样的僵持状态中度过了半个多月。29日孙蓬一作了一个检查。我们认为是比较好的，态度诚恳。老孙是真正认错了。

7月10日 校文革召开了广播大会，聂元梓、孙蓬一分别作了工作布置。〇、飘方一小撮挑起武斗，冲击大会会场，围攻聂元梓同志，殴打孙蓬一同志，作出了露骨的表现。当晚我"新北大公社'6.6'串联会"和"联战团"集会，对此强盗行径表示愤怒和抗议。会后在校园内示威，并在毛主席塑像前举行了庄严的宣誓仪式。

7月12日 11日晚上，北京公社、红旗飘、革造，一方面在五四广场召开大会，斗争陆平，制造假象；同时又积极调动队伍打、抢、抄"二组"、南阁"伏虎团"、新北大公社"二支队""工总支"等单位。北大的无产阶级革命派忍无可忍，但仍然以6.6通知为重，避免了大规模的武斗。

8月15日 最近北大气氛又有变化，沉闷得很。中央首长批评北大、限制北大。北京市这两大派究竟是怎么回事，令人费解。

我预感到某种不幸和危险，总觉得聂元梓、新北大公社离中央文革越来越远。

有一件事需要提及，这就是"007密令"和"与许维刚谈话纪要"。

所谓"007密令"，是湖南"湘江风雷"的坏头头对总理的陷害。1967年3月，湘江风雷北京支队队长许维刚（北京机械学院东方红的成员）找到胡宗式，想通过聂元梓将一份材料（有关007密令的问题）通过聂元梓转交江青。材料的内容是诬陷总理要搞军事政变。他们将材料复写了三份，想法托人送中央。许维刚的这份是其中之一。胡宗式把这份材料交给聂元梓，第二天，聂元梓对他说："反总理是不对的，这份材料我不给转。你到44楼3楼，把它交给中央记者站驻北大的记者，我先打个电话。"胡宗式在转交材料时写了一个附言，说明了许维刚的身份，并且写了"这是对总理的陷害"。涉及"007密令"问题的还有孙蓬一和"除隐患"战斗队的人。

陈伯达"6.5讲话"后，我们动态组的刘志菊到东郊机械学院找许维刚,了解一下他对当前形势的看法。许是机械学院东方红的成员,在跑动态时与他相识。他谈话的中心是:现在社会上这样激烈的斗争,反映了新文革和旧政府的矛盾。在这场斗争中,你们北大站错了队,你们站在总理的一边。你们被老三收买了。刘志菊问许维刚:"师大的后台是林杰吗?"许说:"不是,是比林杰还要大得多的林。你们北大是反林保周。"我们觉得许维刚的观点并不是他一个人的观点,而是代表社会上一批势力的观点,认为有必要把他的话上报中央。于是就由胡宗式执笔,整理了一份谈话纪要。此件经校文革办公室上报,有案可查。

无论是"007密令",还是"与许维刚谈话纪要",可以看出,我们保卫周总理的态度都是坚决的。1976年12月11日,孙蓬一在给我们的来信中写道:

关于007密令,你所说的情况我还是第一次听到。我给邓大姐写过信。"四人帮"揪出后,又写了一封信,只谈了这一个问题。……(1967)6月19日晚,在校文革常委的一再催逼下,聂打电话给陈(伯达),让其来北大看看。陈派他的秘书王文跃来了。是我和聂向他汇报。汇报的主要材料有:市革委会王乃英动态组一工人揭发王乃英专门搞我们的材料;还有你们提供的所谓我们被"老三"收买的材料;再就是"007密令"的调查报告。聂去西郊机场送客人,还当面交给邓颖超同志一份这个调查报告。聂当时回来说,邓大姐对我们对总理的爱戴表示感谢。以后我们又上报了当时无产阶级司令部的所有成员。我们这是昭若日月的保总理的行动,可是迟群之流却硬是逼着×××等人,承认这是反总理。其用心之险恶,是为了扑灭任何敢于挺身而出保总理的力量的。我过去一直只知道我所了解的一部分。写信时只就到这一部分。听了你说的,才知道还有这一部分。

关、王倒台后,我们曾与聂元梓、孙蓬一等人在校园内合影留念,还与孙蓬一及其爱人柴树园大姐一起去颐和园游玩。

1968年1月,戚本禹也倒台了。由于高层对王、关、戚的罪行讳莫如深,群众组织之间的分裂不但没有得到弥合,反而矛盾更加激化。据《北京大学纪事》记载:

（1968 年）

3 月 20 日

深夜，石油学院北京公社、民族学院东方红组织群众到北大校园内示威游行，井冈山兵团也内应组织示威。游行示威中高喊："打倒反革命聂氏家族""把小爬虫孙蓬一揪出来示众"等口号。

3 月 22 日

新北大井冈山兵团总部发出《通缉孙蓬一的通缉令》。

北京农业大学东方红 1000 多人来北大游行，呼喊："打倒孙蓬一""揪出聂元梓"等口号。

3 月 23 日

新人大公社等六个造反组织到北京市革委会示威，并发表《声明》："打倒聂元梓、孙蓬一""聂元梓从市革委会滚出去"

3 月 24 日

北京农业大学一些造反组织到北大示威，宣传"打倒聂元梓"。

3 月 25 日

地院东方红、新人大公社等造反组织近万人到北大校内宣传，声援北大井冈山兵团。

3 月 26 日

地院东方红几百人手持木棍，从东、西、南校门闯进北大，发生武斗。

显然，上述这些活动，是有计划、有组织的行动。到底是谁在策划这些见不得人的勾当？文革过去四十多年了，至今，这仍然是个谜！

北大大规模的武斗终于在 1968 年 3 月 29 日的凌晨爆发了，为时达数月之久。

1968 年 7 月 28 日，毛主席召见"五大领袖"，标志着以学生为主体的文革终于结束了，从 1966 年 6 月 1 日算起，共两年零两个月的时间。不久，1961 年、1962 年入学的学生陆续离开了学校，我们这些 1963～1965 年入学的人，直到 1970 年 3 月中旬才被发配离开了学校。

1968年8月19日,首都工人、解放军毛泽东思想宣传队进驻北大,以聂元梓、孙蓬一为首的校文革结束了领导北大文革运动的使命。1969年3月24日,毛主席又派8341军宣队进驻北大,掌控北大的领导权。

起初,宣传队对孙蓬一采取"拉"的办法,对孙蓬一的态度比较好。我看到孙蓬一写的一份检查,标题是"切实记取教训,认真改造世界观,紧跟毛主席,永远干革命"(这份检查的时间应该是1969年的国庆前后),上面有哲学系军宣队魏指导员的不少批注。容易看出,当时的宣传队对孙蓬一是做了不少的思想工作,并且孙蓬一检查的态度也是诚恳的。

孙蓬一检查了他在文化大革命中所犯的许多错误,例如,对待孔繁、杨克明处理中的错误;对"井""红"处理中的错误;对待井冈山兵团的错误等等。对北大的武斗,他在检查中这样说:

我们不是团结两派群众共同把斗争的矛头指向阶级敌人,而是站在一派一边,支持武斗,指挥武斗。3月28日,如果我们顾全大局不去攻占三十一楼,北大这场大规模武斗是不至于发生的。4.26武斗的大规模流血事件的发生,也正是我这种错误指导思想所造成的恶果,我负有直接责任。是我从一派的利益出发,图报复,不顾大局,决定去夺36楼的。结果使阶级弟兄互相残杀,许多同志无辜地流血受伤!尤其令人痛心的是殷文杰同志的被刺死!4.27殷文杰同志的死和我4.26的错误有密切关系。正因为我的错误决定,造成双方很多人受伤,当时,公社方面伤的较多,这就更使报复的情绪增加,导致了这样一起惨痛事件的发生,造成了无法挽回的损失!直接犯下这一错误的同志,当然应牢记这一血的教训,不过,主要责任在我而不在他们。刘玮同志的被打死,我也是负有责任的。我请求给我以应得的处分!

二、孙蓬一批评工军宣队不抓"五一六"

1967年5月16日,中央公布了1966年5月召开的中共中央政治局会议上通过的"五一六通知",同时大力宣传通知的伟大意义。一些极端分子,认为"通知"的重新发表,是要揪出一个大人物的信号。春夏之交,由北京几个大专院校少数人秘密串联组织了"首都五一六红卫兵团",该组织公开张贴攻击周总理的大字报和标语口号。北大广大革命师生对这种反周总理的行径表示坚决反对,动态组及时把相关情况向校文革和公社总部作了汇报,并把得到的传单通过校文革的机要员送到总理办公室。9月,毛泽东在审阅、修改姚文元《评陶铸的两本书》一文时,称"首都五一六红卫兵团"为"反动组织"。当时公安部抓捕了五一六成员,这个组织活动的时间只有三个月左右。后来为了某种政治需要,把"五一六"问题大大扩大化了,把反总理、反军、反对新生的革命政权等都归为"五一六"活动。1968年中央成立了"五一六"专案小组,组长是陈伯达。庐山会议后,陈伯达倒台了,吴德任组长。

1968年至1970年,"清理阶级队伍"在全国范围内达到高潮。1970年3月,党中央又发出《关于清查"五一六"反革命阴谋集团的通知》,把这场自1967年下半年以来时断时续的清查再次推向高潮。我手头保留了一本当年的"政治学习笔记",上面抄录了毛泽东、林彪、周恩来、康生、江青、黄永胜、谢富治等领导人关于抓"五一六"的指示。现将部分指示抄录如下:

毛泽东:"五一六"是一个最凶恶的敌人。革命的学生要团结,要联合,共同打倒反革命阴谋集团"五一六"。

林　彪:军队是专政的工具。一定要把"五一六"分子查清,一个也不能漏掉。

周恩来:"五一六"是搞反革命活动的。他们不按中央指示办事。中央不让他搞,他非搞不可,例如中央的权不让夺,他非夺不可,中央的话不听,王、关、戚的话就听。王、关、戚一说他们就动。

江　青:"五一六"是个反革命组织。他们的后台杨、余、傅,还有混进中央文革的坏人王、关、戚。

8341部队进驻北大后,以迟群、谢静宜为代表的工军宣队,一方面纠正前一段宣传队的扩大化问题,另一方面又继续清理阶级队伍，把斗争的矛头重点指向校文革的"一派掌权"上。当很多单位按照毛主席、党中央的指示清查"五一六"时，北大宣传队领导小组研究决定：我们宣传队一进校就批判了极左思潮，早就紧跟了毛主席的伟大战略部署。现在我们学校不搞"五一六"，外单位搞，我们要大力支持，但我们不参加，我们现在搞教育革命也是毛主席的伟大战略部署。

1970年1月27日，孙蓬一、高云鹏等人写了一张题为《紧跟毛主席的伟大战略部署，彻底清查"五一六"反革命阴谋集团》的大字报（简称"1.27大字报"）。从此，孙蓬一等人开始受到迟群之流的无情打击、残酷斗争。

1970年2月6日下午，迟群在宣传队领导小组、校革委会全体成员会议上讲话（这个讲话也传达到全体师生员工），他说：

最近，有孙蓬一等人写的一张大字报。我们认为这张大字报不能孤立地来看，要有分析，要有路线斗争分析，联系北大文化大革命的历史来分析，联系工人阶级登上上层建筑，刚刚掌握领导权来看它，要联系宣传队所走的路程来看来分析，要联系宣传队进校后有一个占领与反占领、夺权与反夺权的问题。大字报的要害就是要翻案，要夺权。这张大字报涉及工人阶级，要不要工人阶级，要不要毛主席的这个点。大字报的作者直截了当地告诉宣传队："你们已经滑到右倾泥坑中去了"。这是对毛主席的立场问题，态度问题。其实你们已站到了"五一六"一边，做了他们的防空洞，阶级觉悟太低，这样必然是敌我不分，不知团结谁，打击谁，对毛主席不忠。毛主席讲，无论如何要巩固工人阶级领导，这是忠于毛主席。锋芒所指非常清楚，我们不是瞎子。……

作者提出"乱敌人树队伍"，就是要大乱一场，重新组织队伍。你要乱谁？重新组织什么队伍？你那个队伍清吗？清出102名叛特反，这不是事实吗？作者不但在乱群众，要乱工人阶级，乱团结。他到工厂后到处造舆论，北大的原则问题没解决，问题不在下面，在上面。挑拨工人与解放军的矛盾、两个解放军的关系。乱不是乱敌人，要乱的是工人阶级。……

我手头有一封孙蓬一写给陈莲的信，讲述了1.27大字报贴出后的一些情况。他在信中写到：

自从1月27日贴了一张大字报以后，宣传队开始在表面上保持了一段沉默。2月2日，开了指导员会议统一了思想，紧接着就分头在骨干中统一思想。说我们的大字报其要害在"夺权""反右倾""反工人阶级"，是"五一六"嫌疑等等。4日，我所在的小分队，则布置整我，由于我的坚决抵制，使他们几个会都未开成。5日凌晨突然做出决定，把在京分散在各个点上面的所有人员一律撤回。昨天才开了革委会，主要领导全员参加，主题是批判我们的大字报和我。除了反革命的帽子未戴以外，什么帽子都扣上了。说大字报是"反党"，说我是"右派"，连个劝退与吐故的党员都不如，等等。下午则召开了全校大会。迟群在大会上做了长达一个半小时讲话，对我们的大字报逐段批驳。气势汹汹，简直是泰山压顶，只点了我一个人的名字。在此会上，我公开表示绝不能接受他们强加给我的种种莫须有的罪名。他们不让我发言。在全校大会上，我当众三次要求发言1—2分钟，也被无理拒绝。

大会后，则动员全校群众对我们进行围攻。现在一个调子的大字报、大标语已贴了不少。什么"强烈要求开除孙蓬一的党籍""撤销孙蓬一的一切职务""彻底批判孙蓬一的1.27大毒草""坚决打掉孙蓬一的反动气焰"等等，好家伙，神经衰弱的人可真会给吓死了！可是，对我们来说，既然扪心自问是为了毛主席、林副主席、周总理、江青同志，为了无产阶级司令部，为了无产阶级专政，为了主席思想，为了主席的无产阶级革命路线，正如您们感人极深的诗句中所说的："革命何惧苦与死，无私无畏壮志情，朝阳驱散千层雾，万里长征第一程"，这就是我们当下的心情。我们五个同志中，除了一个同志外，没有任何压力之感。我们通过几年来严酷的阶级斗争的摔打，深知，"压力者，纯属自己压自己也"。

我还看到地球物理系2月3日在全系教改小分队会议上一些领导人和宣传队员的讲话（摘要）。以下是这次会议上的部分讲话内容：

沈一雷（指导员）说：我们北大工作以战备为中心，带动教育革命,不单独搞抓"五一六"的运动,如果不根据北大的实际情况出发就不行。

张连长说:我们不是不抓"五一六"。他(指孙蓬一)是不是"五一六",我有些怀疑。他们利用社会上抓"五一六"这个问题的时机来搞活动。

王印尼(军宣队员)说:社会上搞我们支持,社会上哪个单位牵到我们学校的要抓出来。我们北大是以战备为中心,搞好教育革命,不单独进行清理"五一六"的工作。

由不抓"五一六"到大抓"五一六",迟群、谢静宜之流用政治流氓的手段对付孙蓬一:你不是要抓"五一六"吗?,好吧,你就是"五一六"!我们就来抓你!真是无耻之极!

但是,大字报本身也说明了孙蓬一中毒太深,竟把"阶级斗争"的弦还绷得那样紧。其实,孙蓬一就是没有想明白,自从工宣队7月27日进清华,毛主席就把学生运动抛弃了。你还紧跟什么毛主席的伟大战略部署?!真是不识时务,太愚忠了!

三、工军宣队发动群众揭发批判孙蓬一

工、军宣队在学校组织群众大规模批判孙蓬一,系工宣队也找我谈话,要我揭发孙蓬一。我很想紧跟工军宣队,可我真的揭发不出来孙蓬一的什么问题;又怕胡宗式在宝鸡不了解学校的情况,万一学校派人找他,而他又没有思想准备。我心中一直七上八下,多次写信给他,向他介绍学校的情况,并在信中抄录了生物系印发的、群众揭发的关于孙蓬一的五个方面罪行的材料。当时看这份材料,个别的算是有点问题,比如怀疑康生等人,但大部分内容却是孙蓬一说的一些大实话。事实上,群众揭发孙蓬一的五个问题,并没有什么实质内容,就是五顶大帽子。即使在当时,怀疑康生算大的问题,也仅仅是怀疑。说康生是关锋的后台,本不是什么秘密,也不是怀疑,是康生自己说的:"有人说我是关锋的后台,我就是后台了。"

下面是我1970年2月14日写给胡宗式的信,全文如下:

敬祝毛主席万寿无疆！

宗式：

寄去的两封信都收到了吗？

学校现在批判孙蓬一的运动正向纵深发展，工宣队的师傅也投入了战斗。孙蓬一反对无产阶级司令部的罪行，现在揭发出来的有：怀疑、反对康老，反张春桥，反对谢富治等等。另外还有很多攻击社会主义制度的右倾言论。今天又揭发了他吹捧杨献珍，搞合二为一，反对毛泽东思想的罪行。现在对孙蓬一的结论就是反党反社会主义的漏网大右派。8341部队的王副政委在对宣传队的讲话中说了，孙蓬一是比五一六还五一六，这种思潮不仅在北大，在北京，乃至全国都有，这是一场你死我活的阶级大搏斗。下个礼拜还是批判，可能是星期一、二就要召开全校批判大会。因为批判孙蓬一，毕业也推迟了。

过去我们受孙蓬一蒙蔽，看不清他假左派真右派的实质，现在我们一定要坚定地站在工人阶级一边，与孙蓬一作坚决的斗争。

今天工宣队师傅找我个别谈话，要我揭发孙蓬一的反动言行。可我实在想不起来，觉得很为难。你是不是替我想想，孙蓬一过去所干的有哪些坏事，说过哪些反毛泽东思想的话？（反对无产阶级司令部，比如反康老、反谢、反张春桥等？）我们过去所处的地位，决定了我们是"知情人"，揭发不出来，也就等于包庇孙蓬一，这可非同小可。

下一步批判，主要批判孙蓬一（1）是大右派；（2）炮打无产阶级司令部；（3）假左派，真右派；（4）向工人阶级夺权；（5）对群众的恶劣态度。

我接连写给你好几封信了，目的是希望你能认清形势，不犯错误，紧跟毛主席，彻底闹革命。你应该仔细阅读我写给你的这些东西，不知你明白不明白我的意思。

我摘抄了系里油印的材料给你，供批判用。寄给你的批判材料我只抄了那么一份，请你保留起来，我以后还需要，信就不必保留了。

你写的揭发材料，如果有必要的话，寄挂号信来。

祝永远忠于毛主席！

章铎　1970年2月14日

自 2 月 6 日迟群讲话后全校立即掀起了批判孙蓬一的高潮，批孙的大字报、大标语铺天盖地。但我们生物系的学生不了解情况，根本揭发不出什么问题。为配合大批判，系里油印了一份材料发到各班，供大家批判时参考。以下就是我随信寄给胡宗式的这份材料（我隐去了揭发人的名字）：

群众揭发孙蓬一的五个问题

A.关于孙蓬一反对康老的言论

1.一月二十九日，孙从学校回二机床，打听二机床军宣队传达北京市关于"五一六"的问题，朱×（教师）把记录念了一遍，孙连问了两次："讲话提到康生没有？"朱说：有毛主席、林副主席、周总理、江青同志指示。孙："啊，没有提到他，没有提到他。"

2.他们把××同志说成是×××的后台，他们在反对××同志时采取两面派手法，支持××同志的声明。

（孔×、贾×、赵×大字报　2 月 10 日）

3.他说五一六的后台不只是王、关、戚、肖华，还有别的……。

（地球物理系大批判组　2 月 10 日）

B.关于孙蓬一反对社会主义的反动言行

1.在芦子水，有一次张光明连长叫他说说过去艰苦生活，解决怎样对待困难。孙说："过去吃得饱，现在吃不饱，没法讲。""要把苦说成甜，我还没有这种感情。"

2.去年十一月份在芦子水，一天晚上，孙××、夏×、孙去隗永瑞家访，帮助砸核桃。孙问："你们家有没有在外工作的？"隗大娘说："我们家没有在外当官的。"孙说："没有当官的好啊，都是被压迫者。"隗女儿隗和棉说："说这个不好。"

3.在芦子水（十一月份）宿舍对夏×、孙××谈到毕业分配时，孙问夏×家有什么人，"要不要照顾"。后谈到战备，孙说："仗打起来，就没有什么问题了，打不起来，各种矛盾又要突出起来。"

4.在三年困难时期，孙对困难的原因是有看法的，孙说："精简人员到农村去，等于失业。"

(邱××日记本上写的，孔×揭发)

C.关于孙蓬一反党反毛主席的罪行

1.孙蓬一在8341部队和工人阶级开进北大结束了"一不斗、二不批、三不改"的落后局面后，他在下面散布"北大的问题复杂，中央还没有做出结论"。

(陈××、赵××、夏×大字报)

2.在七·二八召见后，孙公然造我们伟大领袖毛主席的谣言，说什么"打电话问了毛主席，主席说工人进清华是镇压学生运动"。

(地球物理系大批判组 2月1日)

3.七·二八召见时，主席批判了极"左"，但孙蓬一却把武斗说成是"和平民主新阶段"，是右倾机会主义。

(地球物理系六三·二班 郑××、陆××等13人 2月10日)

4.歪曲篡改毛主席最新指示，胡说："国民党里的兵也大都出身贫下中农，我们照样打"，以此煽动派性，大搞武斗。

(哲一排夏×、陈××、陈×、李××等大字报 2月10日)

孙蓬一在清队时，他说什么："我怀疑政策攻心能把敌人攻出来。"

(哲三排 魏××等大字报 2月10日)

在整党时要斗私批修，孙蓬一说："我没有认识到。"

(哲三排 魏××等大字报)

D.关于孙蓬一对抗工人阶级领导，猖狂向工人阶级夺权

1.在芦子水对林××说："北大问题现在不能做结论，要等历史做结论"，"北大问题很复杂，比哪个单位都复杂，比清华复杂，谁来都解决不了，只有毛主席亲自来抓。"

2.李××揭发："在上海一月风暴夺权，孙蓬一主张冲击张春桥同志。"

3.在芦子水，杨××和孙蓬一谈话时，孙说：光说发展党员，材

料不给孔×看,孔有意见。"共产党就是无产阶级先进组织,还要工人阶级领导,支部上面,还有一个工宣队支部,我看这样长不了。"杨说,这是最高指示,工人阶级必须领导一切,并且永远领导学校。

4. 孙蓬一在二机床打电话(给学校)问:"学校轰起来没有,宣传队坐不住了吧?"

(中文系学生阮××)

5. 1月17、18日在二机床宿舍,有孙××、易××等人,孙谈了外单位抓"五一六"情况,说:"北大的问题真有意思,颠过来,倒过去,翻来覆去的。"

6. 孙蓬一说:"谁也管不了我",说军宣队负责同志"没有什么了不起,脱下军装还不是同我一样"。

(政治系赵××、王××等大字报 2月10日)

7. 孙蓬一说:"现在北大没有我说话的地方。"

(新华印刷厂教改小分队中文系十战士)

8. 以交流经验为名,在下面散布"北大问题就是复杂,要翻过来倒过去搞这么几次才能解决问题"。

(哲一排 罗××、陈××、林×等大字报 2月10日)

9. 孙蓬一到二机床不久,他就经常和一些同学谈外单位抓"五一六"的情况,说这个宣传队犯了方向路线错误,那个学校宣传队做了检查,然后就意味深长地说:"北大问题真有意思,颠过来倒过去,翻来覆去的。"

(哲学系 赴二机床教改小分队大字报 2月9日)

10. 孙蓬一到二机床经常外出总不请假,当工人师傅批评他违反组织纪律时,他竟暴跳如雷说:"我根本不存在向你们请假不请假的问题","有话直说,根本就不是纪律不纪律的问题,就是有人写了一张大字报,你们害怕了。"他还冲着工人师傅、军代表说:"我们的大字报贴出去后,有的人笑了,有的人跳了,有的人心虚了。"当军代表批评他时,他马上对军代表说:"你不就是个军人吗?我也当过兵,我就是不穿军衣的军人,你没有什么了不起。"

(哲学系 赴二机床教改小分队大字报 2月9日)

……

E.关于孙蓬一破坏教育革命，攻击校领导小组成员

1.11 月初，在芦子水背玉米吃饭时，有的同学问孙蓬一怎么搞教改，孙说："教改先改人，改人先改魂，改魂就是要劳动，劳动就是教改，教改就是劳动。"有的同学说："你这是错误的"，他说："你批判，这是王副政委讲的。"

2.在芦子水一次教改会上，打着关心群众生活的旗号，胡说什么："现在有的同学得了浮肿病。"威胁宣传队要少安排劳动，多增加营养，制造师生和宣传队的对立情绪。

3.孙蓬一对于××说："就是因为我们尽了党员的义务，越级了，所以这样搞我。"

4.在 2.11 批判孙蓬一大会上，孙还叫嚣，"谁审判谁还不知道呢"，并说："是工人阶级掌权，但有隐患。"

我没有揭发出孙蓬一的问题，心中一直忐忑不安。一个多月后，我们这些文革前入学的三千多人就被发配离校了。我一颗悬着的心终于放下。同学告诉我：1.27 大字报后，有一次在大饭厅召开批"五一六"的会，孙蓬一和迟群抢话筒。可惜我没有看到这个场景，我们都挺佩服老孙的勇气。

四、孙蓬一被戴上"五一六分子"的帽子

陈伯达 1970 年 4 月 3 日来北大，主要是和周培源谈批判相对论的事情，一开始也对 1.27 大字报谈了看法。他说：

"1.27 大字报"我看了，主要是个权的问题。孙蓬一不是还反对过聂元梓吗？这些人都是争权夺利，对他们搞吴传启你们还是要承认的。吴过去我也不太清楚，他们送了一些材料，还是比较早的么，但是他们为什么不送给谢富治同志，只是给我？这里也就有名堂了。（宣传队：他们搞吴传启，也搞了谢副总理，还有什么"×××"）可能还有陈伯达。你们还是说他们搞吴传启，都否认了他，他总是不服气。

陈伯达说"对他们搞吴传启你们还是要承认的"。因为这句话是对孙蓬一有利的,所以,《北京大学纪事》干脆不提陈伯达4月3日来北大。

另据《北京大学纪事》记载:

1972年

10月18日 校党委常委开会,认定聂元梓、孙蓬一是犯了"五一六"罪行的首恶分子,提出暂不戴帽子,交群众监督,以观后效的处理意见。

1973年

3月1日 校党委举行扩大会议,讨论聂元梓、孙蓬一的审查结论和处理意见。专案组汇报说,孙蓬一的主要罪行是:(一)反对无产阶级司令部、特别是反周总理;(二)伙同聂元梓反谢富治、妄图颠覆市革委会;(三)挑动武斗,怂恿凶手打死三名青年学生,包庇凶手。

会议决定:同意给聂、孙戴上"五一六"反革命帽子,开除党籍,报市委批准后,全校召开大会进行批斗。

孙蓬一明明是坚定不移地保卫周总理,却被迟群之流反诬为"反对无产阶级司令部、特别是反周总理"。当时,孙蓬一最大的"罪行"是在1967年4月13日煽动群众炮打谢富治。本来这是对谢富治倒行逆施的一种批判,根本不存在要夺市革委会的权。谢富治是自己打着灯笼,投靠"四人帮"的。和谢富治的斗争,也是反击"四人帮"的一个部分。孙蓬一何罪之有?!

北大的武斗,孙蓬一负有一定责任。但是,说他"挑动武斗,怂恿凶手打死三名青年学生,包庇凶手",有确凿证据吗?

1967年4月10日,孙蓬一和聂元梓到江青那里去告状,说王力、关锋结党营私,招降纳叛。这需要多大的勇气和胆识啊!一些当权者像鸵鸟一样,就是不承认聂元梓、孙蓬一反王力和关锋。我不禁要问:那时你们在干什么呢?!也许,还是陈伯达说得对:"你们还是说他们搞吴传启,都否认了他,他总是不服气。"把功劳说成罪恶,能让人服气吗?!

说到底，孙蓬一的问题就是没有顺从工军宣队。顺我者昌，逆我者亡。欲加之罪，何患无辞！

五、"四人帮"倒台，孙蓬一灭顶

"四人帮"倒台后，孙蓬一欣喜万分，夜不能寐。他在1976年11月18日的来信中写道：

"四人帮"之上西天的消息，我是十日知道的，已经迟了。他们的今日，早是意料中的事，我倒没有过速之感，相反，主席逝世后，他们还十分活跃，我都有些焦急了。消息传来之后，我的大脑皮层进入了超限兴奋状态，持续几昼夜，上下眼皮安定团结不起来，过了几个与近些年我的常伴——失眠性质迥然相反的不眠之夜：过去是委屈、悲愤、忧党、忧国，不眠的夜晚是难明的长夜，这次，是胜利、解放、宽慰，以前是痛苦，此次是幸福的喜悦。一句话，太高兴了！这帮家伙不垮，再下去几年，神州会变成什么样子？！看到现在这副痛的局面，对未来，则更加不寒而栗了。当然，对未来的最终结局，我从来是信心百倍的，不管道路将如何曲折，真理终将战胜错误，正义终将战胜邪恶，共产主义终将实现。只是为我，几位父老兄弟姐妹在"四人帮"的魔爪铁蹄下，将付出更多的惨重代价，我是痛苦得心裂肠断的。他们完了，人民得救了！尽管征程上还会有风浪，但坚冰毕竟从此打开，中华民族新的一页历史开始谱写了。总的方向，是任何人也再扭转不了了。我为此而狂欢，而痛饮。我们过去的行动，是对得起祖国的历史的，这是我们所追求的最大安慰。至于个人的功罪，根本无须任何人评说，我们是凭共产主义者、革命者的良心行事的，不求别的，只求活着时能问心无愧，死时能有颜面去见马克思，那就不枉此生了。生命是短暂的，只有真正做一个忠于自己的信念——共产主义的人，生活才会真正从动物界里提升出来。我没有被"四人帮"压垮、消灭，活下来了，而且目睹了他们的可耻的今日，就是靠这种理想的力量支撑下来的。

对江青，我们是有个认识过程的，开始出于对毛主席的无限虔诚，当然也就对她十分尊敬,特别是当我们反王、关、戚时,王、关、戚的拥护者也有反她的,就更加增加了她与他们不是同根的假象。1967年师大的"九七事件"以后,我第一次对她有了怀疑,因她在接见"五大领袖"时,公然责难韩爱晶给总理写报告,责问韩:你还要不要革命了!林彪事件以后,她给林彪照相引起我进一步怀疑,及至到了批林批孔以后,我不仅把她彻底看清了,而且把她恨透了!

总理逝世时,我在战友相聚时放声痛哭了一场。现在每当想到总理,我都禁不住要心酸眼湿的。总理是我们民族的骄傲,我们应永远以总理为光辉的典范,来安排自己短促的一生。

我在"四人帮"揪出以后,先后给吴德、先念、邓颖超同志各写过一信,至今还未见什么反响,我也不急,但准备继续写。我还在家中休养。自1973年以来我大部分时间在家休养,去年至今一直住在家里。半个月左右去一次学校看看病,我是在劳动中挫伤了腰,目前椎管狭窄,压迫右侧坐骨神经,行动还可,只是常常作痛。没有什么了不起,请勿念。这几年时间我没有虚度,尽管效果不佳,但我还是坚持了学习,还学了一下英语,有点收获。

孙蓬一1977年1月12日来信写道:

今年总理逝世周年祭。天安门前再次泛起悼念的大潮。广场虽已经围为纪念堂工地,但宽阔的长安街,巨大的观礼台,沿街灯柱和苍松,华表和金水桥,仍可汇容花圈、花篮、挽幛、画像等多种祭品。花如海洋人如涛,天安门较去年又呈现了一幅奇景壮观,恐怕自人类历史以来,从未见过这种壮烈的场面。

我们过去对总理的热爱,许多是凭直觉,是凭宏观甚至是宇宙,因为总理的禁止,又有人阻挠,过去从无人宣传过总理。这次虽然禁锢初开,但也使人发现了一个全新的精神宝藏。黄帝的子孙,能出这么一个杰出的代表,是堪称人类之花的,这确实使我们作为他的同胞而感到无上荣光的。我最近天天看报、听广播,每次都禁不住鼻酸、身热、眼泪流的。太伟大了!太感人了!不管暂时人们如何评说,但我们问心无愧地可以告诉后代,我们在伟人的困难时期,是较早地挺身而出做过保卫的。尽管为此受了近一个时代的折磨,也是完完全全值得的。

斗争还在继续。只要能彻底,我想我们所谓的"罪",都会还以本来面目的。我们不能只等待,也应把力量投入到斗争的洪流中去。尽管涓涓滴滴,汇合起来就是排天巨浪,目的不在于为个人昭雪,而在于尊重历史,彻底吞没一切活妖死鬼,使"四人帮"永世不得翻身,以振兴我们伟大的民族,伟大的祖国。

但是,孙蓬一高兴得太早了,更大的厄运在等着他。《北京大学纪事》记载:

1977年

1月20日 哲学系总支、武保部向党委上报《关于聂元梓、孙蓬一的情况报告》。《报告》反映:聂元梓声称她是受"四人帮"迫害的,审查她是不对的;孙蓬一到哲学系闹,说他是受江青迫害的。

2月15日 校党委开会,传达市委负责人2月14日听取北大、清华运动汇报后的指示精神。市委领导讲,……凡是毛主席指示的,我们一定要坚决执行,包括两个估计。毛主席批准的,不能动摇。……十七年不能翻,两个估计不能翻,聂、蒯的案不能翻。

1978年

3月22日 上午9:55—10:35,邓副主席约见方毅、蒋南翔、刘西尧及北大的周林、高铁、韦明、汪小川,谈北大工作。邓副主席问,北大的运动怎样?有人反映冷冷清清。聂元梓现在怎样?(周林答:她要翻案)她有什么可翻。聂元梓,为什么你们不批?这个人至少应该开除党籍,调到别处去劳动。她有一张大字报,对"文革"起了推动作用,康生说王八蛋也要支持嘛!

4月1日 市委批准将聂元梓、孙蓬一及打人凶手贺彦生三人隔离审查。

4月7日 校党委向市委报送《对孙蓬一的审查及处理意见报告》。《报告》提出将孙蓬一定为反革命分子,清除出党,并建议依法惩办。

4月8日 下午,校党委召开批斗聂元梓、孙蓬一大会,大会由党委副书记高铁主持。中文系教员成美,经济系教员杨勋,生物系党总支书记胡寿文、西语系教员郑培蒂在会上发言,揭发聂、孙残酷迫害革命干部和革命群众的暴行。

4月19日 学校召开全校教职员工批斗聂元梓、孙蓬一大会。……在会上揭发、控诉的有:华东师范大学代表夏鹤令,我校生物系毕业生、湖南临湘县572分校教员樊立勤,地质系教师王永法。党委副书记韦明在会上宣布:经上级党委批准,决定开除聂元梓、孙蓬一的党籍,开除聂元梓、孙蓬一、贺彦生的公职,建议依法惩办。宣布后,由专政机关依法逮捕了聂元梓、孙蓬一、贺彦生。

1979年

8月29日 校党委向中央组织部陈野萍并耀邦报送有关孙蓬一是聂元梓在"文化大革命"中追随林彪、康生和江青进行篡党夺权活动的主要助手的材料。报送原因是王若水将孙蓬一家属的申述以及王若水的意见转给胡耀邦。耀邦做了批示后,学校按照实事求是的原则,对孙蓬一的问题进行了一次复查核实,写出了上述材料。

请注意,在王若水把孙蓬一的问题反映到胡耀邦那里,并且胡耀邦作了批示的情况下,北大党委仍然坚持原来的错误立场,认为"孙蓬一是聂元梓在'文化大革命'中追随林彪、康生和江青进行篡党夺权活动的主要助手"。

我要问问当时的北大校党委,你们真的"按照实事求是的原则对孙蓬一的问题进行了一次复查核实"了吗?你们敢理直气壮地公布这份上报材料吗?

李清崑老师曾对我说:

周林当党委书记的时候,在东操场召开了两次批聂、孙的大会。第一次横幅上写的是"批斗聂元梓大会",老孙是陪斗。但发言的人总是聂孙、聂孙的,老孙就不停地喊"毛主席万岁!"当时专案组有井冈山的人,同情老孙,想给老孙递一个条子,告诉他只是陪斗,别喊了。但条子未能递成,会也开不下去了。第二次批斗会,横幅就成了"批斗聂元梓、孙蓬一大会"。我们站得较远,听不到老孙的喊声。后来听专案组的人讲,公安把老孙的下巴卸掉了。

1996年孙蓬一逝世。向老孙遗体告别时,哲学系派了两辆大轿车,知道消息的好多人都赶来参加,其中有不少是井冈山的朋友。那天我去了,王若水刚刚动过手术,他也去了。总之,大家对孙蓬一都很同情。

孙蓬一不只是反王、关、戚,反谢富治,还反康生。那时,我们经常在一起议论王、关、戚的后台是谁,那时没有说陈伯达,分析来分析去,就认为康生是王、关、戚的后台。说孙蓬一追随康生,那是颠倒黑白。

孙蓬一从1966年下半年回校参加运动,到1968年8月19日工军宣队进校,仅仅两年的时间。他炮打过谢富治,他和王、关、戚作坚决的斗争,怀疑康生是王、关、戚的后台,他坚决保卫周总理,他遭到陈伯达、江青等人的点名斥责,他坚决抵制迟群之流的邪恶作法并受到迟群之流的残酷斗争和无情打击。当然,他也确实犯过这样或那样的错误,有些甚至是很严重的。他对自己所犯错误深表痛心,并已做过多次检查。

孙蓬一从小就跟着共产党闹革命。他热爱党,热爱祖国,在各项政治运动中,都积极响应党和毛主席的号召。他紧跟毛主席,无限崇拜周总理。但就是这样一个人,却被打入了十八层地狱!我感到悲哀和无语。

1979年8月14日,孙蓬一的家属写了一份《对孙蓬一问题的询问和申诉》。现引用其中的部分内容:

(二)孙蓬一从1966年下半年回校参加运动,到1968年以迟群、谢静宜为首的"宣传队"进校以后,不到两年的时间里,在当时的历史条件下,确实上当受骗犯过这样或那样的错误,甚至是严重错误(对此他已做过多次检查,并多次向亲人们表示痛心,愿意认真总结经验教训)。而他早在文革初期(67年)就反对谢富治,继之又反对王、关、戚和康生等人;坚决保卫周总理和几位副总理、老帅等老一辈无产阶级革命家。后来又在实践中逐步认识了"四人帮"的反动嘴脸(这些是他经常与我们亲友谈论的,而且有当时大量书信为证,大量事实可查,同时也是他周围的人们所熟知的)。正因为此,早在1967年,他即遭到陈伯达、江青之流点名斥责,并因此遭到批判、抄家、通缉，被打成"二月逆流派""老保""右倾势力代表"以至被戴上了"反革命"的帽子。尤其1968年迟群、谢静宜之流进驻北大以后，他一直被打成反革命而被长期隔离审查，批判斗争、劳动改造。不仅要定他反谢富治、康生之罪，而且说他反陈伯达、反林彪，以至公开威胁说："若不老实交代你反林×的罪行就再也听不到《国际歌》和《东方红》了……"直到"四人帮"被粉碎，辗转折磨长达八年之久，因此他对"四人帮"恨之切齿刻骨，从而也就更加悔恨自己文革初期上当受骗所犯错误，每当我们谈及这些，他总是慷慨激昂、悔恨交加。

此外，他对邓副主席，在文革初期，在极左路线的影响下，曾在一张大字报上签过名；但是后来他的思想却有很大变化，尤其是自邓副主席重新上台以后，他从内心敬仰、爱戴与拥护。1976年在"四人帮"甚嚣尘上掀起所谓"批邓反击右倾翻案风"的恶浪之时，正处在受审查地位的孙蓬一却断然拒绝了当时"宣传队"派人登门诱迫他参加所谓"批邓"的可耻阴谋，并通过各种方式向亲友们揭露"四人帮"的反动野心、批判他们的反动文章直到投身于"四五"运动的洪流，这也都是有大量事实为证的。粉碎"四人帮"后，他更是到处向亲友写信宣扬以华主席为首的党中央，宣扬邓副主席的治国主张，把对我们党和国家的未来和希望都寄托于老一代无产阶级革命家身上。

综上所述，我们认为把孙蓬一在文革初期不到两年的时间内所犯的一些错误定为"反革命"罪，甚至把他说成是林彪"四人帮"在北大的帮派体系代表，是不符合事实的、是不公正的，也是作为了解他在整个文化大革命中的全部思想演变过程、全部实际表现的所有的人所难以接受的。

（四）孙蓬一被捕的背景是在粉碎"四人帮"一年以后；在他（我们）欣喜若狂和所有熟悉他的人都一致认为他惨遭"四人帮"迫害八年的沉冤有了出头之日的时候；同时也是在党的"十一大"通过了新党章、五届人大通过了新宪法之后。他被捕的过程是：1978年4月3日，北大党委派人来到家里，以党委主要负责人找孙谈话为名，让孙立即回校。孙信以为真，认为是要为他澄清问题了，因此饭都顾不上吃，便欣然跟来人立即返校。然而他却万万没有想到回校之后却根本没有任何负责人谈话，而由几个素不相识的人空口无凭地宣布对他实行"隔离审查"。孙蓬一强烈要求找校党委负责人谈话竟被置之不理，也不许申辩。后又给校党委写信并要求将信予以公布和转送中央，也被拒绝（这时并未宣布是敌我矛盾）。4月8日，突然召开全校批判大会，给戴上"反革命分子"的帽子，逼其低头弯腰。4月19日，他的姐姐从千里之外的宁夏银川专程赶到北大询问弟弟情况，竟遭蛮横对待。接着就以开批判大会为名，将孙拉到群众大会批斗，并当场宣布定为"反革命分子，清除出党，开除公职"逮捕入狱。

另据我们所知，在逮捕孙蓬一的时候，对他的定罪材料并未认真核实，许多材料还是沿用了"四人帮"对孙蓬一的八年"专案审查"的材料。

孙蓬一终于被彻底打倒了。一个和"四人帮"做过坚决斗争的人，在打倒"四人帮"的口号下被打倒了。基层的领导干了什么？法院干了什么？最高领导干了什么？难道不令人深思吗？

呜呼！天下兴亡，匹夫无责！

（该文原载 2015.9.15《记忆》第 139 期；2020 年 1 月略作修改。）

从高云鹏的遭遇看迟群之流的专制

章铎

引 言

1970年1月27日，北大哲学系孙蓬一、赵正义、宋一秀、高云鹏、韦全贵五位教员贴出了一份题为《紧跟毛主席的伟大战略部署，彻底清查"五一六"反革命阴谋集团》的大字报（以下简称1.27大字报）。大字报列举了若干发生在北大的现象，怀疑同"五一六"有关，认为应该进行调查。

这张大字报出现的历史背景，显然同当时中央发动的大规模清查"五一六"的运动有关。1970年1月24日，周恩来、康生、江青在接见中央直属系统、文化部、学部、教育部等单位军宣队代表时作了长篇讲话，这些讲话把王、关、戚以及吴传启、林聿时、潘梓年一伙都称之为"五一六"，说他们组织了"五一六反革命阴谋集团"，列举了他们的种种罪行。讲话还点了许多其他人的名字。这些讲话在许多单位作了传达，引起了很大的震动，掀起了一个清查"五一六"的高潮。另外，北京市革委会副主任吴德也在1月中旬作过两次讲话，披露了周景芳[1]一伙把持北京市革委会多个部门，干了许多坏事的情况。

早在1967年4月10日，聂元梓、孙蓬一就向陈伯达、江青进言，当面提出了关锋、王力结党营私的问题。4月12日，孙蓬一在

---

[1] 周景芳，中国科学院哲学与社会科学部（简称学部）哲学所研究人员，1967年4月至9月，任中共北京市核心领导小组副组长兼秘书长，并任市革委会常务副主任兼秘书长。

北大的群众大会上讲话时,公开提出学部吴传启[2]一伙居心叵测,正利用文革之机结党营私,应该予以揭露。4月13日,孙蓬一发表了对谢富治不满的讲话,引发了一次"炮打谢富治"的事件。孙蓬一的两次公开讲话产生了广泛而严重的后果,对中央文革造成了威胁,于是就遭到了中央文革的打压。中央文革使用威胁、利诱的手段,企图迫使北大放弃揭发吴传启的行动。在这些手段失败以后,陈伯达1967年6月5日讲话严厉指责聂元梓、孙蓬一,扼杀了北大继续揭发吴传启的行动,并在北大挑起了内乱。1967年8月底,关、王垮台。1968年1月,戚本禹也倒台了。

在很长的时间里,王、关、戚和吴传启等一伙人到底搞了哪些阴谋活动,王、关、戚的背后还有些什么,老百姓都一无所知。这也是孙蓬一等人和北大许多人关注的问题,是他们的一个心结。人们很希望能揭开王、关、戚一伙的黑幕。现在,中央领导人突然作了这么长篇的讲话,揭示了许多前所未闻、令人惊骇的事情,社会上反响巨大。北大的人(如孙蓬一等),当然感到非常震惊。北大早在1967年初就开始反对关锋、吴传启一伙了,但绝对没有想到这些人竟然还是"五一六"。过去,北大一向是把王、关、戚、吴传启一伙同张建旗那个"首都五一六红卫兵团"严格区分开来的,称前者为"反党集团",称后者为"五一六"。两者在行事和思想方面虽然有许多共同之处,但并不是一回事。[3] 这一次说吴传启一伙也是"五一六",还组织了"五一六反革命阴谋集团",当然令人震惊了。然而,孙蓬一等人绝对没有认识到,这一次清查"五一六"的运动,已经严重的扩大化了。他们更不会想到,他们自己实际上早已是这场运动的对象了,只是当权者还没有准备好,还在等待时机。

---

2 吴传启,学部哲学所研究人员,文革中是学部群众组织"联队"的核心人物,是关锋在社会上的一派势力的代表人物。

3 1967年,北大所了解的"五一六",是以张建旗为首的"首都五一六红卫兵团"。新北大公社动态组负责人胡宗式获悉他们贴出攻击周总理的大字报并散发传单的情况后,立即给总理办公室打电话作了报告,并按指示将相关材料转交给总理办公室。另据北大校友告,北大《除隐患》战斗队对"首都五一六红卫兵团"进行了调查。北大的调查很有限,但未发现该组织成员同吴传启一伙有组织上的联系。

当很多单位按照党中央的指示清查"五一六"时，北大宣传队领导小组却认为：我们宣传队一进校就批判了极左思潮，早就紧跟了毛主席的伟大战略部署。现在我们学校不搞"五一六"，外单位搞，我们要大力支持，但我们不参加，我们现在搞教育革命也是毛主席的伟大战略部署。对宣传队的这种看法，当时有很多人表示不理解。

我们无从了解宣传队当时这样做的背景和理由。倘若宣传队真是这么认识的，并且真的坚持这样做了，那么，应该说他们做的是正确的。但是，后来发生的事情表明并不是这样的。

北大是一个深受王、关、戚祸害的地方，北大于1967年6月1日贴出了一张揭露吴传启历史问题的大字报，就招来了陈伯达严厉的"6.5 讲话"，若不是关、王垮台，聂、孙和北大校文革，以及新北大公社，恐怕在1967年就被压垮了。所以，孙蓬一等人贴大字报要求在北大清查"五一六"，在当时，应该是可以理解的。但是，他们对于整个形势，对于包括王、关、戚和吴传启等一大批人在内的"五一六反革命阴谋集团"是如何查出来的，对于这一次大规模的清查"五一六反革命阴谋集团"的背景和内幕，显然一无所知（直至今日，笔者对此依然感到困惑和不解）。鲁莽的孙蓬一等人没有记取1967年4月12日公开讲话引来严重后果的教训，贴出了1.27大字报。他们没有认识到，文革的群众运动早已结束，现在北大的当权者是迟群[4]等人，他们带着耀眼的光环进入北大，北大已成为他们的天下，他们自认为手眼通天，故而作风霸道，说一不二，群众中若再有人提什么意见和看法，对他们说三道四，那就是对其权威的挑战，就是大逆不道，就得除之而后快。

何况，1.27大字报本身缺陷甚多。首先，是盲目跟信当时中央发动的清查"五一六"的运动，不知道其中暗藏危机。这场运动的目标已经不是王、关、戚及其后台，而是指向群众的，包括反对过王、关、戚的干部群众，范围非常广泛。其次，孙蓬一等人盲目跟信的结果，使自己对"五一六"的认识偏离了原先比较符合实际的轨道，一

---

[4] 迟群（1932—1999），8341部队政治部宣传科科长。1968年随军宣队进驻清华大学，先后担任清华大学革委会主任、清华大学党委书记和北京大学党委书记。他和谢静宜是毛泽东派出接管清华、北大的红人。

些似是而非、并无确实证据的现象被拔高了，当成了"五一六"的表现。第三，大字报语气激烈，上纲很高。于是，这张大字报立即成为打击的靶子。孙蓬一等人一下子撞到了枪口上。

1.27 大字报贴出以后，很快遭到迟群一伙的严厉打击。迟群等人认为："大字报的要害就是要翻案，要夺权"，并发动全校师生员工对大字报的作者进行围攻、批斗。孙蓬一后来被戴上"五一六分子"的帽子，高云鹏拒不承认大字报是夺权，不写检查，遭到了迟群一伙的诬陷和残酷迫害，后来又因为拒绝作伪证陷害聂元梓，差点丢掉性命。

本文仅就高云鹏先生的遭遇作一简要介绍，对迟群一伙在北大的倒行逆施和卑劣行径稍作揭示。

一、1.27 大字报前的高云鹏

高云鹏是哲学系教员，1937 年出生。他是"第一张大字报"的作者之一，也是"1.27 大字报"的作者之一。1966 年 9 月，北大成立了校文革，高云鹏经全系群众选举当选为哲学系文革主任。

按照当年"战备"的需要，北大在文革前的 1965 年就开始在汉中兴建分校（即 1965 年教育部三线建设的第三号工程，简称 653）。北大 653 分校的建筑单位是建工部五局四公司，文革中在当地属于"统派"。早在周培源（副校长）、戴新民（技术物理系党总支书记）负责分校工作的时候，分校的北大师生就是支持汉中"统派"的。为此，周、戴二人经常遭到对立派"联新派"的围攻。有一次，戴新民前往汉中军分区办事，途中被"联新派"围在吉普车上两天没能出来。在这种局面下，周培源、戴新民派人回学校让聂元梓派人去帮助他们。回校的人曾直接找到高云鹏，动员他去汉中。高云鹏成了校文革派往 653 分校的合适人选。去汉中之前，聂元梓交待高云鹏的任务是：动员技术物理系、无线电系、数力系参加汉中文革的同学（大概有七八十人）返回北京，脱离当地的文革。高云鹏于 1967 年 5 月下旬到达汉中，很快便动员了大多数同学回京了。

高云鹏到汉中是周培源接待的,但是,相处才一个星期,周培源就对他说:"我和杨成武很熟,我要到北京找杨成武,让杨成武采取措施,解决分校存放的放射性物质的问题。我一个星期,最多两个星期就能回来,你在这个期间把分校的工作管好。"高云鹏认为,保护放射性物质的问题确实很重要,急需解决。钴60就放在学校西南角的馒头山上,没有任何防护偷盗的设施,分校又在汉江、褒河交汇处,万一被坏人偷去,投到江河里去,受害的将是长江中下游这么大一片土地。责任谁也负不起。这是件大事、好事。他对周培源是信任的,所以就答应了。但是周培源离开汉中后却没见回来,而且一再联系都联系不到他,派人到学校找也没找到。后来才知道,周培源参加了"井冈山",并当了"井冈山"的头头。再往后,周总理让周培源脱离群众组织,他就彻底隐蔽起来了。国家当时在分校的投资达数千万元,相当于现在的几十个亿,高云鹏哪敢放弃不管擅自回北京呢。

高云鹏对我们说:"周培源不回来,学校不派人来,我就不能离开分校。这时我的责任就是组织分校人员保护国家财产。好在我在分校期间,分校人员没有参加汉中武斗的,分校的财产(房屋、设备、钢材、木材、水泥等建筑材料)没有受到损失。不像其他三线建设单位(上海第一机床厂、北京第二机床厂、哈尔滨海红轴承厂等),人员跑光了,除了房子没被抢走,其他物资都被抢劫一空。后来校文革派了唐春景(地质地理系学生、校文革常委)来,我才回到北京。"[5]

1967年底回到北京后,高云鹏到哲学系继续参与系文革的工作。1968年3.29武斗之后,北大的局面十分紧张。聂元梓找高云鹏个别谈话,她说:"学校近来发生不少事,公社都是些年轻人,做事比较莽撞。你到44楼(新北大公社所在地——笔者注)去把把关,别让年轻人太莽撞做出出格的事情来。"[6]这样,高云鹏在4月份到了44楼。高云鹏到44楼不久,就发生了地院附中的学生温家驹被打致死事件,时间是1968年4月19日。

---

5 高云鹏2015年9月3日来信
6 高云鹏2015年9月10日来信

2015年9月22日下午，我和胡宗式拜访了徐建忠[7]夫妇，徐被同学戏称为高云鹏的"保镖"。徐建忠说："高云鹏到汉中分校动员北大的同学回校，不参加汉中的文革。除留守人员外，我们于1967年底都回到了北大。1968年武斗高潮时，聂元梓动员高云鹏坐镇文攻武卫指挥部，高云鹏让我跟着他，外出时，他到哪我跟到哪。他有事，我就跟着他，没有事，我就在44楼睡觉。我们到了44楼后，没有遇到什么大的武斗，所以到44楼的时间肯定是在3.29武斗之后，但具体是哪一天，我不记得了。"

1968年4月25日，井冈山强行占据了36楼。4月26日，孙蓬一主张攻打36楼。高云鹏认为：硬冲是要伤人的，不能让公社的同志们豁出命来达到目的，不能下这个决心。但孙蓬一已经直接组织人员上了阵，结果公社伤了不少人。后来孙蓬一还是接受了高云鹏的意见，将攻楼的队伍撤了下来。

1968年8月19日，首都工人、解放军毛泽东思想宣传队进驻北大。以聂元梓、孙蓬一为首的校文革结束了领导北大文革运动的使命。不久，宣传队派高云鹏到汉中主持分校工作，任汉中分校领导小组组长。1969年底，他从汉中回到北京，休息一段时间后回到哲学系。宣传队对高云鹏在汉中的工作成绩比较肯定和重视，想安排他到学校工作，因高云鹏没答应，遂让他负责哲学系老教授们（冯友兰、任华、唐钺等）的学习。

二、不承认1.27大字报是反党，高云鹏遭陷害

1970年1月27日，孙蓬一、赵正义、宋一秀、韦全贵写了一张大字报，希望高云鹏签名。在大字报贴出来之前高云鹏在上面签了名。不几天，迟群等人就把大字报定性为"反党、反社会主义、反对工人阶级"。宣传队组织了对大字报的围攻，并对写大字报的几个人展开了批判，大会、小会不断。孙蓬一、高云鹏等人坚持不认错。为

---

[7] 徐建忠，技术物理系65级学生，夫妇二人都是北大校友，均为原宝鸡凤翔师范（后并为宝鸡职业技术学院，简称六校）退休教师。因为我们相距很近，现互有往来。

了彻底打垮大字报的作者，宣传队就盯上了高云鹏。他们认为高云鹏年轻，不像孙蓬一那样难对付，加上一个大罪名，他一定会投降，完全听任他们的摆布。他们企图通过高云鹏揭出校文革、聂元梓幕后的秘密，为彻底批倒聂元梓、孙蓬一提供炮弹。为此，他们派哲学系宣传队一个姓郑的军人到汉中收集高云鹏的材料，用诱供的手段，编造了"高云鹏是汉中 8.19 炸楼事件主犯"的谎言。以迟群为代表的宣传队认为：把"炸楼主犯"这么大的罪名加到高云鹏的头上，他一定会屈服的。但是，高云鹏没能让他们如愿。

高云鹏说："北大宣传队为了整我，派人到汉中搜集我的材料。他们找到一个姓蔡的'统派'小头头，这个人实际上并不是事件的策划者和组织者，他大概也不知道事件的真相。但是来调查的姓郑的人告诉他，这是个非常严重的事件，肯定会有人在后面支持你们，而且这个人也不会是一般的人物，你们把这个人揭发出来才能减轻你们的责任。姓郑的告诉他，自己是 8341 在北大支左的，可以帮助他。这样，他就编出了一个故事，说炸楼前有一个人来到他的办公室，说一切都准备好了，可以执行了。他说等一等，并拿起电话向接电话的人报告了这件事。打完电话他就告诉来人去干吧。这人走后不久就听到外边的爆炸声。我就是他电话请示的那个人。除了这个编故事的人以外，没有任何证明的人，包括他说的那个来到办公室请示他的人。宣传队拿到这样的材料就当成'炮弹'来整我了。"[8]

1970 年 7 月 27 日，全校召开批斗高云鹏大会，揭发、批判他在炸毁汉中汉运司大楼流血事件（即 1967 年 8.19 炸楼事件）中的问题。会上，宣传队领导小组、校革委会负责人宣布了把高云鹏交由汉中地区人民批斗处理的决定。

1971 年 2 月，胡宗式被押回北大接受审查。在被审查期间，他听说了高云鹏在 1970 年 7 月就被宣判"死刑，缓期二年"的消息。1971 年 2 月 26 日，在办公楼召开第二次批判聂元梓大会，胡宗式也参加了这次大会。批判会的中心就是汉中汉运司职工大楼被炸、死亡 40 多人的事件（笔者注：具体伤亡人数说法不一）。发言者说："高

---

[8] 高云鹏 2015 年 9 月 10 日来信。

云鹏就是这次炸楼事件的总指挥。他和聂元梓是什么关系呢？高是聂派去的，事前高和聂通讯频繁。8.19那天，高云鹏来电话一直请示聂元梓，聂说：抓住要害要狠狠地打。那边高就炸楼了。"

关于汉中8.19炸楼事件，徐建忠是这样描述的："汉运司在北大街上，是交通要道，被对立派占领了，对'统派'来回经过的人，他们用石头砸，当时那里的气氛很紧张。8月19日上午10点多钟，我跑到路南一座民房的顶上观看。我看到'统派'的一辆车闯入后，就发生了爆炸，死了好多人。飞起的石头和一段水泥构件，落到我所在的房顶，险些把我砸到。我赶紧跑下来，一直跑到高云鹏的住处，敲开房门，他在睡午觉。我问他，这一派把对方的楼炸了，你知道不？高云鹏说：不知道。我说，这么大的事也不商量一下。"[9]

高云鹏被押回汉中关在汉中看守所里。在相当长的一段时间内，汉中方面并没有介入审查高云鹏的事情，都是北大宣传队的人找他谈话，并诱导高云鹏作伪证。高云鹏说："我被抓到汉中后，开始汉中并没有把我当成炸楼案件的当事人，因为当时他们调查的结果并没有我参与炸楼的证据。所以很长时间汉中当局并没有找我'审查'相关的情况。倒是原来哲学系宣传队的指导员，后来是校宣传队副总指挥的魏银秋，整天找我谈话，谈了一个星期。内容是引导我回忆北大文革中的一些事件，都是要给校文革、老聂强加罪名的。有一个要我'回忆'的事件最具代表性。魏银秋启发我很久我都没有理解，后来他干脆告诉我：只要我配合他们'搞清'一件事，明天就能放我出去，而且说他说话是算数的，是说一不二的。他要我说的就是40楼打死一个井冈山学生的事。情节要按他说的来'交待'，即头一天晚上校文革在临湖轩开会，我参加了，会上老聂决定第二天让工人兵团到海淀镇去抓人。被打死的人就是这样被抓住打死的，事件是老聂策划的。我告诉魏银秋，我所知道的情况跟他让我交待的情节完全相反，事先校文革和老聂并不知道工人兵团在抓人。当天上午听说这件事之后，老聂和老孙的态度都是坚决制止的。直到工人兵团都撤回来之后他们还批评了有关人员。说这件事是老聂策划的不符合事实。我

---

[9] 2015年9月22日拜访徐建忠夫妇的访谈记录，徐建忠已经审阅。

拒绝写这样的口供。魏银秋威胁我说,'你不要命了?!'还说他们根据我前几天的交待把材料写了出来。我说你拿出这几天谈话的记录看看,都是你引导我时你自己说的,没有一句是我讲的!魏银秋说我是顽固分子,给我活路我还不走。我说正是因为你们要把我置于死地,我才非要说实话不可。我不能死了还给党找麻烦,对党不忠诚。就这样通过我陷害聂元梓的目的没有达到,但他们在北大却已达到了制造虚假舆论的目的。"[10]

1970年下半年以后,高云鹏一直被关在汉中看守所里。高云鹏说:"开始时,把我单独关在一间屋子里,有两个人陪我住,外边24小时都有值班的,随时打开门上的窗户监视着我的动态。或者我是个特殊人物,或者问题严重,不然不会下这么大的功夫。我面临的形势是非常危险的,这我能感觉到。魏银秋就对我说:你的问题很严重。问我是想死还是想活。如果想活就和他们合作,争取从宽处理。甚至说他们说话是说一不二的,只要我能配合,明天就能把我放出去。我拒绝诬陷别人,魏银秋就说:看来你是不想活了。我说正是因为你们要置我于死地,所以我才不能说瞎话,我死了,死无对证,我就更不能说瞎话给党找麻烦。我在看守所从心理到物质上都做好了处死我的准备。"[11]

魏银秋们说:"还留着这样顽固不化的分子干什么?"汉中积极追随他们的人说高云鹏就是8.19炸楼事件的决策者,先后两次往陕西省上报的卷宗都是要求判处高云鹏死刑的。但因为只有姓蔡的这一个人提供的证词,连他说传话的那个人都不知道这事,当然证据不足,两次都被省上打了回来。

三、电信局的工程记录戳穿了迟群之流的骗局

汉中当局拟判高云鹏死刑的卷宗第二次被打回来后,为了寻找当时给高云鹏打电话的新证据,他们决定去电话局询问值班人员,让

---

10 高云鹏2015年9月10日来信。
11 高云鹏2015年10月13日来信。

他们提供给高云鹏接通电话的证据（当时还是由电话局插接电话，而不是自动接通电话的）。没想到电话局的人说当时电话线都被割断了，根本就没有电话可接。为了查清电话线被割断的事情，就查看了当时的值班记录。

高云鹏说："1967年的工程记录清楚地记载着，8.19事件之前三天，武斗地段的电缆线就已被割断，经过那里的电话线路都不通了。事故发生后，电话局值班人员曾去现场查看，发现电缆被割断了，因为那里武斗比较严重，他们不能接通被割断的电缆，回来后做了值班记录。武斗结束之后才去把电缆接通。这也是当时值班记录记载的。三年前的记录如果不查谁也不会去看它，但是三年之后却成了一个无可辩驳的证据，武斗的时候那个姓蔡的小头头是不可能给我打电话的，我住的地方也不会接到电话，所以电话请示我的谎言就彻底被揭穿了。对我的诬陷自然也就不能得逞了。"[12]

上述这些事情的内幕，当时高云鹏一无所知，只是到了1972年以后，对他的看守比较松了，甚至还让他在那里管关押在看守所里的人，包括8.19事件的有关人员。高云鹏在汉中看守所总共被关押了六年多时间。

"四人帮"倒台后，汉中当局急于放高云鹏出去，但汉中分校和北大都以各种理由让他先待在汉中，不要回北大，并说北大很乱，回去对他不利。这样，汉中方面就把高云鹏弄到一个监狱（4号信箱）的就业队的客房里去住了。他在这里住了三年左右。平时，他参与附近一个知青点的活动，因为要恢复高考，就带着这些孩子们复习功课。由于活动比较自由了，汉中当地的朋友经常到其住处来看望他。高云鹏对自己这些年的遭遇的内幕，都是这个时期听朋友们告诉他的。

高云鹏说："事情彻底弄清楚之后就应该解除对我的审查了，但是北大以各种理由拖延问题的解决，不让我回到北大来。汉中革委会只好把我安排在一个保密的地方，既保证我的安全，也防止我和外界的接触。汉中和陕西省做了多次努力，问题都没有得到解决。在这种

---

12 高云鹏2015年9月10日来信。

情况下,陕西省便采取果断措施,派人直接把我送回北京了。但是,当时由聂、孙专案组的人出面接待,以没有正常手续为由不予接收。结果陕西省的来人把我留在北京,他们回去后又按北京的要求发来一份汉中中级法院的判决书,宣告我'无罪'。陕西为什么只拿省上的信件就把我送回来呢,因为把我送到汉中接受审查,并没有办理过任何法律手续,事情已经很清楚,当然他们就把我送回来了。北京要把责任推到汉中头上,所以一定要人家履行法律手续。汉中无奈,只得发来一份'宣告无罪'的刑事判决书把事情了结了。我在隔离时和外界没有联系,上述有关8.19炸楼事件以及他们要处我死刑的情况都是后来知道的。1976年"四人帮"倒台之后我就比较自由,可以和外界有些联系了。这期间不少人给我讲述了8.19事件以及整我的情况。整我的人极力要处死我,我心里是有数的,但是因为没有得到陕西省的支持,没有得逞。所以不会对我宣判死刑,更不会在社会上宣布。北大传播我死刑缓期两年执行的谣言不知是怎么回事。我看了你们的来信才知道北大在1970年就已经这样传播了,我想这可能就是当时宣传队给汉中的指示吧。"[13]

四、十年后高云鹏回到北京

1980年高云鹏回到北京,送他回京的有两个人,其中一个人就是高云鹏在知青点时负责和他联系的汉中中级法院的汤同志。回到北京后,开始回学校受到种种阻挠。后来大概到了1982年校党委才做出决定,让高云鹏恢复工作、恢复党籍、恢复工资。但在他办理恢复的过程中,又受到某些人的无理阻挠,不让他回系里工作。当时主管这件事的校领导是张学书,他不愿扩大矛盾,想息事宁人,于是找高云鹏谈话,希望他暂时先不回学校。刚好此时中国大百科全书出版社为编辑出版心理学卷,邀请高云鹏到大百科去工作。经校领导同意,高云鹏就被借调到大百科工作了,但人事关系还在北大,工资也在北大领取。

---

13 高云鹏2015年9月10日来信。

1989年，心理学系新的领导班子组成后，要高云鹏回心理学系工作。这时大百科心理学卷也已编成，只待印刷出版了。于是，高云鹏在1989年4月回到心理学系。不久，系里派他到深圳、四川等地去讲课，"六四"以后回到北京。

诬称高云鹏是"8.19炸楼事件决策者"的谎言早已被揭穿，事实证明这完全是迟群之流的陷害。但是，真相并没有完全大白于天下，影响也没有在相应范围内消除。在不明真相的群众心目中，高云鹏还是汉中"8.19炸楼事件"的主犯。高云鹏蒙冤受屈的事情早已有了正式结论，北大校一级的领导对此都是心知肚明的，但是，在"四人帮"倒台二十多年以后，1998年出版的《北京大学纪事》仍有如下记载：

（1967年）8月19日　高云鹏在汉中653分校参与汉中地区造反派组织的活动，支持抄砸当地公安处，插手武斗。今日发生炸毁（汉中运输公司）大楼的"八一九"事件，造成29人死亡，30余人受伤。

如前所述，高云鹏是1967年5月下旬才到达汉中。在此之前负责分校工作的是周培源和戴新民。高云鹏到汉中分校的任务，就是动员学生脱离当地的文革。他的任务完成后，本应很快回到北京，不得已滞留在汉中的直接原因，就是周培源没有回来。《北京大学纪事》的编者在这里采取了一种含混的说法，不知意欲何为？

北大整党时，开除了高云鹏的党籍。关于这件事，他说："我的党籍是在北大整党的时候，大概是1986年吧，被开除的。实际上，我文革以来没参加过组织活动，系里整党时通知我，我没去参加会议。关于开除我的决议是怎么讨论通过的，我也不知道。事后系党委找我谈话，希望我在决定书上签字，我根本不予理睬。一直到很晚的时候了，系党委书记找到我家跟我谈这事。我说，你们通知我几次我都知道，如果我有机会申诉的话，我早就应约去跟你见面了。现在你们把决议都写出来了，就让我签个字有什么意思啊。我不会在这个决议上签字的，因为这个决议是你们强加到我身上的。就这样，我把书记打发走了。"[14]

高云鹏在开除党籍后,曾经很感慨地对徐建忠等人说:"说我反党,我为什么要反党?是共产党才让我有机会上了大学!3.29 武斗之后,聂元梓让我到 44 楼把关,这是个别说的,并没有开会研究,校文革也没有通过任何有关的决议。说实话,我从来没把自己当成'总指挥',没主持过研究武斗的会议。别人把我看成是总指挥,开除我党籍的时候这也是其中一个罪名,我觉得这些都无所谓,只要把历史事件弄清楚就行了。"

结 语

迟群一伙编造的"判处高云鹏死刑缓期二年"的谎言,骗了我们几十年,我们都以为高云鹏真的是在 1970 年就被判"死缓"了。迟群们的专制及其余毒,给高云鹏和他的家庭带来了无法估量的伤害。我们这些和他相识的人,谁都不忍心去揭他的伤疤。但直觉告诉我,我应该写一写他的遭遇,我要把真相留给后人,这是历史赋予我的责任。

迟群之流虽然没能把高云鹏害死,但却耽误了他近二十年美好的年华。从 90 年代起,高云鹏做了心理学自学考试工作,在宣传心理学、普及心理学上都做过贡献,并致力于心理咨询在中国的推广。他现在要做的事情,都是急不可待的。他要给自己的老师写传记、制定自学考试的开考计划、编写教材、讲课等等。他对我们说:"你们对我的情况不清楚,而且听到的和事实又相去甚远。你们希望我能说说有关的情况,我实在抽不出那么多时间去回忆那个时期的事情,因为研究历史和回忆自己的经历是很不相同的两件事情。要投入进去,不仅要时间,更重要的是情感,要全身心地投入。我真怕经受这么剧烈的折腾,特别是我现在花不起这么多时间。"[15] 我们都非常理解他,尽量不去打扰他的工作和生活。

---

14 高云鹏 2015 年 9 月 27 日来信。
15 高云鹏 2015 年 9 月 10 日来信。

迟群之流为了达到他们的政治目的，给人罗织罪名，不择手段，诱供逼供，造谣诬陷，无中生有，指鹿为马，颠倒黑白，无所不用其极。其卑劣程度，令人发指。高云鹏的遭遇，只是他们种种恶行中的一件而已。但他们为什么这样做？最终想达到什么目的？幕后的指使者又是谁？许多问题还没有揭示。笔者年过七旬，已无能力深入探究，希望将来的学者能够做进一步的研究。

（原文载《记忆》第 155 期）

我所经历的北大武斗

宫香政

有一句名言,说"战争是政治的继续"。套用这句名言,北大在文革中发生的武斗,可以说是"阶级斗争你死我活"的升级。北大武斗,既不是第一家,也不是最激烈的。当时,在全国许多地方都发生了武斗,甚至是动用了火器的非常惨烈的武斗。这一乱象的产生,原因之一就是人们都"以阶级斗争为纲",都认为"阶级斗争是你死我活的,是不可调和的",在这一理论蛊惑下发生的。

本人是新北大公社文攻武卫指挥部的主要成员,曾参与指挥了北大"3.28-3.29"武斗,并且自己也参加了武斗(还受了伤)。搞武斗是极端错误的,很对不起两派校友。在此,我向校友们表示深深的歉意。

冰冻三尺,非一日之寒。有着悠久历史的北大,在文革中成为一个重灾区,由分裂而发展到武斗,有一个不断激化的过程,其中有非常深刻的内部原因和外部背景。而有些事件的背景,至今也没有揭示出来(如1968年3月25日发生的多个大学上万人涌入北大寻衅事件的背景)。

仅就北大武斗本身而言,最初是小规模的肢体冲突,后来逐步升级,最终发展为动用长矛等武斗工具的较大规模的两派战斗。

"自古知兵非好战",正常人没有一个生来就好打架的,除非是精神病人无法控制自己的行为。

下面,我将简要论述北大武斗发生的政治背景,并按时间顺序,叙述一下北大武斗发生、发展的主要脉络。

笔者以为,北大武斗发生的政治背景大致有以下三点:

第一,北京高校分裂成两大派,在革命的口号下相互争斗,甚至武斗，这是王、关、戚的挑动和中央文革操纵下造成的。吴德在其口述回忆中就说："……接着是百货大楼、西单商场的武斗，清华、北大的武斗，民族文化宫等一系列的武斗。内幕我不知道，但我知道这一定是中央文革的某些人布置的。我曾问过谢富治怎么处理？他说这个要请示中央文革小组。谢富治那时根本没有要去制止的积极态度，也不愿多跟我谈，任凭连着发生了很多的事情。"[1] 吴德的这段话，足以证明当年北京文革中发生的许多事情，本身疑团重重，有许多黑幕至今没有揭开。至少，平民百姓是不知道的。在这些扑朔迷离的疑团和重重黑幕背后，显然还有更深层次的原因。对此，笔者所知极其有限，只能从表面上来探讨了。

聂元梓等人虽然也左，也犯过许多错误，但相对地保持着一点清醒的头脑。在教育部夺权中，她（他）们发现自己成了某一团伙的绊脚石，关锋、王力亲自出面打电话，不顾自己中央文革大员的身份和"左派"形象，竟然用无中生有的谣言打压北大，这不能不使聂元梓、孙蓬一产生警觉。所谓"二月逆流"，本来是中央高层内部的事情，群众毫不知情。但王、关、戚一伙利用他们的地位和影响力，欺骗不明真相的群众，在群众中挑动事端，企图为自己的团伙捞取更多的"政治资本"，以实现他们的野心。新北大公社总部在聂元梓、孙蓬一的支持下，在这场风暴中采取了比较慎重的态度，以至于被骂为"二月逆流派""全国最大的保皇派"。从"反陶铸""一月夺权""1.15抢档案事件"，直至以"反二月逆流"为名企图打倒几位副总理，并把矛头指向了周总理的一系列事件中，王、关、戚一伙肆无忌惮的活动，暴露了他们自己。4.8民族宫事件更是给我们敲响了警钟。在这种形势下，聂元梓、孙蓬一于1967年4月10日面见江青、陈伯达反映情况，明指关锋、王力"结党营私"。聂、孙入党多年，党内斗争经验比我们这些不谙世事的年轻学子丰富得多，他们的观察力也比我们敏锐得多，因而比我们更能看出问题。但在当时情况下，聂、孙此举已经冒了很大的风险，是非常不容易的。公开反对关锋、王力，无疑是以卵击石，聂、孙和新北大公社只能把斗争的矛头指向吴

---

[1]《吴德口述：十年风雨纪事——我在北京工作的一些经历》，北京：当代中国出版社2004年版，第39页。

传启、洪涛、刘郢这一伙人。这引起了社会的广泛注意，也遭到了王、关、戚这个团伙的深刻仇恨。他们在暗中策划，在北大校内校外，组织各种力量企图扼杀这一斗争，必欲拔去北大这颗钉子而后快。1967年5月27日，陈伯达、关锋、王力还以"合作"为诱饵，要聂元梓放弃揭发吴传启。聂元梓断然拒绝了这种"合作"，新北大公社除隐患战斗队于6月1日贴出了揭发吴传启历史问题的大字报。聂元梓居然不听话，还敢于对抗，于是，王、关、戚和他们的后台愤怒了，震怒了，要对北大采取措施了。为了给关锋、王力解围，也是为了使中央文革摆脱被动局面，陈伯达的"6.5讲话"出炉了。他指责"聂元梓代表资产阶级知识分子向无产阶级夺权"。在陈伯达讲话的煽动下，北大大乱了，对于策划已久的某些人来说，"倒聂"的机会来了。对于吴传启、洪涛、刘郢、王恩宇这个团伙来说，他们策划已久的搞乱北大、保护自己的机会来了。顺应关锋、王力、吴传启、洪涛一伙搞垮北大的意图，井冈山兵团诞生了——这是1967年春夏北大文革的主要脉络。我在《谁之过》一文中已详细地叙述了井冈山兵团成立的过程。现在井冈山方面的某些人极力回避这一点，甚者说自己和王、关、戚"一毛钱的关系也没有"。但是，历史事实摆在那里，回避、无视、掩盖，等等，都是徒劳的。

第二，谢富治包庇纵容1.15抢档案事件的主犯洪涛、刘郢，在市革委会里大量任用王、关、戚安插的亲信，在处理4.8民族宫事件北大和地院两派纷争时，又偏袒地院，指责北大。这当然引起孙蓬一的不满。孙蓬一是有名的"大炮"，过去一些事件，他隐忍下来了，4.8民族宫事件，也忍住了，后来别人打上门来，发生4.11事件，忍无可忍，4月12日向吴传启一伙放了一炮。4月13日谢富治的拉偏架的态度，再次让他无法忍受，在群众集会上将谢富治召集会议的情况和盘托出，于是引发了一场"炮打谢富治"事件。王、关、戚一伙贼喊捉贼，借此将"聂元梓要夺谢副总理的权，要夺市革委会的权"的帽子扣在聂元梓头上。现在，谢富治的罪行被揭露了，关锋、吴传启一伙从一开始就把持了北京市革委会各要害部门的罪行败露了，毛泽东对这些问题的看法也见诸史书了，[2] 有人却 180 度大转弯，居然又说"谢富治是聂元梓搞 3.29 武斗的后台"了。[3] 真是可笑！

第三，1968 年 3 月，在北京市革委会和卫戍区联合举办的高校学习班上，出现了要求清算王、关、戚罪行的呼声和反对谢富治的意见。中央文革心中有鬼，毫无自信，害怕这种呼声和意见，竟不顾事实，不讲公平，硬把这些要求和意见诬为"为二月逆流翻案"，用高压手段进行打压。从 3 月 15 日起，谢富治在市革委会以整风为名，要整聂元梓。而聂元梓则提出"谢副总理第一个要整风"。气急败坏的谢富治便组织众多力量，在全北京市批判聂元梓，对北大等校进行打压，要拔掉聂元梓这根刺。这时又发生了"杨、余、傅事件"。这本来是军队高层内部的事情，与群众组织无关。这一事件的起因扑朔迷离，至今没有明确的答案。但在当时，中央文革却移花接木，硬把这一事件和当前群众组织反对王、关、戚的事情拉在一起。对于王、关、戚问题，中央文革一向是采用鸵鸟政策，讳莫如深的，这一次却一反常态，不但大批王、关、戚，说他们是"变色龙""小爬虫"，还说杨、余、傅是王、关、戚的后台，并借此掀起了又一个"反二月逆流"的高潮，对反对王、关、戚的群众组织实施打压。3 月 24 日，林彪讲话指责"杨成武勾结傅崇碧要夺谢富治的权"，还提到了聂元梓的名字，言外之意，似乎聂元梓与杨、余、傅有什么黑关系。在这种气氛下，第二天就有人组织地派多个单位上万人闯入北大校园，企图挑起大规模冲突，把对北大的围攻推向了高潮。这个事件的背景，深而且黑。有人深怕北大没有武斗，只要发生武斗，就可以将全部罪责扣到聂元梓头上。

以上，就是北大发生武斗的政治背景和社会背景。

---

[2] 陈伯达曾向毛泽东送过关于王力、关锋、戚本禹有关系的一些人秘密开会，策划掌握北京市革委会的权力的材料。毛泽东对陈伯达也讲过，北京市是让一派操纵了，但这个问题很复杂。并点了关锋、吴传启、林聿时三个人的名字。当时，毛泽东说，对他们的问题要慢慢来。见卜伟华《中华人民共和国史》（六卷（1966—1968）《砸烂旧世界》第 611 页。
[3] 樊能廷：《北大刺聂真相》，载《燕园风云录》（三）自印本，2014 年 12 月，第 14 页。

以下，笔者对北大1968年发生的几起武斗事件略作回顾。

首先需要声明：下文所引用的一些资料，其真实程度，笔者现在已没有能力去一一核实，如果有误，希望知情者不吝指正，并作补充。此外，引用的材料中有"牛辉林之流"一类的派性话语，现在本不应该再使用，但原文如此，难以一一删节，敬请读者谅解。

（1）1968.1.16 井冈山攻打38、41楼。"我们正在办公楼礼堂看节目，林红突然来叫我们，说井冈山趁公社在办公楼礼堂看节目，冲进了我们38楼，将我守楼站岗的战士当即打昏过去，抢走了楼上的三个喇叭，又冲进41楼，在五楼打伤我多名公社值班战士，公社红11战团要求我们立即回去，给井冈山以坚决还击。"[4]

（2）1968.1.16 校文革办公室《通告》称：井冈山兵团的"暴徒抢夺了校文革大印"。[5]

（3）1968.3.17 "北大井冈山牛辉林之流唆使一小撮暴徒，抄了工人刘宗山的家，并于夜间十点到十二点，包围煤场，挑起武斗。"[6]

（4）1968.3.20 深夜，石油学院北京公社、民院东方红组织群众到北大示威游行，井冈山兵团也内应组织示威。游行示威中高喊："打倒反革命聂氏家族""把小爬虫孙蓬一揪出来示众"等口号。

（5）1968.3.21 "三月二十一日晚，北大井冈山兵团牛辉林之流大打出手，抄了同陆平黑帮进行了长期斗争的革命左派孙蓬一同志、陈葆华同志的家，残酷殴打校文革常委陈影同志，又去抄全国第一张马列主义大字报的作者之一、革命左派夏剑豸同志的家，未能得逞。同时，牛辉林之流还抢砸了地质地理系文革办公室，劫走全部档案材料；抢砸了北大汽车库，劫走汽车一辆；割断了新北大广播台全部喇叭线，抢走十七个喇叭，烧毁十一个喇叭。"[7]

（6）1968.3.22 井冈山兵团总部发出《通缉孙蓬一的通缉令》。

---

4 陈焕仁：《红卫兵日记》，香港：香港中文大学出版社2006年版，第491页。
5 王学珍等：《北京大学纪事》，北京：北京大学出版社1998年版，第667页。
6 《牛辉林之流挑起武斗破坏毛主席伟大战略部署罪该万死》，载《新北大》增刊，1968年3月30日。
7 《牛辉林之流挑起武斗破坏毛主席伟大战略部署罪该万死》，载《新北大》增刊，1968年3月30日。

北京农业大学东方红一千多人来北大游行，呼喊"打倒孙蓬一""揪出聂元梓"等口号。

（7）1968.3.22 "1点多，召开全校师生员工大会，向大家传达了会议上的发言（指市革委会扩大会议，谢富治等批评聂元梓的发言）。'井'在此前已传达并敲锣打鼓地进行游行。高呼'打倒现行反革命孙蓬一。' '井'大搞打、砸、抢，把我们十多个喇叭都搞掉了。"[8]

（8）1968年3月22日，公社总部召开会议，成立"文攻武卫指挥部"，会议分工，由宫香政、黄树田，黄元庄三位同志负责。

（9）1968.3.23 新人大公社等六个造反组织到北京市革委会示威，并发表《声明》："打倒聂元梓、孙蓬一""聂元梓从市革委会滚出去"

（10）1968年3月25日，"下午四点十分，北大井冈山牛辉林之流伙同××学院东方红突然袭击新北大广播台。四点三十五分，××学院东方红、××学院延安公社、××学院造反团、××大学东方红等组织大约二千多人相继来到北大，他们头戴柳条帽，手拿大铁棍。尽管我们给××学院东方红等组织发出照会，希望他们不要做亲者痛、仇者快的事情，但是，他们仍然向新北大广播台发起新的冲击，……"[9]

当晚7点左右，谢副总理、吴德同志、丁国钰同志亲临新北大，在新北大广播台作重要广播讲话。"谢副总理在讲话中，完全支持聂元梓为首的校文革，希望公社和井冈山在校文革的领导下，实现革命大联合。谢副总理说，新北大公社给他提意见，他热烈欢迎，同时严厉批评井冈山，不应该提出誓死保卫谢副总理。谢副总理说，那个口号是错误的，是庸俗的，他也是从来就反对的。"[10]

（11）1968.3.26 地院东方红几百人手持木棍，从东、西、南

---

8 孙月才：《文革十年日记》，香港：香港中文大学出版社2012年版，第296—297页。

9 《牛辉林之流挑起武斗破坏毛主席伟大战略部署罪该万死》，载《新北大》增刊，1968年3月30日。

10 陈焕仁：《红卫兵日记》第514页。

闯进北大，发生武斗。

（12）1968.3.29 凌晨1时，校内两派发生第一次大规模武斗，武斗持续了五个多小时，双方一百多人受伤，公私财产遭严重损失。北京卫戍区副司令员李钟奇赶到武斗现场，发表广播讲话，要求"立即停止武斗"，要求两派各派五名代表"由校文革、解放军领导处理武斗善后一切事宜"。李钟奇说："我今天到现场制止武斗时，有人拿匕首刺伤了聂元梓"，要求全校动员"把凶手抓起来"。[11]

关于3.29武斗，我所知道的具体过程是：公社总部接到报告，说井冈山兵团于3月28日晚饭后，在40楼动用武斗工具驱赶公社的同学。于是，公社总部在总部办公室召开紧急会议，商量对策。会议中，大家分析形势，认为：28楼已被井冈山占据，31楼里井冈山的人员较多，他们又从校外运进了一些木棒、铁棍等武斗工具。如今，他们又要占据40楼，是想控制西南校门，开通与校外"地派"联系的自由通道。而28楼和31楼是学生宿舍核心区，井冈山一旦占据了28楼、31楼和40楼，那么，公社一派在宿舍区将无立足之地，局面是非常危险的。面对这种危险局面，我们不能被井冈山牵着鼻子走，为了打乱井冈山的计划，我们不与他们去争夺40楼，我们必须占据31楼，才能稳住阵脚。尔后，立即召开了战斗团长紧急会议，分析了形势，讲了对策。当时，化学系的红三团团长觉得非常为难，最后，经过大家激烈讨论，红三团团长勉强服从了大家的意见。为了不让化学系的公社同学为难，分配他们在楼外防守井冈山的进攻。当晚，公社夺占31楼是在晚11点过后开始的，当时，公社一方准备了部分长矛、护心甲和柳条帽，没有配发像井冈山个别校友所说的黄色军棉袄，临时发放了一部分白毛巾，白毛巾不够就用白布条，以便"识别敌我"。这就是北大3.28—3.29武斗公社一方研究和实施的全部过程。正如俞小平先生在《记忆》第152期所写：

不仅31楼，40楼也打起来了，幸亏10纵的老井预作准备，在其他纵队的支援下，竟然打败了准备不足的红10团（新北大公社的系级组织为"战斗团"，西语系的新北大公社组织称为"红10团"），

---

11 王学珍等：《北京大学纪事》第669页。

俘获大约 30 名新北大公社成员，连红 10 团团长都被俘。"战俘"被押送到 28 楼，关押在二楼的一个房间里。

在一些井冈山校友所写的回忆文章里，总是说"3.28-3.29"武斗是公社挑起的，这不符合历史事实。从时间上来看，40 楼公社成员被驱赶在先，31 楼争夺战是在其后，从俞小平先生所述中可以看出，3.28 井冈山兵团在 40 楼的武斗行动是预先有准备的，还有其他纵队支援，是事先策划好的，是跨系规模的行动，是动用了武斗工具的行动。如果井冈山人员是徒手驱赶，决不能俘获 30 名公社成员。反之，如果红 10 团人员手中有武斗工具，也不会发生约 30 人被抓走的事情，这是明显的道理。

陈子明、林爻在《北大文革两派分裂，源自人心向背——兼与宫香政商榷》一文中推荐了多篇文章，有一篇散淡天涯的《北大"3.29 武斗"印象》，其中写道：

1968 年 3 月 28 日，武斗前夕，大约傍晚时分，井冈山五一纵队在 40 斋召开会议，主持者通报了一些两派斗争的情况，说已经发生了井冈山兵团人员被抓走的事件，告诫大家以后不要到未名湖散步了。尤其强调说"新北大公社那边准备了铁棒、长矛等武斗工具，分发了白毛巾准备绑在胳膊上作标志"，看来一场死战已经在所难免。要求我们当晚就将自己宿舍里的公社派同学赶出去。组织了一些男生寻找铁棍制作武斗工具，还派人去摘掉公社派的高音喇叭。[12]

请注意时间节点。散淡天涯说的是"大约傍晚时分"，井冈山人开始布置，"要求我们当晚就将自己宿舍里的公社派同学赶出去"。这和我们接到的报告"井冈山的人驱赶在 40 楼里居住的公社的同学"是一致的，也和俞小平文章里写的"幸亏 10 纵的老井预作准备，在其他纵队的支援下，竟然打败了准备不足的红 10 团，俘获大约 30 名新北大公社成员，连红 10 团团长都被俘"这一段可以互相印证。由于公社方面没有理会 40 楼，而去夺取 31 楼，因而住在 31 楼的井冈

---

12 散淡天涯：《北大"3.29 武斗"印象》，载丛璋等编《燕园风云录》（一），自印本，2012 年，第 162 页。

山人措手不及,吃了亏。所以,现在井冈山校友写出许多文章,大多只谈公社夺占 31 楼,而回避井冈山在 40 楼首先挑起武斗的事实。

井冈山占领了 40 楼。由于公社的行动打乱了井冈山原有的战略计划,40 楼与 28 楼相距甚远,鞭长莫及,仅靠占领 40 楼也无法控制西南校门,所以就被迫放弃了 40 楼。

"3.28-3.29"武斗后,公社一方并没有包围井冈山的意图。当时,双方可以自由去食堂就餐、去校医院就医,在一些楼里双方同时居住,相安无事。例如,41 楼里就是两派同住。3 月 29 日夜,趁我上厕所不备之际,原井冈山未上任的组织部长何发信同学还打了我一巴掌,双方吵了起来。我有条件把他抓起来,但是,我没那样做,毕竟是多年的同学,所以就不了了之。张从同学在《记忆》第 114 期所写文章诬陷我说,郭箐苢用"直觉"判定是宫香政抓了他,这纯属造谣。

"3.28"之前,井冈山在校园里用大喇叭天天喊叫"打倒孙蓬一""聂元梓下台滚蛋""一切权力归井冈山",并通缉孙蓬一。校外地派也不断派人闯入北大搅局,给井冈山打气助威。公社和校文革压力巨大,非常被动。当时,井冈山成员可能认为,江青不点名地点了孙蓬一的名,孙蓬一完蛋了,聂元梓在市革委会挨整,气数已尽,新北大公社也快散摊子了。所以,当时井冈山的成员很有些沾沾自喜、胜利在望的劲头。

但是"3.28-3.29"武斗后,公社打乱了井冈山的计划,地派院校也不敢再贸然派人闯入北大搅局。虽然双方大多数人员可以自由行动,但是,在武斗气氛浓烈的情况下,双方骨干成员是不敢到对立面控制区走动的。特别是井冈山的负责人和一些骨干成员,由于他们放弃了 40 楼,没有了出入学校的自由通道,极度缺乏安全感。为了获得安全感,为了打通一条出入学校的通道,所以,就有了 4.25 井冈山进攻 36 楼的武斗行动。

"3.28-3.29"武斗后,双方交换过俘虏。因我忙于 31 楼防守工作,没有参与此事。

为了使读者了解当时的形势,这里给出北大学生区的形势图。3.29 以后,井冈山方面占 28、30、32、35、37 楼。在 35 和 37 楼中间有 36 楼，36 楼中是两派合住，是女生宿舍。

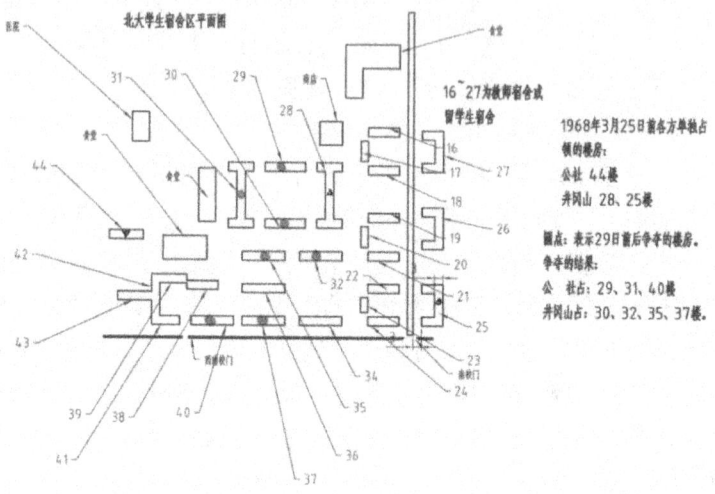

（13）1968.4.19 地院附中学生温家驹钻进北大图书馆，被公社巡逻人员发现后，殴打致死。这是一种犯罪行为。

（14）1968.4.25 "下午 1 点半井冈山一百多人全副武装进攻 36 楼女生宿舍，挑起大规模武斗，破坏我积代会。我公社战士英勇奋战，伤者四五十人。解放军表态，井冈山占领 36 楼挑起武斗是错误的。"[13]

（15）1968.4.26 孙蓬一擅自指挥公社成员，攻打已被井冈山占领的 36 楼，由于井冈山有充分准备，公社战士仓促上阵，很多人被打伤，高云鹏跑到现场劝说孙蓬一后，停止了进攻，撤下了公社的人员。

4.26 之后，井冈山成功实现了从 28 楼经过 37 楼出入学校的安全通道。后来又架了天桥，挖了地道。

此后，井冈山又放弃了 19、20、21 楼，把人员集中到 28 楼至 37 楼控制区。这样，就自然形成了公社对井冈山东西两侧的包围态势。根据这一变化，公社总部又开会作了分工，西线由宫香政负责，东线由黄树田负责。自此，才有了"东线""西线"之说。

---

13 孙月才：《文革十年日记》第 305 页。

（16）1968.4.27 无线电系62级学生殷文杰，准备离校，途经新北大公社武斗指挥部44楼附近，被公社武斗队员截住，用长矛刺死。这是犯罪行为。针对这种犯罪行为，我曾在办公楼大会上公开反对过，我说："优待俘虏，是我们党瓦解敌人壮大自己的优良传统。有的人在战场上不能冲锋陷阵，而抓着对方人员却往死里打，这不是英雄行为。"后来，听说刺死殷文杰的同学被追究了，他是哪个系的，叫什么名字我不清楚。

（17）1968.5.2 "井冈山总部不是省油的灯，36楼保卫战大捷冲昏了头脑，不顾劣势，轻举妄动，竟然要主动招惹新北大公社。5月2日，派我们03纵去38楼出击抢木板床！……在撤退的指令下，我们还没有和对方交上火，就溃不成军，逃了回来，这一次损失惨重，许多人受伤。"[14]

（18）1968.7.20 地质地理系61级学生刘玮，拟回校办理毕业离校手续，在海淀街被新北大公社武斗队抓住，关押在40楼，并于当日下午被武斗队打死。当我得知刘玮被打后，从公社总部打电话，请校医院赶快派大夫来救治，大夫说，为时已晚。这种犯罪行为是不可饶恕的，刘玮之死实在让人痛心。

（19）1968.7.22 晚上，在"井冈山"武斗指挥部梁清文（地球物理学一年级）和孔易人（哲学系五年级）等人的调度指挥下，守楼的人员，手持长矛，从各楼由地道摸黑向37楼集结，部分人员身上装着燃烧瓶。在37楼朝南的各个窗口，都装上了强力弹弓。……他们把木床架到了马路上，在床前方洒上了致滑的黄豆和绿豆，在床上架上了弹弓，人则持长矛守候在木床旁，严阵以待对方的冲击。……"校文革""公社一方"，看到了这个情景，他们也很快做出了反应。训练有素的长矛队分别从34楼和40楼东西两方面向中间夹击，一场大规模的武斗便在马路上展开了。……在此同时，"井冈山"在28楼却奇袭了"公社"的后方。几个人先是用铁棍扔到对方裸露的电线上，企图造成短路，未果。后来改用铜丝漫洒下去，连搭在几根电线上，于是，火光一闪，全校电线都短路了！顿时，燕园里一片漆黑，

---

[14] 唐利：《我的北大文革记忆》，http://www.21ccom.net/articles/lsjd/lsjj/article_2012022254193.html。

"公社"广播台哑然失声。时隔不久,接电成功了,"井冈山"上灯火通明,响起了一片欢呼声!井冈山广播台立即播放了毛泽东的《西江月·井冈山》:"黄洋界上炮声隆,报道敌军宵遁!"……并且激奋昂扬地播送了早已准备好的庆祝文稿。[15]

需要说明的是,公社一方从来没有枪,也没有土坦克。

(20) 1968.7.24 "今天晚上,……北大还是发生了武斗。双方使用了燃烧弹和各种自制的新武器,造成了极大的伤亡。公社说井冈山困兽犹斗,灭亡前的垂死挣扎,目的是明目张胆地破坏毛主席亲自签发的《7.3布告》和《7.24布告》。井冈山说公社为了最后消灭井冈山,发起最后攻势,是对毛主席亲自签发的《7.3布告》和《7.24布告》最恶劣的破坏。""两派高音喇叭正在对骂,北京各大专院校的地派,开着一辆辆喇叭车,围绕着北大围墙外的马路游行,打的是宣传《7.3布告》和《7.24布告》,却公开宣称坚决声援井冈山反饥饿、反迫害、反围剿,愤怒讨伐聂元梓'血腥屠杀井冈山兵团的罪行'。农科院红旗兵团的宣传车,胆敢闯入北大校园,当即被公社将人车一齐扣下,为他们办学习班,向他们宣传《7.3布告》和《7.24布告》,不低头认罪就不放他们。"[16]

(21) 1968.7.27 上午得知,数万人包围了清华,听说还打起来了,有人受伤了。公社马上派人,送开水去慰问工人,同时打探消息,但是,工人们口风很紧,一无所获。聂元梓给市革委会打电话没人接,找谢富治、吴德等人都找不着。又听说,7.28农代会要来包围北大,不知如何是好。校文革和公社总部立即召开了联席会议,商量对策,大家一致同意,由聂元梓给毛主席发加急电报,进行请示。当晚我值班,28日凌晨3点左右,接到中央文革打来的电话,要聂元梓4点到人大会堂西门。我赶紧派人通知了聂元梓,并把这一消息告知了其他同志,大家都认为,中央可能有新的重大决策。

(22) 1968.7.28 早晨,公社的很多同学都集中在公社总部,等待聂元梓回来。聂元梓回校后,立即传达了毛泽东召见的内容,大家

---

15 奚学瑶:《青春非常之旅——我的"文革"印迹》,载丛璋等编《燕园风云录》(一),2012年自印本,第129—130页。
16 陈焕仁:《红卫兵日记》第547页。

感到如释重负。我非常高兴,心想,北大漫长的武斗要结束啦,该是"刀枪入库,马放南山"的时候啦。

针对这一新情况,公社总部召开会议,研究部署,向大家提出三点要求:

①准备迎接工宣队进校;

②坚守岗位,提高警惕,防止井冈山偷袭;

③逐步拆除武斗工事,清点武斗工具,准备上交。

(23)1968.8.19 63军的军宣队和北京二机床、北京新华印刷厂等工宣队进校。

(24)1968.8.20 新北大公社开始向宣传队上交武斗工具,据校文革"情况反映"统计,有扎枪、长矛930支,安全帽518顶,护身甲336件,铁棍约200根。

(25)1968.8.21 晨,井冈山兵团交出的武器,计有:长矛749根,铁棍71根,护身甲208件,柳条帽432顶,弹弓8个,小口径子弹37枚。井冈山兵团手里居然有子弹,这是我没想到的。

武斗期间,公社一方个别人失去理智,出于冲动打死了校内外的三位青年学生,这种事情无疑是极其错误的,面对这些不幸事件,公社总部全体负责人都心痛不已。这种事件对我们有百害而无一利,我们只能责怪自己没有能力控制好所有人的情绪,但并不存在事先策划、指使、授意的问题。

北大的武斗,双方都是有准备的。这是当时北大两派斗争激化所造成的。而且,北大两派矛盾的激化,有许多外来的因素。

1968年春天,随着校内外对新北大公社的围剿加剧,尤其是中央文革小组的人"见聂必批",公社方面的压力越来越大,为了加强凝聚力,公社举办了"第二期毛泽东思想学习班",地点在俄文楼,我是学习班负责人之一。

由于江青曾经不点名地批评了孙蓬一,井冈山派人去二七厂(孙蓬一的家)抓孙蓬一,扑了空,但是,却吓坏了他的老岳母和年幼的孩子;在校内,孙蓬一遭到围殴,被公社的同学解救了;在市革委会,谢富治组织人整聂元梓,高喊"聂元梓滚出市革委会";又有消息说,井冈山从校外运进了一批武斗工具。公社总部感到形势很严峻,所以就召开会议商量对策，会议议定，公社应准备一支队伍，随时可以调动，以应对紧急情况发生，为此，决定二期学习班的男同志集中在二体住宿，并让孙蓬一住进二体，予以保护。在此期间，公社成员利用学校工厂的材料制作了一些长矛和护身甲，买来一部分柳条帽。

后来，随着形势进一步加剧，3月22日，公社总部才召开会议决定成立"文攻武卫指挥部"，我是主要成员之一。即使3月25日，地派万人涌入北大校园寻衅，甚至要砸广播台，公社也没有出动队伍，动用武斗工具，无意与他们发生流血冲突。只是在3.28晚上，井冈山武力驱赶40楼公社的同学后，为了扭转可能出现的被动局面，公社才出动队伍于深夜去争夺31楼的。

牛辉林在其遗作《我和周培源校长》中也是承认双方都有武斗准备的。他写道：

> 市革委的学习班结束后，北大校园中大规模武斗的气氛越来越浓。对立双方都在加紧准备各自的武斗队伍和武器装备（长矛、棍棒、大弹弓等）。我们"井冈山"总部也搬进了自己一派占据的28号楼。因周校长的身份不宜武斗前住进武斗据点，就仍然住在燕南园的家里。
>
> 那时，我担心万一大打起来、老人家有个闪失不得了。……3月25日晚用统战部朋友的车，由我秘密护送周老去了别墅。[17]

现在一些原井冈山兵团的人写文章说他们对武斗毫无准备。他们或许是不了解全面情况，或许是故意说谎。井冈山兵团的负责人牛辉林，自己都说他们对武斗是有准备的。

迟群、谢静宜进入北大后，8341部队副政委王连龙，曾召集我与井冈山的梁清文（地球物理系）同学谈话，让我们结成"一对红"带头搞好大联合。

以上，就是我所经历的北大武斗过程。

回顾北大武斗的过程，我认为：

北大的武斗是由小到大，由肢体冲突到动用武斗工具的大规模的冲突，随着形势的加剧，双方都进行了准备。究其思想原因，就是

---

17 丛璋等：《燕园风云录》（四），自印本，2016年，第121页。

"阶级斗争是你死我活的、不可调和的"理论蛊惑着青年学生和北大工人。不然,不会有那么多的人"为了保卫毛主席革命路线"舍生忘死地拿着长矛去拼命。

究其政治原因,那就是王、关、戚的挑动和中央文革的操纵造成的。没有他们搞鬼,北大不会如此分裂,也不会发生武斗,最多是派别林立,打嘴仗、笔仗而已。

在谢静宜的回忆录里,她引用毛泽东的话,说北大的校文革是"派文革,武斗文革,逼供信文革"。我认为他老人家这种推卸责任的话是不能服众的。派性、武斗和逼供信,不是北大一家,是全国性的问题。刘少奇一案,没有搞逼供信吗?秦城监狱关了那么多人,中央专案组搞的那么多错案,该谁负责呢?8341领导的"六厂二校"搞的冤假错案少吗?1966年12月26日,毛泽东在自己的生日宴会上为"全国全面内战"祝酒,如老人家所愿,1967年果然发生了"全国全面内战"。"武装左派"是谁提出来的呢?"文攻武卫"又是谁提出来的呢?毛泽东自己承认的文革错误,就包括"打倒一切"和"全面内战",当然他老人家认为错误只占三成。

呜呼,文革中北大数月的武斗,在文明的北大、历史悠久的北大,是不该发生而发生了。这是当时北大人所左右不了的,是一场空前绝后的荒唐闹剧。

在这里,我还要说一下关于高云鹏老师的事情。高老师是在"3.28-3.29武斗"后,由校文革派到公社文攻武卫指挥部来的。因为我们青年学生容易冲动,而高老师办事稳妥,让他来给我们把把关,当个参谋。

我曾向他问起谣传他在陕西被捕并要被枪毙一事,他亲口对我说,迟群、谢静宜、魏银秋之流利用"刘玮事件"欲将聂元梓置于死地,对高老师施加各种压力和诱惑。先是诬陷高老师是汉中武斗的后台,迫使陕西省革委会将高老师逮捕入狱。魏银秋亲自跑到陕西找高老师谈话,高老师回忆说:

有一个要我回忆的事件最具代表性。魏银秋启发我很久我都没有理解,后来他干脆告诉我:只要我配合他们搞清一件事,明天就能放我出去,而且说他说话是算数的,是说一不二的。他要我说的就是

40楼打死一个井冈山学生（刘玮）的事。情节要按他说的来"交待"，即头一天晚上，校文革在临湖轩开会，我参加了，会上老聂决定第二天工人兵团到海淀镇去抓人。被打死的人就是这样被抓住打死的，事件是老聂策划的。我告诉魏银秋，我所知道的情况跟他让我交待的情节完全相反，……我拒绝写这样的口供。

高老师坚持实事求是，没有为了保全自己而对聂元梓落井下石，魏银秋见企图未能得逞，就对高云鹏下了毒手，他对陕西省革委会的人说，"这种顽固分子还留着干什么？"，言下之意是让陕西省革委会赶快将高云鹏枪毙。但是，陕西省革委会中原公检法的老干部很慎重，他们认为，如果将高云鹏不明不白地枪毙了，毙对了是魏银秋的功劳，毙错了是陕西省的罪过。后来，经过深入调查，诬陷高老师的所谓"重要证据"被否定了，于是，不得不宣布"高云鹏无罪释放"。从这件事可以看出迟群之流是多么阴险毒辣、不择手段。为什么要置聂元梓于死地？是谁的旨意？这背后的黑幕至今没有解开。

高云鹏受到迟群等人的残酷迫害长达十年之久，但始终坚持做人的底线——不陷害别人。如今，年届八旬的高云鹏健在，还在为祖国的心理学事业忙碌着。高云鹏早已读过少数井冈山人写的关于北大武斗的相关文章，他原谅那些不知情的学生所写的关于他的不实之词。但我对那些至今仍将迟群一伙的诬陷之词往高云鹏头上扣的行径表示不解和遗憾。

结 语

抛弃派性，回归理性，实事求是、客观公正地为研究北大文革历史提供真实的材料，是我们这些亲历北大文革的人应尽的责任。

文革结束四十多年了，许多经历过文革的人都能够理性地看待这段历史。

孔繁老师在文革中的遭遇很坎坷，但他不计前嫌，对曾经与其对立的老战友一针见血地指出北大左派分裂的原因所在，并与聂元梓恢复了往日的友谊，用聂元梓的话说："现在我们的关系很好。"

曾经作为井冈山兵团灵魂人物的郭罗基老师，几年前也从大洋彼岸向 90 多岁高龄的聂元梓进行了问候。

牛辉林同学在 2008 年看望了聂元梓，两人相谈甚欢，并合影留念。

一些井冈山的同学也登门拜访老太太，他们不再有原来的敌对情绪，释放出令人感到温暖的善意。

聂元梓跟着共产党、毛泽东革命多年，文革中反对王、关、戚，本意也是为了维护毛的文革，却不料为此得罪了许多人，且得罪之深，无从想象，无可救赎。从"第一张大字报"被捧到天上，直至后来被扔进茅厕，她不过是一块石头，一件工具。文革中北大之分裂以致武斗，都不是广大师生群众所希望的，都不是自己所能左右的。种种悲剧，都说明了"阶级斗争"理论下政治斗争的残酷。现在回顾历史，我很赞同王若水先生的话，他说：

在回顾文革时，最容易犯的一个错误，就是脱离了当时的具体的历史大环境，当时的特殊的政治气氛，而以现在的眼光去要求那时的人物的言行。其实，许多现在看起来荒唐透顶的事，在那时却被相当普遍地看作是理所当然的革命行动……例如，要学生不响应毛泽东的号召，不起来"造反"，这是不现实的。回到原有的历史大环境里，实事求是，具体问题具体分析，才能得到比较符合历史真实的认识。

今天，我们去争论往日两派的是是非非，是毫无意义的。我们都是被人利用的工具（红卫兵）。想当初，我们是信仰同一个理论、崇拜同一个偶像、跟随同一个领袖，去参加了文化大革命，只不过是对一些"重大事件"和问题有不同看法，才分成两派的。两派斗争绝不是什么"正义与邪恶的斗争"。任何人都没有资格标榜自己是"正义"的化身。

（原文载《记忆》2017 年 4 月 30 日第 182 期，后略作修改）

第二辑 关于《北京大学纪事》

浅析《北京大学纪事》2008年版的新增内容

章 铎

一、前言

《北京大学纪事》(以下简称《纪事》)是为北大百年校庆(1998年)而出版的官方出版物,并于2008年再版。编者在前言中声称"它只是把当时比较重要的和对校内师生员工或对校外有较大影响的事如实地、简要地记述下来。"但遗憾的是,至少就文革头两年的记载来看,《纪事》虽然也收录了许多有价值的资料,但对某些重要事件的记载是不准确的,甚至是严重失实的。

我曾经抄录了《纪事》2008年版中关于聂元梓和孙蓬一的相关记载(1966.6.1-1983.7.13),并与1998年版进行了对比。[1]《纪事》增加新内容的目的,就是要给聂元梓等人再添加点"罪恶"。因为《纪事》的编者认定:所谓聂元梓"红色政权"统治时期,是解放后北大

---

1 载《记忆》2015年6月30日第133期【资料】。

历史上最残酷、最黑暗的时期。[2] 对于聂元梓这样的"坏人",就是要踏上一千只脚,叫她永世不得翻身!

《纪事》所增加的内容分别植于 1966 年和 1967 年。其中 1966 年增加的内容,就是强调聂元梓与江青反党集团的关系,以"上海串连"为重点——"积极参与江青反革命集团夺取上海市领导的阴谋活动"("起诉书"语),这是审判聂元梓时给她定的第一条罪状;1967 年的新增内容是"反对周总理"——这是清查"五一六"时给聂元梓、孙蓬一定的主要罪行。

《百年潮》2011 年第 1、2 期先后刊登了何洛、孟金的文章《〈聂元梓回忆录〉指误(一)》和《〈聂元梓回忆录〉指误(二)》。当我仔细读完何洛、孟金的文章再对照《纪事》的相关记载后,忽然明白了一件事:原来"何洛、孟金"就是《北京大学纪事》文革部分的主编王效挺(一个曾经担任北大党委副书记的校级领导),"新增内容"应该就出自王效挺之手。

从对 1967 年北大文革中发生的几件大事的记载来看,《纪事》的编者均有歪曲、造假之嫌。在《17 日还是 19 日?一字之差,谬之千里——〈北京大学纪事〉作者造假又一实例》[3]、《从对北大文革中的三件大事的记载看〈北京大学纪事〉》[4]等文中,作者已有详细论述。本文仅简单谈谈以下几个问题:

(1) 歪曲记载孙蓬一 1967 年 4 月 12 日讲话

1967 年 4 月 12 日晚上,孙蓬一代表校文革在全校大会上发表讲话。关于这次讲话,《纪事》记载如下:

4 月 12 日 校文革召开万人誓师大会,孙蓬一在会上发表讲话,说要"迎头痛击地派资产阶级反动逆流","目前的这场斗争,意味着

---

2 参见何洛、孟金:《〈聂元梓回忆录〉指误(二)》,载《百年潮》2011 年第 2 期。
3 胡宗式:《17 日还是 19 日?一字之差,谬之千里——〈北京大学纪事〉作者造假又一实例》,载《记忆》2015 年 6 月 30 日第 133 期。
4 胡宗式:《从对北大文革中的三件大事的记载看〈北京大学纪事〉》,载《记忆》2015 年 11 月 15 日 143 期。

夺权，意味着江山落在什么人手里的问题"。"我们的口号只能是当仁不让，寸土不让，寸权必夺，寸土必争。"并指责对方（地派）是"真正的摘桃派"。

那么，孙蓬一到底讲了什么呢？

孙蓬一的讲话，首先把矛头对准了吴传启团伙，而并非"地派"；何况那时还没有"地派"这种称呼呢。[5]

孙蓬一说：

我有必要再一次阐明我的观点：在我看来，这一股势力的代表，这一股势力的核心不在学校，而是一些机关，是真正的摘桃派，那是一些什么人？如学部以吴传启为首的一帮子人，如高教部的延安公社，中央统战部红色联络站。至于还有一些单位，他们人数虽然很多，但是，在我看来，那只不过充当了一个打手，充当了一个工具！

吴传启到底是一个什么人？我们有理由怀疑他，他不是什么响当当的左派，而是一个在政治上值得大加审查的人。为什么呢？吴传启在抗战时期当过一个特务组织国民党军统特务报纸的编辑。抗战胜利后，吴传启当国民党的"大刚报"的编辑、记者，为国民党服务。

另外一个单位到处发表他们的文章，到处安排他们的势力，这种现象不正常，是很值得我们考虑的，很值得我们深思的。有的人在外面甚至造谣讲，原学部的周景芳是中央文革成员，拉大旗做虎皮，包着自己吓唬别人。事实上周景芳根本就不存在这个问题。在外面造成一个假象。我拿我们的邻居人民大学来说，好像反对肖前就是反对吴传启，反对吴传启就像犯了弥天大罪一样。我今天就要公开表示，我们就是反对一下吴传启。再就是红色联络站，以洪涛、刘郢为首的一小撮人在115档案事件中，就抢走了国家机密档案90多箱，把政协的档案都全部抢走了，里面有很多国外的军事机密的资料情报。……就是这一帮人，他们勾结在一起，凑成了现在北京市存在的最大的下

---

[5] 孙蓬一4.12讲话的全文载《新北大》1967年4月13日，根据录音整理。已收录胡宗式、章铎编《北京大学文革资料选编（上）》，美国华忆出版社，2020年5月。

山摘桃派。他们妄想通过一些阴谋手段,来篡夺无产阶级文化大革命的成果。

孙蓬一在讲话中点名揭发了吴传启、卢正义、洪涛、刘郾,以及为他们所控制的"学部联队""延安公社"和"红色联络站",明确指出"就是这一帮人,他们勾结在一起,凑成了现在北京市存在的最大的下山摘桃派。他们妄想通过一些阴谋手段,来篡夺无产阶级文化大革命的成果。"

孙蓬一指出,北大无产阶级革命派是决不允许他们这样做的。他说:"正因为这样,所以我们变成了他们实现野心的一个障碍,一个眼中钉,所以他们来给我们制造矛盾,挑起斗争。""现在,斗争既然由你挑起,这场斗争将怎样进行,就不以你的主观意图为转移了!""我们可以奉告这样一些人们,的确,从我们这方面来讲,我们一天也不准备打,一次也不准备打,但是你们要把战争强加在我们的头上,我们就坚决地奉陪到底!"

孙蓬一的 4.12 讲话产生了广泛而重大的影响。

对于新北大公社的师生员工来说,这个演讲振聋发聩,扫清了人们心中多日的疑云。大家明白了地院东方红并不是我们的敌人;制造矛盾,挑起斗争,破坏文化大革命,企图篡夺文化大革命成果的是吴传启一伙人,这才是我们要反对的。

对于吴传启、林聿时、洪涛等一伙人来说,孙蓬一的讲话无异于一颗重磅炮弹在他们头顶炸响,令他们无比震惊。洪涛把地院东方红当作一块石头砸向新北大公社,想把新北大公社砸趴下,不料石头变成炮弹反弹回来,于是引火烧身,闯下大祸。这个团伙是靠一系列不正当手段发达起来的,见不得光。孙蓬一把这个团伙暴露于光天化日之下,他们就无所遁形了。

(2) 关于反对谢富治

1967 年 4 月 13 日由孙蓬一讲话引发"炮打谢富治"后,从中央到地方,从校内到校外,"聂元梓炮打谢富治,要夺市革委会的权"的喊声不断,聂元梓被扣上了"要夺市革委会的权""夺谢富治的权"

的帽子。1968年春天，在高校毛泽东思想学习班上的再次"反谢"，被官方称"为'二月逆流'翻案"，在全市掀起打倒聂元梓的浪潮。"反对谢富治；反对市革委会"是北大党委给聂元梓戴上"五一六反革命分子"帽子的一条主要罪状。

"反谢"是北大文革中发生的众所周知的一件大事。然而，谢富治完蛋了，"反谢"这件事也就从《纪事》中消失了。

（3）关于反击"二月逆流"

1967年反击"二月逆流"期间，聂元梓及新北大公社的表现被称作"二流文革""二流公社""二月逆流派"。现在"二月逆流"变成二月抗争，几位副总理和老帅得到赞扬（这在许多文章中都有详细的描述）。如果再把新北大公社在1967年反击"二月逆流"时的表现如实地收入《纪事》，那不就是给聂元梓贴金了吗？于是《纪事》就只记录了下面3条：

（1967年）**3月14日**

▲新北大公社发表声明，要"粉碎资本主义复辟的反动逆流"要把代表人物"谭震林揪出来斗倒、斗垮"。

（1968年）**3月23日**　校文革发表《关于当前形势的严正声明》，说谭震林是"二月逆流骨干""翻案黑风的代表人物"。

▲《新北大》刊登《北大井冈山是地地道道的二月逆流派》。

《纪事》这样记录历史，误导了不明真相的人们，从而达到颠倒黑白的目的。

（4）关于反对潘梓年、吴传启（即向王力、关锋开战）

这是北大文革中的一个亮点，但《纪事》对发生的如下重大事件不记载：

①1967年4月10日聂元梓、孙蓬一向江青、陈伯达状告王力、关锋结党营私，招降纳叛。——没有记载！

②1967年5月27日，陈伯达、关锋、戚本禹召见聂元梓。陈伯达说："你不要反对吴传启了，更不要把我们和他联系起来。陶铸反关锋就是从反吴传启开始的。"关锋说："你要揪出一个大后台，要叫大家吓一跳。"在谈到谭震林问题时，关锋说："你们要揪出揪谭震林的后台，如果是那样，我们就奉陪。你们还要保余秋里，提醒你们，不要再犯错误，再犯大错误就可能爬不起来了。"——没有记载！

③1967年6月3日，陈伯达、江青、康生等接见外事口时，（针对北大反对吴传启）陈伯达说："无产阶级的政治斗争是很严肃的斗争，不是儿戏，不是赌博，不是押宝，不要犯主观主义的错误，不要犯儿戏的错误，要学会毛主席的阶级分析方法对待这个问题。""最近街上有这样一些标语，反对谢富治的标语：'打倒谢富治！''谢富治算老几！'现在谢富治是北京市的首长，我投他一票，你们也有一份。这种标语是乱来，属于联动一类。写这种标语的人算老大吗？老子天下第一。自己来当革委会主任。革委会主任不是自封的，是大家推选的。"——没有记载！

《纪事》从未出现过潘梓年、吴传启的名字，仅在1967年5月16日的记载中引用了孙蓬一在大会上说的一句话："不管你是翦伯赞也罢，'潘伯赞''吴伯赞'也罢，如果不投降，就叫你们灭亡。"《纪事》编者的良苦用心，可见一斑。

（5）关于陈伯达"6.5讲话"

《纪事》写道：

6月5日 晚，陈伯达来校，在大饭厅与群众讲话，说："聂元梓代表资产阶级向无产阶级夺权"，批评"北大是死水一潭"。

需要指出的是：多种史料证明，陈伯达1967年6月5日晚根本没有来过北大。《纪事》的这条错误记载，误导了包括聂元梓在内的很多人。

"6.5讲话"的地点为人民大会堂；时间是：1967年6月5日晚-6月6日凌晨；参加人员：北京大专院校红代会核心组成员、北京市革委会的十五所高等院校的委员、红代会的工作人员；会议由傅崇碧主持。[6]

但奇怪的是，红代会核心组组长聂元梓并没有与会，也没有证据表明红代会其他"四大领袖"参加了这次会议。1968年3月8日凌晨，陈伯达在回答聂元梓关于这次会议的询问时说："那是关锋强迫我讲的。他把会议布置好了，我正在开会，他把我拉到会场，让我讲那些话。"[7]

中央文革内部或高层究竟发生了什么？陈伯达的6.5讲话到底是关锋让他讲的，还是傅崇碧让他讲的？关锋或傅崇碧为何能够把陈伯达从另一个会场叫来讲话？这次会议到底有什么背景？笔者惑而不解已五十多年，祈望未来的学者能够查明真相。

陈伯达怒气冲冲而来，在讲话中发了很大的脾气。他对群众组织不听中央命令，互相之间打架，对广播车扰民，对街上反对谢富治的标语，对大学生干预各省市以及中学和工厂的运动，都作了严厉批评。当谢富治插话说"他们都各自拉一派，把自己观点相同的一派拉入红代会"时，陈伯达说："你们现在是资产阶级知识分子想夺无产阶级的权。现在苗头就是这样。"

"你们现在是资产阶级知识分子想夺无产阶级的权"是一句很重的话，陈伯达是对所有与会人员说的，但在北大反对派的口中，这句话成了聂元梓、孙蓬一的罪状。

最后，陈伯达说了两大段专门批评聂孙的话。这两段话约占全部讲话的四分之一。显然，陈伯达对聂孙的不满积蓄已久，不吐不快，这次畅所欲言，一吐为快了。现将这一部分讲话摘抄如下：

陈伯达：前两个月我就批评了孙蓬一，地质去攻击新北大是错误的，孙蓬一就发火做了个报告，说我们上上下下万众一心，这没阶级分析，不科学，你们北大就没有资产阶级知识分子？就没有一个小资

---

[6] "6.5讲话"载《毛主席的新北大》，新北大公社火车头编辑部1967年11月；已收入胡宗式、章铎编《北京大学文革资料选编》（下），美国华忆出版社，2020年5月。

[7] 聂元梓：《我在文革漩涡中》，中国文革历史出版有限公司，2017年，第242页。

产阶级？有一个会我是批评新北大孙蓬一的。"不是我们垮，就是他们垮，垮了再干。"这也是新北大一个人说的。孙蓬一有火药味，要有点老大哥的气派嘛，不然你们的名誉就损害了。吴传启算什么东西？吴传启你们说过就算了，提不上日程上。他这个人排不上我们社会的位置。……吴传启我不认识他，谢富治同志也不认识他。有一种言论，说北京日报、光明日报、新华社、红旗杂志都是吴传启操纵的，这是活见鬼！有人扭住周景芳，他在学部工作。

谢富治：他是好人，是造反派的。

陈伯达：我刚刚认识他，他是戚本禹同志派他去帮助谢富治工作的，是戚本禹推荐的，关锋同志开始还不愿意呢，要把他调到《红旗》，当时我也同意了。这是一个老实人，别冤枉好人。吴传启不可能操纵我们的报纸，渺小的微不足道的人，你们硬把他抬上来，这不是见鬼吗？这不是上坏人的当吗？因为他，就要搞武斗，这是被人在挑拨呀，这是帮助渺小的微不足道的人来篡夺我们的权力。凡是搞垄断把持权的都是替自己造成垮台的条件。你们要用吴传启这个名字来做内战的口实，一定要垮台。吴传启是渺小微不足道的人，你们为什么要抬高他呢？我们两个人一辟谣你们就垮台了。我们两个人都不认识他。你们一定要利用这个口号会自己垮台的，不相信，将来会相信的。北大拿这个借口少数人搞分裂，一两个人，两三个人想利用这个来搞内战，这一两个人就要垮台。他们认为打中了，就可以把北京市革委的权夺过来了，这是想入非非，胡思乱想，这种人一定要垮台。回去跟孙蓬一说一下，我不怕他进攻我，昨天我公开批评了聂元梓同志，我是不愿意点出名来的，对于聂元梓同志我们还是要保护的，你们不要乱攻，不要利用我的讲话去攻聂元梓同志，还是让她当红代会核心组组长，我支持她，不能够开除她。谢富治是代表党代表工人阶级来领导革命委员会的，不能由知识分子来领导无产阶级，你们这些知识分子究竟改造了多少？造革命委员会的反，是什么意思？值得考虑！我信任你们，所有才把心里的话都说出来，我这样严厉地批评你们，是因为我相信你们，你们也相信我们。我刚才发那么大的脾气，不是没有道理的，我是好意的来劝你们的，但一定不要利用我的讲话对某一个组织、某一个单位的批评，去攻击另一个组织，去攻击另一个人。不要去攻击新北大,不要去攻击聂元梓同志。北大同学回去告诉聂元梓同志,叫她不要生气,我这样正是为了她好。

陈伯达这一大篇讲话的要点是什么呢?目的又是什么呢?

要点之一是为周景芳撑腰站台,陈、谢二人一唱一和,称周景芳是"老实人""好人""造反派",以打压聂孙,但不小心泄露了天机:周景芳的后台是戚本禹!怪不得周景芳在北京市革委会能够把持一切,为所欲为,连谢富治对他也十分忌惮。

要点之二是诬称聂孙要夺北京市革委会的权。说聂元梓要夺北京市革委会的权,完全是王、关、戚、吴传启一伙编造出来的谎言,是他们树立的一个靶子,目的就是掩盖他们自己在北京市革委会已经篡夺了很大一部分权力的事实。陈伯达也这样给聂孙栽赃,实在令人不齿。聂元梓、孙蓬一4月10日进言,已经把他们的看法说得清清楚楚,陈伯达也应该听得清清楚楚,聂、孙有一丝一毫夺市革委会权的意思吗?说谢富治是邓小平老部下,要聂在市革委会起监督作用的,恰恰是陈伯达本人。事实证明,破坏北京市革委会威信的是谢富治自己。他把自己变成了王、关、戚的小伙计,把市革委会变成了被王、关、戚、吴传启一伙操控的地方。吴德晚年的回忆录揭示,北京市革委会的许多重要岗位,都被"学部联队"的人甚至吴传启所把持。

要点之三也是最重要的一点,是为关锋一伙保驾护航。陈伯达极力贬低吴传启,实际上是公开指责聂元梓、孙蓬一反对吴传启是别有用心,暗示聂孙反对关锋,并威胁聂孙一定会因为反吴传启而垮台。但是,陈伯达对吴传启也是完全否定的,这肯定会引起关锋一伙不满。关锋一伙一定会加紧对聂孙的围剿,以实现把吴传启重新捧起来的目的。

"6.5讲话"是一系列行动中的一个关键环节,其直接目的,就是要对聂元梓、孙蓬一和新北大公社进行打压,煽动起反对聂、孙的浪潮,挑动北大分裂,让北大大乱,阻止进一步揭发吴传启的行动,同时阻止学部内部和社会上已经开始的反对吴传启团伙的活动,稳住这个团伙的阵脚。

这次会议的两个主角陈伯达和谢富治,早已被历史打翻在地。但在当时陈伯达是中央文革小组组长，谢富治是副总理、公安部长、北京市革委会主任，他们都是权倾朝野、红得发紫的人物。他们的一句话，是可以决定一个人或者一个群众组织的命运的。

二、对《纪事》1966年新增内容的分析

《纪事》2008年版在1966年的新增内容如下：

8月1日 中央召开八届十一中全会，聂元梓、杨克明、张恩慈因在"第一张大字报"出笼中有功，奉命列席全会。

8月3日或4日 江青邀聂元梓坐江的车到她住处（钓鱼台）吃饭，她说聂等人写的那张大字报是她亲自送给毛主席的。她向聂透露机密、攻击刘少奇。江要聂以后"有什么事情可以直接给我打电话或者让李讷转告我，我随时可以接见你"。聂事后认为：这是"表明她把我当做了她的嫡系和心腹，才对我透露最高机密。"

11月13日 晚9时许，中央文革王任重给聂元梓打电话说：江青很关心你，很爱护你，为了你的安全，今晚让你离开家，带上你认为最重要的材料，住到另一个地方去。聂元梓当晚就由中央文革办事组派车接到花园村中央文革记者站住。

11月16日

▲晚，江青找聂元梓密谈，江说："王任重是国民党派来的"（王当时任中央文革副组长，分管大专院校），"你不要追随他"。又说："你到上海去串联，我们中央文革是支持的"，"上海问题是严重的，文化大革命前，陈（丕显）、曹（荻秋）执行的是刘少奇的反革命修正主义路线，文化大革命开始又执行资产阶级反动路线，镇压群众，不执行毛主席的指示，对毛主席指示一贯采取抵制态度"。还说："张春桥和陈、曹是有斗争的"，"上海市委和北京市委都是一窝黑帮"，"他们互相是有联系的，和邓小平也是有联系的……"。聂说，江青还举北大社教"煽动我对彭真、上海市委陈丕显、曹荻秋、常溪萍的不满"，我就"怀着满腔激情决定立即到上海去串联"。（见聂元梓1980年12月写的材料。）

11月17日 王力找聂元梓谈话，根据江青谈话精神，对聂作了具体安排：到上海和中央文革记者站甄××建立联系，有什么材料也送甄××，有什么问题要请示中央文革也经过他。

11月18日 上午，聂元梓从花园街中央文革记者站回校，召开校文革常委会，传达江青讲话要点，又把王力讲话向跟随她一起去上海的孙蓬一等人作了传达。当天晚上即上了火车去上海。"我们商量的办法是：一、通过和上海华东师大联合批判常溪萍（注：常是上海市委教育卫生部长兼华东师大党委书记、副校长，北大社教中曾任工作队党委副书记，坚决抵制队党委书记的极左作法，并向总书记邓小平揭发队党委书记的错误），打开缺口，揭发批判曹荻秋（上海市长）。二、通过上海师大与上海市各群众组织联系，积极参加各种批判大会和活动，亮明我们的观点：上海问题严重。文化大革命前执行刘少奇反革命修正主义路线，文化大革命开始后，执行资产阶级反动路线，镇压群众，应该打倒曹荻秋。三、把北大在上海串联的学生组织起来，成立'毛泽东思想捍卫团'，把我们的观点传达给他们，在上海串联中进行宣传"。（见聂元梓1980年12月写的材料。）

11月21日

▲上海一些大专院校造反派开会欢迎聂元梓，聂在会上发言说："上海市委是反动堡垒，烂掉了""常溪萍是大叛徒"，"曹荻秋、陈丕显是刘、邓的人，推行的是反革命修正主义路线，造上海市委的反符合斗争大方向"。

11月22日 聂元梓等经过几天串联后，参加"上三司"的成立大会，会上批斗上海市领导人曹荻秋、杨西光及聂元梓要求增加的常溪萍等。大会给聂元梓、孙蓬一佩戴纪念章，聂元梓在大会上发言，基调是"打倒曹荻秋"。大会上给常溪萍挂了牌子，会后给剃了阴阳头。

11月23日 聂元梓到南京参加六省一市的万人大会，煽动群众揭发、批判上海市委的资产阶级反动路线。

11月24日 上海市群众组织在文化广场召开欢迎"第一张大字报"作者大会，聂元梓在大会上讲话，攻击曹荻秋等上海领导同志，聂并宣布："不打倒曹荻秋不回北京！"此后上海群众才普遍提"打倒曹荻秋"的口号。

11月27日 聂元梓与张春桥密谈。聂元梓一到上海即向中央文革记者站甄××表示：张春桥如来上海，我想同他谈谈。27日甄××去车接聂元梓与张春桥密谈。张春桥说："上海工人是发动起来了，学生运动不行，希望你们起到很好的作用"。当聂汇报在群众大会上她提出了"打倒曹荻秋"的口号时，张春桥说："对，应该这么提，是时候了"，并对北大与上海师大联合批判常溪萍很满意。张说："常溪萍受曹荻秋重用"。还说："许多人只知道曹荻秋的问题，不知道陈丕显的问题，其实市委许多重大问题都是陈丕显决定的，上海市委的问题要揭透，必须把陈丕显的问题提出来。不要以为陈丕显是参加二万五千里长征的红小鬼，许多老革命不是也修了吗？陈丕显已经腐化了，修了"。（聂元梓回来后，把张春桥的讲话，立即向孙蓬一等作了传达。聂、孙等根据张春桥指示，不但重申了"不打倒曹荻秋不回北京的誓言"，还提出"揭发批判曹荻秋的后台——陈丕显"。他们还按照张春桥的旨意，选了有影响的四个工厂并和上海造反派头头王洪文等商量，"如何联合起来，批判曹荻秋，造上海市委的反"。聂还向市委要了一辆宣传车，在大街上到处宣传江青、张春桥的谈话精神，攻击诬陷上海市委、市政府的领导同志，发动了批判、颠覆上海市党政领导的"新高潮"。）

12月18日 聂元梓回京前与孙蓬一策划了继续"打常"的问题，18日孙蓬一在上海市文化广场斗争常溪萍大会上，诬陷常"是一个暗藏的反革命分子"，使常溪萍受到极残酷的迫害和人身侮辱。

12月27日

▲孙蓬一在上海组织并带领"新北大、新师大联合兵团"进驻中共上海市委。该兵团炮制出《刘记陈、曹六大罪状》的材料、四处张贴、散发，攻击、诬陷上海市委第一书记陈丕显和上海市委书记、市长曹荻秋是"反革命修正主义分子"。

不难看出，上述增加的内容（两千余字），主要是关于"上海串连"，并在两处注明了材料来源——"见聂元梓1980年12月写的材料"。

《〈聂元梓回忆录〉指误（一）》中，作者何洛、孟金在大量引用了"聂元梓在 1980 年写的《总结》"（笔者注：确切地说，应该是聂元梓在狱中的交代材料）后写道：

> 她最怕对她的判决书中"参与推翻人民民主专政的政权的阴谋活动"这条罪状，千方百计为自己开脱。特别是想把她在上海犯的严重罪行说成是听了李讷转达毛主席的指示而奉命行事的。但是从聂元梓转达李讷的话中，最多只能得到一点：聂想到上海串联，毛主席说想出去走一走，好么，还可以多走几个地方。到上海去是聂元梓提的，不是毛主席提的。毛主席说可以多去一些地方，她也没有去。因为别的省没有常溪萍。打倒曹荻秋是江青和她谈话中提的，打倒陈丕显是聂和张春桥密谈中，张春桥提的，李讷完全否定是毛主席让聂去造上海市委的反。

历史的事实是：聂元梓到上海串连，是奉旨而为。

关于聂元梓去上海串连一事，北大离休教授李清崑（笔名：智晴）以知情人的身份，写了《文革初期聂元梓赴上海串连大有来头》[8] 一文。其中写道：

> 1966 年 11 月 12 日上午 10 时左右，李讷即肖力（毛主席和江青的女儿）在北大校文革组织组某成员的陪同下来到北大五院二层校文革组织组办公室。当时在校文革组织组办公室的有孙蓬一等五六人，笔者亦在其中。李讷身着军服，一见面就冲着孙蓬一说："孙大炮，怎么听不见你放炮了？"原来文革初期孙蓬一曾借调到中央文革工作了约两个月，与李讷认识。孙为烈士子弟，14 岁参加革命，16 岁入党，是一直性之人，为人耿直，脾气火爆，敢于直言，人称"孙大炮"，故李讷也称他为"孙大炮"。接着，李讷便同孙及在场的人一一握手。落座后，李讷问孙：聂元梓呢，到哪里去了？孙答曰：大概到市里开会去了。随后李讷便询问北大的运动情况。孙蓬一作了较为详细汇报，大意是说：眼下北大有人反聂，反校文革，说聂执行了一条隐蔽的资产阶级反动路线，要聂元梓下台。其他人也七嘴八舌补充了一些情况。李讷听罢沉默了片刻，接着便发表了一通意见。大意是

---

[8] 该文载 2016 年 11 月 15 日《记忆》174 期。

说：北大是有点乱，但是北大的造反派不要只着眼于北大的运动，目前全国许多地方群众还未发动起来，造反派受压，尤其上海造反派压力很大，希望北大的造反派去支持他们。李讷说，今天来找聂元梓就是要同她谈这个问题，这是主席的意思。"这是主席的意思"，此话给笔者的印象最为深刻。谈话到此时，已接近午饭时间，孙蓬一要李讷留饭，李说好啊，我可未带粮票。于是众人便拿着饭盒、饭盆到大饭厅打饭，菜是普通的大锅菜，主食有馒头、大饼之类。那时李讷较为朴素，平易近人，在办公室同众人进餐时有说有笑，给大家留下了好印象。

当天下午，李讷与聂元梓单独长谈。她们究竟谈了些什么，聂未作详细传达，只是说毛主席要她带人去上海串连，支持上海的造反派。还说李讷告诉她如果毛主席批准，她也与聂同去上海。听了聂的传达后，校文革的常委们很兴奋，认为这是伟大领袖交给的任务，是对聂元梓和北大造反派的最大信任。经研究决定，由聂元梓、孙蓬一带队，另有校文革组织组的陈某和傅某参加，此二人均为女性，兼有照顾聂元梓的任务。聂随将此名单报告李讷。不几日中央文革办事组（或党中央办公厅）送来了北京至上海的四张软卧车票（系一个软卧包厢）。聂孙一行随即赶往上海。至于他们在上海进行了什么活动，笔者只有耳闻，不知其详。

聂元梓等人自沪返京后，中央文革办事组（或中办）通知北大校文革办公室：尽快将办事组垫付的聂元梓等人赴沪的四张软卧车票款送还他们，以便结账。当时我是校文革办公室主任，回答说：这四张软卧车票是你们给买的，北大无法报销，理应由你们负责。对方很快回话，说聂元梓等四人的编制不在中央文革（或中办）而在北大，只能归北大报销，并连连催促北大报销后尽快还钱。我要他们写一个证明：四张软卧车票系中央文革办事组给买的，可以报销。但对方予以拒绝。此事也从一个侧面说明，最高领袖和江青等中央文革要人，既要派聂元梓以北大群众组织的名义去上海支持当地的造反派，希图"通过聂元梓等人到上海串连，把北京同上海连成一片"（见《王力反思录》第758页），又要掩盖聂元梓等人此行是奉旨行事，真可谓费尽心机。

根据当时的财务制度，只有行政13级以上的干部方能乘坐软卧。聂元梓是12级，报销不成问题。但其他三人皆为一般教师和干部，只能按硬卧报销。差额如何处理就成了问题。彼时中央文革办事组又频频催促还款，无奈，聂元梓只好自掏腰包补齐差额，还钱了事。

原中央文革成员王力（兼中央文革办公室主任）在其遗稿[9]中也证实了聂元梓去上海是"奉旨行事"。聂元梓在其回忆录中专门有一节"上海串连真相"[10]，此处不再赘述。

聂元梓奉旨到上海串连，结果是各个方面都不满意，连他们在上海使用的"毛泽东思想捍卫团"这个名字，也受到了批评。[11] 到1983年，这次串连还被当时的法庭认定为"积极参与江青反革命集团夺取上海市领导权的阴谋活动"。[12]

常溪萍曾被北大社教运动的"左派"们误认为"北大社教运动的大叛徒"，在文革中遭到残酷斗争被迫害致死。这是非常令人痛心的一件事。聂元梓后来也为此抱憾终身。《聂元梓回忆录》中专门有一节"向常溪萍同志致歉"的内容[13]。其中写道：

我到上海串连，最令我痛悔的就是参加了对常溪萍的批斗。给常溪萍同志造成了严重的身心伤害。尽管常溪萍被迫害致死已30余年，但是，我愿意在这里真诚地表达我对他的深刻歉意，愿意做出认真忏悔。

……

后来听到别人说，常溪萍在工作队撤离北大的时候，曾经提出，不要因为社教运动的转折而批判前一段给陆平和校党委提意见的积极分子。常溪萍批评张磐石的两条意见都是对的，他要求保护社教运动的积极分子的意见也是正确的。所以才有彭真的话，"有人讲不要

---

9 《王力反思录》（王力遗稿）：2013年5月第三版第504~506页，北星出版社有限公司。
10 聂元梓：《聂元梓回忆录》，时代国际出版有限公司，2005年1月，第182-188页。
11 聂元梓：《聂元梓回忆录》，第180—191页
12 参见《北京市中级人民法院刑事判决书（82）中刑字第1436号》。
13 聂元梓：《聂元梓回忆录》 时代国际出版有限公司 2005年1月 第188-190页。

批给陆平提意见的积极分子,说是批不得;打击都打击得,为什么批不得?"想到这一点,我内心的负疚感就更沉重了。由于我的幼稚,我的错误,给常溪萍同志造成的伤害,让我抱憾终身。我愿意在这里再次对常溪萍表示我的歉意。

笔者对当年发生在上海的事情知之甚少。为追求历史真相,不惜花大力气再去收集、整理相关资料(最近整理的部分资料见《记忆》第 304 期本文的附录,此处略)。

三、对《纪事》1967 年新增内容的分析

这部分新增的内容与《〈聂元梓回忆录〉指误(二)》中的一节文字"把矛头对准周总理"相对应。新增的主要内容如下:

6 月 28 日　金××对聂元梓说:"关于抗缅问题,我国政府的抗议太软弱了,我们文艺界准备召开一个群众大会,发表声明,抗议缅甸政府的反华暴行,戚本禹要我请你参加我们的大会并讲话"。聂答应去,并表示要"红代会"的同志也去。接着戚本禹又找了聂元梓、蒯大富、韩爱晶,戚本禹说:"我们的政府调子不高,总理做事总是愿意很稳重,谨慎的,未免有点太保守了。你们要到外交部找领导同志,提出意见和批评,所以一定要召开一个群众大会,要用群众的名义发表声明,表示强烈的抗议。……会后要分两路游行,一路要到缅甸大使馆,一路要到外交部,也让外交部领导(意指总理——聂元梓原注)看看群众的革命义愤,仅仅发表这样的声明够不够,和当前的革命形势相比怎么样?"聂元梓北大红卫兵参加了大会。会后聂元梓按照戚本禹的指示,率领红卫兵到了外交部。

6 月　"新北大公社"动态组组长胡宗式称:"1967 年初,曾加入'湘江风雷'并任该组织挺进支队北京支队负责人的许××,要我们把陷害总理的'0007 密令'通过聂元梓,直接转到中央文革。我请示了聂元梓,她说:你们把它送到中央文革记者那里。由聂元梓电话联系,我到 44 楼三楼向中央文革记者上交了这份材料。"

"新北大公社除隐患战斗队"队长赵建文称:"1967 年春,从民

族学院那里知道'0007密令'问题后,怀疑总理和这个问题有关。聂元梓、孙蓬一把我们找去做了汇报,决定到湖南调查。"聂元梓说:"你们可以去,湖南是有这个密令,他们还来北京上告过,你们去了可以找一下'湘江风雷'和'高司'。也可以了解一下湖南军区的情况。聂还议论湖南军区是总理支持的。他们让去湖南的矛头是指向总理的。"

"新北大除隐患战斗队"副队长潘国华称:"5月上旬,赵建文对我讲:陈××(原无线电系学生)和孙蓬一联系,他在长沙调查了'0007密令'的情况,掌握了大量的材料,孙蓬一让我找陈把材料取回来整理上报。回来后,赵建文对我说:聂元梓、孙蓬一要赶紧把材料整理上报。赵建文还说:要赶紧把'0007'案件材料整理上报,总理就是有错误,以后中央不保总理时,整理的材料就是反总理的材料"。

赵建文的说法是:"关于'0007密令'的问题,是聂元梓、孙蓬一及他们的后台向中央进攻的炮弹。1967年6月5日以后,陈伯达的秘书到北大来,我向他做了汇报、送了材料。除了'除隐患'自己之外,姜同光告诉我聂元梓也给了陈伯达。"

聂元梓说:"赵建文对我说:材料中涉及总理,这些材料将来都是很有用的。可以从正反中发现问题。我给想了一个办法,这些材料,现在正反的都在一起混着,就这样摆着不要加以整理,也看不出来是整无产阶级司令部的材料。但是我们自己可以记住,要研究问题的时候,从正反中可以分析,需要的时候,一下子就可以整理出来。赵还说,'他已经复印了学部的材料,里面有总理的……'。我说赵建文出了一个好主意,就这样办吧。这就形成了我们在反王、关、戚的掩护下也整无产阶级司令部的黑材料的指导思想和作法。'除隐患'后期的工作,就是做的这些工作,只有赵建文是积极参加与制定这个指导思想并是具体执行的人。'除隐患'后来整理的一、二、三批材料,是指向总理的。"

7月12日

▲校文革和"新北大公社"召开全校"痛击刘少奇猖狂反扑大会",聂元梓作动员报告,把刘少奇的检查称为"反攻倒算的宣言书"。

会上发布"动员令",动员群众积极投入"批判刘少奇的新高潮中"。(13日,校文革邀请建工学院"新八一战斗团"来校介绍他们"揪刘经验"。)

7月18日 聂元梓召开"打倒刘少奇、揪斗邓小平、彭真誓师大会"。聂元梓的讲话、崔××及"新北大公社"等头头的发言对刘、邓、彭进行攻击。大会决定全校革命师生于19日进城游行,勒令镇压北大社教运动的刽子手邓小平、彭真到北大低头认罪。

7月19日 聂元梓等动员全校师生员工,组织了一个声势浩大的队伍先到天安门广场集合开誓师大会,聂元梓讲话,表示"揪斗刘少奇的决心",然后派"刺刀见红战斗队"等红卫兵队伍开到中南海西门,参加"揪刘火线"(此后,聂元梓还多次去慰问北大学生,并代表红代会慰问其他高校学生、鼓动他们"一定要把刘少奇揪出来,进行面对面的斗争")。

7月28日

▲聂元梓召开"红代会"核心组全体会议,会上蒯大富传达戚本禹指示,要在8月5日揪出刘少奇。揪刘指挥部还提出了揪刘计划。蒯大富说:"兵分两路总可以揪出来,一路去找总理,一路直接到刘少奇住的地方去揪他。"聂元梓说:"我同意兵分两路"。聂元梓还传达了陈伯达、戚本禹在北大的讲话(即:"炮轰一个人不能简单地说是炮轰无产阶级司令部,除了毛主席、林副主席外,任何人都不可随便与无产阶级司令部联系起来")。

7月

▲本月20日左右的一天晚上,"新北大公社"外联组组长刘××到聂元梓家,刘说:"如果总理不批准把刘少奇揪出来,建工'八一'绝食饿死了群众,责任就是总理的了",聂元梓说:"就是批准揪出来,群众七斗八斗,斗死了,或者给藏起来,刘少奇人没了,责任还是他(总理)的。"刘说:"这么说,批准也好,不批准也好,总理倒台是一定的了。"聂元梓说:"一定倒了。"

▲本月末,聂元梓同孙蓬一等核心骨干一起议论:聂元梓说:"在揪刘问题上反映出来,是旧政府机关与中央文革的矛盾……对旧政府机构中的人员要轰一轰。……在揪刘火线的问题上,总理的意见是

保守的，不支持群众的革命行动；戚本禹是执行中央文革精神的。"孙蓬一说："现在应对旧政府机构中的死角打扫打扫了，现在的形势很清楚，就是总理同中央文革的矛盾，我们还是紧跟陈伯达，站在中央文革一边。"王××说："就是一干到底，就是听陈伯达的。"

8月3日 聂元梓召集"新北大公社"头头们开会，传达红代会的决定，说8月5日要兵分两路，一路去找总理，一路去揪刘少奇，我们北大一定要两路都参加，要有面对面斗争的决心。会上决定北大再增派三百人到中南海"揪刘火线"。

何洛、孟金在《〈聂元梓回忆录〉指误（二）》中写道：

聂元梓在"文化大革命"中追随陈伯达、江青、戚本禹一伙，干了一系列把矛头对准周总理的勾当，但她在《回忆录》中却说"拥护周总理的态度从来没有动摇过"，把自己打扮成"坚决拥护周恩来""保卫周恩来"的"英雄"。

聂元梓《回忆录》第十二章部分内容（讲述"除隐患"战斗队始末和"0007命令"等内容）是聂委托"除隐患"战斗队的"骨干"所写。他们在《回忆录》中，添枝加叶，"写"出了一个"聂元梓在一次外事活动中"把"0007命令""直接交给邓颖超"的故事。聂元梓插话说："我几次亲手交给周总理和邓颖超。"奇怪了！在"文化大革命"中，工军宣队审查聂元梓是不是"五一六"分子时，"0007密令"是聂的一个重要问题。在那样重要的时刻，聂元梓竟没有把这个对自己脱罪极为重要的材料交代出来。而在邓大姐谢世多年后，书中却"写"出了这个材料。聂元梓曾交代："'除隐患'整理出来的一、二、三批材料，都是指向总理的。"现在却说"几次亲手交给周总理"，岂不矛盾可笑！

何洛、孟金还写道：

1968年7月28日毛主席召见"五大领袖"时曾说："北京外语学院的刘令凯反对总理，总理一直保护着他。有人讲，总理宽大无边，我就同意总理这样做。"聂元梓也反对总理，只是由于总理的宽容和保护，没有定她这条罪，但不等于她就没有这方面的问题。可是，聂元梓在《回忆录》中不但不作检查，反而颠倒是非，必须澄清。

聂元梓在清查五一六运动中被戴上"五一六反革命分子"的帽子；文革结束后，又被判刑十七年——有谁宽容和保护她了？！

在文革中北大保周总理是有目共睹的，是有大量事实为依据的。然而，从1970年开始的清查五一六运动到粉碎四人帮，北大当局一直想把聂元梓说成是反总理的。《纪事》增加的所谓"反对周总理"的内容，其材料的主要来源是聂元梓等人在清查五一六时的交代材料。虽然《纪事》的编者没有交代这些材料的来源，但何洛、孟金在《〈聂元梓回忆录指误〉（二）》中则明确写着"以上情况，都是聂元梓及其骨干人员的交代和揭发"。

文革研究者郑仲兵在给聂元梓"九十贺词"中写道：

不久之前，《北大校友通讯》49期题为《揭露〈聂元梓自述〉中种种谎言》的文章，署名何洛、孟金，党史研究会的《百年潮》杂志还转载了它。

这篇文章，令我感到吃惊。

因为一派文革的思维和文革的语言，而且所引用的材料竟是工、军宣队非法拘禁逼供信的材料。文革结束后，中央曾三令五申，要销毁这样的材料。

严格意义上说，引用这样的材料，不仅是不自重的，而且是违纪，甚至违法的。我想问的问题是，作者哪里找来的这些材料？不要说文革中的材料，就是十一届三中全会以来的专案材料就可信吗？就没有冤假错案吗？当然，这是另外一个问题。

对聂元梓的回忆录，可以见仁见智，当然可以批评。但不能作污秽的攻击和谩骂。延续文革的打派仗的路数，任意上纲上线，把聂元梓当作敌人加以谣诼诋毁，损其人格，毁其名誉。作者这样做不仅是一种自毁品格的表现，而是也是违规违法的作为。聂元梓是中华人民共和国合法的公民，她有公民应有的尊严，应受到尊重和法律的保护。而且她现在已是九十岁的老人。

我认为《北大校友通讯》和《百年潮》对此应有严肃的态度。也希望聂元梓大姐，不要把这等小事、小作放在心上。祝聂元梓大姐生日快乐，祝健康、愉快、明白！

1970年1月和2月，党中央分别发出指示和通知，大规模地部署"一打三反"运动，再次酿成大量冤假错案。1970年3月，党中央又发出《关于清查"五一六"反革命阴谋集团的通知》，把这场自1967年下半年以来时断时续的清查再次推向高潮，一直到"文化大革命"结束也没有正式宣布完成。[14]

有关"五一六"问题的文章和论述很多，限于篇幅，兹不赘引。简而言之，在北京确实存在过的，只有一个以钢铁学院学生张建旗为首的"首都五一六红卫兵团"，另外，北京外语学院有一个叫"六一六"的组织，两者都是反对周总理的，且互有联系。至于1970年开始在全国大规模清查的所谓"五一六反革命阴谋集团"，实际上是不存在的。[15] 在这场运动中，有数百万人遭到残酷迫害，上千万人受到株连。

据王广宇先生回忆，在"首都五一六红卫兵团"写好了多篇攻击周总理的大字报，但还未张贴的时候，中央文革记者站的通讯员就向中央文革作了报告，中央文革小组成员和谢富治正在开会，"电话记录"在与会人员中传阅了一圈，但没有任何人表示态度，所有的人都态度冷淡，不置一词。所以，"首都五一六红卫兵团"攻击周总理的大字报实际上就是在中央文革和谢富治等人的纵容下贴出来的。[16]

所谓"007密令"（笔者注：不是"0007"！），是湖南"湘江风雷"的坏头头对总理的陷害。1967年3月，湘江风雷北京支队队长许维刚（北京机械学院东方红的成员）找到胡宗式，想通过聂元梓将一份材料（有关007密令的问题）通过聂元梓转交江青。材料的内容是诬陷总理要搞军事政变。他们将材料复写了三份，想法托人送中央。许维刚的这份是其中之一。胡宗式把这份材料交给聂元梓，第二天，聂元梓对他说："反总理是不对的，这份材料我不给转。你到44楼3楼，把它交给中央记者站驻北大的记者，我先打个电话。"胡宗式在

---

[14]《中国共产党历史》第二卷下册，第816页，中共党史出版社，2011年1月。
[15] 参见王年一：《大动乱的年代》，人民出版社，2009年 第198—199页。
[16] 参见王广宇：《"五一六"反革命案发生的真相》，载阎长贵、王广宇著：《问史求信集》，红旗出版社，2009年，第149—157页。

转交材料时写了一个附言,说明了许维刚的身份,并且写了"这是对总理的陷害"。涉及"007密令"问题的还有孙蓬一和"除隐患"战斗队的人。

陈伯达"6.5讲话"后,我们动态组的刘志菊到东郊机械学院找许维刚,了解一下他对当前形势的看法(许是机械学院东方红的成员,在跑动态时与他相识)。他谈话的中心是:现在社会上这样激烈的斗争,反映了新文革和旧政府的矛盾。在这场斗争中,你们北大站错了队,你们站在总理的一边。你们被老三收买了。刘志菊问许维刚:"师大的后台是林杰吗?"许说:"不是,是比林杰还要大得多的林。你们北大是反林保周。"我们觉得许维刚的观点并不是他一个人的观点,而是代表社会上一批势力的观点,认为有必要把他的话上报中央。于是就由胡宗式执笔,整理了一份谈话纪要。此件经校文革办公室上报,有案可查。

无论是"007密令",还是"与许维刚谈话纪要",可以看出,我们保卫周总理的态度都是坚决的。孙蓬一1976年12月11日给胡宗式的来信中写道:

关于007密令,你所说的情况我还是第一次听到。我给邓大姐写过信。"四人帮"揪出后,又写了一封信,只谈了这一个问题。……(1967)6月19日晚,在校文革常委的一再催逼下,聂打电话给陈(伯达),让其来北大看看。陈派他的秘书王文跃来了。是我和聂向他汇报。汇报的主要材料有:市革委会王乃英动态组一工人揭发王乃英专门搞我们的材料;还有你们提供的所谓我们被"老三"收买的材料;再就是"007密令"的调查报告。聂去西郊机场送客人,还当面交给邓颖超同志一份这个调查报告。聂当时回来说,邓大姐对我们对总理的爱戴表示感谢。以后我们又上报了当时无产阶级司令部的所有成员。我们这是昭若日月的保总理的行动,可是迟群之流却硬是逼着×××等人,承认这是反总理。其用心之险恶,是为了扑灭任何敢于挺身而出保总理的力量的。我过去一直只知道我所了解的一部分。写信时只就到这一部分。听了你说的,才知道还有这一部分。

面对社会上把矛头指向周恩来的种种表现,新北大公社多次发

表声明,表示了坚决保卫周总理的立场。可惜的是,许多资料已经亡佚。以下是1967年3月17日声明中的一段:

3月17日,新北大公社发表声明:必须严格区分是无产阶级司令部还是资产阶级司令部,公社命令,对无产阶级司令部我们就是要保,一保到底!谁反对周总理,就打倒谁!新北大公社社员一律不许参加炮打周总理、李富春副总理的反动逆流,违令者,以炮打无产阶级司令部、破坏无产阶级文化大革命论处。[17]

3月18日,聂元梓向全校师生员工作关于形势与任务的讲话时也强调说:

当斗争更深入的时候,一定要认真对待,一方面密切注视敌人的动向,另一方面又不要随便炮轰。例如现在有人贴总理的大标语,贴富春同志的大标语,这是完全错误的,当然逆流表现在那个代表人身上,一定要密切注意,但也要注意有些坏人混淆是非,打乱阵营。[18]

《读〈王大宾回忆录〉》(作者:东夫)一文中这样写道:

造反派的确把许多干部整得惨,但他们被坑得更惨。王大宾奉中央文革之命到成都抓彭德怀,听彭总几番真情道白,发现完全不是原来听说的那回事,对彭总深感敬佩和同情,竟然拒绝执行命令。后来把他抓捕关押,头号罪状就是"为彭德怀翻案"。文革后判他的刑,头号罪状又变成"诬陷迫害无产阶级革命家彭德怀同志"。欲加之罪,有荒诞甚于此乎?北京钢铁学院20来个学生的5.16兵团写大字报反周恩来,生病住院的王大宾知道后立即给总理和邓颖超写信,表示保卫总理的决心,邓颖超回信称"你所表现的无产阶级革命感情,真使我们感动"。白纸黑字摆在那里,还是硬给他扣上"搞反革命政变,反对周总理"的帽子,在暗无天日的私牢里一关就是两年,几乎丧命。颠倒黑白,有甚于此乎?未婚妻什么事都没干过,仅仅因为是他的未婚妻就成了重点审查对象,也几乎被整死。株连所及,大山沟的母亲

---

[17] 转引自新北大公社"愚公"《独有英雄驱虎豹,更无豪杰怕熊罴》——新北大公社在反击二月逆流中的严正立场》,载《新北大》1967年10月22日。
[18] 新北大公社《动态报》,1967年3月20日。

都不放过，沾亲带故无一幸免，连小学中学的同学、儿时一起放牛的伙伴都被审查交代"5.16"问题。

王大宾在回忆录中披露，5.16 反周恩来的大字报出来后，北京高校各造反派组织均立即表态坚决反击，并把 5.16 几个头头抓起来扭送公安部。周恩来表示：不能说反对我就是反革命，下令放人。够大度吧？后来他又说，是不是 5.16 参加组织不重要，"罪行就是本质"，"就等于组织关系了"。够厉害吧？事实上绝大多数受害者是被安上这个罪名才听说 5.16 的，大多数抓 5.16 的人也不知道它为何物，不过视为造反派的代名词罢了。运动中北京成千上万师生关押审查，全国上千万人受株连，300 万人打成 5.16 分子，手段之残忍，时间之漫长，株连面之广，逼死人之多，超过文革所有运动。

《纪事》文革部分的主编，是长期在北大工作的老干部，是北大文革的亲历者。他们是受害者，也是参与者。他们的思想，有着文革前与文革中各种矛盾斗争的烙印。作为个人，任何人都有权利保留自己的观点，哪怕是偏见。但作为史料的编撰者，就应该秉持客观、公正的原则，摒弃一切有损客观、公正的偏见。但他们并没有做到这一点。工作中的疏忽和资料缺失是难免的、正常的，人们不应苛责。但我们看到的，不是疏忽大意或资料缺失的问题，而是对待历史的态度问题。《纪事》的这一部分欺骗不了经历过这段历史的人，但容易误导后人。《纪事》的整体价值，将会因为其中两年的缺陷，而受到严重影响。毕竟，历史是要由后人来评说的。历史，也是要由后人来写的。

（原文载《记忆》2021 年 10 月 1 日第 304 期）

17日还是19日？一字之差，谬之千里

胡宗式

"一月夺权"是文革中的重大事件，它起源与上海，经毛主席、党中央的推而广之，很快遍及全国。

中国共产党历史第二卷（1949——1978）下册第781至782页这样写道：

一、"全面夺权"导致"天下大乱"

上海"一月夺权"

1967年元旦，《人民日报》《红旗》杂志发表社论《把无产阶级文化大革命进行到底》。社论提出：1967年，"将是全国全面展开阶级斗争的一年"，"将是无产阶级联合其他革命群众，向党内一小撮走资本主义当权派和社会上的牛鬼蛇神展开总攻的一年"。在这种导向下，发生了使全国性动乱进一步升级的上海"一月夺权"事件。

……

上海"一月夺权"得到毛泽东的高度评价。1月8日，他在谈及《文汇报》《解放日报》的夺权时提出："这是一个大革命，是一个阶级推翻一个阶级的大革命。这件事对于整个华东，对于全国各省市的无产阶级文化大革命的发展，必将起着巨大的推动作用。"

1967年初，上海一月风暴吹到北京，中央号召北京群众组织夺权。聂元梓在周总理18日讲话的号召下，19日成立了夺权指挥部，北大开始参加夺权行动。北大动态报1967年1月20日第35期有如下报道：

＊在接见工人组织座谈会上，周总理、陈伯达同志讲话（摘录）

（时间 1967.1.18　地点：人大会堂小礼堂　清华井冈山口头传达）

总理说：今天 30 多个单位夺了北京新市委的权，我们祝贺他们的胜利。今后的任务首先吸收一些主要的工厂，吸收更多的职工帮助加强力量。综合性大学要负起主要责任，如北大、清华、师大……要负起主要责任，而不是派几个人参加几次会议的问题。首先是监督他们的工作，不行的就撤他们的职。参加的就要加强，没有参加的就要参加。既然前进就不允许半途而废。党中央、文革、解放军都帮助你们。要完成这项史无前例的任务。我们信任你们，你们同时也应信任我们。这样大的事情，随时都要和我们取得联系，24 小时内我们都要听电话的。

同期动态报还有两则消息：

*昨晚聂元梓同志，在我校广播讲话中指出：当前夺权斗争是两条路线斗争的新阶段，是文化革命取得胜利的关键。我校已组成夺权指挥部。下阶段大部分人军训，一部分人搞社会夺权，一部分人宣传反经济主义。

最新消息*　我校"红教工""挺进"今天（应为 19 日——引者注）下午接管了高教部、教育部，并发表了一号通报。

孙蓬一 1977 年 1 月 3 日给笔者来信说：

关于夺权时总理指示。我历来不太赞成去管校外的事，因为我觉得社会上的问题极其复杂，我们没有能力将那么复杂的事情短期内判断清楚，搞不好容易上当。当若干学校积极干预校外问题时，有的人在我面前抱怨北大，正如北航、清华说我们"窝囊"。不过，我还是有我的看法。一月份夺权时，若不是总理点了我们的名，我也是不主张我们去参与这种事的。总理指示后，我是坚决响应的，连夜传达、动员、组织，我觉得这是无产阶级司令部的命令，我们责无旁贷。

根据北京汽车分公司大字报室、首都红旗联合总部宣传部 1967 年出版的"大字报汇编"登载 1967 年 1 月 18 日在人民大会堂 周总理、江青、陈伯达、王力、戚本禹同志在接见首都工矿企业造反派代表大会上的重要讲话，记载接见结束时间是19日凌晨。

聂元梓组建夺权指挥部成立的日期是19日，是确切的。想不到40年后，北大官方出版的《北京大学纪事》把夺权指挥部成立的日期说成17日。一字之差有何玄机？

《北京大学纪事》（2008年版）第771页这样写道：

1月17日 聂元梓根据江、陈授意，组成校文革夺权指挥部，孙蓬一、徐运朴等任夺权指挥部指挥。

《北京大学纪事》的编者没有说江、陈是何时、怎样授意的。查阅文献，从1月8日毛泽东对上海夺权的批示到1月17日，中央首长谈北大，只有陈伯达、江青1月16日接见聂元梓、孙蓬一时的讲话。这次讲话没有谈夺权的事情，倒是江青留下一句名言：北大的风格不是"过"了，而是太温了。

《北京大学纪事》2008年版第771页，在1月17日夺权词条的上方有如下记载：

1月16日 江青召见聂元梓、孙蓬一，陈伯达说："王任重很坏，当着江青同志的面讲了孔繁、杨克明很多好话，讲了聂元梓很多坏话。"江青对聂说："我们要保你，从政治上关心你，帮助你，孔繁到哪里去了，你们要揪他。"说"北大的风格不是'过'了而是太温了。"

显然，江、陈谈话中并未提及夺权之事，如果有，《北京大学纪事》的编者是不会将其漏掉的。

在文革中北大保总理，是有目共睹的，是有大量事实为依据的。但是，从1970年开始的清查五一六运动，到粉碎"四人帮"，直至2008年《北京大学纪事》再版，北大当局一直想把聂元梓说成是反总理的。1967年4月，为抓叛徒北大成立第二战斗队，总理和康生都有要北大抓叛徒的指示，并且总理的指示在前，康生指示在后。《北京大学纪事》只提康生的指示，不提总理的指示。更有甚者，2008年版的《北京大学纪事》还杜撰出聂元梓反总理的内容。

17日和19日，一字之差，《北京大学纪事》的编者回避了周总理的18日的讲话，把北大的夺权行动和总理的指示割裂开来。其实，这是徒劳的，不会因为有还是没有陈伯达、江青关于夺权问题的讲话，就改变了一月夺权是毛主席领导的这个性质。联系到《北京大学纪事》不记载1967年聂元梓领导的北京市反对潘梓年、吴传启的斗争（即反对王力、关锋的斗争），不记载1967年4月13日孙蓬一炮打谢富治的事件，凡此种种，只能暴露《北京大学纪事》的编者对于历史问题挖空心思造假。《北京大学纪事》的编者在前言中声称的"如实地、简单地记述下来"的话，完全是虚伪的。

（原文载《记忆》133期）

从对北大文革中的三件大事的记载看《北京大学纪事》

胡宗式

《北京大学纪事》是为北大百年校庆（1998年）而出版的官方出版物，并于2008年再版。对于中国来说，文革无疑是一场灾难，也是一场有着多方力量参与的极为复杂的政治斗争。处于文革漩涡中的北大，更是多种矛盾交叉，多种力量争斗的地方。现在有些人，无视历史的复杂性，摒弃公正立场，以其固有的偏见与派性，选择性地遗忘，选择性地记史，把北大复杂的文革历程歪曲为仅仅是反聂和保聂之争，反聂即是有理，反聂即是正确。《北京大学纪事》（文革部分）就是这样一种选择性记史的代表。

本文以1967年发生在北大的三件大事为例，看一看《北京大学纪事》的编者是如何歪曲历史真相，如何选择性记事的。这三件大事是：

一、北大在反"二月逆流"浪潮中的态度和立场；

二、聂元梓、孙蓬一揭发关锋、王力结党营私，并发起了反吴传启的行动；

三、由孙蓬一1967年4月13日讲话引发的"炮打谢富治"事件。

一、关于北大在反"二月逆流"浪潮中的态度和立场

"二月逆流"事件的本质，是几位老帅和副总理，在不同的会议上发表了对文化大革命表示不满的言论，引起了毛泽东的震怒和批评。刚刚被毛泽东批评过的中央文革，利用这个机会，给几位老帅和

副总理扣上了"资本主义复辟逆流"（后被称为"二月逆流"）的帽子，并通过暗中操作，在社会上发动了大规模的反击"二月逆流"的行动。他们还把矛头指向了周总理，气焰十分嚣张。现在，"二月逆流"变成了"二月抗争"，许多文章讲述了老帅和副总理们抗争的故事，但很少有人提到在反"二月逆流"浪潮袭来时下层群众的表现。实际上，当时的许多群众组织和广大群众，虽然对上层发生的事一无所知，但出于正义和良心，仍然以不同的方式，抵制了中央文革的倒行逆施，对老帅和副总理们表示了同情。他们的表现，体现了人心向背，体现了"公道自在人心"的古训，也是值得称道的。

1967年3月7日，师大井冈山、学部联队、新人大公社、石油学院北京公社、钢铁学院919、民族学院东方红这6个群众组织，突然贴出了大量标语："打倒谭震林！""坚决反击资本主义复辟逆流！""揪出谭震林的后台！"等等，声势非常浩大。其他群众组织在惊诧之余，也感受到了很大的压力。

谭震林是主管农业口的副总理，但这次提出打倒谭震林的6个组织，没有一个是农业口的，而且，给谭震林扣上"资本主义复辟逆流"这样的大帽子，却没有任何证据，提出的事实都是旧事，如指责谭震林在农口支持保守派夺权，等等。6个组织中最引人注目的是师大井冈山和学部联队，另外4个高校组织，当时尚不是红代会成员。因此，这种情况非常令人不解，也很不正常。多数大学的群众组织，不知道发生了什么事情，对"坚决反击资本主义复辟逆流"这种口号，无不晕头转向。一个多月前，大概是1月份，"农大东方红"因炮打谭震林而受到戚本禹的批评，为此曾贴过"向谭震林同志请罪！"的大标语。北师大等单位掀起了"打倒谭震林"的浪潮后，"农大东方红"一个跑动态的成员，来到北大动态组说："师大真不够意思。我们到他们那里了解情况。他们说你们先表态，然后给材料。"

这场突如其来的风暴，使刚刚成立的新北大公社总部十分震惊。动态组全力调查，再三打听，最后只获得一条信息：中央开了会，谭震林说了话。就这么几个字，详情一无所知，更不知道毛泽东说了很重的话。另外，我们还了解到，这次浪潮的矛头所向，下一步还有李富春、李先念、陈毅、余秋里等副总理。这个情况就严重了，同时把矛头指向好几个副总理，把副总理都打倒，最后不就反到周总理头上了吗？这使我们深感忧虑，也引起了我们极大的警觉。

我们把了解到的情况，都及时反映给了聂元梓和公社总部。在师大井冈山等组织发动反谭震林行动之后的最初几天里，部分校文革委员和公社总部委员经常在"动态报"开会，研究形势的发展。当时聂元梓的态度是：你们再详细调查，总部先不表态，如果他们反总理，我们就反击。

我们对农业口的文革情况作了初步了解，发现农业口各单位情况非常复杂，两派斗争很激烈，但从1月份以来，并没有发生可以推翻戚本禹1月讲话、打倒谭震林的新情况。农业口的几个知名人物，如左叶等人，都不知道这一次发生了什么事。公社总部曾在大饭厅开了个群众大会，我介绍了当时所了解到的一些情况。同学们从这次情况介绍得出了一个印象：公社总部是保谭震林的。部分群众有意见，责问公社总部为什么不赶紧表态打倒谭震林。群众有意见是可以理解的，但这也使公社总部感受到了来自内部的压力。

我们知道谭厚兰有后台，但是，我们并没有得到任何来自正规渠道的指示，怎么能根据一点点小道消息，凭分析和推测，就动员北大群众跟着他们走呢？公社总部还在了解情况，商议对策，但有两个战斗团在3月9日先行表态了，贴出了炮轰谭震林的标语。

3月11日晚，戚本禹提出收回他1月份保谭震林的讲话。戚本禹是中央文革成员，收回先前讲过的话，是一种不同寻常的做法，这样，当时的压力就非常大了，整个气氛，逼着每个群众组织都非表态不可。在此情况下，公社总部于3月12日发表了"炮轰谭震林！"的声明。

3月13日，在矿业学院红代会办公处，聂元梓主持红代会核心组扩大会议，讨论当前出现的反击"资本主义复辟逆流"的问题。会上，红代会作战部长和农大代表先后讲情况，说的事都是1月份及以前的事。许多单位要师大介绍情况，师大代表拒绝。当农大代表快讲完时，谭厚兰来到会场。代表们请她讲话，她说："我没有什么可讲的，我也没有什么材料，我们就是要反他！"农大代表讲完之后，聂元梓说："农大同志讲完了，大家看一看怎么办？"韩爱晶提出：

红代会组织全市大游行,时间就是明天。对于韩爱晶的意见,各校没有反对,就通过了。有人提议由聂元梓向中央文革请示,聂到套间去打电话,一会儿回来,说"可以"。有人问,是否中央批准了?聂说:"没有,我把红代会的决定反映给办事组的×××,讲了明天的行动和口号。办事组没有表示什么意见,这就是同意了我们的行动。"第二天,红代会组织了十万人反谭震林的大游行。

北京地质学院"东方红"负责人之一聂树人,对这次会议也有记述:

> 3月13日,"首都大专院校红代会"核心组开会,研究部署反击"二月逆流"。……我作为宣传组组长,参加了这次会议。……为了慎重和稳妥,大家建议聂元梓给中央文革打个电话,将红代会准备行动的想法告诉上面,以观高层的态度和战略部署。电话在小会议室的套间。聂元梓进去时把门关上了,说的什么,外面人听不见。几分钟后,她出来了,对大家说:"我把会议的决定告诉给办事组,办事组没有表示什么不同意见,就是同意了我们的行动。"

1967年3月15日出版的《首都红卫兵》(红三号)还以《坚决粉碎资本主义复辟的反革命逆流,首都红代会昨日举行声势浩大的游行示威》为正副题,报导了"红代会"这个半官方组织3月14日大游行的情况。[1]

据新近了解到的情况,聂元梓给中央文革办事组打电话时,中央文革办事组有一句回话:"你才知道啊?!"这明显是一种斥责。聂元梓在红代会核心组的会上没有传达这一句话,回到北大也没有公开说。但这一信息,公社总部是知道的。在这种情况下,加上红代会也做出了决定,公社总部不得不于3月14日(也许是3月13日晚)发表了一个"打倒谭震林"的声明。公社总部之谨慎、被动与无奈,可见一斑。

新北大公社发表"打倒谭震林"的声明,乃时势使然,谭震林到底说了什么"犯上"的话,仍一无所知。我们认为,像谭震林这样资

---

[1] 聂树人:《北京天、地两派的争斗》,香港:中国文化传播出版社,2013年,第133-135页。

历和级别的干部，即便在会上说了什么，也不能因为几句话就将他打倒。因为我们并不认为谭震林真的应该打倒，所以，公社动态组仍接待过农口的左叶、谢文景、李星等人，甚至江一真来访。新北大公社总部个别勤务员也见过他们，不过他们可能并不清楚我方人员的身份，所到的地方也仅仅是公社动态组。这些联系后来不仅受到反对派的大肆攻击，大概也受到过上面的调查，但与聂元梓、孙蓬一等确实没有关系。

在对待"二月逆流"问题上，北京市分成了两大派："打倒派"和"炮轰派"。聂树人在书中写道：

> 对"二月逆流"的态度使北京的学校、机关、工厂分裂成两大派，一派是"炮轰派"，主要单位有新北大公社、石油学院"大庆公社"、人大"三红""民院抗大"、学部总队，认为余秋里、谷牧、李先念、李富春、叶剑英、徐向前等的问题是人民内部矛盾。他们公开的口号是：炮轰几个副总理，对谭震林的口号是打倒。但是，实际情况，既不炮轰，更不打倒。"新北大公社"对"二月逆流"的态度，引起江一真、左叶等人的注意。江一真是国务院农办主任，他的地位仅次于谭震林。江一真1967年4月到北大"串联"。这件事，被当时的对立派说成"谭震林的黑爪牙江一真勾结聂元梓……"[2]

在掀起"打倒谭震林"浪潮的同时，一些单位也开始了对另外几位副总理的攻击。例如石油学院"北京公社"、师大"井冈山"和吴传启控制的"学部联队"，从3月12日起，把矛头指向了余秋里，成立了"揪余秋里联络站"，要打倒余秋里。他们甚至将矛头指向周总理。周总理说"余秋里是毛主席司令部的人"，第二天师大等单位就开广播车到计委门前狂呼："余秋里绝不是毛主席司令部的人"，"说余秋里是毛主席司令部的人是混蛋逻辑"。民族研究所的洪涛到地质学院说："谭震林、余秋里是二月逆流的哼哈二将。"

新北大公社总部经过调查和慎重研究，认为当时提出来的要打倒余秋里的理由是不能成立的，北大同石油系统从无关系，周恩来又多次讲过保余秋里的话，如"余秋里是毛主席点的将"，等等，因此，

---

[2] 聂树人：《北京天、地两派的争斗》，第135页。

有半个月之久，新北大公社对余秋里问题根本没有表态。新北大公社的这一立场，聂、孙曾召开校文革常委会讨论，予以支持。直到3月27日，新北大公社才以支持红代会3月25日声明的形式表态"炮轰余秋里"，但新北大公社的声明同时强调"我们必须念念不忘阶级斗争，警惕阶级敌人浑水摸鱼，趁火打劫，炮打无产阶级司令部。目前，社会上出现了一股反对周总理的逆流。我们重申：周总理是坚定的无产阶级革命家，谁把矛头指向周总理，谁就是反革命，就坚决镇压！"（笔者手头没有红代会3月25日的声明，暂无从核查，但该声明显然有"炮轰余秋里"的内容。）

3月13日，洪涛和统战部的刘郢跳出来贴了李富春的大字报，题为"就统战民委系统文化大革命中的问题与李富春同志大辩论"，其内容是批判李富春同志关于统战系统的一个讲话。同时在经委，一些人通过反薛暮桥来反李富春，进而把矛头指向周总理。

洪、刘两人是1月15日抢档案事件的主犯，北大早有看法。李富春不仅是副总理，还是八届十一中全会选出的新的政治局常委，当然是毛主席司令部的人，洪、刘的大字报是个人署名，不代表群众组织，这下让北大逮了个正着，立即予以反击。北大《动态报》67.3.17期第4版有如下内容：

周总理、李富春同志是毛主席司令部里的人！

洪涛、刘郢肆意攻击李富春同志罪责难逃！

统战民委系统红色联络站负责人洪涛、刘郢于3月13日贴出题为"就中央统战部运动中的几个问题和李富春同志大辩论"的大字报，肆意攻击李富春同志，这就是炮打无产阶级司令部，我们必须给以有力的回击。

又讯：今日，新北大公社部分战斗队上街贴大标语："周总理李富春是毛主席司令部的人！""不许洪涛、刘郢攻击李富春同志！"

3月17日，新北大公社发表声明：必须严格区分是无产阶级司令部还是资产阶级司令部，公社命令，对无产阶级司令部我们就是要保，一保到底！谁反对周总理，就打倒谁！新北大公社社员一律不许参加炮打周总理、李富春副总理的反动逆流，违令者，以炮打无产阶级司令部、破坏无产阶级文化大革命论处。[3]

中央文革将北大在反"二月逆流"浪潮中的表现视同叛逆，时不时拿"二月逆流"说事，用这根大棒打压北大。例如，关锋在1967年5月27日警告聂元梓说："你们要揪出反谭震林的后台，如果是那样，我们就奉陪。你们还要保余秋里，提醒你们，不要再犯错误，再犯大错误就可能爬不起来了。"[4] 新北大公社总部因为不了解事情来由，对于反谭震林的事固然步履维艰，疑虑重重，但还没有愚蠢到说"要揪出反谭震林的后台"这样的话，新北大公社从内心里固然是保余秋里的，但从未这样公开宣示过。不过，关锋这种手段一点也不新鲜。先无中生有造谣栽赃，再施以威胁恫吓，这是关锋一贯的伎俩。关锋用这种手段对北大进行威胁和打压，已经不是第一次了。这一次，尽管关锋说得气壮如牛，但他政治生命的倒计时已经开始，再过三个月就要垮台了，爬不起来的恰恰是他自己，"奉陪"云云，只能成为笑柄。

对于这样重大事件的叙述，《北京大学纪事》很是节约笔墨：

（1967年）

3月14日 ▲"新北大公社"发表声明，要"粉碎资本主义复辟的反动逆流"，要把代表人物"谭震林揪出来斗倒、斗垮"。

3月18日 聂元梓召开红代会核心组会议，决定发动十万人游行，打倒谭震林。聂当场打电话请示中央文革，得到戚本禹批准。[5]

上述第一条只是新北大公社声明中的一小部分内容。对于新北大公社在这一浪潮中的艰难处境和对反"二月逆流"的被动消极乃至部分抵制的态度，对新北大公社保几位副总理，实际上是坚决保卫周总理的严正立场，《北京大学纪事》只字不提，这就完全歪曲了历史真相。

3　转引自新北大公社"愚公"：《独有英雄驱虎豹，更无豪杰怕熊罴》——新北大公社在反击二月逆流中的严正立场》，载《新北大》1967年10月22日。
4　聂元梓：《聂元梓回忆录》，时代国际出版有限公司，2005年，第220页
5　王学珍等：《北京大学纪事》，北京大学出版社，2008年，第773页。

第二条就太离奇了，首先时间不对，把 13 日写成了 18 日，至于"得到戚本禹批准"云云，完全是编者的臆造。聂元梓明明是给中央文革办事组打电话请示，《北京大学纪事》的编者，非要说是向戚本禹请示，无非就是要把聂元梓和戚本禹联系起来。编者先生为何不把关锋威胁聂元梓的那几句话写上呢？还有，北大井冈山后来大肆攻击新北大公社是"二月逆流派""勾结谭震林"等等，为什么不写上呢？新北大公社一再声明保卫周总理，编者先生为什么不写上呢？

新北大公社总部有一个艰难的认识过程，他们固然欠缺能力，但在这一场极其复杂的政治风暴里，他们顶着巨大的压力，坚守住了良心的底线。他们不仅一再声明保卫周总理，还在实际行动中对那股企图打倒几位副总理并进而攻击周总理的势力进行了抵制。在很长一段时间里，北大的许多师生，都会因为支持新北大公社总部在反"二月逆流"浪潮中的态度和立场而感受到很大的精神压力。特别是在 1968 年秋天，工、军宣传队传达了中共八届十二中全会的精神之后，虽然新北大公社已经解散，但人们依然感受到巨大的压力。八届十二中全会公报这样写道：

全会严肃地批判了那个反对八届十一中全会决定、反对无产阶级文化大革命、反对以毛主席为首、林副主席为副的无产阶级司令部的一九六七年的"二月逆流"。全会认为，击溃"二月逆流"和今春那股为"二月逆流"翻案的邪风，这是毛主席的无产阶级革命路线粉碎资产阶级反动路线的一个重大的胜利。

这个公报，不仅严厉批判了"二月逆流"，还把 1968 年初，在高校学习班里许多群众组织坚持批判王、关、戚和批判谢富治的做法，说成是"今春那股为'二月逆流'翻案的邪风"。1971 年初，我被押回北大参加清查五一六运动时，"二月逆流"和高校学习班等问题，都是被要求以"罪行"来交待的。

这种压力直到"9.13 事件"之后才得以部分解除。1971 年 11 月 14 日，毛泽东说："你们再不要讲他（指叶剑英——引者）'二月逆流'了。'二月逆流'是什么性质？是他们对付林彪、陈伯达、王、关、戚。那个王、关、戚要打倒一切,包括总理、老帅。老帅们就有气嘛,发点牢骚。他们是在党的会议上公开的,大闹怀仁堂嘛!"[6] 毛泽东亲自为"二月逆流"平了反,不能再指责新北大公社是"二月逆流派"了,但迟群之流是一伙蛮不讲理的"常有理",他们又把"炮打无产阶级司令部"的罪名扣到我们头上。迟群一伙公开宣称:不管是炮轰,还是打倒,都是炮打无产阶级司令部。

到了 1998 年,《北京大学纪事》的编者不能再指责新北大公社是"二月逆流派"了,不能再指责新北大公社"勾结谭震林"了。但是,"断章取义""取其一点、不及其余""以偏概全""张冠李戴""移花接木"是他们惯用的手法。于是,在这些"永远有理"的编者的笔下,聂元梓和新北大公社又有了"反二月逆流"的罪名。

历史证明,中央文革的一些人,这一次把中央上层小范围内发生的、并正在解决中的事情先扩散到一部分群众当中,制造一种暴风雨般严重、肃杀的气氛,再滥用自己的权威,误导、利用广大群众的做法,实际上是搬起石头砸自己的脚。而许多北大师生,继"一月夺权"之后,正是从这一场政治风暴中进一步审视中央文革,对中央文革有了更新的认识。这种认识,将在 4 月份转化成为向关锋、王力及吴传启一伙开战的行动。历史还证明,从这一场政治风暴中进一步认识了中央文革某些人真实面目的群众组织和个人,绝不止北大一家。这一结果,大概是掀起反"二月逆流"风暴的幕后推手所想不到的。民心不可侮,此其一例。

"反二月逆流"的气候和土壤,还滋生了以张建旗为首的"首都五一六红卫兵团"这样的毒草。另外,这股"反二月逆流"的浪潮还扩展到了全国各地,催生了"全国全面内战"的严重局面。而随着这股由王、关、戚们掀起来的浪潮,他们自己也快速地滑入了反军、乱军的罪恶深渊。换言之,王、关、戚们之所以坠入反军、乱军泥潭,正是"反二月逆流"的必然发展。事情的恶性发展让毛泽东也无法容

---

6 张化、苏采青:《回首"文革"——中国十年"文革"分析与反思》,中共党史出版社,2014,第 647 页。

忍,终于作出了"王、关、戚是破坏文化大革命的,不是好人"的决断。[7]

二、聂元梓、孙蓬一揭发关锋、王力结党营私,并发起了反吴传启的行动

在"一月夺权"和反"二月逆流"的过程中,以聂元梓、孙蓬一为代表的北大人,逐渐看到了关锋、王力、吴传启等人结党营私的丑恶勾当。1967年4月8日发生民族宫事件后,聂元梓、孙蓬一感到有必要向上反映关锋、王力的问题。4月10日,聂元梓和孙蓬一去钓鱼台,向陈伯达、江青当面陈述了对关、王一伙的意见。此事详情当时没有传达过。多年后,笔者才从孙蓬一1977年1月3日的来信中获知这件事情的经过,老孙写道:

高教部事件后,北大从上到下,都在胸中沉积着一股令人透不过气来的压抑闷气。"五一六"们则得寸进尺,步步紧逼,视我们为软弱可欺,冲突不断发生。我们总是受气,真是到了是可忍、孰不可忍的地步了。不公开起来与王、关、戚对着干,简直要把人气疯、气死了。这伙以"左派"自命的家伙,其篡党祸国的用心,若再容忍下去,则我们是无颜再以无产阶级革命派自居了。四月八日民族宫事件后,我就主张公开反击、指出问题实质。当时李清昆等人建议为稳妥起见,还是去找江青当面汇报一下,以取得支持。聂同意了。九日写了一封求见信,十日下午她与我就去了钓鱼台。那天正好是清华斗王光美。

我们去后,在场的有江青、陈伯达、戚本禹。我记得是16号楼(文革办事人员所在的楼)的一层会议室里,江先问了清华斗王光美的情况,然后问我们是否找王力、关锋来一起听听。我们异口同声地表示拒绝。戚本禹则以早有先见之明似的说:"我早就知道你们是不会同意的。"为什么我们没有拒绝戚本禹呢?因为当时还认为他与王

---

[7] 中共中央文献研究室编:《毛泽东年谱》(1949—1976),第六卷,中央文献出版社,第114页。

力、关锋不同,根据是:(1)高教部事件他未给我打电话;(2)放郑仲宾,是戚根据郑母的请求信下的令;(3)他当时反对朱成昭。

我和聂坐在长形桌子的一面,对面是他们三人:中间是江青,右边是陈伯达,左边是戚本禹。我们向他们谈了高教部事件,谈了林杰、周景芳、潘梓年、吴传启及其北京市里那一伙,包括高教部的卢正义、徐非光。指出他们这一伙人许多人都有历史问题。我则公开说:我们认为王力、关锋是在搞新的招降纳叛、结党营私。谈话间,江青倒没有怎么反驳我们,给人的印象她是在耐心的听我们的汇报,而唯有戚本禹不断地为王、关辩护。当谈到潘梓年、吴传启时,江青说:不是早就打过招呼不和他们联系吗?(对戚)你把吴传启的档案拿来给我看看。戚本禹答应明天就给她。当说到周景芳时,我说他去市委,是说代表中央文革小组去的,以中央文革代表自居,地院的广播中,更说周景芳是中央文革的新成员。江青指出:他是什么中央文革代表、成员?!他连中央文革来都没有来过!戚本禹此时就插话说:可以说是中央文革委托的。陈伯达则说:这样恐怕不好吧,不能这样说。陈的语气是很平和的。可是不知为什么,这一下子却激怒了戚本禹,当着我们的面就大发其火,把手一拍:这没有什么!我负责!这是经过了主席的么!戚本禹还想发作下去,江则如对三孙子那样,爱抚地拍了一下戚的手臂:嗯……,这才制止了戚。弄得陈伯达十分难堪,羞辱之色,从脖子到脸一下子都棕红了。陈最后语调平和但却充满委屈,不解地说:我从来还没有看见你发这么大的脾气呢。这件事给我的印象极深,使我从此认清了戚本禹在江青那里,确是一个宠儿。戚本禹与王力、关锋是一伙的。所以以后,当了解到戚想控制北京市时,我是深信不疑的。派周景芳的(事),也显然是戚本禹同王力、关锋一起干的。而陈伯达给我的印象是:他虽是组长,但地位还没有戚本禹来得显赫,戚对他是毫不敬重的。

我说到王、关包庇那一伙,是搞结党营私时,江青说:我们没有那样的感觉,只是感到关锋的性子拗一些。接见我们将结束时,姚文元进来了,我记得随后周总理也来了。於是谈话就结束了。江青送我们到16号楼的门口,还告诉我们,今天谈的事,出去不要讲,特别不要损害了王、关的威信。

江青大概明白，此次聂、孙进言，完全是出于好意，所以她没有像对待陶铸那样对待聂、孙。江青能够听聂、孙把意见讲完，应该说表现出了很大的耐心。她也没有再说"吴传启是左派"一类的话，反而表现出一种和吴传启拉开距离的态度。1966年江青曾经因为吴传启和卢正义的问题同陶铸发生过激烈的冲突，知道有关吴传启历史问题的材料，这次江青向戚本禹提出来要看吴传启的档案，显然是想表明她原先不了解吴传启。应该说，江青这一次对聂、孙还是很客气的，聂、孙走的时候，江青还送他们到楼门口。

但是，直性子的炮筒子孙蓬一，在前一天地质学院的人打上门来的形势下，4月12日在大饭厅的大会上讲话时，将江青"今天谈的事，出去不要讲"的关照忘在了脑后，公开向吴传启一伙发起了宣战。讲话登在4月13日《新北大》报上。这里节选部分内容：

所以说，这一场斗争不是简单的、所谓左派内部的斗争，这是一场严重的阶级斗争。（对！鼓掌）这一场斗争的最根本最根本的问题，也是和一切革命斗争的根本问题一样，就是围绕一个政权的问题。（对！热烈的长时间的鼓掌）

他们以攻击聂元梓为借口，直接提出这样一个问题：要"新北大滚出红代会"，要"聂元梓滚出红代会"，"聂元梓没有资格参加北京市革命委员会"，"红代会的核心小组必须彻底改组"，要换所谓"老三司"，说"聂元梓凭什么当了红代会核心小组的组长"，"我们不信任你，到底是谁保你的驾"，要揪出聂元梓的后台。

目前的这场斗争，既然意味着夺权，意味着无产阶级江山握在什么人手里的问题！因此，什么"委曲求全"呀，什么"忍辱负重"呀，让其统统见鬼去吧！（对！长时间暴风雨般的掌声，呼口号）在这样一场严肃的政治斗争面前，我们只能当仁不让，寸土不让，寸权必夺，寸土必争！（对！）因为我们这样做，不是为了几个人，也不是为了我们新北大的小团体，是为了整个阶级，是为了全世界无产阶级革命！（对！长时间热烈鼓掌）

目前，从北京看，在无产阶级文化大革命当中，出现这样一个状况，一方面整个的形势是大好的，而且越来越好；而另一方面存在一股资本主义复辟的逆流，这股资本主义复辟的逆流表现在许多方面。

其中有一个方面：过去一些反革命修正主义分子、黑帮爪牙们，他们也企图翻案。像中宣部、统战部就有那么一股势力，那么一帮黑帮爪牙，他们企图翻案，他们企图搞第二次反攻倒算。同志们，我们能答应他们吗？（不能！）也有另外一种人，他们为了达到他们垄断、独占无产阶级文化大革命胜利果实这一目的，便不择手段，只要是可以被他们利用、为他们服务的，只要是支持他们的，他们不管这些人是什么派，就一律给他们送上一个最美丽的桂冠："革命造反派"。而这样一种力量，采取一种非常不正当的手段，采取拉一伙，打一伙，拉拉扯扯，勾勾搭搭，招摇撞骗，把手伸得很长很长，真正是拉大旗作虎皮，包着自己去吓唬别人，当他们跟别人辩论，他们提不出充足证据的时候，便拿出所谓的王牌，说：某某支持我们。不管什么人，只要你违背了毛泽东思想，他支持了你，那么他也是错误的！（对！）无产阶级革命者，认为隐瞒自己的观点是可耻的，（对！）我有必要再一次阐明我的观点：在我看来，这一股势力的代表，这一股势力的核心不在学校，而是一些机关，是真正的摘桃派，那是一些什么人？如学部以吴传启为首的一帮子人，如高教部的延安公社（对！）中央统战部红色联络站。（对！）至于还有一些单位，他们人数虽然很多，但是，在我看来，那只不过充当了一个打手，充当了一个工具！

孙蓬一的讲话并没有点关锋的名字，但社会上大家都明白。孙蓬一的讲话在中央文革内部引起了什么样的反应，我们至今不得而知。可以推测的是：关锋一定会非常震惊和愤怒，愤怒之余，一方面赶紧让吴传启、林聿时之流外出躲藏，另一方面会利用各种手段在北大内部制造混乱；江青会感到很被动，所以她后来说"聂元梓的那个助手不好"，但江青的地位摆在那里，别人是奈何不了她的，被动不到哪儿去，相反，到关、王垮台时，这还可以成为她的资本；至于戚本禹，不知道他有没有把吴传启的档案拿给江青看，但他自己肯定会对吴传启警惕起来，就在这个 4 月份，戚就在学部拉起了一派自己的力量，也开始反对吴传启。

孙蓬一的讲话，对于吴传启一伙来说，无疑是五雷轰顶，年龄大历史不清白的，赶紧外出逃亡，年轻一点且历史清白的，如洪涛，则向北大发动全力反击。洪涛在北大的合作者，其代表人物就是牛辉林。

孙蓬一的 4.12 讲话可能非常鲁莽，策略上很不妥当，但许多北大师生由此认识到，我们所遇到的种种困惑和事件，根子究竟在哪里。孙蓬一的公开讲话，使矛盾的实质暴露在光天化日之下，从而使任何暗中交易或妥协成为不可能。"出头的椽子先烂"，孙蓬一的讲话，得罪了许多人，尤其得罪了王、关、戚的后台。孙蓬一以后的种种噩运，实肇始于此。

孙蓬一的 4.12 讲话，以及 4.13 由孙蓬一讲话引发的"炮打谢富治"事件，无疑震动了中央文革。4 月 14 日，中央文革小组成员全体出动，连康生都出马了，还有谢富治，一起接见红代会各院校代表。他们讲话的目的，是要消除孙蓬一这两次讲话的影响，是为了灭火。值得注意的是，他们的讲话除了表示中央文革是一致的，以及批评孙蓬一关于"摘桃派"的说法之外，并没有人公开出面保那几个被孙蓬一点了名的人，大概他们自己心里也没有底，没有人再说"吴传启是坚定的革命左派"了。康生还给了聂元梓一封有关抓叛徒的信，意图拉拢，使北大把注意力从反吴传启转移到抓叛徒上。但是，情况已经不同了，他们的这一切都没有能够动摇北大揭露吴传启一伙的决心，也没有能阻止北大揭露吴传启一伙真面目的行动。

从 4 月下旬起，北大"除隐患"战斗队公布了关于潘梓年的几批材料。就笔者记忆所及，先公布的是潘解放前发表的反共文章，最后是有关潘历史问题的材料。

有人证明，1926 年组织上曾通知潘梓年参加他们的小组生活，证明潘已是党员。但在 1927 年白色恐怖时期，他发表了不少吹捧蒋介石、骂共产党的文章，说明他在政治上已经叛党。1967 年 5 月，报纸上正在批判刘少奇吹捧电影《武训传》时，北大收到了一封信，举报说潘梓年某某时候，在某某杂志上发表过吹捧武训的文章。到图书馆一查，果真如此。这也成为批判的材料。至于潘是否叛徒的问题，学部的"大批判指挥部"曾辗转托人到北大了解过相关材料，他们也认为"潘的叛徒问题是板上钉钉的铁案"，"就凭这些材料也可以打倒潘梓年。"[8]（至于现在如何看待这些材料，是另外一回事了。）

"除隐患"战斗队还对吴传启的历史作了调查。从某种意义上讲，调查吴传启更为困难。吴传启不仅拥有"左派"的桂冠，掌握着实力强大的"学部联队"，实际上还控制着北京市革委会的许多事情。最主要的是，吴传启同关锋有着悠久密切的关系。因此，揭露吴传启的困难很大，风险也很大。吴传启的薄弱点是他解放前的复杂历史。因为历史问题，吴传启在50年代就受到过组织的审查。1966年文革开始后，学部又揭发出来吴传启的历史问题。正因为吴传启历史上有问题，是国民党，陶铸才坚决拒绝了江青的要求，拒绝去学部宣布吴传启是"左派"，并为此同江青发生了直接的激烈冲突，江青为此大哭大闹，陶铸由此和江青彻底闹翻了。[9] 解放前吴传启长期在武汉供职，要调查他的历史必须去武汉档案馆查阅档案。正好，4月初的时候有一次首长接见，孙蓬一给周总理写了一个纸条，说我们了解到一些叛徒线索，是否可以调查？总理批示"可以调查"。有了总理批件的帮助，"除隐患"战斗队的同志顺利地进入了已实行军管的武汉档案馆，查阅了许多档案，查到了许多吴传启的历史材料。他们调查回来，曾整理打印出一份关于吴传启历史问题的材料。"除隐患"战斗队1967年6月1日用大字报公布的材料，可能是这份材料的压缩版。但这两种材料，我自己未能找到。

北大反吴传启的行动也得到了社会上的支持。有人给北大寄来了一份吴传启自己写的自传材料，"除隐患"战斗队据此编写了一份《吴传启论吴传启》，准备开展论战的时候使用。1966年，学部曾就吴传启问题举行过长达六七天的辩论会，这次北大也准备打一阵笔仗的。但是，陈伯达的6.5讲话，扼杀了这场斗争，这份材料便没有公布。同年9月，吴传启被抓捕，这份材料便没有什么用处了。

潘梓年只是吴传启、林聿时推出来的一个"牌位"，并非要害，北大批潘的行动，并未遭到中央文革的阻击。北大揭发潘梓年的行

---

8 孟祥才：《我所知道的关锋、林聿时和吴传启》，http://www.21ccom.net/articles/rwcq/article_2013111295161_2.html
9 曾志：《一个革命的幸存者：曾志回忆实录》，广东人民出版社，1999年，第453—455页。

动，进行了不到一个月，内容是贴了一些大字报，在校刊《新北大》上登过几篇文章。下一步当然是揭发吴传启了，可大字报还没有贴，中央文革就已经坐不住了，他们急不可耐地要出手了，要进行压制了，要把揭发吴传启的行动扼杀在摇篮里。

1967年5月27日中午，聂元梓接到电话，要求她在两点之前到达钓鱼台。陈伯达、关锋、戚本禹找她谈话。聂元梓对这次谈话的记述如下：

> 陈伯达说："我们是受江青委托和你谈话的。……你是有水平的，是市革委会副主任，又是红代会的，北大文化革命委员会主任。以后有许多事情需要你和我们共同来做。我们非常希望和你合作，你要和我们站在一起。你写的大字报和你在北大校文革的行动，为'文化大革命'立下了汗马功劳，希望以后好好地合作。你不要反对吴传启了，更不要把我们和他联系起来。陶铸反关锋就是从反吴传启开始的。"
>
> 关锋说："北京分出两大派，你要负责，听说你还要揪出一个大后台，要叫大家吓一跳。"（我解释：这都是谣言。）关锋说："你态度不好。"我就没有再解释下去。
>
> 在谈到谭震林问题时，关锋说："你们要揪出反谭震林的后台，如果是那样，我们就奉陪。你们还要保余秋里，提醒你们，不要再犯错误，再犯错误就可能爬不起来了。"（我说：这些情况是别人谎报的，不是真的。像二月四日关锋同志批评我们"三路进军"一样，根本没有那回事。）关锋矢口否认说："我没有打过那次电话，根本没有。"
>
> 戚本禹："你也有问题，但我们计较了吗？你还说什么六月要血洗北京城。"
>
> 我立刻急了，指着陈伯达的鼻子说："你们听了满耳的谣言，根本违背事实真相，今天你们说的这些，我要追查，看是谁给我造谣。"没有等我说完，关锋、戚本禹就走开了，留下陈伯达。我也起身走了。陈伯达在后面追上来，喊"不要生气呀，我们要合作哦！"[10]

---

10 聂元梓：《聂元梓回忆录》，时代国际出版有限公司，2005，第220页。书中写28日，应为27日。

陈伯达等人对聂元梓的这次召见，在"扬子浪日记"中可以得到印证：

（1967年）8月21日

晚上，聂元梓讲了5月27日中央文革对自己的批评，共三点。第一点，中央首长说北京两派是聂挑起的，武斗要聂负责。聂辩解，戚本禹不让聂元梓辩解，说：不许你讲。聂说：那我只好到公社去劳动了。戚说：你就是到公社去，还是要找你。会上，聂提出了关锋一月夺权时的那个电话，关锋矢口否认。[11]

这是一次奇怪的召见。既然是"受江青委托"的谈话，总得谈出一个结果来，好向江青汇报。为什么关锋、戚本禹半中间就走开了呢？聂元梓也留下陈伯达，自己起身走了呢？显然，这是一次不欢而散的召见，陈伯达又拉又打，一方面以"合作"为诱饵，要聂元梓"不要反对吴传启了，更不要把我们和他联系起来"，另一方面进行威胁，"陶铸反关锋就是从反吴传启开始的"，言外之意是：聂元梓要是不听话，下场就会和陶铸一样。关锋、戚本禹则是一如既往，用种种谣言来进行打压。聂元梓不肯屈从，双方谈崩了。如果真的是"受江青委托"，这样的谈话结果，陈伯达、关锋、戚本禹是怎么向江青交代的呢？江青又有何反应呢？或许，"受江青委托"一事，根本就不存在，就是陈伯达、关锋、戚本禹要把北大反吴传启的行动压下去。

就这次陈伯达等人的召见，在2015年4月29日的校友见面会上，笔者向当年"除隐患"的队长赵建文询问。赵说："老聂回来后对我说，上面有人不叫我们反吴传启。她没有说是谁不叫反。我问，我们怎么办？她说，按原来的计划。"

以聂元梓、孙蓬一为代表的北大人坚持自己的信念，他们没有被权威吓倒，也没有为"合作"之类的利益所诱惑。6月1日，北大"除隐患"战斗队，以大字报的形式公布了关于吴传启历史问题的第一批材料。仅仅这第一批材料，吴传启的后台们便坐不住了。他们愤怒了，软的不行，他们要来硬的了，内部谈话不行，他们要采取公开的行动了。1967年6月3日陈伯达不点名批评了北大。6月5日陈伯

---

11 扬子浪："扬子浪日记"《记忆》 132期。

达在人民大会堂点名批评聂元梓："不仅要夺学校的权，也要夺市革委会的权，还要夺工厂、机关的权，现在最危险的是夺无产阶级的权。""你们没有讲接班的条件，就想打倒谢富治，你们来当主任吗？""你们要用吴传启这个名字来做内战的口实，一定要垮台。吴传启是渺小微不足道的人，你们为什么要抬高他呢？我们两个人一辟谣你们就垮台了。"将轰轰烈烈的反潘、吴运动打了下去。于是，北大进入了大分裂的时代。

对于这样一起重大的事件，《北京大学纪事》是如何记载的呢？对于1967年4月12日孙蓬一的讲话，《北京大学纪事》作了歪曲：

4月12日 校文革召开万人大会，孙蓬一在会上发表讲话，说要"迎头痛击（地派）资产阶级反动逆流"，"目前的这场斗争，意味着夺权，意味着江山落在什么人手里的问题"。"我们的口号只能是当仁不让，寸土不让，寸权必夺，寸土必争。"并指责对方（地派）是"真正的摘桃派"。[12]

孙蓬一说的很明确：这一股势力的核心不在学校，而是一些机关，是真正的摘桃派，那是一些什么人？如学部以吴传启为首的一帮子人。《北京大学纪事》编者明目张胆地将"学部以吴传启为首的一帮子人"改成"地派"，骗谁呢？在1967年4月，北京高校的分派，一般称为"北大派""师大派"，还没有地派的称谓。编者并非没有这点常识，为的就是篡改历史事实。

关于北大反潘、吴的行动，《北京大学纪事》更不敢提及，因为这等于给聂元梓评功摆好。说它一字未提也有点冤枉，《北京大学纪事》通篇只有两个字：'潘伯赞''吴伯赞'中的"潘、吴"。

5月16日 校文革召开批斗翦伯赞大会。孙蓬一在会上说："不管你是翦伯赞也罢，'潘伯赞''吴伯赞'也罢，如果不投降，就叫你们灭亡"。周扬、吴晗、廖沫沙等被揪上台陪斗。[13]

不知内情的人看到这一条，根本不可能知道'潘伯赞''吴伯赞'

---

12 王学珍等：《北京大学纪事》，北京大学出版社，2008，774页。
13 王学珍等：《北京大学纪事》，北京大学出版社，2008，775页。

指的是潘梓年和吴传启。不过，《北京大学纪事》没有说北大反潘、吴的行动是"分裂中央文革"、"为二月逆流翻案"和"干扰毛主席的伟大战略部署"，这已经是很大的进步了。

如果说聂元梓在1966年对中央文革还有点用处的话，那末，在1967年"一月夺权"的时候，聂元梓已经成了中央文革关锋、王力的绊脚石和眼中钉了。聂元梓在反"二月逆流"中的消极态度，更是受到中央文革的斥责，聂元梓坚持反吴传启，中央文革某些人是必欲除之而后快了。如果不是王、关、戚相继垮台，聂元梓大概在1967年就垮台了。如果聂元梓放弃揭发吴传启，如陈伯达所说的同中央文革"合作"的话，又会有什么样的结果呢？历史不能假设，但如果那样做，聂元梓就不成其为聂元梓，北大也不成其为北大了。

顺便说一句，2014年，一个偶然的机会，笔者见到了原中央文革办事组负责人王广宇先生。据王先生告，中央文革原先派驻北大的记者，对北大所持立场比较客观，但关锋对该记者非常不满，非要将其逐出中央文革不可。这种做法令王广宇先生也感到不解和为难，该记者不能派驻北大，可以派往别处嘛，何必将人家赶走。由此可见，关锋对北大有多么仇恨。北大后来驻过一个叫张超的中央文革记者，大概是关锋的亲信，不知后来怎么样了。将来的学者，倘能见到当年中央文革派驻北大的记者所写的报告，对研究一定大有益处。

三、由孙蓬一1967年4月13日讲话引发的"炮打谢富治"事件

谢富治本是一位老革命，《毛泽东选集》第4卷中常常提到的"陈、谢兵团"，"谢"就是谢富治，他有上将军衔，又是公安部长，文革中又率先揭发邓小平，所以，到1966年底，北大师生都是很尊敬他的。后来，新北大公社成立后，开始了解到一些校外的事情，特别是谢富治对1.15抢档案事件的处理，便对他有了看法。

1967年1月15日凌晨1时15分，刘郿（统战部宗教处副处长、国务院宗教局第一副局长）和学部民族研究所洪涛，调集了"红色联

络站"二百余人，把统战部和国家民委的档案室抢劫一空。当天，民族学院红卫兵总部和统战部的部分群众把洪涛、刘郢扭送到公安部。周总理指示：由三方面（中央并公安部为一方，抢档案的为一方，民族学院红卫兵总部为一方）协商追回档案。下午，公安部副部长严佑民，中央办公厅秘书局副局长曹幼明亲临现场。严佑民说："我们来是总理指示的，总理很关心，怕国家机密被弄走。"并指出："这个事件是建国以来最严重的抢档案事件"，"这是严重的政治事件"。但是第二天，刘郢、洪涛却被公安部释放了。公安部还印发了一个《公安部某负责人就一月十五日"红色联络站"接管中央统战部档案问题的讲话》，说刘郢、洪涛等人是左派，抓他们是犯法的。民族学院红卫兵总部的人到公安部理论。洪涛等人又以冲击公安部和迫害左派为名，将民族学院红卫兵总部的负责人郑仲兵扭送到公安部，公安部竟然收下，并将其关押了 13 天。

《公安部某负责人就一月十五日"红色联络站"接管中央统战部档案问题的讲话》是一篇奇文，于文革史研究，有着重要的价值，笔者抄录如下：

一、《彻底摧毁中央统战部反革命修正主义路线红色联络站》的革命左派同志，为了保护国家档案，于一九六七年一月十五日晨，接管了中央统战部一批档案并封存，这完全是革命行动，大方向是正确的。

二、中央统战部革命造反团的一小撮人，盗用公安部的名义，非法绑架、斗争、拘留中国科学院民族研究所洪涛、中央统战部《东方红公社》刘郢、林祉成等革命同志。这是犯法行为，是直接破坏无产阶级文化大革命的行为。

中央民族学院文革临时筹委会材料组，又于一九六七年一月十六日十时印发传单，佯称"中央民族学院革命造反派红卫兵总部于一月十五日把现行反革命分子洪涛等人扭送公安部，公安部已签字拘留"。特郑重声明：洪涛、刘郢等同志是革命左派，大方向是正确的。说"公安部已签字拘留"了他们，这是彻头彻尾的造谣。

三、公安部接待站的个别人于一九六七年一月十五日晚十一时五十三分，趁接待站来访人员较多，秩序混乱之际，不分是非逮捕了中国科学院民族研究所韦清风同志,是完全错误的,是违法乱纪的。

事后,经我部调查了解,韦清风同志是革命左派,并于一九六七年一月十六日上午宣布释放,公开道歉予以平反。对上述所犯错误的有关人员,我们已责令其作公开检讨,并予处理。

中华人民共和国公安部办公厅秘书处印

一九六七年元月十七日

"公安部某负责人"究竟是谁?显然,这就是谢富治,没有谢富治同意,是不可能以"中华人民共和国公安部办公厅秘书处"的名义印发这样的文件的。

这个文件是如何炮制出来的?它有什么背景?我们至今不得而知,但这显然是一个非常荒唐的文件。刘郢是一个司局级官员,洪涛和另一个组织者曹振中都是中年人,并非少不更事的红卫兵。他们如此大规模地抢劫国家机密档案,其目的是什么?幕后推手又是谁?我们也不得而知。但很明显的一点是,他们绝不是奉无产阶级司令部之命保护档案的。他们用大卡车抢了二十多箱(柜)档案,却有15个柜子无处存放,临时运到学部近代史所。该所张海鹏在其学术自传《学术人生——我的理想与追求》中提到这件事时写道:"只是1.15清晨,张德信打来电话,告民族所洪涛和红卫兵联队曹振中组织人抢了统战部和国家民委的档案柜,其中有15个柜子无处存放,要求放到近代史所。随后有人开着卡车拉来15个铁柜。我让他们把15个铁柜分别放到几处屋檐下,没有同意放进屋里。第二天,就有人对铁柜加了封条。"这充分说明,"公安部某负责人讲话"中的"为了保护国家档案,……接管了中央统战部一批档案并封存"云云,完全是谎言。抢了那么多的档案,甚至要用大卡车来拉,到了凌晨还不知道往哪儿存放,要临时找存放的地方,这是保护档案吗?有这样保护档案的吗?如果真是保护档案,为什么不拉到公安部或卫戍区去呢?显然,他们本来是想控制这些档案的,准备用来达到他们不可告人的目的,但是,他们太狂妄了,没有估计到会遭到那么多革命群众的抵制,几个头头还被抓了起来,事情还惊动了中央。他们的目的无法实现,又怕阴谋暴露,于是,他们的后台出手了,不但要把洪涛、刘郢等人捞出来,还要借机封他们为"革命左派",把革命群众保护档案、抓获洪涛、刘郢的行为说成是"非法绑架、斗争、拘留","是犯法行为,是直接破坏无产阶级文化大革命的行为",连公安部接待站的工作人员,都受到"违法乱纪"的指责,被责令"公开检讨",还要"并予处理"。颠倒黑白,以至于此。

据张海鹏先生的回忆,参与1.15抢档案的,还有近代史所的曹振中——学部联队的一位骨干,这样,抢档案的不仅是民委统战系统的人了,学部联队也牵涉进去了。如洪涛、刘郢被拘押,曹振中也难逃干系,追查下去,必然会引向吴传启一伙,动摇学部联队的根本。刚刚利用打倒陶铸的事件打垮对手、站稳脚跟的学部联队,也会引起连锁反应,吴传启的后台,就无法利用他们呼风唤雨、兴风作浪了。所以,他们的后台出手了,通过谢富治,于是就有了这样一份由中华人民共和国公安部办公厅秘书处印发的堂而皇之的书面文件了。对于维护吴传启团伙、打击异己而言,"公安部某负责人讲话"有着关键的作用。

"公安部某负责人讲话"不仅荒唐,也非常愚蠢,它暴露了"公安部某负责人"和坏人勾结的真实面目。历史证明,谢富治和王、关、戚,其实是一伙的,"公安部某负责人讲话"就是他们公开勾结的宣言。后来在组建北京市革委会的时候,他们有进一步的勾结。吴德晚年在回忆录中曾揭示,北京市革委会的许多重要岗位,都被"学部联队"的人甚至吴传启所把持。

"1.15"事件是一个大是大非问题。对此事件的不同看法使统战民委系统分裂成两派,在北京,按系统分裂的这是第一个。

在"1.15事件"的问题上,北大不能接受"公安部某负责人讲话",并对谢富治有了看法。

新北大公社再次对谢富治产生看法,是因为谢富治在处理"4.8民族宫事件"上明显偏袒一方的做法。

对于吴传启一伙来说,民族宫是一个重要的地方。1967年1月,北师大"井冈山"和学部联队联名向中央文革写了一封建议信,建议迅速成立以戚本禹为总指挥的"北京抓革命促生产指挥部",来领导北京市的夺权。他们开会策划这件事的地方，就是民族宫。[14] 民族宫和国家民委连在一起，是洪涛一伙重点控制的地方。刚刚组建一个多月的新北大公社总部不了解这些情况，不知道厉害，参与了民族宫和洪涛对立的一派批判"民族工作展览"的活动。新北大公社总部实际上并没有太看重这件事，鉴于合作方群众组织中工人比较多，写作力量薄弱，就派了几个中文系的同学去帮助写文章，完全没有想到会遭到地院东方红、民族学院东方红等单位的围攻和驱赶，会发生"4.8事件"。4月8日上午对立派以保守组织无权批判展览会为名，把我方工作人员赶出设在民族宫的展览馆。按照他们的借口，其目的已经达到。但他们仍不肯善罢甘休，继续调集人马，准备更大的行动。在批判展览工作室的北大人员，向总部告急。听说发生了矛盾，公社总部一把手代领一些人去解围，也不过去了五十来人。我方的人员包括北大、民族学院、民委、其他院校参加批判展览的工作人员，全被困在民委大院的一些房间里。我们代表前去谈判，聂元梓和蒯大富以红代会的名义，呼吁停止冲突的建议，吴德和戚本禹的秘书到现场，呼吁双方撤出，停止武斗。这一切都不奏效。对立派执意把事件搞大。面对训练有素的武斗队伍，没有防备、没有见过武斗场面的北大学生及其他单位的人员毫无抵抗能力，最后被地院等校的人一个个拖出民委大门外，驱赶到大马路上。

挑动武斗的其实就是洪涛一伙。关锋、王力垮台后，洪涛也被逮捕。新北大公社曾获准审讯洪涛等4人。洪涛交代，4月8日晚，他就在现场指挥。北大只派出了几十个学生，洪涛一伙就视作心腹大患，非除掉不可。所以，没有"4.8事件"，也会发生别的事件。

某些人决定利用4.8民族宫事件向北大发动直接的攻击。在他们的挑唆下，1967年4月11日晚饭后，来自地质、邮电、农机、农大、工大、民院等院校的6辆广播车闯入北大校园，他们高喊着"聂元梓无权进入市革委会！""聂元梓从红代会滚出去！""揪出聂元梓当红代会核心组长的后台！"等口号，进行挑衅。他们的挑衅活动一直持续到晚上9点半钟左右。在忍无可忍的情况下，孙蓬一决定把他

---

14 卜伟华：《中华人民共和国史·第六卷（1966—1968）——砸烂旧世界》，香港中文大学当代中国文化研究中心，2008，第396页。

们赶出去。广播台按孙蓬一的指示向全校广播：为了明天批斗王光英的大会能够顺利进行，总部要求地院等校学生退出北大校园；北大学生行动起来，把那些无理取闹者赶出校园，下定决心，不怕牺牲，排除万难，去争取胜利！过了一些时候，同学反映6辆广播车，有5辆已经哑了，只剩一辆还在喊叫。当时孙蓬一和我在广播室，我说我去解决它。在汽车周围有3层人，我挤入人群，挤到喇叭下方，跳起来扯断了喇叭线，广播车便哑了。接下来，北大同学把广播车一辆一辆推出南校门。有文章说北大砸坏了广播车，这是夸大其词。充其量是揪断几根电线而已。广播车周围有好几层人在保护，砸得着吗？

1967年4月13日，谢富治在人民大会堂接见红代会核心组，解决这一场冲突。聂元梓打电话给我，说一些情况她不清楚，让我一起去。到了大会堂，聂元梓首先向会议的组织者说明多来一人，组织者同意我进去。下午开会，谢一开始说："今天召集红代会核心组开会，解决北大和地质之间的矛盾。先听听别的院校的意见，你们两家不必发言。"会场上有人提问，质疑我的身份，谢富治问聂元梓，聂元梓答道：已经和会议的组织者说明了。会议开始后地质虽然没能发言，但是参与事件的其他五个学校都可以发言攻击北大。几个人发言之后，聂元梓说："谢副总理，我讲两句。"谢把手一挥，说："你不要讲，你们两家，我谁也不听。"我在聂元梓的身后，看到她流下了眼泪。这时会议室的大门开了，一下拥进来20多人，我认得其中一位女的，她是地质东方红动态组负责跑北大的。他们一看屋里有那么多人，就嚷着："不是说单独接见我们吗？"说着就要往外走，会议组织者一拦，他们又都回来坐在后排，嘴里还不停地说着什么。经过这一折腾，会议没有办法进行下去了。谢富治起身到边上的小房间，地质的人随后进去。过了一会儿他们过来，围着我们说："谢副总理说了，找聂元梓来解决。"聂元梓起身到小房间去，我和孙蓬一到大会堂门口，一会儿聂元梓出来，地质的人围了上去。聂元梓问会议组织者："会议还开不开？"答曰："不开了。"我们便走下台阶，地质的人一直追到我们的汽车旁，骂些老保、挑起武斗之类话。

汽车开动后，孙蓬一问："谢副总理怎么说的？"聂元梓说："武斗是北大挑起的。" 停了一会，孙蓬一说："回去以后要把接见的情况原原本本地对群众讲。"聂元梓说:"不能讲。"我说:"讲了会引起炮打谢富治。"因为都很生气,一路无话。

晚上,石油学院大庆公社来到北大,就北大"4.11事件"表示声援。在大饭厅,大庆公社和新北大公社的负责人发表了讲话。听到动静,自发来了很多同学。会场气氛很是热烈。后来孙蓬一即席讲话。他讲了下午的接见和"1.15事件"等情况:

处理"1.15事件",把抢档案的说成英雄,是左派,而把保护档案的人关进监狱,这是什么逻辑;名义上说开的是解决北大和地质之间矛盾的会议,但会上不让我们说一句话,就下结论,说武斗是我们挑起来的,不是没有调查就没有发言权吗?是他们打到我们家里来的,而不是我们打到他们那里去的。是非如此明显,却视而不见?我们多去了一个人,谢富治便要问为什么多了一个人,地质去了20多个人,谢什么话都没说,这公平吗?

在大会上,孙蓬一还讲了吴传启之类是真正的摘桃派以及和吴传启一伙斗争的性质。孙蓬一的讲话很有煽动力,全场情绪激昂。孙蓬一讲完后,新北大公社总部决定组织人去公安部和谢富治辩论,队伍在马路上集合了,有些积极的人先跑到前面贴大标语。这时聂元梓、李清昆赶到现场,制止了这一行动。聂说,北京市革委会4月20日就要成立了,现在绝对不能反对谢副总理。于是,公部总部的人立即派人把先走的人叫回来,并把贴的大标语盖上。聂元梓和李清崑亲自坐小车去追。当晚,聂元梓口头向驻北大的中央文革记者承认错误,并写了书面检查连夜送到中央文革。从此,聂元梓、孙蓬一的头上就戴上"代表资产阶级知识分子向无产阶级夺权","夺市革委会的权"的帽子。

《北京大学纪事》是如何记述炮打谢富治这件事的呢?读者不用费心去找了,在《北京大学纪事》主编的笔下,1967年4月13日这一天是不存在的。(见下图)

4月11—12日　"地质学院东方红红卫兵"等造反组织到北大游行示威,呼喊"聂元梓从'首都红代会'滚出去"(聂是核心组组长),"聂元梓没有资格参加北京市革委会"等口号。

4月12日　校文革召开万人誓师大会,孙蓬一在会上发表讲话,说要"迎头痛击(地派)资产阶级反动逆流","目前的这场斗争,意味着夺权,意味着江山落在什么人手里的问题"。"我们的口号只能是当仁不让,寸土不让,寸权必夺,寸土必争。"并指责对方(地派)是"真正的摘桃派"。

▲校文革和外校18个造反组织联合召开万人大会,揪斗王光英、李维汉、徐冰、陆平、彭珮云被押上台陪斗。孙蓬一发言说"血债要用血来还","今天,是我们向刘少奇、王光英讨还血债的时候了"。

▲晚,谢富治、傅崇碧派代表到北大,通过广播传达经中央文革批准的《紧急通知》。《通知》说:"地质、师大、清华等学校的同学同北大的争论,要在'红代会'上解决,不能发动人到北大去。11日夜间和12日下午的武斗是完全错误的。希望现在去新北大的同学,一律回自己的学校"。

4月14日　康生给聂元梓写信,说:"天津南开大学卫东组织了调查彭真、刘仁等调查团,从初步调查结果,看见旧北京市委内隐藏了许多叛徒。我想新北大应组织调查组,系统地调查彭真、刘仁等黑帮的具体材料"。

图:《北京大学纪事》没有4月13日这一天

孙蓬一做了一件捅破天的事。第二天,也就是1967年4月14日,中央文革成员和谢富治接见红代会各院校代表。会上,批评地质学院的只有轻描淡写的寥寥几句:

江青:你们开广播车去北大是不妥当的,有意见可以提。

康生:昨晚谢副总理向我汇报了昨天的情况,准备解决问题。地院东方红没有遵守谢副总理的指示,出了26人,这种态度是不对的。

批评北大的就很多了。针对4月10日聂元梓、孙蓬一说王力、关锋结党营私的事。各位的发言,对此都有表态:

江青:我首先讲一下,我们小组是一致的。我们今天全来了。就戚本禹去解决邮电大楼的武斗,一会儿就和谢富治一起来。这个一致是表示在主流上的,不要想钻空子,你们要懂得,小心有人钻空子,挑拨离间。

姚文元:正如江青同志所讲的我们小组在政治上、主流上是一致的,我们紧紧团结在以毛主席为代表的无产阶级革命路线下面,为毛主席的革命路线而斗争,不容许任何人挑拨离间,不要上当。

康生:有人对中央文革这样推测,那样推测,还分几派。我们小组是一致的。

陈伯达：把我和关锋同志对立起来是完全错误的。我和王力、关锋、戚本禹同志一起工作的。不要在这里有什么小空子可以钻。要走大路，不要走小斜道。

对于孙蓬一在4月12日、13日两次大会讲的摘桃派问题，中央文革一致给予批判：

姚文元：……有人提出摘桃子的问题，摘桃子只能阶级对阶级摘，对敌人是寸权必夺，夺回到毛主席手里，而不是为自己小团体夺权。

陈伯达：现在好像流行一种摘桃子的理论，这个理论是毛主席在日本投降以后提出来的，是指抗日胜利的桃子是落在人民的手中还是落在美帝走狗蒋介石手中。……这是阶级斗争，不是哪一小团体和一个小团体的斗争。什么叫摘桃子？不从无产阶级的观点看这个问题就完全错了。……现在我们北京是无产阶级的首都，在一些学校、机关、工厂出现了摘桃子的错误观点，比如说，我们这里，我们这个机关、学校，这个单位，如北大、清华，上上下下都万众一心吗？难道没有陆平吗？没有蒋南翔吗？没有黑帮吗？没有刘邓代理人？没有阶级斗争、两条路线斗争？没有资产阶级反动路线吗？那样万众一心吗？

关于炮打谢富治，中央文革成员一致给予批评：

江青：炮打谢富治是不妥当的，是错误的。但不能全赖在聂元梓同志身上。按她的斗争经验、生活经验应该给你们做出榜样。你应当做触及灵魂的检查（指聂元梓）。但打倒谢副总理，一切都归于聂元梓，我没有证据。你们开广播车去北大是不妥当的，有意见可以提。斗王光英是好事。北大的事情很复杂。孔繁做过邓小平的秘书，他反对聂元梓，他难免作挑拨的事，使你们不团结。

康生：谢副总理是全军文革小组副组长，这样一个党、政、军的领导同志，同志们随便写大字报传单上街，这是极大的错误。说谢副总理是邓小平的什么人（××：谢副总理是最早的用文字揭邓小平的问题，斗争很坚决。）这种东西出现是罪恶，是我们的耻辱。

谢富治对于昨天的调解会议，给了含糊其辞的说法：

谢富治：昨天，小将们打架，我想调解一下，但没有办好。办事应调查清楚。昨天我事情没有调查清楚，情况不太了解，还很急躁。主要是批评了地院东方红，而且发了脾气，也批评了聂元梓，最后走的时候也没有和聂元梓打招呼。

关键问题是，谢富治不调查就下结论，硬说武斗是北大挑起的。但谢富治对此避而不谈。

4月14日会议上中央文革诸人讲话的核心，是宣称中央文革是一致的，不容怀疑。不过这种宣称不久就破产了。1967年8月底，关、王垮台；1968年1月，戚本禹垮台。但这两次都没有给出什么说法，毛泽东关于王、关、戚不是好人的讲话没有传达，对他们的罪行也讳莫如深。到了1968年3月27日，江青、陈伯达等终于有了一番不同于4.14讲话的关于王、关、戚的说词，在工人体育场召开的十万人大会上，江青说："王力、关锋、戚本禹，我们过去不知道他们是刘邓的黑爪牙，他们是刘邓安排在我们革命队伍里的钉子。他们打着红旗反红旗，到处招摇撞骗，不请示不报告我们，封锁我们，架空我们，耍阴谋，干了很多坏事。因为他们是黑爪牙，我们把他们端出来，挂起来。"陈伯达说："主要是江青同志端出来的。"两相对照，令人瞠目。然而，对于聂、孙而言，虽然他们早就提出关锋、王力结党营私，却依然是罪不容赦。等待他们的，将是不断的被打击报复。

《北京大学纪事》对于4.13炮打谢富治事件，一字不提，当然4.14接见就更不能提了，尽管4.14的会议是专门为北大开的。就是在4月14日这次会议上，康生给了聂元梓一封关于抓叛徒的信。同时发生的事，《北京大学纪事》专挑这一件事来写，不敢涉及会议的其他内容。

《北京大学纪事》1967年4月14日的记载：

康生给聂元梓写信，说："天津南开大学卫东组织了调查彭真、刘仁等调查团，从初步调查结果，看到旧北京市委内隐藏了许多叛徒。我想新北大应组织调查组，系统地调查彭真、刘仁等黑帮的具体材料。"

聂元梓依照康生的信，组织了"北京大学文化革命委员会揪叛徒兵团"（又称新北大公社第二战斗队）。数力系学生杨建铎任队长，生物系学生师春生为副队长。该兵团选定的成员均送"康办"备案。（该兵团携"康办"介绍信派人到全国 20 多个城市查阅敌伪档案，提审在押人员，凭犯人口供，搜集编造老干部的材料，制造了十多起大案、冤案。其中，如"百人专案"，将叶剑英按照中央决定，营救被国民党关押的 300 多名我党干部出狱，说成是叛徒；搞北京地下党一案，诬陷刘仁。他们收集编造彭真的材料，为康生陷害彭真提供了"依据"。）该战斗队人员，逐步达到 125 人。[15]

抓叛徒问题是个大问题，这里只谈三点：

鼓励红卫兵抓叛徒，是党中央的行为。

历史上，至少从 1927 年开始，党中央就时刻注意叛徒、特务问题。文化大革命更是如此。毛泽东在 1967 年 2 月 20 日批示：

阅谭震林一月二十八日关于农垦部、农业部、水产部等单位开展文化大革命情况和出现问题的报告，批示："林彪、恩来同志：此件值得一阅。党、政、军、民、学、工厂、农村、商业内部，都混入了少数反革命分子、右派分子、变质分子。此次运动中这些人大部都自己跳了出来，是大好事。应由革命群众认真查明，彻底批倒，然后分别轻重，酌情处理。请你们注意这个问题。谭震林的意见是正确的。此件请周印发较多的同志看，引起警惕。"[16]

1967 年 3 月 16 日，中共中央印发了《关于薄一波、刘澜涛、安子文、杨献珍等人的自首叛变问题的初步调查》。这个文件以中共中央名义加了按语，影响极大。

1967 年 9 月 16 日，在大会堂，召开中央首长接见"天派"的会议。在这次会上，总理有这样的讲话：揪叛徒问题"天派""地派"都合作了，这个行动完全有利于党的纯洁。总理这句话编者看不到吗？非也。《北京大学纪事》的编者，是仔细研究过这一篇讲话的。从诸多事件中，他们只书写了这样一条：

---

15 王学珍等：《北京大学纪事》，北京大学出版社，2008，第 775 页。
16 《毛泽东年谱（1949-1976）》，第六卷，第 42 页。

9月16日 江青讲话说,"北大是老保翻天,至少是部分老保翻天"。

总理的话显然不合编者之意,就不选录了。

第三,北大抓叛徒的行动,有总理的亲笔批示,也有康生的指示。并且,总理的批示在前(4月3日),康生的指示在后(4月14日),《北京大学纪事》只提康生指示,不提总理批示,这是对历史的正确态度吗?

北大校文革对抓叛徒一事的安排,是很慎重的,新北大公社总部没有人参与此事,完全由校文革组织组负责。而且,负责"揪叛徒"的"第二战斗队"也从未公布过任何材料。

笔者和第二战斗队没有联系,不知道情况,希望第二战斗队的人,能出来讲明真相。但有一件事倒是令人深思,1971年2月,清查五一六运动时,我被押回北大接受审查。3月初的一天,在办公楼礼堂,军、工宣队召开全校的坦白大会,公社方面上台坦白的是第二战斗队的方××,他说在聂元梓的指使下整了周总理的黑材料。我当时感到很惊讶,怎么可能整总理的材料呢?到了1972年,我有了一点活动自由,去见周老师(1964年夏天,我和她一起在北京顺义金盏公社搞过四清)。她说:方××是我们教研室的,他搞的是夏衍专案,只是在收集的材料里提到总理的名字,这不能算整周总理黑材料,只能说是工作上有不当。

大会上拿出来的坦白典型,其真相原来如此。这只不过是军、工宣队为了达到某种政治目的,搞出来的欺上压下的典型而已。另一个典型是牛辉林,在同一次大会上承认自己是"五一六分子",还说把北大"五一六分子"的名单交给洪涛了。这真是笑话!众所周知,张建旗那个"首都五一六红卫兵团",总共没有几个人,哪里需要什么名单。至于吴传启、洪涛等人,在反周总理的问题上固然和张建旗是一丘之貉,但他们都是富有政治经验的老奸巨猾之徒,哪会去搞什么需要填写名单的"五一六"组织。至于后来为什么把他们说成是"五一六",并且在全国大抓特抓,甚至把"五一六"变成了无所不装的超级大筐,则要由将来的文革史学者去研究了。

从《北京大学纪事》对三件大事的记述,读者可以清楚地看到《北京大学纪事》编者的偏见。偏见比无知离真理更远。总结文革,首先是真实的文革。按《北京大学纪事》提供的材料来总结北大的文革,只会走入歧途。

(原文载《记忆》143期)

究竟是谁在歪曲历史真相?
——评胡宗式对《北京大学纪事》的指责

常风　魏明

《记忆》143期刊登了胡宗式先生的"从三件大事的记载看《北京大学纪事》",指责王学珍等主编的《北京大学纪事》,给该书扣上"断章取义"、"攻其一点,不及其余"、"以偏代全"、"张冠李戴"、"移花接木"、"歪曲历史真相"等大帽子。《北京大学纪事》到底是一本怎样的书,胡宗式对它的指责能够成立吗?

一、《北京大学纪事》是一本怎样的书?

北京大学是一座历史悠久,在国内外有着重要影响的大学,1998年是北大建校100周年,为了纪念这个重要日子,北大成立了以原党委书记王学珍和王效挺、黄文一、郭建荣为主编的编写小组,编写了《北京大学纪事1898-1997》,该书记述了从1898年(光绪24年)起至1997年止的北京大学的百年历程。据该书前言介绍:

"本书的纪事主要根据档案材料和当时报刊的报道,包括〈北京大学日刊〉、〈北大周刊〉、〈北大校刊〉等校内报刊的报道,也采访了一些校内外的有关人士,特别是有些比较重要的事情,我们均向有关人士进行专访,并根据专访的材料加以补充或校正。""北京大学综合档案馆、北京大学图书馆报刊室、北大校刊资料室和北京大学出版社的同志对本书的编写和出版给予了很大的支持"。1998年4月,在北大百年校庆的前夕,该书作为征求意见稿内部出版发行,得到了各有关方面和校内外读者的广泛好评,认为此书不仅对了解研究北京大学的历史有很重要的作用，而且也有助于研究北京市和全国的高等教育史，同时很多读者也指出了一些错、漏之处，提出一些修改意见，希望编者在原有的基础上加以修改补充后再版。为此，该书的主编王学珍、王效挺、黄文一和编辑范芳蕴，收集、整理了各方面的意见，进一步查阅了有关档案、报刊，访问了一些当事人，并召开了几次座谈会，对一些问题进行核实研究，前后用了一年多时间进行修改补充，于2008年4月由北京大学出版社出版了第2版。

《北京大学纪事 1898-1997》的主编王学珍、王效挺、黄文一等人都是长期在北大工作的老干部、老教师，他们接受了校领导的委托，以认真严肃的精神，利用可以查阅北大现存所有档案、资料、报刊的有利条件，精心组织编写出的这部《北京大学纪事 1898-1997》，实际上就是北大的百年校史，也是迄今为止北大唯一的官方修史，其内容全面详实，资料丰富，语言精练，不失为一部比较好的高等学校校史，是研究北大历史不可缺少的工具书。当然，作为一部 200 多万字的鸿篇巨作，记述北大长达 100 年的历史，该书难免有一些错误和遗漏之处，作为北大校友，应该善意地提出具体修改补充意见，使其更加完善，而不应对其进行恶意攻击和全面否定。

对于这部记述了北大百年历史的长达 1352 页的巨作，胡宗式并不见得全部读过，他只是对其中记述文化革命的部分十分不满，挑出几个地方进行责问，这才真正是"攻其一点，不及其余"。平心而论，该书关于文化革命的记述，只是根据当时的报刊（重点是北大校文革主编的校刊《新北大》）和《大字报选》等资料，以及有关的文件和会议记录，做了一些客观的陈述，并没有进行主观的评论。由于这些资料真实地记录了以聂元梓为代表的北大校文革在文化革命中犯下的累累罪行，成为她们无法否认的罪证，所以引起了至今还抱着聂元梓这个北大文革的祸首不放的某些人的不满，竭力在鸡蛋里挑骨头，企图以否定校史达到否定他们在文革中罪行的目的。

以下我们来看看胡宗式提出的几个问题是否站得住脚。

二、关于反"二月逆流"

胡宗式在其文章里,首先提出新北大公社在反"二月逆流"中的表现。现在大家知道,所谓"二月逆流",实际上是一批老革命家(包括谭震林、陈毅、李先念、李富春、叶剑英、徐向前、余秋里等)对中央文革和文化革命表达的反对和抗争,而在当时,在毛泽东表态和中央文革的组织下,北京高校的群众组织也都毫无例外地卷入反对所谓"二月逆流"的行动中。胡宗式在其文章承认"3月13日,聂元梓主持红代会核心组扩大会议,第二天,红代会组织了10万人反谭震林的大游行"。但又说:"3月14日,公社总部不得不发表了一个打倒谭震林的声明,公社总部之谨慎、被动与无奈,可见一斑。""对于新北大公社在这一浪潮中的艰难处境和对反'二月逆流'的被动消极乃至部分抵制的态度,《北京大学纪事》只字不提,这就完全歪曲了历史真相。"

究竟是谁歪曲了历史真相?请看作为北大校文革喉舌的北大校刊《新北大》是如何记载的。该报在1967年3月16日第一版的重要位置上,报道了首都红代会组织的示威游行,用的标题是"痛击资本主义复辟逆流",发表了新北大公社声明第003号,声明开门见山地说:"目前,全国出现了一个自上而下的资本主义复辟逆流","新北大公社郑重声明:决心把谭震林揪出来,斗倒、斗垮。新北大公社号召全体社员和全校革命师生员工积极行动起来,与兄弟单位革命造反派并肩战斗,把谭震林打倒,彻底粉碎资本主义复辟逆流。"

该报还在第一版到第二版发表了"谭震林是刘邓资产阶级反动路线的忠实走卒"的长篇文章。在这篇文章中,给谭震林强加上了"反对毛主席,反对中央文革,死保刘邓陶""利用大寨展览,贩卖刘邓黑货""大搞反革命经济主义,制造渔轮停港事件""顽固推行资产阶级反动路线""疯狂进行反革命复辟"五大罪状。

3月18日,《新北大》在第四版刊登了《痛击谭震林在农科院的反攻倒算——66.11-67.3农科院两条路线的严重斗争》,提出"打倒谭震林,解放全农口"的口号。

1967年3月25日,《新北大》在第一版发表了本刊编辑部的长篇文章《不平常的春天——粉碎资本主义复辟逆流》，在第二版上发表了"反复辟战斗队"的文章《资本主义复辟逆流表现种种》，在第四版上刊登了长篇文章《打倒谭震林》。

在短短的 10 天内，北大校文革和新北大公社的喉舌就刊登了多篇反"二月逆流"，攻击和打倒谭震林的报道和评论文章，还派人到农科院等单位收集谭震林的所谓罪行，他们的表现是多么大胆、主动和积极，哪有什么"谨慎""被动"和"消极""无奈"？他们的所谓"艰难处境"和"部分抵制"，依据何在呢？《北京大学纪事》根据当时的报刊资料，记录了当时聂元梓和校文革、新北大公社的表现，又何错之有？有什么可以值得指责的呢？

关于对待余秋里的态度，胡宗式主编的《动态报》1967 年 3 月 21 日第 67 期第 2 版，刊登《余秋里七大罪状》，第 3 版刊登了《炮轰余秋里，彻底揭开石油部阶级斗争的盖子》的文章，3 月 22 日第 68 期第 4 版还刊登了《余秋里在煤炭工业部执行的资产阶级反动路线》的文章（新北大动态报编辑部，《动态报》，1967 年 3 月 21 日，22 日）。这些白纸黑字记录也完全否定了胡宗式文章中不顾事实的自我辩解。（刊于网刊《记忆》143 期，第 19 页。）

三、所谓"聂元梓、孙蓬一揭发关锋、王力结党营私，发起了反吴传启的行动"

胡宗式在文章里说："在'一月夺权'和反'二月逆流'的过程中，以聂元梓、孙蓬一为代表的北大人，逐渐看到了关锋、王力、吴传启等人结党营私的丑恶勾当"。又说："以聂元梓、孙蓬一为代表的北大人坚持自己的信念，他们没有被权威吓倒，也没有被合作之类的利益诱惑。"

这里，我们要严肃地指出，聂元梓、孙蓬一在文化革命中一度僭据了北大的权力，但是他们不能代表北大人，北大广大师生员工也不承认他们能够代表北大人，相反，北大人以北大出现聂元梓、孙蓬一这样的败类感到耻辱，聂、孙能够代表的只是他自己和少数拥护他们的人（例如胡宗式）。

下面我们看看聂元梓在"一月夺权"中的表现吧：

1967年1月，"夺权"风暴从上海开始，以王洪文为首的造反派组织在张春桥、姚文元等人的支持下，先是成立了"上海人民公社"，后根据毛泽东的意见，改称"上海市革命委员会"。之后，在山西、黑龙江、贵州、山东等省，造反派和部分支持他们的"革命"干部联合起来，进行了夺权行动，并得到了中央的批准。在北京，聂元梓、蒯大富、韩爱晶、谭厚兰、王大宾等造反派"领袖"当然也不甘落后，纷纷行动起来，把夺权的手伸向了北京市。

时任北京大学文化革命委员会主任的聂元梓根据江青中央文革的布置，1966年11月19日至12月16日到上海串联和煽风点火，回来后向江青、陈伯达做了汇报。1月16日江青、陈伯达召见了聂元梓和她的助手孙蓬一。1967年1月17日，聂元梓根据陈伯达、江青的授意，组成了"夺权指挥部"，孙蓬一、徐运朴任夺权指挥部指挥。1月18日聂元梓召开北大各单位文革主任联席会议，提出"要立即组织人到高教部、中宣部、统战部、中监委、中组部和北京市委各部夺权。要赶快行动，去晚了就不成了"。会后连夜出动大批人到中央各部和北京市夺权。1月20日，《新北大》刊登了聂元梓的署名文章"无产阶级革命派大联合大夺权万岁"。（见王学珍等主编，《北京大学纪事》北京大学出版社2008年，第771页）

聂元梓在她的回忆录里写道：

毛主席号召，让革命造反派联合起来夺权，中央的文件和报纸上也提倡无产阶级革命派联合起来，向走资本主义道路的当权派夺权，我必须紧跟啊！我就到地质学院去找王大宾，正好蒯大富也在那里，还有其他学校和单位的人也在这里，大家就商量如何联合起来夺权。当时，上海夺权以后成立的机构，开始不叫"上海市革命委员会"，而是叫做"上海人民公社"。我和王大宾、蒯大富商量，成立一个"北京公社"（全名为"北京革命造反公社"），为夺权做准备。说着说着，他们就都跑了，他们都不理睬我，就剩下我自己了。

我们已经联络起来一批工厂、机关、学校的群众组织，就决定在广播事业局大楼设一个点，一个联络站。广播事业局大楼在复兴门外大街上，地点适中，便于全市四面八方的人们来往联络。（见聂元梓著：《聂元梓回忆录》，时代国际出版有限公司，第 195～196 页，2005年。）

聂元梓在广播事业局设联络点，除了这里的地点适中外，还因为那时的电视还不普及，广播电台发挥着重大作用，还有那里有一位著名的国际造反派组织毛泽东思想战斗团头头美国人李敦白，文革中的影响很大。

蒯大富回忆说：

对北京夺权我不太关心。韩爱晶那里我只派个人去参与而已。聂元梓找我的时候我心里特反感，整个北京学生反工作组整的时候你在哪里呢，怎么听不到你一点声音，现在看见上海夺权了你也想夺权了，肯定是想当北京市长，我现在都这么说她。（许爱晶编著，《清华蒯大富》，第 198 页，中国文革历史出版社，2011 年。）

1967 年 1 月 27 日，北京大学校文革（那时新北大公社还没有成立）、清华井冈山、地院东方红、师大井冈山和中国科学院、广播事业局的造反派组织以及第一机床厂、第二机床厂、石景山发电厂、新华印刷厂等 20 多个工厂的造反派组织，联合发出了《北京革命造反公社倡议书》，倡议书中写道："我们无产阶级革命派就是要说，就是要干，干它个天翻地覆，把旧世界砸它个稀巴烂，把那些资产阶级老爷们彻底斗倒、斗臭、斗垮，打倒在地，再踏上一只脚，让他们永世不得翻身，把他们长期霸占的党权、政权、财权、大权、小权统统夺过来，夺它个一干二净，统统归于人民！"倡议书还若有所指地写道："搞小团体主义、宗派主义、个人风头主义来抢权吗？不成！想"下山摘桃"窃权吗？不成！搞阶级调和、大杂烩式的夺权吗？也不成！打着造反旗号，搞名夺实保的假夺权吗？更不成！"倡议书提议：迅速召开"北京市工农兵学商革命造反派代表大会"，从走资本主义道路的当权派和坚持资产阶级反动路线的顽固分子手里全面夺取北京市的领导权！（北京大学校刊《新北大》，1967 年 1 月 28 日第二版）

2 月 5 日，地院东方红总部发表声明，退出"北京革命造反公社"，据该部负责人讲，是因为已参加了首都红卫兵代表大会筹备处，没有必要再参加另外一摊子。他们认为,聂元梓、蒯大富的作法有山头主义、风头主义,还表示对"夺权斗争委员会"不了解。他们主张大联合,先按系统联合。(聂树人著,《三司与首都红卫兵》,中国文化传播出版社 2013 版,第 263 页)。

但毛泽东和中央文革对聂元梓等人提出的成立《北京革命造反公社》的行动并没有表示承认和支持,而是派了身为政治局委员、副总理兼公安部长的谢富治来主持北京市革委会的筹备和建立。据《首都红卫兵》2 月 18 日报导:谢富治副总理亲自抓北京市的大联合,大夺权,他于 1967 年 2 月 6 日下午,接见三个司令部的工作人员,表示支持三个司令部联合,成立"首都红卫兵代表大会"。指出,目前在大联合中,学生各组织互相吞并是不对的,应该联合。大联合是大势所趋,势在必行。到了 2 月 9 日,他又在讲话中指出:北京市的大联合道路是:工人搞工人,学生搞学生,农民搞农民,然后大联合。他在谈到夺权问题时说,主席强调夺权必须实行三结合,否则中央不承认。(《首都红卫兵》报,1967 年 2 月 18 日)

1967 年 2 月 22 日,首都大专院校红卫兵代表大会(简称红代会)成立,聂元梓任核心组组长,蒯大富、韩爱晶、谭厚兰、王大宾任副组长。之后,北京市贫下中农代表大会(简称农代会)、革命职工代表大会(简称工代会)和首都中学红卫兵代表大会相继召开。1967 年 4 月 20 日,北京市革命委员会正式成立,谢富治为主任,吴德、郑维山、傅崇碧、聂元梓为副主任,蒯大富、韩爱晶、谭厚兰、王大宾都当上了常委。

以上就是聂元梓等人在一月夺权中的表现,可以看出,她极力想利用"第一张大字报"作者的金字招牌,抢夺北京市的大权,在夺权过程中和其他造反派组织既有联合也有争斗。聂元梓和吴传启等人的矛盾,也是在这个争权夺利过程中产生的。

至于在聂孙在反"二月逆流"中的表现,前文已经叙述,也看不出他们与关锋、王力有什么斗争和不同。

胡宗式文章中说:"4 月 10 日,聂元梓和孙蓬一去钓鱼台,向陈伯达、江青当面陈述了对关、王一伙的意见。此事详情当时没有传达过。多年后,笔者才从孙蓬一 1977 年 1 月 3 日的来信中获知这件事情的经过。"既然此事详情当时没有传达过，胡宗式也是多年后才从孙蓬一的来信中获知这件事情的经过，在北大现有的报刊和档案中也都没有记载，怎么能够要求《北京大学纪事》写出聂孙和关锋、王力"斗争"的内容呢？再说，聂元梓和孙蓬一向陈伯达、江青陈述对关锋、王力的意见，也不代表他们就是和关、王进行斗争，而他们和吴传启之间的矛盾，顶多就是文革中不同派别、不同组织之间的矛盾，也不能代表他们就是正确的。胡宗式把文革中聂孙与潘吴之间的斗争看成一件了不得的大事，而在当时知道他们之间斗争的人在北大也只是少数人，即使到现在，有很多北大校友，都没有听说过潘吴是何许人也，可见他们与潘吴之间的斗争，实在不值一提，胡宗式在这个问题上小题大做，不过是为了给聂孙表功，而《北京大学纪事》在这个问题上没有多费笔墨，也是很正常的。

四、关于孙蓬一1967年4月12日讲话引发的"炮打谢富治"事件和"抓叛徒"问题

1967年初，聂元梓、孙蓬一在北京市到处夺权，手伸的很长，不可避免地和其他群众组织发生冲突，民族宫事件就是北京两大派组织发生冲突的一个焦点，尤其是新北大公社和地院东方红，在这一事件中矛盾更加表面化了。4月12日晚上，校文革在大饭厅召集大会，参加人数很多，气氛十分火爆，笔者也在现场听到了孙蓬一声嘶力竭的讲话，他在说到当前形势时如临大敌，认为有人要推翻他们这个"红色政权"，矛头直接指向了地院东方红等组织，也暗示地院的后边有人支持，在他的非常具有煽动性的讲话后，部分群众走出校门游行，并贴出了针对谢富治的大标语。

聂元梓到底老谋深算，知道不能公开反对谢富治，否则会给自己带来被动不利，赶快派人阻止，劝回了游行队伍，覆盖了大标语。胡宗式也承认："孙蓬一的4.12讲话可能非常鲁莽，策略上很不妥当"。

4月13日《新北大》第一版及时刊登了孙蓬一的讲话，把这个大会说成是"万人誓师大会"，把孙蓬一对地院东方红和所谓"摘桃

派"的斗争和反"资产阶级逆流"联系起来。

4月14日，陈伯达、康生、江青、谢富治等在人大会堂接见首都红代会代表，对聂元梓、孙蓬一的行为和"摘桃子"的理论进行了批评（见网刊《记忆》，143期第68~77页）。

胡宗式文章中写到："就是在4月14日，康生给聂元梓写了一封关于抓叛徒的信，同时发生的事，《北京大学纪事》专挑这一件事来写，不敢涉及会议的其他内容。"

胡宗式文章说，这里只谈三点：

第一，鼓励红卫兵抓叛徒，是党中央的行为。

历史上，至少从1927年开始，党中央就时刻注意叛徒、特务问题。文化大革命更是如此。毛泽东在1967年2月20日批示："阅谭震林一月二十八日关于农垦部、农业部、水产部等单位开展文化大革命情况和出现问题的报告，批示："林彪、恩来同志：此件值得一阅。党、政、军、民、学、工厂、农村、商业内部，都混入了少数反革命分子、右派分子、变质分子。此次运动中这些人大部都自己跳了出来，是大好事。应由革命群众认真查明，彻底批倒，然后分别轻重，酌情处理。请你们注意这个问题。谭震林的意见是正确的。此件请周印发较多的同志看，引起警惕。"

1967年3月16日，中共中央印发了《关于薄一波、刘澜涛、安子文、杨献珍等人的自首叛变问题的初步调查》。这个文件以中共中央名义加了按语，影响极大。

第二，1967年9月16日，在大会堂，召开中央首长接见天派的会议。在这次会上，总理有这样的讲话："揪叛徒问题，'天派''地派'都合作了，这个行动完全有利于党的纯洁"。总理这句话编者看不到吗？非也。《北京大学纪事》的编者，是仔细研究过这一篇讲话的。从诸多事件中，他们只书写了这样一条：9月16日江青讲话说，"北大是老保翻天，至少是部分老保翻天"。总理的话显然不合编者之意，就不选录了。

第三，北大抓叛徒的行动，有总理的亲笔批示，也有康生的指示，并且，总理的批示在前（4月3日），康生的指示在后（4月14日），《北京大学纪事》只提康生的指示，不提总理的批示，这是对历史正确的态度吗？（见网刊《记忆》，143期第43页。）

我们要指出，胡宗式文章在这里犯了两个严重的错误：

首先，依然对文革中"抓叛徒"的行为进行肯定。

我们知道，文革中的所谓"抓叛徒"，实际上是康生和"四人帮"以"抓叛徒"为名，打击刘少奇和迫害大批革命干部的行为，最典型的就是所谓"61人叛徒集团"事件，康生明明知道这个事件的真相，却在文革中提出来，致使薄一波、安子文、刘澜涛等人被捕入狱，成为文革中的大冤案。这个冤案在粉碎"四人帮"后，由胡耀邦勇敢地提出来，在邓小平、叶剑英、华国锋、陈云等的支持下，得到了平反。

胡宗式在这里把责任推给党中央，却不揭露康生的险恶用心，不否定"抓叛徒"事件的错误，不承认聂元梓等人受到康生的利用，他的思想显然还停留在文革"抓叛徒"的时期，对这一事件完全没有新的认识。

显然，胡宗式至今还耽在梦里——江青1967年9月1日在北京市革委会扩大会议上讲话，说聂元梓两大功劳，也是两个包袱："聂元梓在文化大革命初期有两大功劳，我们不会忘记。她是第一张大字报的作者之一，另外，她揭发了安子文叛党集团。"

其次，企图搞"错误人人有份"，把水搅混，把总理和康生放到同样的地位上"一勺烩"。

我们知道，康生在历史上一贯极"左"，以"整人专家"著称，在延安整风期间，就大搞整人，制造许多冤案，在文化革命中又与"四人帮"勾结，干了许多坏事。而周恩来总理，在文革中忍辱负重，在力所能及的情况下保护了许多老干部、民主人士和科学家。当然，人无完人，总理也犯过一些错误，但他的错误和康生不是一个性质的。胡宗式在这里把总理和康生在"抓叛徒"的问题上混在一起，企图搞"错误人人有份"，要求把周总理对"抓叛徒"的批示和讲话写入北大校史，否则就是"歪曲历史真相"，请问胡宗式的居心何在？

胡宗式文章的最后说："偏见比无知离真理更远。总结文革，首先是真实的文革。按《北京大学纪事》提供的材料来总结北大的文革，只会走入歧途。"

胡宗式作为当年北大校文革动态组组长，经常参加聂元梓校文革的会议,甚至陪同聂元梓参加中央文革领导的接见。毕业后又被军宣队当作"五一六怀疑对象"进行过"清查",他对北大文革情况的了解,委实比常人多得多。

如果他能够利用自己掌握的资料,写出北大文革的真实情况,并进行认真的反思,总结出历史的教训,无疑是十分有益的。但遗憾的是,由于他对文革和北大文革的代表人物聂元梓、孙蓬一至今缺乏正确的认识,尤其对北大文革缺乏宏观的认识,总是企图利用一些枝节问题为聂、孙辩护甚至表功,以偏代全,对全面记载北大文革事实的《北京大学纪事》进行指责和攻击,其立场和思想方法都是错误的,他自己才是真正的偏见者。

如果读者按照胡宗式的偏见来总结北大文革,那才会真的走入歧途。

(该文原载《记忆》第147期;后载于张从:《探史求真集》第29篇。)

再谈 1967 年北大文革中的三件大事

——兼答常风、魏明的指责

胡宗式

《记忆》第 143 期所刊笔者《从三件大事的记载看〈北京大学纪事〉》一文（以下简称《三件大事》），回顾了 1967 年北大文革中发生的三件大事，即反击"二月逆流"、揭发吴传启和"炮打谢富治"的基本事实，指出《北京大学纪事》的相关记载歪曲了历史真相。常风、魏明两先生在《记忆》第 147 期上发表《究竟是谁在歪曲历史的真相？——评胡宗式对〈北京大学纪事〉的指责》（以下简称《常文》），对拙文予以批评。读完《常文》以后，第一感觉就是：笔者碰到了一位看家护院的教师爷，在极力地维护《北京大学纪事》的缺陷与错误，谁若提出批评意见，就立即跳出来予以指斥。

历史的真相是什么？究竟是谁在歪曲历史的真相？本文就《常文》提到的几个问题，再作一些探讨，并看看《常文》的作者究竟是怎样对待历史事实的。

一、关于反"二月逆流"

笔者在《三件大事》一文中说得很明确：新北大公社对整个"反二月逆流"事件反应迟钝，且有保留看法，但表面上的"选边站队"还是做了的。对于谭震林，表态由"炮轰"转为"打倒"，对李先念、陈毅、余秋里的提法是"炮轰"（上纲上线也是很高的），保周总理和李富春副总理的态度则是明确而坚决的。尽管新北大公社作了一系列的表态，但并不被认可，一直被校内外的反对派称作"二月逆流派"。究其原因，就是北大在"一月夺权"时成了关锋一伙的绊脚石，得罪了他们；新北大公社在"反二月逆流"中又不肯紧跟。因此，在关锋、王力、戚本禹一伙看来，北大校文革和新北大公社已经是政治异己和保守组织了。

《常文》说："而在当时，在毛泽东表态和中央文革的组织下，北京高校的群众组织也都毫无例外地卷入反对所谓'二月逆流'的行动中。"

请问《常文》的作者，你们当时知道中央上层发生了什么事吗？当时知道毛泽东表态了吗？当时知道中央文革出面组织了什么？当时知道中央文革是如何组织的吗？

后来被指为"二月逆流"的"怀仁堂事件"，是发生在中央高层极小范围内的事，当时保密极严。正因为不知道事件的经过，更不知道毛泽东说了重话，大多数北京高校才先后以不同的态度卷入"反二月逆流"浪潮，并产生了所谓的"打倒派"和"炮轰派"。如果当时知道了毛泽东的表态，按那时的行事规则，或许所有的群众组织都会一边倒地表态，不至于发生后来那么大的分裂。但历史就要改写了。不过历史不能假设，如果非要假设的话，出现另外一种无法料想的更加严重的局面，也不是不可能的。历史也会是另一个样子。

"反二月逆流"的浪潮首先是由北师大井冈山掀起的，另一支重要力量是吴传启操纵的学部联队。北师大井冈山的头头谭厚兰是听林杰的，而吴传启的后台就是关锋，这是众所周知的事情。鉴于"一月夺权"时他们的表现，北大对他们产生了怀疑，对他们挑头发起的事情，不得不有所警惕。在"红代会"讨论当时的形势时，谭厚兰对他们掀起"打倒谭震林"浪潮的背景，守口如瓶，什么都没有说。但大家都知道他们这样做是有后台的。至于究竟是谁出面组织他们掀起这一场风波的，又是如何组织的？说了些什么？笔者当年没有打听到，而且，直到近五十年后的今天，也没有见到有谁出面披露事情的详细内幕。即便有人提到，也是一笔带过，语焉不详。如席宣、金春明所著《"文化大革命"简史》，只简略提到戚本禹按照江青的指示，找北师大井冈山头头谭厚兰作了布置，而后谭厚兰率人冲击并占领了农展馆，喊出"打倒谭震林"的口号。[1] 高层的事本应在高层解决，不应该把群众牵扯进去，把中央高层发生的事情私下泄露或暗示给某一两个群众组织，再利用它们来达到自己的某项政治目的，这既不光明正大，更是一种严重的泄露国家机密的犯罪行为。历史证明，这样做的结果是搬起石头砸自己的脚。

党内会议大批"二月逆流"，介绍所谓"怀仁堂事件"和"京西宾馆事件"的经过，并且向下传达的，是1968年10月召开的八届十二中全会，但群众只听到一点不完整的口头传达。就笔者而言，直到读了《王力反思录》，才对当年发生在高层的这场风波的内情有所了解，但这距1967年3月7日已经过去了小四十年。

"反二月逆流"浪潮的一个重要时间节点是1967年3月7日，即北师大井冈山首先向谭震林发难的日子。无论是北大校内的反对派，还是校外的反对派，都用这个时间节点作为标准，来衡量新北大公社的行动。

北大井冈山的喉舌《新北大报》（1968年3月22日）载有《聂孙之流就是不折不扣的"二月逆流派"》一文，其中有这样一段：

> 三月七日，师大井冈山公社打响了反击"二月逆流"的第一炮。……正当社会上轰轰烈烈地反击"二月逆流"的时候，北大正沉浸在围攻郭罗基同志大字报的热潮中。直到3月12日战斗团团长会议上，他们还说什么"现在打倒谭震林不保险"……当社会上反击"二月逆流"的浪潮一浪高过一浪时，迫于形势的压力，新北大公社总部才被迫于3月14日发表了一个声明……
>
> ……在校外，孙蓬一之流赤膊上阵，疯狂炮打谢副总理。因谢副总理在反击"二月逆流"中立场坚定旗帜鲜明地支持了革命造反派，故被谭震林之流视为眼中钉，肉中刺。孙蓬一之流炮打谢副总理的逆流正好适应了谭震林们的需要。……同时，新北大公社竟然在大街上刷大标语要"揪出揪谭震林的后台"，受到了陈伯达同志的严厉批评。此后，社会上那些"拥护二月逆流派"就纷纷向北大靠拢（如大庆公

---

[1] 席宣、金春明：《"文化大革命"简史》，北京：中共党史出版社2006年版，第143页。

社,民院抗大,轻工红鹰,农口老保等,充当了孙蓬一炮打谢副总理的马前卒),而那些反击"二月逆流派"(如师大井冈山、农大东方红、地院东方红,民院东方红等)就渐渐地成了聂、孙之流的眼中钉。

按照上引《新北大报》的文字,"正当社会上轰轰烈烈地反击'二月逆流'的时候,北大正沉浸在围攻郭罗基同志大字报的热潮中",这一个"热潮",不正是郭罗基先生的大字报引起的吗?这不正好说明北大正陷于内部事务,刚刚成立的新北大公社还顾不上过问社会上的事情,对"反二月逆流"的背景一无所知吗?既然《常文》要把社会上的事情和北大的事情联系在一起,那么,"正当社会上轰轰烈烈地反击二月逆流的时候",郭罗基同志为什么把矛头指向聂元梓,而不写一张反击"二月逆流"的大字报呢?还有,请问《常文》的作者,你们当时又做了什么呢?发表了什么意见呢?

上引《新北大报》的文字还说,"当社会上反击二月逆流的浪潮一浪高过一浪时,迫于形势的压力,新北大公社总部才被迫于3月14日发表了一个声明",这不正好说明新北大公社总部的被迫与无奈吗?

《常文》的作者对3月7日到13日这将近一周的时间内新北大公社总部的艰难历程,只字未提,对笔者在《三件大事》一文中列举的事实,也一概视而不见。不过《新北大报》是你们自己的喉舌,上引《新北大报》的文字,请你们仔细看看,是不是可以给你们提个醒呢?

对新北大公社在"反二月逆流"中的态度,有人是一天一天给记了账的。1968年4月18日出版的北京地质学院《东方红报》就有这样的账目。[2] 其记录之详细,似乎在新北大公社总部派驻了一名戴着有色眼镜的坐探,进行着严密的监视,一天也不放过。限于篇幅,不能照录全文,谨摘引其中几节:

三月七日,师大井冈山公社打响了反击"二月逆流"的第一炮。这一炮打得准,打得好,得到了中央文革和谢副总理的坚决支持,全

---

[2] 《为"二月逆流"翻案的自供状——评二月十五日〈新北大〉报的〈招魂〉》,载北京地质学院《东方红报》1968年4月18日。

市以至全国造反派马上风起云涌地响应起来，次日，形成全市性炮轰谭震林的高潮！接着，"打倒谭震林"的口号响彻全市。

　　反击"二月逆流"的迅猛声势吓得"二月逆流派"新北大公社聂、孙之流目瞪口呆，魂不附体，哪里还敢公开出来保？于是，他们采取按兵不动，窥视时机的策略。一天，二天，……六天过去了，反击"二月逆流"的斗争在北京市如火如荼地开展着，所有的高校都表了态，但是路线斗争觉悟"很高"的新北大公社聂、孙之流却"任凭风浪起，稳坐钓鱼台"，迟迟不动。……

　　社会上反击"二月逆流"的怒涛冲得聂、孙之流晕头转向，于是急忙接连召开串联会、战斗团会议，分析形势，以定对策。会上，新北大公社动态组、作战部大吹"谭震林是一贯跟着毛主席的""几十年的历史都是革命的""谭震林打不倒"，真正是"慷慨激昂，义形于色"！无奈形势逼人，新北大公社头头们面面相觑，焦躁不安，后来有人提议："轰谭不保险，还是打李雪峰好。""为了谨慎，我们还是不轰好。"争论到十二日夜，还是"谨慎地"决定"暂不表态"。

　　十四日，看形势实在顶不下去了，新北大公社总部才扭扭捏捏、装模作样地发表了一个言不由衷的"声明"，被迫同意红二团和红十六团参加一些革命活动。但即使是这样，聂、孙之流并没有放弃原来的立场和观点，还继续顽固地隐蔽地站在"二月逆流派"一边。

　　在毛主席的统帅下，在中央文革的直接领导下，首都无产阶级革命派击溃了"二月逆流"。四月，就在我们乘胜追击谭震林余党的时候，聂、孙之流就迫不及待地"破门而出"，开始了为"二月逆流"翻案的肮脏活动。

　　上引北大井冈山《新北大报》和地质《东方红报》的文字，都指责新北大公社是"二月逆流派"，而且是"不折不扣的"。这是他们一以贯之的立场。但是，近来情况不同了。《常文》的作者从故纸堆中发掘出了北大校刊《新北大》刊登过的文字，有了重大发现，原来，新北大公社并不是"不折不扣的二月逆流派"，而是"大胆、主动和积极"的"反二月逆流派"。那么，人们应该相信《常文》的最新研究成果，还是相信当年的《新北大报》和地质《东方红报》呢？

　　《常文》刊出了《新北大》发表的《新北大公社声明》，这是确确实实的，其产生背景，笔者在上次的文章里已经说过了。我们注意到该声明的编号为 003 号，这表明此前还有过两份声明。这些声明的内容，因为手头没有资料，只能凭残存的记忆来推测。声明的内容应该包括三点：①支持中央文革，②保卫周总理，③"炮轰"谭震林。①②可能在同一份声明中，③可能是单独的；另一种可能是：①②是两份单独的声明，而没有③的内容。如果能找到这些声明的全文，将有助于了解当时新北大公社总部的心态。

《常文》还列出了《新北大》发表的若干批判谭震林的文章，以证明新北大公社在打倒谭震林的问题上"是多么大胆、主动和积极"。既然有这样的证据，新北大公社不就是"反二月逆流"的英雄了吗？那么，《新北大报》和地质《东方红报》为什么还要坚持说聂、孙和新北大公社是"二月逆流派"呢？《常文》的作者既然有这样的证据，为什么不在新北大公社受到攻击的时候拿出来说两句公道话，为新北大公社辩解一下呢？

从 3 月 7 日反谭震林的风暴乍起，到 3 月 14 日的声明，新北大公社总部经历了一个艰难的过程，一个变化的过程。这个过程符合当时形势的发展，合乎逻辑，是正常的。最后发表的声明，真是迫于形势，不得已而为之。表态站队，似乎成了当时文革政治的核心要件。同样，形格势禁，在 3 月 14 日之后，《新北大》发表批判谭震林的文章也是形势使然，别无选择。这一点也不奇怪。如果在这个时候还要公开保谭震林，那不等于同中央文革（实际上是毛泽东）公开对抗吗？对于一个群众组织来说，这样做无疑是自取灭亡，反倒是不正常的了。在当时的形势下，北大和新北大公社，必须谋求自保，否则真的会被打成保守派。学部的总队，就是前车之鉴。不要说区区北大，伟人如周恩来，也无法继续公开为谭震林说话。文革史专家卜伟华写道："过去周恩来对批谭一直持保留态度，但这时也改变了口径，3 月 14 日，周恩来的联络员董枫在财贸联络委员会讲话说，谭震林的问题同志们认为要搞就搞，由大家决定。"[3]

3　卜伟华：《中华人民共和国史·第六卷·"砸烂旧世界"——文化大革命的动乱与浩劫（1966—1968）》，香港：香港中文大学当代中国文化研究中心 2008 年版，第 455 页。

新北大公社总部尽管发表了若干声明，《新北大》也发表了若干批判文章，但有什么用呢？中央文革是不承认的（他们对北大要"揪出反谭震林的后台"这种谣言倒是深信不疑），别人也不承认（见上引《新北大报》及《东方红报》的文字），我们自己其实也不承认，这只不过是在高压下为了应付和自保而采取的权宜之举。另外，社会上持相似立场的许多群众组织，也从不相信这是新北大公社的真实态度。没有想到的是，过了近半个世纪，居然得到了《常文》作者的承认和肯定。

需要指出的是：贴出"揪出揪谭震林的后台"这种大标语，是别有用心的栽赃。奇怪的是，这样明显不合常理的谣言，居然会被中央文革采信。1967年5月27日，陈伯达、关锋、戚本禹召见聂元梓谈话时，关锋说："你们要揪出反谭震林的后台，如果是那样，我们就奉陪。你们还要保余秋里，提醒你们，不要再犯错误，再犯大错误就可能爬不起来了。"聂元梓当即反驳说："这些情况是别人谎报的，不是真的。像二月四日关锋同志批评我们'三路进军'一样，根本没有那回事。"[4] 所谓"三路进军"，完全是无中生有的谣言。北大参与教育部夺权时，因为反对有叛徒嫌疑的卢正义，同支持卢正义的北师大井冈山发生了冲突。为了支持卢正义，打压北大，"三路进军"的谣言就应运而生了。关锋、王力给聂元梓打电话："听说你们北大学生要兵分三路，一路冲中央文革，一路冲北京军区，一路冲《红旗》杂志社。你们为什么总要冲？好，我们不怕，我们等着你们呢。"[5] 关锋、王力这两个中央文革的大员，黔驴技穷，居然亲自出马，用谣言来打压北大，而这也就暴露了他们自己。在1967年5月27日的这次召见中，戚本禹还对聂元梓说："你也有问题，但我们计较了吗？你还说什么六月要血洗北京城。"[6] 聂元梓说"六月要血洗北京城"？这样离奇的谣言，从哪里来的？是不是应该追查？但戚本禹不去追查谣言，却要用谣言来对聂元梓施压。王、关、戚为什么那么相

4《聂元梓回忆录》第220页。
5《聂元梓回忆录》第200页。
6《聂元梓回忆录》第220页。

信谣言呢？因为这种谣言符合他们的需要，或者，就是他们自己捏造出来的。

笔者当年同《新北大》编辑部没有工作上的联系。《新北大》是校刊，由校文革领导。《新北大》发表的那些批判谭震林的文章，是如何组织的，作者是谁，笔者都不了解。但当年的编辑和作者，现在应该还健在，他们自己应该是清楚的。《新北大》发表这些文章，是因为新北大公社发表了"打倒"谭震林的声明，打开了闸门，其责任当然由校文革和新北大公社总部承担。但话也要说清楚，新北大公社是刚刚成立的，而且是按系组织的，各系同学原先同外单位有什么联系，并没有过问过。就笔者记忆所及，公社红二团和红十六团有一些人较早介入了农口的运动，并且支持了反谭震林的一派。这与公社总部的观望保守态度产生了矛盾，按《新北大报》的说法，他们受到了公社总部的压制。但是，新北大公社总部发表了3月14日的声明之后，这种压制就不存在了。按《东方红报》的说法，新北大公社总部"被迫同意红二团和红十六团参加一些革命活动"，这样看来，《新北大》发表的那些批判谭震林的文章，很可能是他们的作品，或者是他们提供的。至少，这方面的情况，他们比笔者了解得更多。这些人对新北大公社总部很有意见，陈伯达"6.5讲话"之后就脱离了新北大公社，参加了"井冈山"。《新北大报》和《东方红报》在"反二月逆流"问题上对新北大公社的许多指责，材料也可能来自他们。

二、关于北京市的夺权和北京革命造反公社

《常文》用了许多文字介绍聂元梓在"一月夺权"中的表现，企图以此证明，聂元梓"极力想利用'第一张大字报'作者的金字招牌，抢夺北京市的大权。"

聂元梓想要"抢夺北京市的大权"吗？要弄清这个问题，首先必须了解当时的环境，必须把这个问题放在当时的环境里来探讨。

"一月夺权"，或称"一月革命""一月风暴"，始于上海，最后遍及全国，上上下下，概不能免。这场运动是由毛泽东主导的。文革史学者王年一指出："全面夺权的号召是伟大领袖毛泽东的号召，又

以党的名义发出，在夺权面前人人无可回避地要表明态度，因而全民卷入了。……当时不仅几乎各省、市、自治区一级都进行了夺权，不仅几乎中央各部委都在夺权，而且下面千千万万个单位都在夺权。人人谈论夺权，处处争论夺权。"⁷ 王年一列举了贵州、黑龙江、山西等省的夺权后指出："这些夺权，都是中共中央批准了的。从根本上说来，这是响应毛泽东的号召，不是什么'篡夺领导权'。"⁸ 笔者以为，王年一的评述是公允的。

如果没有毛泽东和党中央的号召，聂元梓要去北京市参与什么夺权活动，人们一定认为她是个疯子，"第一张大字报"作者的金字招牌，一点用也没有。后来的事实表明，即便是在毛泽东和党中央的号召下，在北京市的夺权风潮中，聂元梓那块金字招牌也没有什么用。

正因为夺权是毛泽东和党中央的号召，1967 年 1 月中旬以后，北京也出现了全面夺权的风潮。最著名的，是 1 月 13 日《解放军报》的夺权，这是军队内部的事情，且得到毛泽东的批准。

据卜伟华所著《"砸烂旧世界"——文化大革命的动乱与浩劫（1966—1968）》一书，⁹ 北京市最先夺权的，是北京广播学院北京公社联合北京人民广播电台的一些人，于 1 月 12 日、14 日两次夺了北京人民广播电台的权；1 月 15 日是北京轻工业学院的群众组织到第一轻工业部夺权。令人瞩目的是，1 月 17 日，北京政法学院政法公社和北京市公安局的造反派一起夺了公安局的权，且得到了公安部长谢富治的全力支持。政法公社虽然夺了权，但并不具备领导北京市公安局工作的能力。此事后来受到周恩来的严厉批评，北京市公安局遂于 2 月 11 日实行了军事管制。

重要的是北京市一级的夺权，对此，卜伟华有这样的记载：

1 月 18 日，有几批造反派先后到北京市委夺权。由首都职工革命造反总部、首都职工红色造反总联络站、一机部革命造反联络站、

---

7 王年一：《大动乱的年代》，北京：人民出版社 2009 年版，第 135—138 页。
8 王年一：《大动乱的年代》第 137 页。
9 卜伟华：《中华人民共和国史·第六卷·"砸烂旧世界"——文化大革命的动乱与浩劫（1966—1968）》，392—399 页。

北航"红旗"、地质"东方红"及北京市委的造反派等组织宣布接管中共北京市委的一切权力。1月20日，造反派又到北京市人委夺了权。参与1.18夺权的一些组织成立了首都革命造反派夺权斗争委员会。

请注意，1.18夺权中有聂元梓的身影吗？夺权者的名单中有北京大学吗？如果有的话，《常文》的作者是一定不会放过的。

1.18夺权发生的时候，中央还没有决定北京市如何夺权，一切都还在探讨之中，所以，1月18日晚，周恩来才作了以下的一番讲话，卜伟华记载：

1月18日晚，周恩来、陈伯达、江青等在人民大会堂与北京左派学生、机关干部召开的座谈会上，鼓励学生参加夺权行动。周恩来说："今晚已有三十多个单位的造反派去（北京市委）夺权了，进驻了市委大楼，祝贺他们夺权的胜利。……北京市范围很广，夺权斗争不能一下子解决。首先要吸收厂、矿职工参加全市职工的革命造反联络站，和大专院校，特别是综合大学像北大、清华等，对北京市的夺权斗争应多负一些责任。"

周恩来的讲话，对当天的夺权行动是肯定的。也正是周恩来在讲话中要求北大等大学"多负一些责任"，才促使正在军训中的北大参与到北京的夺权斗争中去。1月19日，北大成立了夺权指挥部，由孙蓬一、徐运朴负责。可惜，他们都已辞世，否则，我们可以听听他们的回忆。

响应领袖号召，匆匆忙忙到外面去夺权的行动都是盲目的，很快就碰了壁。如去华北局夺权，据一位校友转述的亲历者的说法，其时华北局正在开会，北大学生去了，宣布夺权，要求所有人员次日早晨8点准时上班，就此而已。很快中央来电话："这是中央的权，你们不能夺"，于是就撤出了，前后为时约两个小时。这引来了李雪峰的嘲笑："两个小时的政变被粉碎了。"

北大红旗兵团、清华井冈山、北航红旗、北师大井冈山等多个群众组织去《北京日报》社串联，酝酿夺权。但后来由于林杰、吴传启一伙的干涉，北航、清华、北大等不得不撤出，只有北师大一家留在那里。后来，吴传启成为《北京日报》顾问，学部吴传启一派的涂武生控制了《北京日报》。

北大在夺权问题上真正介入的是教育部夺权，聂元梓也认为："在校外，北大只是实实在在地参加了这一次夺权。"[10] 据卜伟华的记载："1月19日，教育部北京公社在北大红旗兵团等组织的支持下夺了教育部的权。20日，教育部延安公社在师大'井冈山'等组织的支持下又搞了反夺权。2月2日，两派在教育部发生武斗，数百人被打伤。"这场冲突的焦点主要是对卢正义的看法。卢正义是教育部的司局级干部，文革开始时贴了第一张大字报，成为"左派"，但很快被揭发出来历史上有问题，是叛徒。卢正义是延安公社的头头，北大坚决反对卢正义上台掌权，但他受到关锋、王力、戚本禹、林杰、吴传启和北师大井冈山的支持。关锋、王力挑动武斗，并捏造"三路进军"之类的谣言打压北大，迫使北大撤退。关锋、王力欺人太甚，手段卑劣，人们就不得不问个为什么。聂元梓、孙蓬一由此对中央文革的某些人有了一些认识，北大一些同学，也由此对中央文革有了一些认识，这一切，都给北大的文革进程带来了重要的影响。

卢正义显然是有问题的，因为他很快就隐藏起来，并且失踪了。生不见人，死不见尸。直到1970年，公安部还向全国发布通缉令，追捕卢正义，但没有结果。有校友告，关锋、王力垮台后，学部联队头头王恩宇曾确认康生讲过保卢正义的话。由此，有的同学对康生产生了怀疑。康生为什么要发话保卢正义呢？这里头有什么秘密呢？他们要掩盖什么呢？康生是要掩盖自己的问题，还是要掩盖别的什么人的问题呢？

北大参与教育部夺权发生在1月19日，正是对周恩来1月18日讲话的响应。而且，北大是教育部系统的，教育部当时又被认为是一个"烂掉"的单位。北大参与教育部夺权，无非是支持那里的造反派组织搞文革运动而已，是一件正常的事情。

再说北京市一级的夺权。《常文》写道：

> 毛泽东和中央文革对聂元梓等人提出的成立《北京革命造反公

---

10 《聂元梓回忆录》第199页。

社》的行动并没有表示承认和支持，而是派了身为政治局委员、副总理兼公安部长的谢富治来主持北京市革委会的筹备和建立。据《首都红卫兵》2月18日报导：谢富治副总理亲自抓北京市的大联合，大夺权，他于1967年2月6日下午，接见三个司令部的工作人员，表示支持三个司令部联合，成立"首都红卫兵代表大会"。

《常文》这一段话想要说明什么问题呢？是想要说明聂元梓要"抢夺北京市的大权"，而毛泽东不准吗？或者是想要说明聂元梓要抢谢富治的权呢？另外，按照《常文》的说法，北京市似乎只有聂元梓等人提出成立的北京革命造反公社，只此一家，而没有别的夺权组织。真实情况是这样的吗？

这一段话表明，《常文》的作者，对北京市夺权的情况其实是很不了解的。

据卜伟华研究，在北京市的夺权中，出现了多个全市性夺权筹备组织，卜伟华在书中列出名称的，就有七个之多，聂元梓参与的那个北京革命造反公社，只是其中的一个。这些组织，谁也没有能力承担起北京市的夺权任务，中央一个也没有承认，但也没有否认。

北京市各群众组织的夺权运动，被卜伟华称为"各行其是的夺权"，乱乱纷纷，要到毛泽东干预之后，形势才明朗起来。同《常文》的重点不同，卜伟华的说法是："毛泽东对北京市的夺权早有考虑。他没有让在造反派中呼声很高的戚本禹来领导北京市的夺权，而是点名叫谢富治、傅崇碧（北京卫戍区司令员）主持筹备北京市的夺权。"

我们现在回顾这段历史，可以看到，北京市夺权问题的关键和要害，并不是聂元梓想要篡权，更不是聂元梓想要篡夺谢富治的权，而是戚本禹想要攫取这一权力。在中央讨论北京市夺权问题的某个会议上，戚本禹自告奋勇说"我去"。这件事是江青于1970年1月在同周恩来、康生等一起接见中央直属系统多个单位军宣队代表时说的，许多单位都传达过。一位校友就听过这一传达，对此记忆深刻。所谓"在造反派中呼声很高"，据卜伟华书所载，其实就是北师大井冈山和学部联队等组织在民族文化宫开会，策划夺权事宜。会后，以北师大井冈山和学部联队的名义，向中央文革小组写了一封建议信，建议迅速成立以戚本禹为总指挥的"北京抓革命促生产指挥部",来领导北京市的夺权。

北师大井冈山和学部联队联名上书,是同戚本禹的自告奋勇相配合的。

如果戚本禹是个真正的革命家,倒也罢了。群众组织向中央文革联名上书,也无可厚非。但如果他们搞的是秘密活动,且其中有一伙坏人结党营私,借机阴谋夺权,问题就严重了。毛泽东可以不让戚本禹领导夺权,但不会不让戚本禹参与其事,何况谢富治和戚本禹早就勾结在一起了呢。其结果,如吴德晚年在回忆录中所说的:

> (北京市革委会)新进来的人大都是王、关、戚支持的学部的那一派,约二十多人。哲学所的造反派头头周景芳担任了市革委会的秘书长,杨远担任了办事组组长。办事组等于是市委的办公厅,一切机要都由杨远控制了。……革委会成立后《北京日报》恢复出版,学部派来的涂武生控制了《北京日报》,实际上,真正控制的是吴传启,吴传启背后操纵涂武生,所有的社论、消息,都要经过吴传启看过。[11]

对此,谢富治应该负什么责任呢?谢富治是受蒙蔽的?或者,他们本来就是同伙?

卜伟华的书中有一段引人注意的话(见该书第611页),现抄录如下:

> 陈伯达曾向毛泽东送过关于同王力、关锋、戚本禹有关系的一些人秘密开会,策划掌握北京市革命委员会的权力的材料。毛泽东对陈伯达也讲过,北京市是让一派操纵了,但这个问题很复杂。并点了关锋、吴传启、林聿时三个人的名字。当时,毛泽东说,对他们的问题要慢慢来。

卜伟华没有说明这一材料的来源,我们无法得知毛泽东于何时何地同陈伯达说了这一番话,其详情若何。陈伯达向毛泽东报送材

---

[11] 《吴德口述:十年风雨纪事——我在北京工作的一些经历》,北京:当代中国出版社2013年版,第36—37页。

料,似应在北京市革委会成立之前。从毛泽东谈话内容看,毛是在北京市革委会成立之后说的这句话,毛泽东已经看清楚,"北京市是让一派操纵了"。近来从网上看到吴德 1970 年 1 月 11 日的讲话:"他们(指周景芳一伙——引者)在市革委和在学校安插一帮人。陈伯达同志告诉我,你们被控制了,我们还不了解情况。"[12] 吴德是北京市革委会主持日常工作的常务副主任,连他都不知道自己被架空了,听到陈伯达的提醒还一脸茫然,可见北京市"让一派操纵了"的情况有多么严重。

从上引卜伟华书中的记载来看,毛泽东对关锋、吴传启、林聿时那个小团伙的事,也是一清二楚的,毛泽东本打算"对他们的问题要慢慢来"。但是,这个小团伙急于夺权,很快就暴露了自己的野心,让革命群众抓住了狐狸尾巴。另外,他们表现得非常猖狂,已经到了危害党和国家利益的地步。最后,毛泽东当机立断,快刀斩乱麻,一句话就让他们完蛋了。

《常文》提到了北京革命造反公社,并且拿它的倡议书来说事。因此,笔者觉得有必要对北京革命造反公社的始末作一简要回顾,看看到底是怎么回事。

上文已经提到,早在 1 月 18 日,"首都革命造反派夺权斗争委员会"(简称"夺委会"),就已经夺了北京市政府的大权。网名"万一巨二"的作者在新浪博客上以《疯狂的年代,历史的一页》为题,发表了八篇文字,对"夺委会"的始末有较详细的介绍。据该博文,"夺委会"组建了核心小组,发表了夺权宣言,接管了各办。"夺委会"得到周恩来的赞许,但中央对其未予承认,也没有否认,而是作为一个过渡的临时政权保留下来了。在北京市各夺权组织中,唯有"夺委会"是实际掌有权力的,执政时间为 1967 年 1 月 18 日至 4 月 20 日。为了搞大联合,"夺委会"组织了"大联合谈判团",由北航"红旗"的方臣任团长。后来,这个谈判团实际上取代了"夺委会"核心组,由方臣主持工作。

据卜伟华记载,1 月 22 日,北航"红旗"为争得在北京市夺权

---

[12]《1970 年 1 月 11 日,吴德在北京市举办的局县区级学习班上的讲话》,见宣讲家网,http://www.71.cn/2012/0410/513855.shtml,2016.2.29。

的有利地位，扣押了北京市委负责人吴德。当天陈伯达、江青给北航"红旗"打电话，除要求立即释放吴德外，还提到"考虑准备北京市工农兵和革命师生代表大会，组织市人民政府"的设想。1月24日，陈伯达接见北大、北航等校造反派时说："建议你们工农兵学商开个临时联席会，筹备一个比较大的范围的工农兵学商的代表会议。"1月26日，陈伯达、江青等接见北京高校造反派时，陈伯达又提出："跟同志们商量一下，搞一个工农代表大会……你们看条件成熟不成熟？"江青的讲话则强调了三个红卫兵司令部的联合，"不要让别人以为三个司令部不起作用了"。

笔者以为，北京革命造反公社的成立，正是对陈伯达、江青有关讲话的响应。

北京革命造反公社是聂元梓和一些单位联合发起的，于1月27日发表了《北京革命造反公社倡议书》，提出"迅速召开北京市工农兵学商革命造反派代表大会，从走资派及一小撮顽固推行反动路线的家伙手里全面地夺回北京市的领导权"。《倡议书》上列名的发起单位有30个，包括北大校文革、清华井冈山、地质东方红、师大井冈山等大学和若干工厂的群众组织。卜伟华称发起单位有二百多个，可能是包括了后来的参加者。《倡议书》的内容，同当时类似文告相似，且需发起单位一致通过，并公诸于世，不存在什么可供挑剔的阴谋。

至1月下旬，北京市除了"夺委会"外，还有六个大的全市性夺权筹备组织。这些组织，都是紧跟毛泽东的文革路线、响应中央号召而产生的。卜伟华指出："因为北京是首都，谁都不知道具体该怎么样夺权，也一直未得到中央关于北京市夺权的具体指示，暂时还未敢轻举妄动。"笔者以为，所谓"未敢轻举妄动"，就是没有实际的夺权行动。这也是聂元梓在回忆录中所说的"只联合，不夺权"。

毛泽东在1月份的时候对北京市夺权有什么具体指示，笔者尚未查到。但1月31日《人民日报》发表了经毛泽东审阅修改的《红旗》杂志社论《论无产阶级革命派的夺权斗争》。《王力反思录》称："这是毛泽东夺权思想的纲领性文件，是根据主席历次在常委会上谈的和个别谈的话整理的。……北京公社宣言，文件中也讲了。而且主席要江青提北京公社的名单。……成立北京公社，名单中提了些什么人,是江青与关锋商量的,总理不在场。他们提由党校李广文负责,文革成员戚本禹参加领导班子,夺北京新市委的权。主席不同意李广文,说要谢富治负责。"[13] 显然,这是1月底的事情。

据卜伟华,2月1日,戚本禹在接见北京高校造反派时说:"最近正在考虑成立一个联合组织'北京人民公社',中央有这个意思,要进行筹备,要按巴黎公社原则选举它。现在中央文革在讨论,由谢副总理负责。谢副总理是各部第一个支持左派的,他首先支持了'政法公社',他在左派组织中有崇高的威望。傅崇碧、李震来筹备。"这大概是第一次公开宣布由谢富治来领导北京市夺权,也是第一次公开提出"北京人民公社"这个名称。谢富治出面接见北京各界群众组织并谈北京市大联合和夺权问题,都是从2月份开始的。

对戚本禹2月1日讲话中传达的中央的意思,北京革命造反公社显然是拥护并且紧跟的。当天晚上,北京革命造反公社与"夺委会"进行了协商,达成五点协议,要联合起来建立北京人民公社筹委会。北大《动态报》1967年2月3日对此有过报道。但此事很快因观点分歧而作废。

2月6日,地质东方红、北师大井冈山等组织宣布退出北京革命造反公社。

有退出的,也有来合作的。2月7日,北京革命造反公社同另外两个夺权组织联合,成立了新的北京革命造反公社。七个主要夺权组织中有三个联合起来了,应该说,北京革命造反公社在联合方面是有成效的,并且很快同"夺委会"达成了新的协议。

2月9日,谢富治向北京红卫兵谈大联合的夺权问题时说:"北京市大联合的道路是工人搞工人,学生搞学生,农民搞农民,然后大联合。"这就是先成立工代会、红代会、农代会,再搞大联合的思路。

2月10日,谢富治在一次讲话中强调了"夺权要三结合"。北大《动态报》1967年2月14日第56期登载了"谢富治副总理讲话要点":

十日下午二点,谢富治副总理在人大会堂接见了首都大专院校

---

13 《王力反思录》,香港:北星出版社2001年版,第970页。

各革命造反派,并作了重要讲话,内容如下:

各校到外地的人(包括派出到各地的联络站)都要回来,整风、整顿思想。首都的夺权到了关键时刻,它是毛主席住的地方,但现在还没有建立统一的组织。北京应该搞一个工农兵学的筹备小组,中央文革支持。夺权要三结合(即群众革命造反派、执行毛主席革命路线的党政负责人、军队负责人),大专院校选20名代表参加筹备小组,两三天就搞出来。

关于夺权以后新机构的名称,也有了变化。据卜伟华,谢富治在2月10日的讲话中说:"……上海有个公社,北京就不一定叫公社,现在还是叫革命委员会。"

"万一巨二"的博文称:"当时中央是希望聂元梓等组建的北京革命造反公社也合并到夺委会来,相对统一,维持局面,给革委会筹备工作创造一个相对稳定的局面。待革委会成立后即可取而代之。"据该博文,1967年2月上旬某日,谢富治将聂元梓和"夺委会"负责人方臣都叫到了人民大会堂,让他们谈判解决大联合问题,双方最后达成了一致。谢富治听取了他们的谈判汇报后比较满意。博文写道:"事后聂也去过夺委会,也参加了夺委会组织的如抓革命促春耕誓师大会等活动。"

在谢富治督导下,聂元梓同方臣的谈判获得成功,并很快得到落实。卜伟华的书中有以下记载:

根据谢富治的讲话精神,2月13日,北京"夺权斗争委员会"和北京革命造反公社达成四条协议:

按系统组织代表(工人、学生);

北京夺权斗争委员会保持现状;

学生由一、二、三司等组成红卫兵代表大会领导,凡参加北京革命造反公社的一律撤出;

由三个工人组织和北京革命造反公社派一个工人组织组成四人小组,负责召集工人讨论筹备工人代表大会的问题。

应该指出,这是北京市群众夺权运动走向按系统联合——建立工代会、红代会、农代会——建立北京市革命委员会的重要一步。

2月22日，首都大专院校红卫兵代表大会成立，聂元梓奉命任核心组组长，此后有不少时间要花在这项工作上。

1967年3月1日，北京革命造反公社宣告其历史使命已经完成，即将结束活动。1967年3月3日北大《动态报》报道：

> 3月1日《北京革命造反公社》《红代会工农兵联络站》发表联合声明：……无产阶级革命派要夺一小撮党内走资本主义道路的当权派的权，必须实现革命的大联合，实现"三结合"，否则夺权就是一句空话。……《北京革命造反公社》《红代会工农兵联络站》从它成立的第一天起就明确指出它是革命派大联合的过渡组织。它适应北京革命派大联合的形势而产生，为实现全市的大联合作出自己的努力。根据当前形势的要求，我们自己在所属的单位积极进行按系统、按部门的联合，目前这项工作已基本告成，因此我们也就完成其历史使命，即将结束活动。

北京革命造反公社的最后活动是3月7日的大会。1967年3月8日北大《动态报》对此作了报道：

> 《北京革命造反公社》分系统大联合誓师大会胜利召开
>
> 三月七日，北京革命造反公社在展览馆剧场举行北京革命造反公社分系统大联合誓师大会，这是一个革命的大会，是一个促进全市无产阶级革命派大联合的大会。姚进同志说：北京造反公社的诞生目的是为了北京市革命造反派分系统的大联合，就是为了促进《北京市工农兵学商革命造反派代表大会》的迅速召开，为从走资本主义道路当权派手里全面夺取北京市的领导权而贡献自己的力量。我们所要促成的是一个巴黎公社式的、自下而上的、工农兵学商各基层单位革命造反派的大联合。北京革命造反公社只是促成这种大联合以前的一种临时性的过渡组织形式……

从以上记载不难看出：第一，北京革命造反公社只是响应中央号召、为联合夺权成立的一个临时性的组织，没有夺权的实际行动，没有掌握过任何实际权力；第二，北京革命造反公社从成立到结束，都是尽力紧跟中央、按中央的精神去做的,在搞大联合方面还是起了积极作用的。

聂元梓除了参与北京革命造反公社的事情外,还受命参与筹备红代会的工作,但具体时间有待考查。

聂元梓在回忆录中提到了她在"一月夺权"时的经历和心态。[14] 她已经不记得北京革命造反公社这个名称,但对当时"只联合,不夺权"这个想法记得很清楚。她回忆说:"从门面上看,我们有多少多少组织,有多少多少人,搞得声势很大,实际上都是空的,没有什么具体行动,所以也就没犯什么大错误。……在如何夺权的问题上,我就有自己的考虑,这也影响到北大的学生,对夺权运动参加的比较少。"笔者以为,聂元梓的回忆是符合实际的,她当时谨慎小心的做法,也是可取的。

谢富治2月份才出面主持北京市的夺权工作,北京革命造反公社1月份就成立了,后来对谢富治的工作也是支持的。所以,根本不存在聂元梓发起成立北京革命造反公社是想夺谢富治权的问题。类似情况还有韩爱晶。以北航红旗为主体的"首都革命造反派夺权斗争委员会",1月中旬就夺了市政府的权,且一度行使职能,但并没有人指责韩爱晶要夺谢富治的权。

聂元梓并没有篡夺北京市权力的野心,她没有这个水平,也没有这个力量。谢富治是老革命,副总理兼公安部长,在文革中又积极追随毛泽东的文革路线,冲锋陷阵,堪称是同级官员中的"红卫兵",深受毛泽东和中央文革信任。聂元梓开始时对谢富治是支持的。对谢富治有看法,还是后来的事,有一个过程。说聂元梓反对谢富治就是想当北京市革委会主任,那是欲加之罪,无稽之谈。但是,聂元梓是市革委会副主任,处在这个位置上,她对于市革委会许多重要部门被吴传启一伙所把持的情况,必然会有所察觉。聂元梓看出其中有问题,她没有选择同流合污,也没有默不作声,而是向中央举报,并以实际行动加以反对了。而这,不仅需要眼力,也需要勇气,最后还要付出代价。关锋、戚本禹和吴传启一伙自己操纵了北京市革委会,却

---

14 《聂元梓回忆录》第195—199页。

要贼喊捉贼，倒打一耙，谁要怀疑他们，谁要揭露和反对他们，就会被扣上"反对谢副总理""反对新生的革委会""自己想当市革委会主任"等大帽子，就会受到打击报复。

三、关于反对关锋、吴传启团伙

笔者在《三件大事》一文中提到了1967年4月10日，聂元梓和孙蓬一向陈伯达、江青当面陈述了对关、王一伙的意见的事情。当时中央文革如日中天，聂、孙提出的意见，不是一般性的工作作风问题，而是直指关、王一伙"结党营私"。"结党营私"，那就是野心家了。这样严重的指责，不是随随便便可以提出来的，不但说话要有根据，而且要冒巨大的政治风险。诬告是要反坐的。此事关系重大，在当时当然是严格保密的。《三件大事》中说，"此事详情当时没有传达过"，这里说的是"详情"，并没有说一句话也没有传达过。有的事，如关于吴传启的话，传达一句就够了。

聂、孙这次去见陈伯达、江青，最重要的一点是看到江青对吴传启的表态有了变化。就在几个月以前，江青要陶铸去学部宣布吴传启是"左派"时，因为陶铸坚决不去，并指吴传启是国民党员，江青还和陶铸发生了激烈的冲突。[15] 但这次江青的口气有了变化，这使得开展揭露吴传启的行动有了可能。聂、孙回来后传递出来的信息，内部传达的就是江青的一句话，大意就是吴传启历史上有问题，政治上要同他划清界线。新北大公社有不少人知道这句话。这句话后来也传播到许多兄弟单位。公开传递的信息，就是孙蓬一4月12日的讲话。这份讲话，等于是对吴传启一伙的宣战书，校内校外，影响很大。

《常文》写道：

既然此事详情当时没有传达过，胡宗式也是多年后才从孙蓬一的来信中获知这件事情的经过，在北大现有的报刊和档案中也都没有记载，怎么能够要求《北京大学纪事》写出聂、孙和关锋、王力"斗

---

15 曾志：《一个革命的幸存者——曾志回忆实录》，广州：广东人民出版社1999年版，第453—455页。

争"的内容呢？再说，聂元梓和孙蓬一向陈伯达、江青陈述对关锋、王力的意见，也不代表他们就是和关、王进行斗争，而他们和吴传启之间的矛盾，顶多就是文革中不同派别、不同组织之间的矛盾，也不能代表他们就是正确的。胡宗式把文革中聂、孙与潘、吴之间的斗争看成一件了不得的大事，而在当时知道他们之间斗争的人在北大也只是少数人，即使到现在，有很多北大校友，都没有听说过潘、吴是何许人也，可见他们与潘吴之间的斗争，实在不值一提。胡宗式在这个问题上小题大做，不过是为了给聂、孙表功，而《北京大学纪事》在这个问题上没有多费笔墨，也是很正常的。

《常文》的这段话，涉及到两个问题，我们逐个进行探讨。

第一个问题，就是北大反吴传启的问题是什么性质的问题，是一件大事还是一件小事，这是争论的关键所在。笔者以为，王、关、戚和吴传启一伙，利用文革这个机会，结党营私，这是一个严重的问题，是一件大事。实际上，诚如后来毛泽东所指出的："王、关、戚是破坏文化大革命的，不是好人。"[16] 王、关、戚身居中枢，暗中操纵吴传启一伙，并欺骗利用某些群众组织，拉帮结派，朋比为奸。吴传启一伙仗着自己的关系网，狐假虎威，呼风唤雨，不可一世。任何一个正直的人，只要看出来这些人在结党营私，就不能不闻不问。但反对他们又谈何容易。王、关、戚是中央文革的要员，是不能碰的。不过，这个团伙也有薄弱点，那就是吴传启。吴传启是王、关、戚团伙中一个承上启下的关键人物，历史复杂，问题甚多，曾遭学部总队的揭发批判，但因为他同关锋有着非同寻常的密切关系，学部总队终遭失败。吴传启是一个牵一发而可动全身的人物，聂、孙选择的突破口，依然是吴传启。在当时，公开反吴传启，依然是一件非同小可的事情。所以，聂、孙在准备公开揭露这个团伙之前，接受了其他同志的意见，决定先向中央报告一下，这才有了聂、孙 4.10 去见陈伯达、江青的事情。

《常文》认为，这是一件微不足道的事情，"实在不值一提"。

---

16 逄先知、冯蕙主编：《毛泽东年谱（1949—1976）》（第六卷），北京：中共中央文献出版社 2013 年版，第 114 页。

《常文》还认为"聂元梓和孙蓬一向陈伯达、江青陈述对关锋、王力的意见,也不代表他们就是和关、王进行斗争,而他们和吴传启之间的矛盾,顶多就是文革中不同派别、不同组织之间的矛盾,也不能代表他们就是正确的"。

《常文》的这种说法,同北大井冈山当年的说法和做法完全不同,不符合历史事实。

当年陈伯达"6.5讲话"以后,北大蜂拥而起的各色反对派,以及后来的"井冈山兵团",从来没有把北大反吴传启的事情当作一件小事情,从来没有认为这仅仅是"不同派别、不同组织之间的矛盾"。"小题大做"的并不是四十多年后的胡宗式,而恰恰是当年北大的反对派。他们这样做的目的,就是要在北大夺权。如果当年的反对派有《常文》现在这样的认识,他们就不会闹起来了,也闹不起来了。《常文》表达的这种说法,实际上否定了北大反对派当年的所有作为。既然反吴传启的事情仅仅是"文革中不同派别、不同组织之间的矛盾","不值一提",那你们为什么要在陈伯达"6.5讲话"后大闹起来呢?

"不值一提",本来是陈伯达"6.5讲话"里的说法,是为了打压新北大公社揭露吴传启的行动、在北大挑动分裂而说的。聂、孙虽然当面对陈伯达、江青说关锋、王力和吴传启一伙"结党营私",但要公开这样说还是不行的,只能利用江青对吴传启态度的变化,先揭露吴传启。陈伯达"6.5讲话"说吴传启的问题"不值一提",就是要引起北大群众对反吴传启行动的怀疑。果然,蓄谋已久的分裂者有了借口,指责聂、孙"分裂中央文革"的口号一时甚嚣尘上。"分裂中央文革"在当时是一项严重的罪名,一些天真的人们相信了陈伯达的话,对聂、孙产生了怀疑。于是,北大就大规模地分裂了。

北大公开反吴传启,始于孙蓬一的4.12讲话。孙蓬一的4.12讲话并没有把地质东方红当作敌人,矛头所向,是吴传启一伙。但地质东方红1967年4月16日就作出了强烈的反应,指责孙蓬一"把矛头直接指向中央文革……恶毒地挑拨中央文革内部的关系"。[17] 地质东方红都是些明白人,当然知道吴传启是什么人,知道吴传启不是随

---

[17] 见地质学院革委会和东方红公社1967年4月16日发表的《关于目前北京市无产阶级文化大革命形势的几点声明》。

便可以反的,知道公开反吴传启意味着什么。他们选择站在关锋和吴传启一边。他们并不认为这是一件"不值一提"的事,加上孙蓬一4月13日"炮打谢富治"的讲话,他们认为:"这两篇讲话的问世绝不是偶然的,它是蓄谋已久的反革命宣言书,是北京市反动保守势力向革命造反派猖狂进攻的总动员令。这两篇讲话的抛出,使得北京市反动保守势力的气焰,一时又甚嚣尘上。"明白人就是明白人,他们看出来这"绝不是偶然的"。孙蓬一的4.12讲话确实不是偶然的,但其性质要由后人来评判。

孙蓬一的4.12讲话获得北大许多师生的支持,反对者则在暗中窥测时机。反对者并不认为反吴传启的事情"不值一提",而是认为可以借此大做文章,借此推倒聂、孙和校文革,搞垮新北大公社的。

笔者有幸读到《新北大报》刊登的一篇题为《三十五个为什么?》的文章。[18] 该文表明,在陈伯达"6.5讲话"两个多月以后,北大井冈山还在这个被《常文》认为"不值一提"的问题上大做文章。这里列出其中的几个问题并略加说明(全文参见"北大文革资料"部分)。

7. 为什么北京市革委会成立前夕,聂元梓、孙蓬一煽动数千群众炮打谢副总理?为什么与此同时北大出现了炮打、影射关锋、林杰的大字报?

说明:作者没有提出证据,是哪一份大字报"炮打、影射"关锋、林杰了。据近来的了解,新北大公社"红梅"战斗队曾经贴出过一份影射关锋、林杰的大字报,但不知道《三十五个为什么?》的作者指的是否就是"红梅"的大字报。

8. 为什么北大的一个普通校刊编辑吴子勇能绘出触目惊心的反革命"四月形势图",在反革命"四月形势图"中列出了一股来自中央文革,另一股来自中央军委的所谓的"反新北大逆流",这又说明了什么?

说明:吴子勇是中文系学生、《新北大》校刊编辑,在4月份贴出一份大字报"四月形势图",林杰——关锋——××,用××康生。

---

18 新北大井冈山兵团编辑出版《新北大报》第七号第三版,1967年8月25日。

当时民间确实有这样一种看法,认为林杰、关锋、康生是一条线上的,因而这并非吴子勇首创。但这都是心照不宣的事情。特别是关锋和康生之间有什么关系,是高层的事情,笔者无从知晓,也没有听到有谁解说过,或者提出过什么证据。吴子勇的大字报当然是鲁莽之举,而且此事一直被报告到康生那里,康生后来也以此指责北大。

11. 为什么在陈再道跳出前夕、军内两条路线斗争十分尖锐的形势下,聂元梓的嫡系"炮兵营"大肆鼓吹,一论再论要"大树特树解放军的绝对权威"?

说明:"炮兵营"是历史系的一个战斗队,人数不详,笔者同他们素不相识。大字报的内容和贴出的日期都没有查到,从题目来看是主张拥军的。7.20武汉事件前后,出现了一股反军逆流。在当时形势下,"炮兵营"一论再论要"大树特树解放军的绝对权威",诚属难能可贵。这个问题同时说明了一个事实:在1967年8月25日的时候,《新北大报》还在坚持抓军内一小撮的观点。他们没有注意到,《人民日报》等报纸上已经不提"军内一小撮"了。

13. 聂、孙在北京大搞微不足道的人物吴传启的真实目的是什么?为什么陈伯达同志说:"以为利用吴,一下子打中了,可以把报纸中央的权夺过来了"?

说明:孙蓬一4.12讲话后,新北大公社的人都知道了有吴传启这么一个人物。陈伯达"6.5讲话"后,北大的反对派一直在拿"不值一提"的事大做文章,声讨聂、孙"分裂中央文革",直到8月25日,《新北大报》还在拿这个问题做文章,追问"聂、孙在北京大搞微不足道的人物吴传启的真实目的是什么?"而时至今日,《常文》居然还在说"许多校友不知道潘吴",自欺乎?欺人乎?

14. 为什么聂元梓"6.4"讲话中说:"新市委最大的错误是没有批判彭真、革委会成立两个月未批彭真……"这是什么意思?

说明:笔者看到这一条时,一开始还真不明白文章的作者为什么要选中这一条,其用意何在。经过一番查找,终于查到了聂元梓6月4日的讲话。这篇讲话的主要内容刊登在新北大内部动态编辑部1967

年6月5日编印的《校内动态》第75期上。现选录如下:

新北京市委的最大错误是对旧北京市委没有彻底批判、彻底砸烂。我们北京大学的无产阶级革命派一定要高高举起革命的批判大旗,狠批北京旧市委。我们要努力学习毛主席著作,学习几个文件,批判几个坏电影、坏剧本。从文艺路线的批判上展开,联系到对旧北京市委和教育系统进行批判。对刘、邓和旧市委的批判可以从此开刀。具体怎样做,大家可以提意见。抓叛徒仍然要进行,这是大方向的一个组成部分,这是为了批判刘邓的招降纳叛、结党营私的组织路线。揪斗潘、吴的工作完全可以继续进行。

聂元梓这个讲话的关键一句是:揪斗潘、吴的工作完全可以继续进行。笔者认为,这可能是《三十五个为什么?》选用该条的原因,这个问题针对的内容隐藏在省略号里。聂元梓、孙蓬一1967年4月10日向陈伯达、江青提出了关锋、王力、吴传启一伙结党营私的问题,随后便发起了反潘、吴的行动。这让中央文革坐不住了。5月27日,陈伯达、关锋、戚本禹一起找聂元梓谈话,进行威胁,陈伯达说:"你不要反吴传启了,更不要把他和我们联系起来。"因为聂元梓不听话,陈伯达6月3日又在公开场合针对聂元梓、孙蓬一进行了严厉的、不点名的指责:"无产阶级的政治斗争是很严肃的斗争,不是儿戏,不是赌博,不是押宝,不要犯主观主义的错误,不要犯儿戏的错误,……写这种标语的人算老大吗?老子天下第一,自己来当革委会主任,革委会主任不是自己封的,是大家推的,是大家协议选出来的。"[19]

陈伯达的指责气势汹汹,不讲道理,只有恫吓,但这没有吓倒聂、孙和北大校文革。6月4日晚,在东操场召开的全校大会上,校文革副主任姜同光把陈伯达6月3日的讲话向全校作了传达,随后聂元梓在讲话中作了针锋相对的回答:"揪斗潘、吴的工作完全可以继续进行。"

四十多年后,《常文》说:"北大人以北大出现聂元梓、孙蓬一这

---

19 1967年6月3日晚,在人民大会堂小礼堂,陈伯达、江青、康生等接见外事口系统革命造反派的讲话。

样的败类感到耻辱。"必须指出,《常文》的作者根本没有资格代表全体北大人。北大真正的耻辱,是被迟群和谢静宜所完全控制。他们不仅控制了北大,还控制了清华。这是世所罕见的事情。他们通过持续不断的清查、清理运动,以及在血吸虫病重灾区设立五七干校,整治、迫害两校众多的干部、教师和学生,把两校打造成了他们自己的政治堡垒。尤其在北大,反对的声音遭到彻底镇压(清华还有刘冰等人敢于向毛泽东上书举报),人人噤若寒蝉,还出现了"梁效"这样为"四人帮"服务的御用工具,其祸害及于全国。什么是耻辱?这才是耻辱!

《常文》说:"聂元梓和孙蓬一向陈伯达、江青陈述对关锋、王力的意见,也不代表他们就是和关、王进行斗争,而他们和吴传启之间的矛盾,顶多就是文革中不同派别、不同组织之间的矛盾,也不能代表他们就是正确的。"

这是《常文》作者现在的一种狡辩和诡辩。聂、孙向中央文革领导举报关锋、王力、吴传启一伙,说的不是鸡毛蒜皮的小事,而是直指要害,指责他们"结党营私",这不是斗争,难道是勾结吗?至于聂、孙和新北大公社揭露吴传启一伙,究竟是"文革中不同派别、不同组织之间的矛盾",还是什么别的矛盾,上文已说了许多。尤其是《新北大报》自己,已经讲得很清楚了。

借此机会,笔者再补充一篇材料,看看当年北大井冈山究竟站在哪一边。

1967年8月31日出版的《新北大报》和《新人大》合刊,发表了新北大井冈山兵团七纵《长缨在手》战斗队的一篇文章,题为《斩断伸向中央的这只黑手》。文中是这样指责聂元梓的:

> 在伟大的历史文件《五一六通知》发表以后,她抛出所谓"揪出新的黑线"的反动论调,扬言"只出来一个陶铸嘛",要揪出"新的赫鲁晓夫式的人物",抛开主席指出的大方向,企图重搞一个资产阶级的方向;她自称"江青派",分裂中央文革,在全市全国造成了极其严重的政治混乱;她以"林杰—关锋—康生"的反动逻辑冲击无产阶级司令部,企图从极"左"或极右的方面来动摇中央的领导;她一手炮制了什么"摘桃派"的理论,为其全面夺取市革委会大权制造反

动舆论,并直接策划了炮打谢副总理的罪恶活动……

这篇文章发表的时候,关锋、王力已经垮台。但是,一些被陈伯达"6.5讲话"搞昏了头的人,还迷失在王、关、戚制造的迷雾中,沉缅于自己制造的舆论和幻想中,处在吴传启的手下王恩宇、洪涛等人的误导下。他们对于社会上已经出现的变化征兆茫然无知,自己身后的黑手已经被抓,却还在那里抓别人的黑手。聂元梓什么时候说过"揪出新的黑线""揪出新的赫鲁晓夫式的人物"这类的话?聂元梓什么时候自称过"江青派"?这样说有什么根据?至于"摘桃派"一说,孙蓬一的"4.12讲话"讲得很清楚,指的是吴传启一伙。事实证明这并非杞人之忧,而是实实在在发生了的事情,其怵目惊心,远非平民百姓所能想象。至于4.13"炮打谢富治",并非聂元梓"直接策划",反倒是聂元梓赶来直接阻止的。文章指责聂元梓"分裂中央文革","以'林杰—关锋—康生'的反动逻辑冲击无产阶级司令部,企图从极'左'或极右的方面来动摇中央的领导"。笔者认为,"林杰—关锋—康生"的说法,社会上虽有此传言,但聂元梓从未这样说过。聂元梓当年的认识水平,最初仅至吴传启、关锋、王力而已。之所以找陈伯达、江青提意见,正是为了维护无产阶级司令部。企图"冲击无产阶级司令部""动摇中央领导"的,不是聂元梓,而是王、关、戚一伙。文章题为《斩断伸向中央的这只黑手》,是把聂元梓当作黑手的。其实,在该文写作和发表之时,真正的黑手已被斩断,那就是关锋和王力。文章作者极力维护关锋、王力、林杰、吴传启这一伙真正的黑手,而把坚决反对关、王、吴一伙的聂元梓打成黑手,说明文章作者及其同伙完全站在关、王、吴一边,充当关、王、吴一伙的帮手和打手。他们的这段历史不很光荣。但不同的人,对待历史却有着不同的态度。其中有的人很快就认识到"保关锋、王力是错误的";也有的人不敢承认,不肯承认,四十多年后还在千方百计地进行狡辩和抵赖。但这是无法抹掉的历史事实,狡辩和抵赖都是没有用的。

顺便说一下,在关锋、戚本禹、林杰、吴传启、林聿时一伙眼中,北大反吴传启的事情,绝不是一件"实在不值一提"的微不足道的事情,而是生死攸关的大事。他们本来正做着到处篡权的黄粱美梦,一下子被聂、孙和新北大公社的行动打破了。如果这是一件"实在不值一提"的小事,他们为什么要慌忙地组织"收缩"呢?潘梓年、吴传启和林聿时为什么要逃亡外地呢?那时要到外地躲避,不是一件容易的事情,钱不成问题,粮票不好办。所以,王恩宇不得不在学部联队内部为他们募集全国粮票。即便北大在陈伯达"6.5讲话"的高压下暂停了揭发吴传启的行动,他们仍然非常紧张。现举几例:1967年7月,王恩宇从石家庄探望吴传启回京后,给林杰去电话,林杰对王恩宇说:"关锋、戚本禹同志说,叫学部继续采取收缩的办法,你们不要到外面活动,你们的每一步都要同上面联系一下,打个招呼,现在他们收到不少潘、吴的材料,所以你们现在不要看表面上北大不搞了,将来会有一场大的斗争,这场斗争必然会采取连锁反应。你们注意一下,关锋、戚本禹同志说,你们要顶住,越是困难越要顶住。"7月中旬,林杰还对王恩宇说:"关锋、戚本禹同志的意思,是叫你们快点调查,潘、吴的问题是个大问题,牵涉面很大。……他们搞潘梓年是个陪衬,搞吴传启才是真的,主要通过吴传启搞关锋、戚本禹他们,这才是目的。"7月中旬的一天晚上,林聿时从赞皇王家坪回京后,找王恩宇去他家,林对王说:"潘、吴的问题是个大问题,不是小问题,他们在外面还要住半年一年的,这是老关老戚的意思。……潘、吴的问题是个大问题,很可能是两个司令部斗争的焦点。"[20] 类似的例子还有,限于篇幅,兹不赘言。

陈伯达"6.5讲话"虽然对北大起到了暂时的打压作用,却在更大的范围里引起了人们对这个团伙的注意,人们的关注度更高了。北大内部因为聂、孙"分裂中央文革"的问题越是大乱,问一个为什么的人就越多。陈伯达是中央常委,又是中央文革的组长,他的讲话的影响力,是要远远地胜过孙蓬一的。陈伯达在讲话中一再提到吴传启,吴传启就更加声名远播了,想要低调已经太晚,化名远遁也无济于事。陈伯达没有肯定吴传启是"坚定的革命左派",也没有说不能反对吴传启,而是极力贬低他,这对吴传启无疑是沉重的打击。林聿时就此对陈伯达非常不满,声称"搞潘吴的问题和伯达同志有关,因

---

20 红卫兵总队 831 兵团《篡党窃国野心家戚本禹扶植潘吴集团罪行》,载学部红卫兵总队等编辑出版《长城》第七期,1968 年 2 月 27 日。

为上次是伯达点的吴传启的名,非他出来给吴传启平反不可"。陈伯达贬低吴传启的另一个效果是留给人们一种想象:既然吴传启是一个微不足道、不值一提的小人物,为什么又那么神通广大呢?后边是不是有大人物呢?吴传启"不值一提",值得一提的是不是后边的某个大人物呢?

陈伯达的"6.5讲话",本来是要压一下北大,不料把事情闹大了,事情如何收场,既由不得陈伯达,更由不得关锋和戚本禹了。不久,随着关锋、王力悄然倒台,经营了一年多一点的阴谋团伙顷刻瓦解。潘、吴、林的逃亡生活也没有能像关锋、戚本禹设想的那样持续半年一年,当年9月份就被抓回来了。

第二个问题,就是《常文》借口聂、孙举报关锋、王力的事情当时没有传达过,"在北大现有的报刊和档案中也都没有记载",来为《北京大学纪事》的相关作者辩护。

这也是一种狡辩。《北京大学纪事》的相关编者,拥有丰富的资源,并不是真的不了解情况,对于他们来说,不是了解不了解的问题,而是承认不承认的问题,是愿意不愿意承认的问题。他们的态度,和《常文》作者的态度是一样的。《常文》不是至今仍然宁可写一些自相矛盾的文字,也不肯承认历史事实吗?

上文已经讲过,1967年4月10日江青关于吴传启问题的表态,特别是"在政治上要和吴传启划清界线"一句,新北大公社中有许多人是知道的。现举二例。

《记忆》第139期所刊《我所了解的孙蓬一》一文,摘录了孙蓬一1977年1月3日写的一封信中的回忆:"四月十日回来以后,聂与我向校内一些人转达了接见的大致情况。"信中说的"校内一些人",应该包括校文革常委,以及宋一秀、李清崑等人。在校内领导层的传达是及时的。

《记忆》第132期所刊《扬子浪日记》,1967年4月14日那天记的是:

4月14日

昨晚谢富治同志接见地质、北大,搞了些误会,孙蓬一讲话竟然大发政治牢骚炮轰起谢富治来了。昨晚几千人集合准备去冲击公安部，找谢富治同志评理。亏聂元梓阻挠才未得逞，避免了一场大祸。

听小广东告诉我，宋一秀对他讲陈伯达同志、江青同志在四月十日单独接见了聂元梓、孙蓬一同志，江青同志说过，对吴传启至少要在政治上划清界线，不知是真是假？

扬子浪的日记证明，他至迟在4月14日就听到了这句话，这说明传播速度是相当快的，而消息源于宋一秀[21]，其真实性毋庸置疑。

即便这句话没有公开传达，但孙蓬一4.12讲话，已经把当时的形势和北大面临的种种困惑的原因讲得很清楚了。讲话的主要内容，也就是聂、孙4月10日对陈伯达、江青讲的内容，只不过4.12讲话没有公开点关锋、王力的名而已。讲话中提到的事情，有一些就是北大同学亲身经历过的。广大师生是相信事实的，建立在事实基础上的认知是坚定而不可动摇的。

这句话也传播到许多反对吴传启的群众组织那里，现举一例。学部红卫兵总队等编辑出版的《长城》第5期（1968年2月19日）发表了《关王庙的退却和付崇兰的"造反"》一文，其开始部分写道："67年4月，无产阶级司令部发出了向关王庙进军的战斗号令。"《长城》第7期（1968年2月27日）发表的《篡党窃国野心家戚本禹扶植潘吴集团罪行》一文也提到了江青的指示，要在政治上同吴传启、潘梓年划清界限。这都证明了这样的一个事实：即学部红卫兵总队早已知道了4月10日江青有关讲话的内容。

聂元梓、孙蓬一的历史局限性是当时对戚本禹还缺乏认识。4月10日，聂元梓、孙蓬一和陈伯达、江青谈话时，他们不同意关锋、王力参加，但同意戚本禹参加了。这次谈话无密可保，因为戚本禹会在第一时间向他的同伙通风报信。所以，即便孙蓬一4月12日没有发表那篇演讲，关锋、王力和吴传启一伙也会立即受到惊动。现在回顾历史，聂元梓、孙蓬一的历史局限性更表现在他们对于反吴传启及其后台这个问题的复杂性、严重性和艰巨性严重缺乏认识，他们向陈伯达、江青举报，却不知这个问题不是陈伯达、江青解决得了的，何况江青本人当时对这个问题还没有感觉。这是一个要毛泽东发话才

---

21 宋一秀，北大哲学系教员，"全国第一张马列主义大字报"作者之一。

能解决的问题，但聂元梓、孙蓬一的认识远没有达到这一步。

关锋一伙首先要否认和掩盖这件事情。1967年10月，新北大公社"除隐患"战斗队编写的《斩断林杰反革命集团伸进新北大的黑手》一文第7页提到，"周景芳看了江青4.10关于与潘、吴划清界限的讲话以后，就别有用心地说：'这不是江青同志讲的，是聂元梓说的。'"林聿时则说：这是"造谣"，"不知聂元梓怎么反映情况的"。

但这件事情是真的，所以，关锋一伙很快采取了"收缩"的方针，隐蔽自己，以图对抗。卢正义失踪，吴传启等人逃往外地躲藏，都是"收缩"的一部分。有些大报曾大量刊登学部联队的"大批判"文章，为吴传启一伙制造舆论，但现在不敢再用"学部联队"的署名了，而要改用笔名。一些批判大会的海报上，"学部联队"也不再排在发起单位名单的第一位了。戚本禹则在学部另外支持一派，也开始反潘、吴的行动，以争取主动权。与此同时，他们千方百计地压制北大，特别是要阻止北大揭露吴传启的行动。他们明里召见聂元梓，威胁利诱，暗里在北大寻找代理人，在内部搞分裂，以便把北大搞乱，先让聂元梓后方着火，再把聂元梓打倒。由于聂元梓不肯妥协，于是有了陈伯达的"6.5讲话"，点了一把大火。

关锋、戚本禹、王力等人，利用文革大乱的机会，纠集了一帮自己的势力，这股势力有一群人，他们打着"中央文革"的旗号，披着"革命左派"的外衣，上下左右勾结在一起，兴风作浪，能量极大。要动其中的某一个人，就等于动一大群人，冒犯了其中某一个人，哪怕无意中冒犯了他们的某一个角落，就会有一群人扑上来。反对他们的人，稍有不慎，就会把自己搭进去。聂元梓、孙蓬一对这个团伙虽然有所认识（这在当时已经很不容易了），但对这场斗争将面临的阻力和艰巨性、复杂性，认识和心理准备远远不够，准备不足，策略不当，最后要付出巨大的代价，也是不可避免的了。

四、孙蓬一4.12讲话的矛头指向谁

笔者在《三件大事》一文中明确指出：《北京大学纪事》对孙蓬一4.12讲话的矛头指向作了歪曲记载，并讲述了由孙蓬一4月13

日讲话引发的"炮打谢富治"事件。"炮打谢富治"事件发生的时间是 1967 年 4 月 13 日,因为谢富治后来被否定了,所以《北京大学纪事》的编者刻意回避这件事情,这一天的记载是空白的。关于这两件事情,《常文》是这样写的:

4 月 12 日晚上,校文革在大饭厅召集大会,参加人数很多,气氛十分火爆,笔者也在现场听到了孙蓬一声嘶力竭的讲话,他在说到当前形势时如临大敌,认为有人要推翻他们这个"红色政权",矛头直接指向了地院东方红等组织,也暗示地院的后边有人支持,在他的非常具有煽动性的讲话后,部分群众走出校门游行,并贴出了针对谢富治的大标语。

尽管作者声称他 4 月 12 日晚在现场听了孙蓬一的讲话,但《常文》这段话表明,作者对 1967 年 4 月上中旬在北大发生的事情并不真正了解,因而根本没有听懂孙蓬一的讲话。作者一再声称不知道什么吴传启,而孙蓬一这次讲话的重点就是吴传启。孙蓬一指出有一种现象:"反对吴传启就像犯了弥天大罪",孙蓬一一说:"我今天就要公开表示,我们就是反对一下吴传启","吴传启到底是一个什么人?我们有理由怀疑他,他不是什么响当当的左派,而是一个在政治上值得大加审查的人。"孙蓬一讲话的相当一部分内容就是揭露吴传启、卢正义、洪涛、刘郓一伙的,他明确指出:"在我看来,这一股势力的代表,这一股势力的核心不在学校,而是一些机关,是真正的摘桃派,那是一些什么人?如学部以吴传启为首的一帮子人,如高教部的延安公社、中央统战部红色联络站。"请问《常文》的作者,这是把矛头直接指向"地质东方红"吗?

《常文》说孙蓬一的讲话"也暗示地院的后边有人支持",在 4.8 民族宫事件上,地院的后边确实有人支持,如洪涛之流,不过洪涛已经被点名了,还有什么必要"暗示"呢?孙蓬一讲话所"暗示"的,所要揭示的,不是"地院的后边",而是吴传启一伙的后台,实际上是关锋和戚本禹。

孙蓬一讲话中有这样一段:"……而这样一种力量,采取一种非常不正当的手段,采取拉一伙,打一伙,拉拉扯扯,勾勾搭搭,招摇撞骗，把手伸得很长很长，真是拉大旗作虎皮，包着自己去吓唬别人，当他们跟别人辩论，他们提不出充足证据的时候，便拿出所谓的王牌，说：某某支持我们。不管什么人，只要你违背了毛泽东思想，他支持了你，那么他也是错误的。"明眼人都知道，孙蓬一的这一段讲话，暗示的就是关锋。所谓"某某"，就是关锋。后来揭发出来的材料表明，有许多事情，实际上是戚本禹干的，或者是关、戚合伙干的，所以，孙蓬一的矛头所向，实际上也包括了戚本禹，但这只有戚本禹自己明白。

孙蓬一还提到了 1.15 抢档案事件："……抢档案的人成了革命派，而制止抢档案的人却成了反革命。红卫兵总部的郑仲兵同志被关到监狱十五天。这到底是为什么？我们不能不问一问，绝对不能做奴隶主义，绝对不能盲从。"1.15 抢档案事件发生后，一开始洪涛、刘郆等人被公安部逮捕审查，但过了一天就被释放了。民间调查显示，幕后起作用的，正是吴传启——关锋这条线。据说这天晚上吴传启一夜未睡，守着两部电话，看洪涛、刘郆出来了没有。有知情者说："刘郆、洪涛是通过吴传启、穆欣、关锋（出来的），是关锋打电话叫公安部放的。"洪涛、刘郆被释放后，声称谢富治接见了他们，谢向他们表示慰问，还说"公安部要发表声明"，而且由洪涛"亲自写"，等等。于是，1 月 17 日，就有了公安部办公厅秘书处印发的《公安部某负责人就一月十五日"红色联络站"接管中央统战部档案问题的讲话》。[22] "1.15 事件"要追问下去，就会追到关锋、谢富治头上，关、谢都难辞其咎。

孙蓬一还提到了周景芳，否认了"周景芳是中央文革成员"的谣传。周景芳自称是"中央文革的代表"，聂、孙 4 月 10 日曾当面向陈伯达、江青求证，江青予以否认。其实，周景芳是戚本禹的代表，是戚本禹伸向北京市革委会的"黑手"。孙蓬一的讲话，矛头实际上指向了戚本禹。

总之，孙蓬一的 4.12 讲话，其矛头所向，并非"地质东方红"，而是吴传启团伙和他们的后台关锋、戚本禹，还有谢富治。后来揭发

---

22 新北大公社"独立寒秋"战斗队：《首都高校两派矛盾的由来、发展和关锋、王力有关讲话》，1967 年 9 月，油印本。

出来的事实，证明孙蓬一讲话指出的这些人都是有问题的，而事情的严重性，比孙蓬一 4.12 所讲的，还要严重得多。

《常文》还把孙蓬一 4.12 和 4.13 两次讲话混为一谈，说明作者的记忆完全是混乱的。作者当时是否在学校里，是否真的听过孙蓬一那两次讲话，都应该打一个问号。笔者再说一次：1967 年 4 月 12 日晚，孙蓬一在全校大会上公开向吴传启们宣战；4 月 13 日晚，石油学院大庆公社来北大声援，因为对谢富治当天不能公正地处理地质和北大的矛盾这件事上有意见，孙蓬一的即兴发言引发了"炮打谢富治"事件。

五、关于《北京大学纪事》

《常文》说："对于这部记述了北大百年历史的长达 1352 页的巨作，胡宗式并不见得全部读过，他只是对其中记述文化革命的部分十分不满，挑出几个地方进行责问，这才真正是'攻其一点，不及其余'"。

按《常文》的说法，不把这部 200 万字的书读完就提意见，就是攻其一点，不及其余了。这是什么逻辑？按照这种逻辑，任何人都不能提意见了。《常文》的作者也并未声明他们看完了全部一百年的《纪事》的内容，不也在为《纪事》进行辩护吗？像《纪事》这种面向公众的历史资料性的工具书，当然要接受公众的检验、考证和指误，并在纠错中不断改进和完善。任何人，哪怕只看了某一日、某一条，只要发现有错，都有权予以指出。不许批评、指正，不是科学的态度，而且是不负责任的。

对史书的基本要求是尊重历史事实。《北京大学纪事》作为一种历史工具书，对资料的选择应全面、客观，尤其不可做有倾向性的选择和取舍。因此，这是一件非常严肃的工作。但遗憾的是，至少就文革头两年的记载来看，虽然也收入了许多有价值的资料，但对某些重要事件的记载是不准确的，甚至是严重失实的。工作中的疏忽和资料缺失是难免的、正常的，人们不应苛责。但我们看到的，不是疏忽大意或资料缺失的问题，而是对待历史的态度问题。《纪事》的编写者出于某种政治需要，或者囿于其个人的政治立场和情感因素，并未能做到客观和公正这两条基本的原则。这一部分《纪事》采录的材料是有倾向性的，有选择性的，是有偏见的。《纪事》的这一部分欺骗不了经历过这段历史的人，但容易误导后人。但后人也不是好糊弄的，像《纪事》编者所用的那些手法，并不难被发现。那些有意为之的误导，很容易被发现，并受到质疑。《纪事》的整体价值，将会因为其中两年的缺陷，而受到严重影响。毕竟，历史是要由后人来评说的。历史，也是要由后人来写的。

《北京大学纪事》涉及北大一百年的历史，编者们无疑付出了许多辛勤劳动。笔者在北大只待了十年，自然没有资格对全书进行评价，笔者也无意于此。但笔者毕竟在北大生活过，特别是亲身经历了文革的头两年。笔者在回顾北大文革历史的时候，自然要看看这部《纪事》。

《纪事》文革部分的主编，是长期在北大工作的老干部，是北大文革的亲历者。他们是受害者，也是参与者。他们的思想，有着文革前与文革中各种矛盾斗争的烙印。作为个人，任何人都有权利保留自己的观点，哪怕是偏见。但作为史料的编撰者，就应该秉持客观、公正的原则，摒弃一切有损客观、公正的偏见。但他们并没有做到这一点。于是，北大的文革就变成了一场"反聂"和"保聂"之争。

《纪事》关于文革的记载，不少内容都是经不起推敲的。有些问题，笔者已在《17日还是19日？一字之差，谬之千里——〈北京大学纪事〉作者造假又一实例》，以及《从三件大事的记载看〈北京大学纪事〉》等文章中作了讨论。《纪事》的编者，还有一种"恶之者增其罪"的做法。据章铎女士抄录的《〈北京大学纪事〉2008年版中的聂元梓和孙蓬一》（载《记忆》第133期），与1998年版相比，2008年再版的《北京大学纪事》，就增加了27处给聂元梓等人"加罪"的内容，特别是增加了与历史事实相违背的所谓反对周总理的内容，其材料来源基本上是清查"五一六"时期的"交代材料"，而且在选用时又采取了歪曲和剪裁的做法。

笔者在此举一个亲身经历的例子。《北京大学纪事》2008年版，第777页这样写道：

6月 "新北大公社"动态组组长胡宗式称:"1967年初,曾加入'湘江风雷'并任挺进支队北京支队负责人的许××,要我们把陷害总理的'007密令'通过聂元梓,直接转到中央文革。我请示了聂元梓,她说:你们把它送到中央文革记者那里。由聂元梓电话联系,我到44楼三楼,向中央文革记者上交了这份材料。"

这里的记载,和我当时写的材料有着本质的区别。在1971年清查"五一六"时,我是这样写的:

1967年初,……在支持"二筹"的活动中,动态组的刘志菊和北京机械学院"东方红"的许维纲相识。1967年中央下达"二·四批示",把"湘江风雷"定为反动组织。"湘江风雷"的头头认为,"二·四批示"是总理因"007密令"问题,对"湘江风雷"实施报复,于是通过不同的渠道向中央文革送材料。许维纲曾加入"湘江风雷"并任北京支队队长。他想把所谓的"007密令"的材料,通过聂元梓直接转到中央文革。经刘志菊介绍,1967年4月许维纲来到北大,把材料交给了我,我看后把这份材料交给聂元梓。第二天聂对我说:"反总理是不对的,这份材料我不给转。你把它交给新华社驻北大的记者(实际是中央文革记者站记者)。你到44楼3楼,我先打个电话。"我在转交材料时写了一个附言,说明了许维纲的身份并且写了我的看法:"这是对总理的政治陷害"。

很明显,《纪事》的编者,在引用我的材料时故意删去"聂元梓说:反总理是不对的,这份材料我不给转",和我的看法"这是对总理的政治陷害"这些关键的话。这种手段,哪里有什么客观和公正呢?

再举一个与高云鹏先生有关的例子。《北京大学纪事》记载:

(1968年)**3月28日** 经校文革武斗指挥部高云鹏等策划,聂元梓决定,新北大公社攻占两派共同居住的31楼,将住在此楼的井冈山兵团成员赶走。双方发生武斗。高云鹏说:"这一仗打出了新北大公社的威风。"

这段记载与事实不符:(1)北大第一次大规模的武斗发生在3月

29日的凌晨，并非28日；（2）高云鹏当时是哲学系文革主任。校文革并没有武斗指挥部，新北大公社武斗指挥部也是另有其人。说高云鹏策划这件事，以及"高云鹏说：这一仗打出了新北大公社的威风"，完全是无中生有。

　　北大3.29武斗事件发生后，聂元梓让高云鹏到44楼新北大公社文攻武卫指挥部把把关："别让年青人做出出格的事来"。对于北大长达数月的武斗，双方都有责任，而在校文革和新北大公社方面，负主要责任的是孙蓬一。刊登在《记忆》第139期上的《孙蓬一的检查及工宣队的批语》这份资料中，孙蓬一对北大武斗已经承担了责任。在《北京大学纪事》问世之前，孙蓬一已经去世了。《纪事》的编者，就找出高云鹏来代替孙蓬一，把北大武斗的责任推到高云鹏身上。《纪事》中关于高云鹏的多条记载，都与事实相距甚远。1970年后，高云鹏因不愿作伪证去陷害聂元梓，遭到迟群之流的陷害，差点丧命。好在高云鹏健在，使我们得以知道事件的经过。

　　我们指出《北京大学纪事》中的一些问题，只是为了对北大的这段历史负责，对后人负责。我们和《纪事》的编者，至少在文革的头两年中，都是北大文革的亲历者。在历史事实面前，我们是平等的。我们首先要做的事情，就是把事实搞清楚。只有这样，才能真正总结文革给我们民族带来的惨烈教训，才能以史为鉴。

（原文载《记忆》第152期）

第三辑　考证辨伪

季羡林参加北大井冈山的前前后后
——再读《牛棚杂忆》兼与舒声先生商榷

章　铎

2014 年 6 月 15 日出版的《记忆》第 114 期刊登了舒声先生的一篇文章《文革中的周培源与季羡林——他们为什么要参加"井冈山兵团"？》文章提出的问题很明确："这两位著名的学者为什么会参加这个群众组织？他们在井冈山兵团中扮演了什么角色？"

周培源先生和季羡林先生有共同的特点：他们是北大知名教授，在社教运动中都是左派，文革开始时他们并没有受到冲击，陈伯达"6.5 讲话"以后，他们"认清形势"上了井冈山。周培源坐了井冈山的头把交椅，季羡林在东语系成为负责人。

周培源先生本是校文革结合的干部。他 1967 年 3 月 27 日在校文革举办的干部亮相大会上的讲话——我的检查，还声称坚决拥护校文革：

校文革是无产阶级的政权，执行了无产阶级革命路线。学校中资产阶级反动路线的代表人物是孔繁、杨克明。井冈山、红联军等反校文革的斗争，就是一场无产阶级专政条件下，两条路线斗争的大搏斗,就是资产阶级反动路线的猖狂反扑,他们向校文革开火,归根结底为的是进行反革命夺权,他们进而还反中央文革,恶毒攻击我们敬爱的毛主席和林副主席。所以广大革命派与井冈山、红联军等反动组织的矛盾是敌我矛盾。但这些人赤裸裸的向校文革夺权是不行的。

周先生在1967年6月5日以后,公开同聂元梓和校文革决裂,还发表了一封《公开信》,作为他们的纲领。

季先生在1967年6月5日前本在逍遥,后来"自己跳出来"上了山。

这两位老教授,参加井冈山的行动的背景是一样的,就是陈伯达的"6.5讲话"。舒声文章对此背景的介绍是躲躲闪闪、遮遮掩掩的。本文依据季羡林先生的《牛棚杂忆》,对他们上山的背景略作分析。

舒声在文中写到:"季羡林参加井冈山兵团后,当上了第九纵队(东语系)的勤务员。这在当时以学生为主体的群众组织中也是少见的。由于他参加了和聂元梓对立的组织,不久就受到聂元梓和新北大公社的打击迫害。1967年11月30日的深夜,新北大公社派人抄了他的家,之后又遭受多次批斗、审讯,并被罚天天劳动。1968年5月,被押送到十三陵附近的太平庄批斗劳动,一个月后又被送回学校,在外文楼和民主楼后面的平房修建'牛棚',并住了进去,每个屋子二十人左右,每个人只有容身之地,睡在直接放在地下的木板上。一直到1969年的元旦,才回到自己的家中。"(《记忆》第114期第29页)

不知出于什么原因,舒声完全无视季先生津津乐道的"自己跳出来"这一事实,只讲了新北大公社如何批斗季先生,却回避了井冈山兵团同样也批斗了季先生的事实。

季先生参加哪一派,本不是北大文革中的大事。他记错一些事,更是小事。何况他已仙逝多年,我们再提这些小事有不尊之嫌。但我等也已入古稀之年,留下一些解释和分析以正视听,也省得今后的读者看不明白季先生的《牛棚杂忆》和舒声先生的文章。

季先生在《牛棚杂忆》的"自序"中声明:"我写文章从来不说谎话。"在"缘起"一节中还强调:"我在这里先郑重声明:我决不说半句谎言,决不添油加醋。我的经历是什么样子,我就写成什么样子。增之一分则太多，减之一分则太少。"他还写道："谎言取宠是一个品质问题，非我所能为，亦非我所愿为。我对自己的记忆力还是有信心的。"

季先生说的这一些信誓旦旦的话，都是真的吗？

手头正好有一册《牛棚杂忆》（外语教学与研究出版社2010年2月第1版），还有一册《季羡林自传》（当代中国出版社2008年4月版），读者且与笔者一起慢慢读来。

文革初期季羡林先生的快活生活

《牛棚杂忆》专有一节"快活半年"，叙述了季先生在文革初期的快活生活：

1966年下半年至1967年上半年，大约半年多的一段时间，我却觉得，脚下的路虽然还不能说是完全平坦，可走上去比较轻松了。尽管全国和全校正为一场惊天动地巨大无比的风暴所席卷，我头上却暂时还是晴天。……心里异常喜悦……。（《牛棚杂忆》第35页）

季先生的这一段话是符合事实的。

北大的"文革"风暴是从毛泽东批示广播聂元梓等人的大字报后开始的，北大党委被称为"黑帮"，北大社教中的某次会议被称为"反革命事件"，这些吓人的大帽子并非北大师生所创，而是中共中央机关报《人民日报》的社论或文章中提出来的。所以，风暴一开始，矛头所向，首先是陆平"黑帮"。首先拿出来说的事，就是北大社教。东语系首当其冲的，是总支书记贺剑城。系主任季羡林先生是被视为"左派"的，并未受到冲击。

季先生这样介绍他在北大社教运动中的表现：

所谓反对陆平，是指1964年在社教运动中，北大一部分教职员工和学生，在极"左"思想的影响下，认为当时的党委书记兼校长陆平同志有严重问题，执行了一条资本主义复辟的路线。于是群起揭发。……我一时糊涂蒙了心，为了保卫社会主义的前途，我必须置个人恩怨于度外，起来反对他。……后来中央出面召开了国际饭店会

议，为陆平平反……我经过反思，承认了自己的错误，做了自我批评。（《牛棚杂忆》第38页）

　　从季先生自己的介绍可以看出，他在社教中起先是反对陆平的，是站在"左派"一边的，但后来又作了检讨。所谓"在极'左'思想的影响下"，就是社教的文件精神和社教工作队的动员工作。文革狂飙来临时，东语系的师生并没有认为季先生是"黑帮分子"，也没有人指责他是什么"社教叛徒"，大家都还是把他当作"左派"看待的，而且，他是党员教授，教的又是非常偏僻的梵文、巴利文，五年的学制，教的、学的还都限于基础知识，和封、资、修扯不上。他发表的论文，多属语言学范围，一般人也看不懂，所以也没有人把他当作"资产阶级反动学术权威"来批判。"文革"之初被贴大字报的，除"黑帮分子"外，还有一些是和1957年反右运动有关的，有的是右派，有的被指为"漏网右派"，有的则被指为"包庇右派"。对于反右运动，季先生自己说："这虽是一次暴风骤雨，对我却似乎是春风微拂。"（《季羡林自传》，第159页）季先生1956年就入了党，1957年转正，这足以证明他在反右时没有任何问题。所以，"文革"运动初期，东语系基本上就没有出现过批判季先生的大字报。当然，也不是绝对没有。季先生写道："有人给我贴了大字报，这是应有之义，毫不足怪。幸而大字报也还不多。"（《牛棚杂忆》第23页）为季先生记载下来的，只有一张批判他的一篇散文《春满燕园》的大字报，这大概是1966年6月初贴出来的，为4日从南口村（季参加"四清"的地方）回到北大的季先生看到（《牛棚杂忆》第23页）。

　　舒声的文章说，季先生"只是因为写过一篇'春满燕园'的散文而被批判，按人民内部矛盾对待"，这种说法言过其实。在东语系，这张大字报只是许多大字报中的一张，文革中被贴大字报的人太多了，不能说被贴了大字报就叫受批判。"按人民内部矛盾对待"，更像运动过后组织给的结论。据《牛棚杂忆》记载，当时东语系的批斗对象只有两个，一个是系总支书记，另一个是一位老教授，罪名是"反动学术权威"和"历史反革命"。显然，季先生并未遭到批判，只不过停课闹革命，季先生的系主任一职，便没有事情干了。他写道："我虽然失掉了那一顶不值几文钱的小小的乌纱帽，头上却还没有被戴

上其他的帽子。"(《牛棚杂忆》第 37 页)

尽管如此,以季先生的阅历和见识,他在"文革"风暴骤起之后,内心依然感到了恐惧。在这种心态下,他在一个小本子上,写下了"待死斋札记"这样一个标题,并且写下了反映自己心境的一些文字,比如想变成王八沉到水底下去(详见后文)。但是,在很长一段时间里,风暴并没有落到季先生头上。

至于"快活半年"的说法,有点保守,快活的时间还要长一些,还应该包括季先生在井冈山兵团九纵当勤务员并率领手下贴大字报、演说的时间,至少可以延续到 1967 年的 9 月。算起来,这该有一年多时间。换句话说,在这一年多时间里,季先生并没有受到冲击。在相当一段时间里,他还参加了东语系的一些活动。按照《牛棚杂忆》的记述,季先生参加了接待外地来京串联学生的工作,后来还参加了军宣队(注:指 1967 年 1 月来北大搞军训的解放军)领导的,劝说外地来京人员返回原地区、原单位的工作。这两件事情发生的时间,当是 1966 年冬和 1967 年初。这些工作颇为艰苦,但季先生的心情很好,他写道:

但是,我的精神还是很振奋的,很愉快的。在第一次革命浪潮中,我没有被划为走资派,而今依然浪迹革命之内,滥竽人民之中,这真是天大的幸福,我应该感到满足了。(《牛棚杂忆》第 42 页)

在军训队率领下,季先生还和东语系师生一起参加了一次麦收,背麦子。季先生写道:"我背的捆数绝不低于年轻的小伙子,因此回校以后,受到系里的当众表扬,心里美滋滋的。"(《牛棚杂忆》第 44 页)这一次参加麦收,应该在 1967 年夏初。季先生的记述表明,直到这一年的麦收时节,他和东语系的系文革及新北大公社红九团之间,还没有发生什么矛盾,而且,他还受到了表扬。

季羡林先生参加井冈山兵团的时间和背景

季先生后来受到冲击,是因为他"自己跳了出来",参加了一派组织——井冈山兵团并当上井冈山兵团东语系分支"九纵"的"勤务员"。那时的"勤务员",就是头头。所以,季先生是作为一派的派头头而受到对立派打击的。

季先生为什么要参加对立派井冈山兵团呢?出自《牛棚杂忆》"自序",并为舒声先生引用的说法是:

> 我在逍遥中,冷眼旁观,越看越觉得北大那一位"老佛爷"倒行逆施,执掌全校财政大权,对于力量微弱的对立派疯狂镇压,甚至断水断电,纵容手下喽罗用长矛刺杀外来的中学生。是可忍,孰不可忍!我并不真懂什么这路线,那路线,然而牛劲一发,拍案而起,毅然决然参加了"老佛爷"对立的那一派"革命组织"。

季先生说的是真的吗?回顾北大"文革"的历史,还原当时的历史真相,真的是这样的吗?

经历过北大"文革"的人都知道,季先生上述文字说的是北大发生武斗之后的事情,时间在1968年3月底之后,至于"外来的中学生",应即地质学院附中学生温家驹,温被刺死亡的时间是1968年4月19日(这是文革悲剧之一)。

季先生真的是因为看到了发生于1968年4月之后的"老佛爷"的这一系列"倒行逆施",才"牛劲一发,拍案而起,毅然决然参加了'老佛爷'对立的那一派'革命组织'"的吗?

非也。

上引舒声的文字写得很清楚,"……1967年11月30日的深夜,新北大公社派人抄了他的家,之后又遭受多次批斗、审讯,并被罚天天劳动。1968年5月,被押送到十三陵附近的太平庄批斗劳动,一个月后又被送回学校,在外文楼和民主楼后面的平房修建'牛棚',并住了进去,……一直到1969年的元旦,才回到自己的家中。"(《记忆》第114期第29页)

按照舒声的记述,在1968年4月之后的这一个时间段里,季先生还能够"拍案而起"吗?何况,在新北大公社批判季先生之后,季先生立马就被他心目中的"革命组织"井冈山及其九纵抛弃了,还能够参加什么"革命组织"呢?

顺便说一句,新北大公社虽然抄了季先生的家,却并没有限制他的人身自由。所以，他还可以一大早骑自行车去井冈山总部报告，并且让井冈山的摄影师到家里拍摄现场。这足以证明，在季先生被"打倒"时，北大两派之间尚未发生武斗，校园内的交通也未受到影响，更没有所谓"断水断电"的事情。

季先生在《牛棚杂忆》中专立一节"自己跳出来"，介绍自己"跳出来"的经过。统观这一节文字，混乱颇多，除了将发生在不同年份的事情混淆在一起外，同样回避了陈伯达"6.5讲话"引发北大大乱的这一历史事实，同样用移花接木的手法，把1968年发生的事移栽到1967年。这一节文字太长，不能一一具引，这里只引其中的一段：

> 我逐渐发现，那一位新北大公社的女头领有点不对头。她的所作所为违背了上面的革命路线。什么叫革命路线？我也不全懂。……我觉得，对待群众的态度如何，是判断一个领导人的重要的尺度，是判断他执行不执行上面的革命路线的重要标准。而偏偏在这个问题上，我认为——只是我认为——那个女人背离了正确道路。新北大公社是在北大执掌大权的机构，那个女人是北大的女皇。此时已经成立了"革命委员会"，这是完全遵照上面的指示的结果。"革命委员会好"，这个"最高指示"一经发出，全国风靡。北大自不能落后，于是那个女人摇身一变成了北大"合法"政权的头子，北京大学革命委员会主任。她……发号施令，对于胆敢反对她的人则采取残酷镇压的手段，停职停薪，给小鞋穿，是家常便饭。严重则任意宣布"打倒"，使对方立即成为敌人，可以格杀勿论。她也确实杀了几个无辜的人，那一个校外来的惨死在新北大公社长矛下的中学生，我在上面已经谈到。看了这一些情况，看了她对待群众的态度，我心里愤愤难平，我认为她违反了上面的革命路线，我有点坐不稳钓鱼船了。（《牛棚杂忆》第51—52页）

这是季先生三十年后回忆的他1967年夏季"跳出来"之前的思想状况，这个回忆准确吗？符合当时的真实情况吗？

在这一段话里，有一些是不符合基本的历史事实的：聂元梓并不是新北大公社的头领，而是校文革的主任；新北大公社是一个群众组织，并不是执掌北大大权的机构，掌权的是校文革；北大当时没有

"革命委员会",只有"文化革命委员会",它并不是按照1967年发出的"革命委员会好"这个"最高指示"成立的,而是1966年夏按照中共中央关于开展文化大革命的决定(又称"十六条")经选举产生的;聂元梓是被选为校文革主任的,并不是她自己"摇身一变"可以变得成的;至于"杀了几个无辜的人",是发生在1968年的事情。

在这一段话里,比较接近季先生当时思想的,是指责聂元梓"她的所作所为违背了上面的革命路线"这一句。这里的"上面"指什么?是指中央文革吗?季先生没有解释。至于"革命路线",季先生说,"什么叫革命路线?我也不全懂","不全懂",但是懂得一些,所以又说:"我觉得,对待群众的态度如何,是判断一个领导人的重要的尺度,是判断他执行不执行上面的革命路线的重要标准。而偏偏在这个问题上,我认为——只是我认为——那个女人背离了正确道路。"(《牛棚杂忆》第51页)

聂元梓对待北大群众的态度确实有问题,但在那个时候,聂元梓遭到陈伯达、江青批评的原因,并不是这个问题,而是她对待中央文革的态度问题,具体地说,是对待中央文革成员关锋、王力的态度问题,而且,严重性远远超过了"态度"层面,因为聂元梓在1967年4月10日那一天,当面向中央文革组长陈伯达、第一副组长江青提出了关锋、王力"结党营私"的问题。聂元梓不仅口头提出了这个问题,而且组织并开展了揭露中国科学院哲学社会科学部(简称学部)的吴传启一伙的行动。而众所周知,吴传启同关锋是有很密切的关系的。

1967年4月12日,孙蓬一在全校大会上讲话,公开对吴传启一伙宣战。4月,关锋的大本营学部"红卫兵联队"分裂,傅崇兰拉出一支队伍"大批判",反对吴传启(详见孟祥才《我所知道的关锋、林聿时和吴传启》,见共识网)。1967年6月初,北大公布了有关吴传启历史问题的第一批调查材料,其中包含揭露吴传启是国民党党员,附上他的党证号码。

1967年6月2日,北京市二十多个单位在学部开大会批判潘梓年。1968年1月12日,北京地质学院出版的"东方红报"的文章"天翻地覆慨而慷——无产阶级文化大革命大事记 1963.12—

1967.10.1（二十八）"这样报道这件事：

六月二日 上午，北航红旗、清华井冈山、矿院东方红、新北大公社、国家体委造反司令部等二十多个单位，在哲学社会科学学部，举行了揪潘梓年大会。

北大等组织的行动打中了关锋、王力的要害，中央文革迫不急待地要把北大发起的向吴传启等人的进攻打压下去。于是，1967年6月3日，陈伯达在人民大会堂小礼堂接见外事口时针对聂元梓、孙蓬一4月10日的讲法，不点名批评："无产阶级的政治斗争是很严肃的斗争，不是儿戏、不是赌博、不是押宝、……"此后孙蓬一被称为"孙赌棍"，聂元梓也被扣上"搞政治赌博"的帽子。这天的讲话是不点名批评，又没有北大的人在场，达不到陈伯达想要的效果。

1967年6月5日，陈伯达再次出面讲话，严厉批判聂元梓："代表资产阶级向无产阶级夺权"，"你们要用吴传启这个名字，来做内战的口实，一定要垮台"。等等。

陈伯达的"6.5讲话"，在北大和社会上制造了很大的混乱，也迷惑了一些不明真相的群众。在陈伯达的鼓噪下，校内外众多势力，借机向聂元梓和新北大公社发动攻击，罪名是"代表资产阶级向无产阶级夺权""二月逆流派""分裂中央文革""破坏毛主席的战略部署"等等。反对派声势颇为浩大，一时间真是黑云翻滚，似乎聂元梓、校文革和新北大公社马上就要完蛋了。

就在这一片乱象之中，季先生"冷眼旁观"，觉得机会来了，便不再逍遥。他具体在什么时间参加对立派，当时发表过什么样的声明，宣告过什么样的主张，现无从查考。据陈焕仁所著《红卫兵日记》，1967年6月16日，季羡林先生已经参加了大饭厅前对立派举行的要求聂元梓下台的静坐示威（陈焕仁《红卫兵日记》第355页，香港中文大学出版社），这大概可以算是季先生参加对立派的起步吧。由此也可看出，季先生参加井冈山兵团，是陈伯达"6.5讲话"以后的事情。季先生还提到了北大两派群众组织都参加了去印尼驻华使馆门口游行示威的事情，两派都有租来的大轿车，季先生很愿意上井冈山的车，但"经过了一阵不大不小的思想斗争，我还是上了公社的车"。(《牛棚杂忆》第53页)。据查,1967年8月5日,印尼发生了1000人冲击中国使馆的事件,8月6日和7日,才有中国人去印尼驻华使馆游行示威之事。据此,到8月7日,季先生对反对派虽早已心向往之,但尚未正式参加。季先生正式参加井冈山兵团之事,还要稍晚一点。

支持或反对聂元梓,这完全是季先生个人的自由,本无可厚非。可是他在三十年后写《牛棚杂忆》时,当年上山的理由已不好说了。要回避陈伯达"6.5讲话",又要给自己找一个响当当的理由,于是,季先生就把1968年发生的事情挪到了1967年。

季羡林先生与新北大公社的纠葛

读《牛棚杂忆》,随处可以感受到季先生对新北大公社的反感,这可以理解。需要指出的是,直到1967年6月以前,甚至在6月以后的一段时间里,新北大公社并没有招惹他。按他自己的说法,公社的人还做他的工作,动员他参加了新北大公社方面举办的干部学习班(《牛棚杂忆》第54页)。

尽管陈伯达"6.5讲话"在北大掀起了轩然大波,但北大的大部分师生员工是有自己的思考的,他们对王力、关锋及吴传启一伙的倒行逆施早有看法,他们相信自己做的是对的,所以在陈伯达"6.5讲话"的高压下并未屈服,新北大公社虽处于极大的困难之中,却并未垮掉。而且,形势的发展出人意料:陈伯达"6.5讲话"后不到三个月,关锋、王力垮台,逃亡外地的吴传启等被捉拿归案,洪涛等人束手就擒……陈伯达"6.5讲话"后半年,戚本禹、周景芳一伙也宣告垮台。

在新北大公社为揭露吴传启一伙(他们的后台正是王、关、戚)而斗争时,季先生在做什么呢?当新北大公社的这一斗争遭到陈伯达的打压时,季先生又做了什么呢?如果他不了解情况,可以保持沉默,可以不选边。但是,他做出了自己的选择,参加了井冈山,并且当了头领,"同一些同派的青年学生贴大字报,发表演说,攻击新北大公社",忙得不亦乐乎。季先生介绍他自己的派性活动时高度概括,一点具体内容也没有。既然又是贴大字报,又是发表演说,那么主要内容是什么呢?主要观点是什么呢?说过的话有哪些是真话呢?众所周知,当时井冈山派加在聂元梓、校文革和新北大公社身上的主要罪状,有"分裂中央文革""反对潘、吴就是反对关锋、王力""二月逆流派",等等,性质都很严重。季先生的大字报和演说,不会放过这一些吧?为什么不如实地写出来告诉读者呢?

聂元梓、校文革和新北大公社在仓促中开始了揭露吴传启之流的斗争,他们知道这一斗争非常复杂,非常艰巨,所以在行动中非常谨慎,而陈伯达"6.5讲话",表明这一斗争形势比原先想象的要复杂得多,危险得多,实际上是给北大制造了一个大漩涡。东语系文革和新北大公社红九团并不希望季先生卷到这个漩涡中去,他们劝说季先生不要参加到对立派中去。劝说工作是怎么做的,新北大公社方面的材料已无从查考,只有季先生自己记录的一段文字:

两派的信徒,特别是学生,采用了车轮战术来拉我。新北大公社的学生找到我家,找到我的办公室……来,明白无误地告诉我说:"你不能参加〇派(井冈山)!"这还是比较客气的。不客气的就直截了当地对我提出警告:"当心你的脑袋!"有的也向我家打电话,劝说我,警告我;有甜言蜜语,也有大声怒斥,花样繁多,频率很高。(《牛棚杂忆》第54页)

由此可见,新北大公社方面为了劝季先生不要参加对立派,可谓软硬兼施,用尽办法。客观地说,平心而论,这并不是想害季先生。但劝阻不起作用,甚至起了相反的作用。

但是,季先生参加井冈山还没有多少天,关锋、王力就倒台了。季先生如果对此略作反思,不难做出正确的结论,还可以及时采取补救行动,但季先生没有这样做,结果不但遭到新北大公社的批判,也被井冈山抛弃了。井冈山还批斗了他,这真是悲哀。

季羡林先生论"自己组织"北大井冈山

季先生不顾新北大公社的劝阻,决定参加反对派井冈山兵团,

"反公社派的学生高兴了,立即选我为井冈山九纵(东语系)的'勤务员'。这在当时还是非常少见的。"(《牛棚杂忆》第55页)季先生是满怀豪情壮志参加井冈山的,他在日记中写道:"为了保卫毛主席的革命路线,虽粉身碎骨,在所不辞。"(《牛棚杂忆》第55页)参加井冈山之后,又为当上了"勤务员"而备感荣耀,因为"这在当时还是非常少见的"。可是,他参加井冈山之后,做了些什么呢?做了哪些"保卫毛主席革命路线"的事情呢?他这样写道:"我于是同一些同派的青年学生贴大字报,发表演说,攻击新北大公社,讲的也不可能全是真话,谩骂的成分也是不可避免的。"(《牛棚杂忆》第55页)

季先生在这里说的"同一些同派的青年学生"的"同"字,有点客气了,身为"勤务员",应该是"率领"才对。他还写道:"不加入一派则已,一旦加入,则派性就如大毒蛇,把我缠得紧紧的,说话和行事都失去了理性。"(《牛棚杂忆》第3页)

正因为参加井冈山后做的是一些派性的事,"说话和行事都失去了理性",与"保卫毛主席的革命路线"毫不相关,所以,季先生的心里并不踏实,并不那么理直气壮,"拍案而起"的牛劲似乎消失了,"虽粉身碎骨,在所不辞"的气概也不见了。他写道:"在1967年的夏天到秋天,我都在走钢丝。我心里像揣着十五只小鹿,七上八下,惴惴不安。……炎炎的长夏,惨淡的金秋,我就是在这种惴惴不安中度过的。"(《牛棚杂忆》第56页)

对于季先生心中"惴惴不安"的时间段,也是不无疑问的。至少在夏天,在季先生"同一些同派的青年学生贴大字报,发表演说,攻击新北大公社"的时候,是不会"惴惴不安"的。那个时候,特别是从武汉"7.20事件"到8月下旬的这段时间,是王、关、戚、谢富治一伙最嚣张的时候;在北大,则是井冈山攻击新北大公社最起劲的时候。

季先生"惴惴不安"的起始点,应该是1967年的9月初,因为大的形势发生了"转折性"的变化。1967年9月1日,中央领导人有一次大的接见活动,人们发现,一向坐在台上的关锋、王力不见了。原来,他们8月底已经垮台了。随后,逃亡到外地的吴传启、林聿时等人陆续被捉拿归案,曾经不可一世的学部"红卫兵联队"倾刻瓦解，井冈山头头牛辉林经常联系的那个学部民族研究所的洪涛，也找不到了……看来，关锋、王力、吴传启这一伙人，真的是一个"反党集团"（当时的通用说法）。随着关锋、王力的垮台，井冈山用来攻击新北大公社的几个法宝，什么"分裂中央文革"，什么"反对潘梓年、吴传启就是反对关锋、王力"，什么"破坏毛主席的伟大战略部署"，等等，一个也不灵了。把关锋、王力拿下去，不正是毛主席的伟大战略部署吗？

从9月初到11月底，足有三个月的时间。在这么长的时间里，心中"惴惴不安"的季先生，难道真的对形势的变化一无所知吗？要知道，季先生有几位学生，他们毕业后分配在学部工作，其中一位，还曾参加了抓捕吴传启的行动。季先生如果想要了解情况，是不缺乏渠道的。面对变化了的形势，季先生除了心中"惴惴不安"外，有没有做出一点反思呢？有没有调整一下自己的做法呢？比如辞去"勤务员"的职位。然而季先生没有这样做，至少从他自己的书里看不出来。他完全回避了这些问题，也失去了宝贵的时间。

新北大公社红九团等待了三个月，终于发动反击，于1967年11月30日夜抄了季先生的家，随后，广播站发布了打倒季羡林的广播稿。这类行动当然是错误的。

次日一早，季先生就去了井冈山总部，他写道：

> 天一明，我就骑上自行车到井冈山总部去。我痴心妄想，要从"自己组织"这里来捞一根稻草。……到了井冈山总部，说明了情况。他们早已知道了。一方面派摄影师到我家进行现场拍摄；另一方面——多么可怕呀！——他们决定调查我的历史，必要时把我抛出来，甩掉这个包袱，免得受到连累，不利于同新北大公社的斗争。（《牛棚杂忆》第62页）

井冈山兵团对于季羡林一类老先生的这种态度，季先生其实早已知道：

> ……在几天以前我在井冈山总部里听到派人调查我上面提到的那一位身为井冈山总勤务员之一的老教授的历史。他们认为，老知识分子，特别是留过洋的老知识分子的历史复杂，不如自己先下手调

查，然后采取措施，以免被动。既然他们能调查那位老教授的历史，为什么不能调查我的历史呢？我当时确曾感到寒心。现在我已经被公社"打倒"了。为了摆脱我这个包袱，他们会采取什么措施呢？我的历史，我最清楚。但是，那种两派共有的可怕的形而上学和派性，确实是能杀人的。(《牛棚杂忆》第64页)

季先生很想留在井冈山总部里，"井冈山总部是比较安全的，那里几乎是一个武装堡垒"。但是，井冈山已经把他抛弃了，"与其将来陷入极端尴尬的境地，被'自己人'抛了出去，还不如索性横下一条心，任敌人宰割吧。我毅然离开那里，回到自己家中"。(《牛棚杂忆》第64页)

确如季先生所担心的，被他视为"革命组织"和"自己组织"的井冈山兵团，尤其是其九纵，前不久还把季先生捧为"勤务员"，这会儿不但没有挺身而出保卫自己的"勤务员"，反而翻脸不认人了，"极端尴尬的境地"并未能避免。季先生这样写道：

我被公社"打倒"了，井冈山的人也争先恐后，落井下石。他们也派自己的红卫兵，到我家来，押解我到属于井冈山的什么地方去审讯。他们是一丘之貉，难兄难弟。到了此时，我恍如大梦初醒，彻底悟透了人生。然而晚矣。

最让我难以理解也难以忍受的是我的两个"及门弟子"。其中之一是贫下中农出身又是"烈属"的人，简直红得不能再红了。学习得并不怎样。我为了贯彻所谓"阶级路线"，硬是把他留下当了我的助教。还有一个同他像是"枣木球一对"的资质低劣，一直到毕业也没有进入梵文之门。他也是出身非常好的。为了"不让一个阶级弟兄掉队"，我在课堂上给他吃偏饭，多向他提问。"可怜天下老师心"，到了此时，我成了"阶级报复"者。就是这两个在山（井冈山）上的人，把我揪去审讯，口出恶言，还在其次。他们竟动手动脚，拧我的耳朵。我真是哭笑不得，自己酿的苦酒只能自己喝，奈之何哉！这一位姓马的"烈属"屡次扬言："不做资产阶级知识分子的金童玉女！"然而狐狸尾巴是不能够永远掩盖的。到了今天，这一位最理想的革命接班人，已经背叛了祖国，跑到欧洲的一个小国，当"白华"去了。(《牛

棚杂忆》第69—70页)

季先生还写道:

——我瞥见主斗的人物中,除了新北大公社的熟悉的面孔以外,又有了对立面井冈山的面孔。这两派虽然斗争极其激烈,甚至动用了长矛和其他自制的武器,大有你死我活不共戴天之势。然而,从本质上来看,二者并没有区别,都搞那一套极"左"的东西,都以形而上学为思想基础,都争着向那一位"红色女皇"表忠心。……然而时过境迁,我认为对之忠贞不二的那一派早已同对立面携起手来对付我了。我边坐喷气式,边有点忿忿不平了。(《牛棚杂忆》第93—94页)

以上引用的季先生的文字足以说明,直至季先生被新北大公社打倒之时,北大并未发生武斗,校园里的交通是自由的,季先生可以"骑上自行车到井冈山总部去",井冈山可以派摄影师到季先生家去拍摄现场,甚至,井冈山还可以"派自己的红卫兵,到我家来,押解我到属于井冈山的什么地方去审讯"。这充分说明,季先生在书中所说的"拍案而起"的时间和理由,说的都不是真话。

舒声的文章引用了季先生对自己参加井冈山一事的评价:"我一生做的事满意的不多。我拼着老命反'老佛爷'一事,是最满意的事情之一,它证明我还是一个有正义感的人,不是一个贪生怕死的胆小鬼。"

但是,对比上文所引"在1967年的夏天到秋天,我都在走钢丝。我心里像揣着十五只小鹿,七上八下,惴惴不安"和"到了此时,我恍如大梦初醒,彻底悟透了人生。然而晚矣"等等言词,读者应该相信哪一段话呢?

其实,最能体现季先生"不是一个贪生怕死的胆小鬼"的,不是1967年夏天他参加井冈山兵团的时候,而是他先被新北大公社抄家,继而又被井冈山抛弃之后,毅然离开井冈山总部,返回自己家里的时候。他当时那种"横下一条心,任敌人宰割"的气概,倒真是值得尊敬的。

对季羡林先生的批斗

手头没有新北大公社批斗季先生时所用的材料，但《牛棚杂忆》记叙了三项罪名：

第一是一个竹篮子，里面装有烧掉一半的信件，说是想焚信灭迹；第二是一把菜刀，从我婶母枕头底下搜到的；第三是一张石印的蒋介石和宋美龄的照片。是在德国留学时一个可能是三青团或蓝衣社分子的姓张的留学生送的。（《牛棚杂忆》第66页）

这些"罪证"都是抄家得来的，公社的做法当然是非常错误的。现在来看，所谓罪证，其实也没有什么问题。但在当时的环境中，保存蒋介石和宋美龄的照片的事是可以被上纲上线的。

抄家得来的物品里还有一个小本子，题为《待死斋札记》，从小本子中写的内容看，是在"文革"开始后才开始写的，其中一段文字记述说，季先生从北大西门进学校，远远看见一只王八浮在水面上，王八看见有人过来，便沉入水下去了。季先生由此生发感慨，"我要是能变成它沉下水去，该多好啊"（大意）。

同样的意思也见于《牛棚杂忆》：

现在走在湖边上，想到过去自己常常看到湖中枯木上王八晒盖。一听到人声，通常是行动迟缓的王八，此时却异常麻利，身子一滚，坠入湖中，除了几圈水纹以外，什么痕迹都没有了。我自己为什么不能变成一只王八呢？（《牛棚杂忆》第96页）

《待死斋札记》是私人笔记，本不应入罪，但在那个年代，抄出来就成了罪证，白纸黑字，谁也无法否认。毛主席亲自发动、亲自领导的文化大革命轰轰烈烈，如火如荼，革命群众把你当作左派，你却在暗地里写《待死斋札记》，还想变成王八沉到水底下去，你这是什么态度？对毛主席是什么态度？对文化大革命是什么态度？在那个年代、那种气氛里，季先生自己能作何解释？井冈山九纵又能作何辨护？

《牛棚杂忆》为研究文革历史，提供了不少宝贵资料和看法，反映了季羡林先生的认知,值得我们深思。他能把想到的说出来、写出来,成为"一面镜子,从中可以照见恶与善,丑与美,照见绝望和希望"。从这个意义上来说,我们应该感谢他。

(附注:本文有关《待死斋札记》的内容,为亲眼见过这一小本子的东语系校友见告,小本子内容不多,但"待死斋札记"这个标题和季先生想变成王八沉到水底下去的这种想法,在当时很让见到者感到震惊,从而留下了难以磨灭的深刻印象)

(原文载《记忆》第 120 期)

加减法模糊了历史真相

——重读《聂元梓回忆录》

艾 群

值此文革发生 50 周年之际，重读《聂元梓回忆录》(香港时代国际出版有限公司 2005 年出版，以下简称《回忆录》)。聂元梓早年参加革命，文革中被推上风口浪尖成为造反派标志性人物，文革后判处有期徒刑 17 年；耄耋之年痛定思痛，回首往事，兼以反省与忏悔，为我们提供了一个剖析北大文革的模本。然而作者囿于自身局限以及选择性叙述，有利的使用加法，不利的使用减法，致使诸多事实模糊不清。兹择其大端一抒己见，就教于聂元梓老人及方家。

一、第一张大字报引爆全国造反天下大乱

1970 年 12 月 18 日，美国记者斯诺问毛泽东："你什么时候明显地感觉必须把刘少奇这个人从政治上搞掉？"毛泽东回答："那就早了，1965 年 1 月，《二十三条》发表。《二十三条》中间第一条就是说四清的目标是整党内走资本主义道路的当权派，当场刘少奇就反对。"至少自 1965 年 1 月始，毛泽东就围绕着搞掉刘少奇这一目标，策动了一系列的部署和举措：对文艺和意识形态领域连续作出严厉的批示；1965 年 11 月发表姚文元署名文章《评新编历史剧<海瑞罢官>》，掀起全国范围的大批判；1966 年 2 月由江青出面召开部队文艺工作座谈会，诬蔑从三十年代到新中国成立后十七年被文艺黑线统治和专政；1966 年 5 月中共中央政治局会议通过《五·一六通知》，毛泽东亲笔在通知中加上"混进党里、政府里、军队里和各种文化界

的资产阶级代表人物，是一批反革命的修正主义分子，一旦时机成熟，他们就会要夺取政权，由无产阶级专政变为资产阶级专政……例如赫鲁晓夫那样的人物，他们现正睡在我们的身旁"。

尽管紧锣密鼓环环相逼，充其量只是口诛笔伐，仅限于意识形态领域，国家机器照常运行，工农商学兵该干嘛还干嘛，距离搞掉刘少奇这一目标相去甚远。当此时，第一张大字报问世了，它开创了任意炮轰党政领导的先例。毛泽东抓住这个契机，下令全国广播，于是大批判升级为全国造反，文化革命升级为武化革命，揪斗党政领导的造反运动席卷全国。这时毛泽东满意地宣称"人民群众真正发动起来了"，接着写出《炮打司令部——我的一张大字报》，实现了"搞掉刘少奇"这一既定目标；与此同时开启了陷各族人民于水火的十年动乱。《回忆录》则轻描淡写第一张大字报的历史作用。

对于第一张大字报的问世过程，《回忆录》称：聂元梓等人找到中央文革小组派驻北大调查组负责人曹轶欧（康生夫人），"我们就汇报说，听了《五·一六通知》领会其精神，我们想给陆平写一张大字报，贴在北大校园里面……想请示一下领导。曹轶欧说，根据《五·一六通知》精神贴一张大字报，怎么不行呢？……曹轶欧也没有问我们要写什么内容，就说《五·一六通知》是发动文化大革命的纲领性文件，就是要发动群众，大字报可以写。"此后聂元梓等七人写作并于5月25日贴出题为《宋硕、陆平、彭珮云在文化大革命中究竟干了些什么》的大字报。《回忆录》以"关于大字报的辩白"为题专门写了一个章节的内容，说明写大字报纯粹是自发行为，没有任何上层人物的授意和指使，从而与中央文革撇清关系。

但是这不是事情的全部。北大党史校史研究室党史组的文章《康生、曹轶欧与"第一张大字报"》披露，康生派曹轶欧率调查组到北大，要"从搞北大开始""往上揭"曹轶欧要陈守一"领头和聂元梓等共同来搞"，被陈严词拒绝，她问陈："聂元梓怎么样？你（对聂）印象如何？"陈讲了看法后，曹轶欧说："你们应该揭发陆平、宋硕。最好你领头，你可以和聂元梓等人共同来搞。"该文指出，大字报主谋是康生、曹轶欧，是曹轶欧授意张恩慈串联聂元梓等人写出的。

由此可见，聂元梓等人写大字报，属于康生、曹轶欧整个谋划的一部分。

二、失忆了某些重要情节

1967年9月1日江青当众夸奖聂元梓："聂元梓在文化革命开始立了两大功：第一，她是第一张马列主义大字报的作者之一；第二，她揭发了安子文叛党集团。"

《回忆录》第十二章"'除隐患'始末"写道：1967年春天，"我自己不便直接出面，就让孙蓬一找几个可靠的人，选择了赵建文等，在北大成立了'除隐患战斗队'，专门搞王力、关锋、戚本禹的材料，追查他们的后台。"《回忆录》叙述除隐患战斗队围绕"专门搞王力、关锋、戚本禹"这一工作中心做了大量调查，不料追来追去追到康生头上，无奈只好放弃。本来"除隐患"积极执行"四人帮"的"揪叛徒"阴谋，《回忆录》却将其置换成反"四人帮"的壮举，编排得太离奇了吧？这与江青所说"她揭发了安子文叛党集团"不符，与聂元梓本人在司法机关的询问笔录也不相符。

聂元梓在司法机关的询问笔录显示，1967年4月14日，在一次大型集会上，聂元梓找到康生说："我们组织了一个'第二战斗队'也就是'除隐患战斗队'，专搞揪叛徒的斗争。"聂元梓汇报说，前一段揪叛徒的调查工作遇到困难，进展迟缓，请康老给予指示。康生掏出笔来，当场写下一张字条："新北大的一个革命组织要揪叛徒，望有关方面给看必要的材料。康生"返校后聂元梓把康生的手谕复印出来，挑选精兵强将组成揪叛徒兵团，把"揪叛徒"的组织工作和活动方案写成报告，呈交康生。与此同时，聂元梓以康生手谕为据，写信给谢富治要求提供帮助。谢富治见信后，派公安部副部长李震接见揪叛徒兵团的负责人，准许他们到全国各地公安机关查阅机密档案。揪叛徒兵团划分成若干小组，每组持有一份康生手谕复印件，分散到全国各地进行调查活动。经过一段调查，在聂元梓的授意下，写报告给康生，诬陷彭真、薄一波、安子文等人为叛徒，从而加剧了对彭真、薄一波、安子文等人的迫害。

失忆重要情节的例子还有关于1966年赴上海造反。《回忆录》第十章"上海串联真相"一口咬定"毛主席要我去上海",并详细记述:1966年11月毛泽东的女儿李讷两次来北大,单独向聂元梓传达毛泽东要聂元梓赴上海造反的指示精神,聂元梓遵从毛泽东的最高指示,带队赴上海向上海市委造反。《回忆录》也指出,在文革结束聂元梓受审时,李讷拒绝为此向法庭作证。《回忆录》特别强调,赴上海造反与江青没有半点关系。但是聂元梓在司法机关的询问笔录显示,江青确实给了聂元梓指示,指示聂元梓带队去上海造反。

再例如《回忆录》标榜自己反对武斗、制止武斗,指责一些学校学生参与新北大井冈山兵团挑起武斗。此处又一次明显失忆,据聂元梓在司法机关的询问笔录显示,1968年3月28日夜,即北大发生大规模武斗的前夜,聂元梓在临湖轩向校文革和新北大公社头目下达指令:"打,你们要打,就打吧!"从而发起3月29日大规模武斗。

另有其他事件中失忆重要情节,不再一一列举。

三、关于北大两派武斗

校文革是北京大学最高权力机构,掌握着全校的行政权、人事权、财务权,聂元梓是校文革第一把手,大权在握;新北大公社是官办群众组织,效忠于聂元梓;二者合而为一,两块牌子一个实体,组织严密实力雄厚。新北大井冈山兵团则由几个大小不同的反聂派组织和大批散兵游勇联合而成,号称七千人,大多数态度上是反聂派,行动上是逍遥派,真正参加活动的不过一二千人;没有财务来源,活动经费全靠募捐。二者力量悬殊,明眼人都清楚,动起武来,后者之于前者不堪一击,如果说井冈山兵团挑起武斗,那无异他们自己于找死。

关于北大两派武斗,《回忆录》的描述是:1968年3月25日下午,北京七所大学的一万名学生来到北大发动武斗,聂元梓强拉谢富治来到北大,谢富治通过广播讲话要求七所学校的学生撤离北大,从而制止了一场大规模武斗。但是,"井冈山在外校学生的支持下,准备发动武斗,蠢蠢欲动……3月29日凌晨,校内的两派打起来。"

《回忆录》回避了这一事实；3月28日夜校文革和新北大公社几名主要头目来临湖轩找到聂元梓，强烈要求集中优势兵力武力解决，聂元梓明确回答："打，你们要打，就打吧！"这是一个无可置疑的武斗进攻令。须知，此前聂元梓所称北大武斗，并非真正意义上的武斗。其时所称武斗有着两个不同的含义：文革初期所说武斗，指的是对批斗对象实施拳打脚踢等暴力手段，相应的口号是"要文斗不要武斗"；包括两派群众发生肢体冲突，充其量只能算作打架斗殴。真正的武斗，准确说应该是两派群众组织之间成规模的武装冲突，相应的口号是"文攻武卫"。1968年3月20日，新北大公社成立"文攻武卫"指挥部，北京大学真正意义上的武斗即成规模的武装冲突，是3月28日夜聂元梓在临湖轩一声令下之后，由校文革和新北大公社于3月29日凌晨发起的。

遵照聂元梓的武斗指令，3月29日凌晨新北大公社向31楼发起武装进攻。31楼住着井冈山兵团的骨干力量0363（化学系63级）支队。校文革第一副主任孙蓬一布置武斗任务时说：化学系（新北大公社）的同学要做出些牺牲。为避免同班两派同学互相残杀，新北大公社文攻武卫总指挥高云鹏调集09系武斗人员攻打31楼，怕他们不了解31楼两派住宿情况，事先在有井冈山兵团居住的宿舍都做了记号。29日凌晨1时，校文革和新北大公社武斗人员统一头戴柳条帽，身穿军棉袄，手持扎枪，发起突袭，驱赶井冈山兵团同学，武装占领31楼。他们遇到同一派的同学也不亮明身份，住在这里的新北大公社同学有的被误伤，以为打伤他们的是井冈山兵团，从而大喊"井冈山发起武斗！"此时新北大公社的高音喇叭持续广播："井冈山兵团悍然挑起武斗！"颠倒是非抢强占领舆论制高点。

天亮之后，聂元梓叫来北京卫戍区副司令员李钟奇，一同视察武斗现场，遭遇愤怒至极的井冈山兵团同学围观抗议。《回忆录》说："我被一个叫樊能廷的学生用匕首扎伤，他用匕首刺在我的头顶上，血顺着脸往下流，我的衣服上都是血。"

这段描述太夸张了！其实樊能廷拿的不是匕首而是一把普通的中号螺丝刀（改锥），而且距离聂元梓很远，未触及聂元梓身体任何部位，没有伤及聂元梓，更没有"血顺着脸往下流，我的衣服上都是血"这样夸张的桥段。

当晚,谢富治赶到北大宣读北京市革委会北京卫戍区文件:慰问"被刺伤的"聂元梓,要求井冈山兵团立即交出"刺杀聂元梓的凶手"。与此同时校文革发出捉拿凶手的《通缉令》。4月4日李钟奇来北大限令井冈山兵团三天交出"刺伤聂元梓的凶手"。4月26日校文革和新北大公社乘胜追击,发动大规模武斗,全面围剿井冈山兵团;后者则全线溃败,最后退守在28、30、32、35、36、37共六栋楼中。校文革和新北大公社对这六栋楼断电、停水、断粮、停炊,在四周楼顶架设大型弹弓居高临下火力封锁。此刻,在武斗中惨败的井冈山兵团已濒临绝境。其间,新北大公社武斗人员无端打死并未参加武斗的三名同学温家驹、殷文杰和刘玮。

北大武斗外溢效应迅速蔓延,北京一些高等院校相继发生大规模武斗。最高当局无奈于7月28日凌晨由毛泽东紧急召见聂元梓等五大造反派领袖,当面训诫严厉抨击,并派大批工人、军队进驻各校,北京武斗方得平息。

令我们这一代痛心疾首的文革已渐行渐远成为历史,当年互相对立的两派群众早该相逢一笑泯恩仇,共同反思过去,共同面对未来。据悉后来聂元梓对这部《回忆录》也不甚满意,那么我们期待聂元梓在安享晚年之余,庶几留下一些更为真实的回忆。

(原文载丛璋、亚达、林爻、戈辰编《燕园风云录·四》2016年8月)

答宫香政同学质疑

艾 群

校友转来宫香政同学网文《文革中我所经历的北大武斗——兼与俞小平、陈子明、林爻、艾群先生商榷》（载《记忆》182期），宫香政文中对我所写《加减法模糊了历史真相——重读〈聂元梓回忆录〉》提出质疑，我的答复如下。

第一个问题，即宫香政所说"如此重要"的问题。其网文称：

艾群在《加减法模糊了历史真相——重读〈聂元梓回忆录〉》中的如下资料："据聂元梓在司法机关的询问笔录显示，3月28日夜，校文革和新北大公社几名主要头目来临湖轩找到聂元梓，强烈要求集中优势兵力武力解决，聂元梓明确回答：'打，你们要打，就打吧'，这是一个无可置疑的武斗进攻令。"……我在《燕园风云录》（四）中，读到了艾群的这篇文章……请问艾群，"聂元梓在司法机关询问笔录"是何年何月何日、什么情况下的笔录？该"笔录"有多大的真实性？是不是逼、供、信的产物？你引用的是询问者的话？还是聂元梓回答的话？聂元梓本人有签字吗？如此重要的证据，如果你有复制件或全文抄录件，请你将其公布出来，让读者来分析判断，而不是用片言只语，以讹传讹。当时我是总指挥之一，校文革和公社的一帮头头们到临湖轩去找聂元梓、要求武力解决问题的事情，我怎么不知道呢？

我的回答是——

宫香政所指的上述内容，我采访并公开发表于1986年。按照司法机关的规定，采访聂元梓反革命案卷宗这类内容，须事先向司法机关主管部门（下称主管部门）提出申请，说明采访内容、采访目的等。获批后，主管部门还要当面告知：（1）哪些内容可以查阅，哪些内容不可以查阅。(2)卷宗不可以拍照,不可以复印;如有抄录,其内容须经审阅允许。(3)使用卷宗内容,是直接引用还是间接引用,或者引用大意,均须主管部门批准。(4)稿件写成之后,须经主管部门审阅批准之后方可拿出发表。此外,在阅卷室内贴有阅卷规定,,还张贴着"不得拍照,不得复印"的大字告示。

我的采访和写稿,完全按照司法机关规定程序完成。稿件经司法机关批准后,交付刊物,审稿过程遵循新闻出版署的规定,于1986年公开发表。程序上的缜密合规,确保了内容的客观真实。

文章面世后,多家报刊转载、转摘和引用,另有多种图书收录。尔来30余年,从没听到有人质疑。其间聂元梓本人也看过我写的载有相关内容的文章,对这段内容没有提出质疑。

宫香政所看到的《加减法模糊了历史真相——重读〈聂元梓回忆录〉》一文,是30年后于2016年应校友之邀而写,其中使用了1986年采访并发表的内容。宫香政质疑的内容,即为1986年采访并发表的内容,也就是按照司法机关规定、按照新闻出版署规定采访并公开发表的内容。

宫香政问:"当时我是总指挥之一,校文革和公社的一帮头头们到临湖轩去找聂元梓、要求武力解决问题的事情,我怎么不知道呢?"

我的回答是,因为你没有必须知道的资格。聂元梓是校文革主任,是全校的最高领导人;你只是担任某个群众组织的临时职务——武斗总指挥,而且还是"之一"。校文革主任做什么事,有必要一件件告知你这个"之一"吗?《聂元梓回忆录》40万言,对你这个"之一"未着一字,可见你在她心目中是什么地位。她作决策,没必要告知你这个"之一"。

宫香政说:"在给聂元梓的刑事判决书中,根本没有和武斗相关的内容。"

我的回答是,判决书中没有的内容,不等于事实上没有发生,也不等于卷宗中没有记载。判决书3千余字,聂元梓反革命案卷宗十几万字,必须囊括吗?能够囊括吗?事实上,聂元梓反革命案卷宗和《聂元梓回忆录》对聂元梓指挥武斗均有翔实的记载,只是人民法院根据判决书的需要，没有一一列举而已。再者，聂元梓因写"第一张大字报"而名扬天下，成为"文革"标志性人物。但是，这件事在判决书中只字未提。按照你的逻辑，写第一张大字报这件事判决书中没有，事实上也就不存在，这逻辑能成立吗？

宫香政问："是不是逼、供、信的产物？"

我的回答是，在聂元梓反革命案庭审过程中，聂元梓及其辩护律师没有说遭受逼供信；《聂元梓回忆录》没有说遭受逼供信；聂元梓刑满释放后，于2003年分别写申诉信，致国家主席胡锦涛和最高人民法院院长肖扬，两封申诉信均没有说遭受逼供信。试想，但凡遭受了逼供信，就聂元梓那性格脾气，早就闹得沸反盈天了，还轮得到你宫香政30年后置喙？

宫香政网文无意间透露出一个底牌：拼将无视事实，也要否认那个内容，为此不惜使出"遭受逼供信"的杀手锏，指鹿为马，硬说是"逼供信的产物"。

其实，宫香政的一连串问号，属于"无端质疑"，根本无需回答。我只是考虑你我是同期同学，不妨沟通几句。正常的议事规则是，根据"谁主张，谁举证"的原则，谁质疑，谁举证。也就是说，你宫香政质疑，应该由你宫香政拿出聂元梓反革命案卷宗中没有那个内容的证据，应该由你宫香政拿出那个内容是"逼供信产物"的证据。

此外，宫香政同学解疑还有一个便捷途径：请君就此问题向人民法院提起诉讼，你我对簿公堂，人民法院肯定能够给出一个公正的判决。

第二个问题，即宫香政所说"连小孩都知道""应该有这个常识"的问题。其网文称：

艾群在文中还说，公社一方给井冈山"断电、断水、断粮、断炊"此话不实，断电是有的，为了不让井冈山的大喇叭叫唤；断粮、断炊没有，北大的大饭厅对两派一直开放，号称数千人的井冈山若断粮、断炊得饿死多少口子？断水更没有，连小孩都知道人离开水活不了三天，我想艾群同学应该有这个常识……

我的回答是——

聂元梓和校文革武斗思维的本身，就处处违背"连小孩都知道"

的"常识"。3.29武斗之后，32楼的同学给我家中打电话，告诉我学校发生武斗，校文革和新北大公社给井冈山"断电、断水、断粮、断炊"要求我尽快给他们送食品。这位同学告诉我，井冈山退守在32楼等几座楼中，这几座楼的东、北、西三面已被校文革和公社的武斗人员封锁，井冈山兵团只有西南校门可以出入。根据这位同学的要求，我买了食品，通过西南校门进校，送食品到32楼。我在32楼目睹的情况正如这位同学所说，是"断电、断水、断粮、断炊"。

断电，宫香政承认说"是有的"。那么断粮、断炊、断水，又是怎样呢？我亲眼目睹，也"是有的"。

断粮、断炊，也"是有的"。我目睹的情况是，井冈山兵团退守的32楼等几座楼之东、北、西三面已被校文革和新北大公社武斗人员封锁，他们还在楼上架设巨型弹弓对井冈山32楼等楼进行制空封锁。宫香政说"北大的大饭厅对两派一直开放，号称数千人的井冈山若断粮、断炊得饿死多少口子？"真是骑驴不知赶脚苦，如此罔顾事实。井冈山兵团守楼人员根本无法身冒矢之险，通过封锁线去大饭厅就餐。此外，守楼人员曾经用电炉自己做饭，但是断电之后，自然也就断炊了。

断水，事实上也"是有的"。饮水，必须去锅炉房打开水，去锅炉房的道路被封锁，因此不能打开水，这是断了饮水。使用水，当时我目睹32楼水房和厕所都没有水，便池被堵塞（守楼同学称，一段时间后水房厕所来了水）。

我问守楼同学食物和饮水怎么解决，他们说一是从海淀镇购买，二是井冈山兵团同学大部分疏散到地院等兄弟院校，那里的同学送来食物和饮水。至于断电，后来井冈山兵团组织了一次夜间突击接线，把校外的电源引进楼内，解决了用电问题。

值此，我再次强调本人于1986年采访并公开发表的那段内容：

据聂元梓在司法机关的讯问笔录显示，3月28日夜校文革和新北大公社几名主要头目来临湖轩找到聂元梓，强烈要求集中优势兵力武力解决，聂元梓明确回答："打，你们要打，就打吧！"这是一个无可置疑的武斗进攻令。

上述内容的采访和公开发表，符合司法机关规定要求，符合新闻出版署的规定要求。程序上的缜密合规，确保内容的客观真实。1986年采访并公开发表以来，30余年没有质疑反馈。而今宫香政同学提出质疑，按照"谁主张，谁举证"的原则，请宫香政同学拿出聂元梓反革命案卷宗中没有这个内容的证据，请宫香政同学拿出这个内容是"逼供信产物"的证据。

注：我的原文是"司法机关讯问笔录"，并非宫香政引文中的"司法机关询问笔录"。

（原文载《记忆》第 190 期）

谁模糊了历史真相？

——从艾群先生的"讯问笔录"说起

胡拾音

一、引言

看了俞小平同学在《记忆》第172期（2016年10月30日出版）上发表的文章《真相的迷雾——答章铎校友》，我才知道了艾群先生的大名。俞小平同学引用了艾群《加减法模糊了历史真相——重读〈聂元梓回忆录〉》一文中的如下资料：

> 据聂元梓在司法机关的询问笔录显示，3月28日夜校文革和新北大公社几名主要头目来临湖轩找到聂元梓，强烈要求集中优势兵力武力解决，聂元梓明确回答："打，你们要打，就打吧！"这是一个无可置疑的武斗进攻令。……1968年3月20日，新北大公社成立"文攻武卫"指挥部，北京大学真正意义上的武斗即成规模的武装冲突，是3月28日夜聂元梓在临湖轩一声令下之后，由校文革和新北大公社于3月29日凌晨发起的。
>
> 遵照聂元梓的武斗指令，3月29日凌晨，新北大公社向31楼发起武装进攻。31楼住着井冈山兵团的骨干力量0363（化学系63级）支队。校文革第一副主任孙蓬一布置武斗任务时说：化学系（新北大公社）的同学要做出些牺牲。为避免同班两派同学互相残杀，新北大公社文攻武卫总指挥高云鹏调集09系武斗人员攻打31楼，怕他们不了解31楼两派住宿情况，事先在有井冈山兵团居住的宿舍都做了记号。

根据艾群的上述文字，俞小平同学断定：大武斗是由聂元梓拍板的——"'打，你们要打，就打吧！'这是一个无可置疑的武斗进攻令"的授权下开始的。

还是《记忆》第 172 期，陈子明、林炙两位校友在《北大文革两派分裂，源自人心向背——兼与宫香政商榷》一文中写道：

《谁之过》承认"3 月 28 日晚，新北大公社总部召开紧急会议"，但是回避了聂元梓对于发动武斗的拍板——"好，你们说要打，那就打吧"（见艾群文章《加减法模糊了历史真相——重读〈聂元梓回忆录〉》，《燕园风云录》（四））。

根据陈子明等校友的提示，我在《燕园风云录》（四）中，终于看到了艾群先生的这篇大作，并了解到艾群先生的不凡身份：艾群，男，北京人。1963～1968 年就读北京大学中文系，长期从事公安工作，历任公安部人民公安报社副总编辑、公安部群众出版社总编辑，2005 年退休。高级记者，一级警监。

我从艾群所写的《答宫香政同学质疑》（载《记忆》2017 年 7 月 31 日第 190 期）一文中进一步了解到：

宫香政所看到的《加减法模糊了历史真相——重读〈聂元梓回忆录〉》一文，是三十年后于 2016 年应校友之邀而写，其中使用了 1986 年采访并发表的内容。宫香政质疑的内容，即为 1986 年采访并发表的内容，也就是按照司法机关规定、按照新闻出版署规定采访并公开发表的内容。

……

值此，我再次强调本人于 1986 年采访并公开发表的那段内容：

据聂元梓在司法机关的讯问笔录显示，3 月 28 日夜校文革和新北大公社几名主要头目来临湖轩找到聂元梓，强烈要求集中优势兵力武力解决。聂元梓明确回答："打，你们要打，就打吧！"这是一个无可置疑的武斗进攻令。

上述内容的采访和公开发表，符合司法机关规定要求，符合新闻出版署的规定要求。程序上的缜密合理，确保内容的客观真实。1986 年采访公开发表以来，三十余年没有质疑反馈。

读者似乎不应该怀疑艾群先生三十年前对"上述内容的采访和公开发表，符合司法机关规定的要求，符合新闻出版署的规定要求"。但笔者认为，"程序上的缜密合理"，并不能保证内容的客观真实。

　　随着时间的推移和时代的变迁，历史真相逐渐浮出水面，难道你就没有怀疑过那些"内容"的真实性吗？所谓"聂元梓在司法机关的讯问笔录"是何年何月何日、什么情况下的笔录？该笔录有多大的真实性？你引用的是讯问者的话还是聂元梓回答的话？聂元梓本人有签字吗？如果你对诸如此类的问题没有令人信服的答案，那就不应该到了2016年还用你三十年前的东西去误导读者（包括你的井冈山战友）。

二、谁模糊了历史真相？

　　《记忆》从2014年5月31日第114期刊登《北大文革专辑》（一）以来，陆续刊登了十期《北大文革专辑》，其中专辑（十）是2016年6月30日出版。之后，《记忆》又编辑出版了《北京高校文革研究专辑》。虽然北大两派在《记忆》上发表了不同的声音，但随着原始材料的不断披露和当事人的陈述，原来被隐藏的真相逐渐清晰起来，比如"第一张大字报"产生的原因、"高云鹏指挥武斗"、《北京大学纪事》的多处记载不实的问题，等等。

　　下面，我们来看看艾群先生2016年《加减法模糊了历史真相——重读〈聂元梓回忆录〉》（以下简称"艾文1"）一文所说的"历史真相"究竟如何。

（一）聂元梓等人写大字报，属于康生曹轶欧整个谋划的一部分吗？

　　"艾文1"在"**第一张大字报引爆全国造反天下大乱**"一节中有如下文字：

　　《回忆录》以"关于大字报的辩白"为题专门写了一个章节的内

容，说明写大字报纯粹是自发行为，没有任何上层人物的授意和指使，从而与中央文革撇清关系。

北大党史校史研究室党史组的文章《康生、曹轶欧与"第一张大字报"》披露，康生派曹轶欧率调查组到北大，……该文指出，大字报主谋是康生、曹轶欧，是曹轶欧授意张恩慈串联聂元梓等人写出的。

由此可见，聂元梓等人写大字报，属于康生、曹轶欧整个谋划的一部分。

"第一张大字报"到底是如何产生的？

在2012年8月出版的《燕园风云录》（一）上，刊登了北大党史校史研究室党史组写的《康生曹轶欧与"第一张大字报"之争论》，另有李海文写的《第一张大字报与康生曹轶欧的关系/背景》。这两篇文章都认为：第一张大字报是在康生、曹轶欧的指示下产生的；与此观点相同的，还有彭珮云所写的《也谈"全国第一张马列主义大字报"出笼的经过》一文，刊登在2013年出版的《燕园风云录》（二）上。印红标对这个问题有不同看法，他根据自己的研究，写出《曹轶欧与"第一张大字报"关系再考订》一文，刊登在《燕园风云录》（一）上。

北大文革的亲历者王复兴校友，以大量史实，否定了彭珮云和北大官方的说法。[1] 大字报的作者高云鹏和夏剑豸一再强调写大字报是自发的行为，和康生等人无关。所以笔者认为：聂元梓"关于大字报的辩白"是真实可靠的。大字报的真正动因，就是北大"社教"和《五一六通知》。

其实，康生是否支持聂元梓等人写大字报的事情，并不是最重要的，关键是毛泽东批示要立即广播这张大字报，并称北大是"反动堡垒"。康生当时有着特殊的地位，毛泽东有关批评彭真的多次讲话，要由康生向书记处传达，通过《五一六通知》的中央政治局扩大会议的情况，要由康生向毛泽东汇报，这比支持写一张大字报厉害多了。

---

[1] 王复兴：《"第一张马列主义大字报"产生原因初探》，载《记忆》2017年4月30日第182期。

另外，毛泽东在此前已经看过张恩慈[2]意见很尖锐的上书，毛还指示向出席中央政治局扩大会议的人印发这一上书，毛泽东对北大党委的态度，中央高层已经很清楚了，陆平党委的命运，在那个时候就已经决定了。但高层的这一情况，聂元梓等人并不了解，所以，在大字报贴出后遭到围攻时，他们都感到紧张。这证明康生、曹轶欧和张恩慈均未向他们透露毛泽东批发张恩慈上书一事。倘若他们知道张恩慈上书得到毛泽东肯定的消息，那还紧张什么？大字报贴出后受到围攻，几位作者感到紧张，给张恩慈打电话，张来后要他们提供一份大字报底稿，说给首长看看，这说明康生等人事先并不知道大字报的内容。《五一六通知》有一句话，"毛主席明确提出要保护左派，支持左派，强调建立和扩大左派队伍的方针"，所以支持北大左派贴大字报，在当时是符合中央精神的。《五一六通知》在党的会议上获全票通过，下发全党，没有违反党章。至于后来的文革实践证明《五一六通知》是错误的，也是个政治路线问题，并不是刑事犯罪问题。

毛泽东当时需要的是一块"石头"，七人大字报适逢其时。聂元梓等不写大字报，别人也会写。如果没有人写大字报，毛泽东只要把张恩慈的上书批转下来，北大党委就会垮台，再传达到群众，全校就会贴满大字报，新华社再发一篇报道，就会影响到全国，会有同样的效果。

艾群先生当然可以无视所揭示的史实，坚持认为"聂元梓等人写大字报，属于康生、曹轶欧整个谋划的一部分"。——那是他的自由，别人是强求不得的。

（二）关于"上海串联真相"

"艾文1"写道：

2　张恩慈，原北大哲学系教员，北大社教时支持聂元梓，社教后期调到马列主义学院，1966年初曾在康生办公室工作。他上书一份对北大社教运动的看法，不赞成北京市委的做法。毛泽东将此文批发给政治局扩大会议。

失忆重要情节的例子还有关于 1966 年赴上海造反。《回忆录》第十章"上海串联真相"一口咬定"毛主席要我去上海",并详细记述:1966 年 11 月,毛泽东的女儿李讷两次来北大,单独向聂元梓传达毛泽东要聂元梓赴上海造反的指示精神,聂元梓遵从毛泽东的最高指示,带队赴上海向上海市委造反。《回忆录》也指出,在文革结束聂元梓受审时,李讷拒绝为此向法庭作证。《回忆录》特别强调,赴上海造反与江青没有半点关系。但是聂元梓在司法机关的询问笔录显示,江青确实给了聂元梓指示,指示聂元梓带队去上海造反。

其实,是"毛泽东派聂元梓去上海串联",早已是不争的事实。李讷拒绝出庭作证,不等于没有这件事,更不等于李讷证明没有这件事。舒声先生是承认有这一件事的,他在《从支持、利用到否定、抛弃——从毛泽东对聂元梓态度的变化看造反派领袖的结局》[3] 一文中写道:

毛泽东亲自派李讷来北大,指示聂元梓去上海串联,表明他当时对聂元梓是多么信任,多么倚重,也是利用北京的造反派去冲击运动相对落后的上海的一步棋。聂元梓接受了毛泽东的任务,带领亲密助手孙蓬一等人,11 月 19 日到达上海,直到 12 月 16 日回到北京。

智晴先生在《文革初期聂元梓赴沪串联大有来头》一文中,也说明这件事情:"文革初期聂元梓赴沪串联,确实大有来头:奉毛泽东之旨行事。"[4]

聂元梓赴沪串联一事,实际上哪一方面都不讨好。上海的保守派当然反对,张春桥并不需要聂元梓去支持,江青指责聂元梓"为什么说是中央文革派去的?"笔者不知道聂元梓有没有这样说过,但陈丕显一见面就说"你们是中央文革派来的吧!"人家根本不相信聂元梓会擅自去上海串联,不过陈丕显也想不到是毛泽东让去的。

---

3 该文载《昨天》2017 年 8 月 30 日第 96 期。
4 该文载《记忆》2016 年 11 月 15 日第 174 期。

(三)"除隐患战斗队"是"揪叛徒"的吗?

在"失忆了某些重要情节"这一节里,"艾文1"写道:

本来"除隐患"积极执行"四人帮"的"揪叛徒"阴谋,《回忆录》却将其置换成反"四人帮"的壮举,编排得太离奇了吧?这与江青所说"她揭发了安子文叛党集团"不符,与聂元梓本人在司法机关的询问笔录也不相符。

聂元梓在司法机关的询问笔录显示,1967年4月14日,在一次大型集会上,聂元梓找到康生说:"我们组织了一个'第二战斗队'也就是'除隐患战斗队',专搞揪叛徒的斗争。"聂元梓汇报说,前一段揪叛徒的调查工作遇到困难,进展迟缓,请康老给予指示。康生掏出笔来,当场写下一张字条:"新北大的一个革命组织要揪叛徒,望有关方面给看必要的材料。康生"返校后聂元梓把康生的手谕复印出来,挑选精兵强将组成揪叛徒兵团,把"揪叛徒"的组织工作和活动方案写成报告,呈交康生。与此同时,聂元梓以康生手谕为据,写信给谢富治要求提供帮助。谢富治见信后,派公安部副部长李震接见揪叛徒兵团的负责人,准许他们到全国各地公安机关查阅机密档案。揪叛徒兵团划分成若干小组,每组持有一份康生手谕复印件,分散到全国各地进行调查活动。经过一段调查,在聂元梓的授意下,写报告给康生,诬陷彭真、薄一波、安子文等人为叛徒,从而加剧了对彭真、薄一波、安子文等人的迫害。

"艾文1"的上述文字,再次提到"聂元梓在司法机关的询问笔录",请艾群先生说明,这是哪一份"讯问笔录"?与所谓"临湖轩会议"是同一份"笔录"吗?若不是,亦请介绍这份"讯问笔录"产生的时间、地点等基本情况。笔者之所以有疑问,是因为此"笔录"记述的内容与事实相距甚远。历史的事实是:

(1) 揪叛徒的高潮是由中央文件引发的

上引"艾文1"称,第二战斗队"在聂元梓的授意下,写报告给康生，诬陷彭真、薄一波、安子文等人为叛徒"云云，说明作者对文革历史一无所知，这些高级官员的叛徒问题，是差不多一个月之前中央文件说的。

1967年3月16日，中共中央印发《薄一波、刘澜涛、杨献珍等六十一人的自首叛变材料》。在批示中说："薄一波等人自首叛变出狱，是刘少奇策划和决定，张闻天同意，背着毛主席干的。"刘少奇、张闻天作出了"叛变的决定"。"这些变节分子……许多人重新混入党内以后，成为刘、邓资产阶级反动路线的坚决执行者，成为反革命修正主义分子，成为党内走资本主义道路的当权派。""揭露这个叛徒集团是无产阶级文化大革命的伟大胜利，是毛泽东思想的伟大胜利。"

揪叛徒的高潮是由中央这个文件引发的，中央文件下达时，北大在揪叛徒方面什么都没有做呢。

(2) 周总理对揪叛徒问题的批示

中央揪叛徒文件下达之后，1967年3月下旬，二机部有人来校找聂元梓，当时聂不在，孙蓬一接待了他。来人提出：他们从调查刘×的过程中，发现了30年代北京的一起叛徒案，希望北大协助他们搞清。4月3日晚，中央首长接见中学代表，孙蓬一参加了这次接见，并坐在第一排，恰好坐在总理的对面。孙蓬一给总理写了个条子，请示是否可以调查，总理当即用铅笔做了批示，同意并指出注意事项。[5] 此件后来拍成照片，供外出调查使用。据见过这一照片的校友告，孙蓬一写的是："总理：我们获得一些叛徒的线索，是否可以调查？"总理的批示是："可以调查，但不要公布材料。周恩来"。"除隐患战斗队"队长赵建文曾告知笔者，原件后来保存在他手里，工宣队进校后，上交给工宣队了。

据了解，调查吴传启的历史主要是去武汉档案馆查解放前的报纸。此事不能让北京市革委会和公安部知道，也不能让中央文革知道，所以只用了周总理的批件。武汉档案馆已经军管，军管会是向总理办公室核实过的，得到总理办公室的证实后，才允许北大调查人员

---

5 孙蓬一1976年12月11日写给胡宗式、章铎的信。

查阅的。另据保卫组组长谢甲林先生回忆,为解决"第二战斗队"外出调查开公安部介绍信的问题,周恩来的这个批件的原件也送给公安部长谢富治、副部长李震看过。所以,周恩来这个批件也不是秘密的。

(3) 关于康生的条子或信

1967年4月14日,陈伯达、康生、江青、谢富治等人在人民大会堂接见红代会各院校代表。这个会是针对4月10日聂元梓、孙蓬一到钓鱼台向江青等人告王力、关锋"结党营私"的状、4月12日孙蓬一公开向吴传启团伙宣战、以及孙蓬一的4月13日讲话引起"炮打谢富治事件"而对北大进行批评的(相关讲话内容已刊于《记忆》2015年11月15日第143期)。这不是什么大型集会,聂元梓并没有同康生单独谈话或汇报的机会。就是在这个会上,康生给聂元梓一个条子,原文是:

聂元梓同志:天津南开大学卫东组织了调查彭真、刘仁等调查团,从初步调查结果,看到旧北京市委内隐藏着许多叛徒。我想新北大应组织调查组,系统地调查彭真、刘仁黑帮的具体材料。请你们考虑,是否可行。康生 四月十四日。

康生写的这个条子,在"北大校史展览"展出过,条子上写的也根本不是艾群所说的"新北大的一个革命组织要揪叛徒,望有关方面给看必要的材料。康生"这样的内容,艾群所说条子的内容,与事实不符。

关于康生的"揪叛徒"条子或信,并不是聂元梓向康生汇报后康生写的,而是康生主动写的,经过好几个人的传递才到聂元梓手里。在会议现场还有其他人,是有证明人的。聂元梓在其回忆录中写道:

有一次,中央文革召开大专院校红卫兵代表会议,康生讲到"六十一人叛徒案",讲南开大学的造反派抓叛徒怎么怎么样有功的时候,他特别提到北大应该成立抓叛徒组织。康生还写了一个条子,经过别的与会者递给我,也是抓叛徒的问题。这个条子,我给孙蓬一等人看过,带回学校后又给校文革常委看过。[6]

在1967年头几个月,"除隐患"是聂元梓心里的一件大事。至4月14日,除隐患战斗队虽然已经成立,但尚未露面,还没有开始贴大字报公布材料。由于众所周知的原因,聂元梓不可能把成立除隐患战斗队一事告诉康生。另外,这是一次有其他学校的人参加的会议,聂元梓更不可能当众宣扬北大成立了"除隐患战斗队"的事情,这会引起诸多猜疑。这是简单的常识问题。另外,如果聂元梓在会上当众说揪叛徒遇到困难要康生指示,康生立马写了一个条子给予支持,那么,别的学校也会提出同样的要求,但实际上并没有发生这样的事情。康生的条子虽然经数人之手传递,但不会有人接到条子后先读一遍再转递的。

聂元梓不可能把"第二战斗队"和"除隐患战斗队"混为一谈。在4月14日这天,"第二战斗队"还没有成立。周总理4月3日的批示下达,校文革开会研究,组织一个机构要有一个过程。最初的抓叛徒组织的名称叫"北京大学揪叛徒兵团",由校文革出面,从一些系抽调一些党员组成,校文革保卫组协助培训。后来名称怎么变成"新北大公社第二战斗队"笔者不清楚。4月8日"民族宫事件""4.11地院等组织冲击北大""4.12孙蓬一讲话""4.13炮打谢富治"等一系列事件,聂、孙等人焦头烂额,正式成立"北京大学揪叛徒兵团"的事情只好拖一拖。

如果这份"讯问笔录"是真实的,那末,其所记录的内容就是混乱的、不真实的。

总之,揪叛徒是中共中央文件在先,周总理的批示在中,康生的信在后,办理过严格的手续,并不是执行了某一个个人的指示。

(4) 关于"除隐患"战斗队和第二战斗队

"艾文1"说"'除隐患'积极执行"四人帮"的'揪叛徒'阴

---

[6] 聂元梓:《聂元梓回忆录》,香港:时代国际出版有限公司2005年版,第487页。

谋"——真是天外奇谈！看来他在北大是连大字报都不看的，或者他在1967年4、5月间根本不在校内。而且他连起码的历史常识都没有，除隐患战斗队活动于1967年，那时何来"四人帮"？"揪叛徒"的文件是中共中央下的，不是"四人帮"下的。

除隐患战斗队的使命是针对关锋、王力、吴传启这一伙"隐患"的，办法是从调查吴传启的历史问题入手（潘梓年仅是个陪衬）。吴传启的历史问题是国民党特嫌，并非叛徒，这项调查与"揪叛徒"无关。

据笔者了解，早在1967年2月上旬，聂元梓对关锋、吴传启团伙的不正常活动就产生了疑心，由此产生了"除隐患"的想法，"除隐患"的发明权属于聂元梓。当时新北大公社尚未成立。2015年，笔者曾向"除隐患"队长赵建文询及此事，赵回忆说："当时聂元梓找我谈话，我的工作有两个选项，一是去新北大公社总部工作（笔者注：当时新北大公社总部还在筹建中），另一个是调查吴传启一伙。聂元梓征询我的意见，我选择了后者，并开始筹建'除隐患战斗队'。"

除隐患战斗队归聂元梓、孙蓬一直接领导，赵建文任队长，其任务就是对吴传启一伙进行调查。而第二战斗队的队长是数力系学生杨建铎。[7]聂元梓、孙蓬一于1967年4月10日向陈伯达、江青揭发了关锋、王力、吴传启一伙"结党营私"的问题，孙蓬一又在4日12日大会上讲了这个团伙的问题（讲话矛头实际上指向了王、关、戚，但没有点他们的名字）。不久，除隐患战斗队就开始用大字报公布揭发潘梓年的材料。一开始公布的主要是潘在解放前发表的反共文章，也公布过潘写的吹捧电影《武训传》的文章（当时的大批判也在批这部电影，所以可以同大批判结合起来）。5月下旬，公布了有关潘历史问题的材料，揭发潘的活动到此告一段落。除隐患战斗队只做调查，公布调查材料，不写批判性的大字报或文章。新北大公社有少数几个战斗队根据除隐患战斗队公布的材料，写过一些批判文章，用大字报贴出，有的还刊于《新北大》，这一活动持续有一个月之久。5月底，因为王、关、戚认为北大下一步要公布吴传启的材料了，心虚着

---

7 引自《北京大学纪事》1998年版第689页。

急，就由陈伯达、关锋、戚本禹出面于5月27日找聂元梓，威胁利诱，不让公布吴传启的材料，但被聂元梓拒绝了。6月1日，除隐患战斗队用大字报的形式公布了有关吴传启历史问题的材料，由此招来了陈伯达"6.5讲话"的严厉打压。除隐患战斗队已经印了好几种揭发吴传启的材料，原来是准备论战和批判用的，因陈伯达"6.5讲话"便没有公布。关锋、王力于8月底垮台，吴传启、林聿时、潘梓年等很快全部被抓，由中央去审查了，除隐患战斗队准备的材料便不需要公布了。这几种材料只有很少量的油印本，见到的人很少。像《吴传启论吴传启》那样的材料，若有保存至今的，就很珍贵了。

陈伯达"6.5讲话"后，北大的反对派闹得很厉害，到8月中旬，形势更为严重。赵建文这时提出了"必须向中央反映情况"的建议，并很快拿出了三四份材料，矛头直指《红旗》杂志、《北京日报》等报刊，称他们在挑动两派斗争。这几份材料刚准备好，消息传来，关锋、王力垮台了。

关锋、王力垮台的事情对公众是保密的，但除隐患战斗队可以点名关锋、王力上报有关材料了。除8月底准备好的几份材料外，除隐患战斗队于9月份上报了《首都高校两派矛盾的由来、发展和关锋、王力的讲话》，揭露关锋、王力、吴传启结党营私、挑动两派斗争的事实，材料署名为新北大公社"独立寒秋"战斗队。随着学部联队分崩瓦解，揭发关锋、林杰、吴传启、王恩宇、洪涛团伙的大字报如潮，材料很多，除隐患战斗队搜集材料，于1967年10月完成了《斩断林杰反革命集团伸进新北大的黑手》。除隐患战斗队还调查过"首都五一六红卫兵团"，发现这些人后面有《红旗》杂志记者的身影在活动，对此也有材料上报。后来了解到，这些记者其实是中央文革记者站的，他们也在调查"五一六"。其中一名记者，竟然还是北大学生。除隐患战斗队向这位同学作了了解，认为他在调查"五一六"过程中说的一些话，目的是为了了解该组织的内部组织情况，是正常的，没有任何问题。鉴于"首都五一六红卫兵团"的成员都已被抓，调查工作在1967年9月下旬就结束了。

由于这场斗争的复杂性和风险性，除隐患战斗队在工作中十分谨慎小心，避免被人抓住把柄。这一点做得很成功，在陈伯达"6.5

讲话"之后那样严峻的日子里,没有人能抓住除隐患战斗队的把柄。当然,个别投机的人也是有的。陈伯达"6.5讲话"后,有一个叫申彪(音)的学生(似是理科生),自称是除隐患战斗队的成员,在大饭厅的台上讲话"揭发内幕",他说了种种怀疑,但最终什么实质性内容都没有谈出来。当时有一位了解情况的同学就在台下听着,感觉其讲话全是空话,没有抓到任何把柄。两个多月后,关锋、王力垮台,申彪(音)追悔莫及,更觉无脸面对原来的队友。这是个自尊心很强的人,据说后来在某个冬天跳入了昆明湖的冰洞。

关锋、王力垮台了,林杰、吴传启、林聿时、洪涛等人被抓了,卢正义早已失踪,"除隐患"的目标已经实现了,而且超出了预期。另外,暂时没有被抓的学部联队头头王恩宇,交代出来的全是戚本禹的问题(其时戚本禹还在台上),个别事情牵涉到了康生。这不需要北大的人去调查,也无法去调查,知道这些信息的人屈指可数,他们只要心中有数,注意观察就行了。因此,除隐患战斗队于1967年底解散。经受了陈伯达"6.5讲话"引起的大风大浪的考验,除隐患战斗队完成了它的使命。

除隐患战斗队的工作对王、关、戚、谢富治、北京市革委会、公安部都是保密的,但调查得到的潘梓年、吴传启的材料都是要公布的,公布才能起到揭露、打击的作用。这与"第二战斗队"完全相反。"第二战斗队"的任务是调查"叛徒",必须经过公安部开介绍信才能外出调查,但调查结果都是不公开的。笔者从未见过"第二战斗队"用大字报公布什么材料。

笔者与"第二战斗队"没有接触,对其情况一无所知。直到今年读到谢甲林先生的回忆文章,才知道该战斗队成立之初为解决公安部开介绍信问题所做的一点事情。[8] 这是一个很正规的过程。校文革先给公安部长谢富治写信(附上周恩来、康生指示原件),谢富治批复后,再持谢的批件和周恩来、康生指示原件去见公安部副部长李震。李震同意后,"第二战斗队"的调查人员名单还须在公安部备案。至于该战斗队查了哪些案子,在工作中有没有搞冤假错案,是可以查

---

8 谢甲林:《谢甲林法学文集》,北京:北京时代弄潮文化发展公司2013年版,第47-48页。

清楚的，这已不是我们讨论的范围。

至于"艾文1"提到"江青所说'她揭发了安子文叛徒集团'"一事，指的是 1967 年 9 月 1 日，江青在北京市革委会常委扩大会议上讲"聂元梓同志在文化大革命中有两大功劳：第一张马列主义大字报是其中之一，另外她揭发了安子文叛徒集团"。后来了解到，聂元梓不是揭发安子文的叛徒问题，而是揭发安子文违背组织原则，与非党女士邓觉先关系暧昧，并让这位非党女士干预组织部的工作。这件事和 61 人叛徒集团并无关联，《聂元梓回忆录》对此事有详细的描述。[9] 这是聂元梓个人的事情，与北大毫不相干，同除隐患战斗队更不相干了。

（四）关于北大武斗真相

"艾文1"写道：

《回忆录》标榜自己反对武斗、制止武斗，指责一些学校学生参与新北大井冈山兵团挑起武斗。此处又一次明显失忆，据聂元梓在司法机关的询问笔录显示，1968 年 3 月 28 日夜，即北大发生大规模武斗的前夜，聂元梓在临湖轩向校文革和新北大公社头目下达指令："打，你们要打，就打吧！"从而发起 3 月 29 日大规模武斗。

北大武斗的发生是有其历史背景的，是有一个过程的。《北京大学纪事》记载：

（1968 年）

3 月 20 日　深夜，石油学院北京公社、民族学院东方红组织群众到北大校园内示威游行，井冈山兵团也内应组织示威。游行中高喊："打倒反革命聂氏家族""把小爬虫孙蓬一揪出来示众"等口号。

3 月 22 日　新北大井冈山兵团总部发出《通缉孙蓬一的通缉令》。

北京农业大学 1000 多人来北大游行，呼喊"打倒孙蓬一""揪出

---

[9] 聂元梓：《聂元梓回忆录》第 95-103 页。

聂元梓"等口号。

3月23日 新人大公社等六个造反组织到北京市革委会示威，并发表《声明》："打倒聂元梓，孙蓬一"，"聂元梓从市革委会滚出去"。

3月24日 北京农业大学一些造反组织到北大示威，宣传"打倒聂元梓"。

3月25日 地院东方红、新人大公社等造反组织近万人聚集北大，进行反聂、孙游行，并发生武斗。

晚，谢富治、吴德、丁国钰赶到北大讲话，制止武斗，要求"所有外校外地学生一律退出北京大学"。说："到北大来武斗是错误的"，"打倒聂元梓的口号是错误的"，"希望北大两派在校文革领导下，在聂元梓领导下，把大家联合起来"，"紧跟无产阶级司令部、党中央、中央文革的战略部署走。""我们要坚决打倒两面派、山头主义、分裂主义、右倾机会主义。"

3月26日 地院东方红几百人手持木棍，从东、西、南校门闯进北大，发生武斗。

《北京大学纪事》所记文革事件是有偏向性的，但还不是完全"失忆"。据以上北大官方的几条记载，说明艾群连北大官方的记载也选择性地"失忆"了。

刊登在《燕园风云录》（一）上有一篇署名"田老兄"《恐怖之夜，救人一命——武斗杂忆》的文章，其中写道：

3月28日 下午形势急剧恶化。两派的大喇叭鬼哭狼嚎：谁挑起武斗了，强烈抗议……看情况不妙，我把邮票和少量重要的东西收拾了一下送到北大附中我二弟处，并要他第二天一早帮我"搬家"。回来后天已快黑了。我到31楼后面看了看地势，盘算了一下如果需要逃出31楼该如何从窗口……吃完饭后许多同学感到大难即将来临，却又不知如何是好，静等灾难的到来。约8点，公社头头×××挨室告诉：井冈山要挑起大规模武斗，大家要有准备。我问："该怎么准备？"他却答非所问，支吾了之。其实他心中大概早已有数。

这说明，在28日白天，双方已经剑拔弩张了。晚饭后，井冈山兵团用武力驱赶40楼里的公社同学，打败了准备不足的红10团，还俘虏了包括红 10 团团长在内的 30 名公社成员。怎么可能要等到 28 日夜里去听聂元梓发令呢？除此之外，"关于北大两派武斗"一节中，"艾文 1"的如下文字均与事实不符：

①1968 年 3 月 20 日，新北大公社成立"文攻武卫"指挥部，……

②……校文革第一副主任孙蓬一布置武斗任务时说：化学系（新北大公社）的同学要做出些牺牲。为避免同班两派同学互相残杀，新北大公社文攻武卫总指挥高云鹏调集 09 系武斗人员攻打 31 楼，怕他们不了解 31 楼两派住宿情况，事先在有井冈山兵团居住的宿舍都做了记号。

③4 月 26 日，校文革和新北大公社乘胜追击，发动大规模武斗，全面围剿井冈山兵团；……

关于①，事实是：1968 年 3 月 22 日，公社总部召开会议，成立"文攻武卫指挥部"，经会议分工，"武卫"由宫香政、黄树田、黄元庄三人负责。所谓"3 月 20 日"的说法应该出自《北京大学纪事》的一条不实记载。[10]

关于②，不知道"艾文 1"的这段话出自何处，但笔者看到校友司徒文所写的《我所知道的北大武斗》一文中，有几乎相同的内容：

后来才知道，……公社的孙蓬一布置这一行动时说：化学系的同学要做出牺牲！据后来了解，为了避免出现同班同学互相残杀，高云鹏这位武斗总指挥也避了点嫌：攻打 31 楼的武斗队人员是从 09 系招募的，怕他们不了解 31 楼的住宿详情，事前在有井冈山同学居住的房间都做了记号。[11]

相同的文字还出现在另一篇文章中。[12]——这三篇文章的作者都不是当事人，也都没有说明这一说法的来源，都在以讹传讹。

事实是：3.29 武斗之后，北大的局面十分紧张。聂元梓找高云

---

10 《北京大学纪事》1968 年 3 月 20 日记载：聂元梓校文革决定成立"新北大公社文攻武卫指挥部"，并指定高云鹏为总指挥，宫政香、黄元庄为副总指挥，卢平为政委。

11 司徒文：《我所知道的北大武斗》，载《燕园风云录》（一）第 152 页。

12 鸣不平：《我所见证的北大 1968 年武斗》，载《燕园风云录》（一）第 178 页。

鹏个别谈话，她说："学校近来发生不少事，公社都是些年轻人，做事比较莽撞。你到44楼去把把关，别让年轻人太莽撞做出出格的事情来。"这样，高云鹏才在4月份到了44楼。在迟群、谢静宜控制北大时期，因为高云鹏拒绝作伪证，遭到残酷打击迫害，甚至差点丧命。[13]《北京大学纪事》关于高云鹏的多项记载，都是与史实不符的。

关于③，事实是：1968年4月25日，井冈山兵团强行占领了36楼，使其占领区连成一片。4月26日，孙蓬一主张将36楼夺回来。高云鹏不同意孙蓬一的做法，可孙蓬一已经直接组织人员上了阵。后来孙蓬一虽然接受了高云鹏的意见，将队伍撤了下来。但这次"攻楼"不但没有夺回36楼，反而导致公社多人受伤，哪里有什么"乘胜追击"呢？

三、评艾群的《答宫香政同学的质疑》

（一）自命高贵、自封权威能保证文章的真实性吗？

艾群先生在《答宫香政同学的质疑》[14]（以下简称"艾文2"）中写道：

> 我的采访和写稿，完全是按照司法机关规定程序完成。稿件经司法机关批准后，交付刊物，审稿过程遵循新闻出版署的规定，于1986年公开发表。程序上的缜密合规，确保了内容的客观真实。
>
> 文章面世后，多家报刊转载、转摘和引用，另有多种图书收录。尔来三十余年，从没听到有人质疑。

显然，艾群先生摆出身份"高贵"、自封"权威"的架势，把自己的文章捧为"金科玉律"，不容任何人质疑。——"还轮得到你宫香政三十年后置喙？"

---

13 章铎：《从高云鹏的遭遇，看迟群之流的专制》，载《记忆》2016年5月15日第155期。
14 载《记忆》2017年7月31日第190期。

"从没听到有人质疑",不等于世上不存在质疑,不等于以后没有质疑,不等于后世的人不会质疑,更不等于你说的就是真理。上世纪80年代,正是对文革参与者进行清算的时候,许多人遭到打击报复,自身生存都是问题,哪里顾得上辩诬质疑呢?1986年,聂元梓刚刚假释出狱,生存尚是大问题,还能上哪里去质疑?当时的媒体,能允许她质疑吗?对文革的回忆与反思,还要等到若干年后。至于聂元梓,自1968年工、军宣传队进驻北大,直至2005年她的回忆录在香港出版,她一直被剥夺了公开发表自己的观点、意愿的自由和权利。直到回忆录出版,聂元梓才能为自己作一些辩解。她的回忆录能在大陆出版吗?同样,如果没有网络时代来临,没有《记忆》这样的网刊,笔者又到哪里去发声呢?

三十多年前,艾群等人在《华夏知青》网上发表的《文革五大学生领袖今昔》(http://www.hxzq.net/aspshow/showarticle.asp?id=945)一文中,不仅给聂元梓冠以"乱世狂女"的称谓,还造谣说"不久前,聂元梓结束了她七十三岁的一生"。该文也是"文章面世后,多家报刊转载、转摘和引用"的——然而,今天聂元梓仍以96岁高龄活在世上。作为长期从事公安工作,历任公安部人民公安报社副总编辑、公安部群众出版社总编辑的艾群先生,对此该作何解释呢?人明明活着,却说已经死了,还煞有介事地说"不久前",说得跟真的似的,这种做法,符合新闻工作的哪条规则呢?新闻道德又在何处呢?

艾群声称:"其间聂元梓本人也看过我写的载有相关内容的文章,对这段内容没有提出质疑。"

请问:你如何证明聂元梓看过你的大作?你既然说聂元梓73岁时已经死了,她又怎么能看过你的大作。

聂元梓在监狱里时是什么也看不到的,出狱后才能有所了解,直到她的回忆录出版时,她才能描述一下这样的情景:

> 几十年来,在形形色色的宣传工具营造的社会舆论中,我被描绘成反革命的野心家和阴谋家,十恶不赦的狂人和灾星。面对那些由重复了千遍的谎言和一面之词构成的所谓"内幕""真相""大事记"等等,我对于众口铄金之强大,流言杀人之可畏,有切肤之痛。更令人啼笑皆非的是,直到今天还有多家报纸,仍在以讹传讹地重复着近十

年前一位姓叶的名人制造的谎言：聂元梓已经结束了七十三岁的生命。[15]

聂元梓会见到许多辗转刊载的文章，有些可能是抄袭的或改编、摘编的，但她不可能看过所有这些文章，更不可能向所有这些文章的作者一一质疑。漏洞百出的小报文章，值得去质疑吗？她只能向比较严肃的作家提出问题，如上述引文，聂元梓误认为一位"姓叶的名人"制造了谎言。叶先生很快作了回答，声明他从未写过聂元梓死了的消息。叶先生是一个很认真严谨的人，他在互联网上查证，"一下子就查到关于聂元梓死了的消息的来源：那是一篇题为《文革五大学生领袖今昔》的文章，署名艾群、司任、项金红、许龙华、倪融。艾群，《乱世狂女》的作者。这篇文章在关于聂元梓的那一段最末的一句话是'不久前，聂元梓结束了她七十三岁的一生。'时至今日，这篇《文革五大学生领袖今昔》仍在诸多网上广泛传播着。"[16]

笔者信息不通，很多年后才读到叶先生的文章。笔者非常感谢叶先生帮助查清了谣言的来源。聂元梓也应该感谢叶先生，并向叶先生致歉。

问：何以息谤？答：无辨。这或许是至理名言，但这是圣人的境界，聂元梓做不到，笔者也做不到。

（二）《聂元梓回忆录》对聂元梓指挥武斗有翔实记载吗？

"艾文2"还有一段话：

事实上，聂元梓反革命案卷宗和《聂元梓回忆录》对聂元梓指挥武斗均有翔实的记载，只是人民法院根据判决书的需要，没有一一列举而已。

艾群先生把"聂元梓反革命案卷宗"和《聂元梓回忆录》并列在一起，称两者"对聂元梓指挥武斗均有翔实的记载"。给人们的印象

---

15 聂元梓：《聂元梓回忆录》第13页。
16 叶永烈：《聂元梓，你别乱放炮》，2005年11月18日，http://blog.sina.com.cn/s/blog_470bc6dd010000s8.html。

就是：聂元梓确实指挥了武斗。笔者仔细查找了《聂元梓回忆录》，没有找到她指挥武斗的任何记载，更没有所谓"28日夜在临湖轩开会"一事的记载。笔者只看到了聂元梓努力制止大规模武斗的记载。1968年3月25日，聂元梓硬逼着谢富治到北大解决七校万人涌入北大寻衅事件的过程，记载得十分详细，限于篇幅，不在这里抄录了。

请艾群先生指出：《聂元梓回忆录》对聂元梓指挥武斗的"翔实的记载"在哪里？

按照艾群先生的说法，对聂元梓指挥武斗，"聂元梓反革命案卷宗"也是有"翔实的记载"的，"只是人民法院根据判决书的需要，没有一一列举而已"。请懂法律的艾群先生解释，人民法院是如何根据判决书的哪些需要，才没有一一列举的？

笔者查阅了相关文书，发现并不是"人民法院根据判决书的需要，没有一一列举"，而是《北京市人民检察院分院起诉书（82）京检分审字第212号》根本就没有就此问题进行起诉，《公诉人发言》中也没有这方面的内容。检察院没有起诉的事情，法院当然不会判决，这和"判决书的需要"毫不相干。那么，对于艾群先生笔下"有翔实的记载"、铁证如山的大事件，检方为何未置一词呢？这个问题，估计检察院也回答不了。因为当年的这种审判，起诉书也好，判决书也好，都来自上面的什么专案组，并不是检察院和法院独立办案的结果。

（三）应该举证的是艾群先生

"艾文2"说：

正常的议事规则是，根据"谁主张，谁举证"的原则，谁质疑，谁举证。也就是说，你宫香政质疑，应该由你宫香政拿出聂元梓反革命案卷宗中没有那个内容的证据，应该由你宫香政拿出那个内容是"逼供信产物"的证据。

这完全是强词夺理！应该举证的是艾群，因为他自称经过"申请""批准"，看到了"聂元梓在司法机关讯问笔录"。聂元梓在司法机关的"讯问笔录"会有很多,艾群先生应该说明他看到了哪个司法机关的"讯问笔录",是公安局的?还是检察院的?或者是某个专案组的?看到的是哪一件或哪几件"讯问笔录"?

众所周知,凡"讯问笔录",都要填写讯问的日期、地点,讯问的起止时间,讯问者的姓名,书记员的姓名,被讯问者的身份信息,等等。"讯问笔录"最后要经被讯问者核对,不仅末尾要有被讯问者写上"以上记录经我看过,和我说的相符"这样的核对意见,还要签名、按手印并写上日期。书记员也是要签名的。讯问时有翻译的,译员也须签名。"笔录"的每一页下边也要有被讯问者的签名。"笔录"中改动之处,被讯问者都须按上手印。艾群先生应该说明他所看到的"讯问笔录"的基本情况,特别是日期、地点和签名。日期是非常重要的,"913事件"之前,讯问者可能会问"你是如何反对林副统帅的?""913事件"后就不会这样问了,或者变成"你是怎样和林彪勾结的?"

"讯问笔录"最主要的是内容,要记录询问的全过程。记录人首先要记清讯问人的提问,根据提问的中心问题,全面准确地记载犯罪嫌疑人关于犯罪事实的供辩。这一部分内容要根据讯问的原过程,准确清楚地证明犯罪的时间、地点、动机、目的、手段,起因、后果、证据、涉及的人和事等,尤其是其中能说明案件性质的关键情节、有关的证据、有明显矛盾的地方等重要情况,要注意准确清楚地记录下来。如果犯罪嫌疑人进行无罪辩解,要注意记清其陈述的理由和依据。[17]

像"临湖轩会议"那样策划武斗的会议,显然属于重大事件。"讯问笔录"不会只记录聂元梓一两句话的交代,还会反复详细讯问"会议"过程,一一记录与会者的姓名,每个人都说了什么话,既然是策划武斗,就不会只有一两句话,必须有"策划"的内容甚至细节,如何分工?如何调配武斗的队伍?谁负责向宫香政这样没有资格参加"会议"但又是武斗指挥者的人员传达、布置武斗任务?等等,这些都是关键情节,讯问者是必须追问清楚的,因此,这份"讯问笔录"

---

[17] 参见百度"讯问笔录"词条。

会很长。艾群先生看到的是一份完整的"讯问笔录"吗？是否可以举出参加这次会议的人员名单呢？是否可以举出他们每个人在"会议"上的表现和各人的分工呢？笔者也很想知道都有谁参加了"临湖轩会议"。

"讯问笔录"只是讯问者和被讯问者之间问答的记录，不等于调查的结论。实际上，"讯问笔录"和"调查结论"之间，有很大的差别，有时甚至是相反的。就"临湖轩会议"这份"讯问笔录"而言，即便是真的，那也仅仅是聂元梓一个人的交代，只是"一家之言"，只凭本人的供词是不能定罪的，还需要有证据。"讯问笔录"只能证明聂元梓的这些话被记录下来了，不能证明这些话的内容就是真实的，聂元梓说谎瞎编的可能性也是存在的，讯问人员诱供甚至逼人作伪证的可能性也不能排除（因为确有这样的事例）。如果排除诱供、逼供的情况，在正常情况下，对于聂元梓的供述，公安局或检察院还要进行深入调查和核实，调查每一个参与"会议"的人，那末，在聂元梓的卷宗里，还应该有这些人的"询问笔录"或书面证词。艾群先生看到这些"询问笔录"或书面证词了吗？关于"临湖轩会议"这件关键的事情，公安机关查清楚了吗？结论是什么？

按照《聂元梓回忆录》所述，公安局关于武斗的讯问当时就没有能进行下去，因为实际情况同讯问人员原先以为的大不相同：

> 我被抓到监狱以后，第一个审问的事情就是武斗。不但说北大武斗是我搞的，还说我是陕西汉中武斗的后台！审了半截，我讲完制止武斗的全部情况，以及谢富治挑动北大武斗的经过，审问我的人都惊呆了。原来他们都以为，这下可抓住我这个大武斗的后台了，哪里知道事实正好相反！他们原先准备的材料都用不上了，预审员张口结舌，审问不下去，只好宣布暂时停止审问。以后也没有再追问下去。那位陈预审员后来对我说："你在制止武斗的事情上，还是立了一功的，你给党中央写一个报告吧。"我写了一份报告给党中央，交给陈预审员转交。[18]

在北大武斗期间，我做了两件事：一、请谢富治帮助我制止了

---

[18]《聂元梓回忆录》第264—267页。

"三·二五"七校万人来北大打武斗的严重事件；二、赵建文提议去38军，我派他和卢平到38军了解情况，证明38军没有支援北大任何一派，由此制止了校内武斗升级，也提高了38军的声誉。[19]

聂元梓的这段回忆表明，关于武斗的审问进行不下去了，只好暂停。聂元梓讲了"制止武斗的全部情况，以及谢富治挑动北大武斗的经过"，这是很长的一段陈述，按照规矩，"讯问笔录"也应该详细记载。不过笔者相信，聂元梓说的这一大堆话，未必记录在案。但陈预审员要聂元梓给中央写报告、聂元梓也写了报告交给陈预审员这件事情，希望将来的研究者有机会进行核查。

武斗是一个严重的问题，但起诉书没有提北大武斗的事，判决书自然也没有提。为什么都回避了？笔者以为，对聂元梓的起诉和审判是某个特定时期的一种政治行为，不是真正的"法治"行为，武斗的事很复杂，还牵涉到上层，所以在公安局的预审阶段就中止了，"没有再追问下去"。

北大武斗当时是惊动了中央的。据《周恩来年谱》，1968年3月29日，周恩来就北京大学发生武斗等问题致信毛泽东，提请召集中央文革碰头会一谈，并附上有关该校武斗情况的电话记录。次日，到毛泽东处开会。[20]《毛泽东年谱》也有相同记载，还明确提到次日的会议时间为下午，地点是毛泽东在中南海游泳池住处。[21]但是，这两部《年谱》都没有刊布任何细节。这是为什么呢？会议的内容要保密？不宜公布？或者，为了节省篇幅？

那末，艾群先生看到的那份"讯问笔录"到底是怎么回事呢？是什么时间、在哪个司法机关、由谁进行的"讯问"呢？聂元梓写明核对意见了吗？在每一页上都签名了吗？看到这份"讯问笔录"的艾群先生应该说清楚。

---

19 《聂元梓回忆录》第273页。
20 见中央文献研究室：《周恩来年谱》，电子版，第1216页。
21 中央文献研究室：《毛泽东年谱》（第六卷），电子版，第158页。

(四)"程序上的缜密合理",并不能"确保内容的客观真实"

"艾文2"信誓旦旦地声明:

> 上述内容的采访和公开发表,符合司法机关规定要求,符合新闻出版署的规定要求。程序上的缜密合理,确保内容的客观真实。

这是一个奇怪的逻辑。"程序上的缜密合理",就能确保内容的客观真实吗?那些假新闻、假成果、冤假错案,他们的发表、公布都有一套缜密的手续。刘少奇"叛徒、内奸、工贼"的材料是中央专案组定的,印发到全党,将刘少奇开除出党、撤销党内外一切职务的决定是中共八届十二中全会通过的,程序够缜密了吧?但确保内容客观真实了吗?

迟群、谢静宜控制北大时期,为了将聂元梓置于死地,宣传队就逼迫高云鹏作伪证。高云鹏实事求是,拒作伪证。校宣传队副总指挥魏银秋对高云鹏说,只要配合他们"搞清"一件事,明天就能放你出去。魏银秋所要求的"配合",就是要高云鹏按照宣传队的口径证明打死学生刘玮是聂元梓前一天策划的。高云鹏拒绝作这样的伪证,魏银秋便威胁他说:"你不要命了?"魏银秋还对汉中积极追随他们的人说:"还留着这样顽固不化的分子干什么?"这些追随者们便诬指高云鹏是8.19炸楼事件的决策者,先后两次给陕西省上报材料,要求判处高云鹏死刑,因为证据不足,两次都被省上打了回来。最后查明,这完全是诬陷。[22]

1982年,为了审判聂元梓,所谓"聂元梓专案组"又要谢甲林作伪证。邓朴方文革时在北大跳楼的时间是1968年8月,专案组硬要谢甲林按照他们的说法,证明邓朴方跳楼的时间为4月,遭到谢甲林的拒绝。专案组的头目威胁谢甲林说:"我们是代表市委的,说话算数,你不揭发、证明聂元梓的罪行,必然影响你的使用、提拔、待遇,要受处分的。"谢甲林坚决拒绝作伪证,聂元梓专案组后来以市委政法委的名义,要市司法局党组织将谢划为"三种人",他们的这个目的没有达到,但在上级的压力下,谢甲林还是受到了留党察看

---

[22] 章铎:《从高云鹏的遭遇,看迟群之流的专制》,载《记忆》第155期。

一年的处分。所谓"处分决定"没有任何党员、组织签名、盖章，这显然是一种打击报复。[23]

事实教育我们：对于有关北大文革的资料，无论是官方的还是民间的，特别是那些不了解情况却要硬说，或者靠造谣来博取眼球的小报文章，必须仔细加以辨别，分清真伪。要作分析，要从多方面去思考，要多问几个为什么。即便是艾群先生看到的所谓"司法机关询问笔录"，并不是一个真正的"法治"年代的司法文件，其内容也是不能轻信的，需要分析，需要研究，尤其需要研究者有客观公正的态度。

作为北大文革的亲历者，将我们亲历的那段历史真相留下来，是我们最后的责任。在这个过程中，对于任何一个关键的问题，都要努力寻求可靠的证据，以得出尽可能合乎实际的结论。

2017.10.10 定稿

---

[23] 谢甲林：《谢甲林法学文集》，北京时代弄潮文化发展公司，2013 年 4 月第一版第 48-50 页。

评胡拾音的文革思维

陈子明　林爻

网刊《记忆》第 185 期北京高校文革研究专辑（九），刊载北大校友胡拾音《北大井冈山兵团和王、关、戚真的没有关系吗？》，以下简称《胡文》。《胡文》全文 11100 余字，用了 60 多个问号，可谓充满疑问。

《胡文》针对《记忆》第 172 期陈子明、林爻的文章《北大文革两派分裂，源自人心向背》，挑出文中一句话，展开了涉笔甚广的论述。这句话是"'王关戚'和'团零飘井红'没有交集，没有打过交道。'王关戚'和'北大井冈山'没有交集，没打过交道，一毛钱的关系也没有！"

一、《胡文》质疑陈子明、林爻文革期间的身份

《胡文》问道："请问，你们是井冈山兵团及其前身'团零飘井红'的领导人吗？如果不是，你们怎么就能断言'没有打过交道？'你们知道自己领导人的行踪吗？"这个问题，笔者在拙作《北大井冈山兵团和王、关、戚真的没有关系》一文中，作了据实回答，希望《胡文》作者能够及时看到。

二、关于《传单》附图，提一点意见

《胡文》说自己，"偶然获得当年北大井冈山兵团的一份传单（定价 2 分），传单的通栏大标题是'聂氏家族的覆灭和聂元梓的前途'，作者是'红代会新北大井冈山兵团飘红旗战斗队'。"

笔者先议论几句这份《传单》的图片。《胡文》唯一的附图，《胡文》记作"图一"，图片质量太差，通栏大标题"聂氏家族的覆灭和聂元梓的前途"在《胡文》提示下，依稀可辨。其他的文字模糊一片，我等一般读者无法阅读，也无法辨识。网刊《记忆》读者甚众，但凡看到《胡文》，大概都能感觉到附图质量之低劣。《胡文》附图白白占用了版面，提供不了信息，当然更不符合作为书证"来路明、出处清"的起码要求。读者们无法比对阅读原件文字，那么只能听凭作者任意扯谈了。所以笔者认为《胡文》附图质量低劣，没有证明力，白费了。

既然是说话，就要把话说透彻，不要含着骨头露着肉；既然是插图，就要把图弄清晰，让人看清楚，不要搞雾里看花。

三、关于《胡文》所言《传单》的时间

关锋、王力、戚本禹属于毛泽东的"无产阶级司令部"，是全力协助毛泽东推进"文革"的干将，是"文革"推波助澜、红极一时的人物。他们善于揣摩上意、顺杆爬。1967年春，中共几位老帅重臣聚众发出对"文化大革命"不满的言论，毛泽东听报，震怒，立即发起批"二月逆流"，责令几位老帅重臣"停职检查"。

1967年武汉"七二〇事件"东湖宾馆被围，毛泽东乘飞机仓促走避。7月25日天安门举行盛大的欢迎王力大会。"新华社25日讯"，即关于北京百万人集会的报道，其中"坚决打倒党内、军内一小撮走资本主义道路当权派"的措辞，是关锋加上去、康生审定的，康生说他"请示了主席"。

王、关、戚等自以为嗅出领袖意图，以为领袖要打倒一些军内人物，就炮制了一篇"揪军内一小撮走资本主义道路当权派"的文章发表在《红旗》杂志上。领袖看了以后，龙颜大怒，狠狠地把杂志摔在地上，说是坏文章。还说，"还我长城"。其实，玩弄权术，简在帝心。为了军队和官僚机构的权力平衡，干犯"揪军内一小撮"的王力、关锋被领袖抛出，成为"政治时局"的替罪羊。这样，"中央文革"红得发紫的人物王力、关锋就被送去隔离和牢狱，时间是1967年8月30日。

关于这份《传单》的时间，《胡文》第一个说法，"原件无出版日期，根据内容推断，应该是 1967 年 12 月中旬出版的。"《胡文》第二个说法，"传单出版之时，关锋、王力已垮台[1]，戚本禹时日无多。"王力、关锋 1967 年 8 月 30 日被隔离审查，1968 年 1 月 12 日，戚本禹被隔离审查。《胡文》第一个说法的时间范围，落在第二个时间范围之内，并不相悖，惟《胡文》不能写出准确的日期，也就难以苛求了。

四、关于《胡文》所言"为什么对聂元梓要有如此的深仇大恨呢？"

《胡文》说《传单》上有一篇文章——《评聂元梓谣言攻势的政治背景》。文章里有这样一段话："社会上发生了一些重大的政治事变：聂真被捕了！聂元素被捕了！郑家店倒闭了！周达甫完蛋了！"《胡文》诠释："聂真是聂元梓的哥哥，聂元素是聂元梓的姐姐。郑家店是指郑公盾和郑仲兵父子。周达甫是民族学院的教授，其妻子为北大俄语系教员，与聂元梓曾住在一栋楼。就因为亲属和邻居等关系，就把他们和聂元梓联系起来。他们和聂元梓在北大的事情，有什么关系呢？当时这些人被捕的原因各异，他们几个人后来都没有问题。"

文革期间的"专政机关依法逮捕"聂真、聂元素、郑公盾、郑仲兵、周达甫这些人。是北大井冈山兵团抓捕、扭送他们的吗？不是！

---

[1] 渔歌子《1967 年毛泽东为何抛出"王关戚"》，原载《文革博物馆通讯(一四〇)》增刊第 303 期，2002 年 8 月 19 日。 "外交部反对王力一派的刘华秋和王海容等急于了解毛泽东的态度，便在 9 月 24 日凌晨毛泽东刚回到北京时，由守候在中南海的王海容去向毛泽东汇报王力"八七讲话"在外交部如何不得人心，想探听毛泽东的态度，而毛泽东却只吟出了两句古诗："时来天地皆同力，运去英雄不自由。"，曲折地反映毛泽东对于抛出王、关、戚的无奈心境。"诗句所表达出来的对王、关、戚的感情，与毛泽东"九七批示"是一致的。他并未将王、关、戚归入应被打倒的敌人之列，而只是迫于当时的某种形势，不得不抛出他们来作牺牲，以求得政治上的平衡。他这个亲自发动和领导了"文化大革命"的史无前例的大"英雄"，有时也不得不受"时运"的制约，他也常常是"不自由"的。

是《胡文》诬指为北大井冈山兵团"有割不断关系"的"王关戚"吗，《胡文》也不曾指出。既然他们的被捕，跟北大井冈山兵团毫不相干，那么，《胡文》干嘛那么义愤填膺、打抱不平，时至今日，还要咀嚼"聂氏家族"这个"烂绳头"、问难于八竿子够不着的陈子明、林爻呢。

另一方面要看到，文革期间，北大被校文革-新北大公社抓捕、扭送"专政机关"的，何止数十人；被校文革-新北大公社"群众专政"的干部、教师、职工、学生，达到数百人，其中活活打死三人，迫害而死三十余人，致伤致残上百人。文革校刊《新北大》仅仅1968年5月23日第四版署名"新北大公社红旗兵团"通栏标题《北大井冈山反革命分子的大本营——从专政机关依法逮捕的反革命分子看老保组织井冈山兵团》一篇文章，大呼小叫、点名道姓的就有：谢世扬、胡伯安、胡根礽、王海、王培英、何维凌、胡定国、苏士文、余水荣、臧希文、王晓秋、杨作森、乔兼武、魏秀芬、赵长占、杨勋、杨炳章、刘立炎、范永奇，十九个人。其按语："无产阶级司令部明确指出：北大井冈山兵团中有一个反动小集团。两年来，新北大无产阶级文化大革命的实践充分地证明了这一点。现已查明，北大无产阶级文化大革命期间被捕的反革命分子中，几乎全部是井冈山兵团成员，或是投靠井冈山兵团的反革命分子。老保组织北大井冈山兵团是一个不折不扣的反革命分子的大本营。"

笔者在网刊《记忆》第190期提供《新北大》这篇文章的清晰图片，供给读者参详。取《胡文》一句话，同样要说"当时这些人被捕的原因各异，他们十几个人后来都没有问题。"

据笔者所知，这十九个人，几乎全部是"红色政权"校文革的"二组"向"专政机关"报送材料陷害，而被抓捕，甚至是校文革-新北大公社直接"扭送专政机关"的。其中绝大部分人（如何维凌、胡定国、苏士文、杨作森、乔兼武、魏秀芬、杨勋、杨炳章）入狱时间远在北大井冈山兵团成立之前，跟北大井冈山兵团毫无关系，都被《新北大》用"投靠"这个词儿强拉硬扯到井冈山兵团头上。

笔者坚信"新北大井冈山兵团飘红旗战斗队"没有权势、不曾向"专政机关"报送材料抓捕，更不曾把聂真、聂元素、郑公盾、郑仲兵、周达甫诸人"扭送专政机关"。所以，笔者认为，即便真有所谓《传单》，即便《胡文》所说"新北大井冈山兵团飘红旗战斗队"真的在《传单》中写了这篇《评聂元梓谣言攻势的政治背景》，即便该文真是对于聂真、聂元素、郑公盾、郑仲兵、周达甫诸人的被捕表示第三者的幸灾乐祸，那也不过是闹派性的时势下，民间谚语"相骂无好言，相打无好拳"罢了。更何况后来，1968年7月28日，人民大会堂的"召见会议"上，"最高指示"说："人家说你哥哥也不好，姐姐也不好，你这个聂家就是不好。"《胡文》愿意咀嚼"烂绳头"，那就咀嚼咀嚼这句"最高指示"吧。聂家的人是人，被聂元梓校文革及其附庸迫害的几百北大人也是人！可否移一点儿激愤、不平给这些受害人呢。

《胡文》问道，"为什么对聂元梓要有如此的深仇大恨呢？哪些人和哪些势力对聂元梓这么仇恨呢？"笔者认为《胡文》问得好。

举凡反思、总结"文革"文章、著作，撰述"文革历史"，几乎没有不提到"第一张马列主义大字报"的。试着举几例，略表一二：

文革史家席宣、金春明合编的《文化大革命简史》89 页说：

5月25日，北京大学哲学系党总支书记聂元梓等7人贴出一张诬陷、攻击中共北京大学党委和中共北京市委的大字报。大字报是由康生派人授意写成的，目的是"在北大点火，往上搞"。大字报对中共北京市委和北大党委提出的在运动中要"加强领导，'坚守岗位、群众起来了，要引导到正确的道路上去'，'坚持讲道理'，'从理论上驳倒他们'等要求横加指责，硬说这是'压制群众革命'的清规戒律，'是十足的反对党中央，反对毛泽东思想的修正主义路线'"。他们号召"一切革命的知识分子，是战斗的时候了，打破修正主义的种种控制和一切阴谋诡计，坚决、彻底、干净、全部地消灭一切牛鬼蛇神，一切赫鲁晓夫式的反革命修正主义分子"。

文革史家严家其《文化大革命十年史》21页说：

毛泽东下令，向全国、全世界公布聂元梓的大字报。

六月一日晚八时整，在各地广播电台连播节目里，播放了聂元梓大字报的全文。

六月二日，《人民日报》在头版头条以《北京大学七同志一张大字报揭穿了一个大阴谋》的通栏标题，刊登了聂元梓的大字报全文。同时，发表了陈伯达参与炮制的评论员文章《欢呼北大的一张大字报》，把陆平、彭珮云等领导的北京大学称为"三家村"黑帮的一个重要据点，是他们反党反社会主义的顽固堡垒，说，陆平等人所代表的组织是反党集团。

就毛泽东在中国的影响和威信而言，评论员的这一席话，足以大大的打动中国人民的心弦。

在《人民日报》的煽动下，全国的运动哄然而起。几天时间，千千万万封声援聂元梓的信件和电报，象雪片似的从中国四面八方飞进北京大学。全国各地报刊连连登载工农兵学商各界人士支持聂元梓大字报的文章。

北京大学顿时成了全国"文化大革命"的中心。五颜六色的大字报布满校园，首都各个学校、机关、工矿、企业单位的成千上万群众涌向北京大学去声援聂元梓。北大人山人海。于是乎，聂元梓成了显要的新闻人物。她每到一处，必定被数以千百计的敬慕者簇拥着，每个到北大的人都渴望着亲耳聆听聂元梓对文化大革命的高见，想看看这位突然成为"传奇式人物"到底长的是什么模样。为了更大地激发去北大群众与本单位党委斗争的情绪，还特地在聂元梓等人张贴大字报的地方，用桌子搭了一个讲坛，各单位群众排成一字长蛇阵，争先恐后地跳上桌子发言，表示对聂元梓的支持；表达与"当权派"斗争，把"文化大革命"进行到底的决心。

在北大的带动下，北京的五十五所大专院校和部分中等专业学校及普通中学掀起了揪斗党委第一、二把手的浪潮。各个学校里都布满了大字报，正常的教学秩序被打乱了。学生们像是找不到头羊、咩咩乱叫着的羊群，真有点没人控制得了局面的势头。然而，这恰恰是毛泽东所需要的。他在一个月后的一次讲话中说："'六一'公布大字报就考虑到非如此不可，文化大革命就非要靠他们去做，不靠他们靠谁？"

文革史家王年一《大动乱年代》19 页说：

6 月 1 日晚，中央人民广播电台全文广播了聂元梓等人的大字报，全国为之震动。毛泽东 1967 年 2 月 3 日同卡博、巴卢库谈话时说：聂元梓等人的大字报，"到 6 月 1 日中午我才看到，我就打电话给康生、陈伯达，我说要广播。"毛泽东为什么要专断地支持造反大字报呢？他要天下大乱。他在 6 月 1 日对聂元梓等人的大字报写了批语："此文可以由新华社全文广播，在全国各报刊发表，十分必要。北京大学这个反动堡垒从此可以开始打破。"6 月 1 日下午 4 时从杭州传给康生、陈伯达的，就是这个批语。广播这张大字报不仅使北大师生感到意外，就连中共中央政治局委员、国务院副总理陈毅也感到意外非常。他去询问周恩来，这么大的举动为什么事先不给个通知？周恩来说："我也是在临近广播前才接到康生的电话，通知今晚由中央台向全国播出。"而康生 6 月 2 日在北大 30 楼和 32 楼之间的空场上，向师生讲演："大字报一广播，聂元梓解放了，我也解放了！"聂元梓同她的伙伴弹冠相庆，北大广大师生不了解背景，愤愤不平。

6 月 2 日，《人民日报》以《北京大学七同志一张大字报揭穿一个大阴谋》为题，全文刊登这张大字报，并配发了评论员文章《欢呼北大的一张大字报》。评论员文章把无可非议的"加强领导"说成"负隅顽抗"，把无可指责的"坚守岗位"说成"坚守的是他们多年来一直盘踞的反动堡垒"，如此等等。评论员文章武断地宣称："为陆平、彭珮云等人多年把持的北京大学，是'三家村'黑帮的一个重要据点，是他们反党反社会主义的顽固堡垒。""你们的'党'不是真共产党，而是假共产党，是修正主义的'党'。你们的'组织'就是反党集团。你们的纪律就是对无产阶级革命派实行残酷无情的打击。"文章又语意双关地说："凡是反对毛主席，反对毛泽东思想，反对毛主席和党中央的指示的，不论他们打着什么旗号，不管他们有多高的职位、多老的资格,他们实际上是代表了被打倒了的剥削阶级的利益,全国人民都会起来反对他们,把他们打倒,把他们的黑帮、黑组织、黑纪律彻底摧毁。"

6月2日《人民日报》又发表社论《触及人们灵魂的大革命》,社论说:"你是真赞成社会主义革命,还是假赞成社会主义革命,还是反对社会主义革命,必然要在怎样对待无产阶级文化革命这个问题表现出来。"

6月4日,《人民日报》刊载新华社6月3日电讯:"中共中央决定:由中共中央华北局第一书记李雪峰同志兼任北京市委第一书记,调中共吉林省委第一书记吴德同志任北京市委第二书记,对北京市委进行改组。李雪峰、吴德两同志业已到职工作。北京市的社会主义文化大革命的工作,由新市委直接领导。"同日又刊载新华社6月3日电讯《北京新市委决定改组北京大学党委》:"中共新改组的北京市委决定:(一)派以张承先为首的工作组到北京大学对社会主义文化大革命进行领导;(二)撤销中共北大党委书记陆平、副书记彭珮云的一切职务,并对北京大学党委进行改组;(三)在北京大学党委改组期间,由工作组代行党委的职权。"(这个电讯的送审稿经毛泽东阅过,他表示同意。6月5日,《人民日报》发表社论《做无产阶级革命派,还是做资产阶级保皇派?》。社论说:"陆平等这一小撮保皇党,拼命抵制和破坏社会主义教育运动。他们对一批积极分子进行的这种残酷斗争,竟长达7个月之久。这是1965年发生的一个极端严重的反革命事件。"

这里所说的"积极分子",就是包括聂元梓在内的、在四清中否定北大校党委的积极分子。"残酷斗争"云云,都是夸大其辞。

中共北京市委6月3日决定:"撤销北京市委大学科学工作部副部长宋硕的一切职务。

6月1日以来发生的一切,惊心动魄。影响最大的,是中央电台和报纸肯定了聂元梓等人的造反大字报。《欢呼北大的一张大字报》号召造党委的反,号召彻底摧毁"黑帮、黑组织、黑纪律",十分引人注目。康生1966年9月8日在人民大会堂接见来京串连者时说:"这张大字报不仅是揭开了北大文化大革命的火焰,而是点起了全国文化大革命的火种。"

聂元梓1966年8月2日在中共八届十一中全会华北组会议上说:"毛主席在全国公布了这张革命的大字报。这天北京大学爆炸了!北京城爆炸了!全国也爆炸了!一场无产阶级文化大革命进入了高潮。"

毛泽东1966年10月25日在中央工作会议上说:"一张大字报(北大的大字报)一广播,就全国轰动了。"

全国大中学校的动乱,就是在6月1日晚以后出现的。

伟大导师、伟大领袖、伟大统帅、伟大舵手说:

1966年7月24日晚20时30分,毛泽东继续与"中央文革小组"成员及部分大区书记谈话,北京市委书记吴德也参加了。

毛泽东先让李雪峰汇报北京的运动情况,当李雪峰说到"北京大学七个人的大字报,现在七个人有分裂"时,毛泽东插话:

"分裂怕什么?世界万物都要有分裂!不在聂元梓这个人有缺点,这是政治,她打了第一枪。"

笔者认为,十年"无产阶级文化大革命"是一场反文化、反人类的罪恶政治运动,"文革"荼毒生灵、摧残文化,聂元梓"打了第一枪",她当然有罪,而且罪不可逭。《胡文》问,"哪些人和哪些势力对聂元梓这么仇恨",笔者认为亿兆"文革"受害者、任何一个有良知的人,都会对聂元梓这个历史罪人无比痛恨。

《胡文》说:"关锋、王力的垮台和即将到来的戚本禹的垮台,非但没有解决王、关、戚等人搞极'左'和结党营私给文革造成的破坏问题,没有改善文革两派恶斗的政治生态,相反,文革的形势实际上变得更加扑朔迷离,更加恶化。那么,问题在哪里呢?这个问题,显然不是笔者能够说得清楚的。"笔者认为,"文革"是中共的极左作为,是历史犯罪,始作俑者是最大的极左,是罪魁祸首。只有至今站在"文革正确、必要、及时"立场上的人,拥护"文革"、坚持"文革"的"乌有之乡"一类的人物,才会流露"给文革造成的破坏""没有改善文革两派恶斗的政治生态"之类的遗恨,怀抱"为文革正名、为我正名"的妄念。《胡文》作者，加上另一位常在博文和网刊发表东西的胡先生，庶几是拥护"文革"、坚持"文革"的人物；明知"不是笔者能够说得清楚的"，还要强说，无非是他们"文革"思维乃至"文革"立场决定的，是不以人们的意志为转移的。

笔者还要说，北大"文革"期间，群众组织"井冈山兵团"花开花谢，总共一年时间。聂元梓校文革及其附庸，依仗"中央文革"、江青恶势力和"红色政权"的权柄，费尽心机、费劲气力，文宣诬陷之外，不惜大搞绑架、酷刑、武斗、杀人种种暴力手段，强指"井冈山兵团"为"刘邓陶、彭罗陆杨、谭震林、王关戚和杨余傅，后台一个个倒了"（见1968年7月26日《新北大》第三版《操纵井冈山兵团的现行反革命集团反抗中央文革必须坚决镇压》）。不顾事实，给"井冈山兵团"扣上"王关戚支持"的企图，都不光彩地失败了。相反，聂元梓校文革的"派文革、武斗文革、逼供信文革"，铁帽子摘不掉！聂元梓是历史罪人，铁案翻不了！今天还在沿用"文革"思维、"文革"语言，妄图地给"井冈山兵团"扣上"与王关戚有关系"，不仅徒劳无功，反倒招有识者哂笑。

（原文载2017年7月31日《记忆》第190期；后载樊能廷：《非常岁月非常道——北大文革研究文选》，时代文献出版社，2019年。）

说"北大井冈山兵团是保王、关、戚的"就是文革思维吗？

胡拾音

拙文《北大井冈山兵团和王、关、戚真的没有关系吗？》在《记忆》第 185 期发表后，校友唐利、陈子明和林爻等人很快做出了回应。《记忆》190 期刊登了两篇"专稿"：①《要批判文革余毒，不要继续派性论战》（作者 唐利）；②《评胡拾音的文革思维》（作者 陈子明 林爻）。与胡拾音从不相识的唐利，竟然在文中对作者进行了无端的人身攻击，实在不值得理睬。本文仅就第二篇"专稿"（下文简称《评》文）谈一点自己的看法。

《评》文说拙文的附图看不清，"读者们无法比对阅读原件文字，那么，只能听凭作者任意扯谈了。所以笔者认为《胡文》附图质量低劣，没有证明力，白费了"。

看不清的事好办。上次附的图片只是示意而已，确实小了，这次附上四张大一点的图片，读者可以看清，也可以放大（传单的照相版请见《记忆》第 196 期）。《评》文以图片看不清为由，便做出了"只能听凭作者任意扯谈……没有证明力"的结论，不知道是什么逻辑。

拙文引用了三份井冈山兵团的材料和一篇《新北大》的材料，其中最重要的是：1967 年 8 月 31 日发表在《新北大报》上的井冈山兵团七纵"长缨在手"战斗队的《斩断伸向中央的这只黑手》一文。因为这篇文章明确表达了直至这一天为止的北大井冈山兵团的立场。文中写道：

在伟大的历史文件《五一六通知》发表以后，她（指聂元梓——引者注）抛出所谓"揪出新的黑线"的反动论调，扬言"只出来一个陶铸嘛",要揪出"新的赫鲁晓夫式的人物",抛开主席指出的大方向,企图重搞一个资产阶级的方向;她自称"江青派"、分裂中央文革,在全市全国造成了极其严重的政治混乱;她以"林杰—关锋—康生"的反动逻辑冲击无产阶级司令部,企图从极"左"或极右的方面来动摇中央的领导;她一手炮制了什么"摘桃派"的理论,为其全面夺取市革委会大权制造反动舆论,并直接策划了炮打谢副总理的罪恶活动。

文章谴责聂元梓"分裂中央文革,在全市全国造成了极其严重的政治混乱""冲击无产阶级司令部""动摇中央的领导""直接策划了炮打谢副总理",等等,罪名是一大串。文章表明,北大井冈山兵团的核心力量是坚决反对聂元梓这样做的,不仅反对,还要"斩断"聂元梓这只"伸向中央的黑手"。这篇文章再清楚不过地表明了他们站在关锋、王力一边的坚定立场。他们和关锋、王力的关系,还有什么疑问呢?

对于拙文列举的若干明显的证据,《评》文装作没有看见,不置可否。有关北大文革历史的讨论有三年多了,发言的井冈山兵团的朋友中有几位就是不承认他们保过王、关、戚,即使把他们在1967年发表的文章摆到眼前,也是视如无睹。对历史不认账,算是什么思维呢?

《评》文还写道:

《胡文》作者,加上另一位常在博文和网刊发表东西的胡先生,庶几是拥护"文革"、坚持"文革"的人物;明知"不是笔者能够说得清楚的",还要强说,无非是他们"文革"思维乃至"文革"立场决定的,是不以人们的意志为转移的。

好奇怪的逻辑!说了一句"不是笔者能够说得清楚的",就推论是"强说",就是"文革思维"。反过来,你们能把文革所有的事情说清楚吗?你们的文章是不是也是"强说"呢?也是文革思维呢?

不了解情况,却还要"强说"的,确实有人。比如舒声先生,对季羡林先生并不了解,甚至连《牛棚杂忆》都没有看明白,却非要拿季羡林先生说事。还有一位张从先生,对"北京革命造反公社"的情况并不了解,却硬要说"北京革命造反公社""胎死腹中"。[1] 他大概没有读过卜伟华先生著的《砸烂旧世界》或"万一巨二"先生的博客,那里对北京市夺权的过程,乃至聂元梓和"夺委会"负责人方臣的谈判和达成的四条协议,都有详细的介绍。聂元梓搞"北京革命造反公社"的做法是"只联合,不夺权",为什么,等中央精神呢。现在来看,"只联合,不夺权"在当时仍不失为一种明智谨慎的做法。一方面响应了中央的号召,来者欢迎,退出自由,联合搞得热热闹闹。另一方面,又没有实际的夺权行动,没有和什么人或团体发生冲突。而参加了"北京革命造反公社"的许多群众组织,认为参加了大联合,也不再生事,这对大局有益无害。而一旦中央的方针明确下来,"北京革命造反公社"就召开大会宣布解散了。有始有终,善始善终,何得谓"胎死腹中"?对此,当年北大《动态报》有过报道,[2] 张从先生大概不知道。张从先生不仅强说,还带有明显的倾向。比如他在《胎死腹中的"北京革命造反公社"》一文中写了这样一句话:"至于谭厚兰,和一帮搞理论的笔杆子在北京饭店设个机构筹备夺权,不声不响为后来市革委会成立后掌实权在谋划。""笔杆子"是谁呢?张从先生没有说,也许他不知道,也许明明知道而故意含糊其词。轻描淡写、含糊其词背后的真相,其实是很惊人的。据笔者所知,所谓笔杆子,就是吴传启、林聿时等人,地点也不是北京饭店,而是民族文化宫,也没有设什么机构,就是谭厚兰和吴、林等人开了个会,给中央文革写了一封信,要求戚本禹出掌北京市大权。张从先生是真不知道呢,还是故意要回避吴传启、林聿时的名字呢?如果张从先生不清楚这件事情,那么是否就是"强说"呢?如果张从先生知道详情,是否可以披露一二呢?特别是那个设在北京饭店筹备夺权的机构,都做了一些什么事情呢?后来学部吴传启一帮人掌握了北京市革委会许多实权的事情,是不是这个机构谋划的呢?如果真有谭

---

1 张从:《胎死腹中的"北京革命造反公社"》,载《党史博览》2016 年第 2 期。
2 "北京革命造反公社"和"红代会工农兵联络站"于 1967 年 3 月 1 日发表联合声明,宣告其历史使命已经完成,即将结束活动。3 月 3 日,北大《动态报》对此作了报道。1967 年 3 月 7 日,"北京革命造反公社"举行最后一次活动——分系统大联合誓师大会,3 月 8 日,北大《动态报》对此作了报道。

厚兰和某些人设立的这样的机构，那么其重要性，就要远远超过"北京革命造反公社"之类的临时性民间组织了。

　　文革中的事情，我们不了解的太多了，许多内幕，恐怕永远都不会有人知道。但这并不能动摇人们追求真相的决心。许多人写的有亲身经历、有真实内容而非拼凑的文字，就是这种决心的体现。一些人致力于"抢救历史"，也是出于这种信念。笔者相信，百年之后，千年之后，仍会有人研究文革的历史。笔者和另一位胡先生发表的若干文章，就是希望为将来的研究者提供一些材料，提供几个文革亲历者的看法和所依据的史实。迄今为止，除了一处将"郭玉堂"误写成"高玉堂"以外，还没有人指出基本事实有什么出入，同笔者进行具体的讨论。回忆历史，还原历史真相，述说当年的看法（哪怕是当时的错误看法），或引用当年的文字材料，以资后人研究，是不能扣以"文革思维"的大帽子的。

　　张正儒先生在《记忆》第189期的"编读往来"中有一段来函，称：

> 文革中要想搞垮或丑化一个群众组织，往往给这个组织安一个"黑后台"或说这个这组织"背后有黑手"。《记忆》第185期胡拾音的文章还沿用这种文革思维和文革逻辑，让人感到他的思想还停留在文革中。研究文革应从大处着眼，仅利用一张2分钱的传单，大做文章，攻击一个有不同意见的群众组织，有什么必要和意思呢？

　　也许是我没有讲清楚。"定价2分"不是我编造的，是清清楚楚印在传单第三版右下角的。当然，传单现在的价格已经不菲了。这不是二分钱的问题，是传单内容的问题。从这两期《记忆》上看，其关注度为笔者始料不及，说明这份传单并非毫无价值。如果将来有开放的文革档案馆有意收藏，笔者愿意无偿奉送，供文革史研究者查阅。

　　作为北大文革的亲历者，说井冈山兵团是保王、关、戚的，不能只凭嘴说，必须引用当时的多种材料，证明所言不虚，不是无中生有。这样做有什么不可以呢？怎么就成了不是"从大处着眼，仅利用一张2分钱的传单，大做文章，攻击一个有不同意见的群众组织"呢？对于这样的断言，笔者实难苟同。

顺便说一句，对张正儒先生文字中的第一句话，笔者深有体会。当年，新北大公社不正是被称为"不折不扣的二月逆流派"吗？"谭震林是黑后台"吗？聂元梓不是被称为"分裂中央文革"，是必须"斩断"的"伸向中央的黑手"吗？张正儒先生没有经历过那段日子，体会不到新北大公社群众当时所感受到的压力和极度压抑的心情。大喇叭里天天喊的这些指责的话语是从哪里来的呢？新北大公社有资格当"二月逆流派"吗？公开拥护过"二月逆流"吗？聂元梓、孙蓬一确实向陈伯达、江青提出关锋、王力"结党营私"，但并未公开说过。"分裂中央文革"的指责又是从何而来的呢？这些指责的源头，不就是陈伯达的"6.5讲话"和其他讲话吗？不就是王、关、戚一伙和拥护他们的势力吗？实事求是地说，在王、关、戚、吴传启一伙垮台前，在"二月逆流"得到平反之前，新北大公社或原公社成员确实很难自辩，有些事情，是需要时间甚至很长的时间来证明的。从1967年至今，半个世纪过去了，笔者试图恢复某件事情的本来面目，竟然被指为"攻击一个有不同意见的群众组织"（令人遗憾的是，包括笔者在内，许多朋友保存的文革资料几十年前就被抄掠一空，现在做这件工作非常艰难，能做的事已微乎其微）。在21世纪的今天，使用"攻击"一词，算不算"文革语言""文革思维"呢？另外，当年因"二月逆流"和王、关、戚的问题所引发的矛盾斗争及其在北大的反映，仅仅是"不同意见"吗？倘若王、关、戚不垮台，吴传启一伙扶摇直上，新北大公社还能生存吗？笔者和许多朋友还有今天吗？

现选择传单的照相版其中的三节，略作说明：

（1）拙文《北大井冈山兵团和王、关、戚真的没有关系吗？》引用了"至于我井冈山的一些负责同志，的确同当时披着群众组织负责人外衣的洪涛、刘郿、王恩宇见过几次面，谈过几次话。这如同他们当时同其他许多革命造反派组织负责人见过面，谈过话一样普通又寻常，光明且正大。固然没有能够及时识破王恩宇、洪涛的反革命面目，是严重的错误。对这一错误，我兵团负责人早已做出了认真的自我批评"一段，见传单第一版，用红线在旁边标出。

（2）传单第四版"聂元梓反革命家族简介"一节中有一句"聂元梓的第一个丈夫：胡静一，叛徒"。这显然是作者的编造。笔者问过聂元梓，她说："胡静一是和我大哥聂真一起搞革命的，在河南时，到我们家来过，比我大二十来岁，后来到河北去了。"聂元梓1933年12岁去开封念初中，1937年离家去山西参加革命工作时仅16岁，何来第一个丈夫？

（3）传单第四版还有一篇文章《聂元梓恶毒攻击毛主席，罪该万死!》节录如下：

聂元梓在十二月十一日校文革非法党组召开的第一次会议上，公然向全校喊出"毛主席和林副主席为我们树立了破公立私的光辉榜样"的反动口号，竟敢狗胆包天，恶毒攻击我们最最敬爱的伟大领袖毛主席和我们的副统帅林彪同志。事后，这个资产阶级政客不但不低头认罪，反而指使一些善于圆场的御用文人为之辩解曰，是什么"口误"！

"口误"！好轻松！聂元梓平日玩弄阴谋，诡辩扯谎的时候口齿伶俐，技娴艺熟。为什么一碰到无产阶级革命派和广大人民所熟知的革命口号，就结结巴巴，谬误百出呢？这不恰恰证明聂元梓是对无产阶级政治一窍不通的资产阶级政客吗？

可怜的人们，按照你们的"口误"逻辑，应该说是"毛主席和林副主席为我们树立了破私立公的榜样"啰？这同样是不折不扣的反革命言论！请问你们，毛主席、林副主席的"私"在哪里？在你们的资产阶级肮脏的灵魂里，根本就没有树立我们伟大统帅毛主席的绝对权威！根本就没有树立毛泽东思想的绝对权威！根本就没有树立林副统帅的崇高威望！

文革中颇有一些因口误而遭批判、批斗、甚至被打成反革命的事件，但刊于小报的并不多见，因为在小报上传播"反动言论"，弄不好也是会被入罪的。聂元梓也发生了一次口误，被人抓住，因而有了这篇文章。聂元梓讲话发生口误，当然是错的，但按这篇文章作者的分析，聂元梓即便不发生口误，她的话也是错的，而且是"不折不扣的反革命言论"。笔者节录这一段，可算当时政治斗争生态下一个小小的例子，仅供现在的读者一粲，不必较真。

美国出版的《华夏文摘》增刊第一〇八一期（2017年6月5日

出版）发表了舒声、郑实的文章《北大校文革及其"二组"必须彻底否定——兼评谢甲林的文章》。文章结尾写道：

近来，国内有一股为文革翻案的逆流涌动。5月7日文革代表人物聂元梓在会见来访的蒯大富时说，要活到100岁，等到为自己正名、为文革正名的那一天。新北大公社武斗总指挥、1985年被定为"三种人"被开除出党的宫香政、北大校文革"二组"负责人谢甲林在网刊上发表文章，为自己和聂元梓在文革中的行为辩解、美化，都是这股为文革翻案逆流的具体表现。善良的人们要提高警惕，回击这股逆流，不让他们的企图得逞。

2017年5月7日，蒯大富去看望聂元梓，笔者于5月10日在网络上看到蒯大富和聂元梓两人的合照，但没有文字说明。6月5日以后，有人给照片添加了两人的年龄，仍然没有文字说明。而舒声、郑实却说："聂元梓在会见来访的蒯大富时说，要活到100岁，等到为自己正名、为文革正名的那一天。"不知舒声、郑实的这种说法从何而来？蒯大富和聂元梓会面时你们并不在场，聂、蒯说的话你们怎么知道？

为弄清真相，笔者于6月9日特地视频询问当时在场的聂元梓的儿子。他说："照片是我拍的。他们两个人谈话，根本就没有谈文革。由于蒯大富口齿不太清楚，老太太的耳朵有些背，我在中间当翻译。蒯大富说：'老聂你好好活着，活到100岁时，我来主持为你祝寿。'老太太说：'你也要好好活着，要不然，你到时候来不了咋办？'"

对于刚刚发生的一件寻常事情，舒声等人都可以随意加以编造，再指责其"为文革翻案"，加以讨伐。那么，对于五十年前北大发生的事情，他们的叙述还有多少是真实可信的呢？舒声先生动不动指责他人"为文革翻案"，是"一股为文革翻案的逆流"，还以先知先觉者自居，号召人们"提高警惕，回击这股逆流"。舒声先生的这些言论，是什么思维呢？善良的人们如果不听他的，是不是文革大难又要降临了？

对于舒声、张从等人来说，于他们最有利的，其实是中共八届十二中全会（于1968年10月13—31日举行）公报中的一段话：

全会严肃地批判了那个反对八届十一中全会决定、反对无产阶级文化大革命、反对以毛主席为首、林副主席为副的无产阶级司令部的一九六七年的"二月逆流"。全会认为，击溃"二月逆流"和今春那股为"二月逆流"翻案的邪风，这是毛主席的无产阶级革命路线粉碎资产阶级反动路线的一个重大的胜利。

不过，公报发表的时候，工、军宣传队已经进驻北大，群众组织早已解散，清理阶级队伍的风暴已经刮起，大批同学正在收拾行装，准备离校，谁也无法利用这个公报大做文章了。

毛泽东后来亲自否定了对"二月逆流"的定性，历史也否定了这个公报。然而，用公报中的这段话来衡量，新北大公社始终受到压制的原因何在，也就不难理解了。

说某群众组织保过王、关、戚，并不是要追查他们的什么责任。文革中很少有什么组织没犯错误。新北大公社和井冈山兵团都跟着喊过"打倒刘邓陶"，两派都错了。现在总结文革教训的时候，自己有什么错误，就应该老老实实承认。批评别人的错误，必须以事实为依据。编造个故事再加以批评，这倒是文革中常见的手法。

（原文载《记忆》2017.9.30 第 196 期；2021 年 5 月略作修改。）

文革期间北大的殷文杰同学被刺致死事件

胡宗式

殷文杰是北大无线电系 62 级学生，北大井冈山兵团 15 纵"过大江战斗队"的成员，1968 年 4 月 27 日遇刺身亡。他的死完全是无辜的，是不幸的。从 1968 年 3 月 29 日开始，北大校内的两派开始武斗，双方抢占一些重要的楼盘，以使自己处于有利的地位。在 4 月 24 日前，井冈山兵团已经占领了 28、30、32、35、37 楼。35、36 楼是女生宿舍，36 楼在 35 楼和 37 楼之间。如果占领了 36 楼，井冈山兵团就可以把占领区连成一片，因此 36 楼的战略位置很重要。4 月 25 日，井冈山兵团采取突然袭击，把楼内新北大公社的人赶出去。4 月 26 日，新北大公社组织力量想夺回 36 楼。井冈山兵团把通往二层的楼梯用家具堵死，死守二层。由于井冈山方面居高临下，占据主动。新北大公社的人虽然进入了一层，但没有办法攻上二层。这次武斗，新北大公社吃了大亏，许多人受伤，气氛很是压抑。

27 日上午 10 点左右，殷文杰从他住的 42 楼出来（当时，一些楼仍然是两派混住）从南向北走，当他经过新北大公社总部所在的 44 楼时，不知道是谁喊了一声"他是'过大江'的！"（"过大江战斗队"是井冈山兵团比较有名的一个战斗队）。新北大公社钢一连的杨恭谦和高玉堂（当时我不认识他们，名字是后来知道的），此时正拿着长矛在 44 楼门口，听到喊声，他们便拿着长矛跑上去拦住殷文杰，殷文杰转身向后跑。这时一人（可能是杨恭谦）上来用长矛刺殷文杰，接着另一人也上去刺。当时我与同组的章铎（生物系三年级女生）正和人大"三红"动态组的盛学韫（人大的女教员）在附近谈话，距离事发地约 20 余米。当时 44 楼附近的人不多，我眼睛的余光看到殷文杰走过来，被拦住。见刺了第一枪后，我立刻跑过去进行拦阻。我一边用手抓住枪尖（枪尖对着我的肚子），一边喊："不要！"我抓住了一个人的枪尖，但另一个人又刺，我又去抓他的枪尖。我和在场的章铎等人对此行径都非常愤怒，真不明白有些人为什么会那样疯狂。殷文杰身上被刺了许多枪后倒在地上，这时凶手停止了刺杀并喊了一声"滚蛋"。殷文杰挣扎着爬起来，奔到44楼北面小树林里又倒下。此时我见他口吐白沫，呼吸困难。校医院离44楼很近，校医很快赶来了，给殷文杰打了一针强心针。随后众人把殷文杰抬上汽车（130型）。新北大公社总部委员黄元庄让我护送殷文杰到七机部721医院（五棵松附近）抢救。我怕汽车颠簸，就坐在车厢底板上，把殷文杰的头放在自己的腿上，一路上抱着殷的头。汽车走海淀直达五棵松的路，此路车少，又是最近距离。当时721医院是七机部的"915"掌权，和新北大公社的关系很好。

到了721医院，大夫一看瞳孔，立即抢救，先是按胸做人工呼吸，后作了开胸的心脏按摩。医生的技术很高，三刀就露出心脏。我在旁边看着，知道这件事的严重性，盼望医生把殷文杰抢救过来。听到医生说"不行了"，我眼前一黑差点晕倒，护士把我扶到外边，让我坐在长椅子上。人刚送来时，我没有告诉医院殷文杰是对立面的，说是新北大公社的人。护士说："这么凶残，把人扎成这样。"我听着心里很不是滋味。下午，我再去医院，对上午没有告诉殷文杰身份一事，向院方表示歉意。他们说："医院有救死扶伤的义务，不计较他是哪一派的。七机部当时也面临武斗形势，尸体放在这里不安全，万一叫对立面知道不好办。你们尽快把尸体领回去。"我取回诊断书（上面写着39处伤口）。晚上我们把尸体拉回来，放在员工食堂后面的小屋里，第二天找了一些冰放在里面。

在新北大公社总部附近的马路上，黄元庄、我、保卫组的谢甲林商量给死者家属发电报的事情。谢说："以前有过这样的情况，家里一见死亡的电报，就会出个好歹，所以发电报不要说死。"28日上午发出电报，说是重伤（具体办的人是谁，记不得了）。原以为家属两天能来，黄元庄说："家里来人在这里哭得死去活来，不好办。还是到火葬场去哭，然后火化。"

29日一大早，我、曹广志和后勤的蔡师傅送尸体到东郊火葬场。

我们来得很早，比他们上班时间早一个多小时。在等待时，我翻看了前一天的火化记录，有 60 多人，正常死亡的约一半，非正常死亡的有车祸和自杀。我选了一个最贵的骨灰盒（200 多元），从学校拿来一套新棉衣准备给殷文杰穿，好遮住他身上的血衣。曹广志见了死人非常害怕，不敢靠近，我让他到外面去，蔡师傅和我给殷文杰穿上衣服。停尸房里有个一小间，停放着两个因交通事故死亡的人，房里有冰。我们和火葬场管理员说好把殷的尸体先停在那里，等家属明天来。我们没有交冰钱，火葬场也没有要。30 日中午，家属没有来。火葬场几次打电话催问，要火化。我打电话给上海殷文杰的家属，一是请他们来，二是尸体火化。起初家属（殷文杰的姐姐）不同意火化。我说"五一节"火葬场要清理，不给保留尸体了，你们要尸体没有什么用。后来家属同意了。我随即通知火葬场，火化尸体。大约过了两个小时左右，他姐夫来电话又说不同意火化。我告诉他已经通知火葬场火化了。

井冈山方面很快得到殷文杰死亡的信息，他们不能确定凶手是谁，便把矛头对准我，因为我可能是现场一般人能认识的人。他们在广播中说："反革命小丑、杀人凶手胡宗式"。自此以后，为防意外，我一般不再外出。

事后新北大公社总部责成我、黄元庄、陶威信（教员，哪个系的不记得了）组成一个调查组来调查处理这一事件。我和黄元庄到"钢一连"（44 楼 2 楼），把两个凶手找来。他们知道闯了大祸，很是懊悔。在 44 楼 2 楼找了一间屋子，和他们谈话，我让他们写过程和检查，材料写好后交给我。当时在刺杀现场的两个人也写了材料（具体是谁，不记得了）。这些材料都作为附件，放在调查报告的档案袋中，留在公社总部，并一直留在学校。调查报告的草稿是我写的，经魏杞文修改后我又重抄了一遍，聂元梓在上面批示"认真调查，严肃处理"。我在聂元梓家里（佟府丙 8 号，在第二体育馆附近）说到抓凶手的问题，聂元梓同意抓。不久，在新北大公社总部委员和战斗团长的会议上（地点在临湖轩），聂元梓说："关于殷文杰死亡一事，调查完毕了，大家看怎么处理。"只有一个团长说应该交出凶手，大多数人反对交出凶手。有的说："我们不干了！让你们这些老爷去打吧！"

等等。这样吵吵了一阵，没有结论就转入下一个问题的讨论。

死者的哥哥殷文豪和他的表妹5月中旬来校，他们先到井冈山兵团驻地，从那里给我打电话，要我们保证他们的安全。我请他们从西校门进来，在办公楼的一间房子，我和黄元庄接待了他们。在当时的条件下，我从派性出发，采用一些诡辩的方法来对待家属提的问题。殷文杰的哥哥说："这是一起严重的反革命事件。"我说："你有你的看法，我们有我们的看法。"又问："是不是武斗中死的？"我说："是在武斗的环境中死的。"家属追问凶手，我说正在追查中。家属来之前，我问黄元庄如何处理。黄说，多给家属一些钱。但是在和家属谈话的过程中，他们只提要抓凶手不提赔偿问题，我也不好提此问题，家属只是拿出车票要求给报销。

我在处理殷文杰事件中也想为凶手减轻一些罪责。我和凶手谈话时，高玉堂说："我们叫他站住，他转身就跑。"我说："你就说喊了一声站住。"这句话是否写在调查报告之中已不记得了。

1971年清查"五一六"时，军、工宣队把我押回学校审查。专案组以殷文杰事件为突破口对我施加压力。在审查时，我写的关于殷文杰事件的材料中，有两个细节和军、工宣队掌握的不一致：一是在4月30日我给上海打电话，与家属通话，说火化的事。由于火葬场多次来电话，说五一节前尸体要火化。我对家属说："明天是五一节，火葬场不给保存尸体，你们要尸体没有什么用。"他姐姐同意了火化，而后来他姐夫又不同意火化。他姐夫给工宣队的证明中否定了家属曾同意火化。军、工宣队说我说的是假话。第二，是军、工宣队说送721医院前人已死，校医院的大夫给工宣队开的证明是这样的。可是同一大夫当时给我的证明是心跳微弱，当场还打了强心针，我是亲眼见的。在当时我也没有认为人已死。军、工宣队说人已死了，你们送医院是做样子。他们以这两件事为由，说我不老实、顽固，根本不许我在会场上讲话。我一开口，他们就说："你还狡辩！"并强迫我承认我是杀人凶手。我说："我是救人的！"专案组的李秀蕊（女，教员）说："你是救人的？救人的，人怎么死了？"他们还要我承认聂元梓是杀人凶手，让我交代聂元梓、孙蓬一是如何指使的。专案组副组长庄逢源（教员）说："杀人凶手难道就要亲手杀人吗？蒋介石亲手杀人吗？他是不是凶手？"我当然不能说蒋介石不是凶手。他们说："包庇杀人凶手的就是凶手。"最后他们宣布："你在这个问题上已经没有发言权了。这个问题算揭发，不算交代。别的问题你自己想想吧。"

搞殷文杰死亡问题，就是要在精神上打垮我，要我承认聂元梓、孙蓬一是幕后指使者。想在精神上打垮我之后，进一步要我承认我是"五一六"反革命集团的骨干，这是把我押回学校的根本目的。我坚持我是救人的，聂元梓有领导责任，但没有策划、指使问题。

文革中杀害三名无辜青年，是我所在的组织"新北大公社"最丑陋的一面。杀害殷文杰的凶手，在1971年左右受到处理。对于杀人凶手，理应追究其责任。追究杀人凶手是个法律问题。我们在总结这些事件时不能仅仅停留在这一层面上，更应反思的是：在北大、在北京乃至全国，发生那么多迫害人、打死人事件，这是为什么？几十年来共产党教育我们：以阶级斗争为纲处理各种问题，分歧就是路线斗争，路线斗争就是敌我矛盾、就是你死我活。在解放以后的历次运动中，把自己的同事、同学当作敌人是经常发生的事。在人们的头脑中，在宣传的层面上，根本没有民主、法制、人权的概念。殷文杰事件也是新北大公社的领导和群众没有法制和人权概念的例证。

（原文载《记忆》第114期）

北大武斗期间死亡事件真相探究

——兼对胡宗式提出几点质疑

郑 实

1968年的春季到夏季，在北京大学和清华大学发生了100天左右的武斗。和清华不同的是，北大在武斗中使用的基本都是冷兵器，即铁棍、长矛和弹弓，所以虽然受伤的人不少，但在武斗现场并没有死亡一个人。而清华武斗中，由于使用了自制的枪炮、手榴弹和坦克，武斗双方和工宣队死亡了10多个人。但是，在武斗期间，北大校园里出现了3例骇人听闻的死亡事件。根据王学珍等人主编的《北京大学纪事（1898—1997）》记载，这三例死亡事件如下：

4月19日，新北大公社驻二体武斗连将进入图书馆翻阅期刊的地质学院附中学生温家驹绑抓到生物小楼低温试验室，进行审讯，毒打致死。温死后，孙蓬一（注：北大校文革第一副主任）布置假调查，说温家驹"是政治小偷，是群众打的"，"你们不要怕，由校文革顶着"。[1]

4月27日，无线电系62级学生殷文杰，准备离校，途径"校文革武斗指挥部"44楼附近，被公社武斗队员截住，用长矛刺死。时年24岁。（第787页）

7月20日，地质地理系61级学生刘玮，拟回校办理毕业离校手续，在海淀街被"新北大公社武斗队"抓住，关押在40楼，并于当日被武斗队打死。时年24岁。[2]

这三起死亡事件都不是发生在武斗现场，这三个死亡者也都没

---

[1] 王学珍等人主编的《北京大学纪事（1898-1997）》第787页。
[2] 同上，第789页。

有参加武斗，为什么会被活活打死？打死他们的究竟是什么人？由于当时掌权的校文革的包庇和隐瞒，北大的师生们并不清楚。

1968年8月19日工人、解放军宣传队进校后，对以上三起事件开始进行调查。1969年9月北大成立革委会和1971年5月成立校党委后，又继续进行了调查。

1972年9月2日，校党委常委会议决定对"文革"中打死温家驹、刘玮、殷文杰的几名凶手的处理意见（经校党委、校革委会扩大会同意上报）：

李喜才（打死温家驹的主凶），戴反革命分子帽子，交群众监督，以观后效。

秦克俭，属敌我矛盾，不戴帽子，交群众监督，以观后效；开除其党籍。

李铁良（打死刘玮的凶手），性质和处理同秦克俭，开除其团籍。

杨恭谦（刺死殷文杰的主凶），不再重新处理。

黄××，已查实是贪污分子，参加策划武斗，定为坏分子，不戴帽子，交群众监督，以观后效；开除其党籍。[3]

这个决定把犯有刑事罪行的杀人凶手当作政治问题处理，仅给予戴上帽子（或不戴帽子）交群众监督，开除党籍团籍的处理，显然是太轻了，这也是当时法制不健全的表现。对凶手杨恭谦，因已经毕业分配，竟然不再重新处理，更令人不可理解。

1973年5月19日，学校召开全校师生员工、家属参加的"批斗杀人犯大会"，当场宣布对文化革命中打死温家驹等三名学生的四名杀人凶手的处理决定：秦克俭，开除党籍，建议公安机关逮捕法办；李才喜，建议公安机关逮捕法办；李铁良，开除团籍，建议公安机关逮捕法办。以上三凶手由公安机关当场宣布了逮捕令，逮捕归案（这三人处理，北京市委3月份已经批准）。

令人不解的是：会上宣布："孙××，因态度较好，从轻处理，送劳动教养。另外，刺死殷文杰的主要凶手杨恭谦，分配前处理较轻，决定将我校对以上四人的处理结果告杨现在所在单位，由他们根

---

3 王学珍等主编《北京大学纪事（1898-1997）》，第843页。

据政策处理。"⁴ 1973 年，文革时期在校的老五届学生早已毕业离校，所以也都不知道这一情况。

在"四人帮"被粉碎后的 1978 年 4 月 1 日，北京市委批准将聂元梓、孙蓬一及打人凶手贺彦生隔离审查。4 月 5 日，校党委向市委报送《关于对贺彦生进行刑事拘留审查的请示报告》。4 月 6 日，校党委常委开会，提出运动的五条政策界限，其中（一）对于追随林彪、"四人帮"参与聂、孙反党阴谋活动的骨干分子和打人致死致残的凶手及幕后策划者、指挥者、组织者，这是运动的主要打击对象，要严肃处理。⁵

1978 年 11 月 8 日，校党委向市委报送《关于法办杀人凶手杨恭谦的请示报告》（杨恭谦是"文革"中杀害无线电系学生殷文杰的主凶）。⁶

12 月 1 日，校党委向市委报送《关于法办杀人凶手舒会文的请示报告》（舒会文是"文革"中打死刘玮的主犯之一）。（同上，945 页）

根据以上资料，我们能够了解到的是：参与这三起杀人事件的凶手有：秦克俭、李才喜、李铁良、杨恭谦和舒会文，其中李喜才是打死温家驹的主凶，杨恭谦是刺杀殷文杰的主要凶手，李铁良、舒会文是打死刘玮的主要凶手，凶手秦克俭的具体罪行不详，贺彦生的具体罪行也不清楚。后来他们被判处多少年徒刑也不清楚。至于纪事中提到的孙××和黄××，在三起案件中的作用，更是语焉不详。

关于北大武斗中死人的事件，聂元梓在她的回忆录里说："在北大的武斗中，没有打死人。地质地理系学生刘伟（注：应为刘玮）不是在武斗中被打死的，而是在武斗的紧张形势下，被混乱的群众打死的，是冤枉的。三.二九武斗的第二天，他路过四十四楼，有人喊'他是井冈山过大江的！'被两个公社战士刺死。当时在场的公社办公室副主任胡宗式曾奋力去阻止那两个战士未能制止。死人的问题，我没有指使，从法律的角度，我没有责任。"（聂元梓回忆录，第 271 页）

聂元梓关于刘玮被打死的说法与事实不符，是完全错误的，刘玮

---

4 王学珍等主编《北京大学纪事（1898-1997）》第 855 页。
5 同上，第 933 页。
6 同上，第 945 页。

就是新北大公社的武斗队打死的；关于殷文杰之死，她说错了时间，也极力开脱自己的责任，其中提到了胡宗式曾经制止但未能奏效。

2014年5月31日的《记忆》杂志114期上刊登了胡宗式的《文革期间北大的殷文杰同学被刺致死事件》，使我们对殷文杰的死亡事件有了比较具体的了解。作为这一事件的目击者和参与处理者之一的胡宗式的回忆，披露了1968年4月27日殷文杰被刺死的现场情况，使读者了解到了一些当时的真实情况：殷文杰本人并没有参加武斗，只是路过44楼，被新北大武斗队的骨干"钢一连"的成员截住，他企图逃跑，却被杨恭谦和高玉堂用长矛追杀，身上刺了39个伤口，后被胡宗式等人送到721医院，经抢救无效，当日死亡。胡宗式等人还参加了事后处理。胡宗式作为当时的见证人，写出自己经历的一些事实，使读者了解了当时情况下无辜学子被刺死的血腥事实，加深了对北大文革历史的了解和对文革残酷性的认识，比起长期以来聂元梓否认自己的罪行，对北大文革中的死亡事件推脱责任，无疑有一定的进步。

但是读了胡宗式的文章后，感到该文虽然披露了一些事实，但还有些问题说得不够清楚，使读者又产生了一些疑问，在这里提出与胡宗式和关心此事的北大校友共同探究：

一、刺死殷文杰的凶手究竟有几个？他们是谁？

在胡宗式的文章里指名道姓地指出：刺死殷文杰的凶手是新北大公社钢一连的杨恭谦和高玉堂，当时胡宗式手抓住枪尖并用肚子挡住了一个凶手，那么刺杀殷文杰的主要凶手应该是另一个人。在721医院出具的诊断书上写着殷文杰的身体上有39处伤口，难道都是那一个人刺的吗？一个人在短时间里能够刺杀39枪吗？人们有理由怀疑，一定还有别的凶手共同参与，那其他凶手又是谁呢？更为诡异的是，在《北京大学纪事》中的记录中，从来没有出现过高玉堂的名字，只有杨恭谦的名字。他毕业时被顺利地分配，直到10年多后的1978年11月8日，校党委才向北京市委报送了《关于法办杀人凶手杨恭谦的请示报告》。那么高玉堂是否是刺杀殷文杰的凶手？他是否长期逍遥法外？还有谁参与了刺杀殷文杰？这些事实胡文并没写清楚。

二、为什么舍近求远，把殷文杰送到 721 医院？

在殷文杰被刺成重伤后，作为当时学校权力机构的校文革和新北大公社没有进行及时抢救，反而做出了一些不合常理的行为。本来，北大的指定医院是北医三院，距离比较近，医疗力量也很强，凡是北大师生得了重病或受了重伤，都是送往北医三院的，例如在此之前被新北大公社打成重伤奄奄一息的樊立勤，就是被送到北医三院，被抢救过来的。可是新北大公社总部委员黄元庄却让当时在现场的胡宗式等人，舍近求远，把殷文杰送到距离很远、技术力量也不如北医三院的 721 医院，这是否是有意延误和企图隐瞒公社的罪行，以致造成殷文杰死亡的重要原因之一？

三、为什么不告诉死者家属真相？

中国人有个老传统，叫：活要见人，死要见尸。但是在殷文杰死亡后，新北大公社却欺骗死者家属，不等死者家属来京，见上死者最后一面，就焚尸灭迹。28 日新北大公社把遗体拉回北大，29 日就匆匆送到火葬场，30 日他们就借口火葬场"五一节"前不给保留遗体，急急忙忙地把殷文杰的遗体火化了。这种违反常理的行为又是为了什么，是否害怕死者家属看到殷文杰身上的 39 处伤口，有意隐瞒凶手的凶残罪行？

胡宗式文中说："死者的哥哥殷文豪和他的表妹，5 月中旬来校。他们先到井冈山兵团驻地给我打电话，要我们保证他们的安全。我请他们从西校门进来，在办公楼的一间房子，我和黄元庄接待了他们。在当时的条件下，我从派性出发，采用一些诡辩的方法来对待家属提的问题。殷文豪说：'这是一起严重的反革命事件。'我说：'你有你的看法，我们有我们的看法。'又问：'是不是武斗中死的？'我说：'是在武斗的环境中死的。'家属追问凶手，我说正在追查中。

家属来之前,我问黄元庄如何处理。黄说,多给家属一些钱。但是在和家属谈话的过程中,他们只是提抓凶手,不提赔偿问题,我也不好提此问题,家属只是拿出车票要求给报销。"由此可见,新北大公社的某些人在殷文杰死后依然欺骗死者家属,不告知殷文杰的死亡真相。在那个不正常的年代,可怜的死者家属也无处伸冤。

四、校文革和新北大公社总部的表现

胡宗式文章中说:事后新北大公社总部责成我、黄元庄、陶威信(教员,哪个系的不记得了)组成一个调查组来调查处理这一事件。我和黄元庄到"钢一连"(44楼2楼),把两个凶手找来。他们知道闯了大祸,很是懊悔。在44楼2楼找了一间屋子,和他们谈话,我让他们写过程和检查,材料写好后交给我。当时在刺杀现场的两个人也写了材料(具体是谁,不记得了)。这些材料都作为附件,放在调查报告的档案袋中,留在公社总部,并一直留在学校。调查报告的草稿是我写的,经魏纪文修改后我又重抄了一遍,聂元梓在上面批示"认真调查,严肃处理"。我在聂元梓家里(佟府丙8号,在第二体育馆附近)说到抓凶手的问题,聂元梓同意抓。不久,在新北大公社总部委员和战斗团长的会议上(地点在临湖轩),聂元梓说:"关于殷文杰死亡一事,调查完毕了,大家看怎么处理。"只有一个团长说应该交出凶手,大多数人反对交出凶手。有的说:"我们不干了!让你们这些老爷去打吧!"等等。这样吵吵了一阵,没有结论就转入下一个问题的讨论。

由此可见,聂元梓批示的"认真调查,严肃处理"根本就是一句空话。

在文革中,聂元梓依靠"第一张马列主义大字报"的资本,篡夺了北大的领导权,成为校文革主任。她在北大实行"顺我者昌,逆我者亡"的政策,残酷打击迫害不同意见的干部群众,其组织的专业武斗队伍,有恃无恐,为所欲为,凶狠残暴,随意抓人打人,以致发生了打死三条人命的事件。这三起事件不是孤立偶然的,是聂元梓和校文革执行极左路线和政策的恶果,在这个问题上,聂元梓和校文革难逃其罪责。

平心而论，刺死殷文杰的凶手也不是天生的心狠手毒的恶人，他们只是受到文革极左路线毒害，受到聂元梓极左政策影响，丧失了理性和人性，把不同意见的同学当成阶级敌人，以为自己的行为是革命的表现，而实施了犯罪行为。他们是凶手，也是文革的受害者。如果他们今天还健在，也是古稀之年了，他们应该为自己的行为彻底忏悔，也应该认识到谁是真正的罪魁祸首。

顺便提一下，在北京大学纪事843页中提到的贪污分子黄××，就是胡宗式文章中说的参与殷文杰事件处理的新北大公社的总部委员黄元庄。这个黄元庄文革前是个食堂的炊事员，文革中担任聂元梓的保镖有功，被聂元梓封为新北大公社总部委员，经常在校园里动手打人，武斗中担任副总指挥。文革后期（1975年8月）被查出在监督改造期间盗窃公物和乱搞男女关系，被戴上坏分子的帽子，交群众监督改造。[7] 这样一个品德恶劣、人格低下的坏分子却被聂元梓信任，主持了殷文杰死亡的事后处理，如果能够处理好那才是怪事！

清华大学校友唐金鹤女士，耗费三年时间，写出一部《倒下的英才》（2009年，科华图书出版公司），详细地记录了清华武斗期间死亡人员的姓名、时间、地点和具体细节，并绘制出《清华大学百日武斗期间遇难和重伤人员位置示意图》。而北京大学武斗期间死亡人数比清华少得多，但死亡事件的真相却至今没有得到比较详细的披露。这对于北大文革历史的研究，不能不说是很大的缺憾，希望知情的校友能够勇敢地说出自己了解的真实情况。

（该文原载《记忆》第120期；后载于张从：《探史求真集》第15篇）

---

7 王学珍等主编《北京大学纪事（1898-1997）》，第899页。

答郑实的质疑

胡宗式

2014年10月31日《记忆》第120期刊登了郑实先生所写《北大武斗期间死亡事件真相探究——兼对胡宗式提出几点质疑》一文。阅后，感到郑实所提的问题，在我的文章中都有说明。也许我说得还不够明确，现对两个疑问作如下答复。

第一，关于凶手问题

我本着对历史负责的态度，写了《文革期间北大的殷文杰同学被刺致死事件》一文，并刊登在《记忆》第114期上。刺死殷文杰的凶手就是两个人。郑实说"更为诡异的是，在《北京大学纪事》中的记录中，从来没有出现过高玉堂的名字，只有杨恭谦的名字。"《北京大学纪事》的编撰和我毫无关系，因此要搞清这个问题，我认为郑实应该去问《北京大学纪事》的主编王效挺等。

郑实说："…只有杨恭谦的名字。他毕业时被顺利分配，直到10多年后的1978年11月8日，校党委才向北京市委报送了《关于法办杀人凶手杨恭谦的请示报告》"。

1970年杨恭谦所在单位的两个人到我工作的单位外调，要我作证是杨恭谦扎了第一枪，我说我没看清，只是"有可能"。外调材料是那两个人写的，写的是"可能"，我签了字。可见1970年杨恭谦所在单位，已经着手处理此事了。似乎郑先生忘掉了自己文章里说过的话："1972年9月2日……杨恭谦（刺死殷文杰的主凶），不再重新处理。"这句话意味着郑先生知道杨恭谦先前已经处理过，并不是"逍遥法外十年"。至于北大十年后为什么再提此事，我怎么会知道？

郑实质疑"还有谁参与了刺杀殷文杰"？这不由得使我想起下面的这件事情：《记忆》第114期（2014年5月31日）刊登了我所写的《文革期间北大的殷文杰被刺致死事件》一文后，有一位史正先生在我的博客读者评论中，连续留下4段文字（2014年8月14日），标题为"谁是杀害殷文杰的元凶——质问胡宗式"。史正说胡宗式"参与刺杀殷文杰"，"工军宣队专案组，不仅调查了胡宗式，调查了杨恭谦、高玉堂，而且还调查了参与其中的一个女同学，身在现场的胡宗式，替公社执笔撰写杀人报告的胡宗式，为何对她隐瞒不报呢？"

我至今也不知道还有第三个行凶者，我一直实话实说。而史先生说参与者有一个女同学，郑先生也问还有谁参与刺杀。看来，应该是由我来质疑郑先生和史先生了。如果你们说真有，那既然知道还有凶手，当年工军宣队进校后你们为何不去举报，后来也不到检察院检举？是说你们不负责任还是说你们隐瞒真相呢？如果你们举报过，那么就应该去检举接受你们举报的人在包庇凶手，不必过了40多年来问我。如果实际上你们也知道没有第三名凶手，那你们这样故弄玄虚要干什么？

第二，"为什么舍近求远，把殷文杰送到721医院？"

首先，送721医院不是我决定的。你真想搞清楚这个问题，建议去找黄元庄。

离北大最近的医院是海淀医院，质问"为什么舍近求远"，就应当质问为什么不去海淀医院。郑实的文章说："樊立勤，就是被送到北医三院，被抢救过来的。"我查了相关资料，郑实的这种说法不确切。在《陈一谘回忆录》（注1）（香港新世纪出版社2013年5月）第112～113页有如下文字：

3月底，在北京卫戍区调解下，新北大公社和井冈山兵团交换俘虏（注2、注3）。樊立勤被交换出来，奄奄一息地抬到海淀医院。谢佐平跑来告诉我："樊立勤不行了，医院已放弃治疗。"我们赶到海淀医院，黄仕强摇摇头说："不好办了！"我说："我三嫂周美梅是北医三院的主治医生，快送那儿去吧！"谢佐平的老朋友孙勇刚，背起昏迷的樊立勤就跑。我找到三嫂说："樊立勤是江青赞赏的革命小将，请务必救活他。"她急忙带我去找了驻院工宣队长。经过三天三夜的抢救，樊立勤终于出现了生机。我再三向医院工宣队和三嫂表示了感谢。樊立勤出院后又到北京地质学院疗养了4个多月，直到8月中军宣队进北大才返校。我原来和他并不熟，因他坚决反工作组、反聂元梓，我对他的硬骨头很钦佩。（112页）

但我对他许多过于极端的痞子想法和厚黑作法并不苟同。后来，几个熟知他的朋友都说他是"中国最后一个红卫兵"。其实，我何尝不知，他贴康生大字报，是认为康生左的还不够；他还很欣赏林彪"不说假话成不了大事"的鬼话。"六四"后，他为谄谀邓家，竟丧失做人的基本道德底线，昧心地对我进行攻击，让人恶心地看到了极权制度下的痞子嘴脸和人性扭曲。（113页）

北大文革的亲历者，绝大多数都已年逾古稀，有些已离开人世。在我们还没有老年痴呆时，为后人留下可靠的历史记录，是不容推辞的责任和义务。我愿和一切有识之士共同努力。

另外，"数学系白玉林校友指正：胡宗式文章里的高玉堂应为郭玉堂，是数学系65级的学生，钢一连的成员，毕业后分配山西，任灵石一中教师，已于2007年去世，终年62岁，同事和学生对他反映都不错。白说他是贫苦家庭出身，并非坏人，可见文革把人性扭曲，造成悲剧。"——这是张从校友最近在我的博客上的留言。对于白玉林校友和张从校友的指正，我表示衷心的感谢。

注1：陈一谘，1940年生，陕西三原县人，1959年加入中国共产党。1959年起先后就读于北京大学物理系和中文系；因写了一篇三万字的《给党和政府工作提的一点意见》，被打成"反革命分子"，于1965年10底受到系统批判。1969年～1978年下放农村劳动改造，期间，对中国的经济、教育、社会问题做了大量调查研究。上世纪80年代，陈一谘是中国改革开放事业的积极推动者，组建并主持了中国农村发展问题研究组，后任中国经济体制改革研究所所长、中

国改革开放基金会中方主席、中国政治体制改革研究会副会长等职，为中国改革开放事业做出了重大贡献。1989年"六四"事件后，他离开了中国。

注2：孙月才（曾任新北大公社一把手）在他的《悲歌一曲：文革十年日记》（香港中文大学出版社2012年）一书中记载，这次交换俘虏的时间是1968年3月30日。

注3：关于樊立勤是否交换俘虏时出来的，我还看到另外一个版本：舒声先生在《北大文革中的"异端"人物》一文中写道："1968年3月27日上午10时许，聂元梓派人在校园里强行绑架抓走了樊立勤。""3月29日，樊立勤被折磨得奄奄一息，审讯他的人怕出人命，把他扔在学生浴室附近，被东方红公社的同伴发现，送到北医三院抢救。"

（原文载《记忆》第133期）

答史正的质问

胡宗式

我写的"文革期间北大的殷文杰同学被刺致死事件"一文,发表在《记忆》第114期上,该文后被《网易》选用,我也在自己的博客上发表了此文。作为事件的亲历者,我有责任把这段历史真相写出来。1971年清查五一六时,我被押回北大,在长达两年又两个月的审查中,所有涉及到我的问题,迟群、谢静宜们早已翻了个底朝天。在殷文杰问题上,我就是救人的,是无罪的;聂元梓有领导责任,但没有策划、指使的问题——这就是历史事实。

2014年8月14日17时,在我的博客"文革期间北大的殷文杰同学被刺致死事件"一文的读者评论中,史正连续留下4篇文字(可以合成一篇文章)。当晚,我将此文拷贝下来,并发给一些朋友。15日早7点,我再次查看自己的博客时,发现评论被作者删去开头和结尾。本文将史正的原作,作为附件列出,供读者欣赏。[1]

史正说胡宗式"参与刺杀殷文杰",这是对我的造谣和诽谤(比当年迟群、谢静宜领导的北大专案组有过之而无不及)。造谣诽谤别人的人,是要负法律责任的,我保留控告史正的权利。

史正还说:"工军宣传队专案组,不仅调查了胡宗式、调查了杨恭谦、高玉堂,而且还调查了参与其中的一个女同学,身在现场的胡宗式,替公社执笔撰写杀人报告的胡宗式,为何对她隐而不报呢?"

四十多年了,我第一次听到这种说法。这个女同学叫什么名字?哪个系哪个年级的?工军宣队专案组的哪一位到哪里去调查了这个女同学?调查的结果是什么?这些问题,史正必须说个明白。否则,

---

[1] 2014年12月由丛璋 亚达 国真编写的《燕园风云录》(三)第163-167页全文刊登了史正的这篇文章。

就是造谣生事，这也是要负法律责任的。

至于史正说的为什么要"送721医院，想隐瞒些什么？干些什么勾当？"我的文章把这件事说得很清楚。送721医院不是我决定的。到了医院，我说殷文杰是公社的人，根本不存在隐瞒什么问题。1971年的北大工军宣队，也没有对我的调查报告提出过异议。

史正说："胡是公社的核心人物，聂元梓的心腹，掌管校内外的动态情报，与校内外天派组织有着密切的交往。"

动态报1966年12月成立时，是物理系5个普通群众自发联合的，目的是把校外的情况介绍给校内，也就是抄些大字报、"首长讲话"印发给北大师生看看，相当于群众自办的文革参考消息。后来人员增多，都是互相介绍或毛遂自荐来的，我们的基本出发点都是想为大家报道北京一些单位的消息。新北大公社成立之后，动态报隶属公社，从1967年2月20日第61期起，以"新北大动态报编辑部"的名义出版动态报，内容性质照常。"天派"和"地派"的高校组织同属于红代会。我们和各单位公开交换动态报，也互相转载内容，这就是所谓"密切来往"。至于校内的动态，根本不是我们动态组管的事情。说我"掌管校内外的动态情报，与校内外天派组织有着密切的交往"，这说明你很无知。因为工作关系，我与聂元梓走得近一些，就说我"是公社的核心人物，聂元梓的心腹"，真是太抬举我了。

不过，我现在倒是要为聂元梓鸣不平了。聂元梓敢于反王、关、戚，敢于对谢富治说不。史正先生们，当时你们在干什么，不该扪心自问吗？

我对过去有批判，我公开说过"文革中杀害三名无辜青年，是我所在组织'新北大公社'最丑陋的一面。"但四十多年后的今天，竟然有人说什么"井冈山所体现的精神，是在文革这个特殊时期的北大精神的发扬，是民主、自由血脉的延续，规模宏大，时间漫长，激烈悲壮，可歌可泣。是开放与保守的斗争，是开明与极权的斗争"（见舒声的博客"北大井冈山与聂元梓校文革之间斗争的性质"一文的跟帖）。对自己一派追随王关戚时的极"左"表现，只字不提，至今顽固坚守，还奢谈什么总结文革？！

史正说："新北大公社核心人物，参与刺杀殷文杰并处理后事全过程的胡宗式,如今年逾古稀,在殷文杰冤魂的呼号面前,定然也不得安宁。他一生都无法逃避殷文杰冤魂的追讨,他更担心在他百年之后,人们将他与殷文杰之死的罪恶牢牢地捆绑在一起,写入万劫不复的历史"。史正如此恶毒地诅咒别人,难道不怕遭天谴吗?

无辜同学死于武斗期间是北大文革中的悲剧之一,凶手早已受到法律的制裁。如果我真的参与刺杀殷文杰,我早该牵涉在内,迟群、谢静宜领导的北大工军宣队不可能给我这样的审查结论:"胡宗式跟着聂元梓犯了政治错误,不予处分,不记档案,不做书面结论。"

我一生做过的事,能留下深刻印象的不多,但殷文杰事件,却是永远忘不了。当时我就是救人的,虽不值得大书,但也绝不是耻辱,更不是犯罪。我的心永远是安宁的。

(2014.8.17 胡宗式在自己的博客上发表此文,并附上史正的文章)

附件:谁是杀害殷文杰的元凶——质问胡宗式

史 正

一九六八年春夏,三月二十九日至七月二十八日,是北大历史上最血腥,最恐怖的日子。以聂元梓为首的当权派校文革,指使其下属群众组织——新北大公社,妄图以武力镇压反聂的群众组织——北大井冈山兵团,发动了3.29武斗,从此拉开了北大四个月武斗的序幕。武斗期间,数百名师生不同程度受伤,无线电系殷文杰,地质地理系刘玮,北京地质学院附中温家驹三个青年学生,惨遭新北大公社杀害。其残忍,其惨酷,令人发指。虽然时隔四十余年,淋漓的鲜血已凝成黑褐的血痕，但人命关天，死去的冤魂常在我们耳际呼号，不彻底调查真相，从法律和道义上惩处债主，这些冤魂便永远无法安宁！

新北大公社核心人物，参与刺杀殷文杰并处理后事全过程的胡宗式，如今年逾古稀，在殷文杰冤魂的呼号面前，定然也不得安宁。他一生都无法逃避殷文杰冤魂的追讨，他更担心在他百年之后，人们将他与殷文杰之死的罪恶牢牢地捆绑在一起，写入万劫不复的历史。因此，在他的个人博客之中贴出了名之谓《文革期间北大的殷文杰同学被刺死事件》一文。

此文披露了殷文杰被刺39枪的细节，披露了两个凶手的名字——新北大公社钢一连杨恭谦、高玉堂，披露了刺杀的部分过程与后事处理的一些过程，较之原先聂元梓与新北大公社的知情人有意躲闪和回避殷文杰之死，是一种进步，但这种进步十分有限，明眼人不难看出文章的本意不是在反省忏悔，而是怀有两个目的：一是替自己洗刷开脱，他无罪而且有功。二是替聂元梓洗刷开脱，聂没有"指使和策划问题"，仅仅是"领导责任"。

胡宗式在文章的开头，便有意掩饰历史真相，即聂元梓掌控的新北大公社，经过精心策划，于1968年3月29日，打响了北大武斗的第一枪，攻占了31楼，刺伤并掳走了楼内的许多井冈山派成员，一些人被逼跳楼受伤。他们试图效仿上海工总司镇压上柴联司的行动，行使武力摧垮对立的群众团体，以实现北大的一统天下。自此，北大大乱，人心惶惶，动荡不安，矛盾激化，血泪交加。井冈山组织为了活命，为了自保，也自制长矛，据楼自卫。1968年4月26日主动占据了咽喉要道36楼，将28、30、32、35、36、37楼连成了一片，从而为自己获得了一个出口通道——维持了自己的一线生机。新北大公社则包围了这6座楼，占据了校园的绝大部分楼舍与广大的空间，对井冈山同学构成了莫大的生命威胁，一攻一守，截然分明。显然，新北大公社处于强势，井冈山兵团处于弱势，36楼被井冈山占领，只给自己一线生机，而并未对公社构成威胁，未能改变公社包围井冈山的强势局面。面对这种巨大的强弱反差，井冈山大部分成员，迫于人身安全的威胁，纷纷逃离北大。殷文杰是个井冈山内极为普通的同学，他虽然认同井冈山观点，是班内井冈山一个普通战斗队"过大江"的成员，但从不参与井冈山的活动，更不参加武斗。他以己之良善之心，对新北大公社未有丝毫提防，路经公社防区，办理有关事项，准备离校返家，未料遭到公社人员如此凶残的杀害。那么，即使回到胡宗式所言的"武斗环境"，殷文杰又何罪之有？杀人者又理在哪里？只能说明，公社中的一些人，在派性的蛊惑下已丧失了起码的人性，而不是其它。聂孙们早在"四·二六"之前就已开始杀人。他们驻第二体育馆的武斗连就打死了北京地质学院附中学生温家驹。温死后，孙蓬一一面布置所谓调查，一面扬言："你们不要怕，有校文革顶着。"（《北京大学大事记》下册 670 页）他们依仗炙手可热的大红伞聂元梓，狂热鼓动"反聂即反动"的政治逻辑，顺聂者昌，逆聂者亡，对反聂的群众组织视如寇仇，置于死地而后快。他们推行了血腥镇压的方针路线，蓄意鼓动"国共两党之争"的政治仇恨，致使某些公社成员忘乎所以，无所顾忌，才使无辜的殷文杰成了他们的矛下之鬼。胡氏文章颠倒黑白，混淆是非，有意模糊北大当时的政治、武斗形势，企图把殷文杰之死推导给井冈山兵团为自卫而占据36楼上。时隔四十年后，胡的派性立场仍然十分顽固，并开设博客，四处宣扬当时的派性观点，为聂元梓鸣冤叫屈，这在北大公社的成员中也是绝无仅有的。

今天的胡宗式，尚且如此坚持顽固的派性立场，那么当时的胡宗式的派性便可想而知了。因而，胡在文章中谓自己冒着枪尖出面拦阻杀人凶手，便难以让人置信。胡是公社的核心人物，聂元梓的心腹，掌管校内外的动态情报，与校内外天派组织有着密切的交往。正如他自己在文章中所述，他是"现场一般人能认识的人"。那么，既然是公社这样显赫的人物，倘出面拦阻，岂有阻拦不住之理？！一声"他是'过大江'"的吆喝，凶手们便兽性勃起，举起长矛杀将过来，而公社要人胡宗式"非常愤怒"并自谓"出面进行拦阻"，却不起任何作用，这在逻辑上能讲得通吗？胡宗式能够自圆其说吗？当时井冈山的广播台和后来的工军宣队专案组曾认定胡宗式是杀人凶手，看来不是空穴来风。大概，殷文杰的阴魂始终在纠缠着他，他始终不能为此释然于心，想辩白，想洗刷，谁知，他越洗越黑，越辩白越让人怀疑。殷文杰血淋淋的39个枪眼,难道仅仅是胡宗式抛出来的钢一连的杨恭谦、高玉堂两人所为吗?要知道,这是在杀人,在杀一个活人,不是剁白菜,即使是剁白菜,39个眼也得剁一阵功夫。何以"救人"的胡宗式便如此无所作为呢?工军宣传队专案组,不仅调查了胡宗式、调查了杨恭谦、高玉堂,而且还调查了参与其中的一个女同学,身在现场的胡宗式,替公社执笔撰写杀人报告的胡宗式,为何对她隐而不报呢?

之后,胡宗式们对殷文杰的所谓"抢救"亦让人怀疑。即便如胡所说,殷文杰此时尚有一口气,那么北大附近的中关村、海淀,有许多医院,胡为什么舍近求远,不送附近医院,却要远送五棵松附近的七机部721医院。胡谓"当时721的医院是七机部的""九一五""掌权,和新北大公社的关系很好。"关系好又如何,是否想营私舞弊,想隐瞒些什么,干些什么勾当?显然,他们把殷文杰送721的医院,主旨不是抢救他的性命,而是妄图掩饰自身的罪恶。胡宗式行文躲躲闪闪,却是不打自招罢了!

聂元梓对刺杀殷文杰持什么态度?她只是在调查报告上面批示"认真调查。严肃处理"。这不是敷衍塞责的官样文章又是什么?不是"认真调查"了吗,抓住两个凶手了吗?那么作何处理呢,一句空话,不作任何处理。所谓公社团长会上许多人反对,正中了聂元梓的下怀。聂是北大武斗之帅,是殷文杰之死的根源所在,杀人凶手只是其麾下打手而已!让她自己惩治自己的打手,岂非自残手足,她能做得到吗?

胡宗式也不得不承认:"文革中杀害三名无辜青年,是我所在的组织'新北大公社'最丑陋的一面。"但他却不进行自我反省,追寻杀人者和准杀人者的个人责任与思想根源,却将这一问题大而化之,推而广之:"在北大、北京,乃至全国,发生那么多迫害人、打死人事件,这是为什么?几十年来共产党教育我们:以阶级斗争为纲处理各种问题,分歧就是路线斗争,路线斗争就是敌我矛盾,就是你死我活。在解放以后的历次运动中,把自己的同事、同学当作敌人是经常发生的事。在人们的头脑中,在宣传的层面上,根本没有民主、法制、人权的概念。殷文杰事件也是新北大公社领导和群众没有法制和人权概念的例证。"

固然,"文革"恶果,是共产党一度推行的极左路线所致。只是,党内自始至终存在着正确思想与健康力量,与民主、法制、人权、人性相一致,与广大人民群众的良心道义相一致。同样,社会中的横暴恶行,人性之中的恶则是极左思潮的社会基础。从某种意义上讲,"文革"中普遍存在的所谓"派性",是社会中两种思想道德倾向错综复杂的反映,是党内两种思想倾向斗争在社会上的反映。时过境迁,尘埃落定,民主与专制,善与恶,兽性与人性已逐渐明朗。"文革"是非不能统统以"派性"一词了结,个中杀人罪恶,尤其是杀害手无寸铁者的暴行,不能不谴责,不能不追究!即使在如此汹涌的"文革"大潮中,杀人者毕竟是极少数,人性的良知存在广大群众的心中,人命不是草芥,不可随意杀戮。在人命问题上,个人与个人所在的组织,必须负起责任,不能一味推卸给共产党的错误路线,推给党的整体,更不能以"没有法制和人权概念"轻描淡写之。聂元梓在北大"文革"中干了许多坏事,她在自己的"回忆录"中上推下卸,上推毛泽东与中央文革,下推新北大公社,就是不反省个人的责任。"讲义气"的胡宗式也吸取了聂的做法,只是略有变化而已。他上推共产党,而下卸两个杀人凶手,并以此开脱他所忠诚的聂老佛爷与他本人的罪过,想以此掩耳盗铃,模糊历史的真相,这能做得到吗?殷文杰的阴魂能答应吗?殷文杰的亲属与同学能答应吗?

胡宗式同学,请你放下包袱,丢弃幻想,诚恳老实地回顾与反思殷文杰之死这桩历史公案吧!否则,只能愈描愈黑,自食孽果!

从樊能廷的讲座谈起

章 铎

一、引言

《文史讲堂》在 2021 年 7 月 20 日、21 日晚举办了一堂讲座，主讲人是北大化学系 1963 级学生樊能廷，其发言的题目为《北大文革中的聂元梓》。《昨天》第 184 期发表了樊能廷的讲话稿。

樊能廷在北大文革中也算是一位"名人"。当年出名是因为 1968 年 3 月 29 日上午被北京卫戍区副司令员李钟奇认为是"刺客"（刺杀聂元梓未遂）；现在有名是因为被某些人称为"文革研究的新秀"。

樊能廷在研究北大文革上可谓"著作颇丰"：他自己编写出版了《北大文革简史》《非常岁月非常道——北京大学文革研究文选》《真相与谎言对撞》，还与他人合作主编了多部文革著作。

我看过他的大部分著作，又认真琢磨了他这次的讲座稿。总的感觉，他的这次讲座内容，几乎囊括了他所有著作的主线："聂元梓被历史惩罚，罪有应得"；"我们在北大'文革'的大是大非面前，没有趋炎附势、随恶从流，而是坚持了人性的良知，顺应了民主的潮流。"

樊能廷这次讲座和他的著作有如下共同特点：坚决捍卫《北京大学纪事》的"信史"地位；在关键的问题上不提供所需要的史实依据，随意发挥；无视他人提供的历史事实，对一些与自己认知不一致的真相，一概拒之门外，哪怕是白纸黑字放在那里也不认账。

樊能廷说"1960 年 6 月，经过聂元梓的大哥聂真要求、陆平同意，接受聂元梓调入北大，担任经济系副主任"，"单凭聂元梓的能力和素养，她不适合北大的工作。"

聂元梓在经济系的工作情况是怎样的呢？1965年11月1日在揭批聂元梓的大会上，经济系副系主任胡代光有一个发言[1]，或许能给我们提供一个答案。胡代光在发言中说：

本来我们考虑聂是第一副系主任，要求她多照顾系里工作。她不愿意，有情绪。说："党内有总支书记龚理嘉，龚又是党委委员、校务委员，全面情况也不了解，党外，行政上有陈岱荪，用不着我管系里全面工作。"因此她一直未管全面工作。

聂元梓同志来系后，不愿抓全面工作；对她分工担任的教学工作、人事工作和一般行政工作，也慢慢推掉。1962年以后她不愿担任教学工作，把这个任务分给了陈岱荪担任。事先未经研究，聂就在一次系主任碰头会上说："陈先生，你的工作经验丰富，我们不行，希望陈先生多出来领导全系的工作。"陈岱荪虽然担任过旧清华大学法学院长、经济系主任二十多年，但他那套办学经验，乃是资产阶级东西，早已陈腐过时了。他的所谓丰富经验，还有多少可适用于我们今天的社会主义大学经济系呢？！现在陈担任经济系主任不过是出于统战工作上的安排，聂在资产阶级教授面前说我们不行，要陈岱荪把工作抓起来，这是有问题的。以后聂对分管的人事和一般行政工作也不愿作，她没有同总支商量，也没有向党委请示，就直接写信给翦伯赞副校长请假（翦分工联系经济系工作），声明身体不好，不愿管人事和一般行政工作，翦同意了。但另一方面，这时聂又主动去搞教学工作。对系里分给她的工作，就这样慢慢地几乎都推完了。

聂对资产阶级教授有严重右倾。聂离开经济系时，好多老教授对她恋恋不舍。可能聂元梓同志同他们的关系搞得好，但是聂对又团结、又斗争，以斗争求团结的统战方针是否执行得很好？聂离开经济系时，有些老教授流露了一些不正常情绪。老右派周炳琳向来对系里党员负责同志有反感，但对聂却很有好感，常称赞聂很不错。在欢送聂元梓的大会上，陈岱荪说："聂元梓同志是个好领导，我们是有舍不得他离开经济系的心情。"樊弘同志且在大会上公开说："聂元梓

---

[1] 见《北大哲学系党员干部整风学习会议简报》(41)，会议简报组，1965年11月2日。

同志是经济系的慈母。"当然应当肯定聂作统战工作有好的一面,但他们流露这种心情表明聂对老教师的工作恐怕是有问题的。

厉以宁是个漏网右派。反右时与《百花学社》互相勾结,幕后出谋划策,贴匿名小字报,有反动言论。当时没有发现,下放斋堂劳动时自己交代了。聂元梓来系后,总支向聂交代过厉的情况。当时厉刚教课,聂常称赞厉说:"厉以宁真了不起,身体那样瘦,但精力干劲那样大,又搞教课,又搞科研,又搞翻译,又经常跑学生宿舍,还到处找老教师请教,积极性真高。"实际上厉以宁的这种积极性是受他的资产阶级个人主义名利思想支配的。他自己也曾检查了,表现积极是想在群众中树立影响,以便在经济系站稳脚跟,获取名利,为个人主义奋斗。厉以宁是一个新生的资产阶级知识分子,有整套的资产阶级世界观和资产阶级作风,他的资产阶级名利思想,个人主义极端严重。他在学生中和在青年教师中散布了不少资产阶级思想影响,有些学生跟着他跑,资产阶级老教师也精心培养他;而聂也很欣赏他。1962年聂亲自领导总结了三门课的教学经验,其中就有厉以宁讲的课。聂认为三门课教学经验总结中,以厉写得最好。我们最近检查过这个总结,完全是资产阶级教育思想挂帅,厉在总结中宣扬的是资产阶级教育思想的一套。聂在当时把厉的经验当作标兵树立。

聂元梓同志对樊弘在1962年5月在党委组织的关于贯彻中央七千人大会的学习会上的发言加以肯定,是不妥当的。我们看了樊弘交出的日记。1962年5月7日、8日他写道:"找了聂元梓,她对我在学习会上的发言,说没有错,并且加以鼓励。"樊弘在反右倾中受到的批判,基本上是正确的,仅个别的有夸大。这次我们作为专题,重点讨论了樊弘的问题,大家认为对他是甄别过头,当初反右倾对他的批判不是过火,而是批判不够,对他的问题性质认识不够。1962年的学习会上,樊弘带有很大的不满情绪,对1959年批判他的材料加以辩解,讽刺党组织和同志,说了许多错话,想翻案。从这时起,以后系里一直刮翻案风。樊还提到给右派平反问题。在这种情况下,聂元梓同志说这样的话,是否有不妥当的地方?

樊弘(1900—1988)是著名的经济学家、民主教授(同许德珩、袁翰青一起被称为"民主三教授")和"反蒋"积极分子。他不仅有幸登上天安门城楼参加开国大典，还于 1950 年参加了共产党。1949年前后，樊弘不仅是北大的经济系主任，还有很多身份，是学界和政界很有影响的人物。经济系总支书记龚理嘉曾利用樊弘日记里的内容给樊弘戴上"反对三面红旗"的帽子和留党察看的处分。北大社教运动中，樊弘被工作队吸收为"积极分子"，安排为"四清"领导小组成员。樊弘是反对龚理嘉的，因此被指责为"在搅混水中起了很坏的作用"。[2] 邓拓等人曾利用樊弘的问题来责问聂元梓，企图给聂元梓加上一条"支持樊弘翻案"的罪名。[3] 在第二次国际饭店会议上无法置樊弘于死地，但某些人对樊弘的仇恨却延续了多年。1967 年，在某人的策划下，没有参加任何派别的樊弘遭到北大"井冈山"的毒打。[4] 在谢静宜、迟群掌控北大的年代里，他们又以"地主"的罪名开除了樊弘的党籍。"四人帮"垮台后，樊弘得到平反。

至于"文革中，聂元梓搬到校内的'佟府'，独门独院的居所"的说法，是不符合事实的。如果不是恶意，只能认为是樊能廷的猜想而已。为了工作方便，聂元梓在 1967 年初搬到佟府丙 8 号（这里离哲学楼很近）。这是一排老式建筑，大约 8 间房子，每间 6~12 平方米。一进门是一位总务科的工人住，第二户是宋一秀，第三户是聂元梓（共四间房，一间约 12 平米，其他 6~8 平米）。各户没有厨房，都是在屋檐下做饭。宣传队进校后，聂元梓的孩子下乡，她又腾出两间房，于是院内共住了 4 家人（现在佟府丙 8 号已经拆掉）。

二、关于北大社教运动

樊能廷说"社教和文革时期，我们是北大学生，现在称为'老五届'，对聂元梓比较了解。"

"老五届"真的了解北大的社教运动、了解聂元梓在社教运动中

---

[2]《北大哲学系党员干部整风学习会议简报》(98)，会议简报组，1965 年 12 月 15 日。

[3]《北大哲学系党员干部整风学习会议简报》(53)，会议简报组，1965 年 11 月 12 日。

[4]《樊弘著作集》，北京大学出版社 2010-5，序言二，第 36 页，樊平"一位北大教授的精彩人生——忆我的父亲樊弘"。

的表现吗？答案显然是否定的。

北大的社教运动是一场党内的运动，它使北大共产党组织内部积累已久的分歧和矛盾严重升级、爆发。对于这一场党内斗争，绝大多数在校学生是不知情的。北大1960-1963年入学的学生，从1964年上半年开始，就先后分期分批参加了农村的"四清"运动。我们这些1963年入学的理科生，1965年秋冬被安排到农村"四清"，直到1966年6月1日广播了"第一张大字报"后才返校。樊能廷所谓的"了解"，其实就是抄录了《北京大学纪事》等的一些相关内容，并从自己根深蒂固的"反聂"情结出发，随意发挥罢了。举一个典型的例子：

《北京大学纪事》记载：

（1965年）**4月1日** 社教工作队负责人与北大校党委常委开会。工作队长张磐石讲：中宣部负责同志讲，中央领导同志对北大运动很关心，周总理最近还问到北大运动情况。领导同志说：北大工作队不仅仅是北大的问题，工作好坏还影响到全国。[5]

樊能廷说：

4月1日，社教工作队负责人与北大校党委常委开会。工作队长张磐石讲：中宣部负责同志讲，中央领导同志对北大运动很关心，周总理最近还问到北大运动情况，说"北大工作队不仅仅是北大的问题，工作好坏还影响到全国。"

对比上述两条记述，不难看出：樊能廷在改动了一个标点符号后，采用移花接木的办法将"领导同志"移到了周总理的头上，以此误导不明真相的群众。"随心所欲"和"对重要的史实不交代出处"，是樊能廷写作的一个明显特点。

樊能廷在讲座中特别提到常溪萍，但对常溪萍参加九人领导小组后发生的事情以及聂元梓向常溪萍致歉的情况却只字不提。

常溪萍时任中共上海市委教育卫生工作部副部长、华东师大党委书记。他带领的上海工作队员于1964年11月20日到达北大，常

---

[5] 《北京大学纪事》2008年版第739-740页。

溪萍担任北大社教工作队副队长兼西语系工作组组长。他曾经就西语系的工作写过一份总结，张磐石用红笔在该总结上批了一个大"右"字，使常溪萍很不服气。[6]

1965年3月中旬，常溪萍到北京市委大学部找宋硕，并和宋硕一起会见了市委副书记万里。在了解到北京市委的态度并得到支持后，常溪萍于3月17日致信刘少奇、邓小平、陆定一、康生和张子意，反映对张磐石的意见，并希望派人检查张在北大的工作。3月20日，中央办公厅秘书室约谈了常溪萍并写出了谈话纪要，上报中央领导。在谈话中，常溪萍反映张磐石自"二十三条"公布以来，直到中央书记处讨论北大社教问题以后，对"二十三条"和中央书记处的指示精神的错误态度、错误做法以及错误的工作作风。[7]

1965年3月28日，彭真将常溪萍的信及谈话纪要报送中共中央书记处，并在谈话纪要上写道："直到最近，就是说'二十三条'已经下达这么久了，中央书记处也专为北大开过会了，有的同志还有错误怕检讨，而且听不得不同意见。"3月30日，邓小平在谈话纪要上批示：北大工作队负责人"对'二十三条'是患得患失的，抵触的，似乎要考虑改换工作队的领导"，"再这样顶牛下去，北大工作要受损失。"[8]

在彭真和邓小平做出批示之后，1965年4月2日-29日，中宣部在民族饭店召开北大社教工作队部分骨干座谈会，史称"民族饭店会议"。会议印发了常溪萍的信和谈话纪要，以及邓小平和彭真的批语等。29日，陆定一代表中央五人小组宣布：撤销张磐石工作队队长的职务，任命中宣部副部长许立群为北大社教运动领导小组组长、工作队党委书记兼队长；增加常溪萍为北大社教运动领导小组成员。[9]

常溪萍参加九人领导小组后，自己也迅速陷入了无法言说的困境之中。"民族饭店会议"结束后，常溪萍受命起草一份对成绩和缺

6　参见"常溪萍在华东师大文革代表大会上的检查"，1966年8月30日。
7　《彭真传》，第1143页。
8　《彭真年谱》，第四卷，第409页。
9　《彭真年谱》，第四卷，第412页。

点的估计。常溪萍不主张全盘否定北大社教,他总结了八条成绩,但许立群不满意,最后是勉强同意的。[10] 参加九人小组后,常溪萍每天都要同许立群、宋硕、陆平、彭珮云等人打交道了,现实情况很快就给他浇了一盆凉水。常溪萍说:

> 以前我跟这些人接触不多,在5月2日后和他们接触多了,发现了他们的问题。这些人口头上讲的好听,要执行'二十三条',而在行动上实行欺骗,阳奉阴违,直接违背主席指示和'二十三条',把斗争的矛头指向工作组和积极分子,整工作队,以后整积极分子,而不是牛鬼蛇神。当时工作队、积极分子很不满意。[11]

从"民族饭店会议"结束到7月份工作队离校,九人小组领导下的北大社教有两个月之久。在这两个月里,主要是"清算"北大社教运动第一阶段的工作,工作组和运动中的积极分子都得作检讨,同张磐石划清界限,向被批判的对象赔礼道歉,一次不行两次,直到被批判对象满意为止。常溪萍也积极带头在好几个系里作了检讨。常溪萍刚来北大时在西语系作过一个关于阶级斗争的报告,后来也为此作过检查。令常溪萍没有想到的是,他这个被张磐石批为"右"的报告会遭到通报批评,这让常溪萍很是不满。[12]

许立群曾打电话要常溪萍参加"第二次国际饭店会议",常"感到苗头危险",就以工作忙走不开为由推掉了。常溪萍也被吸收为"第二次国际饭店会议"领导小组成员,但实际上没有参加会议。常溪萍从1965年7月10日回上海后,再未回北京。[13]

1966年6月5日,《人民日报》发表题为《做无产阶级革命派,还是做资产阶级保皇派》的社论。社论说:北大社教运动后期召开的(第二次)国际饭店会议,"这是1965年发生的一个极端严重的反革命事件"。聂元梓等社教运动的"左派"们,视常溪萍为"北大社教运动的叛徒",并成立了"北京大学揭发常溪萍问题小组"。在1966

---

10 参见"常溪萍在华东师大文革代表大会上的检查"。
11 参见"常溪萍在华东师大文革代表大会上的检查"。
12 参见"常溪萍在华东师大文革代表大会上的检查"。
13 参见"常溪萍在华东师大文革代表大会上的检查"。

年7月26日的大会上,聂元梓曾转交给上海市委负责同志一份题为"常溪萍是镇压北大社教运动的刽子手,是暗藏的反革命黑帮"的大字报。9月20日,又写了一份大字报,题为"常溪萍在北大社教运动中是个叛徒,是前北京市委反革命修正主义集团镇压北大社教运动进行反攻倒算的急先锋"(署名聂元梓、孔繁等17人)。聂元梓等人到上海串连期间,继续对常溪萍进行揪斗。

《聂元梓回忆录》中专门有一节"向常溪萍同志致歉"的内容[14]。其中写道:

> 我到上海串连,最令我痛悔的就是参加了对常溪萍的批斗。给常溪萍同志造成了严重的身心伤害。尽管常溪萍被迫害致死已30余年,但是,我愿意在这里真诚地表达我对他的深刻歉意,愿意做出认真忏悔。
>
> ……
>
> 后来听到别人说,常溪萍在工作队撤离北大的时候,曾经提出,不要因为社教运动的转折而批判前一段给陆平和校党委提意见的积极分子。常溪萍批评张磐石的两条意见都是对的,他要求保护社教运动的积极分子的意见也是正确的。所以才有彭真的话,"有人讲不要批给陆平提意见的积极分子,说是批不得;打击都打击得,为什么批不得?"想到这一点,我内心的负疚感就更沉重了。由于我的幼稚,我的错误,给常溪萍同志造成的伤害,让我抱憾终身。我愿意在这里再次对常溪萍表示我的歉意。

常溪萍的遭遇令人痛心,也令人深思。

北大的社教运动在社教工作队离开北大不再回来后,已经成了一个烂尾工程。北大校友古樟的两篇文章《"烂尾工程"——北京大学的社教运动》(载《记忆》第254期)、《对冯定的批判和北大社教运动》(载《记忆》第260期),对此早有详细论述。有兴趣的读者可以参阅。

---

14 《聂元梓回忆录》,第188-190页。

三、关于第一张大字报产生过程的争论

樊能廷说:"正当聂元梓等人的大字报在北京大学遭到反击的时候,康生向远在杭州的毛泽东飞报了聂元梓等人的大字报。""经过研究者们的努力,现在已经厘清了——大字报就是源于康生的幕后策动。"

历史的真相果真如此吗?

《毛泽东年谱(1949—1976)》记载:

6月1日 阅康生报送的北京大学聂元梓等七人的大字报《宋硕、陆平、彭珮云在文化革命中究竟干了些什么?》[4],批示:"康生、伯达同志:此文可以由新华社全文广播,在全国各报刊发表,十分必要。北京大学这个反动堡垒,从此可以开始打破。请酌办"当晚,中央人民广播电台全文广播这张大字报,六月二日在《人民日报》等报发表,《人民日报》还发表评论员文章《欢呼北大的一张大字报》和社论《触及人们灵魂的大革命》。[15]

上述这一段的注[4]还明确记载:"康生报送毛泽东的是《红旗》杂志、《光明日报》总编室5月27日编辑的《文化革命简报》第13期刊载的这张大字报。"显然,康生上报的并非坊间所传的大字报"底稿"。

"第一张大字报"产生的过程受到关注,是文革结束后的事情。为了把文革的罪责全部推到林彪、江青、康生一伙身上,为了把康生说成第一张大字报的主使者、创意者,就出现了一种无视历史事实的"策划指使说"。

中央组织部1980年8月21日在《关于为受所谓全国第一张大字报诬陷的同志平反的通知》中写道:

文化大革命一开始,林彪、江青、康生、陈伯达一伙,出于篡党夺权的需要,抛出聂元梓等人的所谓"第一张大字报",并组织人炮制《人民日报》评论员文章,诬陷北京大学党委和陆平、宋硕、彭珮

---
15 中央文献研究室编《毛泽东年谱(1949—1976)》(第五卷),第589页。

云同志，这是一起冤案。

1980年10月16日中央批转的中纪委《关于康生问题的审查报告》中指出：康生的反革命罪行之一就是在他的幕后策划下、在他和其妻曹轶欧的指使下炮制了"第一张大字报"。

文革后陆平、彭珮云等，或接受采访，或发表文章，坚持"策划指使说"。1981年1月8日《北京日报》发表记者林浩基采访北京大学原校长兼党委书记陆平的文章《北大第一张大字报是怎样出笼的——揭露康生的反革命罪行》。该文发表后，使"策划指使说"广为人知。

文革史学者印红标对"策划指使说"提出质疑，他认为：大字报是由聂元梓等人自己发起，受到曹轶欧等人的推动和支持，经毛泽东批准在传媒发表而影响全国。曹轶欧与大字报的关系是"推动"和"支持"，而不是"策划"或"指使"[16]。这种观点被称之为"推动支持说"。

《记忆》先后刊登了王复兴的文章《"第一张马列主义大字报"产生原因初探》（载2017.4.30第182期）、李清崑的文章《谈聂元梓等七人大字报的历史背景》（载2018.5.31第225期）以及大字报的两位作者夏剑豸、高云鹏的文章《亲历北大第一张大字报的产生》（载2018.9.15第234期）。这三篇文章都否定了"策划指使说"。

王复兴、李清崑、高云鹏等人的文章发表后，没有听到任何质疑的声音。但经过多年的蓄意涂抹歪曲，北大文革已被樊能廷等人成功地搅和成一锅浆糊。只要你发出一些不同的声音，就会遭到素不相识的某些人的攻击谩骂。樊能廷在这次讲座中说：

也有她大字报的同伙和原来的帮派骨干逐渐活跃起来，替她写文章、著书掩盖真相、妄图翻案，甚至把她打扮成"反王关戚""反中央文革"的"英雄"。近日美国一家出版社又出版了《聂元梓遗稿》，编造故事，极力为聂元梓翻案。

---

[16] 印红标：《曹轶欧与"第一张大字报"关系再考订》，载《文史精华》，2004年第1期。

这里所指"大字报的同伙",就是指大字报的作者高云鹏、夏剑豸,他们仅仅在《记忆》234期上发表过一篇文章《亲历北大第一张大字报的产生》。

据笔者所知,王复兴在美国出版的《聂元梓遗稿》是编者历经千辛万苦收集整理的资料。如果《聂元梓遗稿》中真有编造的故事,樊能廷就该明确指出来,才是对历史负责的态度。

三、1966年北大文革中的几件事

1. 聂元梓初掌权

1966年6月1日晚,中央人民广播电台广播了聂元梓等人的大字报,工作组进校夺了陆平的权。7月26日中央文革宣布工作组犯了路线错误,夺了工作组的权,同时宣布由聂元梓主持巴黎公社式的选举。可见聂元梓的权是中央授权、群众选举,不存在聂元梓夺陆平的权的问题。

1966年8月的一天,当得知一批中学红卫兵要来北大砸西校门石狮子和华表时,聂元梓在广播中号召全校学生到西校门保护文物。文革中北大文物没有受到损坏,是北大全体师生员工引以为荣的一件事。但聂元梓做的另外一些事,则遭到当年反对派的猛烈抨击。例如:

① "8.5讲话"

8月5日,作为校文革筹委会负责人,聂元梓代表筹委会做了《对当前工作的几点建议》的广播讲话。[17] 聂元梓说:

在清算工作组的错误时,我们应该看到,在各单位的工作组和广大工作组员的错误,虽然和张承先右倾机会主义错误有联系,但也有很大区别。绝不能把各单位工作组的错误和张承先的错误等同起来,

---

17 该讲话已收入胡宗式、章铎编:《北京大学文革资料选编》(上),美国华忆出版社,2020年。

更不能把工作组和张承先的错误等量齐观。我们对工作组员和各单位工作组都应该具体分析区别对待。

我们相信工作组的绝大多数的同志是好的，他们当中有一些是社教运动的工作队员（64年北大社教），这些同志曾是或是比较好的和北大革命左派并肩战斗；这次他们参加文化大革命，又是根据北大革命左派的要求，调回来参加文化大革命的。……我们不能，也不应该让他们人人在群众中检查，搞人人过关。

至于个别人或是别有用心的人企图想借清理工作组的错误时把真正革命左派一棍子打死，这样我们就必须坚决的反对，和这样的错误行为进行坚决的斗争。

聂元梓的"8.5讲话"，后来被反对派指责聂元梓执行"资产阶级反动路线"的理由之一，是"方向性错误"。经济系教师杨勋在10月6日的大字报中就指责聂元梓的讲话"具有方向性错误"，"它的基础是右倾保守的，改良主义的，折中主义的，调和主义的"。[18] 50多年后的今天，如果把聂元梓的"8.5讲话"和杨勋大字报放在一起读，孰是孰非，可以一目了然。

②关于"8.15大会"

张承先工作组的错误之一是"不斗黑帮"，所以校文革筹委会就安排了"斗黑帮"的大会。8月15日，北大在工人体育场召开十万人大会，批斗陆平、彭珮云等"黑帮"，史称"8.15大会"。按照《十六条》"要文斗，不要武斗"的规定，聂元梓提出了五条"不准"：不准挂牌子，不准"坐飞机"，不准罚站，不准戴高帽，不准不让被批斗的人反驳。在大会上，让陆平坐着接受批判，还允许他讲话，允许他分辩。每批完一个问题，就问陆平，是不是这样？[19] "8.15大会"后来被一部分人说成"文斗变成温斗"，成为聂元梓执行"资产阶级

---

18 杨勋：《北大文化革命又处在关键时刻——兼评聂元梓同志八月五日的广播讲话》，原载《新北大》，1966年10月8日。已收入胡宗式、章铎编：《北京大学文革资料选编》（上）。

19 聂元梓：《我在文革漩涡中》，香港，中国文革历史出版有限公司，2017年，第64页。

反动路线"的一个例证。

③聂元梓不同意成立红五类子弟协会，被反对派攻击。

1966年10月6日，物理系二年级学生路远、周闯贴出题为《搬开聂元梓，北大才能乱》的大字报。大字报写道："红五类早在8.18以前就提出组织起来，在红五类子弟的大会上，聂元梓同志讲话时支支吾吾，避开组织问题，一再强调团结绝大多数同学。真是胆小鬼！"

2. 关于"上揪下扫"

樊能廷说："聂元梓鼓吹在文革中要'上揪下扫'"。"'上揪下扫'成为聂元梓一派'在无产阶级专政条件下继续革命'和'把无产阶级文化大革命进行到底'的斗争方略贯彻始终，制造'阶级斗争'，把'阶级斗争'进一步扩大化。"

历史的事实是：

1966年10月1日，林彪在国庆十七周年大会上发表讲话指出："在无产阶级文化大革命中，以毛主席为代表的无产阶级革命路线，同资产阶级反对革命路线的斗争还在继续。"10月2日，《人民日报》发表了《红旗》杂志第13期社论，社论提出："要不要批判资产阶级反动路线，是能不能贯彻文化革命的十六条，能不能正确地进行广泛的斗批改的关键。"社论还号召"对资产阶级反动路线，必须彻底批判。"

针对批判资产阶级反动路线，1966年10月初北大有人曾提出"上揪下扫"的口号，但这个口号在1967年以后并没有再用。

《东风兵团编写的大事记》[20]记载：

十月十日

晚上，"五四"操场继续辩论。……会上，大多数人认为"不在于搬了聂元梓，要害问题是向资产阶级反动路线开火。"

会上还提"上揪下扫"是会后的大方向，"北大应该从李雪峰、张承先身上搞起来"，有人反对"上揪"要"下扫"，是要铲除"陆平

---

20 胡宗式、章铎编：《北京大学文革资料选编》（上）第92-95页。

的社会基础。"

聂元梓在会上讲话说:"如果这条反动路线反映在我身上就批判我,文革执行了就批判文革,表现在哪,哪个单位严重,就应斗争更厉害……当权派有决定作用,现在我是当权派。"

十月十六日

晚,聂元梓发表广播讲话,提出"上揪下扫"。上揪李雪峰、张承先,下扫反动路线在北大的影响,哪有就扫到哪。"校文革有什么错误就是什么错误,揭发后再检查。"

对聂的讲话有两种不同的反映,大部分同学认为"上揪下扫"是今后的方向,而《井冈山》等单位则发表声明,认为聂"耍阴谋,放暗箭,""想中间溜掉,""扼杀大辩论",并认为聂过去对大串连支持不够,现在又"放任自流",是"大阴谋"。

从上述记载可以看出,在聂元梓发表广播讲话之前已经有了"上揪下扫"一说,聂元梓只是接过这个口号,并且说下扫也包括校文革。聂元梓在提"上揪下扫"口号时,也号召对自己提出批评,这与现在某些人提的"下扫"意义完全不同。

樊能廷列举了聂元梓在文革中"上揪"的种种表现,诸如召开大会批斗陆平、彭珮云、彭真、陆定一、王光英、翦伯赞等等,还特别写道"(1967年)7月18日,聂元梓召开'打倒刘少奇、揪斗邓小平、彭真誓师大会'。聂元梓的讲话以及'新北大公社'等头头的发言,对刘、邓、彭进行攻击。"

众所周知,彭、罗、陆、杨和陆平等人都是被毛泽东为首的党中央打倒的,当年对他们进行批斗是再正常不过的事情了。请问樊能廷:你难道没有喊过"打倒刘邓陶!""打倒彭陆罗杨!""打倒陆平!"吗?

关于"下扫",樊能廷在刊于《昨天》的修改稿中还增加了如下文字:

1968年5月23日,《新北大》刊登新北大公社红旗兵团文章《北大井冈山——反革命分子大本营,从专政机关依法逮捕的反革命分子看老保组织井冈山兵团》,点了一批被聂元梓"校文革"保卫组送交公安机关的师生,说他们都是"反革命分子",计有谢世扬、胡伯安、胡根初、王海、王培英、何维凌、胡定国、苏士文、余水荣、臧希文、王晓秋、杨作森、乔兼武、魏秀芬、赵长占、杨勋、杨炳章、刘立炎、范永奇。

据我所知,谢世扬是"中国×小组"案的主犯、胡伯安是纵火犯、何维凌等人成立"共产青年学会"。当年他们在公安机关逮捕法办后,都无一例外地受到两派的批判。樊能廷无视历史事实,满嘴跑火车。这是研究文革应有的态度吗?

3. 贴邓小平的大字报

樊能廷在讲座中说:

1966 年 11 月 8 日,由孙蓬一修改、定稿,聂元梓、孙蓬一等 11 人署名的大字报《邓小平是走资本主义道路的当权派》在校内贴出。中共八届十一中全会上"揭发"和"批判"了刘少奇、邓小平。会后,刘少奇、邓小平实际上就退出了中央的领导工作,毛泽东并没有表示彻底打倒邓小平之意。聂元梓、孙蓬一揣摩错了,急于抢功,押宝似的贴出了这张大字报。上面没得到毛泽东的赏识,下面对于这张聂元梓、孙蓬一自诩的"第二张马列主义大字报"呼应者寥寥。

看来,樊能廷是反对贴邓小平大字报的,是现在还是当年?

《新北大报》[21] 1967 年 7 月 26 日刊载的《揪陶联合宣言》中有如下文字:

陶铸,竖起你的狗耳朵听着,立即滚出中南海听候红卫兵及广大革命群众的批判、斗争!

我们坚定的揪陶战士,高歌"饥餐刘邓头,渴饮陶铸血!"奔赴战场,奋勇向前!

"揪陶联合宣言",其署名最前面的几个单位是:新北大公社革

---

21 《新北大报》1967 年 7 月 12 日 创刊,由新北大红旗飘、新北大北京公社、新北大公社革命造反总部等组织联合编辑。

命造反总部、新北大红旗飘、新北大北京公社、新北大东方红公社、新北大井冈山公社。这五个组织于 1967 年 8 月 17 日联合组成了"新北大井冈山兵团"。后来，井冈山兵团还专门成立了"批邓纵队"，他们四出调查，于 1968 年 8 月印了一本书名为《恶贯满盈的老反革命》（全书共 271 页），对邓小平的家庭出身和邓小平直至文革为止的全部革命生涯，进行了全面系统的批判。[22]

文革中，像上面这样"连篇累牍"地攻击刘少奇、邓小平、陶铸等的语言，到处可见，它不是哪一家、哪一个派别独有的。现在看来，《邓小平是走资本主义道路的当权派》的大字报是极左思想的产物，但不是罪。

4. 砸校刊

北大井冈山红卫兵（简称"井"）和红联军（简称"红"）是批判聂元梓、校文革"资产阶级反动路线"的主力。1966 年 10 月 12 日，哲学系红联军"风雷激"战斗队贴出题为《要彻底革命，不要改良派》的大字报。[23] 大字报认为："校文革是改良派"。其主要表现为"不高举毛泽东思想伟大红旗""'怕'字当头""对红卫兵、革命串联这样的新生事物，不敏感、不觉察""不抓阶级斗争""有许多单位，除了几个固定化的左派以外，左中右不分明，仍然是糊里糊涂一锅粥"等等。大字报指出："如果这条改良主义路线继续统治北大，势必斗也斗不下去，批也批不下去，改也改不出一个真正的社会主义新北大来。不要多久，修正主义就又会在北大复辟。""我们要彻底革命，不要改良派！"10 月 25 日，该战斗队又贴出了《再论要彻底革命，不要改良派》的大字报。这些大字报是"井""红"一派的代表作。10 月 27 日，"红联军"总部将其翻印成传单广为散发。

11 月 7 日，红联军"浪滔天"战斗队贴出《可耻的行径，卑劣的勾当》的大字报，说校刊篡改了聂元梓 11 月 1 日在东操场大会上的讲话。随后，"井""红"等组织召开串联会，发表《告北大和全

---

22 新北大井冈山兵团大批判办公室编印，1968 年 8 月。
23 该大字报已收入胡宗式、章铎编：《北京大学文革资料选编》（上）。

国革命同志书》，并印成传单大量散发，还扬言要砸烂《新北大》临时编辑部。

11月12日，他们真的打砸了校刊编辑部办公室。"东风兵团"编写的《大事记》[24]记录了"井""红"打砸校刊办公室的情况：

> 下午五时许，《红联军》《井冈山》等单位二十来人破窗砸门，闯入校刊临时编辑部，毫不讲理，非法禁闭工作人员，截断电话线，翻箱倒柜，撕碎公共书籍，档案材料撒了一地，校刊十九、二十期乱扔一地，任人践踏⋯⋯最后还抢走公章和钥匙和私人的来访日记和钥匙。由于混乱把"毛主席万岁"的标语贴在沙发上，在挂有主席像的墙上写着"造反有理"，"打倒奴隶主义"等口号。

打砸了校刊编辑部后，"井""红"们又去了广播台，要求广播台立即广播他们砸校刊的《声明》，而且不许审稿。这当然遭到广播台工作人员的拒绝，要求他们先送编辑部审稿。赵丰田和杨作森还想强行进入播音间，被工作人员阻止⋯⋯最后，因为有大批同学赶到，他们才不得不撤走。

这是北大第一起用武力打砸办公室、肆意破坏公共财物的严重事件。他们还编造了一套"打砸有理"的理论。但"井""红"并没有因此为自己争得更多的支持，反而引起了公愤，大失人心。许多同学察看了一片狼藉的打砸现场，对"井""红"的野蛮行为都表示了极大的愤慨。

凑巧的是：砸校刊当天，李讷（江青与毛泽东之女）奉毛泽东之命来北大找聂元梓谈话，"井""红"打砸校刊编辑部的景象正好被她看到，她对此表示非常气愤。11月14日下午，王力、关锋在政协礼堂小会议室接见了聂元梓、孙蓬一等人，了解砸校刊编辑部的情况。会议开始时王力说："昨天晚上听了肖力讲北大砸校刊的情况。中央文革听了，很气愤，也很关心，我们今天在这里开会，听听你们介绍情况。"会后，王力吩咐北大写一份简报。回校后由简报组组长杨文

---

[24] 该《大事记》见胡宗式、章铎编《北京大学文革资料选编》（上）第89-106页。

娴起草简报，聂元梓等看过就上报了。[25]

砸校刊是一起有计划、有准备的暴力行动。然而，樊能廷等人在回忆北大文革时，再也不提当年"反聂派"这种"革命造反"的历史了。

五、关于上海串连的几个问题

关于聂元梓去上海串连一事，《王力反思录》（王力遗稿）第三版第504～506页有如下文字：

> 现在历史学家、纪实文学家说聂元梓和张春桥早有勾结，有计划、有组织地用聂元梓轰上海市委，一切都是预谋的、有计划的，这不符合事实。他们没有那么高的预见。
>
> 聂元梓的事是我经手办的，我比较清楚。那时我兼中央文革办公室主任。……毛主席对文化大革命的想法，是想把北京的群众组织、学生、工人、机关干部的造反派连在一起，通过聂元梓等人到上海串联，把北京同上海连成一片。……现在历史学家、纪实文学家说聂元梓和张春桥在上海秘密见面，搞什么阴谋，聂元梓在上海的行动是张春桥策划的，他俩怎么说，作者都听见了。这个我不知道。我只知道张春桥对聂元梓非常反感，张春桥打电话给我，问怎么回事？聂元梓为什么打着中央文革旗号？为什么有事不同我商量？我讲了毛主席指示的几条，我说没交代她有事去问张春桥，是因为张春桥要回来了。也没有必要，因为她只是代表北大群众组织去进行串联。没有叫她打着中央文革旗号。

北大离休教授李清崑（笔名：智晴）以知情人的身份，写了《文革初期聂元梓赴上海串连大有来头》[26]。该文对毛泽东的女儿李讷如何转达毛泽东的旨意让聂去上海串连，以及回京后车票报销等问题，都有详细说明，此处不再赘述。但需要补充说明以下几个问题：

---

25 智晴：《文革初期聂元梓赴沪大有来头》，载《记忆》174期。
26 载《记忆》174期，2016年11月15日。

1. 北大反对派对上海问题的看法

对于聂元梓去上海串连，北大反对派同样不能理解这件事，一个执行"资产阶级反动路线"的人怎么可以去上海"造反"呢？他们认为自己才有资格批判上海市委，并以"新北大红色造反联军新北大红卫兵革命委员会"的名义于 1966 年 12 月在上海印行了一册《评上海市委的资产阶级反动路线》包括"一评"到"九评"的九篇文章。

1966 年 11 月 30 日新北大井冈山红卫兵战斗团《打落水狗》战斗队在上海贴出题为《聂元梓为什么现在来上海？》的大字报。其中写道："关于上海市委的问题，我们经过不太长时间的调查串联，初步的结论是：上海市委执行了一条不折不扣的资产阶级反动路线，常溪萍是个地地道道的大叛徒。"

2. 康平路事件

樊能廷在讲座中说："孙蓬一留在上海，按照聂元梓部署与华东师大组织'新北大、新师大联合造反兵团'，进驻上海市委，还参与了上海第一次流血大武斗——10 万'工总司'踏平 2 万'赤卫队'的康平路事件。"

孙蓬一参与康平路事件了吗？

为了搞清楚这个问题，我和胡宗式查阅了相关资料，并访问了北大当年驻沪联络站的负责人李醒尘老师。答案是否定的。康平路事件是上海两派工人组织"工总司"和"赤卫队"[27]之间发生的事情，根本没有学生介入的影子。北大在上海串连的人，无论哪一派，都没有参与康平路事件。李醒尘老师甚至不知道当时发生了这件事。

康平路事件到底是怎么一回事呢？

1966 年 12 月 23 日，"赤卫队"在人民广场召开大会，向上海

---

27 "工总司"成立于 1966 年 11 月 9 日，以国棉 17 厂保卫干事王洪文为首；"赤卫队"成立于 1966 年 12 月 6 日，以上海著名劳动模范杨富珍为首。1966 年 12 月，上海的工人逐渐形成了"工总司"和"赤卫队"两军对垒的局面。

市委提出八项要求。市长曹荻秋出席大会并签字同意了八项要求。

12月24日,上海市委书记处开会讨论"赤卫队"问题。市委书记陈丕显提出市委已经决定支持造反派了,曹荻秋在"赤卫队"八项要求上签字是政治立场错误,不能代表市委,这件事要由曹荻秋个人负责。

12月25日,"工总司"所属群众组织在文化广场召开批判上海市委执行资产阶级反动路线大会。曹荻秋当场对同意"赤卫队"的八项要求做了检讨,并称自己是"被迫"的,说其中第二、三、四、五、六条当时他没同意,还说"赤卫队"大方向错了。曹荻秋在大会上否定了"赤卫队"的八项要求,但事先又没有对"赤卫队"做任何思想工作,"赤卫队"感到被出卖了。他们把仇恨记在了张春桥和"工总司"身上,认为曹荻秋是被迫的。

12月27日,"赤卫队"总部召开会议,有些人提议在全市停水、停电,停铁路、交通、邮电,停市内环卫,企图引起上海大乱,给市委进而给中央施加压力。

12月28日晚,"赤卫队"调集了万余人包围了位于康平路的中共上海市委书记处,要曹荻秋重新承认八条,口号是"打倒曹老头"[28]。同时高喊"我们要造张春桥的反!""我们早就和张春桥有分歧,张春桥不一定没有问题。"由于张春桥和柯庆施的家在康平路大院内,赤卫队有人进入了两家,但很快退出。工总司的人起初认为"赤卫队"进入市委大院是市委和"赤卫队"的内部矛盾,故在一旁看笑话。

12月29日,曹荻秋来到市委机关同"赤卫队"谈判,同意"赤卫队"的要求。晚上工总司调动了10万人,以"赤卫队抄了柯庆施和张春桥的家大方向错了"为借口,于30日凌晨2时向赤卫队发起攻击。不久,赤卫队全部投降。

时任国棉三十一厂"工总司"的头头黄金海回忆说:

---

28 陈丕显说:"赤卫队喊'打倒曹老头'是不得已而为之,他们的真正目的并不是要打倒'曹老头',而是要保'曹老头',保上海市委,防止'工总司'夺上海市委的大权。他们喊'打倒曹老头'是一种斗争策略,以免被对方说成是'保皇派'"。参见《陈丕显回忆录——在"一月风暴"的中心》第110页。

当时我在"工总司"总部,接到报告说"康办"被大批"赤卫队"人员包围了,详细情况不清楚。我告知王洪文,王也说不清楚。于是王洪文、潘国平、丁德法和我一起,叫了总部文艺小分队司机林友华,开车去康平路看看情况。到那只见周围路上挤满了人,有"赤卫队"也有造反队,更有众多看热闹的群众,搞不清谁是哪方面的,车子根本开不进去,又不便下车。开至衡山饭店附近,车子突然熄火了,聚集在衡山饭店门口的"赤卫队"看到就走过来几个人。王洪文、潘国平容易被人认出来,不能下车,丁德法就下去请他们帮忙推一下,那几个人也很热情地帮助推车。车子发动后赶紧开走,总算有惊无险。我们进不去"康办"院子,只是在外面见到有"红卫军"(复员军人组织,后按中央规定解散了)大概几千人,"二兵团"也调了数千人。我们上棉三十一厂也有1000多"赤卫队"去了康平路,厂里派了一卡车人去动员他们回厂抓革命促生产。"工总司"总部并没有调动任何队伍。

据现场报告,起先要求"赤卫队"撤出"康办"大院,劝他们不要受坏头头挑动,回厂抓革命促生产。在劝说过程中发生一些辩论。

12月30日凌晨两点,"赤卫队"铁路的头头打电话到上海铁路分局调度所,要调度员全部到康平路。几乎全部调度所人员离岗,凌晨5时起,机车不出库,列车不开车,货车停止,货物不装卸,旅客严重滞留,各地纷纷来电告急。邮电部门从下午6时也开始停业。当晚有人造谣说有12个"赤卫队"员被打死,情绪对立起来,引发一些冲突。造反派队伍开始涌进"康办"大院——说是大院,其实也就是四五百平方米的绿化和走道——目的是责令"赤卫队"撤出去,只要撤出,通道畅通,并要求在外撤过程中扒下袖章。"赤卫队"全部挤了出去,有许多是自己扒下的袖章。其间也发生一些冲突,推搡、动拳脚的情况也有,但因为双方都赤手空拳,所以并未发生流血事件,磕伤、擦伤双方自然都有一些。这件事全上海都知道,当时也总结过,没有严重死伤的情况。[29]

由以上情况可以看出,曹荻秋对"赤卫队"态度的反复是引发康

---

29 黄金海:《十年非梦——黄金海回忆录》,网上下载。

平路事件的导火索。说"孙蓬一参与了康平路事件",纯粹是一种无耻的诬陷。

3. 关于12月18日的大会

樊能廷说:"12月18日孙蓬一在上海市文化广场斗争常溪萍大会上,公开诬陷常溪萍'叛徒''是一个暗藏的反革命分子',常溪萍受到极残酷的迫害和人身侮辱。"

1966年12月18日在上海市文化广场到底召开了什么大会呢?

12月初,徐景贤为首的上海市委写作班宣布造反,上海市直机关4个单位在"工总司"等的参与下,决定1966年12的月18日下午14时在市文化广场召开万人"批判上海市委资产阶级反动路线大会"。12月15日召开的联席会议上决定了大会口号:"火烧陈丕显!揪出曹荻秋!打倒杨西光!"在联系会场时却发现华东师大红卫兵那天要在文化广场召开对常溪萍的批判大会。于是,市直机关大会的组织者便派朱维铮去协商。朱在华东师大碰到了北京大学的李醒尘,李醒尘和华东师大"红革会"商量同意把会场让给写作班使用,并提出希望那天要把常溪萍也揪到会场批斗,而且大会的口号要跟常溪萍有关。虽然常溪萍的职务不够这次造反大会的级别,但为了照顾华东师大让会场的情义,朱维铮、徐景贤等人同意再增加一个"砸烂常溪萍"的口号。这样大会口号变成"火烧陈丕显!揪出曹荻秋!打倒杨西光!砸烂常溪萍!"

12月18日下午14时在市文化广场召开的万人"批判上海市委资产阶级反动路线大会",是市委机关干部起来造反,勒令所有的中共中央华东局和上海市委书记和常委都要到场,由市委办公厅负责通知,所以他们一个也没有缺席,破天荒地第一次全部到场听取批判。陈丕显、曹荻秋、魏文伯、马天水、王一平、梁国斌、王少庸、杨西光、宋季文、李干城等人在台上站成一排接受批判。还有20多名市委、市人委的部、局级干部,不过他们只能站在主席台的台下,听候点到自己的名字才能上台揭发、交代。[30]

关于这次大会,陈丕显在他的回忆录中写道:

> 这次是我第一次作为群众批斗的对象站在了群众的面前。文化广场是市里过去经常开大会的地方,这主席台是我经常做报告的地方,可今天我竟作为批斗对象站在了这里。自参加革命以来,在党组织的关心下,我似乎没有经历过什么明显的"逆境",一直处在"顺境"之中,没想到今天竟会走到如此地步。此情此景,其中心境,难以言表,非亲身经历过,是无法感受到的。[31]

显然,12月18日的大会根本不是专门批判常溪萍的大会,北大连一个配角都算不上。历史就这样被樊能廷等歪曲了。

六、需要明确的几个问题

1. 校文革夺权指挥部成立的时间

樊能廷说:"1967年1月16日,江青、陈伯达召见了聂元梓、孙蓬一。1月17日,聂元梓根据江青、陈伯达的授意,组成'校文革夺权指挥部',孙蓬一、徐运朴等人担任夺权指挥部指挥。"

对于江青、陈伯达1月16日的接见,新北大公社火车头编辑部1967年11月出版的油印材料《毛主席的新北大》有详细记载[32]。江、陈谈话中根本没有提及夺权之事,樊能廷仅仅是抄录了《北京大学纪事》的相关记载而已。

1967年1月18日晚在人民大会堂接见工人组织座谈会上,周总理说:

---

[30] 刘朝驹:《文革史话》第二部第五卷,香港,中国文化出版社 2017.11,第 340 回。
[31] 《陈丕显回忆录——在"一月风暴"的中心》,上海人民出版社 2005 年 1 月第 1 版第 106—107 页。
[32] 见胡宗式、章铎编:《北京大学文革资料选编》(下)第 41—42 页。

今天 30 多个单位夺了北京新市委的权，我们祝贺他们的胜利。今后的任务首先吸收一些主要的工厂、吸收更多的职工帮助加强力量。综合性大学要负起主要责任，如北大、清华、师大……要负起主要责任，而不是派几个人参加几次会议的问题。首先是监督他们的工作，不行的就撤他们的职。参加的就要加强，没有参加的就要参加。既然前进就不允许半途而废。党中央、文革、解放军都帮助你们。要完成这项史无前例的任务。我们信任你们，你们同时也应信任我们。这样大的事情，随时都要和我们取得联系，24 小时内我们都要听电话的。

周恩来的讲话，对当天的夺权行动是肯定的。也正是周恩来在讲话中要求北大等大学"要负起主要责任"，才促使正在军训中的北大参与到北京的夺权斗争中去。1 月 19 日，北大成立了夺权指挥部，由孙蓬一、徐运朴负责。

《记忆》2015 年 6 月 30 日第 133 期刊登了胡宗式的文章《17 日还是 19 日？一字之差，谬之千里——〈北京大学纪事〉作者造假又一实例》，该文对相关问题有详细论述。樊能廷等人，为什么总是无视他人揭示的历史事实呢？

2. 关于卢正义的叛徒问题

北大参与教育部夺权发生在 1 月 19 日，正是对周恩来 1 月 18 日讲话的响应。而且，北大是教育部系统的，教育部当时又被认为是一个"烂掉"的单位。北大参与教育部夺权，无非是支持那里的造反派组织搞文革运动而已，是一件正常的事情。

1 月 19 日，教育部北京公社在北大红旗兵团等组织的支持下夺了教育部的权。20 日，教育部延安公社在师大井冈山等组织的支持下又搞了反夺权。2 月 2 日，两派在教育部发生武斗，数百人被打伤。

这场冲突的焦点主要是对卢正义的看法。北大等认为卢是叛徒，不能当左派。卢正义是延安公社的头头，北大坚决反对卢正义上台掌权，但他受到关锋、王力、戚本禹、林杰、吴传启和北师大井冈山的支持。

当年的两派都不否认卢正义是叛徒。北大动态报1967.5.10登的报道《奇文共欣赏——卢氏叛徒哲学》（摘自延安公社的大字报）：

（1）"越是叛徒，越是左派"

（2）"卢正义同志是鲁迅的形象"

（3）"卢正义是第二号马克思"

（4）"30年代卢正义犯了政治错误，60年代卢正义在无产阶级文化大革命中坚持了无产阶级革命路线，是坚定的革命左派"

（5）"即使三十年代犯了错误，难道六十年代就不能变化吗？……他至今是革命者，而不是什么叛徒。"

（6）"卢正义同志第一次被捕，还没有确立毛主席为党中央领导。"

卢正义显然是有问题的，因为他很快就隐藏起来并且失踪了。生不见人，死不见尸。直到1970年，公安部还向全国发布通缉令，追捕卢正义，但没有结果。

樊能廷在讲座中说卢正义"1955年调任教育部小学教育司司长、政治教育司司长。历经'政审'，没有发现什么政治历史问题"。——迄今为止，这是第一次听到"卢正义没有政治历史问题"的说法。樊能廷意欲何为呢？

3. 北大到学部夺权了吗？

樊能廷说："聂元梓在1967年'一月风暴'派出力量到'学部'去侵凌、夺权，受到'学部'造反派的激烈对抗。"

历史的事实是：

1966年5月23日，吴传启、林聿时在"学部"贴出了第一张大字报，批判"学部"政治部主任杨述的《青春漫语》，称其是"反党反社会主义大毒草"。关于这张大字报，"学部"党委给上级有一份报告。5月26日，康生在报告上作了四点批示："一、贴大字报难道还要批准么？二、林聿时为什么不能贴大字报？三、学部的问题很多。

四、哲学所的问题更多。"[33] 学部是归康生管的，康生的批示，使吴传启、林聿时一下子占领了学部造反舞台的制高点。哲学所的大权落到吴、林手中。至于哲学所所长潘梓年，因为关锋事先给他打了招呼，他是支持吴、林的，并得到吴、林的保护，与吴、林一起成为造反派的代表人物。

6月26日，新任中宣部部长陶铸向"学部"派出了工作组。工作组和潘梓年、吴传启、林聿时等人组成七人核心领导小组，一起领导"学部"文革。后来批判工作组时，吴传启、林聿时声称他们与工作组之间一直存在"路线斗争"，把自己打扮成反对工作组的英雄。批判工作组的结果，使吴传启、林聿时成了"坚持毛主席革命路线"的"左派"，完全掌握了"学部"文革的领导权。

8月8日，哲学所的8个年轻人写大字报反对吴传启、林聿时，这震动了整个学部。8月27日，在吴、林的支持下，学部成立了第一个造反派组织——"学部红卫兵联队"（简称"学部联队"）。随后，反对吴传启的人成立了"学部红卫兵总队"（简称"总队"）。

12月19日，人民教育出版社的李冠英等人贴出批判陶铸的大字报，紧接着，戚本禹写信对他们表示支持。[34] 得到内部消息的吴传启、林聿时派"学部联队"到中宣部大院贴出"打倒陶铸"的大标语和大字报。12月23日，哲学所周景芳等人也贴出《陶铸在两条路线斗争中到底站在哪一边？》的大字报。不辨风向的"总队"贴出了保陶铸的大标语。

1967年1月4日江青、陈伯达公开讲话打倒陶铸以后，"总队"便陷入了被动之中。借此机会，吴传启、林聿时操纵"联队"，以打、砸、抢、抓、抄的血腥手段，将"总队"打垮，实现了在学部的"一统天下"。[35]

一月夺权时，北大认为"学部联队"是造反派，当时两家的关系还比较好。所谓"'一月夺权'中，聂元梓派出力量到'学部'去侵

---

33 孟祥才：《我所知道的关锋、林聿时和吴传启》。
34 阎长贵：《一张反对陶铸大字报的出笼经过》，载阎长贵、王广宇：《问史求信集》。
35 孟祥才：《我所知道的关锋、林聿时和吴传启》。

凌、夺权，受到'学部'造反派的激烈对抗。"纯属无稽之谈！

4. 樊能廷刻意回避的几个问题

① "1.15事件"和炮打谢富治

1967年1月15日，发生了建国以来最严重的抢档案事件，俗称"1.15事件"。樊能廷在讲座中对文革中发生的几件大事避而不谈，其中之一就是"1.15事件"和炮打谢富治。

1967年1月15日凌晨1时15分，刘郿（统战部宗教处副处长、国务院宗教局第一副局长）和学部民族研究所洪涛，调集了"红色联络站"二百余人，把统战部和国家民委的档案室抢劫一空。当天，民族学院红卫兵总部和统战部的部分群众把洪涛、刘郿扭送到公安部。周总理指示：由三方面（中央并公安部为一方，抢档案的为一方，民族学院红卫兵总部为一方）协商追回档案。下午，公安部副部长严佑民和中央办公厅秘书局副局长曹幼明亲临现场。严佑民说："我们来是总理指示的，总理很关心，怕国家机密被弄走。"并指出："这个事件是建国以来最严重的抢档案事件"，"是严重的政治事件"。但是第二天，刘郿、洪涛却被公安部释放了。公安部还印发了一个《公安部某负责人就一月十五日"红色联络站"接管中央统战部档案问题的讲话》说刘郿、洪涛等人是左派，抓他们是犯法的。民族学院红卫兵总部的人到公安部理论。洪涛等人又以冲击公安部和迫害左派为名，将民族学院红卫兵总部的负责人郑仲兵扭送到公安部，公安部竟然收下，并将其关押了13天。

1967年4月13日晚上，孙蓬一在大会上发泄对谢富治处理北大4.11事件时偏袒地质学院等的不满，同时也着重提到1.15抢档案事件等问题，引发炮打谢富治。1968年春在北京高校学习班上，针对学习班领导压制对王、关、戚的批判，再次掀起炮打谢富治的浪潮。

现在，谢富治被扔进历史的垃圾堆，《纪事》上没有炮打谢富治的字眼，樊能廷在讲座中对此也避而不谈。

1968年1月28日新北大井冈山兵团井冈山纵队编写的《北京揪出了一个新的社会阴谋集团》（载《记忆》260期【资料】），在重大历史事件上颠倒黑白。其中写道：

> 郑仲宾，郑公盾的二崽子，郑家黑店二分店民院抗大公社的掌柜，是邓拓的忠实膜拜者，院党委和工作组的大红人，陶铸、刘述周、阮铭之流的保皇狗。这个家伙一贯勾结北大孙蓬一之流五次疯狂炮打谢富治副总理，攻击中央文革。去年元月份在其狗特务父亲指使下偷盗和抢劫中央统战部的机密档案，策动了一起严重的反革命事件。九月初又在郑公盾等人的指使下把关王林穆赵的材料抛到社会上，严重破坏了毛主席的战略部署。江青同志十一月九日说："郑公盾这个人很怪，他总是通过他的儿子来干事情。"郑仲宾就是协助他的老子进行特务活动，破坏文化大革命的反革命小丑。郑公盾被揪出后，他勾结郑伯农等整戚本禹同志的黑材料，死保其狗父。郑仲宾是"郑家黑店"和"聂氏家族"之间拉线搭桥的人物，是这个反党阴谋集团中一名十分活跃的小伙计。北京卫戍区决定把郑仲宾先交民院革命群众斗争，然后逮捕。

为了打倒聂元梓，某些人费尽心机，不择手段，他们的是非标准是不断变化的。他们最常用的手法就是颠倒黑白、歪曲历史事实，《北京揪出了一个新的社会阴谋集团》就是一个例证。

② "二月逆流" 问题

陈伯达、江青没有报告中央就公开在群众中点名打倒陶铸，1967年2月10日，毛泽东在政治局常委扩大会上批评了他们，并要中央文革小组开会批评陈、江二人。借着毛泽东批评陈伯达、江青的"东风"，几位老帅和副总理对中央文革小组提出了批评，展开了针锋相对的斗争。几位老帅和副总理的抗争很快被称作"反革命复辟逆流""资产阶级复辟逆流"和"二月逆流"。但对这场高层斗争的内幕，群众是毫不知情的。按照毛泽东的指示，对几位副总理、军委副主席的批判本来是限制在中央内部的小范围内的，但是，中央文革的一些人，却迫不及待地将这一事件捅到社会上去了。

在反击二月逆流中，北京市分成了"打倒派"和"炮轰派"，北大成了"炮轰派"的一员，还被某些人扣上了"不折不扣的'二月逆流'派"的帽子。

如今"二月逆流"变成"二月抗争",老帅和几位副总理大受赞扬。樊能廷不好再话当年,于是闭口不谈了。

③陈伯达"6.5讲话"

陈伯达"6.5讲话"使北大出现了大动乱、大分裂的局面。

原井冈山兵团中文系负责人奚学瑶在《青春非常之旅——我的"文革"印迹》[36]一文中写道:

> 六月五日,他(陈伯达)严厉地批评了聂元梓,说"聂元梓代表资产阶级向无产阶级夺权""北大是死水一潭"。于是,蕴积在人们心底的火山,"嗡啦啦"一下猛然喷发了,"北京公社""红旗飘""井冈山""东方红"纷纷亮明了反聂的旗帜,新北大公社内部也冒出了一个"革命造反总部",公开与聂元梓切割。于是,"团""0""飘""井""红",以不同的音色音阶,组成了一场反聂大合唱。北大顿时天下大乱,"大一统"的局面被完全打破了!

1967年6月16日晚,周培源先生在新北大北京公社、红旗飘、新北大公社革命造反总部举行的"彻底批判校文革执行的资产阶级反动路线誓师大会"上发表讲话,他说:

> 六月五日晚上,陈伯达同志在他的讲话中,指出了在目前无产阶级文化大革命运动中存在着资产阶级知识分子向工农夺权的问题。伯达同志的这个严肃批评,特别是对我校的文化大革命有他的现实意义。他的这个重要讲话,使我校的文化大革命有可能扭转错误的方向,指点我们朝着正确的航向。

陈伯达的"6.5讲话"是北大分裂的直接导火索。樊能廷等人却极力回避之,这与奚学瑶校友和周培源先生的坦率相差甚远。

七、关于反对吴传启们的斗争

樊能廷说:"聂元梓制造一顶'反王关戚'的桂冠戴在自己的头

---

36 载《燕园风云录》(一)第114页,丛璋、亚达、国真整理编辑,2012.8

上,缺乏证据,自说自话,这绝对成不了北大'文革'或者聂元梓的什么'亮点'"。那么,历史的事实到底是怎样的呢?

1. 聂元梓、孙蓬一向江青、陈伯达状告王力、关锋等人"结党营私"

经过高教部夺权、反击二月逆流等一系列活动,聂元梓等人开始感到王力、关锋、吴传启等人是破坏文化大革命的"隐患"。1967年3月下旬,聂元梓、孙蓬一等去解放军报社向李讷谈了高教部事件中有关王力、关锋、林杰一伙的情况,并交给了她有关高教部事件的调查报告以及王力、关锋两次打电话批评北大的追记稿。

1967年4月8日在民族文化宫,为争夺对民族工作展览的批判权,以地质东方红为首的一方和以北大为首的另一方发生了严重的冲突,俗称"4.8事件"。种种迹象表明,"4.8事件"的后面有吴传启、卢正义、洪涛等人的影子。当时有北大学生在现场就看见了洪涛、刘郢。

"4.8事件"发生后,孙蓬一主张对吴传启一伙进行公开反击,指出问题的实质。为稳妥起见,4月9日聂元梓向中央文革递交了一封求见信。4月10日,江青、陈伯达在钓鱼台接见了聂元梓和孙蓬一,在座的还有戚本禹。聂元梓、孙蓬一向江青、陈伯达谈了高教部事件,谈了林杰、周景芳、潘梓年、吴传启及其北京市里那一伙,包括高教部的卢正义、徐非光,指出他们这一伙人许多都有历史问题。孙蓬一说:"我们认为王力、关锋是在搞新的招降纳叛、结党营私。"[37]

2. 向吴传启们宣战

在洪涛等人的挑动下,4月11日地质、邮电、农机、农大、工大、民院六所院校开了六辆广播车到北大闹事。他们高呼"聂元梓无

---

[37] 见孙蓬一1977年1月3日给胡宗式、章铎的信,载《北京大学文革资料选编》(中)第310页。

权进入市革委会!""聂元梓从红代会滚出去!""揪出聂元梓当红代会核心组长的后台!"等口号。

吴传启虽然不是什么大人物,但他和关锋等人关系不一般。他们手眼通天,善搞阴谋,手段卑劣,用心叵测,能量很大。孙蓬一 1967年4月12日讲话,公开向吴传启一伙发起了宣战,并不点名地批判了王力、关锋(那时当然不能公开点关锋的名字,但吴传启无疑是关锋的软肋,反吴传启就是揭露关锋的切入口)。孙蓬一在讲话中说:

如果说,在昨天我们有些事情还看不清楚,那么到了今天,那一小撮人的心是路人皆知的。因为马路上都写了大字标语了,他们要干什么,他们的目的已经清清楚楚了!他们醉翁之意不在酒。所谓的民族宫事件本来是微不足道的,这只不过是一个借口而已。目的是他们背后的那些人要实现更大的政治野心、政治阴谋!……也有另外一些人,他们为了达到他们垄断、独占无产阶级文化大革命胜利果实这一目的,便不择手段,只要是可以被他们利用、为他们服务的,只要是支持他们的,他们不管这些人是什么派,就一律给他们送上一顶最美丽的桂冠:"革命造反派"。而这样一种力量,采取一种非常不正当的手段,采取拉一伙,打一伙,拉拉扯扯,勾勾搭搭,招摇撞骗,把手伸得很长,真正是拉大旗作虎皮,包着自己去吓唬别人,当他们跟别人辩论,他们提不出充足证据的时候,便拿出所谓的王牌,说:某某支持我们。不管什么人,只要你违背了毛泽东思想,他支持了你,那么他也是错误的!无产阶级革命者,认为隐瞒自己的观点是可耻的,我有必要再一次阐明我的观点:在我看来,这一股势力的代表,这一股势力的核心不在学校,而是在一些机关,是真正的摘桃派,那是一些什么人?如学部以吴传启为首的一帮子人,如高教部的延安公社,中央统战部红色联络站。至于还有一些单位,他们人数虽然很多,但是,在我看来,那只不过充当了一个打手,充当了一个工具。

1967年4月,学部内部对吴传启、林聿时飞扬跋扈、颐指气使、专断独行不满的人也越来越多,一部分人决定拉出队伍同吴、林对着干。他们也选择潘梓年作突破口,"一是因为他是学部的一号人物,在学部的副主任中级别最高,行政六级,打倒他,影响大。二是因为他是吴、林的牌位,打倒他,吴、林就摆脱不了干系。三是他有叛徒嫌疑。他坐过国民党的监狱,据社会上传来的一些材料,他是叛徒的可能性很大。"[38]

潘梓年是六级高干,他如果不投靠关锋、吴传启、林聿时团伙,"文革"一开始肯定会被吴、林打成学部第一号"走资派"和"资产阶级反动学术权威",戴高帽子游街受批斗,肯定是跑不了的,但不至于死在监狱里。而在关、吴、林的庇护下,潘一开始就成了"左派",而且"红得发紫",可以安坐在主席台上,看着对他昔日的同事、原学部领导人进行批斗。他还多次发言,指责原先的同事们"执行了修正主义路线"。[39]

潘梓年并不是重点,他受到揭发批判,关锋等人并未出面保护。"学部联队"没有大张旗鼓地为潘梓年辩护,也没有进行猛烈反击,他们要极力保护的是吴传启。

吴传启问题的要害是他复杂的历史。1966年江青和陶铸为吴传启的问题发生争吵,关键也是吴传启曾经是国民党员。新北大公社"除隐患"战斗队派人到武汉档案馆调查了吴传启的历史,整理出《吴传启究竟是个什么东西?》的材料。[40]

由于吴传启与关锋、王力的特殊关系是一个敏感的问题,一提打吴传启,就有人说你"反中央文革"。5月17日孙蓬一在全校大会上说:"有人自己反中央文革,硬把自己同中央文革等同起来","拉大旗作虎皮,把根本扯不上的东西硬扯在一起","根本的问题我们认识到了,这就是为了一个政权!""夺吴传启的权就是夺定了!"

反对吴传启是要冒风险的,因为他有后台,学部很早就有人揭发吴传启,但都遭到了严厉打击。聂、孙敢于当面向江青、陈伯达说关锋、王力结党营私,也是要冒风险的,在大会上公开揭露吴传启一伙,因为完全没有回旋余地,风险更大,代价也更大。

---

38 孟祥才:《我所知道的关锋、林聿时和吴传启》。
39 孟祥才:《追忆"文革"中的学部领导和部分高研(一)》,原载《历史学家茶座》总第20辑,2010年。
40 这份材料已收入胡宗式、章铎编:《北京大学文革资料选编》(上)。

3. 来自中央文革关、王、戚、陈伯达的全面打压

1967年5月27日，陈伯达、关锋、戚本禹在钓鱼台召见聂元梓。陈伯达说："我们是受江青委托和你谈话。""我们非常希望和你合作，你要和我们站在一起。""你不要反对吴传启了，更不要把我们和他联系起来。陶铸反关锋就是从反吴传启开始的。"关锋说："北京分出两大派，你要负责，听说你还要揪出一个大后台，要叫大家吓一跳。"关锋还说："你们要揪出揪谭震林的后台，如果是那样，我们就奉陪。你们要保余秋里，提醒你们，不要再犯错误，再犯大错误就可能爬不起来了。"戚本禹说："你还说什么六月要血洗北京城。"（聂元梓说：这都是谣言。）这次召见的目的就是向聂元梓提出警告，施加压力，不准反对吴传启。这当然遭到了聂元梓的拒绝。

新北大公社"除隐患"战斗队于6月1日贴出大字报，揭发吴传启的历史问题。这让中央文革的一些人恼羞成怒，关、王、戚、陈伯达轮番上阵，利用他们的地位和权势，发动了猛烈的反击。

6月1日，王、关、戚接见了中宣部工作人员并讲了话，[41]摘录如下：

戚本禹：最近有两个动态值得注意，就是阶级敌人企图从两方面来破坏无产阶级文化大革命，来转移大方向：一种是从极"左"方面，一种是从右的方面。极"左"方面，不是把矛头对准刘、邓、陶这一小撮走资本主义道路当权派，而是企图用各种流言蜚语打击无产阶级司令部的人，转移斗争矛头，煽动一些人攻击总理，攻击文化革命小组成员。……说中央文革分两派，支持一派，打击一派，搞这一套，那是从右的方面来制造混乱的。

关锋插话：要坚持原则的话，就搞光明磊落的政治斗争，不要搞这种小动作。

王力：我们不希望你们两派卷入到北京市说是要爆发还没有爆发的大内战中去。

---

[41]《王力、关锋、戚本禹接见中宣部工作人员时的讲话》，已收入胡宗式、章铎编：《北京大学文革资料选编》（下）。

王力的这句话泄露了天机：他已经提前知道，北京市即将爆发一场大内战。谁是策划者呢？针对的又是谁呢？事实证明，策划者就是王、关、戚这些人，目的就是对聂元梓、孙蓬一和新北大公社发动围剿，把其整垮，以保护他们自己这个团伙。

6月3日晚至次日凌晨，陈伯达、江青、康生等在人民大会堂小礼堂接见外事口的造反派。这个会本来的目的是毛泽东叫中央文革出面批评外事口大专院校少数人把斗争矛头对准周总理、企图打倒周总理的反动思潮。陈伯达却在两次讲话中偏离主题，不点名地对北大进行批评。

他在第一次讲话中说：

最近看了一些材料，有人竟然这样说：还要下决心干，垮了就垮了，不是我们垮，就是他们垮。说这种话的人不是无产阶级的人。这种说法和联动说："活着干，死了算"有什么不一样？……现在流传着念念不忘一个"权"字的，他们无产阶级的权要夺，资产阶级的权也要夺，实际上他们是要夺无产阶级的权，这是不行的。我们是无产阶级专政，要巩固无产阶级专政，谁要想夺无产阶级的权，就要碰得头破血流。[42]

在会议即将结束时，陈伯达作了第二次讲话。他说：

无产阶级的政治斗争是很严肃的斗争，不是儿戏，不是赌博，不是押宝，不要犯主观主义的错误，不要犯儿戏的错误，要学会毛主席的阶级分析方法对待这个问题。……最近街上有这样的一张标语，反对谢富治同志的标语，这就是"打倒谢富治""谢富治算老几""解放军调查团滚出去"，这个标语贴在××处，要把它盖上。现在谢富治同志是北京市的首长，我投他一票，你们也有一份，你们拥护不拥护他？这种标语是乱来，属于联动一类，什么算老几，无产阶级算什么辈数，讲什么血统论，贴这种标语的可能堕落到联动一样。写这种标语的人算老大吗？老子天下第一，自己来当革委会主任，革委会主任不是自己封的，是大家推的，是大家协议选出来的。

---

42 见胡宗式、章铎编：《北京大学文革资料选编》（下），第95—104页。

念念不忘无产阶级斗争是严肃的斗争，不是儿戏！[43]

陈伯达的上述指责，似乎是针对孙蓬一4月12日和4月13日两次讲话的。但陈的指责毫无道理，讲话的逻辑也很混乱。聂元梓、孙蓬一正是把关锋、吴传启一伙的问题看作是"很严肃的斗争"，才在4月10日向陈伯达、江青当面陈述意见的。孙蓬一4.12讲话有失鲁莽，很不策略，但决非"儿戏""赌博""押宝"。陈伯达6月3日的指责气势汹汹，但这没有吓倒聂、孙和北大校文革。6月4日晚在东操场召开的全校大会上，校文革副主任姜同光传达了陈伯达6月3日的讲话，随后聂元梓在讲话中谈工作安排时，强调"搞吴传启、潘梓年也是完全可以的"。[44]

6月5日在傅崇碧主持的红代会核心组扩大会议上，陈伯达说：

吴传启算什么东西？吴传启你们说过就算了，提不上日程上。他这个人排不上我们社会的位置。……吴传启我不认识他，谢富治同志也不认识他。有一种言论，说北京日报、光明日报、新华社、红旗杂志都是吴传启操纵的，这是活见鬼！有人扭住周景芳，他在学部工作。（谢富治：他是好人，是造反派的。）我刚刚认识他，他是戚本禹同志派他去帮助谢富治工作的，是戚本禹推荐的，关锋同志开始还不愿意呢，要把他调到红旗，当时我也同意了。这是一个老实人，别冤枉好人。吴传启不可能操纵我们的报纸，渺小的微不足道的人，你们硬把他抬上来，这不是见鬼吗？这不是上坏人的当吗？因为他，就要搞武斗，这是被人在挑拨呀，这是帮助渺小的微不足道的人来篡夺我们的权力。凡是搞垄断把持权的都是替自己造成垮台的条件。你们要用吴传启这个名字来做内战的口实，一定要垮台。吴传启是渺小微不足道的人，你们为什么要抬高他呢？我们两个人一辟谣你们就垮台了。我们两个人都不认识他。你们一定要利用这个口号会自己垮台的，不相信，将来会相信的。北大拿这个借口少数人搞分裂，一两个人，两三个人想利用这来搞内战，这一两个人就要垮台。他们认为打中了，就可以把北京市革委的权夺过来了，这是想入非非，胡思乱想，

---

43 见胡宗式、章铎编：《北京大学文革资料选编》（下），第95—104页。
44 "革造15 红浪滔天"编《大事简记》，油印材料。

这种人一定要垮台。

陈伯达 6.5 讲话成为北大文革两派从分歧到撕裂的催化剂和推进器，在北大的文革运动中起到了极其恶劣的作用。"6.5 讲话"虽然搞乱了北大，但这个讲话也判处了吴传启政治上的死刑，其后台关锋也陷入了深深的惶恐之中。北大闹得越厉害，在社会上造成的影响越大，对这一伙人其实并没有好处。

4. 北大"反聂派"的表现

陈伯达 6.5 讲话后，北大首先从组织上大分裂了。北大的反对派"团""0""飘""井""红"在 1967 年 6-8 月搞静坐、抢大印、冲会场、揪斗孙蓬一、打砸保卫组（还殴打组长谢甲林），十分活跃（对于这些"光辉"业绩，樊能廷现在一句也不提了）。"团""0""飘""井""红"在 1967 年 8 月 17 日合并成立了新北大井冈山兵团。其成立宣言写道：

我们新北大的无产阶级革命造反派，就是在与彭真、陆平黑帮的搏斗中，在与张承先反革命工作组的搏斗中，在与刘邓黑司令部的搏斗中冲杀出来的！

新北大校文革聂元梓、孙蓬一等同志，在这次文化大革命中，由过去受压制的地位，变成当权的地位，由于他们不注意夺自己头脑中的"私"字的权，保存并发展了自己头脑中的资产阶级、小资产阶级思想，用资产阶级世界观来改造世界，因而犯了方向路线的错误，重新执行了资产阶级反动路线。

他们把新北大公社作为他们执行反动路线的御用工具。

他们抵制在新北大大树特树毛泽东思想的绝对权威，大搞独立王国，鼓吹"反聂即反动"的反动理论，把革命群众打成"反革命"；

他们分裂中央文革，炮打谢副总理，动摇北京市革委会的革命权威，破坏无产阶级专政，代表资产阶级知识分子向工农夺权；

他们在校内外，扶植保守派，打击围攻革命造反派，挑起北京市两大派斗争；

他们在运动的每一关键时刻,都提出错误的理论和荒谬的口号,什么"上揪下扫"、"念念不忘一个'权'字"、"十七年的掌权经验不能用了"、"大抓摘桃派"等等,转移斗争大方向,打乱毛主席的战略部署,对抗毛主席的革命路线。

是可忍,孰不可忍?!

井冈山兵团成立后,很快被极左势力所控制。1967年8月30日《新北大报》社论《将革命进行到底》,表达了井冈山兵团要在北大进行"自下而上夺权斗争"的意志,也表达了该组织对聂元梓、孙蓬一、校文革和新北大公社的"定性"和"砸烂校文革""摧垮新北大公社"的政策以及与聂元梓势不两立的决心。社论写道:

北大旧王朝的国家机器并未摧毁。写过第一张马列主义大字报的聂元梓根本不是马列主义者,在革命小将推翻了张承先临时政府以后,正是她抹杀和窃取了小将们的丰功伟绩,取张承先而代之,建立了一个名为红色政权、实则比临时政府更带有欺骗性的资产阶级政府。它网罗与集中了旧北大的一切保守势力,疯狂地扼杀小将的造反精神,完全成了压在成千上万革命群众头上的铁盖子,使北大未能按照主席所揭示的规律去完成自下而上的夺权斗争。这正是北大运动的症结所在。也就是这个资产阶级政府,疯狂地炮打无产阶级司令部,千方百计地动摇无产阶级专政,颠覆北京市年轻的红色政权,充当了资产阶级知识分子向工农夺权的代表!时至今日,他们仍盘踞在北大的各个要害部门,还在固守资产阶级阵地,准备"十年八年受孤立",负隅顽抗。这样的资产阶级国家机器非彻底砸烂不可!这样的权非夺不可!

我们在北大进行的这场自下而上的夺权斗争,就是代表全市和全国革命造反派向保守势力夺权!就是为工农向资产阶级知识分子夺权!就是为无产阶级司令部向资产阶级代理人夺权!我们的夺权是天经地义的革命行动!

必须砸烂校文革的资产阶级专政!必须摧垮臭名昭著的新北大公社!

与聂元梓"分而治之"吗?我们忘不了中国历史上老佛爷"招安"

义和团,而又勾结帝国主义一举歼灭之的前车之鉴!更忘不了北大历史上的"井""红"天真地要求聂元梓合作、然后横遭血腥镇压的沉痛教训!"分权"一说是根本不成立的!不是西风压倒东风,就是东风压倒西风,在路线和政权问题上绝没有调和的余地!必须丢掉一切幻想,将"倒聂运动"进行到底!必须将一切权力全部掌握在无产阶级手里。

井冈山兵团中这股极左势力利用陈伯达 6.5 讲话,以为靠上关锋、吴传启团伙后可以大捞一把,但闹了两个多月却没有见到效益,他们等不及了,发出了抢权的号召。社论作者一直在做夺权的美梦,却不知风向已变,关、王已经垮台。再过一天,他们的梦想就要破碎了。这股极左势力在北大得不到多数人的支持,纠合社会上的极左势力,也没有实际效果。

1967 年 8 月 31 日出版的《新北大报》和《新人大》合刊,发表了新北大井冈山兵团七纵《长缨在手》战斗队的一篇文章,题为《斩断伸向中央的这只黑手》。文中写道:

在伟大的历史文件《五·一六通知》发表以后,她抛出所谓"揪出新的黑线"的反动论调,扬言"只出来一个陶铸嘛",要揪出"新的赫鲁晓夫式的人物",抛开主席指出的大方向,企图重搞一个资产阶级的方向;她自称"江青派"、分裂中央文革,在全市全国造成了极其严重的政治混乱;她以"林杰—关锋—康生"的反动逻辑冲击无产阶级司令部,企图从极"左"或极右的方面来动摇中央的领导;她一手炮制了什么"摘桃派"的理论,为其全面夺取市革委会大权制造反动舆论,并直接策划了炮打谢副总理的罪恶活动。

樊能廷说聂元梓反王关戚"缺乏证据,自说自话",你们的报刊不是证据吗?!

八、关于大面积迫害北大干部、知识分子问题

樊能廷说:

聂元梓强辩说，她掌权的"校文革"时期，死人比工宣队时期少。其实，工宣队治校时期长达八年，死亡人数中包括了一部分（非政治因素）意外事故的数字。而在聂元梓"校文革"时期的蒙难者，全部都是政治斗争的受害者，聂元梓统治不过两年，死亡29人，她还嫌死人少！

文革期间非正常死亡的事件很多，其中有不少是"自杀"，而自杀的主要原因是逝者失去了希望。对于绝大多数"自杀"者来说，他们并不真正在乎群众给他扣上诸如"反革命""黑帮"之类的帽子，他们在经历多次了政治运动后，知道群众说了不算，要到后期组织处理才能定案。但毛泽东亲自打倒了陆平党委，北大社教运动得到翻盘，人们在认知上一下子被颠倒了；加上"红色恐怖"的盛行，一些人在绝望之余，选择了"自杀"（当然，也有"士可杀不可辱"而抗争的自杀者）。对于校文革时期北大的非正常死亡，聂元梓虽然负有领导责任，但讨论这个问题不能超越时代背景。

1. 对樊能廷所列事例的分析

樊能廷列举了校文革时期非正常死亡的29个人的名单，他们是：

董怀允、吴兴华、吴素珍、俞大絪、陈彦荣、孔海琨、无名氏老太太、程贤策、杨明爱、沈廼璋、陈树峥、向达、沈达力、王建新、周瑞清、刘长顺、程远、蒙复地、温家驹、李原、殷文杰、王厚、李劼、卢锡锟、林芳、刘玮、许世华、王建新、周瑞青。

针对这个名单，有几点需要说明：

①董怀允（数力系教研室主任，讲师）和吴兴华（西语系副系主任，副教授）的死亡时间均为1966年7月28日，也即校文革筹委会成立的当天。

②名单中的"王建新、周瑞清"与"王建新、周瑞青"显然是重复的。其中王建新是数力系64级学生，1967年8月在温州武斗中被

枪击身亡[45]；周瑞清是西语系 65 级学生，1967 年 8 月在温州武斗中受伤，因医治无效于 1970 年毕业分配后不久身亡。[46] 他们的死亡和聂元梓有什么关系？

③另据《北京大学纪事》记载，这个名单中的吴素珍、陈彦荣、孔海琨、无名氏老太太四人都是在 1966 年"红色恐怖"中先后被北大（人大）附中的红卫兵打死；李劼（北大附中教务处职员），有历史问题（早已做过结论），被人把她的历史材料抛给学生，于 1968 年 6 月 12 日被北大附中学生打死。

樊能廷还特别强调说："其实，工宣队治校时期长达八年，死亡人数中包括了一部分（非政治因素）意外事故的数字（张雪森死于翻车事故，还有沈立、邵鸿昌、张瑞清在工伤事故中被隧道里炸药硝烟毒气熏死）"。

樊能廷为了抹黑聂元梓，不惜为工军宣队涂脂抹粉。

2. 校文革时期的清理阶级队伍

1967 年 1 月 13 日中共中央和国务院联合颁发了（中发[67]19 号）《关于在无产阶级文化大革命中加强公安工作的若干规定》（即公安六条）。在一次大会上，周总理讲了要"誓死保卫毛主席，誓死保卫林副主席，誓死保卫中央文革，誓死保卫江青同志"，江青插话："还要誓死保卫周总理"。于是，凡是有反对上述这些人的言行，都被定成"现行反革命"。

清理阶级队伍的工作早在 1967 年冬天即在部分单位开始了。1968 年 4 月，毛泽东发出最新指示：**无产阶级文化大革命，实质上是在社会主义条件下，无产阶级反对资产阶级和一切剥削阶级的政治大革命，是中国共产党及其领导下的广大革命人民群众和国民党反动派长期斗争的继续，是无产阶级和资产阶级阶级斗争的继续。**

---

45 《新北大报》（第 14 号）发文称赞王建新"生的伟大 死的光荣"，井冈山兵团总部于 1967 年 9 月 26 日晚为其举行了隆重的追悼大会，并号召向王建新学习。

46 散淡天涯：《班长周瑞清之死》，载《燕园风云录（三）》，丛璋 亚达 国真 编，2014 年 12 月。

5月15日北京市革委会通过关于清理阶级队伍工作中几个问题的通知。《通知》称：北京市"在很短的时间内，已经揪出一批隐藏在革命队伍里的叛徒、特务、走资派和反革命分子，进一步清理了阶级队伍，给了阶级敌人以沉重的打击，取得了很大的成绩。"1968年5月25日，中共中央、中央文革小组发出《转发毛主席关于〈北京新华印刷厂军管会发动群众开展对敌斗争的经验〉的批示的通知》。"清理阶级队伍"的运动迅速在全国范围内开展起来。清理之初，其对象一方面是"走资派"、叛徒、特务、地、富、反、坏、右，另一方面是群众组织里的"坏头头"，"混进群众组织里的坏人"。

校文革时期的"清理阶级队伍"就是在上述大背景下进行的。对受难者的仇恨和恶意，是文革中被煽动和灌输起来的。1968年1—8月，北大有11人非正常死亡，其中自杀7人，被打死4人（1人被北大附中学生打死）；温家驹（地质学院附中学生）、殷文杰（无线电系62级学生）、刘玮（地质地理系61级学生）先后于1968年4月19日、4月27日、7月20日被新北大公社的人打死——这是新北大公社最为耻辱的事情。

当年所办的专案，今天来看很多都是错误的。例如：1967年10月25日，技术物理系学生何维凌、胡定国、王彦发起成立"共产青年学会"，并在大饭厅东墙上贴出《共产青年学会宣言（草案）》，对"顶峰论"提出质疑，声称要重新学习和研究马列主义。校文革保卫组将此事上报给北京市公安局，公安机关将其列为反革命事件，并逮捕了当事人。新北大公社和井冈山兵团都毫无例外地对"共产青年学会"进行了严厉批判。笔者当年不知道"共产青年学会"这件事，在收集整理文革资料的过程中，才对此事略有了解。

1967年11月5日《新北大报》（第18号）刊登"13纵誓死卫东"的文章《誓死捍卫以毛主席为首的无产阶级司令部》。该文严厉批判《共产青年学会宣言》。文中写道：

最近阶级敌人掀起了一股炮打无产阶级司令部的反动逆流。经过长期密谋策划终于在十月二十五日跳出来的反革命阴谋集团《共产青年学会》，就是一个代表。对此，我们必须予以迎头痛击！

这些反革命小丑……狂妄叫嚣要"探讨""中国社会""处于什么

样的状况"等"重大课题","调查""中国社会的现状""各阶级的状况""中国青年的思想状况""干部的思想状况"等等,"真正自己杀出一条道路来",疯狂地反对毛泽东思想,企图"杀出"一条同毛泽东思想相反的道路,即复辟资本主义的修正主义道路,妄图否定无产阶级文化大革命,为刘邓翻案。联系到这些反革命小丑曾经把"反对个人迷信"改头换面,变成"反对个人英雄主义"而大反毛主席,反对"把毛主席的话作为最高指示",其狼子野心不是昭然若揭了吗?

这些反革命小丑在《宣言》中闭口不谈以毛主席为首的党中央的英明领导,却大谈什么"在马列主义发展的第三个里程中绝不容许也不可能有第二个所谓顶峰。"别有用心地反对所谓"从极'左'的方面""僵化"毛泽东思想。其险恶用心,路人皆知,这不是把矛头指向一贯高举毛泽东思想伟大红旗的林副主席和中央文革又是什么?

这些反革命小丑闭口不谈伟大、光荣、正确的中国共产党,却胡说什么"党的问题已成为消灭的对象,产生新的党派!!"其反动气焰是何等嚣张!何等露骨!

这些反革命小丑闭口不谈无产阶级专政,却大谈什么"外国人有海德公园……中国为什么不可以有呢?"说什么对反革命分子不要实行专政,要"用他们",并且"放宽人事调度"等等。明目张胆地煽动起来推翻无产阶级专政!是可忍,孰不可忍!

我们讨论文革的根本目的,是为了总结文革中的教训,使党和人民知道如何避免文革灾难再发生。但樊能廷等人现在只强调聂元梓、校文革、新北大公社的态度,闭口不提自己当年的表现。对季羡林的批斗就是一个典型的例子。

季羡林是东语系老教授、社教运动中的左派,文革初期没有受到冲击。1967年陈伯达6.5讲话后"自己跳出来",成了井冈山兵团东语系负责人。新北大公社方面出于派性,在11月底抄了他的家,抄出了他保存的蒋介石和宋美龄的合影(现在是文物了,当时可是大问题)。他找井冈山兵团求救,碰了一鼻子灰。新北大公社和井冈山兵团都对他进行了批斗。樊能廷等人写文章只谈季羡林为什么参加井冈山兵团,却绝口不谈井冈山兵团对季先生的批斗。

类似的情况还有很多,不再赘述。

3. 工军宣队时期的清理阶级队伍

1968年8月19日工军宣队进驻北大，进一步加强"清队"力度。从9月下旬开始，全校干部、教师被命令集中食宿，不得自由回家。在宣传队提出的"北大王八多得腿碰腿"的思想指导下，全校相继有九百多人被重点审查。从1968年9月到1969年2月，北大有25人"自杀"。

毛泽东的警卫部队8341进驻北大后，从1969年7月3日开始第二次清理阶级队伍的运动。至8月7日，全校共检举揭发1742人次，1956件问题。[47] 宣传队负责人要求有问题的人"必须竹筒倒豆子"。从8月8日到8月15日，全校坦白交待259人次，其中中统、军统特务19人，日本特务1人，历史反革命6人，叛徒1人，现行反革命1人。[48] 10月17日北大宣传队、革委会召开第五次落实政策大会。会上宣布："继续清队，一清到底"，做到"坦白交待不停，检举揭发不停，内查外调不停，召开落实政策大会不停"。

1969-1970年北大宣传队召开了多次落实政策大会，这种会还被称为"宽严大会"，大批人得到种种罪名和处分还被说成是"从宽处理"和"给出路"。其实质意思是：如果不束手就范，就要给予更严厉的处罚。1969年7、8月份集中"清队"以后，至1970年2月，北大"又清出叛徒、特务、地、富、反、坏、右和贪污盗窃分子76人"[49]

1969年秋，北大半数人员被送往江西鲤鱼洲开荒种地，很多人染上了血吸虫病。在鲤鱼洲期间，有7人非正常死亡（其中3人溺水死亡；2人翻车死亡；1人食变质鸭蛋死亡；1人因病医治不及时死亡。）

除了死去的人们，北大还有一大批被定为"敌我矛盾"和各种别的罪名。1969年9月4日宣传队领导小组向市革委会上报《关于清理和改造阶级敌人的情况报告》。《报告》说："（1969年）7月上

---

47 《北京大学纪事》1969年8月7日记载。
48 《北京大学纪事》1969年8月16日记载。
49 《北京大学纪事》1970年12月1日记载。

旬转入（第二次）清理阶级队伍工作，截至9月2日告一段落。初步查清北大前身（旧北大、燕大）中统、军统、国民党、三青团等51个反动组织；在现有4711名教职员工中清出了叛徒3人，特务55人（其中潜伏特务17人），历史反革命分子21人，现行反革命分子（内含1名学生）9人，地、富、坏分子14人，共102人"（占教职员工的2.16%）。北大还有更多的人被定为"敌我矛盾当作人民内部矛盾处理""犯有严重政治错误"等等罪名，有一批人还被"遣送回原籍"。

1970年开始的"一打三反"和"清查五一六"运动，又造成大量冤假错案，许多人被无中生有、捕风捉影地诬为"阶级敌人"，被"群众专政"。北大在清查五一六运动中，两派的主要骨干多人被长期审查、批判。聂元梓和孙蓬一还被戴上"五一六反革命分子"的帽子、开除党籍。

北大文革，只是全国文革的一个缩影。

九、关于武斗

武斗是北大文革的一个重要话题。樊能廷等人一直抓住武斗问题不放，自以为有理。他们回避北大武斗的背景及其发生发展的过程，无视"3.25事件"，认为"没有3.25，只有3.29"。

1968年3月28日夜～29日凌晨，北大发生了严重的武斗。这次武斗的发生，虽然是两派群众组织之间矛盾冲突的升级，但这种矛盾冲突的发生，并不是从天上掉下来的，而是有着长时间的、复杂的背景。

1968年1月，戚本禹垮台了。随后，北京市革委会内部由戚本禹、周景芳安插的人受到清理，其人数之多和所占据的岗位之重要，都令人吃惊。3月中旬，谢富治不得不在市革会内部表示要"整风"，听取意见。聂元梓提出"首先要整谢富治的风"，这让谢富治及其支持者非常愤怒。他们不仅在会议上对聂元梓大加批判，还把这场批判扩大到北京市基层。这使北大井冈山兵团的核心势力及其支持者得到了极大的鼓舞。他们以为机会来了，又掀起了批判聂元梓、孙蓬一的高潮。由此，北大校内矛盾迅速激化。

3月20日，地质学院东方红、北京石油学院北京公社、钢铁学院延安公社、民族学院东方红等组织相继到北大校园内游行示威。作为内应，北大井冈山也举行示威游行。游行示威者高喊："打倒反革命聂氏家族！""打倒二月逆流的黑干将聂元梓！""把小爬虫孙蓬一揪出来示众！"等。

3月21日晚，北大井冈山派人抄了孙蓬一、陈葆华等人的家。同时，还抢砸了地质地理系文革办公室，劫走了全部档案材料，抢砸了北大汽车库，劫走了汽车一辆，割断了新北大广播台全部喇叭线，抢走了十七个喇叭，烧毁了十一个喇叭。

3月22日，北大井冈山兵团总部发出《通缉孙蓬一的通缉令》，其成员敲锣打鼓地进行游行，高呼"打倒现行反革命分子孙蓬一！"紧接着，北京石油学院北京公社、民族学院东方红、农大东方红等先后组织群众到北大校园内游行示威，高呼"打倒孙蓬一""揪出聂元梓"等口号。新人大公社等六个组织还到市革委会示威并发表《声明》："打倒聂元梓、孙蓬一！""聂元梓从市革委会滚出去！"这些"极限施压"的行动显然是有组织、有计划的。局势日益严峻，大难将临，不得不防。新北大公社总部于22日召开会议，决定成立"文攻武卫指挥部"。

3月24日中央宣布了对杨成武、余立金、傅崇碧反党集团的处理决定，并把杨、余、傅说成是王、关、戚的后台，也是"天派"的后台。于是，在高校学习班里坚持批判王、关、戚和批判谢富治的做法，被说成是"今春那股为'二月逆流'翻案的邪风"。一场空前规模的反聂元梓浪潮在北京展开。

3月25日，一些校外组织上万人来到北大，其中有的人头戴柳条帽，手持大铁棍，形势相当严峻，大规模武斗一触即发。这就是在北大发生的"3.25事件"。正在市革委会接受批判的聂元梓在当天的批判会结束后，强拉着谢富治等人来北大制止武斗。

3月27日下午，首都军民10万人在北京工人体育场召开"彻底粉碎'二月逆流'新反扑，夺取无产阶级文化大革命全面胜利誓师大会"。大会的根本目的，就是号召"彻底粉碎'二月逆流'新反扑"。

江青在讲话中点名批评了聂元梓："……同时我们也很坦率地向她（聂元梓）交了底，就是王、关、戚是爪牙，不值得这样大惊小怪，这样搞会不会干扰大方向呀？可是她还是搞了一阵子。聂元梓是有缺点错误的，要批评她，但要保她。"周恩来在此处插话："一批二保"。3.27大会后，北京城出现了"聂元梓是杨余傅的小爬虫！"等标语。针对聂元梓反对谢富治的态度，还贴出了拥护谢富治的标语。

既然中央文革在大会上宣布聂元梓干扰了毛主席革命路线的大方向，又暗示聂元梓是杨、余、傅的小爬虫，当然应当除之而后快。3月28日晚上，井冈山兵团首先发起攻势，驱赶40楼新北大公社同学，占领了40楼，并抓走30余名赤手空拳的新北大公社的男同学，把他们关押到28楼。新北大公社总部得到40楼被占的消息后，没有立即救援40楼，而是攻占井冈山兵团人数占优的31楼（结果使一些井冈山人员吃了亏）。这出乎井冈山兵团的预料，赶紧重新布局。因人力有限，井冈山兵团后来放弃了40楼，占领了30、32、35、37楼。公社方面占了29、31、40楼。武斗中被驱赶的双方人员，人身安全均受到威胁，财产亦受到损失。每个涉及此事的人，必定对此印象深刻，终生难忘。

1968年3月，毛泽东对文化大革命做出了一个重要的判断："无产阶级文化大革命，实质上是在社会主义条件下，无产阶级反对资产阶级和一切剥削阶级的政治大革命，是中国共产党及其领导下的广大革命人民群众和国民党反动派长期斗争的继续，是无产阶级和资产阶级斗争的继续。"毛泽东的这段话，正式发表在1968年4月10的《人民日报》上。毛泽东关于文化大革命的这一新的提法，使问题进一步升级，涉及的社会面更广。

"3.28—3.29"武斗后，虽然双方大多数人员可以自由行动，但井冈山兵团的负责人和一些骨干成员却不敢到食堂吃饭、浴室洗澡等。4月25日井冈山兵团强占了双方女生合住的36楼，达到了占领区连成一片的目的。占领36楼，井冈山兵团在战术上取得了成功，但战略上却为自己被包围创造了条件。

武斗是一个严重的问题。尽管樊能廷等人不遗余力地强调聂元梓是挑起北大武斗的黑手，但对聂元梓的判决书却不支持他们的这个观点——在对聂元梓判决书上根本没有武斗的内容。不是办案人员不想以武斗问题拿下聂元梓，是抓不到聂元梓挑动武斗的证据，或他们拿到是谁挑动武斗的证据但不敢公布。

十、结束语

聂元梓领导北大广大群众与王力、关锋等人的斗争，其出发点是为毛泽东"除隐患"。在这场斗争中，聂元梓得到北大绝大多数群众的拥护和支持（包括后来"上山"的很多人），这无疑是北大文革的一个亮点。

王力、关锋的倒台给井冈山兵团造成很大的冲击，下面的群众纷纷质疑兵团总部。但兵团总部很快找到一个摆脱困境的说辞。1967年9月16日《新北大报》第三版刊登署名"井冈松"的文章《谁敢否定我们的大方向》，文中写道：

在文化革命深入开展的条件下，一小撮陶铸式人物企图利用造反派来达到个人篡权的野心，这是阶级斗争的一种新形式，因为利用像新北大公社那样的保守派实在是吃不开了。无产阶级革命派一旦识破了反革命两面派的阴谋诡计，他将彻底地打倒陶铸式的阴谋家，夺权新的胜利，保守派岂能在这个问题上捞到半根稻草？

"井冈松"的逻辑太可笑了！在他们的眼里，北大"造反派"被王力、关锋利用是一件光荣的事情！既然如此，为什么现在又大叫"北大井冈山兵团和王关戚一毛钱的关系都没有"呢？

文革初期，全国绝大多数人都是拥护毛泽东、拥护文化大革命的。文革中没有哪个组织或个人是一贯正确，樊能廷在讲座中却说：

我们在北大"文革"的大是大非面前，没有趋炎附势、随流从恶，而是坚持了人性的良知，顺应了民主的潮流。母校北大毕竟具有崇尚民主、自由的传统，我们对得起北大的"五四"先辈、"五七"先辈，对得起北大这段历史。

北大"反聂派"的表现，前文已有详细说明。樊能廷的上述文字只能是一种自我吹嘘而已。当然，樊能廷只能代表极少数人，不能代表广大的井冈山兵团群众。笔者还有一个不解的问题要请教樊能廷："对得起'五七先辈'"是什么意思？是对得起"右派"还是"反右派"？

北大文革的真相，已被樊能廷等人搅成一锅粥了。笔者写文章或出版《北京大学文革资料选编》，目的只有一个：将自己亲历的那段历史真相留下来。为此，笔者等人屡遭樊能廷等人的无端攻击，在樊能廷等人新近出版的《莫教青史尽成灰——聂元梓研究与批判》[50]的前言中就有这样一段话：

在北大文革中，聂元梓对内对外，不断发动顺我者昌逆我者亡的斗争。文革后，虽然聂元梓、孙蓬一这两个罪大恶极的坏人受到刑事处分，而杀人、打人、抓人、刑讯逼供具体作恶者却有漏网，伙同他们作恶、残害无辜，犯下令人发指罪行的一些帮凶，每每毫发无损、逍遥法外。左的遗毒，派性残余，长期存在，起起伏伏。更有聂元梓的党羽，公然撰文出书，不惜歪曲历史，掩盖聂元梓的罪恶，鼓吹"人民文革"，为聂元梓翻案，甚至为她歌功颂德，强说自己一贯的"政治正确"。

聂元梓、孙蓬一在文革中虽然犯有这样那样的错误，但他们绝不是坏人。文革后对他们的刑事处分，是不公正的，本身就是冤案。

在回顾文革时，不能脱离当时具体的历史大环境和当时特殊的政治气氛。许多现在看起来荒唐透顶的事情，在那时却被相当普遍地看作理所当然的革命行动。文革初期，我们这些亲历者，确实受到了一个了"崇高目标"的鼓舞，不响应毛泽东的号召，是不现实的。我们要区别的是，在那种条件下，什么错误是不可避免的，什么错误是上当受骗，什么错误是出于自己不纯的动机。我们回忆总结文革的根本目的，是为了防止文革的再发生。说到底是民主、法制、人权问题。

说真话是要付出代价的——对此，笔者深有体会。

（本文为 2021 年 10 月 1 日向《昨天》的投稿）

---

[50] 樊能廷、张从、奚学瑶主编，时代文献出版社，2021 年。

第四辑　其它

读《记忆》第 260 期两篇资料

胡宗式

《记忆》第 260 期（2019.7.31）登载了两篇资料，一篇题为《北京揪出了一个新的社会阴谋集团》，作者是新北大井冈山兵团井冈山纵队，编写时间为 1968 年 1 月 28 日；另一篇是 1968 年 4 月 5 日发出的"号外"，作者是新北大井冈山兵团平型关纵队、中南海纵队、挥斥方遒。

这两篇文章是北大井冈山兵团的传单式的宣传材料，是那个荒唐年月里的作品。笔者当年未曾见到，现谨对这两篇材料略作分析。

一、关于《北京揪出了一个新的社会阴谋集团》

《北京揪出了一个新的社会阴谋集团》一文（以下简称"新文"），在重大历史事件上颠倒黑白。该文写道：

郑仲宾，郑公盾的二崽子，郑家黑店二分店民院抗大公社的掌柜，是邓拓的忠实膜拜者，院党委和工作组的大红人，陶铸、刘述周、阮铭之流的保皇狗。这个家伙一贯勾结北大孙蓬一之流五次疯狂炮打谢富治副总理，攻击中央文革。去年元月份在其狗特务父亲指使下偷盗和抢劫中央统战部的机密档案，策动了一起严重的反革命事件。九月初又在郑公盾等人的指使下把关王林穆赵的材料抛到社会上，严重破坏了毛主席的战略部署。江青同志十一月九日说："郑公盾这个人很怪，他总是通过他的儿子来干事情。"郑仲宾就是协助他的老子进行特务活动，破坏文化大革命的反革命小丑。郑公盾被揪出后，他勾结郑伯农等整戚本禹同志的黑材料，死保其狗父。郑仲宾是"郑家黑店"和"聂氏家族"之间拉线搭桥的人物，是这个反党阴谋集团中一名十分活跃的小伙计。北京卫戍区决定把郑仲宾先交民院革命群众斗争，然后逮捕。

这里，除了"炮打谢富治"外，还涉及两起重大历史事件。

第一，关于"1.15 抢档案事件"。

1967年1月15日凌晨1时15分，"学部联队"的两个头头洪涛和曹振中，伙同统战部司局级干部刘郢，调集了他们所控制的群众组织"红色联络站"的二百余人，抢劫了政协全国委员会和统战部的大量档案，并将其运往其他地方（运到学部近代史所的就有七个柜子）。他们的行为遭到广大群众的反对。当天，洪涛、刘郢就被民族学院红卫兵总部和统战部的群众扭送到公安部。周总理指示：由三方面（中央并公安部为一方，抢档案的为一方，民族学院红卫兵总部为一方）协商追回档案。下午，公安部副部长严佑民、中央办公厅秘书局副局长曹幼明亲临现场。严佑民说："我们来是总理指示的，总理很关心，怕国家机密被弄走。"并指出："这个事件是建国以来最严重的抢档案事件"，"这是严重的政治事件"。但到第二天，公安部却把刘郢、洪涛释放了。随后，还发表了一个《公安部某负责人就一月十五日"红色联络站"接管中央统战部档案问题的讲话》，声称洪涛、刘郢等人是左派，抓他们是犯法的。民族学院红卫兵总部的人到公安部理论，洪涛等人又以冲击公安部和迫害左派为名，将民族学院红卫兵总部的负责人郑仲宾扭送到公安部，公安部竟然将郑关押了13天。

如何对待"1.15抢档案事件"是一个大是大非问题，"公安部某负责人讲话"涉及原则问题，聂元梓、孙蓬一和新北大公社站在客观、公正的立场上,认为谢富治对这件事情的处理是有问题的。孙蓬一在 1967 年 4 月 13 日讲话中坚定地站在正义的一方,发出了"抢档案的人成了革命派,而制止抢档案的人却成了反革命……这到底是为什么?我们不能不问一问,绝对不能做奴隶主义,绝对不能盲从"的呼喊。

王力、关锋垮台后,"1.15 抢档案事件"的主犯洪涛、刘郢等人被抓了起来。于是,由吴传启在幕后运作,关锋给谢富治打电话称洪涛、刘郢是"左派",谢富治接见洪涛、刘郢并让他们自己起草"公安部某负责人讲话"等许多内幕也被揭发出来。

北大井冈山兵团的笔杆子创作"新文"之时,洪涛、刘郢被抓起来已经有四个月了。受洪涛、刘郢抢档案事件的牵连,中央统战部副部长张经武也被捕入狱。但是,"新文"的作者硬是看不到这些事实,为了打击聂元梓,就捏造了一个根本不存在的"新的社会阴谋集团",并把抢档案的帽子扣在郑仲宾的头上。对这样一件事实清楚、是非分明的重大事件,"新文"的作者竟敢如此造谣,其他的还可信吗?

第二,关于王力、关锋的倒台。

大量事实证明:在文革中,聂元梓、新北大公社是反对王、关、戚、谢富治的,而井冈山兵团的核心势力是自觉地保王、关、戚、谢富治的。

1967 年 8 月 26 日,毛泽东对关锋、王力的处理作了决定。29 日左右,林杰办公室被抄的消息便传到了北大。9 月 1 日,北京市革委会召开扩大会议,中央以王力、关锋缺席会议的形式,向社会公开宣示这两个人已经倒台。随后,逃亡外地的吴传启、林聿时和潘梓年被抓了回来,洪涛、刘郢、骆风、陈达伦等一伙人也被关押审查。在北京市革委会颐指气使、飞扬跋扈的周景芳则被揪回学部。曾经不可一世的"学部联队"土崩瓦解。

关锋、王力、林杰一伙的垮台,让新北大公社的人们欢欣鼓舞,以为"文革"能回到正确的路线上来。但是,王、关虽然垮台了,但那条极左路线却没有任何改变,这是善良的人们没有想到的。

关锋、王力已经垮台，而北大井冈山的一些人还在梦中。8月31日，《新北大报》还刊发了题为《斩断伸向中央的这只黑手》的文章，作者为井冈山兵团七纵"长缨在手"战斗队。文中写道：

在伟大的历史文件《五一六通知》发表以后，她（指聂元梓——引者注）抛出所谓"揪出新的黑线"的反动论调，扬言"只出来一个陶铸嘛"，要揪出"新的赫鲁晓夫式的人物"，抛开主席指出的大方向，企图重搞一个资产阶级的方向；她自称"江青派"、分裂中央文革，在全市全国造成了极其严重的政治混乱；她以"林杰—关锋—康生"的反动逻辑冲击无产阶级司令部，企图从极"左"或极右的方面来动摇中央的领导；她一手炮制了什么"摘桃派"的理论，为其全面夺取市革委会大权制造反动舆论，并直接策划了炮打谢副总理的罪恶活动。

在"长缨在手"的笔下，聂元梓就是他们要斩断的"伸向中央的黑手"，而且罪恶累累，不可饶恕。

这篇文章清楚地表明了井冈山兵团核心势力对关锋、王力、林杰、谢富治的态度。他们不仅是口头上和文字上的站队，而且其一些头面人物同关锋这个团伙中一些并非无足轻重的人物（如洪涛、刘郢、王恩宇等）还有直接的联系。在这个团伙和若干其他组织的支持下，北大井冈山兵团及其前身的几个组织，极力在北大内部制造混乱，企图把校文革和新北大公社搞垮，阻止对这个团伙的揭发，扑灭烧向这个团伙的烈火。这是一场惊心动魄的博弈。在这场博弈中，聂元梓、校文革和新北大公社承受了巨大的压力，而北大井冈山兵团及其前身几个组织的某些人，成为关锋这个团伙的棋子和工具。

"长缨在手"站在关锋、王力、林杰、谢富治团伙一边，力图把聂元梓打成"黑手"，欲置之死地而后快，却不知自己身后真正的黑手已经被抓了，真是悲哀。

林杰办公室被抄的消息，井冈山方面知道的可能晚一点。但是，9月1日大会是实实在在的，他们也会参加的，王力、关锋垮台的消息是知道的。

九月中旬，笔者在井冈山兵团总部28楼东南方的马路上，遇到井冈山兵团的负责人侯汉清。由于以前有过交情，见面交谈一会。侯汉清对笔者说："看来我们保王、关是保错了。"

关锋、王力垮台了，"分裂中央文革"之类的法宝完全失灵，北大井冈山兵团的核心势力一时乱了方寸。但是，他们非常善于变化，善于窥测方向，他们充分利用了文革高层不敢、不愿公开批判关锋、王力的弱点。为了稳住队伍，继续蒙蔽不知情的广大群众，北大井冈山兵团的核心势力不想公开承认他们保关锋、王力、吴传启这个团伙是做错了，更不想揭发这个团伙是如何利用自己的。对于别人的揭发，他们也是极为忌惮和反对的。同时，他们还要编造新的谎言，来倒打一耙。如"新文"所说"九月初又在郑公盾等人的指使下把关王林穆赵的材料抛到社会上，严重破坏了毛主席的战略部署"，就是一个典型例证。

"严重破坏了毛主席的战略部署"或许不是井冈山兵团头头们的创造，或是从别处贩卖来的。这句话说白了就是：王力、关锋当道的时候，反他们是"分裂中央文革"，王力、关锋垮台了，反他们是"严重破坏了毛主席的战略部署"。总是有理！

无论在当年还是现在，笔者没有发现郑公盾在王力、关锋倒台的问题上有什么指使。

关、王垮台，"学部联队"顷刻瓦解，原"联队"的许多群众深感自己受了吴传启一伙的蒙骗，于是反戈一击，揭发了大量问题（包括北大井冈山某些要人和"学部联队"的关系），大字报贴满了学部，"大字报摘编"出了一本又一本……这和郑公盾有什么关系？类似于学部的单位还有许多，反对关、王、吴传启团伙的群众组织也有许多，大家都在揭发、批判，这都是郑公盾指使的？

1967年9月间，有校友参加了学部一个小会，旁听"联队"头头王恩宇交代问题。王揭发的全是戚本禹的问题，原来他是直接受命于戚本禹的（戚甚至派王穿上军装到中央档案馆去充当军代表），这位校友听后很是吃惊。王恩宇是个年轻人，他对吴传启一伙和戚本禹拉拢他、利用他的事情深感悔恨和痛恨，他认识到了这个团伙的真实面目，尽管戚本禹还在台上，还是揭发了许多戚的问题。难道这也是郑公盾指使的？

郑公盾曾经是戚本禹管的"中央文革文艺组"的成员,"新文"为什么不说是戚本禹指使的呢?

按照"新文"作者的逻辑,揭发"关王穆林赵"(关锋、王力、穆欣、林杰、赵易亚),就是"严重破坏了毛主席的战略部署"。那么,把"关王穆林赵"的罪行掩盖起来,才算是"毛主席的战略部署"吗?如果不是毛泽东下令,关锋、王力能被抓起来吗?如此大事,"新文"的作者看不出来吗?其实,"新文"的作者心里很清楚,把关、王抓起来就是"毛主席的战略部署"。但他们极不愿意相信这一点,极不愿看到这个团伙被揭发、被清算的现实,采用"鸵鸟政策",视而不见,装聋作哑,却还要倒打一耙——这就是文章作者的手段。

不仅如此,他们还要反攻了。他们想仿照聂、孙反关锋、吴传启团伙的样子,在聂元梓这边也抓一个"阴谋集团"。但是,照猫画虎,邯郸学步,没有事实支撑的谎言只能是谎言。

1967年底,北大井冈山散发了一份题为《聂氏家族的覆灭和聂元梓的前途》的传单。传单声称:

为什么聂元梓不管中央首长的三令五申,这样不惜工本,大张旗鼓地"讨伐"关王呢?经过一番探讨之后,人们便会发现这是一个诡计,这是一个阴谋,这是由另外一个由反党阴谋家、反革命分子、帝国主义间谍、苏修特务、个人野心家、资产阶级政客组成的乌七八糟的社会阴谋集团所精心策划的大骗局。

这真是一个伟大的发现。按照作者的逻辑,关、王是不能批判的,批判关、王是一个诡计、一个阴谋、一个精心策划的大骗局。他们还发现了一个"社会阴谋集团"。然而,现实是残酷的。这个伟大发现发布还没有几天,戚本禹又垮台了,难道这也是"社会阴谋集团"干的?

"新文"并没有什么新鲜且真实的内容,只是老调重弹,所谓"新的反党阴谋集团",就是把和聂元梓沾边、不沾边的人,只要是有点事,都给串在一起。没有关系的李立三、邻居关系的周达甫、亲戚关系的聂真和聂元素、老上级刘贯一、隔一层关系的郑公盾、观点一致的阮铭、张本、郑仲宾等，把他们拉扯到一起，再胡乱扣上一些骇人听闻的帽子，就成了作者的"重大发现"。"新文"就是他们邯郸学步的成果。"新文"的"重大发现"能得到社会的认可吗？他们向文革领导层报告了这个"重大发现"了吗？得到高层认可了吗？能得到历史的印证吗？放到现在来看，这不就是不择手段地乱咬一气吗？

为了打倒聂元梓，某些人费尽心机，不择手段，他们的是非标准是不断变化的。他们最常用的手法就是颠倒黑白、歪曲历史事实，"新文"就是一个例证。该文的价值在于其反映了某些人反聂的目的和手段，揭露了那些高喊"反聂同样是北大科学民主精神的弘扬，是北大历史发展的必然"的卑鄙手段。

二、关于"号外"

1968年3月28日夜～29日凌晨，北大发生了严重的武斗。"号外"就是数天后北大井冈山在幕后力量支持下印发的传单。

北大发生武斗的消息立即惊动了最高层。《周恩来年谱》载：

（1968年3月29日）

△就北京大学发生武斗等问题致信毛泽东，提请召集中央文革碰头会一谈，并附上有关该校武斗情况的电话记录。次日，到毛泽东处开会。[1]

《毛泽东年谱》1968年3月29日条载：

阅周恩来三月二十九日关于北京大学发生武斗等问题的来信和关于该校武斗情况来电话的记录，来信建议召集中央文革碰头会一谈。次日下午，毛泽东在中南海游泳池住处召集周恩来等开会。[2]

产生"全国第一张马列主义大字报"的北京大学竟然发生了惊动

---

1 中共中央文献研究室编《周恩来年谱（1898—1976）》，北京：中央文献出版社1998年版。
2 中共中央文献研究室编《毛泽东年谱（1849—1976）》（第六卷），北京：中央文献出版社2013年版。

最高领导层的严重武斗,为什么?冰冻三尺,非一日之寒,北大武斗绝不是突然间从天上掉下来的。

可以肯定的是,北大的武斗是毛泽东文革路线走向失败的象征之一。北大的武斗,宣告利用大学群众组织(包括北大校内的和校外的)对聂元梓和新北大公社进行"极限施压"的做法完全失败了。

北大的整个文革进程,都是同高层的政治斗争相联系的。北大井冈山兵团及其前身的几个组织也认识到并非常想利用这一点。但是,他们不是从客观事实出发,而是一切从"反聂"的需要出发,结果就是南辕北辙。1967年他们把宝押在关、王、林、吴一伙身上,指责聂、孙"分裂中央文革"的口号响彻云霄。1968年,他们又把宝押在"杨、余、傅事件"上面。"号外"声称:

> 我新北大井冈山人紧跟毛主席伟大战略部署,站在最前线奋起反击为"二月逆流"翻案的黑风,保卫了"以谢副总理为首的北京市革命委员会"的革命权威,维护了伟大的中国人民解放军的崇高威望。因此杨余傅反党集团的叭儿狗聂元梓及其黑后台恨死了我们,将我新北大井冈山兵团视作心腹之患,不除不快。

"号外"承认北大武斗是有政治背景的,就是"杨、余、傅事件""反击为'二月逆流'翻案的黑风"和"保卫谢富治"。"号外"表明了北大井冈山兵团的政治立场,以及他们扮演的历史角色——"站在最前线"的"斗士"。

(一) 北大武斗的重大背景

北大武斗的重大背景,就是高层又出了问题,这一次是所谓的"杨、余、傅事件"。与"杨、余、傅事件"紧密相连的,是掀起了大规模的新的"反右倾"运动——"彻底粉碎'二月逆流'新反扑"。

1968年3月的"彻底粉碎'二月逆流'新反扑"和"保卫以谢副总理为首的北京市革命委员会的革命权威",完全是为了打击坚持批判王、关、戚并对谢富治不满的群众组织,维护"文革"的极左路线。实际上,所谓"二月逆流黑干将"在当时根本就没有发声,只有

"炮轰派"如石油学院"大庆公社"指责对立派"北京公社"反对周恩来，但中央文革对此不能容忍，当场厉声呵斥。毛泽东也不能容忍，他非常担心"二月逆流"借此翻案，导致"文革"崩盘，所以一定要严加打击。但这次的结果，比1967年掀起"反二月逆流"浪潮还要严重。在这场运动中，聂元梓和新北大公社首当其冲，成为主要打击对象。

按"号外"以及北大井冈山兵团核心势力一贯的说法，新北大公社是"二月逆流派"、是为"二月逆流"翻案黑风的制造者，而他们自己是坚决反"二月逆流"的，并且是"站在最前线奋起反击为'二月逆流'翻案的黑风"的斗士，新北大公社是他们当然的打击对象。"号外"声称他们"保卫了'以谢副总理为首的北京市革命委员会'的革命权威"，聂元梓和新北大公社是以"反谢"出名的，当然成了打击对象。"号外"认为"杨、余、傅反党集团"是聂元梓黑后台，聂和新北大公社更应是打击对象了。

对聂元梓和新北大公社的"极限施压"由来已久，这是一场严重的、持续了一年多的斗争。在关锋、王力1967年2月4日电话的打压下，在1967年5月27日陈伯达、关锋、戚本禹谈话的打压下，在陈伯达1967年6月5日讲话的打压下，聂元梓和新北大公社都忍气吞声地承受下来了。在新北大公社头上，"二月逆流派""分裂中央文革""支持全国的保守派"，种种罪名，不一而足。王力、关锋的倒台，聂元梓及新北大公社精神上胜利了，但头上的帽子并没有被摘掉。

1968年1月，戚本禹终于垮台了。随后，北京市革委会内部由戚本禹、周景芳安插的人受到清理，其人数和所占据的岗位之重要，令人吃惊。3月中旬，谢富治不得不在市革会内部表示要"整风"，听取意见。聂元梓本来可以不发声的，但是她太天真了，居然相信谢富治真的要"整风"了，便提了些意见。这让谢富治及其支持者非常愤怒，他们不仅在会议上对聂元梓大加批判，还把这场批判扩大到北京市基层。这使北大井冈山兵团的核心势力及其支持者得到了极大的鼓舞。他们以为机会来了，又掀起了批判聂、孙的高潮。由此，北大校内矛盾迅速激化。

3月19日，北大井冈山兵团发表了《关于目前形势的第二号严正声明》。《声明》称：

在以毛主席为首的无产阶级司令部的亲自领导下，新生的红色政权——以谢富治同志为首的北京市革委会，粉碎了关王林穆反党集团和聂氏家族、郑家黑店等叛徒、特务集团从极"左"和右的方面猖狂进攻。……当前我们与陆平保皇党和坏人孙蓬一之流这一伙二月逆流派的斗争，就是两个阶级、两条道路、两条路线的斗争。

3月20日，地质学院东方红、北京石油学院北京公社、钢铁学院延安公社、民族学院东方红等组织相继到北大校园内游行示威。作为内应，北大井冈山也举行示威游行。游行示威者高喊："打倒反革命聂氏家族！""打倒二月逆流的黑干将聂元梓！""把小爬虫孙蓬一揪出来示众！"等。

3月21日晚，北大井冈山派人抄了孙蓬一、陈葆华等人的家。同时，还抢砸了地质地理系文革办公室，劫走了全部档案材料，抢砸了北大汽车库，劫走了汽车一辆，割断了新北大广播台全部喇叭线，抢走了十七个喇叭，烧毁了十一个喇叭。

3月22日，北大井冈山兵团总部发出《通缉孙蓬一的通缉令》，其成员敲锣打鼓地进行游行，高呼"打倒现行反革命分子孙蓬一！"

后来，北京石油学院北京公社、民族学院东方红、农大东方红等先后组织群众到北大校园内游行示威，高呼"打倒孙蓬一""揪出聂元梓"等口号。新人大公社等六个组织还到市革委会示威并发表《声明》："打倒聂元梓、孙蓬一！""聂元梓从市革委会滚出去！"

这些"极限施压"的行动显然是有组织、有计划的。局势日益严峻，大难将临，不得不防。新北大公社总部于22日召开会议，决定成立"文攻武卫指挥部"。

中央关于撤销杨、余、傅三位将军职务的命令是1968年3月22日发布的。3月24日，林彪在人民大会堂召开的军队团级以上干部会议上，宣布杨、余、傅的所谓错误和对他们的处理决定。这个会议开始得很晚，又开得很长（林彪、周恩来、江青、陈伯达、康生、姚文元都有讲话，有些讲话很长），会议后毛泽东和林彪接见与会人员时，已经是 25 日凌晨了。《毛泽东年谱》记载毛的这次接见，就是放在 3 月 25 日的。会议结束后不过几个小时，七个高校的上万人就开始向北大进发了，许多人还拿着棍棒，从北大各个校门涌入北大校园。

3 月 25 日，北京地质学院东方红公社总部发表《关于目前形势的再次严正声明》。其中写道：

> 坚决揪出在其黑后台操纵下，为"二月逆流"翻案、炮打谢副总理、颠覆北京市革命委员会的反革命小丑聂元梓！聂元梓必须交待与杨成武之流的黑关系。

地院东方红的这份《声明》把聂元梓的"罪行"概括得很清楚了。这些罪名能成立吗？半个多世纪之后重新审视这些"罪名"，是不是很可笑呢？但在当时，这可是了不得的罪名。有了这样的罪名，校内外把聂元梓和新北大公社视作"心腹之患，不除不快"的势力认为时机到了，可以用强大的外力来搞垮新北大公社、拔掉这个"钉子"了。于是，就发生了"3.25 事件"。

显然，这是有人在幕后统一策划部署的。策划者的层次，应该相当高；行动的目的，是挑起大规模武斗，然后栽赃给聂元梓。这一事件，应该很容易调查清楚。[3]

对比北师大"9.7 事件"，为了保谭厚兰，中央文革和北京市革委会迅速做出了反应，甚至还抓了人，而对于七校万人冲击北大这样严重的事件，却没有人管。若不是聂元梓死死拉住谢富治到北大来讲话避免事态扩大，真无法想象会有什么后果。聂元梓之所以死死拉住谢富治到北大来讲话，是因为她之前已经得到警报，非常明白这次非拉住谢富治不可了。北大经济系学生刘新民的父亲刘福是北京卫戍区副司令，一天晚上谢富治在卫戍区召集会议，会议途中休息时，刘

---

[3] 后来聂元梓被抓到监狱以后，第一个审问的事情就是武斗。预审人员听了聂的陈述后，不再追问武斗之事。一位陈姓预审员后来还对聂元梓说："你在制止武斗的事情上，还是立了一功的，你给党中央写一个报告吧。"参见聂元梓《聂元梓回忆录》，第 265—266 页。这说明预审人员听了聂的陈述后作了调查，了解了事情真相。聂元梓写好报告上交了，企望将来的研究者能够看到这份报告。

福回家告诉刘新民，谢富治刚刚从林副统帅那里回来，要搞你们北大啦！从今天开始，不允许你回学校。但是，刘新民还是赶回学校，把消息告诉了老师王茂湘（学生对这位老师得有多大的信任！），王又告诉了聂元梓。聂多年后还说，在制止3.25武斗的问题上，刘新民和王茂湘是有功的。[4]"解铃还仗系铃人"，应该说，谢富治也是有功的。

对于"3.25事件"，文革高层没有人吭一声，没有人批评外校到北大闹事的人，没有追查，更没有处理，这正好证明该事件的幕后黑手就是谢富治和中央文革，甚至涉及更高层面。由于冲击北大的那上万人马是支持北大井冈山的，是他们的盟友，所以，"号外"对此也讳莫如深，一字不提。

3月25日那天的"极限施压"似乎失败了，但他们并不甘心。3月26日，又有一些外校学生几百人手持木棍，从东、西、西南校门闯进北大，与新北大公社发生武斗。

3月27日下午，首都军民10万人在北京工人体育场召开"彻底粉碎'二月逆流'新反扑，夺取无产阶级文化大革命全面胜利誓师大会"。诚如会议名称所言，大会的根本目的，就是号召"彻底粉碎'二月逆流'新反扑"。

做主旨讲话的是江青，随后，康生、陈伯达、周恩来依次讲话。江青第一次在群众大会上对"二月逆流"（尤其是谭震林和余秋里）进行了批判，她宣称王、关、戚是刘、邓的黑爪牙（陈伯达称之为"变色龙"和"小爬虫"），而"杨、余、傅"是王、关、戚的后台，等等。

大会讲话中提到王、关、戚的问题不过是虚晃一枪，而且明确说这是中央文革自己端出来的，主要归功于江青，连周恩来都带头高呼"向中央文革学习！向中央文革致敬！向江青同志学习！致敬！"。关于杨、余、傅的"罪行"，他们并没有说出什么事实，却硬说杨、余、傅是王、关、戚的后台。

江青讲话的重点是"反右倾"：目前，右倾保守主义、右倾分裂主义是在反动的那方面占优势，要击溃他们！……反对右倾机会主义要防止"左"倾机会主义，但是现在要先反！先粉碎！

4　聂元梓《聂元梓回忆录》第256页。

既然要"彻底粉碎'二月逆流'新反扑",那么,"新反扑"有哪些具体表现呢?代表人物是谁呢?在大会上讲话的人谁也没有对此做出解释。但是,江青在讲话中点名批评了聂元梓:"……同时我们也很坦率地向她(聂元梓)交了底,就是王、关、戚是爪牙,不值得这样大惊小怪,这样搞会不会干扰大方向呀?可是她还是搞了一阵子。聂元梓是有缺点错误的,要批评她,但要保她。"周恩来在此处插话:"一批二保"。据聂元梓的回忆,江青曾讲过:"聂元梓骄傲了,谁的话也不听了,叫她反右她反左,干扰了斗争的大方向。"[5] 显然,在江青眼里,坚持批判王、关、戚就是为"二月逆流"翻案,聂元梓就是"'二月逆流'新反扑"的代表人物。

在这么些罪名下,聂元梓承受了巨大的压力。所谓"保",实际上是空话,"批"才是真的。3.27大会后,北京城出现了"聂元梓是杨余傅的小爬虫!"等标语。针对聂元梓反对谢富治的态度,还贴出了拥护谢富治的标语。

3.27大会实际上为七校万人冲击北大提供了理由。既然中央文革在大会上宣布聂元梓干扰了毛主席革命路线的大方向,又暗示聂元梓是杨、余、傅的小爬虫,当然应当除之而后快,3.25万人冲击北大事件也就"师出有名"了。他们的目的是摧毁北大校文革和新北大公社,由北大井冈山掌握权力。但是,这遭到了北大多数师生的抵制,而北大井冈山也没有那个力量。

聂元梓、孙蓬一和新北大公社一直以为自己反对王、关、戚是保卫了毛泽东的无产阶级革命路线呢!他们哪里想得到,毛泽东对他们反对王、关、戚是不认可的。聂元梓始终无法摆脱困境,其原因盖出于此。

(二)关于"号外"中的几个具体问题

① 所谓的"临湖轩会议"

"号外"说:

---

5 《聂元梓回忆录》第268页。

（二十八日）晚上十点半左右，校文革常委、各系文革主任和北大公社总部头头又在临湖轩开了一个多小时的会，由聂元梓亲自主持审查修改了"3.29"反革命大屠杀的罪恶计划。由于会议讨论时间太长，超过了原计划动手的时间，故将此次行动，推迟到二十九日凌晨〇时三十分。

"号外"还说：

二十八日晚上九点多钟公社社员纷纷退出了非重要阵地，卷起了行李，从三十二、三十四楼集中到四十四楼、二体等地。这天晚上公社十团的暴徒们，一直未睡觉，不时在楼道内走动，等待信号，十点多钟公社三团、九团把早已准备好的木床放到四十楼二楼的楼梯口，以便堵住三四层楼上我兵团"五一纵队"战士，在三十楼的公社女老保又忙着用木床堵二楼楼口，准备在内部接应公社占领三十楼。

按"号外"作者的说法，公社社员晚上九点多就行动起来了，规模还很大，这不引起井冈山兵团的注意了吗？自己的计划不全暴露了吗？而这个时候，所谓的"临湖轩会议"还没有开始呢！这不是自相矛盾吗？

临湖轩是校文革领导经常开会的地方，28日若真的有一个会议，应当是传达与杨、余、傅事件相关信息的小范围会议。3.27大会的内容需要传达，军内3.24大会的内容也传出来了，校文革开会沟通信息，是很正常的，但这不可能是策划武斗的会。聂元梓如果召开策划武斗的会，为什么叫了许多系文革主任去而没有公社文攻武卫指挥部的人参加呢？

有人口口声声说确有策划武斗的"临湖轩会议"，但又承认负责武斗的宫香政没有与会，说宫的资格不够。笔者认为，如果是有关武斗的会议，不可能不让宫参加（不仅宫香政没有参加，文攻武卫指挥部的其他人也没有参加）。说聂元梓召开策划武斗的会议，却又没有文攻武卫指挥部的人参加，这完全不合逻辑。——这一切只能说明，所谓策划武斗的"临湖轩会议"，其实是井冈山某些人编造的谎言。

遗憾的是，这种谎言竟被某些人视为至宝，并且以讹传讹，以为"谣言重复一千遍就会成为真理"。

② 关于 40 楼的武斗

40 楼武斗是 3.28 武斗的重头戏，也可以说是爆发点。

"散淡天涯"在《北大"3.29 武斗"印象》[6]一文中写道：

（1968 年）3 月 28 日，武斗前夕，大约傍晚时分，井冈山五一纵队在 40 斋召开会议，主持者通报了一些两派斗争的情况，说已经发生了井冈山兵团人员被抓走的事件，告诫大家以后不要到未名湖散步了。尤其强调说"新北大公社那边准备了铁棒、长矛等武斗工具，分发了白毛巾准备绑在胳膊上作标志"，看来一场死战已经在所难免。要求我们当晚就将自己宿舍里的公社派同学赶出去。组织了一些男生寻找铁棍制作武斗工具，还派人去摘掉公社派的高音喇叭。

五一纵队在傍晚时分就作了布置："要求我们当晚就将自己宿舍里的公社派同学赶出去"。那么，他们这样做了吗？"号外"的另一段话证明他们确实这样做了：

当总部通知住在四十楼的五一纵队提高警惕时，方知五一纵队已全部被红九团困在楼上，暴徒们想一举拿下四十楼。四十楼二、三、四楼全部是井冈山战士，他们处在严重危急中。

这说明什么呢？40 楼是东语、西语、俄语三个系的男生宿舍。既然"二、三、四楼全部是井冈山战士"，那么，住在这三层的公社的人到哪里去了？上述文字只能说明，他们或者早就被赶走了，或者在当晚被俘虏了。

"号外"写道：

（二十八日晚上）十点多钟公社三团、九团把早已准备好的木床放到四十楼二楼的楼梯口，以便堵住三四层楼上我兵团"五一纵队"战士。

时间上说得确切——十点多钟，行动也说得确切——用床板堵住楼梯。堵住楼梯，不让人上下，是很大的动作，井冈山人是傻子

---

[6] 散淡天涯《北大"3.29 武斗"印象》，载丛璋等编《燕园风云录》（一），自印本，2012 年，第 162 页。

吗？没有动作吗？正如下文所述，井冈山"五一纵队"反抗了，并取得辉煌战绩。

"北大地球物理系部分校友忆武斗"一文（王书仁执笔，俞小平整理，载《北大武斗纪实》）介绍了40楼武斗的结果：

3.29武斗的另一个主要战场是40楼。40楼一楼住的是东语系学生，二楼俄语系，三、四楼西语系。当时井冈山兵团西语系的"五一纵队"实力较强，新北大公社总部为了阻止"五一纵队"前往31楼救援03纵队，就让40楼一楼的公社派东语系的"红九团"预先在40楼的一、二楼之间的楼梯上构筑工事，用座椅堵塞楼梯，阻止"五一纵队"下楼。"五一纵队"在队长石磊和杨玉海的率领下，向下勇猛冲击。复转军人杨玉海双手举起一辆自行车作为盾牌，挡住"红九团"投来的密集石头，冲了下来。经过激烈战斗，"红九团"退缩到一楼的西侧楼道，无路可逃，大约有三十多人被俘。

实力强大的"五一纵队"是一个什么组织？

北大井冈山兵团各系的队伍都叫"纵队"（前面加系号），西语系的应该叫"十纵"。"十纵"之下，又有一个"五一纵队"，名称不合逻辑。从队长杨玉海是复转军人看，这个武斗队的成员至少不全是学生。武斗当晚，井冈山兵团总部没有通知十纵、九纵等，只通知"五一纵队"，这说明"五一纵队"是驻守40楼的一支特别队伍。"号外"称"四十楼二、三、四楼全部是井冈山战士"，说明"五一纵队"人数很多，力量强大。他们占领了40楼二层后，又占领了二楼通往一楼的楼梯。

公社总部虽然接到东语系同学的报告，但决定先不管40楼，而是集中力量占31楼。于是，等不到外援的红九团人员便成了井冈山的俘虏。

俞小平在"做人的底线——我所经历的北大文革武斗"（载《记忆》第152期）一文中写道：

幸亏10纵的老井预作准备，在其他纵队的支援下，竟然打败了准备不足的红10团（新北大公社的系级组织为"战斗团"，西语系的新北大公社组织称为"红10团"），俘获大约30名新北大公社成员，连红10团团长都被俘。"战俘"被押送到28楼,关押在二楼的一个房间里。

俞小平并非40楼居民,以上所述大概得自传闻。笔者也是刚刚获悉被俘虏的公社成员是东语系的(红9团)。早就"预作准备"的可能是"五一纵队",并且得到了"其他纵队的支援",因而有了俘获约三十人的战绩。"红9团"实在太弱,不堪一击,连团长都当了俘虏。

③ 关于"新北大公社内部的揭发"

"号外"公布的"新北大公社内部的揭发",其日期都是3月29日。不难看出,这些所谓的揭发人,就是当晚武斗时被井冈山俘获的一些人。

以"东语系文革主任于××的揭发"(樊能廷说是于昆基)为例,据笔者调查了解,文革中主持东语系工作的是陈影和徐昌华,陈是党政干部,徐是日语教师,他们都是"社教"运动中的左派。1968年时的系文革主任是徐昌华。据东语系学生名录,"于昆基"应为于琨基,是62级印尼语专业学生,他不可能是系文革主任。于离世多年,已无法向他求证。

所谓"新北大公社总部负责人郑×(郑雄)",也与事实不符。郑雄是1966年10月成立的"北京公社"的早期成员,同"北京公社"的领导人应该十分熟悉。郑在1967年2月新北大公社成立时曾任公社总部委员。1967年陈伯达"6.5讲话"以后不久,公社总部改组,他回到东语系,不再是新北大公社总部委员。郑也已故世,无法求证了。

武斗时于琨基和郑雄都被井冈山俘虏,但"号外"的作者连他们的身份都没有搞清楚。是无知还是有意为之,只有作者自己清楚了。

至于"新北大公社红一团勤务员武斗负责人张××""红七团勤务员杜××",笔者虽询问过多人,但仍无法查实。

"号外"刊登的这些人的"揭发",有些可能是真的,有些显然是不真实的。"不说假话成不了大事"是当时政治斗争的手段。这些揭发是出自揭发人吗?是揭发人的原话和原意吗?不注明出处的引用怎么能证明不是编造的呢？

④ "号外"证实了一件事——高云鹏与 3.29 武斗无关

值得注意的是：1968 年 4 月 5 日北大井冈山发的"号外"，全篇没有出现高云鹏的名字。这从另一个侧面证实了高云鹏与 3.29 武斗无关，进而戳穿了《北京大学纪事》的如下谎言：

> **3 月 20 日** ▲聂元梓校文革决定成立"新北大公社文攻武卫指挥部"，并指定高云鹏为总指挥，……
>
> **3 月 28 日** 经校文革武斗指挥部高云鹏等策划，聂元梓决定，新北大公社攻占两派共同居住的 31 楼，将住在此楼的井冈山兵团成员赶走。双方发生武斗。高云鹏说："这一仗打出了新北大公社的威风。"

高云鹏是哲学系文革主任。3.29 武斗以后，北大的局面十分紧张。聂元梓找高云鹏个别谈话，她对高云鹏说："近来学校发生不少事，公社都是年轻人，做事比较莽撞。你到 44 楼（新北大公社所在地——笔者注）去把把关，别让年轻人太莽撞做出出格的事情来。"这样，高云鹏在 4 月份到了 44 楼。高云鹏到 44 楼不久，就发生了地院附中的学生温家驹被打致死事件，时间是 1968 年 4 月 19 日。[7]

诬陷"高云鹏是 3.29 武斗总指挥"的始作俑者是 1998 年出版的《北京大学纪事》（此时距离 1968 年 3.29 武斗已经过去了三十年）。倘若《纪事》的编写者也能够看到这篇"号外"，不知该作何感想？！

可悲的是：时至今日，某些人却将《北京大学纪事》当成"骨料"，并且一而再，再而三地以讹传讹！

现在一些原井冈山兵团的人一再表明："井冈山兵团对武斗毫无准备"。这不符合事实。井冈山领导人牛辉林在其遗作《我和周培源校长》一文中写道：

> 市革委的学习班结束后，北大校园中大规模武斗的气氛越来越浓。对立双方都在加紧准备各自的武斗队伍和武器装备（长矛、棍棒、

---

7 章铎《从高云鹏的遭遇，看迟群之流的专制》，载《记忆》第 155 期。

大弹弓等)。我们"井冈山"总部也搬进了自己一派占据的28号楼。因周校长的身份不宜武斗前住进武斗据点,就仍然住在燕南园的家里。那时,我担心万一大打起来、老人家有个闪失不得了。……3月25日晚用统战部朋友的车,由我秘密护送周老去了别墅。[8]

由此可知:至少在3月25日,牛辉林已经预计到:不久会有大规模武斗!

1968年3月29日凌晨,新北大公社主动攻占31楼,打乱了井冈山的计划,使住在31楼的井冈山成员吃了亏。虽然双方大多数人员可以在校园内自由行动,但是,在武斗气氛浓烈的情况下,双方骨干成员是不敢到对立面控制区走动的,特别是井冈山兵团的负责人和一些骨干成员,极度缺乏安全感。因而,要把自己的防区连成一片,决定占领36楼。4月25日,井冈山兵团用武力驱赶36楼公社女同学,占领了36楼。这引起孙蓬一的震怒。4月26日,孙蓬一下令夺回36楼。在4.26武斗中,公社没有达到目的,很多同学受了伤,对立情绪更加严重。井冈山占领了36楼,战略目的达到。但这样一来,也给公社方面对井冈山兵团形成包围圈创造了条件。

长达四个月的北大武斗,使留在校内坚持武斗的井冈山人遭受了很大痛苦。现在一些人回忆北大文革,着眼于写北大武斗,这是可以理解的。但仅限于此,就会一叶障目,不见泰山。

(本文写于2019.10)

---

[8] 载《燕园风云录》(四),自印本,2016,第121页。

"4.8民族宫事件"的蝴蝶效应

胡宗式

"4.8民族宫事件"和"4.11事件"已经过去半个多世纪了，事件的最初起因本来不是严重问题，但其引起的斗争是严重的。斗争的结果在1967年9月就明确了，笔者也就没有再去研究这两起事件。近期，一位研究"文革"历史的朋友关心这件事情并提出一些疑问，笔者就此作一回顾。

我所了解的"民族宫事件"

"民族工作展览"是"文革"前就有的，地点设在民族文化宫。在北京师范大学批判"工业学大庆展览""农业学大寨展览"得到高层赞扬的影响下，"民族工作展览"成了一个可以开展"大批判"的靶点。

民族文化宫的一个群众组织"民族文化宫二·七革命造反团"，一般简称为"二七兵团"（下同），很早就想批判这个展览，但是受到许多阻挠。1967年3月31日晚，该组织发表声明，正式提出要批判这个展览。此事得到了新北大公社、民院抗大、轻工红鹰、北外红旗等群众组织的支持。新北大公社不可能与抢档案的洪涛、刘郢那一派为伍，支持"二七兵团"是很自然的事情。

鉴于批判这个展览只涉及"文革"前的"走资派"，符合"大方向"，新北大公社总部不认为这件事情有什么风险，也没有把这件事情看得有多重要，想得比较简单。听说"二七兵团"里工人较多，就派了几个中文系同学去帮助写写批判文章，整个工作当然由"二七兵团"主持，他们是主人。

4月1日下午,"二七兵团"在民族宫大厅举行了一个誓师大会,大会的名字有点长,叫"民委系统革命委员会庆祝毛主席的革命路线取得决定性的胜利和声讨刘邓在民族工作中反革命修正主义路线的誓师大会",与会者在会后进馆批判并举行游行。这次进馆主要目的是看看展览的具体内容,为下一步批判活动做准备。新北大公社派人参加了这次大会(包括参与写文章的人员),其他学校有没有人参加,笔者无从了解。这天的活动,北大动态组的一位同学去看了看,回来后他简单介绍了所见展览的情况,说是见到了真正的可以称为"牛鬼蛇神"的图片。数十年后推测,这大概是某宗教的神像照片。

见到"二七兵团"的声明后,对立派"东方红公社"于4月1日上午也急急忙忙发表声明,也要对该展览展开批判。他们大概还没有部署好,所以这天没有发生冲突。

4月4日,民族宫二七兵团、民院抗大、新北大公社等十九个单位发表联合声明,组成了"批展联委会"。年代有点久,笔者未能找到这份声明的文本。

4月5日,"批展联委会"在民族宫召开"批判刘邓反革命修正主义路线大会"。北大去了50来人参加大会。这次会议受到了洪涛等控制的"红色联络站"的冲击。[1] 这说明对方上层(至少在洪涛、刘鄂一级,甚至更高一级)坐不住了,他们拿定主意,要对我方的"批展"活动实施打击。参加这次大会的同学是数力系的,不了解情况,而新北大公社总部却没有人参会,没有给予重视。

现在回顾,成立不到两个月的新北大公社总部认识不足,没有太当回事,以为派几个人去帮助写写文章、开大会时派些人去充充场面就行了,没有估计到这将是一场严重的斗争,更没有估计到对方会动员其全部力量,大打出手。

据《新北大》的报道,4月8日上午九点半,经民族文化宫二七革命造反团、东方红公社和警卫排商定,允许双方带自己的人进馆参

---

[1] 《一个蓄谋已久的反革命事件——洪涛,地院东方红等一小撮所制造的"四·八"和"四·一一"事件真相》,载《新北大》报1967年4月13日;此文亦收入胡宗式、章铎编:《北京大学文革资料选编》(上),美国华忆出版社,2020年。

观，进行批判。[2] 如果这个"商定"能够得到执行，就不会发生后来的冲突。这个"商定"，估计是个口头协定，笔者当时不在场，《新北大》的报道，笔者认为是可信的。

据《新北大》的报道，4月8日上午9点半，我方二七兵团、民族学院抗大公社、新北大公社等组织约70—80人，按规定来到展览厅，但对方东方红公社单方面撕毁协议，拒不开门。经几次交涉无效，我们迫不得已锯断了综合馆大门的铁锁，高声朗读主席语录进入展览馆。

有人指责锯锁的人是新北大公社的，但没有提出证据。笔者不在现场，不知道这锯锁的人到底是谁。可以肯定的是：这次不是大会，北大没有另外派人参加，北大在场的人就是几个去帮助写文章的学生，他们手中只有笔，没有锯锁工具，他们也没有资格去锯外单位门上的锁。锯锁者应该另有其人，锯锁也是对方毁约引起的。比起洪涛一伙后来挑起大规模武斗，"锯锁"行动实在是小巫见大巫了。

锯了一把锁，没想到结果是撬动了吴传启、洪涛这个利益团伙的基石，他们急不可耐地要实施反击了。

对方的反击是有统一计划、统一指挥的。

上午约11点钟，对方调来了民院东方红、民族歌舞团"八·八造反者"和民族研究所"千钧棒"战斗兵团、地院东方红等组织约200—300人。他们以"你们是'保'字号的，无权批判，无权参观"等"理由"，不仅用暴力把我方人员拖出展览厅，还要继续把事情闹大。对此，《新北大》的报道有详细记述，有兴趣的读者可以查阅。

应当指出，洪涛是民族研究所的造反派头头，"千钧棒"战斗兵团是他直接操控的，民院和民族歌舞团的两个组织都是听从洪涛号令的，地院东方红是洪涛一伙的支持者，他们要为自己支持的一派出头了。洪涛也是"学部联队"的头头，4月8日上午，"学部联队"还只是下面的战斗队出头。到当天晚上的武斗，洪涛就在现场指挥了，这是洪涛后来自己供认的。

从下午开始，对方有组织有计划地增加人马，企图将民委机关北

---

2 《一个蓄谋已久的反革命事件——洪涛，地院东方红等一小撮所制造的"四·八"和"四·一一"事件真相》。

楼包围起来。其最终目的，显然是要占领这座大楼，彻底扼杀我方"批展"的活动。（注：民委在民族宫的后面，是一个大院，有几座楼，"二七兵团"的办公室应该在北楼，参与"批展"工作的其他单位人员是否住在那里，或是每天自行往返，笔者不了解。进入民委有单独的大门，不必走民族宫。）

下午4点多，地质学院东方红的一群人砸了京剧一团沙家浜剧组之后，又奔往民委。加上调来的其他单位人员，对方合计约三千余人。

新北大公社、北外红旗、石油大庆、轻工红鹰曾各派一人主动找对方谈判，但无果。晚六时，传来了"红代会两项命令"。地院东方红有人暴跳如雷，说："两项命令是反毛泽东思想的大毒草。"[3]

4月8日临近晚饭时，笔者从学校的广播中听到参加"批展"的同学向校内告急并要求支援的消息。晚饭后，公社负责人卢平带领约50人乘坐一辆大轿车前去民族宫支援，笔者也随车前往。在整个事件中，新北大公社只去了这一点人。当我们来到民委大院外时，看见民委大院内外已经聚集了很多人，这时对方还没有完成包围行动，我们仍可进入楼内。

4月8日晚10点半，对方开始行动。他们先割断了我方所在楼的对外的电话线，然后开始砸门、砸窗、冲楼，一个房间、一个房间地驱赶我方人员。他们从楼里到楼外部署了大量人员，排成两排，一直排到通向长安街的大门。我们一个个被从房间里拖出来，经过两排人墙的推搡，一直推出大门，来到马路上。期间遭到拳打脚踢吐唾沫，有同学胸前口袋插有钢笔，也被抢走。整个行动持续了数个小时，对方占领了整个大楼。到9日凌晨4点左右，我方人员被全部赶到马路上。

晚12点，戚本禹的秘书张根成来过现场。他说："我的意见是双方立即撤出！"对方指责张根成"和稀泥！"

9日凌晨2点半，中央文革派代表和吴德、聂元梓在民族宫二楼召开会议，向各方代表传达中央文革指示，并要求各方"马上撤出民

---

3 同上。

族宫、民委"。会上，对方代表拒不服从指示，还破口大骂说："聂元梓、蒯大富为什么反对不得？为什么骂不得？""聂元梓算老几？我们要恢复三司！""北大一月份以来，大方向就是错了！"

实际上，他们的驱赶行动已接近完成，在民族宫二楼召开的会议已经没有任何意义了。

1967年4月11日出版的地质学院《东方红报》，刊登了题为《"民族工作展览是一株反毛泽东思想的大毒草"》的文章，署名为：中央统战民委系统彻底摧毁反革命修正主义路线联合委员会、毛泽东思想哲学社会科学部红卫兵联队、地质学院"东方红公社"、民族文化宫"东方红公社"、民族学院"东方红公社"。

这期小报还刊登了如下"简讯"：

四月八号，我东方红战士与民族文化宫东方红公社，民族学院东方红公社，统战部红色联络站，中国科学院哲学社会科学部红卫兵联队，以及政法公社、农机、林院、工大、邮电东方红等单位的亲密战友在民族文化宫共同战斗，狠狠地痛击了一小撮保皇党的猖狂挑衅，争取和教育了一部分受蒙蔽的革命群众组织，取得了辉煌的胜利。

从小报刊登的名单上，吴传启、洪涛这条线清晰可见，吴传启们的"学部联队"公开登场了。历史证明，这是"学部联队"走向垮塌的起点，用不了多久，随着吴传启等人的逃亡，"学部联队"就要"收缩"了。到这一年的9月份，"学部联队"就土崩瓦解了。

1967年4月13日出版的校刊《新北大》刊出《一个蓄谋已久的反革命事件——洪涛，地院东方红等一小撮所制造的"四·八"和"四·一一"事件真相》的文章。笔者不了解该文的写作过程，但编辑们并不缺乏第一手材料。关于"4.8事件"，北大有参加"批展"写作的多位同学，有参加"批展联委会"的其他组织成员，他们是亲历者，了解事情的前后经过；还有数十名当夜被从民委楼里用武力驱赶出来的同学，他们可能不了解之前发生的事情，但他们是当天夜里被武力驱赶的亲历者；而"4.11事件"就发生在北大校园内，文章的写作者是亲眼目睹的。在今天看来，文章中的某些提法或措词有所不妥（如把地院东方红称作保皇派），但叙述的事实，基本是真实的。

对聂树人回忆的质疑

聂树人在其回忆录《北京天、地两派的争斗——北京"地派"二把手的回忆》(中国文化传播出版社 2013)一书有关"4.8 事件"的一节中指责《新北大》的文章"编造谎言,歪曲事实,极尽造谣污蔑之能事",那么,到底是谁在编造谎言,歪曲事实,极尽造谣污蔑之能事呢?

聂树人将《新北大》的文章摘要后写道:

请读者注意,孙蓬一在这里说的:"一些组织,特别是地院东方红的一小撮人,把矛头指向红代会,指向新北大,指向聂元梓同志,这是两条路线的斗争。"(按:经查,这是《新北大》文章里的话,不是孙蓬一说的话。)

"这是两条路线的斗争","地院东方红一小撮人,把矛头指向红代会,指向新北大,指向聂元梓同志",都说得很对,我们一概认账。

聂树人"一概认账",很好。他们仅仅是对红代会、聂元梓和新北大不满吗?红代会是中央让成立的,聂元梓这个红代会核心小组组长也是中央让当的,新北大是毛泽东打倒陆平、撤走工作组之后产生的,地院东方红的一些人对这些都不满,实际上是对毛泽东和中央不满。他们承认他们知道这是"毛泽东和中央文革的圣意",也承认"自己暂时无可奈何",但拿聂元梓做目标搞破坏是一定要做的。

聂树人承认"这是两条路线的斗争",很好。但这一次他们站到了关锋、吴传启、洪涛那条线上,而且帮了一个倒忙。

聂树人对红代会和聂元梓在红代会的工作非常不满,文字颇长,兹不赘引。笔者不了解红代会内部的矛盾。从聂树人的文字看,他之所以不满,就是他们不能像过去"三司"那样为所欲为了,念念不忘以他们"为核心"的"三司",念念不忘要恢复"三司"。但这个应该和中央文革去交涉,指责聂元梓是没有用的。实际上,尽管红代会被搞得名存实亡,但他们恢复"三司"的目的也没有实现。

聂树人引用《大事记》[4]有关"4.8事件"的文字说:"这个事件是北京以后两大派形成的导火索和公开化"。

这个说法不符合历史事实。两派的产生,是关锋、吴传启一伙拉帮结派造成的。北大的一些同学,在1967年1月就已经看明白这一事实:"一条又粗又长的黑线"已经形成了。至于导火索,"4.8事件"成了聂元梓、孙蓬一4月10日向中央文革揭发关锋、吴传启结党营私的导火索;而"4.11事件",则成了孙蓬一4月12日讲话公开揭露阴谋团伙的导火索。

聂树人指责新北大公社:

"新北大公社"是不久前才成立的组织,依附于"北大校文革"。它没有造反(反工作队)的经历,不知道什么是造反,更不知道如何识别造反派组织。却打着造反的旗号,到处乱打乱撞。

聂树人以为自己反工作组的经历非常了不起,但他已经忘了或者根本不知道地院东方红在反工作组时曾经求助于北大的历史了。孙蓬一在4.12讲话中提到,"我们并不想夸耀我们北大什么功绩,但是,既然有人尖锐地把这个问题提出来,那么我们也不妨简单地说他两句。就以地质东方红为例,他们在最困难时期,我们北京大学的革命派支援了他们。从聂元梓同志开始到我们广大的同志,支援了他们。我们做得很不够,但那是我们努力的问题。但我们的心是和那个时候的地质东方红革命造反派连在一起的。"

聂、孙等人此前从未公开宣扬过这些事情,北大学生基本上一无所知。但是,聂树人及其同事能否认这一事实吗?

聂树人等人自以为很善于识别造反派,那他们又是怎么识别的呢?他们前脚刚刚获得北大校文革的支持,后脚就把反对校文革的北大"井冈山"拉进了"三司"。在他们眼里,吴传启和洪涛们才是真正的造反派,被这伙人利用是很光荣的事情,可结果呢?

---

[4] 这个《大事记》即《天翻地覆慨而慷——无产阶级文化大革命大事记》(1963.9—1967.10),作者是以地院东方红为主的"首都部分大专院校、中等学校毛泽东思想学习班"。该大事记令《新北大》编辑部的人很生气,他们曾组织人打算另编一部大事记,后来工人宣传队来了,就散了。

新北大公社确实不知道如何识别"造反派",但确实认识到吴传启这样的国民党和洪涛这样抢档案的人绝不是造反派。

聂树人讥讽新北大公社"乱打乱撞",但事实好像不是这样。新北大公社参加"批展",一下子就触到了洪涛们的痛处,这是"乱打乱撞"?新北大公社一些人对洪涛们观察已久,对"批展"也作过评估,认为不会涉及洪涛本人,但还是没有估计到洪涛及其同伙会有如此强烈的反应。洪涛跳出来亲自指挥武斗,"学部联队"也出场助威,那么,随后的事态发展,就由不得他们了。

聂树人讽刺说:"聂元梓要'立新功'了,她也想仿照北京师范大学,造展览馆的反。"

聂元梓要"立新功"?那太容易了,面对关锋、吴传启、卢正义一伙结党营私的猖狂行为,她只要装作看不见,不说话就行了。聂元梓如果同他们打成一片,那"功劳"就更大了。但是,聂元梓不仅认定他们是"隐患",还要揭发他们,反对他们。于是,她就成了这个团伙的眼中钉和绊脚石。

至于"造展览馆的反",这是新北大公社总部那些人干的,并不是聂元梓让干的。

按照聂树人的指责,聂元梓、孙蓬一的一大错误是:"他们要藉'民族宫事件',大发他们欲夺而不能夺的北京市大权之慨!于是,他们要'揪摘桃派',要'打倒谢富治'。"

聂树人指责聂元梓、孙蓬一要夺北京市大权,有什么证据呢?在市革委会里,聂元梓是孤身一人,找得出第二个北大的人吗?北京市革委会还在筹备的时候,许多权力实际上已经落到关锋、戚本禹、吴传启、周景芳那一伙人手里了。关、王、戚垮台后,北京市革委会清理出去了多少人?这些人又都是谁塞进来的?又是怎样塞进来的?聂树人能解释清楚吗?对于这一严重问题,包括聂树人在内的一些人,是看不出来的,因为他们受到周景芳的拉拢,身在其中,已经没有识别能力了。

聂树人的指责高看了孙蓬一。"摘桃派"是孙蓬一说的,指的是吴传启一伙,不包括谢富治。他对谢富治处事不公有看法,但从未说过要"打倒谢富治"(即使是4月13日他在大会上发牢骚,也没有说一句"打倒谢富治")。聂元梓、孙蓬一1967年4月10日向中央文革领导人进言,并未提及谢富治,而且,戚本禹也是在场的。聂、孙的认识,也是有历史局限性的。

聂树人说"孙蓬一、聂元梓连这点常识都不具备,只能说他们利令智昏!"利令智昏的人确实有,那就是关、王、戚、吴传启、洪涛一伙。不过,地院东方红给他们帮了个大大的倒忙。

聂树人说:"'民族宫事件'是'地派'院校对聂元梓镇压北大造反派的一次大声讨,大示威。"这句话说出了他们长久以来一直在干涉北大内部事务的野心。而聂树人眼中的"北大造反派",不过是盲目的投机者和某些人的工具而已。

在"4.11事件"一节中,聂树人写道:

王大宾没有参与"4.8事件"。(按:无法判断真伪。)

4月9日,王大宾与唐咸正、陈宝堂去北大,会见聂元梓,说明真相。双方以"误会"平息了事端。(按:这是谎言。)

不想,聂元梓口头上答应了,但却在校园里展出"4.8事件"中被撕毁的衣服,丑化、诬蔑"地质东方红暴徒",极力扩大事态。(按:北大学生在自己的校园里展示"4.8事件"中被撕毁的衣服,并没有拿到地院去展览,聂树人为什么要暴跳如雷呢?6辆广播车开进北大,才是真正的挑衅和扩大事态。)

为澄清事实,"地质东方红"广播台"高旗无畏"战斗队开着宣传车进入北大,以翔实的事实予以反驳,并说明真相。结果,广播车被砸,人被打伤。(按:据聂树人的文字分析,这辆广播车是9日来北大的,笔者没有查到可以证明这件事确实发生过的任何资料。)

为不使事态扩大,4月11日下午,王大宾与陈宝堂等,再次去北大,想和聂元梓商谈平息这件事。他们不仅没有找到聂元梓,还被"新北大"学生包围了起来。陈宝堂冲出包围圈,回到学校,将"王大宾被扣"的消息传回了学校。(按:这也是谎言。)

此事激怒了"地质东方红"和原"三司"院校。地质、农大、农机、政法、邮电、北工大、林学院等原"三司"院校派出宣传车和部分学生去北大。聂元梓自知理亏,关上大门。地质东方红"红色尖兵"

负责人陈宝堂等翻院墙进入，打开东门，人们一拥而入。（按：这不是打上门来寻衅是什么？但聂树人的说法与实际情况不符。北大南校门是敞开的，六辆广播车就是从南校门进入的，并一字排开停在南校门到大饭厅的马路上。北大同学忍无可忍，将广播车的喇叭线扯断，将车推出南校门。广播车外面有所在学校几层人的保护，确切地说，是连人带车一起推出南校门。不存在砸广播车的事。至于"翻院墙进入，打开东门，人们一拥而入"的事件，发生在当天夜里至次日凌晨，是继广播车寻衅之后的第二次打上门来的事件。）北大多数师生欢迎我们，（按：睁眼说瞎话。）而"新北大公社"的一些人却指责"地质东方红"滋事，不仅打"地质东方红"的人，还去公安部告状。（按：既然北大多数师生欢迎他们，他们的人怎么会被打呢？北大中文系的一个学生确实被外校的人殴打，衣服被撕烂，他在大饭厅的聚会上控诉他所遭受的暴行，展示了他被撕烂的衣服，而这位同学，当时还不是新北大公社的成员。这是笔者亲眼所见的事。）

事态进一步扩大……

《大事记》是这样记述这个过程的：

4月11日，民族宫事件继续发展。

"地质东方红""邮电东方红""工大东方红""农大东方红"等派宣传车去北大。北大校文革和新北大公社某些人煽动同学砸了宣传车，打伤了前去宣传的人员，发生了痛心的"4.11事件"。

之所以要引用这么大段的文字，是因为"4.11事件"是一起重要的历史事件。这段文字也是地院东方红的某些人用谎言欺骗群众到北大校园里寻衅滋事的自供状。

对于这样一起重要的历史事件，聂树人在其回忆录中基本上不提供任何证据。

关于4月9日王大宾等人会见聂元梓一事，聂树人没有提供任何证据。聂元梓何时何地会见了王大宾等人？北大方面参加会见的还有谁？王大宾既然"没有参与'4.8'事件"，他能说明什么真相？聂元梓已经亲临现场，亲耳听到对她的谩骂，用得着王大宾再重复一遍吗？

历史的事实是：被强行赶出民族宫的北大学生，到9日早晨才回到学校。[5] 4月9日，北大的决策层开会讨论当前形势，商议行动方针并决定写信求见中央文革领导人。从后来了解到的情况看，这个会议讨论了向中央文革领导人揭露关锋、吴传启一伙结党营私的问题，与会人数肯定不多，但时间不会短。如果真有王大宾来见聂元梓，则一定会被其他人知道并留下文字的或口头的痕迹。就我们至今能找到的文革资料来看，根本没有"王大宾来北大"的文字记载。新北大公社总部的一位同学回忆，他从未听说过王大宾来北大的消息。

王大宾在其回忆录中曾详细记述了他与另外六人于1966年7月27日（反工作组时期）来北大见聂元梓的情况。对于1967年4月11日发生的重大事件，他肯定会有深刻的记忆。但在他的回忆录里，只有对"4.11事件"的叙述，并没有"来北大要见聂元梓"的文字。聂元梓有时在外边开会，不在学校。王大宾要找聂元梓，不得打个电话约个时间吗？

1994年1月1日，王大宾看望聂元梓。在场的一位北大校友对王大宾与聂元梓"热情拥抱"印象深刻，并给聂元梓、王大宾照了合影（笔者已收到此合影）。期间，这位校友问王大宾："4.11事件是怎么一回事？"王大宾没有正面回答她的问题，却说了一句："那天我没有来北大。"

由此可见，"4月11日下午'王大宾被扣'"是伪造的信息。退一步说，如果王大宾与陈宝堂那天确实来过北大而没有当众亮明身份，北大没有人会包围他们。如果亮明了身份和来北大的意图，北大不少学生还是知道王大宾的，他们会领着他去校文革办公室或新北大公社总部。人们会奔走相告，会有传言，然而什么都没有发生。如果王大宾真的"被扣"，也一定会留下痕迹，不会连一个字的报道、一句话的传言都没有。现成的一个当时就众所周知的例子是：4月11日晚上，清华井冈山一位总部委员来到北大，混在大饭厅聚会的人群中高声表态谴责北大，遭到北大学生的围攻，清华井冈山总部为此还发表了声明。

笔者以为，"4月9日王大宾等人会见聂元梓"，以及"4月11

---

[5] 刊登在《记忆》132期上的"扬子浪文革日记"详细记录了当时的了情况。

日下午'王大宾被扣'"的说法,没有任何材料证明其真实性,显而易见,这都是为了鼓动不明真相的群众到北大寻衅以扩大事态而编造出来的谎言。他们背后有什么势力在发挥作用,那就只有他们自己知道了。

4月8日晚和4月9日,王大宾和地院的领导层在忙什么呢?多年后,笔者看到地院伏庆是[6]的回忆:

(4月8日)大约晚上8、9点钟,中央文革办公室打来电话,说沙家浜兵团是江青同志支持的,与他们发生冲突是错误的,要我们答应他们的一切条件,送他们回去。我和张海涛这才给他们讲了许多好话,派车把他们送走了。(按:王大宾显然不在学校,那么他在哪里呢?)

次日晚,中央文革为此事在政协礼堂召见我院和其他几个学校的代表,我也去了。原本是戚本禹和大家谈的,等了很久,不见戚来。最后是中央文革小组的一个工作人员代表戚向大家介绍了北京京剧团的情况,说过去你们不了解情况,与他们起了冲突,不怪你们,就算了,今后可不行,下不为例。[7]

地院东方红那些人在搞民族宫武斗之前,先打砸了沙家浜剧团,还绑架了剧团的人。中央文革对他们的这种行为如此纵容,难怪他们自以为天下第一了。

根据伏庆是的回忆,笔者认为:王大宾应该参加了4月9日晚上中央文革召集的会议。那么,白天他在忙什么呢?忙着为打砸沙家浜剧团的事善后?他有时间来北大吗?总之,伏庆是没有说王大宾到过北大。

在《王大宾回忆录》中,笔者看到如下文字:

1967年4月,地院东方红介入外单位运动,还有影响的一件事,为调查了解北京京剧一团沙家浜剧组两派群众组织对立的情况,与其中一派群众组织也发生了肢体冲突。其中虽有许多因误会而情况

---

6 伏庆是为北京地质学院63级学生,文革中曾任地院东方红办公室主任、地院革委会委员、革委会办公室主任。
7 伏庆是《我与北京地质学院文革》,载《昨天》2017年11月30日第101期。

不明扩大了事态，但现在反思，当年那种自认为地质东方红才是最响当当的造反派，天不怕地不怕的劲头，谁也不放在眼里。《沙家浜》剧组虽是江青亲手种植的样板田，也敢捅它一下马蜂窝的做法，也是应该反省的。这种事，肯定是得罪了江青的。清查"5.16"运动时，这就成了我反江青的罪行之一。[8]

"4.11事件"应该包括三个方面的内容：南门内和东门内发生的两起事件，以及对方某些人的言论和贴的大标语。当天下午，地院等院校的6辆广播车从南校门闯入北大校园寻衅，最后被北大学生推出了北大校园。但他们不死心，当日夜间，他们又有大量人员从北大东门翻墙进入北大校园，北大东门内是大操场，没有学生宿舍，平日里夜间很少有人，他们抓住了三个北大学生开了斗争会，三个北大学生被拳打脚踢，被撕烂衣服。把这两起事件或颠倒时序，或混为一谈，都是不符合事实的。

可曾有北大的广播车去别的学校寻衅？可曾有新北大公社的人到别的学校去抓人打人？

6个院校的广播车闯入北大寻衅，随后又有数百人打上门来，谁在给他们出主意？谁在给他们打气撑腰？

笔者以为，这或许是对聂元梓、孙蓬一1967年4月10日揭发关锋、吴传启团伙的一种反应。当然，到北大寻衅闹事的人并不知道真正的内情，他们是被别人蒙骗和利用的。

聂树人对北大的事情实际上是不了解的。但"三司""造反派"的心结死死地蒙住了他的双眼，使他不辨是非，甚至不惜编造谣言对聂元梓、孙蓬一和新北大公社进行无端攻击。"'火烧英代办'，完全是以聂元梓为首的天派学生干的"，[9] 就是聂树人颠倒黑白、倒打一耙的一个典型例子。

"火烧英代办"是1967年8月22日晚至23日晨发生的事情。这是"文革"极左路线蔓延到外事系统后造成的恶果。

8　王大宾《王大宾回忆录》，中国文革历史出版有限公司，2015年，第130页。
9　聂树人《北京天、地两派的争斗——北京"地派"二把手的回忆》第168页，中国文化出版社 2013。

对新北大公社来说，1967年的8月是一个黑色的月份。自陈伯达6.5讲话以后，北大就进入了一个动荡、分化、改组的时期。反对派在校外一些势力的支持下，大吵大闹，并在8月17日合并成立了"井冈山兵团"。一些人利令智昏，以为他们推翻校文革、夺取北大大权的时候到来了，正吵嚷着"抓黑手"，好乘乱夺权。新北大公社摇摇欲坠，聂元梓焦头烂额。在这个时候，聂元梓怎么有可能去领导天派火烧英国驻华代办处呢？所谓"天派"的"清华井冈山"团派和"北航红旗"听聂元梓的号令吗？"清华井冈山"团派和"北航红旗"参与了这起事件吗？

对于这起震惊中外的事件，笔者一直不甚了了，因为我们极少关注、更不参与外事系统的事情。数十年后读到卜伟华的《砸烂旧世界》一书第七章的有关介绍，对这一事件的来龙去脉才有所了解。

从卜伟华的书里可以知道，1967年8月初，北京外语学院、清华大学、中国人民大学、北京师范大学、北京第一机床厂等单位联合组织了首都无产阶级革命派反帝修联络站。

笔者不清楚参加这个联络站的群众组织到底有哪些，可以知道的是：有外语学院的"红旗造反团"和"六一六红卫兵团"，有清华大学的"四一四"，有北师大"井冈山"。而指挥他们的，大概是外交部内部某些极左的、紧跟王力的干部。

8月22日晚，这个反帝修联络站组织数万群众在英国代办处门前召开"首都无产阶级革命派愤怒声讨英帝反华罪行大会"。会后以英方逾期不答复最后通牒为由，大批造反派和群众不顾警卫战士的阻拦，冲进英国代办处，放火烧毁了办公楼和汽车。

北师大"井冈山"参与了这个活动。《师劫》（黎云编著）一书第511页写道："谭厚兰率'井冈山公社'参与"。陆伟国在《中国人民大学文化大革命大事记》（载《记忆》第202期）中提到，"新人大"人员有参与。

清华"四一四"也参与了这个活动。卜伟华引用了韩丁《百日战争——清华大学的文化革命》一书中的一个段落，笔者转引这个段落开头的一句话："8月23日，在洗劫英国代办处中扮演主角的是四一四而不是团派，因为这个事件中主要负责的群众组织外交部的反帝反修联络站不是天派而是地派的，清华四一四也是地派的。"

清华大学的孙怒涛在给《昨天的记忆——北京地质学院文革往事记述》一书所写的序言中写道：

也是在1967年的8月下旬，"地派"联络站组织属下的造反派到英国驻华代办处，声讨英帝国主义在香港犯下的暴行。当四一四驻联络站人员向我请示四一四参不参加这次行动时，因一把手沈如槐当时正在外地，我拍板决定参加。于是，四一四成了"火烧英国代办处"这件涉外大事中的积极参与者。

不知道孙怒涛说的这个"'地派'联络站"是不是就是那个"反帝修联络站"，如果是的话，那聂树人真正是倒打一耙了。

笔者以为，事件的罪魁祸首应该是"反二月逆流"的"打倒派"中那些极端的要坚决打倒陈毅的那些人。

事实证明，聂树人的话是不可信的。

对《北京地质学院文化大革命大事记（1966年-1970年）》的质疑

由蔡新平、田春林、伏庆是策划，中国文化传播出版社于2019年1月出版了《昨天的记忆——北京地质学院文革往事记述》。这是一本新书，笔者谨将其第一篇《北京地质学院文化大革命大事记（1966年-1970年）》（作者：张运钧、李颖）中有关"民族宫事件"的记述抄录如下：

1967年4月8日～12日民族宫事件引发天派、地派分歧公开化。

1967年4月8日，在北京民族文化宫发生了轰动全市的"民族宫事件"。……双方僵持到第二天凌晨，中央文革派人来调停，北大和地院的人陆续撤离现场，并未发生武斗。这是地院成立革委会后第一次大规模的行动，当时，地院革委会包括王大宾在内几个负责人都先后到现场，在现场指挥的是杨雨忠。1967年4月9日王大宾与唐咸正、陈宝堂等去北大会见聂元梓,并向她说明真相。双方以"误会"平息了事端。但是北大校园里却展出了"4·8事件"中被撕破的衣服等实物,及文字材料,极力扩大事态。地院东方红得知情况后,"高旗无畏"战斗队开着宣传车进入北大,进行反驳和说明真相。结果地院广播车被北大的人砸了,人被打伤了。为了不使事态扩大,4月11日下午,王大宾与陈宝堂等人再次去北大,想和聂元梓商谈平息这事。他们不仅没找到聂元梓,反倒被"新北大公社"的人包围起来。陈宝堂冲出包围,回到学校,将王大宾被扣的消息带回地院。这事激怒了地院东方红和原首都三司的院校。地院、农大、农机、邮电、政法、北工大、林学院等院校立即派出广播车和人去北大增援地院。(按:6辆广播车进入北大是下午至傍晚间的事,是从南门进入的。)一开始,北大东门关闭,不欢迎他们进入北大。后来这些人进入北大后,双方又发生了严重的打砸流血事件。(详见参考文献16)(按:从东门翻墙进入北大是另一起挑衅事件,发生在当天夜间至次日凌晨,同广播车进入北大不是同一回事。)……多少年后,聂元梓曾说:北京高校群众组织分成天派、地派,天派的后台是江青,地派的后台是王关戚。(详见参考文献5)王大宾就这事在回忆录上写道:"1967年4月,在民族宫展览问题上,发生了地院东方红支持一派群众,与北大新北大公社支持一派群众的严重对抗肢体冲突,首次引发了北京红代会内主要负责人和部分学校群众组织之间的分裂和对立,造成了极坏的影响。对此事,作为当年地院东方红公社的一把手,我一直深感愧疚。""实践证明我们没能紧跟毛主席战略部署。"(详见参考文献5第165-167页)

半个多世纪后出版的新书,对"民族宫事件"并没有提供新的史料,上述文字括注的"参考文献"只有两种,即聂树人的《北京天、地两派的争斗》和《王大宾回忆录》。对此,笔者有如下疑问:

1. 关于4月9日和4月11日王大宾两次来北大的说法,笔者在前面已经作了分析,不再赘述。大事记的编者完全抄录了聂树人的文字,继续传播错误信息,没有考查、说明真相。

2. 必须指出,大事记写道,"这是地院成立革委会后第一次大规模的行动,当时,地院革委会包括王大宾在内几个负责人都先后到现场，在现场指挥的是杨雨忠。"而聂树人却说"王大宾没有参与'4.8事件'"。这不是自相矛盾吗？王大宾的回忆录则是回避了这个问题，他到底去没去呢？既然是"地院成立革委会后第一次大规模的行动"，那么，地院革委会又是怎样研究、部署这"第一次大规模的行动"的呢？这和洪涛一伙有什么联系呢？笔者还有一个疑问，杨雨忠又是听谁指挥的呢？不会是听洪涛指挥的吧？

3. 至于"并没有发生武斗"——那么，"狠狠地痛击了一小撮保皇党的猖狂挑衅"（4月11日《东方红报》语）是什么呢？王大宾自己写的"严重对抗肢体冲突"又是什么呢？

4. 关于"多少年后，聂元梓曾说：北京高校群众组织分成天派、地派，天派的后台是江青，地派的后台是王关戚。（详见参考文献5）""参考文献5"就是《王大宾回忆录》，笔者查阅了该书，没有找到相关的文字。请"大事记"的编者提供具体的出处。

聂元梓说"天派的后台是江青"？聂元梓还没有愚蠢到这样的地步吧？

还有些人用"孙蓬一自诩是江青派"大做文章，那么，孙蓬一的原话是怎样说的呢？

1967年4月11日，六个学校的广播车来北大寻衅，地院的一个人竟然说："毛主席给你们新北大题字有什么了不起？"当我校同学追问他时，他大骂："你们不要狗仗人势！"另一个家伙还叫嚷："聂元梓怎么当上红代会组长的呢？要揪出她的后台！"[10] 甚至说："你们是江青派"。在4月13日晚的大会上，孙蓬一说："有人说我们是江青派，我们就是江青派，江青派就是毛主席派！"由此可见，"你们是江青派"的发明权不是孙蓬一，而是地质学院的人。当年笔者在现场听到孙蓬一讲此话，还有满脑子疑问：地院的学生怎么能如此大胆？看了王大宾的回忆录后，才知道地院"东方红"连江青亲自管的沙家浜剧组也敢砸，剧组的人也敢绑架，确实是天不怕地不怕，地院学生说那些话也就不奇怪了。

---

10 参见《一个蓄谋已久的反革命事件》，载《新北大》1967中年4月13日。

结束语

"民族宫事件"发生后,双方都发表了抗议声明。直接参与这次事件的单位并不多,但在声明上签字的单位却都有几十个。这种情况早在新北大公社成立之前就已经出现了,北大一些学生已经从中看出了一条又粗又长的黑线。

聂元梓、孙蓬一等人很清楚,地院东方红只不过是当了别人的工具而已,但这起事件显示了新的动向。正如孙蓬一1967年4月12日讲话所说:"所谓的民族宫事件本来是微不足道的,这只不过是一个借口而已。目的是他们背后的那些人要实现更大的政治野心、政治阴谋!"

新北大公社并不了解民族宫在关锋、吴传启团伙中的重要地位和敏感性。数十年后,笔者才知道,民族宫是康生手下"哲学反修资料编写组"的驻地,而关锋、吴传启、林聿时都是这个编写组的核心组成员,民族宫是这伙人的重要活动据点。"一月夺权"时,吴传启、林聿时和谭厚兰等密谋上书中央文革建议戚本禹出掌北京市大权,开会的地方就是民族宫。因此,尽管批判"民族工作展览"并不涉及洪涛、刘郢本人,但是,洪、刘和他们的后台是不能容忍的。他们千方百计进行阻挠、破坏,终于在4月8日挑起了一场震惊全市的武斗。关锋、王力垮台后,洪涛也被逮捕。新北大公社曾获得机会审问洪涛,洪涛供认,那天他就在武斗现场指挥。

地院东方红被人利用了,自己还不知道。"4.8事件"的结果,直接推动了聂、孙举报关锋、吴传启团伙,坏了这个团伙的大事;而"4.11事件"的结果,又推动了孙蓬一的4.12讲话,公开揭露了这个团伙。偶然事件发挥了决定性作用,吴传启们的好日子由此终结。

1967年4月16日,地质学院革委会和东方红公社发表《关于目前北京市无产阶级文化大革命形势的几点声明》。《声明》说:"孙蓬一这个现行反革命分子必须揪出来由全市广大革命造反派揭发、批判、斗争。并揪出孙蓬一讲话的幕后策划者。坚决、彻底、干净、全部地粉碎这股反革命黑风。"

为什么这样痛恨孙蓬一呢?就是因为孙蓬一的4.12讲话公开揭

露了吴传启、洪涛这个阴谋团伙，而阴谋家们一旦被公开在光天化日之下，就完蛋了。至于"揪出孙蓬一讲话的幕后策划者"的叫嚷，这是被蒙骗者的口号，而在蒙骗者心里，是清清楚楚的。他们心虚了，害怕了，于是，继卢正义之后，吴传启、林聿时、潘梓年这几个红极一时的"响当当"的"左派"，也离开北京躲藏到外地去了。这是谁下的命令，至今仍是一个谜。

有趣的是，北师大井冈山这次置身事外，不知道是接受了教育部夺权的教训，还是得到了某人的指点，他们于4月13日发表声明："关于四月十一日、十二日新北大公社和地质东方红等革命组织之间所发生的严重冲突，我师大井冈山根本没有参与。"该声明刊于《井冈山》第29期，笔者当年没有看到。北师大井冈山受人利用，为保卢正义而同北大发生冲突，关锋、王力用谣言打压北大，没想到暴露了自己，卢正义也不得不外出逃亡。这个结果，是谭厚兰想不到的。

拜地院东方红所赐，"4.8事件"和"4.11事件"之后，该着吴传启、林聿时、潘梓年逃亡了。而按照关锋、王力等人原先的如意算盘，吴、林二人本来是要进入中央文革下面的某个机构大显身手的。这个结果，也是"4.8事件"和"4.11事件"的指挥者们绝对想不到的。

这曾经是一股谁也惹不起的势力。北大和北师大为卢正义的问题发生矛盾时，清华"井冈山"宣布退出；在"批展"引发矛盾时，"北航红旗"宣布中立。他们都清楚，那是真惹不起啊。新北大公社"乱打乱撞"地参加"批展"，扰动了一只蝴蝶，竟然引发了一场政治地震。

（本文载《记忆》2021年12月31日第310期）

我被押回北大参加清查"五一六"

胡宗式

我是物理系60级学生，在文革中曾担任新北大公社动态组组长。1968年我被分配到宝鸡902厂，当时分配到宝鸡的还有哲学系的沈永有和中文系的祁念曾。他们两人的文采很好，当时都被借调到市里写文章。1970年底的一天，我们三人小聚时，祁念曾谈到：北京市工代会的一位负责人来宝鸡市革委会出差，这位负责人对祁念曾等人讲："最近见到了中央一位高级首长，我问了谢副总理的情况，首长说谢富治是'五一六'的总后台，现在对外说是他病了。"没有多久，我被押回北大参加清查五一六运动。在北大被审查的两年多的时间里，上面这个消息成了我的定心丸。

一、初回北大

1971年初，我正和爱人度蜜月，在南京岳母家，接到厂里发来的催我回厂的电报。2月19日上午我回到厂里，知道北大来人了。当天晚上在厂保卫组，北大的李桂勋对我说："北大有事让你回去一趟"。厂里派了干部科的吴长顺陪同李桂勋"护送"我上了当晚去北京的火车。21日凌晨2点左右到了北大，上午10点，我住进43楼211室，窗上钉了木条，门上贴的大标语是："誓与五一六反革命集团血战到底！"。

物理系组成了20多人的专案组，成员有工军宣队队员、学员和教员，组长张万祥（工人，原井冈山兵团的），副组长庄逢源（教员，原新北大公社的）。1971年2月27日晚上9点多，系宣传队指导员杨宗佑（8341部队的连指导员）来到我住的屋里说："你来了一个星期了，我们没有动你，是叫你安一下心。过去说我们掌握你70%，现在可以说掌握你100%。打开窗子说亮话吧，你是五一六并且是骨干。是坦白呢，还是抗拒？从现在起和你进入短兵相接的阶段。你倒霉就倒霉在聂元梓身上，你知道她在五一六集团里处在什么地位吗？她不用填表，她有批准权。你以为材料烧了就查不出来吗？表烧了人还在。名册烧了，组织部长还在嘛！"接着又说："你们搞的那一套不行，那是资产阶级的，我们是无产阶级的，资产阶级怎能抵得住无产阶级呢。我不要你现在表态，你先考虑一下，睡觉去吧。"

这一天晚上让我11点多睡觉了，比以前提前两个多小时。我多日缺觉，躺下就着了。专案组的刘文振（解放军学员、排长、学毛著积极分子）和另一个人一夜没睡，在旁边观察我是否辗转反侧。第二天早上5点多把我叫起来后，刘文振问我："想得怎么样了？"我说："不是！"一下子把刘文振气炸了："啊！我们等你一夜，你可倒好，两个字完了。校领导说要把你培养成典型，给你机会你不要！"

1971年3月2日，宣传队在办公楼礼堂召开坦白大会。牛辉林第一个上台坦白他参加了"五一六"。他说："是洪涛发展我参加了五一六。我攻击江青同志，还发表反军演说，在王、关、戚的操纵下搞武斗。"牛辉林重点宣传不要搞攻守同盟，说："那是建立在私字上的，是靠不住的。过去我把名单交给了洪涛，现在我把名单交给了工宣队。"

散会后，专案组问我有什么想法。我说："对立派的头头是五一六，我能有什么想法。"

1971年3月底的一天，由杨宗佑出面又找我谈话，他说："这一个月没有动你，你别以为没事了。毛主席的政策一贯是一网打尽。这些天我们就做的这个工作。你是五一六，你不是首恶，但你是骨干。一个也跑不了。你们是反王、关、戚的？你们反王、关、戚是个大阴谋。北大是毛主席抓的点，是个先进典型。它好在哪儿，好就好在稳准狠，一打一个准……"。下面是我和杨宗佑的一段对话。

杨：你怎么样？

我：过去不是，现在不是，永远也不是。

杨：那么有人检举你呢？

我：可以对质嘛。

杨：对质？那么保护检举人的政策那里去了？

我：不对质，我没有别的法子。

杨：你还是好好考虑吧，为你个人的前途，也为你的家属。

我：这没有什么好考虑的。

杨：把话说绝了？

我：说绝了！

杨：那好，走着瞧（一拍桌子就走了）。

我当时错误地理解了"态度老实，不对抗群众"，一狠心就承认了"我是聂孙反党集团的骨干，但是我本人无阴谋"。因为我们是和五一六反革命集团作斗争的，是反对王、关、戚的。尽管我承认了"聂孙反党集团"，但在材料中，我一直把"五一六反革命集团"和"聂孙反党集团"分开来写，因为这根本不是一回事。

二、批判我的问题

1. 怀疑康生

"怀疑康生是关锋的后台"是我主动说的。当时这样的传说很普遍，作为一个动态组长能不知道吗？不过我只是怀疑，没有其他方面的言行。专案组的人问："康生是关锋的后台，你是怎样知道的？"我说："吴子勇的四月形势图上面写的。"又问："那上面点名了吗？"我一时走嘴，说"点名了"，实际上是用××代替。专案组一下抓住："那上面没有点名，你说点名，这就是炮打康生！"

其实，"康生是关锋的后台"这句话，是康生自己说的，他在师大的一次讲话中说："有人说我是关锋的后台，我就是关锋的后台。"

2. 反对谢富治（后面专门谈）

3. 殷文杰事件

1968年4月27日上午10点左右，无线电系62级学生殷文杰途径44楼时，有人喊了一声"他是'过大江'的！"钢一连的两个人，上去拦住并用扎枪刺他。此时，我和同组的章铎正和人民大学搞外联的女教师盛学韫在附近谈话，见到刺人以后，我连忙上去阻拦。后来我把伤者送 721 医院抢救，并参与了殷文杰死亡后相关事件的处理，写有调查报告交给了校文革。

专案组以殷文杰事件为突破口对我施加压力。他们在两个细节上做文章：一是在 4 月 30 日我给上海打电话，与家属谈话说火化的事，他的姐姐同意了，后来他姐夫来电话说不同意，我说已经通知火葬场了。殷文杰的姐夫给工宣队的证明中否认家属曾同意火化；二是校医院的大夫给工宣队开的证明是："送 721 医院前人已死。"而同一大夫开给我的证明是："心跳微弱"，还打了强心针，打针时我就在旁边看着。他们据此说我不老实、顽固，根本不许我讲话。我只要一开口，他们就说："你还狡辩！"并强迫我承认"是杀人凶手，聂元梓也是杀人凶手。"我说："我是救人的！"他们说："包庇杀人凶手的就是凶手。""你是救人的？救人的，人怎么死了！"还要我交待聂元梓、孙蓬一是怎么指使的，说："聂元梓也是凶手。杀人凶手难道就要亲手杀人吗？蒋介石亲手杀人吗？他是不是凶手？"最后宣布："你在这个问题上已经没有发言权了。这个问题算揭发，不算交待。别的问题你自己想想吧。"

对我写的调查报告，他们没有提出任何异议。殷文杰事件是个突发事件，和聂元梓、孙蓬一等人并无关系。专案组非要我承认聂元梓、孙蓬一是幕后指使者，以便打击聂元梓、孙蓬一。

4. 反对林彪

在文革中我没有产生过对林彪的怀疑。审查时说我反林彪，那是抓住一点无限上纲。1967 年发生 5.13 演出事件，军内两派发生冲突。演出的一派叫"三军"，另一派被称为"冲派"，在演出之前，新北大公社内部对军内文革派别的支持分为三派：曹广志为首的文艺批判战斗团支持"三军"；动态组支持"二筹"；外联组支持"一筹"（北京高校的组织大多支持"一筹"）。5.13 事件后"一筹"和"二筹"联合起来成为"冲派"。林彪是支持演出的。

在演出现场，高校中表态支持演出的只有北大的曹广志，其他表态的高校组织,都支持"冲派",因而"冲派"对北大的意见很大,意见由外联组反映到聂元梓那里。聂元梓想搞平衡,5月25日聂元梓和外联组的两人加上我,到一筹的核心单位军艺"星火燎原"去修补关系。6月1日开庆祝毛主席批示大字报发表一周年大会,北大对"三军"和"冲派"都发了请帖,"冲派"的人一看"三军"的队伍在场,便退出会场。此后,北大和"三军"关系密切。

专案组的人说:"明知林彪表态了,你们还要到'星火燎原'去!"和聂元梓去"星火燎原"这件事,成了我反林彪的罪状之一。

在审查期间我说过这样的话:"说杨成武勾结傅崇碧要夺谢富治的权,我从来没有这个感觉。"专案组说:"你这是对抗林彪的1968年3月24日讲话,不是反林彪又是什么?"

三、难忘的"五一"节和"5.9大毒草"

1971年的五一节晚上礼花炮响了。因为中关村有一个放礼花的点,所以北大43楼的上空也是一片通红。我走到窗前,想从窗户中看看礼花。专案组的刘文振说:"回去吧,看不见的。这你倒挺积极!"我坐在床上,非常生气,眼睛直直地盯着桌子发呆。心想:"我同王、关、戚斗争了一场,结果连在窗前望一下的权利都没有。"过了一会儿,刘文振问我:"在想什么呢?"他连问了几声,我都不回答。我心里越想越委屈,眼泪就流了出来,这一流就不可遏制。刘文振出去请示了一下,叫我去看电视(电视机在楼道一头的大房子里)。晚会结束时,我从电视中看到毛主席,心情非常激动,真是"抬头望见北斗星,心中想念毛泽东"。他们问我有什么想法。我说:"我见到了伟大领袖毛主席,谢谢你们给我这个机会。"这一天他们也开了一次恩,让我在12点睡觉了。

专案组认为可以趁我感动之时攻下我的五一六问题,便于5月3日又开始对我进攻。因为1967年我们反对王、关、戚是人所皆知的事情,他们就企图通过一些似是而非的东西,来说明戚本禹是聂元梓的后台。在5月4日的会上,专案组说:"聂元梓提出了三个五一六口号:上揪下扫(上揪就是要揪总理)、十七年掌权的经验不能用了、新文革与旧政府的矛盾"。我说："十七年掌权的经验不能用了的提法是不对的,但这是谢副总理说的。我以前材料中已经写到：聂元梓对我说'这句话我不能检查,这是谢副总理讲的'。上揪下扫,下扫是不对的,上揪,当时就是指揪李雪峰,不是总理。'新文革与旧政府的矛盾'是五一六反革命集团的口号,根本不是聂元梓的口号。我于1967年6月中旬上报的材料《与许维刚谈话纪要》明明白白写着：'现在社会上的斗争,反映新文革和旧政府的矛盾。你们北大这一次站错了队,你们站在了总理的一边。'"

专案组的罗××（女,教员）说："西山游行有聂元梓,午门抗缅大会有聂元梓,揪刘火线还有聂元梓。你看,戚本禹的哪一次阴谋没有她？！"我说："午门抗缅大会我没有去,不清楚。西山游行是戚本禹打电话给戴宝元（北京矿业学院驻红代会代表）,北京高校两派都去了。揪刘火线是几十万群众参加的大批判行动,当时看不出是戚本禹搞的反总理的阴谋。"他们说："聂元梓不是一般群众……"。我说："在当时的情况下,戚本禹是中央文革的成员。要求聂元梓对戚本禹的每一个指示都抵制,这种要求是不对的,是不合理的。我在1967年8月份就注意到戚本禹,他接连三次修改关于对吴传启问题的谈话；在接见湖南代表时讲'不搞打砸抢不算造反派'。戚本禹倒台的消息,在中央宣布之前,1968年元月在北大,是我首先在总部扩大会上讲的。"

在5月5日和6日会上,又增加了杨、余、傅是我们后台的内容。说杨成武是后台只有一条,就是杨成武说："崔雄崑（北大教务长,亮相支持校文革）是好人好干部。"（文革前,林彪的儿子林立果上北大读书,是杨成武来北大找崔雄崑办的。）我说：这至多可以说在干部问题上上了他的当。说傅崇碧是我们的后台也只有一条,即林彪在1968年3月24日讲了"杨成武勾结傅崇碧要夺谢富治的权"。他们说："傅崇碧反谢你们也反谢,就是一伙的。"我说："我们是和傅崇碧斗争的。在高校学习班上,他动员那么多的单位压北大,署名是北京卫戍区的'打倒聂元梓！'的标语我是亲眼见的。"

专案组的人说,谢副总理是坚决同五一六作斗争的,搞"1.15事件"就是为了反谢。工宣队的赵××还说："反对周景芳（时任北京市革委会秘书长）就是反谢富治"。我立即反驳道："这么说，保周景芳有功，反周景芳有罪？！"他们还说什么"反谢就是为了夺权"，"当然我们也不认为你想当北京市革委会主任，主任只有一个，聂元梓当了，你就当不了了，但是可以弄个小官当当"，"联系你的家庭出身，就是代表资产阶级向无产阶级夺权，毛主席林副主席任命的北京市革委会第一书记，你反对？！……"

我越听越生气，决心在这个问题上和他们进行一次较量，让他们看一看，我为什么反谢，北大为什么反谢！1971年5月9日我奋笔疾书，写了"陈伯达、谢富治是五一六总后台"的材料。这是一次不顾后果、心血来潮的冲动，也给我带来了很大被动。这份材料后来被专案组称为"5.9大毒草"。

这份材料没有底稿。1973年审查结束后，我回到宝鸡后追记了一些。当时写"5.9材料"时，只是凭记忆，不可能找旁证材料，也没有反复推敲，这份5.9材料有很大不足。为使读者了解我当时是怎么想的，我把这份追记材料中关于谢富治的部分抄录如下：

（1）在67年，我们对北京的运动有一种说法："反总理的没有事，反谢富治的了不得。"文化革命初期，北京高校的反谢活动有三次：67年元月（或66年12月底），政法兵团刘富元给谢贴了大字报（在政法系统中的反动路线问题），结果是政法系统14个单位开来人马砸了政法兵团，把刘富元给抓了起来；"1.15事件"后，来了个"公安部某负责人讲话"，因为郑仲兵带人去责问，结果是许多单位到民族学院几次砸了民院"抗大"，郑仲兵也被抓到公安部；67年4月13日孙蓬一炮打谢富治，更是有众多的单位一起来北大游行示威。相比之下，北京外语学院反周总理的事情发生之后，许多单位群众自发地起来保卫总理，各自到外院等处去游行。市革委会没有统一组织过游行。公安部逮捕的也只是一个刘令凯（后来根据总理的指示把刘放了）。反周总理的人感不到压力，越来越嚣张。

（2）谢富治曾说，反对他没有关系，越是反对他的人那里，他越是要去。但从上面的事实可以看到，这都是假的，是两面派。再看一点：67年6月20日，谢富治到北大来，说："说聂元梓要夺我的权，我没这个感觉"。可是回到市革委会，他却说："他们口头上不反

我了，而实际上在反。"（当时并没有发生"反谢"的活动）

（3）看谢富治的组织路线：在市革委会内有70多个"五一六"分子，他任用学部的人掌握九个组中的七个组，担任负责人。身为市革委会的负责人，难道对自己的部下是什么人不管不问吗？

（4）对高××叛徒问题的态度。在67年4月，我组的姜汗卿、丁大可从团中央系统的某单位了解到高××的叛徒问题，我们转给聂元梓，聂派人作调查。谢富治知道后就批评说："市革委会刚成立，有人就对成员作调查，这是什么意思？"

（5）"资反路线"问题：刘少奇指示派工作组时，公安部对20多所院校派有工作组，执行反动路线。1967年5月公安系统的一个女的找到动态组，反映她的爱人在文革开始时给谢富治贴大字报而现在还被关押一事。

（6）"十七年掌权经验不能再用了"这个反动口号，听聂元梓说来自谢富治。

（7）对"1.15"这样一次最大的档案抢劫事件，公安部长能不过问吗？当时两派都讲"某负责人是谢富治"，从来没有别的观点，也没有见谢富治辟谣……把抢档案的人称为左派，把保护档案的人却抓了起来。

（8）1967年地质等六院校到北大闹事，挑动武斗。4月13日谢富治召集红代会核心组开会，解决这场矛盾。谢一开始就说："你们两家不要讲，先听别的院校的。"这貌似公平，实际上是玩弄"真理面前人人平等"的花样。当时来北大的有六所院校，虽然地质没有发言，但他们的意见已由其他几个院校讲了。当聂元梓要求发言时，谢说："你不要讲，你们两家谁的我也不听"并做了错误的结论，说武斗是北大挑起的。

（9）67年4月24日，百货大楼发生了武斗。市革委会表态支持挑起武斗的一方。（百货大楼武斗是"五一六"十项重大反革命活动之一）北大对此事的表态也是错的。武斗刚开始，市革委会的态度就定了，写了通告。我校在市革委会工作的同学看到通告，打电话到学校，聂孙赶紧派广播车去表态。武斗的现场处理是谢富治。到了当年的9月份，我组的黄明从工代会得到消息，说是表态错了。但是为了维护市革委会的威信，不做更改了。

（10）王、关倒台后，学部的革命群众要把周景芳从市革委会揪回去，谢富治却出来保他，说："这个人比较软，他没有派性，在市革委会做了好多工作"。如果说你对周以前的情况不了解，但是你们在一起工作了 7 个月，对于周和关锋的关系问题，一般的人都了解，你还不清楚吗？聂元梓曾说："有一次谢和周在一起讲话，我一推门进去，他们就什么也不讲了。"谢和周的关系可见一斑。

（12）民族学院红卫兵总部是红代会的发起单位之一，1.15 事件发生后，谢富治派丁国钰把他们排除出筹备组。

（13）关于 68 年春的右倾问题，我想了一下当时的社会现象，有两个方面可以说明问题。一是石油学院大庆公社有一种观点："二月逆流是王、关、戚搞的"，这是否定二月逆流的。在大联合的问题上，在 9 月 17 日北京日报上有个错误的口号："旧话不再提，旧账不再算，责任不再追，共同朝前看"。这就没有原则，抹杀阶级斗争。当时的形势是王、关刚倒台，他们的爪牙还没有清除，他们的罪恶还没有被彻底地揭发。五一六分子怕自己被揭露，提出"旧话不提，旧账不算"，他们就可以在大联合的旗号下躲起来。

（14）高校学习班问题。高校学习班犯了右倾错误，这一点，丁国钰在学习班结束会上讲："我们学习班的错误就是只斗私没有批修"。没有批修，就是没有批判王、关、戚。

（15）1967 年，海淀区委分为东楼和西楼两派。西楼支持北大，东楼支持师大和地质。从区县问题上讲，东楼属于四清工作团中的王乃英派（王是林杰的老婆）。一次在市革委会开会，谢富治批评聂元梓："你们到处支持，连你们自己的家门口都没有支持对。"聂元梓开会回来后叫赶快支持东楼。

四、在小型批判会上我与专案组的交锋

"5.9 材料"交上去以后，专案组在一段时间内没有理睬我。1971 年 6 月 6 日，中央台广播了谢富治在医院拜会齐奥塞斯库的消息，我感到一场风暴要来了。6 月 12 日，专案组以泰山压顶之势，对我

进行批判，说我在审查期间竟敢跳出来炮打无产阶级司令部。他们表示要逐条批我的"5.9材料"。

6月13日，他们选择了"5.9材料"中提到的一条口号："旧话不再提，旧账不再算，责任不再追，共同朝前看"。我说这是右倾口号，抹煞是非界限，搞阶级调和。专案组说口号是对的，"是适用于解决人民内部矛盾"，"是群众活学活用毛泽东思想的结果"。我据理力争，辩论进行了两天。

问："你们当时怎么提的？实际情况呢？"我说："我们当时的提法是'在毛泽东思想的基础上按班级按系统实现革命的大联合'，我们有吃掉井冈山的想法，但是在口号上没有错。"他们引用许多毛主席的语录，用来论证口号是正确的。当有人提到毛主席说："两派要互相少讲别人的缺点、错误，别人的缺点、错误让人家自己讲，各自多做自我批评。"我接着就说："这就是说，旧话还得提，旧账还得算。"所谓的逐条批驳，到此为止。

我在5.9材料中写了"我反谢是从1.15事件开始的"。为了批驳我，专案组费尽了心机。刘文振问我："说公安部某负责人是谢富治，毛主席语录上有这么一条吗？"我说："没有。"刘文振说："那你怎么相信呢？"

针对他们说"聂元梓干的都是坏事"这句话，我说"对聂元梓要一分为二"。刘文振马上反驳我："难道对美帝国主义也要一分为二吗？"我瞪了他一眼，心里想，还是学毛著的积极分子呢，太遗憾了。毛主席语录上没有"公安部某负责人是谢富治"，但却有对帝国主义要一分为二的一条。1958年12月1日在中共中央政治局武昌会议上，毛主席讲："同世界上一切事物无不具有两重性（即对立统一规律）一样，帝国主义和一切反对派也有两重性，它们是真老虎又是纸老虎。"

在一次小型批判会上，专案组的一位说："聂元梓所做的一切都是在黑后台指示下干的。"我立即反驳："这么讲不对！"她马上改口："聂元梓在黑后台的指示下，干了许多坏事。"我说："这么说可以。"他们感到不对劲，立刻一片口号，想把我的气势压下去，会议当然也没有再开下去。

到了 7 月 4 日，我感到再坚持下去没有什么好处，就写了一份"认罪书"承认了错误。他们当然不能罢休。7 月 8 日，专案组又搞我的五一六问题："既要认罪就要彻底，只交待罪行，不交待组织是不行的"。当说到我在 1.15 事件问题上搞黑材料以假乱真时，我说："因 1.15 事件档案丢失，我们在台港澳的一些地下工作者因而失去了生命。听到这样的消息，难道你们的心里不难过吗？"他们说："我们也认为 1.15 事件是严重的反革命事件。"我说："从来没有见到你们表示过义愤！"这下子可把他们惹火了，立即取消了我的劳动和看报的权利，接着又是一轮批判。

1971 年 7 月 10 日，学员周志强值班，他与我有这样一段对话：
周：胡宗式，你交待得怎么样了？
我：你们去了两个多月，不了解情况。
周：怎么？走了两个多月就不了解情况了？
我：我说了，谢富治是五一六的总后台。
周：那还用你说，早就知道了。
我：我这样说是有确切消息来源的。
周：那当然是有消息来源的，哪能随便说。
我：可是现在却叫我挖反动思想。
周：那你就好好地挖一下反动思想吧。
周志强的话给了我一张王牌，我等待着用它的时机。

五、我经历的三次全系批判大会

1971 年 9 月 9 日、10 日、11 日连续三天召开全系大会批判我，地点是一教 101。黑板上的标题是"彻底批判胡宗式的反革命罪行"。
9 日批判我"反对无产阶级司令部"。
事前规定我不许说话，不许喊口号，不许举手。他们先让我在门外等着，喊了一遍口号以后说："把胡宗式带上来！"让我从后门（阶梯教室高处的门）进入。第一个发言的是一般而论，第二个发言批我"反江青"。当时我感到很奇怪，因为从来没有提到这个问题。他先泛泛地说五一六反革命集团如何如何仇恨江青同志，具体提到我的就是一件事：我说 1968 年 3 月 8 日，江青讲"你们为什么老是抓住王、关、戚不放呢，王、关、戚后面还有大的吗？"发言者说："骗子给聂元梓黑指示，大反谢副总理，胡宗式却嫁祸于江青同志。"我听到这里笑了笑，把头一扭。第三个发言批判我反总理，说："胡宗式勾结湖南某组织的坏头头炮制了所谓的 007 密令。"他还造谣说："胡宗式拿到这份材料，对聂元梓说：刘少奇一类的政治骗子（指陈伯达）说这份材料很重要"。谈到"与许维纲谈话记要"时，说这是"以调查社会上反总理的情况为名，搜集整理总理的黑材料上报给黑后台。"听到这里，我对他们的这种颠倒黑白、混淆是非的做法实在不能容忍，把头一扬，大声地说："我从来没有反过总理！"这时全场一片口号，想以势压我。学员严××跑上来，用手压我的头，压下去我抬起来，一共三次。主持人说："把胡宗式带下去！"我把头一扬，昂首快步，穿过人群，从走道中过去。我步子大，后面跟着的两个人都是小跑。

10 日召开的第二次大会，批我反军和挑动群众斗群众。

所谓反军，是在"聂元梓、胡宗式之流……"的名义下，把许多事都加在我的身上。他们造谣说我"反对三军无产阶级革命派。早在 67 年 4 月就说'现在是军内造反派受压'。"他们还污蔑我"在电报大楼大反通讯兵"。散会时，他们总结了前一次会的经验，不叫我从后门出去，而是从前门走。这样不从人群中过，以免我示威。回来以后，专案组张万祥、庄逢源找我谈话。我批驳他们说："说我在 67 年 4 月说'现在是军内造反派受压'，我根本没讲过这样的话，即使讲了这话也不是错，那时受压的正是'三军'。说我'在电报大楼反通讯兵'，这怎么可能呢？通讯兵在那支持'红讯'，我们在那也支持'红讯'。"

11 日第三次批判我的大会，重点是反王、关、戚和二月逆流问题。

反对王力、关锋及其在基层的势力吴传启一伙，是聂元梓领导下北大的一次重大行动。当时这一伙人如日中天，反对他们有很大的风险。1967 年 4 月 10 日聂元梓和孙蓬一到钓鱼台，面见江青和陈伯达（戚本禹也在场），告王力、关锋"结党营私，招降纳叛"。此次接见，江青讲了一句："不是早就打过招呼了吗？要和吴传启在政治上划清界限。"针对这句话，大会的发言者说："聂元梓造江青的谣。"又说："你们反王、关、戚是搞政治赌博，靠的是先验论，是干扰毛主席的战略部署。"其实这些说法并不是创造，早在1967年就有了。因为不让我发言，所以我只能用肢体语言表示我的不屑。

反击二月资本主义复辟逆流，在文革中是重大的事件。1967年3月7日师大井冈山、学部联队等6个组织，贴出标语"打倒谭震林！坚决反击二月资本主义复辟逆流！""揪出谭震林的后台！"动态组面对这突如其来的形势保持了清醒的头脑，根据调查得来的情况，发现他们的背后是反总理。我们及时把情况报告聂元梓及公社总部。聂元梓指示：如果他们反总理，我们就反击。在农业部我们认真听取双方的意见，不像有些组织，一到农业部就先表态。这样农业部保谭震林的一派对我们有好感。其中有名的人物江一真、左叶、李星、谢文景都到动态组来过。我们不知道中央开会的情况，从基层了解的情况看，构不成打倒谭震林、余秋里、李先念、陈毅等人的理由。当时在北京市形成了"打倒派"和"炮轰派"，北大是"炮轰派"。后来了解了一些中央会议的情况，我认为我们没有紧跟毛主席的战略部署，北大在反击二月逆流的保守态度，动态组要负很大责任，初回北大我也是这样检查的。会议最后，专案组的人说："谭震林伸到北大的黑手已经很清楚了，就是通过江一真——胡宗式——聂元梓，你们就是二月逆流派！"

林彪事件后，二月逆流问题得到重新评价，这时专案组的调子也变了："不管打倒派，还是炮轰派，都是炮打无产阶级司令部。"

六、校领导找我谈话

1971年9月13日晚上，在办公楼的一个房间里，校领导找我谈话。参加这次谈话的有校领导三人、校专案组一人（他们都穿军装，姓名没有介绍），还有系专案组的张万祥、庄逢源。他们问我三次大会以后有什么想法。我说："关于007密令问题，我拿到的这份材料，上面只写到刘志坚曾看过这份材料（密令），而我看到材料的时候，刘志坚已经倒台了，我怎么可能讲陈伯达说这份材料很重要呢？对这份材料，我当时已表态'这是对总理的陷害'。"校领导说："你不反总理？但是这材料是从戚本禹的办公室里抄出来的，签着你的大名，你还说什么？"我说："我当时是上交中央文革的，而不是上交戚本禹的。如果说写明交戚本禹，那么尽管是在67年4月，也算我反总理！""我把与许维纲的谈话写成材料，上报给总理和江青等首长，这怎么叫反总理呢？许维纲说：'这一次你们北大站错了队，站在了总理的一边。'说得再明确不过了，怎么能推论出我们是反总理呢。"我又说："在67年5月中旬，我到中南海对总理驻交通部的联络员讲'我们发现了社会上一个反总理的集团，就是学部联队、师大井冈山等组成的团伙，每一次总理讲到余秋里、李先念、陈毅问题，他们都出来唱反调……'。这反映了我们对总理的态度。"

一位领导说："说反谢就是反革命，你想不通，难道反谢是革命的？"听到这里我说："那么我再讲一件事"。我讲了7月10日与学员周志强的对话，讲完之后，有一位插话："你说'我说了谢富治是五一六的总后台。'他说'这还用你说？早就知道了。'是这样吗？"我回答："是这样。这段对话，我以我的脑袋来保证，一个字不差。"他们问我："你讲这些目的是什么？"我说："为我自己作些辩解。"校专案组的人说："今天校首长找你，机会很难得，你应当珍视，不要为自己做什么辩解。"首席校领导说："今天找你还是要挽救你。你的态度很不好，在北大是出奇的，在北京市是少有的。三天大会我们都参加了，坐在后面，你看你的样子，听说你在学生时代就高傲自大，目空一切。但是我们还要按照党的政策，挽救可以挽救的人，你还很年轻，才30多岁，还可以为人民做点事。你自己也要为你的前途着想，要考虑一下到底走什么路，是否要和五一六反革命集团彻底划清界限。"我没吭声，停了一会儿他又说："我们也不要你马上回答，回去以后好好地想一下。"

事后，庄逢源要我把与周志强的对话写成材料，并叮嘱材料只能交给他和张万祥。

七、林彪事件

校领导找我谈话的时间是 1971 年 9 月 13 日。过了两天，学校早晨广播的开始曲，变成了"三大纪律 八项注意"。我判定中央出了大事，于是很注意听广播和看报纸。到了 9 月底，我猜到黄永胜、吴法宪、邱会作、李作鹏等人出问题了，但没有想到林彪会出问题。10 月 10 日，这一天是星期天，听到看守我的两个年轻人的小声议论："不是亲密战友吗？"我一下子明白了：林彪出事了。10 月 30 日全校传达中央文件，听说当时物理系只有叶企孙和我不能听传达。

回想起在批判我反林彪时专案组某人的激情，他说："有林副主席做接班人，我们是多么幸福啊！我们对林副主席是无限热爱，而胡宗式对林副主席却是那么仇恨"，唾沫星子都喷在我的脸上了，我要看看当局现在如何说词。我装着不知道，在我写的材料中，还照样写"这是我对林副主席不忠的表现"。虽然专案组也说过："最近对形势有什么想法？"我就是不接茬，装着没有听见。

1972 年 1 月 10 日，张万祥、庄逢源来到我的宿舍，庄逢源说："现在组织上正式通知你，通过一年多的批修整风运动，取得了巨大的成绩，彻底揭发了林陈一伙叛党叛国的罪行。"这时他们把以前说我如何反林彪，他们是多么热爱等等全都丢在脑后，竟然这样说："这一下你们的后台更清楚了！"

八、对我的审查结论

1973 年 3 月 30 日晚，我在全系大会上向群众作检查。我检查之后三位群众（学员谢××和教员卫××、刘××）分别发言，然后由系总支第一副书记曹芝圃宣布结论："对胡宗式的审查结束了。今天他向群众作了检查，我们认为这个检查还是很不深刻的，但是也看到认识有了提高。根据党的给出路的政策，根据中央的指示精神，组织上认为，胡宗式是受聂元梓蒙蔽，犯政治错误。不予处分，不记档案，不作书面结论。"

大会以后，工宣队领导和曹芝圃找我谈话。我说："去年 9 月份，工宣队高师傅找我谈话时，我曾提出一个问题，我反王、关、戚如何评价？我反五一六如何评价？这个问题至今没有得到回答。"工宣队的赵师傅说："那要具体分析，有的人反了王、关、戚并不是看出了问题，而是出于反动。例如反刘少奇的叫什么来呢（别人补充说叫陈里宁），他反刘少奇是真的反刘少奇、看出刘少奇的问题来吗？不是的，他是作为反无产阶级司令部而反刘少奇的。"我说："在这个问题上，专案组的某些同志发表了许多错误的观点，说我反王、关、戚是靠的先验论，搞的政治赌博，反潘、吴是破坏毛主席的战略部署。我不同意这样的观点，过去也进行过争论。"曹芝圃用手敲椅子的扶手，很生气地说："这是审查，不是争论。"我说："在这个问题上就是争论。现在不是号召认真看书学习，弄通马克思主义，识别和抵制刘少奇一类骗子嘛。我依靠毛泽东思想识别和抵制了王、关、戚，但是结果怎样呢？"

他们不正面回答我的问题，我也不指望得到说法，只是作个表态。

张万祥和庄逢源送我回厂，1973年4月6日回到厂里，他们把我交给了厂干部部的赵念书。当着我的面，他们向厂领导谈了对我的结论，并说："以前你们怎么对待，现在还怎么对待。"

（原文载王复兴主编：《回顾暴风雨年代 北大文革亲历者文集》，红色中国出版社 2018）

2019年6月改写

往事有据可查

——关于"007密令"的《调查报告》

赵建文

1967年3月至1968年2月,我是"保"聂元梓的《除隐患》战斗队队长。42年后的2010年11月,何洛、孟金引用聂元梓在1971年关押时的"交待"材料说我是聂元梓利用"007密令"反对周总理之阴谋的参与者、实施者(见北大《校友通讯》第49期)。由此,我就有必要把我在"007密令"问题上的所作所为如实陈述出来。

一、关于"007密令"的《调查报告》是"保"总理的"报告"

"007密令"是一个陷害周总理的事件。"密令"的内容为:令你军区元旦举行游行借此进行政变,署名为"总理"。我是1967年5月从无线电系学生陈振民托人转来的材料里知道这个"密令"是湖南《湘江风雷》中的坏头头炮制的。当时,我一是让人去湖南长沙调查此事;二是让战斗队成员陆水林同陈振民取得联系。调查人员回来后告诉我:被定为"反动组织"的《湘江风雷》的人正在闹翻案,戚本禹"接见"了送"007密令"的人。6月,我们根据陈振民提供的材料搞了份关于"007密令"的《调查报告》。8月,陆水林主动找陈振民搞了第二份《调查报告》。这两份《调查报告》的基本材料都是陈振民提供的,其内容为《湘江风雷》头目叶卫东等人在当地公安局看守所的交待材料。我们的《调查报告》一是说明了这个"密令"是如何炮制的;二是指出了"文革首长"戚本禹和军委办事组的

"刘××"同这件事有关联。《调查报告》本身的文字,以及材料的提供者和整理者都可以证明这是一份揭露有人在陷害和反对周总理的报告。

二、向周总理呈送"007 密令"《调查报告》的渠道

《调查报告》上送名单是我拟的,毛、林、周和除"王关戚"之外的"文革首长"都在其中。我把《调查报告》和"名单"送到聂元梓和校文革办公室那里,之后就由他们处理了。除此之外,我个人还有两个向总理送材料的渠道:一个是通过老军人王还寿,他是装甲兵部队的,曾在"学部"和"市革委"工作过,是他主动跟我要材料,说他可以把材料直接送到周总理家里;另一个是军事学院教官刘洪周,他说他可以通过军委办事组把材料交给周总理。何洛、孟金说我在一篇文章中提到托"王××"送材料,是为了把反总理的行动说成保总理的行动。然而,介绍我认识这两位老军人的以及同我一起到装甲兵驻香河部队找"王××"送材料的人现都健在,他们可以为我作证。上述的两个方面,即"保"总理的《调查报告》、我向总理送材料,所述事实都是有据可查的。

(原文载《北京大学校友通讯》2011 年第 51 期)

我在清华参加文化革命

胡宗华 口述

编者说明：本文作者是编者的胞弟，1964 年考入清华大学工化系。"文革"中胡宗华经常到北大动态组，对北大文革有较多了解。他因病失明后，对妻子口述了文革中的一些事情，2009 年秋不幸去世。他去世后，家人对其生前的录音进行了整理，并在 2017 年 7 月 3 日《华夏文摘增刊》第 1086 期上发表。将该文收入我们这本书中，也是为来日不多的我们留下一个念想。

1966 年 6 月 2 日，我像往常一样，到食堂买了个馒头，就赶快往教室走，想放下书包，去念外语。这时，学校的广播大喇叭响起了中央人民广播电台的声音，广播了北京大学的第一张大字报，顿时整个学校就沸腾起来，都不上课了，全部涌向北大。此时，北大的校园里人都满了。当时的气氛，使我明显地感到，这是中央鼓动学生炮轰党委。炮轰党委、炮轰领导是当时运动的主潮流。清华的学生一回到学校，都拿起笔来写大字报，讨论蒋南翔姓马还是姓修，形成了两派意见。主张校党委姓马的人，多是学校的各级领导、政治辅导员、班主任。主张校党委姓修的人，绝大多数是青年学生。他们虽然主张校党委姓修，却也拿不出有分量的例子。文革前，北京市各个高校，对"三家村"批判的做法，都差不多，是上面布置下来的，总的调子都一样。当时，清华刚刚开完了万人大会，蒋南翔在会上讲：大炼钢铁的时候，有人主张把图书馆的大铁门拆下来去炼钢，被我们给制止了。我们不能跟着风跑，我们要跟着毛泽东思想，要开万人顶风船。在当时的情况下，如果你们党委是正确的，也就没有必要开万人顶风船。如果开万人顶风船，这个风也就够大的了。这个风从哪里来？也就可想而知。这么一分析，反而引起群众对蒋南翔的怀疑。到了6月11号，张际春到教育部宣布蒋南翔停职检查，清华党委也就是姓修的了。

大哥当时在北大物理系，6月4日从沙河供销社四清工作队回来。大哥给我讲了一些情况。我的思想是站在反校党委这边的。可是一个大二的学生，学校里面的事又知道多少呢？我也就没有写大字报。6月11日，蒋南翔倒台以后，学校掀起了轰轰烈烈的斗黑帮的高潮。好像全体清华学生就学过一篇毛选"湖南农民运动考察报告"，真的要戴高帽、要游街。当时保党委最积极的人，现在成了反党委最积极的。像我们班的两个人，说是自己贫农出身，那时对党委感情有多深，现在又说感情受到欺骗。斗班主任的时候，拿着教室里的字纸篓就给老师扣下去。

全校到处是斗黑帮的声音，从小小的年级主任、班主任、政治辅导员，到政治课的全体成员，到校党委的全体成员，到各个处室的头头，都成了黑帮。满街都是戴高帽的黑帮。在这种情况下，我的思想发生了动摇。整个清华大学8000学生，10000名教职工，合计1万8千人，当时被揪出的有1000~2000人。如果这些人都是黑帮，都打倒了，将来清华的干部从哪里调？没有一个地方能调2000干部充实清华，我感到很迷惑。但在那种情况下也不敢表露，我只敢把我的思想告诉我们班的一个高干子弟，他叫王太行，他的父亲是中国的工程兵副司令，叫王耀南，是安源煤矿的老工人，红军第一任工兵连的连长，这在毛选里都有记载。

蒋南翔倒台没有几天，中央派了以经委副主任叶林为首，大约一两千人的工作组进入清华。他们进入清华以后，完全按照党政机关的工作方式，把学生叫到教室，统一学习，发言表态，批斗黑帮，一切按照他们的指示办事，以为这是按照毛主席的指示，斗资本主义黑线。他们忘记了起码的一点，青年学生对已打倒的黑帮是不感兴趣的。打死老虎的人绝不是武松，只有打活老虎的人才是武松。你把学生整天箍在教室里煞有其事地开会，外面那么热闹，学生的屁股能坐得住吗？于是，工作组和学生之间就产生了矛盾。

我们工化系的情况比较特殊，这牵扯到工化系工作组的组成。工化系的工作组组长叫张茜薇，合成化工研究所的书记，张茜薇是广州起义张太雷的女儿。文化革命开始了，急于创造经验的刘少奇，派王光美到了清华，也进入工化系。王光美以小何名义进入工化系。当时工化系蒯大富在902班，他们班有32个人，有17个人支持蒯大富。那时候王光美跟那个班有个约会，结果王光美失约了，没有去，把学生给亮场了，学生对小何这个工作组成员就有意见。6月21日贴出了题为"叶林同志，这是为什么？"的大字报。这个大字报贴出以后，就赶上了6月24号人民日报发表的题为"党的阳光照亮了文化大革命的道路"的社论，其中最后的一句话就是：毛泽东思想的阳光照亮了文化大革命的道路，任何魑魅魍魉都不能躲藏。我一个青年学生对社论理解得很肤浅，没有看出要干什么，就是说了几句普通的大实话，没有看到是刘少奇对学生动手的进军号。当天晚上清华就发生了著名的6.24大辩论。蒯大富为首的一批学生和工作组就清华文化大革命的一些问题展开辩论，辩论到很晚，十点多钟了。当时我们工化系的学生都住在新斋，我们化0住在新斋的东头，蒯大富住在二楼，是在后面的一排。我当时的思想偏向于蒯大富，但是没有发表任何的言论，我只是在当天的晚上到蒯大富的宿舍找了蒯大富，问了一些事。我也不知道怎么的，我找蒯大富这个事被班里的人知道了。6月25号开始铺天盖地的大字报贴满了清华校园，坚决揪出反革命分子蒯大富。全校各个班都在揪反革命。当时我们班一查，只有我在那天晚上见了蒯大富，所以班里也把我当成重点对象。到处调查我那些日子干了什么，还停止了我参加一切活动的权利。他们在那里要撰写打倒反动学生胡宗华的大字报。我没事可干，怎么办呢，整天拿着游泳裤头去游泳。

　　班里还开了我两次批判会。在文化革命未开始的时候，聊天时我说西哈努克到中国来，见周恩来，送给他三十万美金。周恩来送美金，是中国政府送的。批判我的时候，说我说的是私人送的三十万美金。党的领导谁能有三十万美金，这是污蔑我们党和国家领导人。这股批判风一直刮到7月底，一个多月，清华大学约有千名学生和教师被打成反革命，其中自杀死亡的大概有七八个人。比如体育教研室的教师康有为的孙子两口子撇下两个孩子跑到荒岛上上吊自杀（整理者注：清华大学"文革"时期非正常死亡名单中没有此事。）。还有自控系的一个年轻老师，跑到十三陵山洞里喝敌敌畏死了。这就是当时工作组在清华创造的丰功伟绩呀。

7月27号我去北大，见到26号中央文革到北大的讲话，我发现中央文革的调子和那几天人民日报的调子明显不一样。我中午回来的时候路过第一员工食堂，发现一些学生围着一个小屋要见王光美。窗户开了，王光美对学生们发表了讲话。我只记住了一句话："王光美是不是革命的，你们可以考验嘛"。这句话，我听完了以后，总觉得很别扭，怎么叫王光美是革命的还是不革命的，叫学生考验呢？当时的学生还没有讨论你是不是革命的，还把你当成国家主席的夫人，聚集到窗户跟前，想看你。你王光美讲这个话，这不是和批评你的人公开对抗吗？7月28号，学校的文化革命正在如火如荼的时候，你却要突然离开清华，这走的这时间实在是不对，一定是有什么问题。第二天，在人大会堂召开的北京市大专院校和中等学校文化大革命积极分子大会，中央的领导人有周恩来，刘少奇，邓小平都发表讲话，其中刘少奇说中央犯了错误，向各校派了工作组，把革命学生打成反革命，都是错误的。从那以后，工作组就蔫蔫嘎嘎地撤出了清华。

8月4号，清华大学召开万人大会，还有一些学生不识时务地上台发言，为工作组鸣冤叫屈，不过主要的矛头还是针对蒯大富，蒯大富到底是不是反革命。当时没有一个人敢说蒯大富不是反革命，只有蒯大富自己上台为自己辩解。最后周恩来一锤定音：两派的材料我都看过了，我现在可以负责地说，蒯大富不是反革命。8月4日大会上周恩来这句话解脱了蒯大富。那时说蒯大富要夺权的主要依据是蒯大富在刘泉的大字报上有这么一个批语（大意）：工作组在清华的所作所为是不是代表了我们的意思，代表了我们就跟他走，不代表了我们就再次革命。

8月8号那天，广播了中共中央关于文化大革命的决定，就是十六条。8月十几号毛主席的"我的一张大字报——炮打司令部"在清华贴也出来了。当时学生知道中央有问题，但是也没敢贴大字报。清华有两个学生，一个叫唐伟，一个叫陈育延，约是19日，他们到了中宣部，找了中宣部国际处的处长阮铭，他过去是清华大学的团委书记。阮铭告诉他们，中央出问题了。毛主席的大字报明显的是点的刘少奇，而且语调是非常犀利：我们有些同志在二十多天里，反其道而行之，将轰轰烈烈的文化大革命搞得冷冷清清，把革命群众打成反革命，用心何其毒也。毛主席在大字报里用了这样的词，说明毛主席对刘少奇是恨透了。所以这两个学生回来以后，在清华园里贴了"舍得一身剐，敢把皇帝拉下马"，由王光美联系到刘少奇。只要有人敢挑头，那整个清华园里铺天盖地全是打倒刘少奇的大字报。批判刘少奇的"论共产党员的修养"是和尚的金刚经精华版本。批判王光美（小何）在清华指导文化革命，把革命群众打成反革命。当时在北京的所有高校当中，只有清华的学生贴了刘少奇的大字报。当时清华大学那么大的校园，到处是人山人海，来看刘少奇的大字报。8月24号，首都中学红卫兵进了清华，把清华大字报撕个尽光，他们要誓死保卫刘少奇。这个时候中央文革陈伯达也出来讲话，贴刘少奇大字报是错误的，应该制止。在这种情况下，清华的大字报的风波就过去了，这是清华文革史上最热闹的一段时间。

聂元梓等人的第一张马列主义大字报，跟五一六通知是一个调子，不超出五一六通知。现在看来，这张大字报对全国造成了不好影响，聂元梓应当负一定责任，但主要责任应该是中共中央来负，是毛泽东来负。你们发了中央文件，出了错了，让底下执行的人来承担责任，这不是胡闹吗？1967年的2月份，几位副总理在怀仁堂开会的时候，大闹怀仁堂，被称作二月逆流。对待二月逆流的态度，北京市高校的红卫兵就分成两派。北师大派和北大派，后来就叫天派、地派。它波及的面很广，不只是高校。谭厚兰等提的口号是打倒谭震林，打倒余秋里，打倒谷牧，打倒陈毅，揪他们的后台。大伙都知道怀仁堂出事了，具体谁讲了什么，谁也不清楚。中央也没有把这些东西泄露出来，明摆着死保这些副总理是不可能的，在口号上做些文章，你要打倒，我就提出火烧（指是人民内部矛盾，批判一下），火烧谭震林（后来提打倒），火烧余秋里，火烧谷牧，火烧陈毅，明显地可以看出北京的高校分成了中央文革派和政府派。以北大为首的一派，是保总理的，属政府派。北大的这种做法，本质上是和毛泽东顶着干的，虽然当时聂元梓也没有意识到，但是她就是要保卫政府，这一点上聂元梓还是干得很漂亮的。

我是从66年的8月底出去串连了。回来后，赶上蒯大富创建清华大学井冈山红卫兵。因为和蒯大富接触多次，我和王太行一起参加了清华大学井冈山红卫兵，并参加了核心部队28团。这期间，我带上清华井冈山的袖标，到东北去串联。回到北京，赶上一月夺权。我在井冈山总部，听清华井冈山派到高教部夺权的人讲，在高教部北大和北师大的人发生了冲突，双方各支持一派，清华闹得也不好表态。我见到了蒯大富，蒯大富正在考虑这个事，他说：胡宗华，你去高教部，把这个事处理一下吧。第二天我就到了高教部。参加夺权的单位很多，北京的，外地的。成立了夺权委员会，清华大学井冈山是头头。清华自己的人对于支持谁，也是分成两派。我是代表蒯大富去的，自然成为清华在高教部夺权的负责人。

高教部当时主要是两派组织，一派是北京公社，北京公社的头头参加过北大的四清，叫陆善功，和聂元梓有过战斗友谊，所以，北大就支持北京公社。另外一派叫延安公社，头头叫卢正义，因为5月26日贴出了高教部的第一张大字报，所以成了响当当的造反派。卢正义解放前在上海被捕，押到了江苏反省院，在反省院里面，写了很多肉麻的吹捧蒋介石的诗。在他的档案里写的是有变节行为，没有定为叛徒，组织结论定为变节行为，实际上就是叛徒，这是大伙儿都知道的。而且这个组织里面还有另外两个人也有叛徒行为。一个小小的组织，那么多叛徒，我当时就很反感。可是再一看延安公社后面有学部红卫兵（吴传启）的支持，有北师大谭厚兰的支持，特别是有《红旗》林杰、中央文革关锋的支持，根子相当的硬，绝不是清华大学拿了一个高教部夺权委员会头头的章就能领导得了的。一天晚上，清华学生自己研究怎么办。我说算了吧，我们不去搅浑水了。要让我支持北京公社，但我明显知道延安公社后面有中央文革后台，你是惹不起那样一拨人的。你要是支持延安公社的话，支持一大窝子叛徒当权的组织，我心里实在不甘心，干脆咱们退出去。半夜了，清华大学发表声明退出高教部的夺权委员会，不再掺和了。大多数人就撤回了清华，我在高教部留了一间办公室，就是清华夺权委员会的那间办公室，这样我进城就有个落脚的地方。

清华撤出后不久，北大和师大公开冲突。想不到的是，中央文革的王力、关锋从后台走到前台，几次打电话批评聂元梓和孙蓬一，北大的队伍只能撤出高教部。

离开教育部以后，我到一些学校和机关走走，了解社会发生的事情。详细了解统战部115抢档案事件，不过，那个把抢档案的洪涛说成左派的公安部某负责人讲话，没有搞清楚它的来龙去脉。115事件是一个大是大非问题，大哥在2月6日就到民族学院调查，他的态度是明确的，反对抢档案的。我们之间没有联系，但是看法是一致的。聂元梓和孙蓬一的态度也是明确的。孙蓬一在4月13日大会上讲：把保护档案的人抓起来，把抢档案的人说成左派，这是什么逻辑！孙蓬一还讲了谢富治的许多事，引发炮打谢富治事件。

为档案事件民族学院两派争论得厉害，还发生武斗。总部红卫兵在事发现场是阻止抢档案的，还把洪涛等人抓到公安部。一个公安部某负责人谈话，把他们说成错的，能服气吗？挑动群众斗群众，就是你谢富治吗！二月底的一天我到民族学院，赶上两派辩论。两派（总部红卫兵即后来的抗大公社；造反红卫兵即后来的东方红公社）各坐在礼堂的一边，约定每人发言20分钟，轮流上台。武斗时（只是身体接触）闻到一股气味，不知从何而来。有人请来高人说是亚硫酸，民族学院的学生也不知道亚硫酸是何物。造反红卫兵的人说是总部的人放毒气。但又解释不了，为什么毒气只毒造反红卫兵，不毒总部红卫兵。我找到造反红卫兵的领导人韦青峰说：我是清华井冈山28团的，是学化学的，我上台说说毒气。他没有问我支持那一派，就让我占他们的发言时间上台了。我先亮明身份，然后说，你们见过街上卖馒头的吧，为了使馒头表面发白，好卖。蒸馒头时候，在锅底放一个碗，碗里放一块硫磺，硫磺受热变成气体，对馒头有漂白作用，这就是亚硫酸，不是什么毒气。话锋一转，说：造反红卫兵在高教部和大叛徒卢正义坐在一条板凳上。在人民烈士纪念碑前，面对无数革命先烈，你们不感到羞愧吗！这时场下大乱，总部一方拼命给我鼓掌，造反红卫兵上来几个人，把我扭下台，塞进一辆小车，说是押我去公安部。出了校门，不是往南（去公安部），而是往北，走了不远，把我扔到路边。因为我亮的牌子是清华井冈山28团。从此民族学院总部红卫兵（后来的抗大公社）和清华井冈山的关系很好。我本人和总部红卫兵的头头郑仲兵一直保持良好的关系，不管我是在井冈山兵团还是在414。

4月11日，地质学院等6个学校，一块到北大闹事，说聂元梓无权进入市革委会，新北大公社是老保等等。清华井冈山一个总部委员来到北大。你来了在一边看着就行了呗，他非得表态，支持地质，反对北大，这不是找挨揍吗？蒯大富也欠思量，对当时北京高校的形势错误地判断，井冈山总部发表声明谴责北大，这样和北大的关系闹僵了。

414当时刚成立的时候，是地质学院鼓动成立起来的，地质学院为了分裂清华井冈山，催生了414。这一棒子，使得蒯大富略微清醒了些。这时北大带领一些单位开展向学部的吴传启的斗争，就是向中央文革的关锋的基层势力的进攻。蒯大富摸不着头脑，又不好意思直接找聂元梓，就托民族学院的人代为说情，和北大搞好关系。从而参加反吴传启的斗争。反吴传启的斗争是惊心动魄的，政治风险极高的。它反对的是关锋、王力，是中央文革的少壮派，是毛泽东的得力干将，实际上是反对毛泽东。

1967年4月10日，聂元梓和孙蓬一到钓鱼台见江青和陈伯达（戚本禹在座）说王力、关锋"结党营私"。从那一刻起，在毛看来，聂元梓是不可信任的了，注定今后聂元梓不会有好的结果。1970年开始的清查5·16运动，中央把王力、关锋、戚本禹、陈伯达都划入5·16的后台。尽管在1968年7月28日毛泽东接见五大领袖时，对聂元梓讲了："你反王关戚是对的，反得好！"毛泽东的御林军8341还是给聂元梓、孙蓬一扣上5·16分子的帽子。

在教育部期间，利用我是清华井冈山驻高教部负责人的身份，见了三四次蒋南翔，谈了很长时间。同时把蒋南翔写给中央的所有材料的副本都要到手了。另外我也找了教育部的副部长高沂，他原来是清华大学副校长。在高沂家，我第一次听到党的高级干部对一个自己不熟悉的人表示对文化大革命的不满。高沂跟我说，我们是黑帮？一开始的时候，孩子们到处喊打倒黑帮，后来我成了黑帮了，孩子们见了我，连话都不说了。再过几天，他妈妈也成了黑帮了，孩子们给我们相面，说爸爸像黑帮还是妈妈像黑帮？谁都不像黑帮。高沂的老婆说：我们不是黑帮，我们将来死了，我们还要进八宝山公墓，是革命公墓，不是普通公墓，这段历史让党给我们写成红色的。

我拿着蒋南翔的材料回到清华，给王太行看了材料。我们找到了刘冰，刘冰是清华大学党委的第一副书记。我就问：刘冰，你对蒋南翔是什么评价？刘冰说，仅就蒋南翔在清华的工作，蒋南翔是没有问题的。但是我们不知道他在社会和中央的事情，他和彭真有什么关系，站在哪个立场上，这是我们不了解的。我说：如果我把蒋南翔写给中央的材料，拿给你们看，你能不能得到结论？他说我能得出结论。我就把蒋南翔写给中央的那些材料拿给他看。看后，刘冰说，看了蒋南翔的材料，和我们过去知道的基本上是一致的。如果这些材料是属实的，那么蒋南翔不是黑帮。

王太行办过一件大事。当时全国有一幅画：一九二二年秋毛主席去安源。北京美术学院画完以后，写的是一九二一年秋毛委员去安源。有人说是1921年秋，有人说是1922年秋。可是当时从安源出来的人，只剩了三个人，一个是王耀南，一个是外交部的副部长耿飚，还有一个记不清了。后两个人，各说一词。后来通过王太行找到他父亲王耀南，他说是1922年秋："为什么说是1922年，那年我八岁，大伙说毛委员来了，都挤着去看毛委员。我个子小挤不进去，爬到树上，结果从树上摔下来，把腿摔断了，所以我记得清楚。"画的作者说：你说的和别人不一样。王耀南说：那么咱打个电话给主席。王耀南家里有个红线机子，直接把电话打到中南海。当时是江青接的电话，江青说：这个事我也说不好，我问问主席吧。主席接了电话，回答说是22年去的安源。于是这幅画变成"一九二二年秋毛委员去安源"。

王太行对校党委的看法和我一样。他看到我带去的那些材料后，我们商量写了份大字报，对校党委应当重新评价，实际这大字报就是给蒋南翔翻案。王太行说大字报写好了先不贴。我放在窗台上，让我们班左派发现了，给修正主义校党委翻案的大帽子就扣上了。把状告到蒯大富那儿去了，结果，蒯大富就把我和王太行从团派里给开除了。我们从此离开了团派，就当了一段逍遥派，实际上，我是有更多的时间到处看看。

那时候有一个口号："今天的左派，要在过去的反革命堆里去找。"团派的红教联，在北京的红卫医院（精神病院）找到了响当当的左派叫陈里宁并把陈里宁的一部分日记，编成了"新狂人日记"。那时谢富治在清华的几次讲话都表示坚决地支持红教联，坚决地支持陈里宁，没想到陈里宁真有问题，连中央文革都看不过去了，下令把陈里宁重新关进红卫医院。红教联也就垮了，414抓到一根大木头。

1967年7月20日出了个重大的事件——武汉的七二〇事件。事件以后，人民日报的通栏标题就出现了打倒带枪的刘邓的口号。在八一建军节，解放军报、人民日报、红旗杂志联合发表社论，狠抓军内一小撮走资本主义道路的当权派。抓军内一小撮在516通知里就有这句话："混进党内、军内、政府里的一小撮走资本主义道路的当权派。"但是把它单独作为一个口号提出来，是八一社论。这时候我回到了天津，见到了我高中的老校长李彤。他一见到我，就说：回天津干什么来了？我说放暑假回家休息。他说：你回家休息可以，不要去抓军内一小撮。我说：您这个话我听了有点别扭，和当前报纸上的社论不相符。他说：听我的。我在天津呆了一个月，到了9月1日报纸调子就变了，不抓军内一小撮了，军民团结如一人，试看天下谁能敌。我又找到李彤。我说李校长，现在报纸上社论好像变调子了，你看怎么回事？李校长说：怎么回事，原来说错了嘛！出问题了嘛。我说：李校长，我上次来的时候，是8月初，中央刚刚发表社论，你就敢跟中央社论唱反调。你怎么知道那一篇社论有问题？李彤说：这是马克思国家学说的基本原理，支撑这个国家的靠什么呢？靠的是军队，有了军队国家才能挺得住，支撑得住。没有军队，国家一切都完了。我当校长，过去的时候，我说一句话，公安局来人，把学生带走。因为那时公安局是支持我的，军队是支持我的。现在呢，你们学生给公安局打个电话，公安局来人把我带走。为什么呢？公安局和军队支持你们学生而不支持我。我怕你们学生吗？学生有什么好怕的，我是怕你们后面的后台。

9月份，我回到北京，气氛都变了，中央文革把王力、关锋，还有红旗杂志社的林杰作为反党集团,把他们抓起来了。414里有我过去清华体育代表队的老朋友赵梦林等,他们在一月夺权时参加光明日报夺权的,遇到了高教部同样的问题,也是北大和北师大打得不亦乐乎。这几个人经自己的独立思考,认为北大是对的,师大是不对的。414通过赵梦林,把我搞到了414。在414里成立了一个战斗组,叫九七战团,就是揪戚本禹和谢富治的战团。在1968年春天高校学习班时期,清华414"九七战团",写了一篇长篇文章"王、关、戚反党集团和公安部某负责人在清华大学都干了些什么?"副标题叫50个为什么?就是把谢富治他们在清华的讲话都列出来,好好的批一顿。谢富治为这个事专门有一个讲话。

王力、关锋倒台在414内部引起不小的震动,在反思,跟着地派究竟为什么?在高校学习班清华414站在北大聂元梓一边,介入批判谢富治,社会上戏称414为"变天派",不太好听。但是这一次"反谢"被中央文革扣上为二月逆流翻案的帽子压了下去了。

在学校的学生们没有什么事情可干,一些口头禅出现了:"天天难过天天过,日日无聊日日聊","写不完的检查,请不完的罪,受不完的蒙蔽站不完的队","逍遥派真不赖,不搞武斗不搞派,毛主席热爱我热爱,毛主席表态我表态"。可以看出广大学生对文化革命已经很反感了。学生都有阅读历史书籍的能力,在67年8～9月份,知道了陈伯达是叛徒,张春桥是叛徒,张春桥在上海化名叫迪克,专门和鲁迅干仗,鲁迅写了许多反迪克的文章。另外,江青的历史也有所耳闻,大伙当时就知道,江青的原名叫李兰萍,在上海演过"王老五",电影插曲:"王老五,王老五,说你命苦真命苦,白白活了三十五,衣裳破了没人补"。对李兰萍三次入党,三次脱党这件事大伙一直没有闹清楚。

各个学校相继转入武斗状态,大多数学生也就回家了,我也回家了。首都工宣队进入清华最初的目的是制止武斗,这点上是应该深得人心的,但后来的发展非常令人憎恶。不说别的,清华整个武斗过程中,死了大概三四个人,在王光美的工作组进入清华的时候,全校加起来也不过死了十个人,而工宣队进入清华以后,在短短的一两个月里头,清华自杀的有三四十。比如我们工化系当时党总支有五个委员,上午看到了打倒死不改悔的走资派黄志冲,下午的时候,传达了黄志冲昨天晚上上吊自杀了;又来了打倒死不改悔的走资派曹小文,曹小文死了(整理者注:清华大学"文革"时期非正常死亡名单中没有);又过了几天,打倒死不改悔的走资派李文才,李文才死了。我们系总支共五个委员,当时就死了三个。其他各个系总支委员和校级领导机关的领导干部也基本是这个情况。为什么工宣队进校以后会出现大批死人的问题呢?工宣队没有进校以前,学生们斗走资派,你再喊打倒走资派,他们知道你喊的没有用,最后各级党委作结论,本人签字才管事。可是工宣队进清华以后就不一样了,他们成立了清华大学革命委员会,成立了清华大学党委。毛主席又是接见,又是送芒果,毛泽东就亲自讲,他们是我派去的,揪黑手的话就揪我,这就已经是顶了天了。毛泽东如果把这些干部说成是走资派,那这些干部就都定性了,无翻身之日。所以一些高级干部,一些教授就纷纷自杀了。

　　那个时候,工宣队处处代表着工人阶级领导,不许说一个不字,说一个不字,就要受到批判。可是学生们永远是思想最活跃的一帮人,要想禁锢他们的思想那是办不到的。毛泽东发表了一个指示:大学还是要办的,我这里主要指理工科大学还要办,但要有工人阶级再教育改变他们的思想,他们当中大多数人是有所作为的。大伙在那学习,学习学习就不知道学哪儿去了。什么叫"旧学校"?所有的文化革命以前的学校都叫旧学校,文化革命以后也没建新学校。什么叫知识分子呢,首当其冲的就是大学生,你们这些大学生有知识的都属于知识分子。毛泽东属于不属于知识分子?毛泽东是师范毕业,相当于现在的高中,毛泽东当然是知识分子了。毛泽东写的那些诗词,大学教授也写不出来。这就是说高中毕业的也应该算知识分子了。那朱德算不算知识分子呢,朱德小学毕业,贫农的孩子,朱德的诗"赤道雕弓能射虎,椰林匕首敢屠龙"(注:经网上查对,诗句是叶剑英的),气魄得很,朱德的一些文章是相当不错的,朱德也应该是知识分子。那就是说小学毕业的也应该算知识分子。文化革命以前在学校读书的,小学毕业以上的都算知识分子,这样就把整个的工宣队都给套进去了。工宣队员也算知识分子,也要由工人阶级给工宣队员再教育。

讨论了半天，讨论到工宣队头上去了。工宣队就发火了，我们进了工厂，当了好几年工人了，结果还是知识分子，还要接受工人阶级再教育，我们的再教育不就失败了吗！最后由迟群出来打了个圆场：我们所说的再教育是一个再学习再改造的过程，所有的人都应当有再学习再教育的过程，知识分子要接受工农兵的再教育，同样的，工农兵，工人阶级，解放军接受红卫兵小将的再教育。讨论了一个多月，就讨论出这么一句话来。

　　清华工宣队的迟群这些人很善于总结经验，今天写一份报上去，作为中央文件发下来，全国遵照执行。明天写一份报上去，作为中央文件发下，全国遵照执行。为了表彰清华工宣队的所作所为，毛泽东专门发表了一条指示"善于总结经验"，全文我也忘了。让学生们讨论，总结经验。哪有那么多经验好总结的？结果，学生们弄了个：总结，总结性的语言，如何写思想总结，各种大会上发言的精彩片段摘录下来，出了个小册子《总结，总结性的语言》：大便不臭，臭的是思想；这一跤摔得好，摔出小资产阶级的我来。此类的话编了一本书，全校发。总结经验这个东西就这样不了了之。工宣队看着学生们也没有什么可说的了，可唠叨的了，就把老师们弄到江西鲤鱼洲的农场，把学生们轰到北京市的几大工厂，名义是接受工农兵再教育。清华大学就没有人了，直到1970年初，我们毕业分配。

www.ingramcontent.com/pod-product-compliance
Lightning Source LLC
Chambersburg PA
CBHW052008290426
44112CB00014B/2168